周蓓 主編

『民國專題史』叢書

朗格 著

李石岑 郭大力 譯

河南人民出版社

朗格唯物論史

（上卷）

研究唯物主義歷史的一部巨著，它試圖對唯物主義和唯心主義這兩種形態的哲學做出一種公允的評判

圖書在版編目(CIP)數據

朗格唯物論史 : 全2卷 / 朗格著; 李石岑, 郭大力譯. —鄭州 : 河南人民出版社, 2016.4(2017.1重印)
(民國專題史叢書 / 周蓓主編)
ISBN 978-7-215-10043-5

Ⅰ. ①朗… Ⅱ. ①朗… ②李… ③郭… Ⅲ. ①新康德主義 Ⅳ. ①B084

中國版本圖書館CIP數據核字(2016)第079704號

河南人民出版社出版發行
(地址 : 鄭州市經五路66號　郵政編碼 : 450002　電話 : 65788063)
新華書店經銷　　河南新華印刷集團有限公司印刷
開本 710毫米×1000毫米　1/16　印張 72.5
字數 1100千字
2016年4月第1版　　2017年1月第3次印刷

定價 : 470.00圓(上、下卷)

出版前言

中國現代學術體系是在晚清西學東漸的大潮中逐步形成的。至民國初建，中央政治權威進一步分散和削弱，加之新文化運動帶給國人思想上的空前解放，新學的啓蒙，新知識分子的産生，民國學術如草長鶯飛，進入一個自由而蓬勃的時代。中國傳統學科乃中國學術之根基與菁華所在，民國學人采用『取今復古，别立新宗』之方法，引入西方的學術觀念，積極改造，使史學、文學等學科向現代學術方向轉型。此外，大力推介西方社會科學的新學科和自然科學，在學習、借鑒乃至移植西方現代學術話語和研究範式的過程中，逐漸建立中國現代學科，使中國的學科門類迅速擴展。一時間，新舊更迭，中西交流，百花齊放，萬壑争流，開創了中國現代學術的源頭。

伴隨知識轉型和研究範式轉換而來的，還有學術著作撰寫方式的創新。中國古代的著作向來以單篇流傳，經後人整理匯編後，方以成册成集的面目出現并持續傳播。直到十九世紀末，東西方的歷史編撰體裁不外乎多卷本的編年體、紀傳體和紀事本末體等，章節體的出現標志着近代西方學術規範的産生和新史學的興起。章節體具有依時間順序，按章節編排；因事立題，分篇綜論；既分門别類，又綜合通貫的特點。以章、節搭建起論述之框架，結構分明，邏輯清晰，較傳統的撰寫體裁容量大、系統性强。它的傳入，使中國現代學術體系從内容到形式被納入了全球化的軌道。民國時期專題史的研究、譯介、編纂、出版恰恰是在這樣的背景下欣欣而發，是學術的實驗場，也是歷史的記録儀。編選『民國專題史』叢書的初衷正是爲了從一個側面展示中國學術從傳統向現代過渡的歷史進程。

專題史是對一個學科歷史的總結，是學科入門的必備和學科研究的基礎，也是對一個時代艱深新鋭問題的解答，是學術研究的高點。民國專題史著作中，既包含通論某一學科全部或一時代（區域、國别）的變化過程的，又囊括對一時代或一問題作特殊研究的，還有少部分是對某一專題的史料進行收集的。原創與翻譯并重，翻譯的底本大多選擇該學科的代表著作或歐美大學普及教本，兼顧權威性和流行性，其中日本學者的論著占據了相當比重。日本與中國同屬東亞儒家文化圈，他們在接納西方學術思想和研究模式時，已作了某種消化與調適，從思維轉換的角度看，更便于中國借鑒和利用，他們的著作因而被時人廣泛引進。

與當代學術研究日趨專業化、專門化、專家化的『窄化』道路迥乎不同的是，中國傳統學術崇尚『學問主通不主專，貴通人不尚專家』的通識型治學門徑，處于過渡轉型期的民國學術在不同程度上保留了這種特徵。民國學術大師諸學科貫通一脉、上千年縱横捭闔之功力自不待冗言，外交家著倫理政治史、文學家著哲學史、化學家著戰爭史等亦不乏其人，民國專題史研究呈現出開放、融通、跨界撰述的特點。與此同時必須看到，自晚清以來，中國的命運就在外侮屢犯、内亂頻仍的窘境中跌宕彷徨，民族存亡彷若命懸一綫。這股以創建學科、總結經驗、解決問題爲指歸的專題史出版風潮背後，包裹着民國學人企望以西學爲工具拯民族于衰微的探索精神，及以學術救亡的愛國之心。梁任公曾言：『史學者，學問之最博大而最切要者也，國民之明鏡也，愛國心之源泉也。』這種位卑未敢忘憂國的歷史使命感和國民意識是今人無法漠視和遺忘的。

『民國專題史』叢書收録的範圍包括現代各個學科，不僅限于人文社會科學，學科分類以《民國總書目》的分科爲標準，計有哲學、宗教、社會、政治、法律、軍事、經濟、文化、藝術、教育、語言文字、中國文學、外國文學、中國歷史、西方史、自然科學、醫學、工業、交通共19個學科門類。本叢書分輯整理出版，内不分科，單本發行，方便讀者按需索驥。既可作爲大專院校圖書館、學術研究機構館藏之必備資源，也可滿足個人研讀或興趣之收藏。

與目前市場已有的一些專題史叢書相比，『民國專題史』叢書具有規模大、學科全、選本精、原版影印的特點。本叢書選目首重作者的首創、權威和著作影響力，尤其注重選本的稀見性。所謂稀見，即建國後没有再版，且多數圖書館没有收藏，或即便有收藏，也是歸于非公開的珍本之列予以保存，普通讀者難以借閲。部分圖書雖有電子版，但作爲學術研究的經典原著讀本，紙質版本更利于記憶和研究之用。本叢書精揀版本最早、品相最佳的原版圖書作爲底本，因而還具有很高的版本收藏價值。

『民國專題史』的著作是民國學者對于那個時代諸問題之探究，往往有獨到之處，無論其資料、觀點短長得失如何，要之在中國現代學術史的構建與發展進程中，自有其開宗立論之地位。

朗格像

譯者序

一九三〇年冬，石岑師從歐洲歸來，我亦新從故鄉來上海，我們久別之後，在蘇州會見了。在所談的許多事情當中他告訴我想把朗格的唯物論史譯成中文，且已譯成一部分。他說此書篇幅巨大，文字艱深，將來如約定出版家，要我亦負一部分責任。我當時答應了。

次年，我們同住在閘北景雲里，兩窗相對，更常常談到唯物論史的譯事。因爲這書篇幅巨大，我們都覺得不易找到出版的地方。他雖有翻譯此書的決心，但亦因事忙，沒有續譯下去。直到暑假快要來到的時候，才由舒新城先生商得陸費伯鴻先生的同意，允將來此書在中華書局出版。

但這大規模的譯作，遲至暑假後才繼續進行，因爲暑假中，石岑師到福建講學去了。那時，他教了幾個大學的課，餘暇是很少的，我的參加，遂成爲事實上的需要。但我對於德文，幾乎是不識的，我必須以英譯本及日譯本爲根據。困難就從此發生了。這兩種譯本有許多地方互相參差。我有時雖亦能參照原本來判別是非，但這種判別，大都是他的責任。

一九三二年初，我們把唯物論史上卷譯成五分之四的時候，滬戰突然爆發了。這已成的部分，曾在炮火中寄存四十餘日，而未成的部分，亦不得不暫時停止。上卷延至同年夏方才譯完。

新城先生的盛意是極可感的。他自始至終是這個譯本的保育者。去年秋，我們能續譯下卷，亦是他督促的結果。這時石岑師的工作更忙了，他除了患病，幾乎每日都有很繁重的工作要做。下卷的翻譯，遂不得不以最大部分歸於我。我雖毫無間斷的進行，但依然到今年五月，才算把全書譯成。

全稿成後，我們曾於今年七月三十一日，特爲此稿，約在徐園討論了一整天。除了指示應改正的各點以外，他說他將要細校原稿一遍，並撰一長序，作爲批判的介紹。誰想到，不過半月，他就病了。我總以爲，身體素來強壯的他，不久就可痊愈。誰又想到他會在病已轉好而在我返贛葬母的時候，拋棄他所熱望着的事業，與我們永別！

他的死，將增加此稿一層意義。此稿雖非他一手譯成，但他所譯的那一部分，將成爲他畢生唯一的可以紀念的譯作。他的著作，與當代各學者比較，論質論量，皆可無愧色。但翻譯他是很少做的。他不是看輕翻譯，是因爲他的性情，使他不能受他人文字上的束縛。

但他的死，又使此稿受一種極大的損失。我相信，此稿的缺點，定可因他的校閱而減少。他死了，這是此稿的不幸。他原要撰一長序，但剛要動筆就病了。當我不得不撰一短序，以敍譯述的經過時，悲淚迸流，要止也不能夠。

他死了，他的聲名，不須有這個譯本來傳揚，但至少這個譯本是他死後的一個紀念。郭大力一九三四年十一月

朗格小傳

朗格（Frederick Albert Lange）一八二八年九月二十八日生於杜塞爾多夫縣（Düsseldorf）梭林根（Solingen）附近的瓦爾德（Wald）。他父親是有名的聖經註釋家朗格博士（Dr. J. P. Lange），時方任波恩大學教授。他能由車夫及工人的地位，一躍而成歐洲福音派的大神學家，可見他的精力是非凡的。

哲學家朗格的幼年生活，是在杜易斯堡（Duisburg）度過的。十二歲時，因父親被任爲舒里克大學教授，乃隨往瑞士。瑞士遂成爲他的第二祖國。他後來的政治主張，亦多受影響於此。

一八四八年，他入舒里克大學。德國青年多好由一大學轉至他大學。他在舒里克上學二學期後，即轉學至波恩大學研究言語學。對於當時的革命鬥爭與活動，他十分感到興趣與熱心。他得博士學位後，旋在科隆（Cologne）文科學校任副主任；翌年結婚。

一八五五年他回波恩大學任哲學『私講師』，演講『教育史與教育學說』，『十六世紀之學校』，心理學，及人事統計，最後在一八五七年夏演講唯物論史。同時他又研究自然科學，聽黑爾模浩爾慈（Helmholts）的生理學演講，並與烏柏衞（Frederick Ueberweg）發生親密的友誼。此二人，均於朗格深有影響。

一八五八年他擔任杜易斯堡文科學校主任，至一八六一年辭去，而從事社會問題與經濟問題的研究，並參加政治運動。他曾任杜易斯堡商會的祕書。杜易斯堡的工商業家，多驚頌他的理財的天才。此時他已準備唯物論史的著作。一八六二年至一八六六年，他是『萊因魯爾日報』編輯之一，他主張自由與進步，以與反動政府的惡勢力相戰。有一個時期，他曾與人合夥經營出版印刷事業。一八六五年他出勞動問題一書，至一八七四年已三版；一八六六年出約翰穆勒關於社會問題的見解，及卡勒在社會科學上的革命一書。他曾於萊因區域發行一報紙，主張勞動者的利益，但僅九個月，便停刊了。

他的處境，因此甚感困難。他的獨立的主張，既使他不能與政治上的友人合作，政府的壓迫又時時威壓到他身上。他乃於一八六六年偕妻子遷寓文德台爾（Winterthur），與一舊學友合夥經營一個提倡民主主義的報紙。

一八七〇年，他被聘往舒里克任哲學教授二年。此時，康尼斯堡雖曾一度聘任他，但辭未就。一八七二年，纔回國，任馬堡大學敎授。

他在馬堡的時期不久，因爲他的身體是多病的。不過他雖多病，卻仍在敎書之外，修訂他的名著唯物論史。唯物論史初版是在一八六五年出版的。上卷第二版的序，記日爲一八七三年六月，下卷的序，記日爲一八七五年一月。工作的繁重，卒使這位多病的哲學家不得不遷居。他於一八七五年十一月二十一日卒。他臨死三星期以前，尚從事於論理學研究一書的撰述。

他有『科學的光明，有純潔的品性，爲自由與進步而努力』他雖反對唯物論，但他仍認唯物論較舊觀念論有更高的權利。他看重理想，且爲理想而努力。

原著者第二版序

唯物論史第二版的改訂，一部分是本書原來計畫的必然結果，但一部分也是本書所受的待遇的結果。

在第一版我曾偶然說過，我原意無寧說在發生立時的影響；本書若經五年再被人忘記，我就十分滿足。但情形殊不類此。當時雖有許多好意的批評，但本書仍幾乎經過五年纔爲衆人所知，本書出版以來的需要，亦從來不比絕版的時候更大。我覺得，本書的許多部分，早已過時。後半部尤其如此，那至少須像這個新版一樣經徹底的改訂和改編。論爭所關的書籍人物與社會問題，都發生了局部的變化。特別是，自然科學的迅速進步，使本書若干篇的材料須全加改訂，雖然思想的線索與結果，未曾在本質上發生變化。

第一版是多年工作的結果，但就形式言，却幾乎是匆促寫成的。由此發生的缺點，有許多已經除去；但第一版的若干長所亦同着消滅了。一方面我很願接受讀者對本書所提示但與我原意相反的更高的標準，他方面我又不能完全破壞本書原來的性質。卽在新形式上，我也不能說前半部有普通歷史記錄的性質。我不能也不願放棄敎訓的和釋義的語調。這種語調，自始便爲下卷的最後結果作準備。純粹客觀的平坦的研究，因此犧牲了。但我既處處引證來源，並在註解中提示豐富的證據，所以我希望正確記錄的缺少，可在不損害原目的的情形下，大大得到補救。本書的目的，現在和以前一樣是原理的暴露。我覺得我的體裁是得當的，就使有人認其爲不當。這已有其歷史的理由，這種理由以後也許還可保留。我覺得上下兩卷是一貫的；但我的權利在我擱筆時就完了；如果一切我的讀者，甚至僅能參閱本書某幾部分的讀者，能適當地瞭解我的工作的困難，我就滿足了。

朗格　一八七三年六月，馬堡。

朗格唯物論史上卷目次

第三章　對唯物論及感覺論的反動——蘇格拉底、柏拉圖、亞里斯多德……四五

第二篇　過渡時期

第二章　科學的再生與唯物論見解的復興

第三篇　十七世紀的唯物論

第四篇　十八世紀的唯物論

第一章　英國唯物論及於法蘭西德意志之影響……三五三

朗格唯物論史 上卷

第一篇 古代的唯物論

第一章 古代原子論時期尤其是德謨克利特士

唯物論和哲學一樣古舊，但不是更古舊的。支配文化史發展最初時期之物理的自然觀，永不能脫二元論之矛盾與擬人法之幻想。其欲避免此等矛盾，把世界作統一的解釋，並超越易犯的感官之錯誤，那最初的嘗試，就導入了哲學的領域。而在那最初諸次嘗試中，唯物論即已凜然保有其位置。〔一〕

然自繼續的思惟開始，即有反對宗教傳統假定之鬥爭，與之相伴而生。宗教之爲物，在最古老最粗雜而又矛盾充斥的根本見解中，即已植其根芽。這種根本見解，是由無知的民衆用一種不易破壞的力量，常常重新創造出來的。一種內在的可隱約感到而不能明白意識到的啓示，給宗教以甚深的內容，同時神話之豐富的裝飾及傳統之可尊敬的古代性，又使民衆覺其可以親敬。東方諸國及希臘古代之宇宙開闢說，其所詔示於我們的，既非唯心論的見解，亦非唯物論的見解。那不曾想用單一的原理，來說明世界，而所詔示的，乃是擬人的神之姿態，是半感官半精神的本質，是在雜多而又轉變無端的鬥爭與活動中被渾沌支配的物質與勢力。在此構想的產物之前，覺悟的思想遂因有統一與秩序之要求。因此，任是何種哲學，莫不應當下的情形，而以多少公然的敵意，與當時之神學宣戰。

在希臘古代，這種鬥爭的存在，不，這種鬥爭影響所及之深處，如果看落了，便是一個錯誤。不過，這個錯誤何以發生，並不難於了解。

如果老遠的未來時代想評判我們的全文化，而僅僅根據一個哥德(Goethe)，或一個謝林(Schelling)，一個赫德爾(Herder)或一個勒沁(Lessing)的作品的斷片，恐怕對於我們現代所引為特徵的諸相反傾向間的深隙與劇鬥，不見得會被注意到吧。任何時代最偉大的人物之特徵，都在能將同時代的反對論，融和於一己。古代的柏拉圖(Plato)和梭福克勒士(Sophokles)便是這樣。而那些最偉大的人物，對於推動當時民衆而自身又確曾依某一種形式經驗過的鬥爭，却不會在他著作上，留下多少的痕迹。

因由希臘與羅馬的詩人而披上明朗輕快的外衣之神話，既非一般民衆的宗教，亦非富有學問的知識階級的宗教，不過是兩者相通的中立地帶而已。

民衆對於詩化的全阿林普士(Olympus)之信仰，遠不及他們對於各城市鄉鎮的神之信仰。這各城市鄉鎮的神像安在廟宇中，配享特殊的敬仰。祈願的羣衆所醉心眩目的，不是著名藝術家的可愛的創造，而是舊式的、胡亂鑿成的、爲傳統所認爲神聖的、受崇拜的雕像。不僅此也，在希臘人中，尙有一個頑固的狂熱的正統派。他們一方面立足於倨傲的僧侶階級之利益上，一方面立足於求助的羣衆之信仰上。〔三〕

若不是蘇格拉底（Sokrates）不得不飲毒杯，恐怕人家老早把這件事忘了。但就連亞里斯多德（Aristoteles）也不免要從雅典逃亡，不然恐怕這城市會第二度侵犯到哲學上來了。勃洛大哥拉斯（Protagoras）亦不得不逃，其論神之著作，亦被公然燒燬。安納撒哥拉斯（Anaxagoras）曾被禁錮，而被迫逃亡。無神論者推阿脫魯斯（Theodorus）固不必說，便是阿婆羅尼亞的狄阿格奈斯（Diogenes of Appollonia）亦不免被認爲無神論者而受迫害。這些這些都發生於昌言人道的開明的雅典。

就民衆的立場說來，普通的哲學家不必說，便是最理想的哲學家，亦可以當作無神論而加以迫害。因爲他們當中，沒有一個人所描述的神，是依照僧侶的傳統所規定。

我們把希臘精神生活最有光輝的時期以前那幾世紀小亞細亞海岸一看，便知道伊奧尼亞人的殖民地及其衆多的重要的都市，在財富物質的繁榮、藝術的情趣、生活的醇化那諸點上，是如何的出色。商業、政治的聯合，日益增大的知識慾，使米利都士和埃菲索斯的住民，旅行於遠方，常與異地之風習思想相接觸，遂至促進自由思想的貴族政治，使超在狹隘的民衆見地以上。多利亞在西西利亞和南部意大利的殖民地，亦早就享有類似的繁榮。在這情形下，我們大可假定：在哲學家出世的老遠以前，在社會的上層階級當中已經傳播了一種更自由更開明的世界觀。

在有幸福、有聲譽、對世事有經驗、而又常常旅行的人的社會中，哲學便於是產生了。達雷士（Thales）、亞諾芝曼德（Anaximander）、赫拉克里特士（Heraklitos）及恩比多立（Empedokles）諸人，都在同胞市民之間，佔着優越的位置。沒有一個人想到要他們對於他們的見解說明理由，那是不足奇怪的。但事實上，他們總不得不經受這種試鍊，但為期是更後得多了；因為，前世紀就有人提出達雷士的無神論問題，以特殊的專攻論文而熱心地加以研究。[三] 從這點說，我們把第六世紀伊奧尼亞的哲學家們和第五世紀第四世紀雅典的哲學家們相比較，就立刻會使我們想起十七世紀英國的啓蒙運動和十八世紀法國的啓蒙運動二者之對照。在一場合，沒有誰想領導羣衆加入思想的鬥爭；[四] 在他場合，則啓蒙運動乃是反抗宗敎熱狂的武器。

在伊奧尼亞人之間，隨着這種精神運動，有數學與自然科學之研究，伴之而生。達雷士、亞諾芝曼德、亞諾芝曼尼諸人，從事於天文學上特殊問題的研究及宇宙之自然的說明。薩摩斯的畢達哥拉斯（Pythagoras von Samos）又將數學物理學研究的興趣，移植於多利亞族之西部殖民地。和埃及、非尼基亞、波斯交通最頻繁的希臘世界的東部，科學的運動卽已開始。這種事實，可以叫我們知道東方諸國對於希臘文化所及之影響，那比較荒謬的傳說所說希臘哲學家曾作某種旅行曾作某種旅行修業的話，是更明白的。〔五〕希臘文化具有絕對本原性這個觀念，如果把這本原性解作形式的本原性，如果從花的繁茂逆推到根的潛深，就不妨與以是認。然而，如果堅持着對於一切特殊傳統的批判之消極的結果，並否認普通歷史資料所不談却爲環境視察所明白指示的關聯與影響，那種本原性亦就是騙人的。政治的關係，尤其是商業，必然會用許多方法，將知識發明及觀念，從一民族流入他民族。如果席勒（Schiller）的話『諸神啊，商人是屬於你們的』（Euch ihr Götter gehöret der Kaufmann），眞是適合於人性，而在一切時代都有價值，那結果就會是這樣：卽作媒介的本人永被後世遺忘了，其媒介的大部分，却到後來反而依着神話，與一些有名的名字結合起來。

東方諸國在天文學和時間計算的範圍內，確實要比希臘人優先。而在希臘人尙未想到數學的知識與技巧時，東方民族就已具有它們了。不過，在數學這個範圍中，希臘人注定了要强過古代一切民族。希臘人推理的天才，常與希臘精神之自由和勇敢相結合。所謂推理的天才，卽是長於嚴密淸晰地論述普遍的命題，長於强靱確實地把捉研究的出發點，長於明瞭顯活地整理研究的結果。一言蔽之，是科學的演繹之才能。

低視演繹法的價值，在我們今日已經成了一種時髦。而在英國，自培根（Bacon）以來，就更加如此。休埃爾（W. Whewell，1794—1866）在他所著『歸納科學史』中，對希臘哲學家屢失公平的態度。對亞里斯多德學派更加如此。他常常拿我們這時代的標準和我們近代科學見地的標準，應用到他們身上，並特設一章，討論被他認為失敗的那回事情的原因。然在觀察與傳說之無批判的累積，能變成我們的有效的實驗法之前，尚有一宗待要進行的大工作，那是我們必須記着的。換言之，必須先有一個學派，其思惟嚴格，但以根據前提、達到其直接目的為滿足。這個學派，在希臘人間建立了；到後來，給我們以演繹法最根本基礎的，給我們以數學原理及形式論理學原理的，就是這個學派。〔六〕在人們研究如何可以發現正確的推理出發點以前，必先研究如何能有正確的演繹。這事一見好像違反自然的順序，但依照心理學的及文化史的考察，就知道那其實是自然的。

自然哪，關於宇宙及其相互關係之思辨，不能像數學的研究一樣，可以獲得有永遠價值的結果。在哲學的批判未曾說明如何表面上同樣的方法，在一場合會招致確實的進步，在他場合却不免陷於暗中摸索以前，必先有無數的無效的嘗試，來搖動人們冒險乘放這海洋的信心。〔七〕然而，在過去數百年間，最能把剛剛脫離經院學派羈絆的哲學導入新的形上學的冒險的，亦就是十七世紀數學可驚的進步所引起的陶醉了。實際上，在這裏，又是謬誤促進了文化的進步。因為笛卡兒、斯賓諾莎、萊布尼疵的體系，不單對於思惟與研究，提供了許多刺激，並對於已受批判判結的經院學派，最先加以屛除，從而爲一個更健全的世界觀，開闢了一個進路。

在希臘，人們必須從奇蹟的迷霧中解放其視線，從宗教的、詩的諸種觀念之眩目的寓言世界，把世界的研究，導入悟性及冷靜的理論之領域。然這在第一步，就只有以唯物論爲媒介始能成就。因爲外界的事物比『自我』更接近於自然意識。並且，在原始民族的觀念中，就連自我也更不與影像的靈魂——半夢半醒的產物，被假設是宿於肉體之中——相結合，却與肉體相結合。〔八〕

就別方面說，可說是唯物論的激烈反對者福祿特爾（Voltaire），曾承認『余爲肉體而余思惟』的命題。這個命題，恐怕古代希臘哲學家們亦能同意。人們開始讚嘆宇宙及其部分之合目的性——尤其是有機體之合目的性——時，伊奧尼亞自然哲學繼承者阿婆羅尼亞的狄阿格奈斯，卽合理性——支配世界的理性——與空氣——本源的實體——爲一。

如果這種實體單是含有感覺的東西，而其感覺復被想像能由實體日益錯綜及運動而成爲思想，那麼，嚴密的唯物論也許就要向這個方向展開的。這恐怕比原子論者的唯物論，還要更能持久。但狄阿格奈斯的『理性質料』乃是無所不知的。於是，現象界最後的謎，又在這剛剛出發之際，沒有解決的希望了。〔九〕

原子論者確定物質的本質時，却把這個循環論證的圈套突破了。在事物之一切特性中，他們認物質祇有最單純的，爲某事物在時間空間表現所不可或缺的特性；他們僅從這種特性，努力展開現象的總體。在這一點，埃里亞學派也許曾爲他們開路，因爲他們認永續的物質，僅能在思想中被認識，而爲唯一實在的存在，與感官現象的虛妄的變化，大有區別。他們把一切感官性質看作是原子的結合形態，也許又曾受畢達哥拉斯學派的影響。畢達哥拉斯學派在數中，換言之，在諸物體形態之數的決定的關係上，認識事物的本質。但無論如何，把物質看作是一切現象的基體，總以原子論者所提供的概念爲最早又最明白。有了這個概念，唯物論就成了一切現象之最初的明確徹底的學說了。

這一步，是大膽的、勇敢的、同時在方法上又是正確的。因爲當人們從現象界外部事物出發時，要從平易說明深奧，從單純說明複雜，從已知說明未知，那是唯一的方法。一切機械的世界觀，雖都不免有缺陷，但亦祇能在這方法下出現，因爲要得到充分的說明，那已經是唯一的方法。

沒有幾個古代的偉人，曾像德謨克利特士(Demokritos)那樣受歷史輕薄。在非科學的傳統之曲解的描寫中，關於他，幾乎就只能見到『笑的哲學家』的名字，而對於比較更不重要的人物，却反而拉長來講。培根能在古代諸哲學家中，特挑出一個在歷史上向不被人重視的德謨克利特士，盛稱其眞正的研究，同時又責稱中世哲學的偶像亞里斯多德，祇創始了有害的表面知識，即所謂虛僞的知識，和一個空無一物的名辭哲學，那眞不禁使我們嘆賞其手腕。培根對於亞里斯多德，或尙不免失之不公，因爲他缺少歷史的意識——不知道那就令是最大的錯誤，却也是進一步理解眞理所不可避免的過渡。但他在德謨克利特士身上，却發現了一個親切的精神跨過了二千年的間隙，好像是同時人一樣，予以判斷。事實上，原子論亦就在培根以後不久，在伊壁鳩魯(Epikuros)所定下的形式下，成了近世自然科學的基礎。

德謨克利特士是特拉細亞海岸伊奧尼亞族阿布德拉人殖民地內的一個市民。『阿布德拉人』在古典時代後期雖享得了『假賢人』的稱號，但在他那時却尙未有此種名聲。這繁榮的商業都市，是很富裕而有敎養的。德謨克利特士的父親是一個非常富有的人。這位天賦甚高的兒子曾受一種優秀的敎育那種事實，就令他由波斯博士養育成人的故事，毫無歷史的根據，亦是不容懷疑的。[10]

德謨克利特士的全部遺產，似乎是花在『大旅行』中。他對於知識的熱心，竟使他大旅行去。可是歸來後，就赤貧了，遂仰給於弟兄；但不久，他在自然哲學範圍內的豫言就成功了，遂博得了賢人天才的名聲。最後，他撰著他的大著作『全宇宙』——其宣讀曾在他的故鄉，取得一百個（或謂五百個）台倫特（Talents）的贈品，並設立紀念像作報酬。

德謨克利特士的死年，殊不確定，但大家都承認他曾享非常的高壽，死時甚愉快，毫無痛苦。

有許多趣話和軼事和他的名字相關聯，不過其中大部分都不足特殊地表示其人之性格。世人每稱他爲『笑的哲學家，』而與『哭的哲學家』赫拉克里特士相對照。關於對照的各種軼事，尤其是這樣。因爲根據那些軼事，只知道他對於世間的愚昏，是一個歡笑的詼諧家；只知道他的哲學雖不失其深奧，但總是從好的方面觀察一切事物。把他看作祇是一個博識家，甚至於看作是一個神祕教理所有者的故事，亦是同樣不適當。總之，關於他的爲人，有許多互相矛盾的報告，而在這無數報告中，最確實的當是：他全生涯都投身於科學的研究。那是嚴重的、論理的、廣博的研究。他的著作，留傳的已經不多了，其短簡殘篇之搜集者，曾稱他在亞里斯多德以前的一切哲學家中，要算爲第一位的天才與知識。這位搜集者，甚至於猜測斯太基賴特人（指亞里斯多德）的知識的豐盈，雖常爲我們所嘆賞，實際卻非常得力於德謨克利特士的著作的研究。〔一〕

一個有如此廣博的知識的人，而竟言『我們不應爲知識的充足而努力，但應爲悟性的充足而努力，』那是頗含深意的。〔二〕在他以可原諒的自信而自論其成績時，他並未講到他著書的數量種別，卻祇自誇他親身的經驗，自誇他和其他學者的交誼，自誇他的數學方法。他說：『在我一切同時人中，以我所旅行的地方最廣，所探尋的事物最遠，所見的氣候國土最多，所接談的思想家最衆，若就幾何學的構成及證明說，就連埃及的幾何學家——我曾在那裏作了五年客——亦不比我更好。』〔三〕

德謨克利特士被人遺忘的原因有種種，而在這種種原因中，我們不應忘記敍述他這個人沒有野心，又不喜歡辯證法的辯論。據說他在雅典就不曾與雅典任何哲學家相識。他曾有這樣的道德的格言：『喜歡反對別人而又多言的人，不能學得任何正當的事情。』

這樣一種心情，是不大適合於哲人派的都市，而全然不適合於一個蘇格拉底或一個柏拉圖的際遇的。蘇格拉底、柏拉圖的全部哲學，原來是用辯證法的名辭游戲而發展的——德謨克利特士未建立任何學派。他的著作，更爲人們所引錄，而更不爲人們所傳寫。他的全部哲學，最後由伊壁鳩魯吸收了去。亞里斯多德引述他的時候，屢屢表示敬意。但他引述他，大部分是在攻擊他的時候；這樣，他當然不能常常有適當的客觀態度和公平的批判的。〔一四〕他曾怎樣借用他的意見而不舉出他的名字，我們不知道。柏拉圖不會講到他，——不過，曾否在某地方辯駁他的意見，而不舉出他的名字，亦尙有疑義。相傳，柏拉圖曾狂熱地要買盡德謨克利特士一切著作而付之一炬。這種傳說，也許就是這樣發生的。〔一五〕

近世利特(Ritter)在他所著的哲學史上，曾將對德謨克利特士的反唯物論的憎惡，除去了不少；至若布朗底斯(Brandis)的靜默的承認，宰勒(Zeller)的光彩地使人信服的辯護，那是使我們更加滿意。因爲，事實上，德謨克利特士在古代諸大思想家中，必須數爲最偉大的一個。

德謨克利特士留傳的著作，比許多其他哲學家，是更不充分的。但關於德謨克利特士的敎理，我們所得的知識，却是比較可靠。也許因爲他的世界觀明瞭而一貫，遂使我們能安然以最瑣細的斷片，加入其全體。他的世界觀的核心，卽是原子論，那雖不是他發明的，但其充分發達，却一定出於他的手。在我們的唯物論史中，我們將可證明近世的原子學說，乃由德謨克利特士的原子論逐漸發展而成。我們可以把下述諸命題，看作是德謨克利特士玄學之本質的基礎。

（一）無中不能生有；一切物都是不能消滅的，一切變化，都不過是原子的結合和分離。〔六〕

這命題，在原理上包含了近世物理學二大原理：卽物質不滅說及勢力持續說（卽能力不滅說。）這命題，在本質上，出現而爲康德的第一個『經驗的比論』卽『在現象一切變化中，本體是存續的；在自然，量是不增不滅的。』康德發現了一切時代，不僅哲學家，就連常識，亦豫想本體的永恆性。這教理，要求公理的妥當性，以作爲規則的經驗一般之必然的前提。這亦有其歷史！事實上，想像勝於論理的思惟之自然人，最熟習的卽是生滅的觀念，至若基督教的信條——創造『出於無』——並不見得是與醒批判的第一個障害。

本體不滅的公理，跟哲學而進向前面——雖然開始有一點點的遮掩。亞諾芝曼德的萬物所從而出發的『無限』（ἄπειρον），赫拉克里特士的變化世界所從而續入續出的神的火，都是永恆本體的化身。埃里亞（Elea）的巴門尼底（Parmenides）是否定生成與消滅的第一人。在埃里亞學派看來，眞實存在的，祇是『全體』——一個完全圓形的無變化亦無運動的領域，一切變化，都是假現的。然哲學所不能解決的假現與實在間之矛盾，亦就在這裏發生。一個公理的片面的主張，會傷害別一個公理：『一切都有原因』從這樣不變的實在，如何可以生出假現？更有進而荒謬地否定運動者，那自然會引出無數的論戰，又從而促進了辯證法的發展。恩比多立及安納撒哥拉斯（Anaxagoras）因視一切生成與消滅爲結合與分離，才把這種荒謬排除了。但這種思想是第一次才由原子論得到充分的表現，而成爲嚴密的機械世界觀的基礎。但這種思想，又必須與『一切事物之生起均有必然性』之公理相結合。

（二）『任何物都不是偶然發生的。一切物的發生都有其根據和必然性。』〔七〕

這命題按照一個可疑的傳說，早已爲盧西巴斯（Leukippos）所主張，必須視爲一切目的論之決然的否定。因爲『原因』（λόγος）不過是原子按無條件的必然性而運動時所依從的數學的機械的法則。所以，亞里斯多德就屢屢責稱德謨克利特士排除一切目的論的原因，而以自然的必然性，說明一切事物。但這正是培根在學問的進步一書所竭力稱揚的一點，雖然他在其他諸點，曾竭力限制他對亞里斯多德體系的憎惡。

究極原因之唯物主義的否定，在德謨克利特士的場合，所導出的誤解，與今日一般流行的對唯物主義者的誤解，正是一樣——責備他相信盲目的偶然。偶然與必然，雖屢屢被人混同，但完全是矛盾的。

蓋因必然性的概念，是完全明瞭的確立的概念；偶然的概念，却是非常動搖的相對的概念。

瓦落於街上行人的頭上，被視爲偶然；但任何人亦不會懷疑風的氣壓、重力法則、及其他諸自然狀態曾充分規定這事件，所以這事件乃起於物理的必然；同樣，在特定瞬間出現於特定地點的頭受擊，亦是起因於物理的必然。

這個例，明白說明了偶然的假設、祇是究極原因之部分的否定。在我們看來，石的降落如被稱爲偶然，那就不能有合理的原因了。

但若我們依從基督教的宗教哲學，假設一個絕對的目的豫定，那亦就像假設絕對的因果性一樣，全然把偶然性排除了。在這點上，這兩個最徹底的學理是全然一致的。二者均給偶然的概念以一個任意的用法，那實際是毫無用處的。我們對於任何事物，如不知其原因與目的，卽稱之爲偶然。這種稱呼，僅僅爲了方便，是全然非哲學的。我們從片面的立場出發，在目的論者面前，亦可爲要擯除究極原因，而主張偶然說；但若就充足理由的原理說話，我們就得再把這偶然說全般放棄。

在所論爲物理的考究或嚴密的科學時，正是如此。蓋因惟有從活動原因方面，現象世界始有受研究的可能。究極原因——位在服從必然性的自然力（卽以確證的法則之嚴密的普遍性而活動之自然力）之上或側，以爲補助——除了當作科學之部分的否定，任意把一個未經充分研究的範圍排除

以外，是沒有任何意義的。〔一八〕

培根亦承認絕對的目的論，不過他關於絕對目的論的概念，並不十分明白。自然全體合目的性的概念，祇能依着活動原因逐漸一步一步地予以理解，但這概念無關於絕對的人間的合目的性，所以，亦無關於任何可爲人細細理解的合目的的性。但宗教必須有一個絕對的神人同形的目的。這好像詩與歷史的眞理互相矛盾一樣，大大的與自然科學相矛盾。所以亦好像詩一樣，祇能在事物之理想的考察上，維持其地位。

於是，在科學一般能夠成立以前，必須嚴正地把究極原因排除。如果我們問，在德謨克利特士視絕對必然性爲一切自然研究之基礎時，這動機是否爲他的推動力，我們對於此處所提出的問題，是不能解答的。但這是無可懷疑的：即，主要點乃在於明白承認事物有自然的必然性之假定，是一切合理的自然知識之條件。這見解之起源，祇能在數學的研究中尋得。在這意義上，數學的影響在近世亦是非常決定的。〔一九〕

(三) 原子和空虛的空間以外，沒有任何物存在；其他一切，都不過是意見。

在這一命題，我們立卽看出了原子論之强點與弱點。一切合理的自然之說明，一切近代的大發現，都以一種還原爲基礎，卽以現象還原作最小分子的運動。無疑，就連古典時期，如果起於雅典的反對哲學家熱心研究自然科學的反動，不如此佔着上風，則最重要的諸結果也許早就用這個方法取得了。我們今日是根據原子學說來說明聲光熱的法則和最廣義的事物之化學變化物理學變化的法則。但在今日，亦好像在德謨克利特士的時代一樣，原子論尙不能說明聲、光、熱、味等等最單純的感覺。科學無論如何進步，原子論無論如何修正，這罅隙總是不小；即令我們對於大腦的機能，能立下一個完全的學理，並明白證明與感覺相應或影響感覺之機械運動及其原因結果，這罅隙亦當如此。但以這有力的武器作媒介，科學仍有希望按照能力不滅的法則，從衝動——在神經刺激的影響下，在腦中解放出來的衝動——說明活人的最複雜的行爲和最有價値的運動。但要在下述二事之間發現一道橋梁，科學却是永無希望。所謂二事，其一是作爲主觀的感覺而存在之最單純的聲，其一是科學因要把特殊的聲的感覺、解作客觀世界的一種作用、而不得不假定的腦的分解過程。

德謨克利特士解決這難問題的方法，恐曾受埃里亞學派的影響。埃里亞學派把運動及變化一般解作假現，事實上是純粹虛無的假現。德謨克利特士却把這種消極的批評縮小範圍，僅用以批評感官的性質。『甘、苦、暖、寒、色，均祇存在於意見中；實際，原子及空虛的空間以外，無任何物存在。』[一〇]

在他看來，直接的與件——感覺——既帶有令人迷惑的事物，他抱怨眞理深深隱藏在知識方面更不看重直接的知覺，而更看重反省，就很容易理解了。他的反省的對象，是和直觀相結合而因此又特宜於說明自然之概念。其他的人，僅僅從概念演繹其假說，故不免僅見一面。他却不絕在直觀形式上繪畫原子的運動來試驗他的原子學說，故得免僅見一面。

（四） 原子是無數的，且有無限多樣的形式。原子從無限的空間永遠向下落。較大的原子，降落更迅速，與較小的原子相衝突，便發生側面運動和迴旋運動，是爲世界形成的開始。無數的世界，就這樣相續地並且同時地形成和消滅。〔三〕

這概念的壯大，在古代亦屢屢被視爲十分怪異，但較亞里斯多德的見解——他先天的發明：除了自我的世界，即不能有第二世界——爲更近於我們現時的見解。關於伊璧鳩魯及魯克理底斯（Lucretius），我們所知道的，比較更充分，等我們討論到他們二人時，我們將更詳密地討論他們的世界觀。在這裏，我們祇要說：我們有各種理由，假設伊璧鳩魯原子論的特色，有許多是出自德謨克利特士。不過，伊璧鳩魯認原子之數無限，但不認形式有無限的多樣性。關於側面運動的起源，他的修正尤爲重要。

這裏，德謨克利特士曾給我們以一個完全一貫的見解。這個見解，雖不能在近世物理學面前維持，但可指示這位希臘思想家，曾按當時的嚴密的物理學原理，成就他的思辨。從一個錯誤的見地——密度假設爲相同時，他假設較大物體，較較小物體，降落得更迅速——出發，他認較大原子，在降落時，會追及較小原子，而發生衝突。但因原子有各式各樣的形式，衝突將不發生於原子的中心，所以就按照近世的力學原理，亦可惹起以軸爲中心的迴旋運動及側面運動。側面運動一經惹起，又必日益複雜。不變的新原子及其原子層之衝突，既在側面運動中不斷分出新的勢力，所以我們正可假定，運動是日益劇烈。次之，側面運動與迴旋運動相結合，又很容易生出逆行運動。假如在如此運動的原子層中，較重的——即較大的——原子，繼續承受較强有力的向下的推動，它們最後就會集合於下，而由輕原子形成其上層。

這全部學說的基礎——較大的原子降落較爲迅速的原理〔三〕——爲亞里斯多德所攻擊，所以伊壁鳩魯雖保留這體系的其他各部分，却主張原子得偶然與直線相違。亞里斯多德曾謂，如能有空虛的空間，（他以爲那是不可能的，）則一切物體均將以同等的速度下落，因下落速度的差異，乃取決於媒介物（例如水或空氣）密度上的差異。空虛的空間既不能爲媒介物，所以不同物體在空虛的空間之下落速度，不能有差異。亞里斯多德在這點，是和近世物理學一致的。他的引向宇宙中心的學說，亦與近代物理學一致。但他的演繹，僅僅有些地方是合理的。他爲了要論證在空虛的空間內運動不可能，遂陷入了他屢屢不能免的煩瑣中。伊壁鳩魯却簡潔了當，定下這樣單純的結論：因在空虛的空間內毫無抵抗，一切物體必同樣迅速的向下落——這種見解，表面上和近世物理學是全然一致的，但祇是表面上，因爲關於引力及下落的本質，古代人完全缺乏正確的觀念。

葛里略（Galilei）經無數辛苦的努力，得到了正確的下落法則。他曾大膽地、先天地提出這樣的結論：在空虛的空間內，一切物體必同樣迅速的向下落。他提出這結論時，抽氣機尚未發明。這結論是否事實亦尚未予以證明。這事實，當可予我們以一種有趣的比較。亞里斯多德及魯克理底斯的追憶，曾如何幫助葛里略達到此種結論，却還是一個待研究的問題。〔三三〕

（五） 事物的多樣性，乃是原子的數量、大小、形狀、及配列的多樣性的結果。原子沒有性質上的差別。原子沒有任何『內部條件』；其相互間的作用，祇由於壓迫與衝突。〔三四〕

我們就第三命題，知道德謨克利特士把色、聲、熱等感官性質，看作僅僅是惑人的假現。換言之，他因要成就一個更徹底的客觀的說明，曾完全犧牲諸現象——這是唯一的直接的與件——之主觀的方面。結果，德謨克利特士關於事象的感官性質的實體，遂事實上曾有最徹底的研究。主觀的印象，取決於圖式內原子排列的差異；那種圖式，頗使我們想起近世化學家的圖式。〔三五〕

亞里斯多德非難德謨克利特士把一切種類的感覺，還原作唯一的觸覺。——這種非難，在我們看來，無寧說是稱揚。問題的要點，即在於這觸覺。

我們實際很容易達到視一切感覺為觸覺的變形之見解。但如此，恐猶有許多未解決的謎！關於最單純最基礎的感覺如何與惹起此種感覺之壓迫及衝突相關，我們是不能那樣素樸地予以解答的。感覺不是單獨的原子,更不是原子的和;因爲,感覺如何能由空虛的空間,而合流於一點呢?感覺乃由原子相互活動的形相而產生、而決定。在這裏,唯物論遂與形式主義相近了。這一點,亞里斯多德亦未曾忘記指出。[二六]但他超越的、認形相爲運動的原因,遂致予自然科學全體的根柢以打擊。德謨克利特士却小心謹愼,不追向他自己的學說的形式主義方面——這只能導他陷於形上學的深淵。這裏,我們第一次發現了,對於這一個神祕的深淵,要投射最初的微光,康德的『理性批判』乃屬必要。這個神祕的深淵,在自然知識非常進步的今日,和在德謨克利特士當時,是一樣大。

(六) 靈魂由稀薄微細圓滑的原子所構成,好像火的原子。此等原子是最能動的,其運動,貫澈全肉體,因而造出生命的現象。[二七]

這裏,像阿婆羅尼亞的狄阿格奈斯一樣,認靈魂是一種特殊的質料。德謨克利特士亦相信這質料是分配於全宇宙的,隨處喚起熱與生命的現象。所以,近世唯物論者所不能承認的靈魂與肉體之差別,德謨克利特士承認之。他像一個二元論者一樣,知道利用這種差別,來辯護他的倫理學說。靈魂是人間的本質部分,肉體只是靈魂的器具。我們第一要注意靈魂。幸福是宿於靈魂內。無悟性的肉體美,祇是動物的。神的世界靈魂說,實際有人說是創始於德謨克利特士。但他所謂神的世界靈魂,僅僅是這能動的質料之一般分布。他很可以比喻地,把這種質料、看作是世界的神的要素,但不在物質的屬性及機械的運動之外，更賦它以其他的屬性。

亞里斯多德曾用一比喻，嘲笑德謨克利特士關於靈魂如何影響肉體之見解。德伊特羅士（Daedalos）據說曾爲愛的女神造一活動像伶人菲利博斯（Philippos）說這活動像的製造，恐怕是用水銀注入木像的內部。亞里斯多德以爲，德謨克利特士殆依同樣的方法，認人間是受動於他內部的能動的原子。這比喻，顯然是不適當的，〔六〕但可用來說明兩個根本不同的自然原理。亞里斯多德，的看法異此，他以爲靈魂之推動人間，乃由於選擇與思惟。似乎這個道理，在學問尚未有多少進步以前的野蠻人中，不大明白！其實，我們全部的理解，即以現象界的特殊，還原爲現象界的普遍法則。這努力的最後一步，即是把理性的行爲放置在這鏈鎖中。德謨克利特士走了這一步，亞里斯多德却誤解了它的意義。

宰勒說：德謨克利特士的精神學說，其所以生起，並非爲了說明自然，一般須有『較深的原理』德謨克利特士不認精神爲『世界建造力』，僅認精神爲諸質料中的一種質料。恩比多立認理性爲原素之內部的特性；德謨克利特士反之，却認理性爲『一現象，起源於某種原子與其他諸種原子相關係時的數學構造。』但這正是德謨克利特士的優越處；因爲一切眞要理解現象世界的哲學，都必須歸到這一點。名爲『理性的』那諸特殊過程，必須由一切運動之普遍法則說明；反是，將全無說明可得。一切唯物論的缺陷，祇在這裏，即它雖如此說明，但在哲學的最高問題開始時，它的說明就終止了。有些人用悟性所不能理解的臆測的先天的概念出發，關於自然——包括人類的合理行爲，創設些粗劣的說明。他們無論是叫作亞里斯多德抑是叫作黑格爾，都是科學全部基礎的破壞者。

老康德，在這裏，無疑在原理上是站在德謨克利特士的方面，而與亞里斯多德及辛勒相反對。他以爲經驗論如果不是獨斷的，便是完全正當的。他反對『誤認其本務的理性之狂忘，』因爲這種狂忘，竟『在洞見與知識本來不能有所作用的地方，誇言其洞見與知識，』又混同實踐的興味及理論的興味，『而在不適合的地方，切斷物理研究的絲。』〔三九〕理性對經驗的誇妄，物理研究的絲之不適當的切斷，在今日的作用，是和在希臘古代一樣的。關於這點，我們還有許多話要說。健全的哲學無論怎樣嚴格地怎樣有力地爲唯物論掩護，皆不爲過，却也常爲的是這一點。

德謨克利特士無論怎樣把精神高揚在肉體之上，他的倫理學却到底是一個幸福主義的學說，那與唯物論的世界觀，是全然調和的。他的道德格言，比較他的物理哲學的斷片，被保留下來了更多得多。在這些道德格言中，我們發現了，事實上可在最不同諸體系中尋出的古樸的智慧學說。這種智慧學說，連同他從主觀的生活經驗得到的處世法。他是過於實際地通俗地敎誨着，那似不宜認爲是他體系中的判然的特徵；但我們要把這全部聯成一系列的思想，使立足於少數單純原理之上，亦不是不可能的。

幸福存於精神之喜悅的安靜中。要得到幸福，只有制馭自己的諸種慾望。心情之中和、純潔，精神之敎養理智之發展，卽可不問盛衰榮枯，供人人以達到這目的的手段。感官的快樂，祇能提供暫時的滿足。行善，必所爲的是善的內部價值，非因有所恐怖或有所希望，方才能够確得這個內心的報酬。

這樣一個倫理體系，固和伊璧鳩魯的快樂主義相去甚遠，卽與改良的與十八世紀唯物論有關聯的利己主義倫理學，亦是相去甚遠。但這倫理體系，無論如何亦沒有唯心論的道德規準唯心論的道德規準，乃是直接從意識出發、其主張不涉及經驗之行爲原理。關於善惡正邪的區別，德謨克利特士似曾設想其可不由研究而知。靈魂之喜悅的安靜，是最持久的善。祇有由正當的思惟及行爲，能得到這種最持久的善。這種種都是經驗的結果。至於爲什麼要追求這內心的調和狀態，其理由卽全在於個人幸福。

現時唯物論所基的諸大原理，在德謨克利特士思想中祇缺少了一個。那就是依照從無目的性到合目的性的發展的自然原理，把一切目的論排除出去。事實上，如果我們要探出一種因果性——卽原子之機械的構成——我們亦萬難省免這樣一個原理。單是指出有機界諸現象、是由最微細最能動最平滑的原子構成，還是不够的。我們尙須說明爲甚麼藉着此等非任意的非不合目的的原子幫助，就會產出植物與動物的肉體，那既有微妙的組織，復有一切器官以維持其個體及物種。我們必須論證這事的可能性，然後始能眞正把理性的運動解作普遍的運動之特殊場合。

德謨克利特士嘆賞有機體，尤其是人體的合目的性。其嘆賞，有如反省的自然研究者的嘆賞。我們在他那裏，不能發現虛僞的目的論的痕迹。這個虛僞的目的論，乃可說是一切自然科學的不共戴天的仇敵。他亦不會由自然必然性的盲目的支配，說明此等合目的性。這是他體系中一個缺陷，抑是傳統思想中一個缺陷，我們不知道。但我們知道，一切唯物論這最後的根本命題——那固然是粗雜的，但甚明瞭可以十分理解——乃發端於希臘人的哲學的思想。有廣多實證知識爲基礎的達爾文，在我們這個時代固是成就了；但恩比多立早已以同樣的成就，供獻於古代的思想家——那是一種單純而又透闢的思想，認合目的性所以得佔優勢，正因爲這是一切物保存其自身的本質，不合目的的，早就滅亡了。

希臘人精神生活之活潑的發展，在西西利亞及南部意大利，並不較在小亞細亞海岸遙爲遲緩。有誇張的富裕的都市之『大希臘』，在哲學之光、結局再集中在一個焦點卽雅典以前，是遠駕在母國之上。此等殖民地所以能有這種急速發展的原因，恐怕卽是哥德所以如此嘆詠的原因：『阿美利加，你比我們這個舊大陸更好；但你沒有毀壞的城，亦沒有玄武岩。』那裏有更大的自由來脫離傳統，來脫離古宗教儀式來脫離僧侶家族及其專制的根深蒂固的權威。這種自由，可促使人們脫離宗教信仰的錮見，轉到科學的研究及哲學的思辨。畢達哥拉斯的盟社及其峻嚴性，在當時亦是一個頗爲激進的宗教革命。在這盟社的大學者間，對於數學及自然科學——那在亞力山大利亞時期以前卽已爲希臘人所知曉——進行了最有效果的研究。從小亞細亞遷至南部意大利，而在其地建立埃里亞學派的塞諾芬尼

（Xenophanes），即是一個熱心的啓蒙者。他攻擊神的神話的表現，而以哲學的概念爲之替代。

阿格里根登（Agrigentum）的恩比多立不能稱爲唯物論者，因爲在他看來，勢力與物質仍是根本分離的。但最先分物質爲四要素的希臘人，也許就是他。這四要素賴亞里斯多德之力，得確保一個如此長期的生命，甚至於在今日科學上，亦可不斷的尋得它的痕迹。除了這諸要素，恩比多立又假設有兩個根本力——即愛與憎——那在世界的形成與解散中，發生吸引及反斥的作用。若恩比多立認此等力爲此等要素的特性，我們就可安然把他看作一個唯物論者了。何故？因爲不僅他的哲學詩，是在富有比喻的言語上，從人心的感情中，獲得它的表現，而且他因要給他自己的概念以活活的印象，爲悟性並爲想像獲得領域，遂致於承認阿林普士山及下界都在運動中。但他的根本力，是獨立於質料之外的。在無限的期間內，有時是這個力佔優勢，有時是那個力佔優勢。假若愛達到了完全的支配，一切質料就集合而爲一個大球，安享一種幸福的平和。假若憎達到了力的最高點，則一切均將陷在散亂轉動中。在這二場合，均無任何個物存在。世間生活全體，均與轉變的條件相關聯。這種轉變，是從統一的宇宙之球，經由日益加大的憎力而達到絕對的分離，又從絕對的分離，經由日益加大的愛力而達到統一的宇宙之球。後一進向，即是我們的世界紀元。從這體系諸根本原則推測，則在這紀元後，顯然有一個非常長的期間。他的宇宙開闢說的特色，在這裏僅因其涉及有機體的發展，故能使我們注意。我們這裏遇見的這個原理，依伊璧鳩魯及魯克理底斯爲媒介，嗣後曾發出如此鉅大的影響。

『憎』與『愛』，非按計劃而活動，至少除了普遍的分離與結合有一種方案，卽不復有任何其他的計劃。有機體之生，出自要素及根本力的偶然的活動。最初形成植物，然後形成動物。動物的器官，最初個別的順自然發展：眼無面，臂無體，以及其他之類。然後在結合衝動的進步中，成爲軀體之混亂的活動，時而在這方式下結合，時而在那方式下結合。自然同時試行一切可能的結合，直到後來方形成能够生存能够繁殖的生物。這種生物一經產出，卽行永續其自身。以前的產物，就在它們成立時滅亡了。

烏柏衞（Ueberweg）說（見哲學史卷一第四版第六六頁）：這教理可與謝林（Schelling）與鏗（Oken）之自然哲學及拉馬克（Lamarck）達爾文之遺傳論相比較。但這等學說，是在較單純的形態之繼續的分化上，尋覓進步的說明；同時，恩比多立的教理，則在異種形態的結合上，尋覓進步的說明。這種評論非常正當。但我們可以補充一點：卽後來的遺傳論，有事實爲之支持，同時，恩比多立的教理，從我們現今的科學立場說，却是不合理的、妄想的。至若把這兩個教理聯結起來，使其最顯明一致地、與謝林及奧鏗的見解對立的究是什麼，我們亦值得一加說明。那就是，認合目的性是在生產與破壞之無限反覆的活動中，純粹機械地成立的。在此反覆的活動中，一種生物必須其比較的偶然的性質，有持續其生命之保證，方能繼續其生存。恩比多立對於這件事情是否眞如此理解，雖尙不無可疑，但如次的事情，總當是完全確實的。卽伊壁鳩魯曾如此解釋恩比多立的學說，並把自己的原子學說，和他的一切可能皆爲現實的學說融合起來。

在恩比多立的名字的周圍，好像在德謨克利特士的名字的周圍一樣，有許多神話與傳說，這大概是因爲他精通當時人認爲最不可思議的自然力。但德謨克利特士的生涯與學說，雖有極冷靜的單純性與公明性，卻仍可由他的積極的功績，博得此名譽；恩比多立卻似乎愛好奇蹟製造家的花冠，想利用這花冠，來作改革的目標。他雖不曾達到塞諾芬尼的合理論而拋棄一切神人同形說，但曾努力於普及更純粹的神的觀念。他相信靈魂的輪迴，禁獻犧牲，禁食肉類。他的眞誠的態度，他的火熱的雄辯，他的事業的名聲，都可籠絡民衆，使民衆尊敬他像神一般。在政治方面，他熱心贊助民主主義，並援助民主主義，使在他的故鄉勝利。但他亦曾經驗到民意的無常；相傳他曾被放逐而死於庇羅卜尼斯。他的宗教觀，如何與他的自然哲學相一致，我們不知道。宰勒曾說：『有多少神學的教理，不曾爲基督教的哲學家所信仰啊，這種哲學家之哲學的結論，原可與這些教理全相矛盾！』

第二章　哲人派的感覺論及亞里士提卜斯的倫理的唯物論

感覺之於人間內部生活，有如質料或物質之於自然外部世界。如果我們相信意識無感覺亦能存在，是必出於微妙的錯誤。人間有忙於處理最高尙最重要諸事物之非常活潑的意識，同時又有感官力極弱的諸感覺，乃是可能的。但感覺是常常存在的。意識的內容與價值，卽由是等感覺的關係之調和與不調和而形成。那好像大寺院由粗石建造，深有意味的圖畫由精細的物質的線造成，花由有機的質料構成一樣。視察外界自然的唯物論者，以諸事物之形相，還原作構成諸事物的質料，並據此爲其世界觀之基礎；同樣，感覺論者亦以意識全體，還原作感覺。他們都看重與形相對立的物質。在這點上，感覺論與唯物論到底是一致的。但他們相互間如何區別呢，那就成了疑問了。

認感覺論者所論關於內部世界，唯物論者所論關於外部世界，顯然不是一個僅僅的因襲之見。這見地，在我們不徹底的慣習中雖是最普通的，但全然是一個哲學的見地。

但徹底的唯物論者，寧願否定感覺得離物質而存在，從而認意識的作用，祇是通常的質料變化的結果，所以他們對於此等作用，和對於外界其他的質料作用，是以同樣的見地考察。他方面，感覺論者却不得不否定我們有知道任何質料及外界一般事物的可能，因爲我們所有的，祇是關於此等事物的我們自己的知覺。這知覺，究與物之自體，持有如何的關係，是不能知道的。所以，在他看來，感覺不僅是一切意識作用的質料，而且是唯一直接的所與的質料。因爲我們衹在我們的感覺中持有並認識外界的一切事物。

這個命題，解釋了普通意識，同時又暗示了一個統一的世界觀，那有不可否定的正確性。如是，感覺論就似乎是唯物論之自然的發展了。〔三〇〕希臘有一個學派，就建設及破壞兩方面說都一般會予古代生活以最深的影響，那就是哲人派。而這發展，在希臘人間，亦就由哲人派引出。

據說在古代後期，賢人德謨克利特士，有一次看見一個挑夫，在他的故鄉，用一種極乖巧的方法綑紮他所負荷的材木。德謨克利特士和他接談，頗驚訝他的伶俐，遂把他收做學徒。後來對於哲學見地提供大革命機會的，便是這位挑夫。他後來成了爲黃金而傳授知識的教師。此卽哲人派最初一人勃洛大哥拉斯（Protagoras）。〔三一〕

希比亞斯（Hippias）、勃羅底哥斯（Prodikos）、高基亞斯（Gorgias）和許多比較更不著名的人，主要是由柏拉圖的著作而出名。他們很早卽旅行於希臘諸都市、教書、辯論，一部分還成了大富翁。到處都有最聰明的青年，羣集於他們所在之地。受他們教誨，不久就成了時髦的記號。他們的教理與演辭，成了上流社會日常的話題；他們的名聲，竟以不能置信的速度散播出去。

這在希臘還是新奇的。搖頭反對的保守家，不祇是古馬拉托戰爭者（Marathonkämpfer），獨立戰爭的老兵。哲人派的贊助者，對於此等哲人雖竭力予以嘆美，但其居心，殆如今日優伶的顧客。他們大多數，是在嘆美中恥為其繼。蘇格拉底常常提出這樣無禮的問題，來煩惱哲人的學徒、即他們的教師的職業，究以何者為目的？我們從菲底亞斯（Pheidias）學彫刻，從希卜格拉底（Hippokrates）學醫術——但從勃洛大哥拉斯學什麼呢？

哲人派的尊大與華美，不能代替古代哲學家的敬肅態度。哲學上貴族的享樂主義，據設想，比較彼等職業化的任務，是更為高尚。

有個時代，我們祇知道哲人派體系的黑暗方面。我們現今，亦還離那時代不遠。那時有亞里士多芬尼斯（Aris ophanes）的嘲笑及柏拉國的道德的真誠，後來又有無數哲學家的軼話，於是，輕佻的衒學氣，金錢的辯證法，系統的不道德性那種種話，全都集中到哲人派的名稱上來了。哲人於是成了一切偽哲學的輕蔑語。在伊璧鳩魯及伊璧鳩魯學派的辯護，已成為有教養的人們的共同財產以後許久，這種非難，依然附在哲人派的名稱上。亞里士多芬尼斯如何能把蘇格拉底看作哲人派的頭目，亦依然是一個不能解決的謎。

賴黑格爾（Hegel）及其學派，及近世語言學之公平的研究，遂在德意志開出了一條道路，使人們得有更正確的見解。格羅特(Grote)在其所著希臘史中，尚有更決定的見地；在他之前，魯易斯（Lewes）亦曾力爭哲人派的名譽。格羅特嘗謂柏拉圖的歐太德瑪斯（Euthydemus）和亞里士多芬尼斯的雲是同樣誇張。亞里士多芬尼斯對於蘇格拉底的諷刺和柏拉圖對於哲人派的諷刺，言其眞確程度，是完全一樣的；其差別，在於前者出於政治上的反感；後者出於『思辨上的反感』。[三二]格羅特告訴我們，這種熱狂的憎惡，全然是柏拉圖的。塞諾芬（Xenophon）的蘇格拉底，對於哲人派的對敵態度，就更和緩得多。

勃洛大哥拉斯在希臘哲學史上，印出了一個大的斷然的轉點。不從客體即外部的自然出發，而從主體即人間精神的本質出發，他是最初的一人，[三三]在這點他無疑是蘇格拉底的先驅者。在某一意義上，反唯物主義思想發展最初的一個人，雖通常說是蘇格拉底，實際却亦是他。但同時，勃洛大哥拉斯又與唯物論有最密切的關係。德謨克利特士從物質出發，他便從感覺出發。並且，他又以爲特殊的與個體的，才是本質的，普遍的不是本質的。在這一點，他顯然和柏拉圖及亞里斯多德相反對，而與唯物論保持密接的關係。勃洛大哥拉斯的感覺論，又附帶一種相對論，使我們想起畢希訥（Büchner）及侔雷叔特（Moleschott）。某物存在之斷言，往往須進一步決定其物在對何物之關係上存在，或將成爲何物。不然，這斷言殆無任何意義。[三四]畢希訥爲了要反對『物自體』便說：『一切事物均僅是相互的存在，除了互相關係，便無任何意義。』〔三〕倅雷叔特還更明確的說：『倘非由光線送入目中，樹卽不存在。』

凡此議論，在我們今日，均尙被認爲唯物論。在德謨克利特士看來，原子是『物自體』，勃洛大哥拉斯放棄了原子論。他以爲物質之自體乃是全然不定的，永遠在流動，永遠在變化。物質究是如何，乃定於個人所見。

勃拉大哥拉斯哲學最顯著的特徵，卽是下述諸命題。那是他的感覺論的基礎。

第一，人是一切事物——人見其爲存在的便存在，見其爲不存在的便不存在的事物——的尺度。

第二，矛盾的主張，等是眞理。

在此等命題中，第二命題最爲奇怪。人往往以爲哲人派體系的本質，卽是不正直的衒學氣。這第二命題，最使我們想起這一種批評。但是，如果我們由第一命題加以解釋，那就有一層較深的意義了。第一命題，才是勃洛大哥拉斯學說的核心。

人是一切事物的尺度。換言之，那須取決於吾人的感覺，看事物如何假現於我們之前。所與的，祇是這假現。因此，作一切事物的尺度的，不是具有普遍必要性質的人，却是個個瞬間的個個人。如果這所指的，是普遍的必要的性質，則勃洛大哥拉斯就必須完全看作是康德理論哲學的先驅者了。但關於主觀的影響及客觀的判斷，勃洛大哥拉斯所論，乃緊執着個個的知覺。若把人如是觀，則嚴格的說，他尙不能把個人當作事物的尺度因爲個人是常常變化的。同一的溫度，對於同一人，在這時覺得冷，在那時覺得暖，這二印象在各自的一瞬間，必等是眞理。凡此以外，決無其他的眞理。

若像勃洛大哥拉斯體系所要求的那樣，在二不同個人的意味上予以更詳細的規定，那我們對於這第二原理，卽可較爲容易的，予以無矛盾的說明。

勃洛大哥拉斯的目的，並非要主張出於同一個人之口的同一主張，同時是眞又是僞。他不過主張，任誰主張了一個命題，如若任何他人覺有反對餘地，卽有同樣的權利，提出反對的命題。

這種事物的考察法，含有重大的眞理要素，那是很明白的；因爲眞的事實卽直接的與件，就是現象。但我們的心，總想在現象的流中，見出某種永續的東西。蘇格拉底曾尋覓求得這永續要素之路；與哲人派完全相反的柏拉圖，就相信他曾在普遍中，發現這永續的要素，並認與普遍相對立的特殊，祇是不實在的假現。在這論爭中，如果我們全從理論方面着眼，哲人派乃是正當的。至若柏拉圖的理論哲學，就只能在一個隱沒的眞理之深的豫感上，和它對於人生理想要素的關係上，現出較高的價值。

在倫理學方面，勃洛大哥拉斯見地之宿命的歸結，是最明白的。勃洛大哥拉斯固不曾親自引出此種歸結，但他曾把快樂看作行爲的原則。不過他曾嚴格區分向善的好人，及常爲惡所吸引的壞人與凡人。[三六]同時，絕對的相對論之理論的世界觀，又必致於引出如下的歸結：卽，在各場合均於人爲正爲善者，卽於人爲正爲善。

實踐家、其實又是德的敎師的哲人派，就老實採用希臘傳統道德的全部，作爲他們自己的道德。那顯然不是從一個原理演繹出來的促進國家安寧幸福所由而促進的心情之敎理，雖極近似道德的原理，但不能稱爲道德的原理。

由這專斷的原理，不僅熱狂反對派如柏拉圖會引出最危險的歸結，甚至於有時候，哲人派的大膽的學徒，亦會這樣。路易斯雖曾辯白這種有名的把惡因說成善因的技術，說這技術是實踐家辯護自己的辯論術，但這事的反面太明白了。[三七]這種辯解雖充分說明了，依據普通希臘道德的一般基礎，哲人派雖可大膽表示自己無可非難；但不足反駁下述一點，卽、哲人派的精神、乃是希臘文化崩潰元素之一。

但若我們對於認快樂爲行爲動因之命題，予以緻密的考察，我們很容易就會知道，勃洛大哥拉斯的感覺論，已經爲施勒尼學派（Cyrenaischen）的快樂說準備好了根基。這萌芽的展開，卽由於『蘇格拉底學派』的亞里士提卜斯（Aristipp）。

北非洲炎熱海岸邊，有一個希臘商業殖民地，叫做施勒尼（Cyrene）。那裏有東方諸國的豪奢與希臘文化的文雅相結合。亞里士提卜斯出自這都市上一個富商的家庭，而在長於世故的人的感情與敎育中培育成就的。他幼年曾因震於蘇格拉底之名，趨往雅典。

他有綺麗的姿態，有最上乘的風采，有最佮俐的談話之魔力，所以深得人心。他贊成蘇格拉底的意見；他的學說所採的方向、雖與蘇格拉底學說的本質不同，但仍被視爲蘇格拉底的學徒。他個人特別喜歡快樂的、鋪張的生活，受哲人派的影響又極深，遂至於成立一種學說，認快樂爲生存之目的。亞里斯多德稱他作哲人；但我們仍能在他身上尋出蘇格拉底學說的影響。蘇格拉底在德之中尋得了最高的幸福，並謂德與眞知相一致。亞里士提卜斯則謂唯克己與愼重——換言之，眞正的蘇格拉底的德——使我們有享樂並保存享樂的資格。唯賢人能有眞幸福。但在他所謂幸福，自然祇是快樂。

他把感覺分成兩種形態。一由溫柔的運動成立；一由粗雜的急激的運動成立。前者是快樂；後者是痛苦或不快樂。

感官的快樂較精神的快樂，既可明白生出更活潑的感覺，亞里士提卜斯遂從此推論肉體的快樂，較優於精神的快樂，肉體的痛苦較劣於精神的痛苦。這祇是希臘人的思辨所難免的推論的歸結。伊壁鳩魯在這裏就以一種詭辯來自救。

最後，亞里士提卜斯就明白的說，眞正的目的，不是許多單一的快樂感覺之永續的結果所生的無上的幸福，而是個個的感官的具體的快樂。當然那種無上的幸福是善的；可是它須自己發生，所以不是目的。

古往今來一切感覺主義的倫理學家，殆沒有一個比亞里士提卜斯更能保持論理的一致。他的生活，卽是他的學說的最好的註釋。

因有蘇格拉底及其學派，雅典遂成了哲學的努力之中心點了。柏拉圖及亞里斯多德獲得最決定的勝利之反唯物論的大反動，雖由此地出發，但在那裏，唯物論之精神的影響，亦有充分勢力喚起這樣一種反動。

德謨克利特士對於雅典，實際不曾感到如何的吸引力。據說他曾說過，『我來到雅典，但無人認識我。』在當時負有盛名的他，曾趨往新近繁榮的學問中心地的雅典，以便細密考察當地的思想界，但不得不悄悄離開，一點也不曾表現他自己。也許對於當時沸騰的運動，德謨克利特士之偉大懇切的哲學體系，比較那更不邏輯、但更易理解的、支配蘇格拉底以前全哲學時代的廣義的唯物論，所生影響似乎更小得多。哲人派的精神，無論就好的方面說，抑就壞的方面說，都在雅典尋得了一塊豐沃的地盤。自波斯戰爭以來，已經在新思想方法的影響下，發生了一度變化，那已漫佈在社會各階級了。在巴利克斯(Perikles)的有力的指導下，國家已意識到它自身的命運。商業與海上的霸權，適於振興物質的興味。在雅典人間，出現了一種宏大的企業精神，勃洛大哥拉斯設教，與亞克羅博利斯極大建築物的出現，殆在同一時代。

凝固的古風消失了；日趨於美的藝術，已經達到了崇高的風格，我們可以在菲底亞斯（Pheidias）的作品上看出來。帕來斯．巴提諾斯及阿林普士之神之驚人的雕像，乃建在黃金與象牙之上而在一切階級的信仰都開始動搖的時節，祭神典儀却達到了最高調的華美與莊嚴。高林特在各方面都較雅典為更物質的更豪奢的，但高林特非哲學家的都市。那裏精神的淡漠與墮落，卒流為肉慾的橫流，而對於這情況，傳統的禮拜形式，尚不僅與之適應，且曾予以獎勵。

所以，就連在古代理論的唯物論與實踐的唯物論，亦是極其明白的，相互依存着而又相互反對着。

如果我們把實踐的唯物論，解作物質取得及物質享受之支配的傾向，則與此對立的理論的唯物論，就是追求知識之精神的努力了。不，我們不如這樣說，古代偉大的、唯物主義的、以冷靜誠懇為特色的體系，也許比較極易於自欺的空想的唯心論，更宜於保持純潔的靈魂，使不致為一切低級的卑俗的事物所薰染，而不斷努力追求那有價值的對象。

起源於高尚的理想的高揚之宗教傳說，即使沒有『信條的唯物論』，有時經過數世紀，也很容易為民衆之更物質的更低級的心情所染汚，這情形，即在根深蔕固的正統教中亦可見出——如果宗教的教義之外形，比較產生此等教義之精神，更為人所重視。這個缺點，不能單由傳統的解體而得匡正。宗教固很難如此凝固，以致不能有任何理想生活的火花，由崇高的形式，降入心意中；但他方面，文化的啟蒙，也不會使民衆都成爲哲學家。

倫理的唯物論之眞實概念，當然又自有別。我們必須把倫理的唯物論，解作一種道德學說。這學說認人間之道德行爲，出於人間精神之個個的興奮，且非依絕對命令之觀念，乃依追求所望狀態之努力，來規定行爲的目的。這樣一種倫理學說，亦可稱爲唯物論的。因爲，像理論的唯物論一樣，它的出發點，是與形相反對的質料。不過它所謂質料，不是外體的質料，亦不是感覺——理論的意識之質料——性質的質料，却祇是實踐的行爲之要素質料，即衝動和快與不快之感情。我們可說這祇是比論，它們的傾向並且不顯然是統一的。但據歷史所昭示，這個比論，幾乎一般會十分有力的規定這幾個體系的關聯。

這一類十分完成的倫理的唯物論，不但不是下品的，且似乎會依着一種內在的必然性，導入尊貴高尙的生活型式，並引起對於這種生活型式的愛。這種愛，超越了幸福之平凡要求。這好比完全發達的唯心論的倫理學，亦渴望個人的幸福及其衝動的調和。

但我們今在民族之歷史發展中，成爲問題的，不是理想的倫理學，祇是完全固定的傳統的道德形式。此等道德形式，非根據人自身的抽象的反省，却是許多年代的集團生活之傳授的遺傳的產物，其存立，往往因新原理發生而受擾亂與震撼。所以我們的經驗，一向似乎就這樣教訓我們：一切唯物論的道德，如果是純粹的，便在轉變及過渡的時代，最有溶解劑的作用，但一切偉大的決定的變革及改造，最先都是由新倫理的理念爆發。

這樣的新理念，在古時，乃由柏拉圖及亞里斯多德介紹來的。但那種新理念，既不能深入民衆之中，又不能羅致國民宗敎之古舊形式，來作它的目的。因此，希臘哲學上這種產物後來對於中世基督敎的完成，纔發出更深的影響。

勃洛大哥拉斯著書論諸神，以『關於諸神，我不知其是否存在』的話開始，遂被逐出雅典。這時候，像亞里士多芬尼斯那樣以全力救濟保守黨的利益，亦嫌太遲了。就連蘇格拉底的殉難，亦不能抑壓時代精神的進步。

早在庇羅般納新戰爭之頃，巴利克斯死後不久，雅典市民全部生活的大革命，卽已決定。這次革命的實行者，特別地是哲人派。

這迅速的崩潰過程，尚爲歷史上僅見之例。沒有一個民族的生活，曾有這樣迅速的轉變。他們歷史上這一轉點，雖富有敎訓，但我們卽因此益有引出誤謬結論之虞。

巴利克斯以前的雅典，國家是在適度的發展中，古時的傳統牢不可破，市民在對抗其他諸國時，常常感到共同的利害。但哲人派的哲學及施勒尼學派的哲學，却有世界主義的色彩。

歷史上須數千年來實現的結果，在思想家懷中，却祇要少數的結論，就被擁抱住了。因此，世界主義的觀念，在一般雖是十分正確，但在特殊場合卻就有些危險。因市民對於國家的興味及國家的生活力，將要受其痲痺。

在人間尙固守其傳統時，個人的野心與天才，必須有若干制限。如果各個人自己卽是萬物之尺度，這一切制限就都排除了。對此唯一的安全策就是因襲。但因襲是非理性的，因爲思想常常推進新的發展。這事情不久就爲雅典人所理解了。不僅哲學家，卽與彼輩熱烈相反的人，亦學習推理、批判、論議、計畫。哲人派且致力於創造民衆煽動術。他們敎演說術的明揭的宗旨，卽在於如何指導民衆使依從自己的意向與興味。

矛盾的主張既等是眞理，於是有許多勃洛大哥拉斯的盲從者，遂祇留意主張個人的意見道德的力的權利，遂被導入了。無論如何，哲人派左右人類心意的技術，必含有非常的熟練及深透的心理的考察。否則，他們決不能領受那樣的收入。他們的收入，如與我們今日所得的俸金較，那至少亦像以資本及利息相較。因其根本觀念不是報酬他的勞力，祇是向所有者購買他所造作的技術。

活動於第四世紀的亞里士提卜斯，是一個十足的世界主義者。獨裁君主的宮廷，是他愛遊訪的地方。在西列克斯的狄奧尼西斯（Dionysius von Syrakus）宮廷中，他曾屢次遇見他精神上的反對派柏拉圖。狄奧尼西斯待他，比待其他哲學家，是更爲尊敬。因爲他知道利用機會，並能滿足獨裁君主的一切怪想。

原理的本身，是無可非咎的。而在原理上，亞里士提卜斯就和『犬』狄奧格奈斯一致，所以他亦被一般人稱爲『王家之犬。』但這並不是偶然的一致，祇是原理的類似——雖然他們從此引出的結論，是彼此不同的。再者，亞里士提卜斯並無何種必需。他常常有他所需要的一切物。穿着破舊衣裳遨遊，和過王家豪華生活，在他是一樣感到安全與幸福。他愛悅外國的宮廷。在他看來，終生爲一國的狹隘利益服務，是不合理的。這個例子，不久就有了模倣者了。雅典及其他諸共和國政治上的使臣，不久就有模倣他的了。又沒有德謨斯台尼斯(Demosthenes)可用以救濟希臘的自由。

關於宗教的信仰，我們應注意，依歐里庇德斯的影響，由劇場擴播到民衆間的信仰，是弛緩了，同時却出現了許多新的祕法。歷史屢屢指示我們，如果知識階級開始嘲笑諸神，或以其生存分解爲哲學的抽象，則半受教育的人馬上就會無把握地，暴燥地，把各種騙人的事，奉作宗教。

有各種奇異的乃至不道德的慣習之亞細亞祭禮，遂受非常的愛好。Kybele 及 Kotytto，Adonis 禮拜及以揑造的聖書爲根據之 Ophisehe 豫言，在雅典及希臘其他地方流行了。亞力山大遠征後，東西洋的結合及此後基督教的傳佈，都賴此諸宗教之大混合。而這諸宗教之大混合，就是這樣形成的。

對於藝術與科學，感覺論的教理亦有不少的改造作用。經驗科學的材料，賴哲人派而通俗化了。他們大都是大博識家，富有各種確實的知識，可隨時拿出來實用。但他們在自然科學上不是研究者，不過是普及者。反之，文法學的基礎，模範的散文（那依隨時代的要求，必須發生以代替狹隘的詩的形式）的完成，尤其是演說術的大發展，都是他們的勞績。在他們的影響下，詩遂漸從其理想的高位，往下降落，而在音調與內容兩方面，近於近代的性質。情跡、佈局、巧妙的機智，情緒，是益益被人重視。

沒有什麼歷史，還比希臘史更明白的指示了，依人間發展的自然法則，善與美的持續，都不是毫無間斷的。最偉大與最美麗，是藏在由一原理到別一原理的規則運動中的過渡中。我們沒有權利為蟲嚙的花鳴不平。開花的法則，即是使花凋謝的法則。就這點說，亞里士提卜斯教我們，祇有現在這一瞬間能給我們以幸福，乃是立在他那時代的最高點。

第三章　對唯物論及感覺論的反動——蘇格拉底、柏拉圖、亞里斯多德

我們通常把希臘思辨的產物看作是最高尚最完全的；對於唯物論則通常加以酸辣的批判。如果我們現今把此等產物看作是對唯物論及感覺論的反動，我們就有低視此等產物而予之以同樣酸辣的批判的危險。因爲，如果我們忽視了這大危機的其他諸方面，則我們這裏所有的反動，乃是最惡意味上的反動，即有意識地以純粹的智的作用，把一種較低的見地高揚，使超在較高的見地之上。換言之，拿幾個觀念——非哲學的思惟之古舊的謬誤，就在這幾個觀念上，用新形式復現出來，威權是添新了，但舊時的有害性質，却未曾除掉——來壓抑較良見解的萌芽。

唯物論以不變的必然法則，解釋自然現象。其反動則加入一種擬人形態的理性，使與必然性爭纏，從而用一種任意的隨便的手段，把一切自然科學的基礎全行破壞。[三九]

唯物論認合目的的性爲自然的最高產物，然並不會因此犧牲其原理之統一。其反動則專憑熱狂，爲目的論而戰，那就連在最光輝的形式上，亦包含平板的神人同型說，故其根本滅絕，乃爲一切科學進步的必要條件。[三九]

唯物論又以優先權予以數學及物理學的研究——人間精神最先就在這二部門，取得有永久價

值的認識。其反動卻全然拋棄物理學來爲倫理學；到亞里斯多德手上，被忽視的研究雖再提起了，但因有倫理的概念造次導入，遂致根本受傷。〔四〇〕

我們在這諸點上既有無可懷疑的退步，其進步至少在雅典大哲學學派宣言斷然反對唯物論及感覺論時，是非常令人懷疑。我們所負於蘇格拉底的，是幾個妖怪一般的定義，認言語與事物有一種想像的一致；我們所負於柏拉圖的，是一種欺人的方法，這方法把假說放在還更普遍的假說上，直到最後，覺認最抽象的爲最確實的。我們所負於亞里斯多德的，是可能性與現實性間之幻術，和一個完全的無所不包的知識體系之空想。雅典學派這一切獲得物，就連在我們今日，尤其是在德意志，亦還深有影響，那是不容懷疑的。因此，關於這一學派之歷史的意義，我們用不着浪費一辭；但我們要問問，這個歷史的意義，是一件幸事抑是一件不幸事？

關於這幾層，我們僅就其本身及其對唯物論之純粹理論的反對而言，我們的判斷已必須認其爲不幸。但我們還可進一步。平常都說勃洛大哥拉斯是古希臘哲學的解體，故此後必須有個全新的基礎。這基礎爲蘇格拉底及其自我認識論所提供了。但對於這種見解，思想史將在如何程度上予以是認，我們不久就會知道。這樣一種見解，倘非考察希臘精神生活之總體內容，即不能維持。哲學，尤其是狹義的理論哲學，罕能因眞理的取得而被放棄，那大都是用往時的誤謬從頭再開始。比方說，由康德到菲希特

(Fichte)的轉變，也許就是如此。但我們關於這一切現象均須由全部文化史予以說明，因爲哲學在任何民族的精神生活中，都非獨立存在者。純粹理論地說，哲人派的相對論，乃是認識論上一個十分健全的進步，決非哲學的終末，不如說是哲學之眞的開始。我們在倫理學上最明白看見了這一點。因爲外表上顚覆一切可能的道德基礎的哲人派，正以宣教德及治國術爲愛好的職業。他們以於國家有用的東西，代替本身是善的東西這原理，與康德的根本倫理規則——如此行爲吧，俾你行爲的公準得成爲一般立法的原理——是如何近似啊。

事實上，從正當的路徑，或更抽象的說，如要從正當的路徑，踏過由特殊到普遍那一步武，正可不放棄哲人派所主張的相對論及個人主義。在倫理學上，在一切外與的客觀的規範崩解後，如所謂德猶未全然捨置，但進行與社會協同生活的保存及促進之原理相合一，這一步武就被跨過了。哲人派是採的這個路徑，但未意識到這原理的意義。但這意識不是早晚就要從他們教理中發展出來的嗎？在這場合，最高點雖未立卽達到，但從此以往，他們足下的地盤已十分安全而强固。

蘇格拉底解德爲知識。純粹理論的檢討，將表示這原理果較哲人派的見地爲高强嗎？善之客觀的概念究如何呢，在柏拉圖全部對話篇中，我們也不能發現出來，正如在鍊丹師的著作上，我們不能發現仙丹的性質。但若我們認德的知識，爲行爲的正確原理的意識，倒與國家一般幸福的基礎，很可調和。試一考察蘇格拉底所舉的例——無節制的人，僅因其不曾充分意識到他現在快樂之苦痛結果，遂致於犯罪——無論那一個哲人，亦不會否認如此構成的不缺少這意識的人，是構成得更好；從而，對於他，純粹主觀地個人主義地說，善亦是較善的。一個人所以選擇較善的，非因其認識善的概念，祇因在選擇的那一剎那，其心理狀態不同於無節制者。由這實例的考察，當可見包括各不同剎那時間的一般的善概念，對於個人實有其必要性。究其實，這一種概念，德謨克利特士已有。德謨克利特士及勃洛大哥拉斯的學徒，如繼續從他們的哲學進行一種切線的運動——如果可以這樣說——不繞着蘇格拉底打灣，他們很容易就會達到如次的命題：即人爲事物之尺度；剎那狀態中的個人，爲個別現象的尺度，平均人爲現象總和的尺度。

勃洛大哥拉斯及勃羅底哥斯，對於文法學及語源學的基礎的考察，亦曾盡力。關於這二種學問，我們通常是歸功於柏拉圖及亞里斯多德，但實際應如何歸功於勃洛大哥拉斯及勃羅底哥斯，我們尚不知道。但在我們，只要知道哲人派曾注意字及字義的研究就夠了。他們以爲字一般是感覺總和的記號。在這方法上，他們不很早就達到了中世唯名論所謂普遍概念說嗎？在這樣一種學說上，普遍當然不比特殊更爲現實、更爲確實，反之，乃離物象更遠更不確實——換言之，與柏拉圖的主張正相反對。愈普遍即愈不確實。

最後，對於從嚴密個人主義見地考察是一樣好的人類諸行爲，若哲人派按照國家一般生活的規範，區別何者應稱讚，何者應非難，他們不又達到了這樣一種概念麼？即就本身說，諸種知覺雖等是眞理，但按照一般思惟之歷史的見地，仍得有正常及變態之區別。最狹義的『眞』，即確實，誠然不過是特殊人的個個的感覺，但在此以外，要按照人間交際上一般所承認者，亦未始不可爲各樣的知覺取得一個確定的價値規範。

若有人把這樣一個交際價値的尺度，應用到唯名論者所謂剛剛發展的普遍概念上來，則蓋然性的概念，恐將無可抵抗地表現出來。在這場合，哲人派的見地與近代思辨最成熟的果實，是多麼相近啊。看來，進步的路已經啓放了。爲什麼必須介着起一個大反動，使世界數千年來，陷在柏拉圖的唯心論的邪路上去？

這問題的答覆，是已經暗示了的。我們所不得不處置的，不是繼續依反對或沿直線而發展其自身的哲學，却祇是哲學的人。這種人，像他們的教理一樣，乃是他們的時代的兒女。像黑格爾所謂依反對而展開之迷人現象，乃以下述的事實爲根據：即、支配一個時代的思想或像是哲學理想的思想，祇是民族精神生活的一部分，同時因少外露而較强有力的其他諸種潮流，亦同時在活動中直到後來，此等思想突然成爲主潮，其他的思想纔退到背後去。

過分搶在時代前頭的理念，必失其勢力，然後依反動之鬥爭，再强健起來，辛苦地、決然地奮鬥着再現出來。然這如何實現呢？新觀念新見解的抱持人，越是迅速地奪得輿論的支配權，則傳統觀念的反對必在他們同時人心中越是有力。在長期盲目耳聾的狀態下，所謂偏見，由外部的迫害與壓迫，或由新的理智的創造，起而與邪魔的意見相戰，圖予以征服，而益益有力地奮起。如若這樣的新的理智的創造，本身原是貧乏空虛的，其維繫全賴對進步的嫌惡，那就會像反對宗教改革的耶蘇社派一樣，要達目的，祗有與奸智暴力與壓服的政策相結合。但若除了反動的意義，它本身尚含有生命之萌芽，尚含有在其他各方面可以引導進步之內容，則與那因持有新眞理而尊大、但往往在陰謀成功之後、即覺無力爲繼的黨派行動比較，它往往能產出更光輝更可喜的現象。

在蘇格拉底與哲人派相對立的時候，雅典的狀態正像後一種類。抽象地考察，哲人派的見地，正可進一步發展起來，那是我們講過了的。但若我們必須證明，設無蘇格拉底的反動介在中間，將有何種推動力可以實現此種發展，我們倒覺有些困難。哲人派的鉅子，是以實際的結果爲滿足的。他們的相對論是無約束的；他們對於市民道德是漠然容認，不暇確立任何原理的；他們的個人主義，又使他們隨處爲瞬間的目的而隨意去取——那種種，都爲『實際政治家』的教育，豫備好了基礎。那種教育，自有史以來，一直到我們今日，都隨處可以確保最大的外部成功。哲人派會益益由哲學走入政治學，由辯證法益益趨往修辭學，原不足異。事實上，我們在高基亞斯身上，已可明白意識到，哲學已淪爲實際生活之準備。

在如上所述的狀態下，哲人派的後繼者，幾乎不要根據勃洛大哥拉斯的基礎，排除柏拉圖所導入的超越的神祕的普遍，以繼續哲學的發展，並促進近世唯名論及經驗論的見地，原不足異。後期哲人派惟知誇張其意志原理，誇稱其師曾爲希臘諸邦當權者製造理論，以顯示其自身。這哲學上的嚴格的哲學的芽，遂有了一種退步；在這方面，更真誠更深透的性質是不可復見了。

這裏所說的一切，當然不能以同一程度，適用於德謨克利特士的真誠的嚴密的唯物論。我們知道，德謨克利特士未建立任何學派。那件事情，一部分確應歸因於他自己的傾向與嗜好，但一部分又應歸因於他的時代的性質。相信原子永遠存在的唯物論，固曾一度因有感覺論否認現象之後尙有物自體，而得較高的評價。但仍須有一大進步，才會再把原子看作是未知事態之必然的表現方法，認此爲自然研究的基礎。僅有感覺論的哲學爲之繼續，還是不够的。所以在這時代，對客觀的研究一般，是沒有興趣了。在這點上，亞里斯多德殆可說是德謨克利特士的真正的後繼者；不過這位後繼者，乃是將這已得的結果及原理，用在一個完全相反的目的上。在雅典哲學隆盛時代，倫理的和論理的問題作了主體，其他的哲學問題幾至忘却。

倫理的和論理的問題，何故能佔得單方面的優勢呢？這問題的答覆，會立卽告訴我們，這新方向所由起，並使這新方向不僅成爲對唯物論與感覺論之反動，且有更高更獨立的價值的，究是何種最裏與的生活力。在這裏，如果我們要瞭解爲什麼某種哲學的革新能够取得如此重要的意義，我們必不能把學理和人分開，不能把純哲學要素與全部精神運動分離。喚起這新方向的，是蘇格拉底。柏拉圖給它以唯心論的特徵；亞里斯多德則使其與經驗論的要素相聯合，創造了那支配後此數千年思考方法的堅固的體系。對唯物論的反對，至柏拉圖已達絕頂。亞里斯多德的體系，對於唯物論的見解，亦是最頑强地反對。但這種攻擊乃開始於一位最令人注意的人。據歷史所述，他的性格，非常偉大而果斷。此即雅典人蘇格拉底(Sokrates)。

關於蘇格拉底的一切記錄，都表示他這一個人有甚大的體力與智力，有剛健鐵硬的性質，有嚴格的克己心，過着單純的生活，勇於戰，不僅耐勞，在必要時尚能禁酒宴，而生活甚爲適度。他的克己，不是精神平穩，沒有什麼要克制，乃是偉大精神，支配着强烈的感性及熱情的氣質。〔四一〕他的思想與努力集中於少數要點上。他內心的全部熱情，都用來促進這思想與努力。他對於工作認眞。他心中有燃燒着的火。這種種都使他的演說有驚人的勢力。在萬人之中，只要他出現，就可使亞爾基巴德斯(Alkibades)感到羞恥。他的不加修飾的演說，有力使最不易感動的人落淚。〔四二〕他有使徒的氣質，他心中一團熱火，只想向同胞市民，尤其是向青年同胞市民傳達。他的事業，就在他自己看來，亦是神聖的事業。他的辯證法雖以狡猾的諷刺爲特色，但在這後面，却隱着精神的懇切的力量。他的精神祇認識、亦祇尊重這精神所由而保持的理念。

雅典是一個敬虔的都市，蘇格拉底是一個純粹的雅典人。他雖教養甚深，他的世界觀却依然是宗教的。他所熱心——即令不說是狂信——堅持的目的論的自然觀，對於他，不過是神之存在與活動之證明。實際，視神之創造與活動全都擬做人間的方法，乃是一切目的論之主要的源泉。〔四三〕

像這樣一個人竟會被誣爲無神論者而處於死刑，並不足使我們過分驚異。在一切時代，被磔殺被燒殺的人，都是忠誠的宗教改革家，不是世俗的自由思想家。蘇格拉底的活動，就連在宗教的範圍內，亦是改革家的工作。當時的時代全部特色，即是宗教觀念淨化的傾向。不僅哲學家之間，就連最有勢力的希臘僧侶間，亦似乎有一種强烈的傾向，一方面要在敬虔的民衆間保存神話，他方面又要形成一個更精神化的神的觀念，按照神學的根本理念之內部關係，整理結合各地各式各樣的禮拜式，使阿林普士的左斯(Zeus)，尤其是德爾菲的阿婆羅（Apollo）那樣的國家主神，儘可能取得普遍的效力。〔四四〕蘇格拉底處置宗教問題的方法，在若干點上，是十分適合於這諸種努力的。至若我們應不應把德爾菲識言之奇妙的宣言——宣稱蘇格拉底爲希臘最賢的人——看作是他深信唯理論之祕密的證明，亦還有若干疑問。但這位先生越是公然討論最蠱惑的事情，彰明皎著以感化其同胞市民爲目的，民衆就越是容易把他視為宗教之敵。這位大人物的宗教的熱忱，決定他生與死的全部行為。這種宗教的熱忱，在某一程度上，比他的教理，還更使他取得重要的地位。並且他的學徒所以會熱心把這種高尚靈感之火焰，更廣播的散佈出來，亦是出於這種宗教的熱忱。蘇格拉底依從他的義務心，便以元老的資格，反對民衆熱情的興奮，拒絕服從三十暴君，〔四二〕定罪後，又不願逃亡，寧願服從法律，而以平和的靈魂等待死日。這種種態度，都充分證明了，學理與生活在他是完全融合的。

近頃有人以為，我們須指示蘇格拉底祇是一個道德的教師，從而說明他在哲學上的地位；他曾提出若干思想上的改革，而於哲學發展有極本質的關係，那是無可否認的。不過，我們願說明，這些有其光明方面、亦有其黑暗方面之新見解，如何以支配蘇格拉底全部行為之神學的及倫理學的根本思想為根基。

我們如要問，如何蘇格拉底捨棄了關於事物本質之思辨，而以人間的道德的本質，看作是他哲學的主要對象，我們就將從他自己及其學徒，知道他在少年時代曾研究物理學，但這範圍內一切事物，在他看來，都是極不確實的，他才把這種研究看作是無用的，而放棄了。據德爾菲的讖言所說，對於他，自我認識是遙較為重大。自我認識之努力，其目的即是止於至善。

蘇格拉底曾否有一個時期熱心於物理的研究，我們不要像亞里士多芬尼斯的諷刺畫那樣，予以考究。但從柏拉圖及塞諾芬的記錄，我們所知道的他這一時代的生活，就不是這樣的。反之，柏拉圖尙告訴我們，蘇格拉底曾閱讀許多古哲學家的著作，但全不能滿意。譬如他讀安納撒哥拉斯，當他看見安納撒哥拉斯以世界創造歸於『理性』時，他非常喜歡，因爲他是這樣想：安納撒哥拉斯對於創造之配列，將在理性根據中予以說明。例如地球是扁圓形的，他就說明爲什麼最好是這樣；地球在宇宙中央，他就說明爲什麼必須是這樣。如果安納撒哥拉斯當初祇提到自然的原因，他就不會如此失望的。這殆可用下述一事爲喩。有某人要解釋蘇格拉底何故坐在此處，他的解釋，不是雅典人認判罪爲善，蘇格拉底認不逃亡坐此處以待命運爲善，却是按照解剖學及生理學的原理。〔四六〕

由這一例示，可見蘇格拉底着手研究這一類著作時，原有一個成見在心。他深信創造世界之理性，乃倣傚人間的理性而活動，我們雖應承認其無限的優越性，但我們能隨處追從其思想。世界由人間解釋，非人間由普遍的自然法則說明。於是，在自然事象中，遂被認有思想與行爲之對立，有計畫與物質的實現之對立；因爲在我們自身的意識中可以發現這種對立。隨處都有擬人的活動。必先有計劃、目的，然後有質料、勢力，爲之實現。在這裏，我們看見了亞里斯多德認形相與質料相反對，認活動原因爲最後目的所支配，到底祇是一個蘇格拉底學徒。未曾親自研究物理科學的蘇格拉底，却曾爲物理科學指定一條路。此後的物理學即以如此固執的步伐，循這一條路前進。但這種世界觀的固有的原理，乃是神學的。

世界建築者的全部行爲，雖是不可理解的，但必然是一個能爲人間所理會的人。『理性』做了這一切那一句話，一看乃是一句非人格的表現。但就連那一句話，亦含有絕對的神人同形說——這理性的作業即由此加以考察——而蒙上宗教的特徵。因此，我們就發現了，就連對於柏拉圖的蘇格拉底——這特色當然是眞的——『理性』與『神』亦屢屢被用作完全同義的字。

蘇格拉底關於此等事物的理解，本質上就以單一神論的見解爲基礎，那是不足異的。時代就是這樣。實際，這單一神論並不是獨斷的。反之，它明白主張神的多元，但所謂世界創造者及支持者的神既佔優勢，遂把其他諸神壓下了，那諸神爲了許多思辨問題，正可被壓在較低的階級上。

如是，我們就可設想，蘇格拉底所非難的物理學思辨之不確實性，不過明明指示了，要在理性根據中予世界全建築以說明，乃是不可能的——他曾在安納撒哥拉斯那裏尋求此種說明，但徒然費力了。因爲當蘇格拉底講到活動原因的時候，他並不以爲那是重要的東西。他以爲，不把它們看作是普遍的自然法則，僅把它們看作是理性——其思惟與創造，均是擬人格的——的用器，亦不是不可思議。愈把理性看得重、擡得高，就愈把這用器看得輕、看得低。蘇格拉底乃以十分的輕蔑心理論述『外部原因的研究。』

從此我們可以知道，如何尋根究底，思惟與實在同一的學說，乃有神學的根柢。這學說假設世界靈魂或神有理性。和人間理性僅有程度之差的這個理性，會如此思惟萬物排列萬物，使我們能够再度思惟出來；如我們使用我們的理性十分得當，那就必定會再度思惟出來。

蘇格拉底所取的宗教的傾向，可與近世純理論相比較。蘇格拉底願維持敬神的傳統的形式但隨處予以一層深的內容。譬如，他說，我們祈禱諸神，不要爲特殊的財寶，無寧爲善；因諸神最知道何者於我們爲善。如果我們不想到，在希臘人信仰中，特殊財寶的祈願如何與特殊諸神的本質相深深融合，這學理就似乎不僅合理且亦無害了。蘇格拉底不過要改造民衆信仰的神，使它成爲更純粹的信仰的代表者。傳統的信仰本祇要加以純理主義的新解釋，民衆的禮拜，就得與啓蒙者的禮拜保持統一。蘇格拉底稱揚讖言（Orakel）的事情，與這傾向正相一致。何故？因爲對於人間的利益、在這些極微細處、也能予以考慮的神性，如何不與人間交際而給人間以忠告呢？在近代文化史上，在英格蘭、尤其在德意志，亦起了一種極有力的傾向，覺得應當廣佈更純粹的信仰形式，熱心於再興宗教及其影響。這傾向的根本衝動是純理主義的又是實證的。沒有誰比有這傾向的人，還更熱心反對唯物論，認神、自由、不朽諸信仰爲理想之財寶。蘇格拉底恰當文化崩壞之時，而又愛好信仰之理想的內容。在這二重影響下，他當然願救濟後者。滲透他全身的保守的特徵，並不致妨礙他着手急進的改革，甚至於在政治的領域。要這樣，政治體之最本質最高尙的要素，卽活的社會意識，才永遠不致爲佔優勢的個人主義的激流所侵襲。

關於蘇格拉底路易斯的描寫在許多點上都是可稱許的。他就愛根據蘇格拉底德即是知的學說，證明他一生的眞正事業不是道德，是哲學。這種區分有使人誤解的可能。蘇格拉底當然不祇是一個道德家——如果所謂道德家，祇志在使自身及他人更守道德，再不進一步確立一個原理。但他的哲學就其最內部的本質說，卽是道德哲學，卽是以宗教基礎爲基礎的道德哲學。他的行爲的衝動力，卽在於此。道德有理解可能有傳授可能的假設，自始就包含在他所特有的宗教立場上。至若他進一步不僅主張道德有理解可能，且視實踐的德與道德之純理的理解爲一，却是他對於這關係之人格的理解。但在此處，我們仍可證明有宗教的影響。

發揚道德的神德爾菲神，就在他殿堂的碑上，要人去『認識自己。』這句話，在兩點上作了蘇格拉底哲學生涯的指導：第一，建立精神科學以代替表面上無效果的自然科學；第二，提倡以知識作媒介而追向道德的修養。

哲人派的相對論，對於有這種精神傾向的人，必然是十分可厭的。宗教的意識，特在關於神、關於靈魂、關於生活規矩那諸點上，要求確定之點。所以在蘇格拉底看來，必定有倫理知識這一句話，乃是一個公理。飛散這個公理的相對論既以個別印象之是爲基礎。反對相對論者，自必確立普遍及普遍妥當性。

我們已在前面講過，到普遍的那一步，儘可從相對論的立場出發，不必有任何原理上的倒轉。但在這場合普遍二字，就在嚴密的唯名主義的意義上被解釋了。知識正可在這地盤，不必超出經驗論及蓋然性，而推廣至於無限。試一觀察柏拉圖的蘇格拉底在駁論勃洛大哥拉斯時，若進一步討論普遍，就應應像一個哲人派的真正學徒一樣辯論，那亦是頗有興味的，但辯論決不在此終止；那往往超出直接的目的，以致普遍一辭，在超越的意味上被吟味，並在超越的意味上，由柏拉圖導入科學中了。無疑，蘇格拉底，曾為這事立下基礎。例如，柏拉圖的蘇格拉底（在克拉特亞斯中）曾證明名之於物，非任意給與的，乃與物之最內部的性質相對應，後此為柏拉圖所高揚——高揚在被低視為假現的個別事物以上——的『本質』，亦在萌芽形態上，包含在事物的這性質中。

亞里斯多德以為方法上兩個本質的革新——定義的使用與歸納法——是蘇格拉底之功。辯證法的這二大手段，都依存於普遍概念。蘇格拉底所教的辯論術，主要卽是以特殊的事情，確實的、巧妙的、歸於普遍，並利用普遍，以歸結於特殊。當然在這裏，我們又在柏拉圖的對話篇中在常常勝利的蘇格拉底那一方面發現許多論理的跳躍以及各種竊取與詭辯。他常常像一隻戲弄鼠的猫一樣，戲弄他的反對派，卽用大大讓步的方法誘他們陷入穽中，然後告訴他們此中推理，含有一個錯誤。然此一錯誤甫經改正，反對派又再被捉在第二陷穽中了。這第二陷穽比第一陷穽，並不更為眞實。

在那裏，特殊的議論雖有大部分是柏拉圖的；但一般的議論却無疑是蘇格拉底的。我們又須承認，這種詭辯式的反對哲人派的論法，是更適宜於談話，即更適宜於彼此以精神力角鬥的直接論爭，而更不適宜於冷靜的文字的討論。因為文字的討論，至少在我們想來，必須由遙為嚴密的尺度來測度證據的真實性。

蘇格拉底殆未曾意識地困擾過他的反對派；他不過戰勝了他們，但未曾根本地反駁他們。他深信他自己的根本命題，以致不能看見自身推理的謬誤，卻祇不斷地發現反對派的謬誤而以有經驗的角力者的力，來利用這種謬誤。在論爭上，我們雖不能責蘇格拉底不誠實。但他像他的前輩和希臘古時諸辯證法家一樣，往往混同反對派的克服與反對派意見的反駁。精神的鬥爭，法庭上原告被告二者間的鬥爭，（尤其是我們在亞里斯多德著作中所發現的）到處都可看見；思想與人聯在一起；論爭之活躍的雕塑術，代替了冷靜的完全的分析。

蘇格拉底裝作無知而請教於反對派的『諷刺，』屢屢是獨斷主義的微薄的面紗。那隨時準備、隨便地、無邪地、外表上祇是嘗試地混入一種成見中使其不知不覺地得人承認。但這種獨斷主義，祇是少數單純教義之不絕的重覆：即德即是知；唯正人有真幸福；自我認識是人間至高的任務；改善自身，比注意任何外部事物都更重要等等。

關於自我認識及德之固有的內容，蘇格拉底常常祇是一個搜求者。他雖以信仰心的全力搜求，但他不敢確下任何一定的結論。他的定義法，與其說使他實際確立定義，不如說祇屢屢使他假定定義，即敍述待知的事物之觀念。如果我們所達到的點，尚有事待研求，我們就看出了那祇是一個嘗試，不然就是有名的蘇格拉底的無知。他表面上以否定之否定為滿足，並使我們回想起那個讖言——宣稱他為希臘最賢的人，因為他知道自己無知，他人却不知道自己無知。這外表上純然消極的結果，與懷疑論極不相同。因為懷疑論者否認確實的知識之可能；但對於蘇格拉底，必定有確實的知識這一觀念，却是指導他全部努力的北斗星。他甘心情願破壞偽知，組織一個可用來區分眞知和偽知的方法，並使用這方法來為眞知闢一道路。這方法的任務，是與懷疑論相反的批判；他擁護批判，視為科學的工具。至少在這一點，他的活動的成果，是有永久價值的。但他在哲學史上的主要意義，決不在此，而在於他相信知識及其對象，換言之，他相信事物有普遍的本質，相信現象的經過中、有靜止的極點。這種信念，也許大大跨過了它的目的以外。但相對論及唯物論所不得不跨過但其疲倦的精力又不能實行跨過的這一步——即、就普遍對個別之關係而研究普遍，並研究與知覺相反對的概念——就這樣跨過了。柏拉圖理念論的雜草，雖與麥共同發芽，但土地再被耕作了，又有一個強壯的手扶起犂來，外表看似乎一定無所生產的哲學園地，遂重結了百倍的果實。

在蘇格拉底學派中，抱有最深的從蘇格拉底出發的宗教熱情的，是柏拉圖；在最純粹的方法上引伸其師之思想的——雖亦非常片面——亦是柏拉圖。蘇格拉底世界觀之根基上的錯誤，就在柏拉圖手上，取得了極有力的支配幾千年的發展。但是，柏拉圖此等謬誤，因其深深反對從經驗出發的各種世界觀，所以對於我們，倒有特殊的重要。此等謬誤，像唯物論的謬誤一樣，是世界史的謬誤。不過此等謬誤，不能像唯物論那樣，依直接的結合點，而與吾人思惟力之性質相聯絡，卻更確實地依存於我們全部心理組織之廣闊的基礎。這兩個世界觀，都是人間思惟的必然的通過點。與柏拉圖哲學相較，在特殊幾點上，唯物論雖更能維持地位，但柏拉圖哲學所提供的世界全圖，也許更近於未知的真理。在任何場合，那都和人類的情緒生活、藝術、道德任務，持有更深切的關係。不過、此等關係雖甚高尚；由此等關係，柏拉圖哲學在人類整個的發展中，雖在各時代都有更多的影響，但我們仍有不可推諉的義務，要徹底暴露柏拉圖哲學的謬誤，不暇顧及其較高尚的諸方面。

最初，請一言柏拉圖的一般的精神方向。我們稱他為最純粹的蘇格拉底學徒，我們又發覺了蘇格拉底是一個純理論者。但一般卻認柏拉圖為神祕主義者及詩的夢想家，這兩種看法就是很不一致的了。但一般的看法是錯誤的。路易斯曾以特殊的精力，反對這種偏見，並這樣描述柏拉圖的特性：『他在青年時代寫詩，在壯年時代著書激烈反對詩。在他的對話篇中，他決非普通意義的「夢想家」，即非普通意義的「理想主義者。」他本來是一個辯證家，是一個嚴密的抽象的思想家，是一個大詭辯家。他的上形學，如此抽象，如此微妙，除了最果斷的學者，都將聞名疾去。他的道德觀政治觀，無絲毫浪漫色彩，乃是論理的嚴肅性之最極頂冷酷、不妥協、而超越人間。他認人間的熱情為病，人間的快樂為無益。惟一值得我們努力的，是眞理。辯證法是人間最高尙的修養。』〔四七〕

然而就令如此，我們仍不能否定柏拉圖主義，從歷史的觀點看，屢屢與狂信相結合；亦不能否定就連分歧甚遠的新柏拉圖主義，亦在柏拉圖學說尋得若干基礎。就連這位大師的直系弟子，亦有些可稱為神祕主義者。他們附在柏拉圖傳說中的畢達哥拉斯的要素，亦在此等傳說中，發現了若干適當的支點。當然，在這一切以外，極冷靜的『中學園派，』亦同樣與柏拉圖有關係。他們的蓋然說的端緒，事實上卽可溯源於柏拉圖。

實際，蘇格拉底的純理論，到柏拉圖身上，是突進得太過了，他努力把理性的領域揚在感性之上時，因跨得太遠了，遂不得不退入神祕的形式。柏拉圖所登的那個領域，人間對之，尙不會有任何言語與表象力。他自身遂亦發覺了，祇有請助於比喩的表現。但他的體系，却剴切證明了純粹超感覺的事物之比喩的表現，全然是背理的，企圖由這梯子爬上不可能的抽象之頂點，結局必致於以單純的比喩支配思想，從而在感覺的觀念聯合之魔術下，把一切論理的推斷破滅，而草草的提出結論。〔四八〕

柏拉圖在歸依蘇格拉底之前，曾被介紹研究赫拉克里特士的哲學。因此習知無靜止的永恆的實在，認一切事物均在不絕的流轉中。等他在蘇格拉底諸定義中及其所表現的事物的普遍本質中，發現某固定的事物時，他就把這學說和赫拉克里特士的要素結合了，即僅認普遍為真的實在，有不可分離的靜止的固定性。反之，個個的事物，却是本來全不存在的，祇是轉變的現象，是流去的，不實在的；實在才是永久的。

今日我們知道了，能下定義的概念，祇是抽象的自造的概念。數學家為要無限地接近於無公式可以完全說明的事物之量的屬性，就使用這樣的定義。給事物以定義之企圖，全都失敗了。用語之因襲的用法，可任意決定，但在用這用語、按一類事物的共通本質、而表示這一類事物時，就遲早會覺得，與最初的承認相比較，那事物還有別樣的關係和別樣的特性。老定義無用了，必須有新定義為之替換。這新定義，當然不比老定義更有保持永久妥當性的理由。恆星的定義，不能妨止此星的移動。任何定義，亦不能在流星及其他天體間，劃出永久的限界。研究大進步了，定義往往要改變。個別的事物，非依照我們的普遍概念而得調節；反之，我們的普遍概念，却須依照我們所知覺的個別事物而受決定。

柏拉圖從蘇格拉底受取的論理學要素，在他手上是更為發展了。在柏拉圖手上，我們第一次發現類及種，同位概念及等差概念之明白的表象。他很喜歡應用此等新結果，依分類法之助，而在研究對象上，投射光明與秩序。這當然是一個偉大的重要的進步；但就連這進步，亦可同樣看作是大謬誤。以內容最空虛的概念放在最高階位之概念等級制度，即由此而起。抽象是哲學家攀登確實性的天梯。所以他離事實愈遠，他就以爲他自己愈近於眞理。

但當柏拉圖認普遍概念與流動的現象世界對立而永恆不變的時候，他又看見了他自己不得不再進一步，使普遍與特殊分離，並與普遍以獨自的存在。美不僅在美的事物，善不僅在善的人。純粹抽象地說，善與美均是自存的本質。在這裏如要充分討論柏拉圖的理念論，我們就太深入了。爲我們的目的，對於此種學說的基礎加以檢討，並觀察如何由這基礎會生這種精神傾向——這傾向，把自身擡得那樣高在流俗的經驗論之上，但就任何一點說，爲科學之積極的進步計，都必須再讓道給經驗論——亦就够了。

我們要得到知識，必須有普遍與抽象，那是非常明白的。個個的事實要成爲知識的對象，必須假設並論證有一個標準的知覺，換言之，有一個與個別的知覺相對之普遍的知覺，一個與變動的知覺相對之平均的知覺，而揚在勃洛大哥拉斯的個人主義以上。如是，知識未引向相似的對象之類以前，即已開始升在單純的意見以上了。我們爲要確定我們的知識，使其有傳達可能，則在我們正確認知這全類屬以前，亦必須有普遍的名辭。其理由至爲單純，即因爲言語均不足表示一切特殊，並且因爲用足以表示一切特殊的言語，則理解，一般認識，語義的無限性的保持，皆成爲不可能的。在這點，第一個投射光輝的光的,是洛克(Locke)。但我們不可忘記,洛克生在柏拉圖以後許久,他所處的近世正進行脫離柏拉圖、亞里斯多德學說的羈絆。

蘇格拉底、柏拉圖及亞里斯多德,好像他們全時代的人一樣,常爲言語所欺。我們講過,蘇格拉底相信每一語當初都必然表示事物的本質;所以一般的語,會表示成問題的那一類對象的本質語存在的處所,卽豫想有某物存在。正義、眞理、美、必指示某物;故必有實在,與此等語言相當。

亞里斯多德說柏拉圖是分離事物之普遍的本質及個物的第一人。蘇格拉底沒有這種分離。且不祇此,亞里斯多德所特有的普遍對特殊之關係的學理——我們不久就要加以考察——蘇格拉底亦未曾有。蘇格拉底雖主張知識與普遍有關,但這學理與普遍概念爲知識所必需的學理,大有區別。照蘇格拉底說來,有德的人,卽知何爲虔敬何爲不虔敬,何爲高尙何爲不高尙,何爲公正何爲不公正的人。而在如此主張時,他心眼中殆無時忘記他不絕追求的定義。所求的不是特殊場合爲公正爲高尙的事物,祇是公正與高尙的普遍的本質。是從普遍我們必能取得特殊;不是從特殊我們必能取得普遍。蓋因歸納法助人達到普遍,僅使普遍更爲精神所明瞭,而非在個別事物的總和中尋得普遍。按照這個見地,就只有承認普遍是自存的,才不致互相矛盾了。因爲祇有這樣,我們才能承認普遍是完全獨立的。祇有這樣,我們才能確立普遍對特殊之內在的而在原理上又是獨立的位置。但我們仍不可忘記,柏拉圖教育中的赫拉克里特士的基礎，對於普遍和特殊之分離，亦有極本質的貢獻。

我們又須知道，從這種逆理的論法，當然祇能得到逆理的結果。名被視為一種事物，但名之為物，與任何他物均不相類，而在人間的思想之性質中，亦唯消極的賓辭能與之結合。但積極的斷言既有絕對的必要，於是，我們就發覺我們自己自始就在神話與象徵的範圍內了。

『觀念』一語所從出的 *εἶδος*或*ἰδέα*，就持有這種象徵的印號。與個物相對的種的概念，乃是同樣的。我們很容易就可在想像中表示種的原型——那與個物的一切偶然性相離，可代表一切個物的模型，又復是一個絕對完全的個體。我們不能想像本來的獅子，本來的玫瑰；但我們可以在想像中表現一個輪廓有定的獅的圖畫或玫瑰的圖畫，個物形成之偶然性概被視為原型的變則或缺點，而不包含在內。但這不是獅或玫瑰之柏拉圖式的觀念；觀念乃是一個理想。理想，是感性的創造，其意圖乃在儘可能完全表現抽象的觀念。觀念本身是不可看見的，因為一切可見的事物，都屬於流動的現象世界。觀念沒有空間的形式。因為超感覺的，不能與空間相聯絡。同樣，此等觀念，設不在何等感覺的形式上被思考，必不能表現任何積極的事物。此等觀念，設不能由代表的言語而與感覺的表象相結合，必不能說是純粹的、卓越的、完全的、永遠的。所以柏拉圖在他的觀念說中，遂不得不藉助於神話，由最高的抽象，一躍而躋於神祕主義之眞生活元素——卽感覺的超感覺。

但神話只有比喻的效力。賴有這種比喻，本身祇是純粹理性的對象的事物，固得以現象界的形式表現出來了；但對於原型不能被提出的事物，什麼才是比喻呢？

觀念本身據說是由理性而知覺的。可惜生在地上的人間，其理性雖極不完全，但理性之於超感覺的本質，正如感覺之於感覺的本質。理性與感覺之粗雜的分離，從此以後，曾支配着全部哲學，激起無窮誤解；但此種分離即由此而生。據說感官與知識無關。感官祇能感覺或知覺，祇能與現象生關係。反之，理性却能理解超感覺的本質。理性遂與人間其他官能全然分離了。這種學說，到亞里斯多德手上又推進了一步。與『現象』相對的爲最高認識對象的本體，被假定爲純粹理性認識的特有對象。然實際不僅此『本體』是幻想，即理解此本體的『純粹理性』亦是假作的。沒有感覺或知覺爲媒介，即可知覺普遍的、抽象的、超感覺的觀念之理性，人間是沒有的。就連在我們的思惟，引我們超出感性的限界時，在我們被誘導作如下的假定——我們的三次元的空間，我們現在的生於無亦滅於無的時間，都不過是人間關於無限廣無限深的實在之概念形式——時，我們亦須利用我們的普通的悟性，而此等悟性的範疇，就悉與感覺有不可分解的關聯。我們除了混入感覺性，即不能想像一與多，不能想像與自體性質相對立的本質，甚至於不能想像任何賓辭。

所以在這裏，我們處處都遇見神話了。而這神話的核心與意義之所在，就是完全的不知——甚至是絕對的虛無。所以柏拉圖這一切表象，降至今日，都不過是思想與研究之障物與鬼火，僅足妨害悟性及方法確實的科學，使不能精透現象罷了。但因人間的精神，不能以精密的經驗所可提供的悟性世界爲滿足，所以柏拉圖的哲學，倒長此成了精神之詩的高揚——揚在知識之不滿足的粗工以上——之最初而又最高的典型。我們是依在靈化的思辨之翼上，像用精神力肉體力那樣，實行這種高揚的。我們如果考察一下，在世事變化中探求一與恆之精神之自由作用，曾如何以活力的生動的影響，反響到一切時代，並間接對於科學的研究，提供一種新衝動，我們對此或將賦與更高的價值。但我們必須常常記着我們在這裏所有的，不是知識，祇是詩——這詩也許可以在象徵的描寫上，爲我們，關於一切不可以悟性直接理會的事物，描寫出本質之眞實的現實的方而。蘇格拉底要撲滅過激的個人主義，爲客觀的知識開拓一條路。結果所得方法，却把主觀與客觀完全混合，使確實知識不能由直線前進，並爲個人思想與思辨開放一個最無制限的放縱的領域。但這種放縱，事實上並非如此無限制。柏拉圖、蘇格拉底所從而出發的宗教的和道德的原理，曾指導這大思想的創造，向着一定的目的，並使這大思想的創造，對於數千年倫理的鬥爭與努力，予以完成性之深奧的內容及高尙的特色，同時又能與外國的非希臘的概念與傳統全相融合。甚至在今日，必須從科學區域中驅逐出來的觀念論，亦因其倫理的及美的內容，而成爲諸多福音之源泉。因席勒（Schiller）曾把『觀念』這個色褪的字，翻成如此美麗如此活潑的字，所以『形相』一語依然在光明鄉的諸神之間逍遙，在今日，同在古希臘一樣，有力使我們依着它的兩翼，高揚在世間的系念以上，而飛入理想的王國。

關於亞里斯多德，因討論中世時，尚須討論其體系之影響，所以這裏我只要簡單的說說中世近世從亞里斯多德體系中借來，但曾加以多樣修正的最重要諸概念，我們以後還要詳論。這裏我們不如祇說這體系的一般性質，及其對唯心論唯物論的關係。

有著作留傳至今日的希臘諸哲學家間，要以亞里斯多德及柏拉圖二人為最有影響最有價值了。關於這二人，我們很容易假設他們之間有尖銳的對立，好像他們是兩個主要趨向——先天的思辨之趨向及合理的經驗之傾向——的代表。實際，亞里斯多德所創造的體系，乃極附屬於柏拉圖。這個體系，結合了表面的經驗論、和蘇格拉底柏拉圖世界觀內根本破壞經驗論的一切謬誤，那雖不無自相矛盾之處，却亦在所不顧。〔四九〕

現今依然有一種非常流行的意見，說亞里斯多德是一個大自然研究家。但我們既知道在這領域內，〔五〇〕他以前已有如何的成就，他如何安心奪據他們的議論而不引舉原著者的名字；又知道有許多主張，是他自己的主張，但因其全然虛僞，〔五一〕致不爲人所注目。所以對於這種意見，近來已經有人批判，雖然批判的進行尚未十分完全。實則在任何場合配留給亞里斯多德的稱譽，都祇是黑格爾給他的稱揚。黑格爾說亞里斯多德曾把現實世界的豐富與繁多，置在概念之下。在特殊科學上他的獨立功績無論是大是小，我們終不能不說他全部活動的最大功績，是把一切現存科學的材料，蒐集在思辨的見地下。這種活動，在原理上，和近世體系組織家尤其是黑格爾的活動，是一致的。

德謨克利特士精通他那時代的全部科學，也許比亞里斯多德有更大的獨立性與徹底性。但我們沒有什麼痕迹可以證明他曾把這一切科學，屈在他的體系的軛下。在亞里斯多德，則以引伸思辨的根本思想爲唯一大事。柏拉圖在事物之外求一與恆，亞里斯多德却要在物自身的諸多性中求一與恆。他曾把外部世界看作一個有圈界的領域而視地球爲其中心點；他對於學問的世界，亦以同樣的方法，同樣的思考方式及表現方式，予以貫通。一切事物，均集於主觀者之周圍；主觀的表象，因爲對於認識的限界，起了一種素樸的誤會，遂被認爲眞正的究極的認識對象。

培根主張知識組成體系，是再向前進步的妨礙。對於這種見解，亞里斯多德殆不能反駁。因爲他主張科學一般的任務有時而盡，始終相信，他的地位是對於一切本質的問題，予以圓滿的解答。他在倫理的及政治的關係上，把自身局限於希臘世界所示的典型，殆未注意到他目前進行着的大變化。亞力山大遠征對科學家所提供的無數新事實與新觀察，他亦不會怎樣關心。隨亞力山大以滿足知識慾及從遠方送動物植物供他研究云云，都只是寓言。亞里斯多德在他的體系中，把自身局限於他當時已有的知識，並相信那已經是眞正重要的知識全部，足以解決一切原理的疑問。〔三三〕亞里斯多德後來會在中世如此顯著地被稱爲哲學先生，而在有進步傾向有革命傾向的近代，却以炸裂他的體系的桔鐐爲最重要任務者，就因爲他的宇宙觀，有這一種限制，因爲他確確實實地在他的狹隘的宇宙範圍內活動。

比柏拉圖蘇格拉底還更保守的亞里斯多德，到處都執着傳說、輿論及言語內含的概念。他的倫理的要求，儘可能與希臘社會的普通習俗與法律相接近。所以，保守的學派及保守的黨派潮流，常常愛好這位哲學家。

亞里斯多德爲要保持其世界觀之統一，竟使用極疏忽的神人同形說。由人間及人間目的出發之腐惡的目的論，乃是他體系中最本質的成分。人間的生產與活動，例如建造一屋或一船，乃以全部的觀念爲其活動的目的，那往往居在前頭，然後由其部分之完成而實現其自身於質料之中；同樣，自然亦被設想是由同一的道路進行。因爲在他看來，目的與事物，形相與物質的這種關係，乃是一切存在物的模範。有機體的世界，乃依人間及其目的而建設。此等有機體世界，使他能够指示在種子中有樹的眞實可能性，使他有模範作種與類的區分，有事情作目的的論原理之模範例，以及其他。但不僅如此，他還依下等有機體及高等有機體之比較，確立了這樣一種見解：宇宙間一切，都能按品位階級及價值概念而配列。這個原理，在亞里斯多德，且不妨應用到最抽象的關係上，如上下、左右。他顯然相信，這一切關係不僅存在於人類見解中，且依存於事物之性質。所以到處普遍均由特殊說明，輕均由重說明，單純均由複雜說明，高均由低說明。亞里士多德體系所以能如此通俗化，當有大部分基因於此。人，他最熟知的，當然是思惟與行爲之主觀的狀態，所以常常要把主觀狀態對事物世界之因果關係，說得那樣明白單純，遂至於以活動原因之祕密的動因，混同內與外的時間連續。例如蘇格拉底把『思惟與選擇』——人間的行爲，即由此依從目的概念而起——看作是非常單純的事情；決定之結果，亦似乎是一樣單純。筋肉與神經之附帶狀態，却被視爲無關重輕的偶有性。自然的事物，既好像表現了合目的性，必亦由思惟及選擇之自然過程而成立。一個像人一樣的創造者，遂被假設了；因其有無限智慧，全部世界觀遂以樂天主義爲基礎。

對於事物內活動的目的，亞里斯多德的思考方法，當然有顯著的進步。人們如進一步在更嚴密的方式下，對於這目的的實現方法反省一下，則最素樸的神人同形說——認創造者依人間的手動作——即不復能成立。純理論的世界觀——認民衆宗教觀爲超感覺的事實之比喻的表現——當然不能在目的論的場合，造成任何的例外。並且亞里斯多德在這地方既然同在其他一切地方一樣，要依照他的方法，努力取得完全的明瞭，故必至於由目的論及有機世界之考察，引向於泛神論，認神的思想隨處滲入質料中而實現其自身，並在一切事物之生成與轉變中，成爲內在的。這種見解，略加修正，本來就可發展爲完全的自然主義。但在這種見解之側，却在亞里斯多德那裏，出現了一種超越的神之觀念，即認一切運動，結局均從某種不動的東西出發。〔三〕

在亞里斯多德著作上，經驗之推揚，一部分可在孤立的辭句中見出，其中最重要者，厥爲要求吾人尊重事實之言句；一部分則在他的實體(Οὐσία)學說中見出(這個學說當然亦有不可調和的矛盾，使我們不快。)在這點，亞里斯多德和柏拉圖根本不同。他在第一的本來的意味上，稱個別的存在與事物爲實體。形相——本質的部分——與質料，即在個別的存在與事物中相互結合，其全體即是具象的完全眞實的存在。不，亞里斯多德有時且說，完全的實在性，本來祇屬於具象的事物。這是中世唯名論的見地。但亞里斯多德的意見，並不全然是中世唯名論的見地。因爲亞里斯多德復容認第二種實體——特別是種的概念，普遍的概念一般亦如此——來玷汚一切。不僅我窗前的蘋菓樹是一個實在；種的概念亦復指示同樣的實在；不過蘋菓樹的普遍的本質，不存於輻射影響到現象界事物上來的觀念幻境，蘋菓樹的普遍的本質，即存於個別的蘋菓樹中。

在我們祇討論有機體，祇比較種與個物時，實際這裏就有一個欺人的假現，那會迷惑了多少近代人啊。讓我們嘗試指示眞理與誤謬的分歧點吧。

唯名論的見地，是十分明白的。且讓我們先立在這個見地上罷！那裏祇有個別的蘋菓樹，個別的獅子，個別的黃金蟲等等。此外尚有此等的名稱。我們卽依此等名稱，綜合由類似性及同種性而互相關聯的現存對象物之總和。『普遍』祇是名稱。對於這種理解方法，人們要指出其皮毛的外觀，祇須指出我們這裏所論的，不是偶然的隨意依主觀而概括的類似性，並指出客觀的自然會提示某幾種顯然相異的羣，此等羣，由其實際的關聯性，强迫我們與以這共同的概念。獅之間或黃金蟲之間卽令有最不相似的個物，彼此間的類似，仍必較勝於獅之於虎，黃金蟲之於鍬形蟲。這種考察，無疑是正確的。但試略一吟味這觀察的意味，那就將指示吾人爲簡單起見而不暇討論卽與以承認的眞實聯帶，無論在任何場合，都與種之普遍模型——那在想像中與蘋菓樹之名相結合——完全不同。

於是，我們可從這點，關於個別對普遍，一對多的關係，更進而繼續形上學的討論。假設我們已知胚胎細胞中質料結合或昂奮狀態的法則，依此法則，卽可決定這胚胎將發展爲蘋菓樹及梨樹的形相罷。但我們依然可以推測，每個個別的胚胎細胞，在這法式的條件之外，尚附有個別的變異，而實際，亦隨時是普遍與特殊的結果，或不如說是沒有普遍與特殊之區別的具象事實。這法式，却是純然存在於我們精神中的。

我們在這裏還很容易看出唯實論的反對論調。但爲了要理解亞里斯多德的關於普遍的學說的錯誤，我們沒有再循此連鎖而進一步追究的必要。這錯誤的探索，並不要遠溯如此。蓋因亞里斯多德直接拘近於語言。他不在蘋菓樹之普遍的本質背後，尋求未知的何物。普遍的本質已是十分理解了的語言直接表示了一個本質的事物，以致亞里斯多德把有機體上的所見，移至其他對象例如一斧時，亦從『斧之性』分別這特殊的斧的個別性。『斧之性』與金屬那種質料相結合卽成斧。在金屬未爲與普遍相應之形相所捕捉所佔有時，任何一片金屬亦不能成斧。以本質直接歸於言語之傾向，是亞里斯多德概念說之根本缺點，從而歸根結底，亞里斯多德又違其所好，而與柏拉圖同樣把普遍揚在特殊之上。因爲承認個物之本質在於種，則種之最本質的部分，又必然在一個更高的階段上，換言之，種之根據又在於類，以上可以類推。

實際，柏拉圖思想方法之徹底的影響，在亞里斯多德常用的研究法上是很顯明的。因爲我們立卽發現了他的由事實出發及由事實到原理的歸納法，依然不過是一個理論，就連亞里斯多德自己亦不曾在任何地方應用過。至多他不過引用了若干孤立的事實，而從這諸事實立卽跳到最普遍的原理，從此，他對於這最普遍的原理，就在一種純粹演繹的手續上，獨斷的固執着。[五四]亞里斯多德卽曾從普遍的原理，證明在我們圈定的世界之外，沒有任何物存在。關於與『暴力』運動相反對的『自然』運動，他的陳腐的理論，又引出如下諸種主張：卽肉體的左側較冷，一種質料可變形爲他種質料，在空虛的空間運動不可能，冷與熱輕與重有絕對的差別等等。他又先天的證明世間有多少種動物，並根據普遍的原理，證明爲甚麼動物必須賦有這肢體那肢體，及其他許多命題。此等命題復以最嚴密的推論而適用。就全體說，要研究成功是全然不可能的。柏拉圖、亞里斯多德哲學所最相投的學問，當然是演繹原理得到了頗光輝結果的數學。所以亞里斯多德就認數學爲一切學問之模範；在自然研究上，他不過隨處把量的還原作質的，以閉塞數學的用途。他所採的進路，遂與近世自然科學正相反對。

論爭點之辯證法的考察，與演繹法密切相關。亞里斯多德對於他前人的見解，好加以歷史的批判的論議。這些見解在他看來，已是一切可能的意見之代表。他以他自己的意見，作爲這一切意見之最後的反對。普遍的一致，即是完全的證明；一切其他見解都被駁斥了，外表上唯一殘存的見解，遂被視是必然的。柏拉圖曾區別知識與『正確的意見。』他對於一切可能的反對論，都予以辯證法的擊退，而在意見的鬥爭中，維持自己的主張，以底於勝利。亞里斯多德則介紹反對派，使他們說明他們的見解，（但往往不甚正確，）在紙上和他們辯論，再坐在裁判人的座位，來袒護自己。於是討論的勝利代替了證明，意見的鬥爭代替了分析，卒致全部依然是一個純主觀的考察，眞實的科學決不能從此展開。

如若我們現今要問，這樣一個體系，如何數世紀來，不僅能作唯物論的障礙，且可作一切經驗論傾向的障礙，並且『亞里斯多德的有機世界觀，』如何在今日尚能爲哲學上一個有力的學派所稱讚，當作一切眞哲學之堅固基礎，我們第一切不要忘記，思辨一般是愛從兒童及燒炭夫的素樸見解出發，並一般愛在人間思想的領域中，聯絡與相對論的中間相對立之最高及最低。我們已經講過了，合論理的唯物論，能以秩序及關聯持入感官的世界，——其他的體系，是不能如此的——能從這出發點，承認人及其行爲不外是普遍自然法則之特殊事例；並且，當作經驗研究對象之一的人和當作直接自我認識主體之一的人，其間會有永遠的間隙。從自我意識出發，我們能不能得到一個更滿意的世界觀呢，關於這問題，會有不絕的嘗試要予以探究在這方面人間的祕密的特質是如此强固，所以，即令承認以前一切努力全失敗了，這嘗試亦不妨一百遍視爲是成功的。

實際，此等努力最後的斷然放棄，亦是哲學最本質的步武之一。但情形決不會這樣，除非人間理性的統一衝動，已在其他方法上圖得了滿足。我們不僅要認識，而且要想像，要建造。我們雖多少會不信用悟性及感性所給我們的東西之終極的妥當性，但人類常常會以喜悅之心，對於知道如何奮發天才，利用時代教化，來補吾人知識之不足，並在世界上及精神生活上創造統一的人表示歡迎。這種創造，實際祇是時代對統一性及完全性的憧憬之表現。但就連這點亦不是一件小事，因爲我們精神生活的維持與滋養，其重要有如科學本身，惟比較更不那樣持久罷了。蓋因實證知識的細目之研究和當作唯一認識對象的關係之研究，均賴其方法而有絕對的性質；絕對之思辨的把握，却僅能要求相對的意義，作爲一個時代的見解的表現。

就此等領域之明晰的區別言，我們對於混亂思辨與研究，並要概括且支配實證知識的亞里斯多德體系，雖要認作是吾人的敵對勢力，是背理方法的典型，是我們應該避免的先例；但在他方面我們又必須承認，自有歷史以來，亞里斯多德的體系眞不愧稱爲最完全的體系，那實際建立了一個統一的無所不包的世界觀。我們就使應當貶損亞里斯多德當作一個自然研究者的名譽，但他曾統一並總集他那時全部知識使成爲一個調和的體系，終不愧稱爲精神的一大事業。我們雖須指出他的背理方面，但在各部門，他的犀利的洞察力，都曾留下豐富的痕迹。此外，作爲論理學創立者的亞里斯多德，在哲學上亦就享有了大名譽的地位；他把論理學和形上學完全融合，雖足減少這科學的價值，但這種融合却增加了這體系的力量與魔力。必須在一個如此堅固的建築物中，精神才能够在沸騰的激烈的時代——那時候，古代的破碎的文化，與新宗教的動人的概念結合起來，在西洋人的頭腦中，喚起那樣鉅大而陰暗的運動，引出那樣軒然大波的追求新形式的努力——休息下來，並尋得它的支點。我們的祖先，相信地球靜止在永遠迴轉的天穹的環中；當哥白尼（Kopernikus）把這幕炸碎時，無限中爆發的空氣的激流，會如何喚起非常的痙攣呀！

但我們忘記了，我們尙未擧出亞里斯多德體系對於中世紀的意義。若在希臘，亞里斯多德體系却是極漸漸的才取得對一切其他體系之優越性。那時，亞里斯多德以前的古典時代沒落了，他以後方始開放的科學活動的花亦凋謝了，搖曳的精神才在這裏握住了似已提出的最强固的支點。暫時間，巴里伯提特學派（Peripatetischen Schule）的星，雖在其他諸星之傍，發出十分的光輝，但亞里斯多德及其學說之影響，終不能防止唯物論的見解侵入。在他死後不久，唯物論就以高揚的勢力侵入了唯物論的見解，且亦能在他體系中尋出連接點。

第四章　亞里斯多德以後希臘與羅馬的唯物論——伊璧鳩魯

黑格爾以爲，對於歷史之哲學的考察，反對展開（Entwicklung in Gegensätzen）有甚重大的意義。我們又在前一章講過，可常常根據反對展開來說明一般文化史的關係。一個傾向在非常廣佈而貫透全時代以後，即開始失其勢力，不能再支配新的時代。一向在無形中進行的思想潮流，却現出了新的勢力，並適應着民族及國家之變化的性質，提出新的口號。時代，像生產同種產物過久的土壤一樣，在觀念的生產上把力費盡了。最豐富的禾苗，往往在荒地發芽。

有力與無力這樣的交代，我們在希臘唯物論史中見出了。唯物論的思考方法，支配了紀元前第五世紀希臘——即德謨克利特士及希卜格拉底（Hippokrates）那時代——的哲學。但這世紀終末之頃，爲蘇格拉底所創始而在柏拉圖、亞里斯多德體系中經過種種修正的唯心論，就起來支配了後一世紀。

然在亞里斯多德自己的學派中，竟亦出了像底克爾柯斯（Dikaearchos）亞里士多生諾斯（Aristoxenos）等人否定靈魂的實體性。最後又出了有名的物理學家藍蒲薩克斯的斯德拉圖（Strato aus Lampsakus）。他的學說，就僅少的傳說來推想，則與純粹唯物論的見解殆無二致。

亞里斯多德的理性（νοῦς），在斯德拉圖看來，僅是以感覺爲基礎的意識。〔三〕他以爲靈魂的活動卽是現實的運動。他把一切存在與生命，還元爲物質內在的自然力。

但我們雖發覺了第三世紀全部，以唯物論的思考方法之復興爲其特色，但斯德拉圖對於巴里伯提特學派的改革，猶不過主張了一個妥協的見地。終極的衝動，乃從伊璧鳩魯的體系及其學派發出。但就連他的大反對派——斯多亞學派（Die Stoiker）——在物理學的範圍內，亦斷然傾向於唯物論的見解。

爲這新潮流開道的文化史的轉向，卽是希臘自由的破滅及希臘生活——這短而僅有的開花時代——的崩壞。雅典哲學卽起於這開花時代之終末。蘇格拉底及柏拉圖是雅典人，有眞正的希臘精神，但這精神正在他們眼前開始消滅。亞里斯多德則就時代說性格說，都是立在過渡的入口上，但因其與蘇格拉底、柏拉圖相關聯，遂與前一時代更爲密切相關。在柏拉圖與亞里斯多德的場合，倫理觀都和他們的國家觀密切相關！柏拉圖的國家根本改革，同亞里斯多德的保守政治論，同樣供獻於一個國家理想，以強烈抵抗得勢的個人主義。

個人主義是時代的產物，而支配這時代思想的，是一種全然不同種的人。這時代的主要哲學家，雖大部分出於希臘世界的外域，但這個外域，實際已不是古希臘在伊奧尼亞及大希臘的殖民地，而主要是希臘要素與外國尤其是東洋文化潮流相結合的地方了。〔五六〕對於實證的自然研究之愛好，在這時代重行活潑起來，但有部門的分別了。在古代，我們雖不能發現今日普通可以見到的自然研究與哲學間之敵對，但這二範圍內的偉大人名，已不復相同了。即研究家更有加入某哲學家學派的自由，哲學家學派的主領，却不復是研究家，祇是他們體系的代表及教師。

蘇格拉底在哲學上主張的實踐的見地，現今與個人主義相結合了，結果不過成爲更片面的。蓋因宗教與國家生活從前對於個人意識所提供的基礎，現今全然崩壞了，孤立的靈魂遂在哲學上求其唯一的支點。所以就連這時代的唯物論，在自然考察上雖如此密接於德謨克利特士，但主要仍是從倫理的目的——即從懷疑與不安的境地，解放其精神，而獲得靈魂之平靜的愉悅的平和——出發。

但在我們尚未言及狹義的唯物論以前，請一言『斯多亞學派的唯物論』。

最初一瞥見，似乎世間最徹底的唯物論，就要算斯多亞學派的唯物論了。斯多亞學派以爲一切實在的都是物體。神與人類靈魂，德與情緒，都是物體。在柏拉圖及斯多亞學派之間，反對是再顯明也沒有了。柏拉圖說，人是公正的，因爲他分有公正的觀念；斯多亞學派却說，人是公正的，因爲他的肉體中含有公正的質料。

這是十足的唯物論了；但同時却缺少了唯物論的決定的特徵——物質之純唯物的性質，即認一切現象（包括合目的的現象和精神的現象）的成立，均由於質料合於普遍運動法則的運動。

斯多亞學派的質料，有最多樣的勢力使其在各場合如此存在的，到底亦即是勢力。但一切勢力中的勢力，却是滲透全世界而以其影響推動全世界之神性。神性與無規則的質料，遂互相對立，同亞里斯多德體系中最高形相（最高能力）與單純可能性（形相從此可以造成一切）對立一樣。換言之，神與物質是互相對立的。實際斯多亞學派不認有任何超越的神，亦不認有任何靈魂絕對與肉體有別；但他們的物質是全然生動的，不僅是運動的。他們的神則與世界同一，不僅是自動的物質，乃是『世界像火一樣的理性。』而這理性，又像阿婆羅尼亞的狄阿格奈斯的『理性質料』一樣，所作的是有理性合目的的事業所按照的是人間在意識中取得的法則，不是人間由觀察可感覺的事物而得的法則。於是，神人同形說目的論，樂天主義，遂全然支配了斯多亞的體系，其眞正的根本性質，必須說是『汎神論的』。

關於意志自由，斯多亞學派有一個十分純粹而正確的理論。道德的責任性，包含在如次的事實內，卽行爲出於意志，出於人間最內部最根本的本質。但各人意志之形成方法，却僅是有力的必然性及神的宿命——那支配着世界的全組織，乃至於最小的部分——之結果。

人間對於思惟須負責任，蓋因吾人的判斷，亦不能不受吾人道德的品性之影響。

靈魂在性質上雖是肉體的，但死後仍有若干時存在：惡的愚的靈魂，因其質料純粹更不耐久，故滅亡較速善良的靈魂，卽昇入樂土，並停居在那裏，直到大宇宙火災，使一切存在物逆流入神性之統一中。

斯多亞學派的軒昂的德論，如何會引出在許多點上，與唯物論如此接近的世界觀呢？辛勤以爲他們因爲有實踐的傾向，所以亦在實踐生活的直接經驗之最單純的形式上，思考其形上學。〔五七〕關於這見解，尚有許多話可說；在伊壁鳩魯體系上，倫理學與物理學間，固有更深的聯結，但這樣的聯結，在斯多亞學派中就缺乏嗎？齊諾（Zeno）不亦在宇宙絕對統一的思想中，尋得他的德論的基礎麼？亞里斯多德的二元論，是超越的神和所治世界的二元論；是肉體（有動物靈魂的肉體）和精神（可分離的不朽的靈魂）的二元論：這種二元論，對於中世基督教熱望由塵世升天堂的破碎意識，固是非常好的基礎，但對於尊大自滿的斯多亞學派，却不是很好的基礎。

由絕對一元論到斯多亞學派物理學的步武，並不很寬。蓋因，無論是一切物體必須還原爲純粹的觀念，抑是一切精神及一切在物體中運動的東西必須還原爲物體，甚至於同斯多亞學派一樣，簡潔了當認物體祇是空間之擴延，這二種表面極端反對的見解，實際仍是相差不遠的。——但我們必須在這裏中止我們的議論。斯多亞學派的倫理學與物理學無論有如何的關聯，就空間對觀念界物體界之關係來思索空間，畢竟是近代的事。——我們現今且回過來，講伊壁鳩魯如何在純機械的世界觀上，復與徹底的唯物論。

伊壁鳩魯的父親據說是雅典一個窮教師，曾抽籤得薩摩斯(Samos)殖民地的股分。伊壁鳩魯就在那裏生的。他生的時候是三四二年之終或是三四一年之始。十四歲時，據說他就在學校讀希齊阿德(Hesiod)的宇宙開闢論，發現了一切事物出於渾沌(Chaos)的解釋，他就喊起來問：那麼，渾沌又是那裏來的？對於這一問，先生的答覆不能使他滿足。從這時始，伊壁鳩魯就獨自討究哲理了。

伊壁鳩魯體系中包含的最重要的思想，一個一個的說，雖已爲一般人所周知，但他仍可稱爲獨學者。他的一般教育，據說是很不完全的。他未加入任何當時流行的學派，但曾熱心研究德謨克利特士的著作，他的世界觀的基礎元子論，卽是由此取得的。據說最初在薩摩斯以這學說傳授給他的是諾希芬尼斯(Nausiphanes)，他是德謨克利特士的信徒，但有懷疑論的傾向。

我們不能推定，伊壁鳩魯是因爲不知其他體系，遂致成爲獨學者。蓋因十八歲青年時代的伊壁鳩魯卽居住雅典，也許聽過柏拉圖學徒芝諸克拉底(Xenokrates)的講義。那正是亞里斯多德被控爲無神論者而逃往卡爾西斯(Chalcis)臨終之際。

這時候希臘的情狀，和一百年前勃洛大哥拉斯尙在執教的時候比較，是相差得多遠了呀！那時候自由敎育家的雅典，就外部的力說，殆已達至極高點。藝術與文學，都在最盛的開花時代。哲學亦以青年的朝氣與活氣異常活躍。——但伊壁鳩魯在雅典研究的時候，却正是自由的沒落期。

細伯斯（Theben）已經滅亡了。德謨斯台尼斯正在放逐中。亞力山大勝利的消息，從亞細亞傳來。東方諸國的奇象被開發了；跟着視野的擴大，有其光榮過去時代的希臘母國，似益益趨向新的發展，而此發展從何處來往何處去，却還沒有誰人知道。

亞力山大突然在巴比崙死了；自由之最後的痙攣，不過殘酷的爲安提培特（Antipater）所壓迫。在這困亂中，伊璧鳩魯亦離雅典而返其兩親伊奧尼亞的故居。嗣後，據說他曾在科羅芬（Kolophon）米提倫尼（Mitylene）和藍蒲薩克斯（Lampsakus）設教；在最後那一個地方，他得到了他最初的弟子。他壯年時代才返雅典。他在那裏買了一所花園，與弟子共同遊息於其間。據說這花園曾有這樣的題字：『未知的訪問者，這裏定能使你合意；這裏，快樂是最高的目的。』

他和他的弟子住在那裏，中庸的，質素的，像在和氣的家庭中一樣，共同努力，而保有眞心的友情。依他的遺囑，這花園遺贈給他的學派，而他的學派亦就有一個長時期，以這花園爲中心。像伊璧鳩魯及其學派那樣，在古代，要算是最光彩最純粹的共同生活之例了。

伊璧鳩魯自來沒有充任公共職務，但據說他亦愛他的祖國。他自來不與宗教衝突，因爲他是按照傳統的儀式尊敬諸神。關於諸神，他自來不會佯認不信以爲信。

諸神之存在，被歸源於吾人關於諸神之純粹主觀的認識。他以爲，否定民間諸神的人，不是無神論者；關於諸神，一味順從民間意見的人，才可說是無神論者。我們承認諸神爲永恆的不朽的存在者，但其神聖，不許有懸念或職業的思想。所以一切自然事象均按永恆法則進行，決無諸神干涉，若吾人設想諸神將勞心注意我們，那簡直是玷辱諸神的尊嚴。我們必須敬諸神，蓋因其完全。

將此等一部分矛盾的言論總括起來，便知道伊壁鳩魯實際祇把諸神之觀念看作是高尙人間性質的一個要素，而尊敬諸神之觀念，不把諸神之自身看作是實際客觀的存在，而尊敬諸神之自身。那是無可懷疑的。且亦祇有根據這個觀點——即對於諸神，予以主觀的靈魂和協的尊敬——我們才能解釋伊壁鳩魯體系，非此則不可免的矛盾。

何則？如若神是存在的，但無活動，則信心輕浮的民衆，將有充分理由僅信仰諸神而不尊敬之。伊壁鳩魯之道，却正與此相反。他因其完全而尊敬之。這完全性無論是表現於其外部行動，抑是僅僅作爲我們思想中一種理想而發展，他的尊敬可以是同樣的；不過他的見解，似乎是後者。

在這意味上，我們不要以爲他尊敬諸神，僅僅是一種僞善，以圖與多數民衆及危險的僧侶階級保持良好關係。這種尊敬，是從他內心發出的。因爲事實上這無懸念無苦痛的神，正是他哲學上眞理想的化身。他遵守諸種儀式——從他的見地說，儀式自然是隨意的無足重輕的——至多只是對現存狀態的一種讓步，但同時確實是青年的一種好習慣。

因是，伊壁鳩魯乃能在生活上有如此賢明的敬虔心，而又以靈魂安靜的取得爲哲學之中心點。但要取得靈魂的安靜，其唯一不動的基礎，卽是脫離愚蠢的迷信。

故伊壁鳩魯遂明白倡言，就連天體的運動，亦不取決於神性的願望與衝動。天體不是神性。一切均受支配於永恆的秩序；這永恆的秩序才是支配生滅之交代的。

研究這永恆秩序之原因，是自然研究者的任務。無常的存在物，亦卽在這認識中尋得幸福。

關於自然事象不知原因祇有歷史知識之知識，是毫無價値的。因爲這種知識，不能解脫我們的恐怖，亦不能免除我們的迷信。我們越是發現變化的原因，我們就越能取得默想的平靜。而且，這種研究，亦不能被設想無所影響於我們的幸福。因爲最深切的人心的不安，是會從此生出的。我們旣認這地上諸物是常住的、幸福的，則我們必認一切變化爲可驚怖之事。不過，如視變化爲一切存在物所必有，這種驚怖就解脫了。

有一些人，相信古神話，擔心永遠不幸之來到；又或他們對於這些過易於相信，遂恐死之來到，將剝奪他們的一切感情，好像靈魂到那時尚能感到這種剝奪一樣，認這種剝奪爲不幸。

但正因死剝奪了我們的一切感情，故死實於吾人毫無關係。在我們存在時，無所謂死；而在死來到的那一瞬間，我們已不存在了。一種事情，其本身旣不足驚恐，爲何我們仍畏其來到。自然哪，讚揚不自然的隨時可以自己招來的早死，還更愚蠢。總之，眞正相信無生卽無不幸的人，生活上卽不復有不幸。

一切快樂都是善的；一切痛苦都是惡的。但我們非因此故而追求一切快樂，避免一切痛苦。靈魂的平和與痛苦的解脫，才是永續的快樂，才是生存的眞正目的。

在這點，伊壁鳩魯顯與亞里士提卜斯不同。亞里士提卜斯以爲快樂在於動，宣稱個人的快樂爲眞正目的。他的狂暴的生活，與伊壁鳩魯的安靜的花園生活相較，指示了他們互相反對的理論，已見諸實行。民族上和哲學上的奮興青年時代與隱退老年時代，立卽在這種反對上，反映出來了。

伊壁鳩魯所得於亞里士提卜斯的固屬不少，但伊壁鳩魯說，因精神不僅爲現在所刺戟，且爲過去及將來所刺戟，故精神的快樂較高於亦較優於肉體的快樂，這亦是伊壁鳩魯和亞里士提卜斯不同處。

伊壁鳩魯以爲爲快樂的目的必須選擇德，正如爲健康的目的必須選擇醫術一樣，這是全然合論理的。但又補充着說，德是快樂的唯一不可分離的要素；一切其他卻都可以消滅，可以與快樂分離。在這點，伊壁鳩魯在論理上又和他的反對派如何相接近啊。他的反對派齊諾(Zeno)與克里西卜斯（Chrissippus）亦認德爲唯一的善。但因各自的出發點不同，故其體系亦有最大的差別。

伊壁鳩魯以爲一切德均溯源於智慧。智慧教訓我們，不賢明不高尚不公正的人，決不能有幸福；反之，非眞幸福的人，亦決不能賢明高尚公正。在伊壁鳩魯體系中，物理學作了倫理學的使役；這種從屬的地位，必定會對於自然的說明，予以不利的影響。因爲自然說明的全部目的，既然是使我們解脫恐怖與懸念，這目的達到的時候，就是研究者衝動停憩的時候了。事象能由普遍法則說明之事實一經指出，這目的就算達到了。這其中的可能性，是充分的因爲，如果一種結果可歸因於自然的原因，我自無需再追求超自然的原因。在這裏我們認出了一個原理，那曾爲前世紀德國純理論所屢屢適用以說明奇蹟。

我們能不能說明什麼是事象的現實原因呢？怎樣才能與以說明呢？這問題我們是忘記了問了，這問題沒有決定，亦是不行的。因爲祇有此等說明，可以發現聯貫與統一原理的說明，可予我們以永久的滿足。伊壁鳩魯如我們下文所述，是在這大膽的思想中，抱有這樣一個原理——即在世界無限的條件下，一切可能的事物，均必在某處某時現存於宇宙中。然這普遍的思想，對於物理學之倫理的目的，却頗少關係，因這目的必須與我們的世界持有關係。

關於月，伊壁鳩魯假設其自有光明，但又說其光明可以是得自太陽。所以假若月突然蝕了，那或是因爲光明暫時消滅，或是因爲地球介在太陽與月之間，依地球的影而生月蝕。

伊壁鳩魯學徒似特贊成後一種意見，但因其與前一種意見聯絡，所以我們覺得，他們也許以爲在二者間，似不必予以何種決定，你擇取那一種就擇取那一種罷，但必須使你的說明，成爲自然的說明。

這自然的說明，必根據於其他已知事例之類推。伊壁鳩魯曾宣稱，正確的自然研究，不應隨意提倡新的法則，但處處須以實際觀察所得的事實爲基礎。我們放棄觀察的方法，卽失去自然的踪跡，而墜入妄想世界中。

在其他諸點上，伊璧鳩魯的自然論，殆全然是德謨克利特士的自然論，但他留存給我們的說明是更詳細了。如次諸命題，卽其自然論最重要之成分：

無中不能生有。何故，因爲如果不是這樣，任一物能從任一物生出來了。一切存在的都是物體。非物體的，衹是空虛的空間。

在物體之間，有些是由結合而生；其他便是一切結合所由而生的東西。那是不可分割的，絕對不變的。

宇宙是無限的，所以物體的數亦是無限的。

原子是在不斷運動中，一部分是彼此相隔甚遠的，一部分是彼此極相接近而聯合的。但這運動是無始的。原子除了大小，形狀，輕重，卽無何等性質。

這命題，正式否定了與外部運動及結合相對立的內部性質，乃一切唯物論的特點之一。假定原子有內部性質，就把原子變成單子，由唯物論走入唯心論或泛神論的自然論了。

原子比一切可以量度的東西都更小。原子亦有大，但非此大，亦非彼大，因凡可以講得出的大，大都不能適用於原子。

原子在空虛的空間運動，其時間之短是不能言述；它們的運動是絕無障礙的。現實存在的原子形式，其數雖非絕對無限，但原子的形狀，終有不可言述的多樣性，何故？因在這場合，宇宙間可能的形成物，不能局限於有定的限界內，就使這限界亦非常廣闊。〔五九〕

在有限的物體中，原子的數與差異是有限的，沒有無限的可分性。

在空虛的空間內，沒有上下。但在此處仍有不同的運動方向相對立。這種方向是無限的，但關於這些方向，我們能在思想中，想像其上與下。

靈魂是細微的散佈全身的物體，最與混有熱度的空氣相類——說到這裏，我們又要在伊壁鳩魯思想中，插入一段簡單的註解。

這種靈魂學說，以為靈魂由微細的物質構成，那在現代唯物論者看來，自然是最可反對的。這種學說，在今日，大部分只能在空想的二元論者間發現，但當日關於神經活動方式及大腦機能，尚一無所知，所以情形是兩樣的。伊壁鳩魯的物質的靈魂，乃是肉體生活的真正成分，是一種器官，不是異樣的、自存的、在肉體崩解後依然存在的物體。依照如次所說，那是十分明白的：

肉體包藏靈魂，而傳導感覺於靈魂。借靈魂之力，肉體得有感覺，但不完全。靈魂解散了，肉體即失去感覺力。如若肉體破壞了，則靈魂亦必解體。

悟性中的心像，起因於細微分子從物體表面不絕放散。事物之現實的物質的副寫本，卽在這情狀下，印入我們心中。

聽覺，亦由發音物體之出流而生。音響一經發生，音卽由或種的波——那似乎生出了一種空氣之流——而形成。

這些假定，缺乏眞正的自然研究，祇能成爲童話。比這些假定更有興味的，是與精密的實證知識較少關係之說明。伊壁鳩魯會試由自然法則，說明言語與知識之發展。

他以爲，事物之命名，決非積極發生的，乃由人按照事物性質發出來的特殊聲音發生的。這種聲音之使用，因因襲而確定了。以是，有各種語言發展出來。新對象惹起新聲音，此新聲音復由使用而推廣，以至一般人都可理解。

自然把許多事情敎人，而使其必須行動。

在人與對象相接觸時，反省與研究便會急速地或徐徐地發生出來。概念的發展，會經過一定的階段而無限前進。

伊壁鳩魯對於論理學的完成，很少貢獻；但人們對於他的性格與思想，與以如此的尊敬，仍是有意的，有其理由在。試一反省希臘哲學家之大羣，莫不以奇怪的主張和辯證法的詭計來光耀自己，而且大部分是以混亂事物代替說明事物，我們對於伊璧鳩魯排斥辯證法視之爲有害無益的那種健全精神，是只有予以讚美的。他不使用生僻的術語，祇以普通的用語說明一切。對於演說家，他所要求的祇是明晰，但他亦要確立眞理的標準。

這又是伊璧鳩魯幾乎一般被誤解被輕視的一點。他的論理學非常簡單，那是大家承認的，但大家的承認，都帶一種輕蔑的嘲笑意味。那種嘲笑，其實是不確當的。伊璧鳩魯的論理學，顯然是感覺主義的經驗主義的；從這一種見地看，我們從斷簡殘篇中所搜集到的他的論理學根本原理，就不僅是明晰的、條理一貫的，而且在某一點內——一切經驗論都在這一點上見出它的限界——還是不可反駁的。

一切認識都以感官的知覺爲究極的基礎。感官的知覺本身是眞的：錯誤的發生，祇由於它和對象的關係。設有一狂人看見一龍，這感覺的本身是不錯的；他感到了龍的圖像；沒有什麼理由和思惟法則，可以變更事實。但若他相信這龍會把他自己喫掉，他就陷於謬誤了。這謬誤在知覺對對象的關係上。學者在最眞切的研究後，若對於天的現象予以不正確的說明，則其誤謬，殆屬同一種類。知覺是正確的，他所假設的原因錯誤了。

亞里斯多德以爲眞與僞，僅在主辭與賓辭的綜合上指示，換言之，僅在判斷上指示。噴火獸既非眞亦非僞，但若有人斷言噴火獸是存在的或是不存在的，命題就有了眞僞之別。

烏伯衞主張（見所著哲學史卷一第四版第二二〇頁）伊璧鳩魯混同了眞理與心的現實性。但爲了要提出這個主張，他對於眞理，遂不得不下定義曰：『眞理者，心像與實在物相一致之謂也。』這定義雖與烏伯衞自己的論理學相符合，但既不爲一般所承認，亦非必要。

我們不要作名詞之爭。伊璧鳩魯的狂人造出『這現象是龍的映像』這個判斷，亞里斯多德必不能斥其不眞。狂人的判斷，實際（雖然不是常常）雖是全然不同的一個判斷，但於此處，我們不必講到。

這註解，對於烏伯衞亦是充分的答覆；因就用語最本原的意義說，如世間一切物均從觀念導出，則世間一切物定然沒有觀念那樣的『獨自』的存在。但烏伯衞對於這事情的理解頗與此異，所以這裏對於僅僅用語上的誤解，亦應有別樣的答覆。按照他的用語，伊璧鳩魯的知覺不能稱爲『眞』恐祇能稱爲『確實』，因爲那是單純的、明白的、直接的與件。

於是問題又發生了，個別的具象的知覺之直接的確實性，即是一切『眞理』之基礎嗎？——不問所謂眞理，是否烏伯衞所謂眞理。經驗論者必曰『然』；觀念論者（柏拉圖派的觀念論者，巴克萊派的觀念論者）必曰『不然。』此後我們關於這種反對，尚可進一步探究。這裏，能把伊璧鳩魯的思想行程說得完全明晰，從而證明其正當，就很够了。

在這點，伊璧鳩魯的見地即是勃洛大哥拉斯的見地。於是有一種誤解，假設他可由如下的推理被論駁：即、伊璧鳩魯與勃洛大哥拉斯同樣，認相反對的命題等是眞理。伊璧鳩魯必答曰：相反對的主張，各對於各的對象是眞的。關於同一對象之相反的主張，僅僅名義上有同一的對象。對象其實是不同的？因爲對象不是『物之自體，』祇是物之心像。物之心像，才是眞正的出發點。『物之自體，』不但不是認識過程的第二階段，甚而不是第三階段。〔五九〕

伊璧鳩魯承認記憶心像的形成，出於反覆的知覺，故與個別的知覺相較，已有普遍的性質。因此，他是在經驗論的確實的道路上，超過了勃洛大哥拉斯。這普遍的觀念，或堪稱爲普遍的的觀念，（例如在一個人看見許多同種動物以後所發生的馬的觀念，）比本原的個別的觀念是更不確實的，但同時正因其有普遍的性質，故在思想上能有更大得多的作用。

這是原因推究的中項，換言之，是『物自體』研究的中項。科學是第一次從這種研究生出，因爲，原子論不是關於『物自體』——現象所本的物自體——的理論，還是什麼呢？同樣，一切普遍命題之眞理的標準，即是由知覺——一切認識的基礎——而得確證。普遍不特別爲確實，特別爲眞確。那原來不過是人與物接觸而自己發展出來的『意見。』

此等意見，若由知覺確證，便是眞的。今日的經驗論者要求由『事實』確證。但事實是否存在的判斷，我們依然祇有訴之於知覺。如若論理學者竟謂事實是否存在，不取決於知覺，祇取決於方法的檢討，我們就必須提醒他，這方法的檢討，結局亦只能還原作知覺及其說明。所以，要素的事實常是知覺見地的不同，祇在如下那一點表示出來——即，確證的方法是純經驗的呢，抑是根據被認爲必先於一切經驗而存立的命題呢？這論爭，我們沒有在這裏解決的必要。我們只要有如下的說明就够了。即在論理學的問題上，我們往往爲敵意的傳說所誤導，而拿淺薄背理的話來非難伊壁鳩魯，但其實若就他自己的立場看，他的工作至少亦與笛卡兒（Descartes）一樣合理。笛卡兒亦拒斥全部傳統論理學，而以少數更單純的研究規則爲之代替。

斯多亞學徒克里西卜斯要在著作之量上賽過伊壁鳩魯，事實上亦是賽過了他。但除了克里西卜斯，在古代就要以伊壁鳩魯爲著作最多的著者了。但克里西卜斯所著的書，有許多剽竊和引用，伊壁鳩魯却自來不引用別人的話，一切都從他自己的材料造出。

他輕蔑一切引用。這輕蔑不是自然史原理的輕蔑，祇是歷史原理的輕蔑。在這種輕蔑中，我們認出了屢屢與唯物論見解相結合的急進主義。

我們且把如次三點綜合起來看，即伊壁鳩魯是一個獨學者，不曾加入任何有力的學派；他嫌惡辯證法，使用一般能夠理解的文字；最後，他決不引用，照例他不過問思想不同之人。如是，我們卽可充分說明如何許多專科哲學家會對他如此厭惡。又有人非難其淺薄，這種非難，出自同一原因。因爲就在今日，亦着與在難解的辭句中，探尋體系的深邃。如果我們現今的唯物論者每每過於攻擊哲學的術語，致謂本有確定意義（雖不爲初學者所一目瞭然）的名辭，太不明瞭，這種攻擊，自有大部分應歸因於語言之歷史的精密的意義被忽視。我們雖無理由拿這話責備伊璧鳩魯，但不可隨意看過這忽視歷史的共通點。在這點及其他許多點上，最與唯物論相反的，都是亞里斯多德。

下述那一件事是值得注意的。表現而爲健全的、統一的、純粹以倫理觀及認識論爲基礎的希臘哲學，是開始於伊奧尼亞的自然哲學，而告終於伊璧鳩魯及其學派。再向前進步，有待於實證科學，至若思辨哲學則在新柏拉圖主義手上全然墮落了。

老伊璧鳩魯在雅典學徒圍繞中，愉快的畢其生命時，亞力山大利亞（Alexandria）已開始了希臘精神生活之新舞台。

最近尙盛行用『亞力山大利亞的精神』一語，來譏笑淺薄的似是而非的學問與衒學的知識賣買。而且，我們雖承認亞力山大利亞人研究的權利，但同時却常伴着這種承認，發生一種見解，以爲祇有活躍的國民生活完全破滅以後，知識之純粹理論的要求，方有提出的餘地。

在此等見解之前，我們爲我們的目的，實應指出，亞力山大利亞學界曾在一種更接近的見解上示我們以創造的精神及努力——言其目的，是大膽而堅實，言其手段，亦是大膽而忠實——的奮昂。若希臘哲學發芽於唯物論的開場，經過一切可想像的見地，在短期的光輝的循環之後而告終於唯物論的體系及其他有唯物傾向的體系，我們正有權利問道：什麼是這一切變化的最後結果呢？

但這「最後結果」可有各種解釋。有人說，哲學的行程可比如一日的經過，卽由夜經晨午晚而再入於夜。這比喩在哲學範圍內頗得人稱讚。伊奧尼亞的自然哲學家和伊璧鳩魯的哲學，都當在夜中。

但我們不可忘記，希臘哲學的告終，雖是復歸於伊璧鳩魯最單純的根本見解，但決不是導人民使復返於詩的兒童時代，却不如說形成了一個自然的過渡期，其所導出的時代，卽在實證科學範圍內發生了最有效果的硏究。

歷史家喜歡主張，希臘哲學之急速的發展，使精神的貴族之思惟與民衆之想像考察，發生不可言狀的隔離。這種隔離，遂使國家沒落。卽令我們承認這一切，我們仍可主張，個別國民之沒落，不會妨礙人類的進步；不，在國民沒落時期努力的結果，是好比凋落時期植物的種子一樣，達到了最成熟最完全的時節。如果我們看見了，這些結果如何，實際會在以後的時代，成爲新的不曾預料到的生命之芽，我們就從一較高的文化史的見地，對於哲學及科學硏究的行程，予以更公平的考察了。那還會實際證明，我們現代赫赫的科學研究，在其成立時期，各方面都與亞力山大利亞的傳統相連結。

亞力山大利亞的圖書館，學校，國王施贈物，教師及學生之熱心，那是世界所周知的。但亞力山大利亞在歷史上的重要，尚不祇此。亞力山大利亞是一切科學的生命的神經，初次出現了規準將來的方法。這方法論的進步，非限於一二學問，亦非限於亞力山大利亞。反之，那不如說是思辨哲學告終後希臘研究的共通特徵。最初基礎由哲人派奠好的文法學，亦在這個時代，在薩摩斯的亞里士達可斯（Aristarch von Samothrake）——模範的批評家，今日的語言學有些地方尚不得不就學於他——手中發展了。

在歷史上，鮑利比奧斯（Polybius）始以原因結果加入有機組織的關聯中。近代偉大的斯卡利格（Scaliger）卽在瑪尼多（Manetho）的年代史研究中，尋得了出發點。歐幾利德（Euklid）創幾何學方法，所提出的原理，尚爲今日幾何學之基礎。阿基美特斯（Archimedes）在槓杆說中發現了一切靜力學的基礎。從他到葛里略，其間力學沒有何種進步。

但在這一時代的科學中，天文學是放出了特別的光輝。天文學，在達雷士及亞諾芝曼德的時代以後，卽開始休息。休埃爾以特別的强調說及『希拔克斯（Hipparchs）的歸納時代』，蓋因最徹底最多產的歸納法，是第一次由希拔克斯發明的。但歸納法的證明，却須以自然齊一法及自然必然法的前提爲基礎。這二法則是第一次由德謨克利特士予以明確的觀察。歸納法僅由培根組成公式罷了，其眞正復興者實應推哥白尼及克蒲勒（Keppler），而他們那時代天文學所受的根本影響，就可這樣予以說。

歸納法之必要的補足物，我們現代科學之第二礎石，自然是實驗。但實驗亦起於亞力山大利亞的醫學校。

希洛斐羅士（Herophilus）及伊拉西斯托拉特士（Erasistratus）以解剖學爲醫藥知識之基礎。他們似曾使用活體解剖法。有一個有力的學派出來了，認經驗——最好意義上的經驗——爲其偉大原理；他們努力的報酬，是大進步。如若我們把這一切光輝的現象綜括起來，則亞力山大利亞的研究，大可值得我們注意。這種研究所以馬上就終止，並非因爲缺乏內部的生機，祇是世界史的行程，使其必致如此。我們正可說，科學的復興，主要便是亞力山大利亞原理的復活。

我們並不要低視古代實證研究的結果。我們這裏沒有講到文法學，論理學，歷史學，言語學。古代在這諸種學問上的偉大的永久的成績，誰亦不要有所論爭。我們寧指出，對於近數世紀非常發達的這諸種學問，希臘研究的根本結果有極高的意義。

曾考察奇蹟無窮、地域有限，關於天與星宿則有素樸概念的荷馬世界的人，必承認希臘民族間的能人，不得不全然更新他們的世界觀。印度人埃及人的知識，傳入希臘者尙僅僅是些斷片，設無自身之努力，這種知識決不能得到任何顯著的發展。地中海周圍那少數國家的歪曲的輪廓畫——此等國家，就連柏拉圖亦明白它們祇是全地球的極小部分——極北地人民及日落極西地民族的寓言，西拉及卡里底斯的神話：這一切都立即暗示我們，在那世界，科學的概念與詩的概念尙未有何等分別。事象與戲場，殆相符應。一切自然的事變，都被認有神從中作怪。民族美感在創造人間精力與光榮之美型時，其所本之事物，隨處都存在而又是無處存在。原因與結果有牢固關係之思想，全被破棄。神在原理上是萬能的，其能力並無確定的限界。一切都是可能的，但一定可靠的却是沒有。希臘唯物論者的反證論法——『因爲在那場合，任何物可從任何物生出』——在那世界是無所應用的：任何物實際是可從任何物生出，但既然非神干預，即不能有葉落，霧起，光射，（不要說電閃雷鳴了，）所以科學的出發點在那裏是沒有的。

羅馬人雖曾從希臘受得最初的科學的刺激，但其科學恐仍較爲劣。此中，唯伊托魯斯坎人曾熱心研究鳥類所示的預兆；尤其是暴風雨的觀察，曾在自然事象的範圍內，成爲一列的實證事實。在希臘、羅馬文化的發端中，很難發現天文學氣象學的始基和物理學生理學的痕跡，亦不能夢想到化學所生起的，全是偶然的或不可思議的，毫無科學認識的對象。一言以蔽之，自然科學的始基還是欠缺。換言之，還是欠缺假說。

古代文化的光輝的路程，不多時就終畢了。在這終點，我們發現了一種完全的變化。自然事象之齊一性與可知性，已無可懷疑了。追求這種知識之努力，已看出了決然的道路。特殊事實之精密的研究，及研究所得結果之明白的整列，已爲實證自然科學之目的。在這時候，實證自然科學早已與思辨的自然哲學完全分離，蓋因思辨的自然哲學，要超越經驗的限界而深入事物之究極原因。自然研究，此時已取得了有定的方法。愼重的考察已代替了偶然的觀察。器械使觀察正確，並保持觀察的結果；實驗亦已試行了。

精密科學，賴有數學之精巧與完成，而取得了一種器械。那種器械在希臘人手上，阿剌伯人手上，近世條頓、羅馬民族手上，已一步一步生出了最偉大的實際方面理論方面的結果。柏拉圖及畢達哥拉斯即鼓勵其學徒培養數學的意識。歐幾利德的著作，至今已過去二千餘年，但在牛頓（Newton）的祖國內，依然是數學教授的第一基礎。最古的綜合方法，仍得在『自然哲學之數學的原理』中得到最後的最大的勝利。

天文學受天體運動之精緻的錯綜的假設之指導所得成績，與古代印度人巴比崙人埃及人的星宿觀察者，簡直是不能比較。關於行星之位置與狀態，關於日蝕及月蝕，都有頗適切的計算；關於恆星，亦有精密的記載與彙類。但其成績決不祇此。哥白尼體系之根本思想——太陽居於宇宙中央——亦可在薩摩斯的亞里士達可斯那裏尋得。哥白尼也許看見過他這種見解。

試一考察多利買（Ptolemäus）的地圖，我們誠將發現一個寓言的南國，把非洲及北印度聯絡起來，並使印度洋成爲第二個但較爲大的地中海。當多利買猶視此國爲純粹假想的境界時，對於歐洲及亞、非二洲之鄰近地方，那早已顯出十分的驕美了！在這老早以前，一般已承認地之圓形。用經緯度決定地方的方法，對於已取得的事物之保持，一切新發現的事物之接合，是一個强有力的支點。甚至於全地球的範圍，也已由巧妙的天文學的方法算定。這種計算雖不免錯誤，但美洲的發現卽由這種錯誤導出。哥倫布要由西航達東印度時，卽根據於多利買。

在多利買以前好久，亞里斯多德及其先驅者的研究，關於遠近諸國的動物界植物界，已經普及了豐富的知識。有機體內部構造之解剖學的研究及精密的記述，已經爲形相——這諸種形相，從最低的到最高的，被視爲最後生出人類（世間最完全的事物）的形成力之繼續的實現——之總括的考察，開一進路。這種見解雖亦有許多錯誤，但若研究之精神依然活動，則此基礎實有無限價値。亞力山大的遠征，又在東方充實了科學的內容，由比較，擴大了開放了視野。亞力山大利亞的精勤，曾集積材料而淘汰之所以，在老蒲林尼（Plinius）試在其百科全書敍述自然及文化之全體時，近一步觀察人生與宇宙之關係，已經是可能的了。他在他的大著的終末，卽向自然——萬物之母——祈願。而在他生涯之終頃，猶在觀察火山。對於這種不息的精神，自然及於人類精神生活之影響，構成一種有效果的見地，並爲研究提供一種鼓舞的刺激。

古代物理學那種科學，包含有聲學、光學、靜力學、氣體、蒸氣等學之基礎的見解，那是以實驗爲基礎的。從畢達哥拉斯學徒的研究——研究音之高低，爲發音物體的量的關係所制約——到多利買的實驗——實驗光的屈折——希臘研究精神所經之長遠道路，已有有效驗的創造。羅馬人的偉大建築物、戰器及土木事業，都以科學的學理爲基礎。這種學理之精密的應用，使此等創造的完成，急速而又容易。不似東方雖有更巨大得多的事業，但其創造，都由於時間與人力之非常的浪費，而在專制皇朝壓迫之下完成的。

由白格馬斯的格倫（Galenus aus Pergamus）集大成之科學的醫學，已依最難的要素——神經活動——說明肉體的生命。大腦——以前總以爲大腦是一種死的質料，其作用尙不爲當時人所知，正如脾臟的作用尙不爲今人所知一樣——被認爲是靈魂的座位，是感覺的機能。桑麥林（Sönmering）在前世紀發現的大腦學說，幾乎就是格倫留傳下來的。古代人亦知脊髓的重要；查理士·背爾

(Sir Charles Bell)前幾千年，人們已經分別感覺神經與運動神經。格倫曾治療手指痲木病，其治療法卽爲觸動諸多神經所從而出之脊髓部分。那種治療法曾使當時人驚訝。無疑，格倫已認觀念爲肉體狀態之結果。

我們既看見了，深入自然本質並假定事象齊一原理之知識，是這樣從各方面累積的，我們就必須問：古代唯物論對於這種知識和見解的到達，曾有如何的貢獻？

這問題的答覆，初一看，似乎是極奇怪的。因爲除了德謨克利特士那一個唯一的例外，此等大發現殆無一是顯然屬於唯物論的學派。且不祇此，在這一羣最可尊敬的名字之中，我們可以發現一系列的人，是屬於完全相反的傾向，卽唯心主義的、形式主義的、乃至於狂熱的方向。

這裏對於數學，必須特別注重。在歷史進程中時而深美時而狂雜的狂想主義之父柏拉圖，同時又是使數學（一切科學中最明晰最合理的科學）被精研到在古代堪稱爲最高點的各個研究家之祖。亞力山大利亞的數學家，幾全部屬於柏拉圖學派；甚至於在新柏拉圖主義已開始發展大宗教危機之沈鬱的酵菌已侵入哲學上來的時候，這學派依然產出了大數學家台翁（Theon）及其貴女希拔蒂亞（Hypatia）（爲基督敎的賤民所殺害），可指示這一階段。在亞基塔斯（Archytas）產出第一流數學家的畢達哥拉斯學派，亦由同一方向進行。而在這一切之旁，伊璧鳩魯學徒鮑利亞諾斯（Polyänus)是難與之並稱的。甚至於薩摩斯的亞里士達可斯——哥白尼的先驅者——亦執着畢達哥拉斯的傳說。大希拔克斯——晝夜平分表的發現者——相信人間靈魂之神的起源、伊拉杜生尼斯(Eratosthenes)屬於以懷疑論要素腐敗柏拉圖主義的『中學園派』。蒲林尼、多利買、格倫，無任何嚴密的體系，不過皆傾向於泛神論的見地。在二百年前，泛神論固常在無神論及自然論的名義下，與唯物論的眞信奉者相混同。但蒲林尼不贊成任何哲學體系，不過公然反對民衆信仰，而傾向於斯多亞主義。多利買專心於天文學，而在哲學的一般原理上，與其說信奉伊壁鳩魯，無寧說信奉亞里斯多德。在三者中，最配稱爲哲學家的，是格倫。然格倫爲折衷論者。他熟知各式各樣的體系，但最不傾向於伊壁鳩魯的體系。他雖在認識學說上，主張感官知覺有直接的確實性，但又假定先於一切經驗的理性，有直接的眞確性，以爲補充。〔六〇〕

我們很容易就能知道，唯物論所以與實證研究的結果會如此少關係，並非是偶然的；這不能祇歸因於伊壁鳩魯主義之寂靜的瞑想的性質；事實上，對於學問的征服者，理想的要素，實與發明發現有極密切的關係。

這裏，我們須知道，最能促進我們，乃至引導我們得到最豐富的客觀眞理的，不是客觀上正確而合理的東西。這是一個大眞理。下落的物體，要求迅速達到目的地，則與其由傾斜面無寧由擺線(Brachystochrone）。同樣，由於人間複雜的組織，在許多場合，由空想的迂路，反而比由眞誠的努力來穿過最緻密最雜多的假裝，能更迅速地達到純粹眞理的理解。

古代原子論雖距絕對眞理甚遠，但在科學所能理解的限度內，是遙較畢達哥拉斯學徒的數論和柏拉圖的觀念論，接近於事物之本質。那是無可懷疑的。至少，我們可以說，古代原子論，比較幽玄的動搖的全由個人思辨中湧出的哲學考察，是踏向自然現象的比較直接比較眞實的步武。但柏拉圖的觀念說，與人類對於純粹形式——在此等形式上，一切偶然的與非正常的，都被除去了，一切形相之數學的觀念，却被關心着——之無限的愛好，是不能離開的。畢達哥拉斯學徒的數論，亦是如此。在個別靈魂中產出發明的思想的，是對於調和之內心的愛好，換言之，是精神潛沈於音樂及數學之純粹的數的關係上。所以從 *Μηδεὶς ἀγεωμέτρητος εἰσίτω* 最初樹立以來，迄至古代文化終末爲止，發明及發現史中，都有如次的特色，卽、傾向於超感覺之精神，幫助人們在抽象的路上，啓發感覺現象世界之法則。

然則唯物論之功績又何在呢？換言之，除了對於藝術、詩歌及心情生活，難道我們還須承認精密科學和空想的思辨多有關係麼？那當然不是事情恰好相反；如若我們一看唯物論的間接效果及唯物論對於科學方法的關係，就會明白這一層。

在追求眞理的運動之方向及勢力上，我們當然承認主觀的衝動，換言之，承認究極原因之個人的推測，有莫大的意義。但我們一刻也不要忘記，這種空想的專恣的神話的見地，曾如何長時期地，嚴重地，予知識之進步以阻礙，而在今日依然在最大程度上，繼續地予以阻礙。如若人們對於個別的作用，能有眞誠的明晰的確定的觀察，並使觀察所得之結果，與一種確定的理論（就使是一種錯誤的理論，但至少是一種堅固的單純的理論）相結合，則以上的進步便有了保證。這種方法，和設想或空想究極原因之過程，顯然是不同的。設想或空想的方法，雖如上所述，在適宜的條件下，有高貴的主觀的以精神力共同動作爲基礎的價值，但就某一種意義說，最先與事物本質眞相接觸的，仍是方法的觀察。這傾向的價值，是客觀的。同時，事物亦要求我們必須以如此的方法和它接觸；自然祇在我們提出已細心考慮過的疑問時始，能予我們以答覆。在這裏，我們必須知道，希臘科學活動之出發點，是應在德謨克利特士及其體系之啓蒙的結果中尋求。這個啓蒙的結果，實有利於全國民。然這結果的完成，便須對於能被思惟之事物，予以最單純最冷靜的觀察，對於紛紜的多變的宇宙，分解之使成爲不變的能動的分子。與伊壁鳩魯唯物論最密切相關的這個原理，雖在近世始達得充分的意義，但在古代，亦曾當作一切變化之活躍的完全的表現之最初的例示，顯然發生了極深的影響。所以就連柏拉圖，亦以『非存在』的然爲構成宇宙所絕對不可少的物質，分解爲能動的元素的物體；亞里斯多德雖以全力反對空虛的空間之假定，而維持物質延續性之信條，但亦從這困難的見地出發，要和德謨克利特士，在變化與運動之理論上，一較長短。

現在，化學已經完成了；在最小分子中活動的力的振動說及其數學的考察，亦已經完成了。從此以往，原子論已與實證科學有遙爲直接之關係。但要以一切非此卽甚形紛雜之自然作用，換言之要以生滅的事象表面的滅，未有說明的從物質而起的生，使與單一的根本原理（或明白的根本見解）相聯結，則對於古代科學依然是哥倫布的蛋(Ei des Columbus)。神與惡魔的不斷的干涉依一强大的打擊而排斥了，思辨的人們雖要在現象世界之背後，空想一些什麼，但世界本身已從迷霧中解放出來而暴露於我們眼前了。就連柏拉圖或畢達哥拉斯的眞學徒，在實驗或省察自然作用時，亦不致以觀念或神祕的數的世界，混淆於直接的與件。近世德國自然哲學家雖有些犯了這種混淆的毛病，但這種混淆最初乃出現於古代的妄想的新柏拉圖學派及新畢達哥拉斯學派。此時，一切文化正當衰微。而希臘唯心論者所以能遠離此種謬誤者，乃因有眞誠的唯物論爲之對抗，故得保持思想之健全的道德性。就某一種意義說，希臘古代的全部思想從開始之日始至完全衰微之日止，都在唯物論要素的影響下。感覺現界象之說明，大都按由感官所知覺，或按由知覺所主張。

對於伊璧鳩魯體系全體，我們所能下的確實的判斷是：古代的自然研究，非得利於這體系，乃大得益於這體系所本的普遍的唯物論基礎。伊璧鳩魯的學派，在一切古代的學派中，是最牢固不變的學派。

伊壁鳩魯學徒改入其他學派的例固然極少，而在這學派存續的時候，曾一度容納的教理，亦不許有任何發展或修正。這種宗派的團結，證明了這體系之倫理方面，遙重於其物理方面。十七世紀迦桑狄(Gassendi)復興伊壁鳩魯體系，認伊壁鳩魯反於亞里斯多德體系時，他自然要在基督教所能容納的限度內，維持伊壁鳩魯的倫理學，並且我們亦必須承認伊壁鳩魯的倫理學對於近代精神之發展，有極強烈的酵母作用；而最重要的事實，即爲從體系的束縛中，立即解放古德謨克利特士的原理。經過許多人如笛卡兒、牛頓、波以耳(Boyle)修正的原型物體說及一切現象起於運動說，成了近代自然科學的基礎。但伊壁鳩魯體系所以從文藝復興以來能如此影響於近代的思想方法，還是靠了羅馬人魯克理底斯(Lucretius Carus)的詩。對於魯克理底斯，特因其歷史的意義，須專闢一章爲之論述。同時，這一章亦將使我們對於伊壁鳩魯學說之最重要部分，有較深一層的洞見。

第五章　魯克理底斯關於自然之教訓詩

在古代一切民族中，也許要以羅馬人最遠離於唯物論的見解了。他們的宗教，深深種根於迷信；他們全部政治生活，爲迷信的方式所限制。他們執拗頑固地遵奉他們所繼承的風習；藝術與科學，不能予他們以多少刺激；他們更不能埋頭於自然之沈思。一種實踐的方向，比什麼都更支配他們的生活，但這並不是唯物論的，却全是唯心論的。他們重權力甚於重財富，重名譽甚於重幸福，重勝利甚於重一切。他們的德，不是愛平和，不是勤勞的企業，不是正義，却是勇敢、忍耐、節制。他們的惡，不是奢侈與享樂，祇是無情、慘酷與不忠。他們的組織力加以他們的好戰性，使這民族强大。他們自己亦驕傲地意識到了這點。自他們與希臘人交接以來，有數世紀，因彼此性格不同而屢有違言。希臘藝術及文學，祇在漢尼拔敗北後，始次第侵入羅馬。同時侵入羅馬的，又有亞洲、非洲諸民族之奢侈享樂，放蕩淫邪。被征服的國民，擁入他們的新都，遂使舊羅馬生活的要素，發生混亂，而慢慢地更加取得了對文化及高級享樂之興趣；將軍與太守，强奪希臘的藝術品；希臘哲學及演說學的學校開設了，但屢被封閉：人們恐懼希臘文化之崩潰的要素，但又益益難於抗拒其魔力。老伽圖（Cato）亦學習希臘語；但語言文字一經被熟習了，哲學的影響遂不能再在停滯狀態中了。

在共和政體之末日，此過程之完成，已足使一切受過教育的羅馬人，全都懂希臘語；青年的貴族，就到希臘去研究學問；最有能幹的人，即着手按照希臘的樣本，努力改造祖國的文學。

當時，在希臘哲學一切學派中，有二學派特別迷住了羅馬人——即斯多亞學派和伊壁鳩魯學派；前者因率直的誇張，於德原來極近於羅馬人的性格；後者比較更近於時代的精神及其進步的狀態，但二者都有實踐的傾向及獨斷的形式——這正足顯示羅馬人的性格。

這二學派，有截然的異點，在希臘本國常相水火，但二者間仍有如許的共同點，故在羅馬比較能發生友誼的接觸。固然，自亞里士提卜斯以來，斯多亞學派對伊壁鳩魯學徒所散播的無限的譭謗，已迅速移植到羅馬，那裏多數民衆均視伊壁鳩魯學徒為快樂之奴隸，而以二重的皮相之見，放棄其自然哲學，蓋因其自然哲學沒有難解的辭句為之屏障。不幸，西塞羅（Cicero）又就伊壁鳩魯學說之惡意方面，普及伊壁鳩魯學說。於是，對於許多事情，遂投下了一種可笑的認眞考察一下就會消滅的色彩。但無論如何，羅馬人大部分是可稱讚的爲藝術而藝術者。他們不極端關心他們自己的學派，大都能夠尊重反對的見解。他們在世界上的位置的牢固，他們的生活關係的普遍，使他們能夠闢除偏見；於是，就連在西尼加（Senica）著作上，迦桑狄亦找得出證據，稱他爲伊壁鳩魯學徒。斯多亞學徒布魯達斯（Brutus）和伊壁鳩魯學徒凱西亞斯（Cassius）都參預了克薩爾的殺害。關於伊壁鳩魯學說這種通俗的皮相見解，在西瑟羅的場合，雖大可中傷這種學說，但一究其實，那不僅使這種學說能與最相反的學派發生友誼的接觸，且足減殺羅馬大多數伊璧鳩魯學徒的特性，使他們在事實上有受一般貶斥的理由。甚至於當希臘文化對於羅馬人尚依然是外邦的的時候，羅馬人已以放蕩淫逸的傾向（就我們屢屢所見的個別場合言，那種傾向，在他們更不熟習自由狀態時，是更無拘束，）代替其原始風習之苛酷與嚴肅。早在馬利耶及蘇拉之時代，這種變化已極顯著了。羅馬人在未研究唯物論的理論以前，卽已成爲實踐的唯物論者。但此所謂唯物論者，往往有最不好的意味。無論從任何一點說，伊璧鳩魯的理論都較羅馬人的實行爲更高貴更純粹。於是，對於他們有了兩條路——走向高尚的路，而謙遜節制，不然就是腐敗這理論，而與其友其敵之概念相混淆，結局使自己所有的伊璧鳩魯理論，得和自己的習性相一致。但就連更高尚更徹底一些的哲學家，亦更傾向於後一種便宜的見解。荷勒斯（Horace）亦如此。他自稱爲『伊璧鳩魯獸羣中的一頭猪，』這雖顯然是一種滑稽的諷刺，但古伊璧鳩魯哲學之眞誠的冷靜的意味，却確乎已經喪失。事實上，荷勒斯亦常常自認施勒尼學派的亞里士提卜斯，是他自己的模範。

威基爾（Virgil）是更堅決的。他有一個老師是伊璧鳩魯學徒，但他曾在其他體系中取得多樣的要素。但在這一切半哲學家之中，立着一個徹底的眞純的伊璧鳩魯學徒。那就是提達斯·魯克理底斯。他的教訓詩『關於自然之事物，』在文藝復興時，比任何其他著作都更有助於伊璧鳩魯學說之復活，從而把伊璧鳩魯學說放在更適當的光明中。前世紀唯物論者都研究並愛好魯克理底斯。祇從我們現在這個時代起唯物論似乎才完全與古傳統相脫離。

魯克理底斯生於紀元前九十九年，卒於紀元前五十五年。關於他的生涯，我們幾乎一點也不知道。他似乎要在內亂的騷擾中尋求內心生活的着落點，而在伊璧鳩魯的哲學上尋得了它。他的偉大的詩，乃因要說服他的朋友詩人門彌亞斯（Memmius），使他轉向這個學派而作。他熱狂地反對門彌亞斯哲學對於當時紛擾及虛無主義所提出的救濟。這種熱狂，使他的著作，有一種高昂的調子，有一種信念及想像之白熱，而超在伊璧鳩魯生活的無邪的恬靜以上，並往往有斯多亞式的推動力。不過，白恩哈代（Bernhardy）在其羅馬文學中，以為『他從伊璧鳩魯及其學徒處，除了取得自然哲學的骨骼以外，沒有取得任何其他物，』亦是錯誤的。這裏誤解了伊璧鳩魯了，但這種誤解，在著名語言學家下述一段話中，還更顯明。

『魯克理底斯實際是立在機械自然觀的這個基礎上。但因他所關心的，是個人對一切宗教傳說之自由與獨立，所以他導知識入於實行，要以事物的根基及本質之洞見，解放人類，使人類自立。』

我們已經講過了，這種解放的努力正是伊璧鳩魯體系的眞髓。西瑟羅的淺薄的敍述，雖然把這一點遺漏了；但勒爾特的狄奧格奈斯（Diogenes von Laerte）在他的最好的傳記中，曾為我們保持伊

壁鳩魯自己的話，這些話就是我上述那種見解的根據。〔六二〕

魯克理底斯何以傾向於伊壁鳩魯呢？換言之，他何以會對伊壁鳩魯這樣熱情呢？那就因爲伊壁鳩魯置道德於堅固基礎上，因而拔去神的信仰的刺毛時，是大膽的，富有道德力的這一點，魯克理底斯曾充分明白地表示出來，因爲他對門彌亞斯寫完漂亮的詩的序論以後，接着就寫：

『宗教從天空擡出頭來，以可怕的面孔，俯視人間。當人類生活爲這種宗教的重壓所服，而卑怯地伏在地上時，有一個希臘人，竟敢舉起其肉眼來反對宗教，並對宗教抱反對的態度。他不怕神的殿堂，不怕電光，不怕天空之威嚇的吼聲；那些都只能更加煽動他——他靈魂中的熱烈的勇氣，使他滿心希望，首先破開自然之門的堅鎖。』

魯克理底斯曾利用許多其他的源泉，曾熱心研究恩比多立，而在其理論之博物學的部分，又曾加入不少自己的觀察，那都是我們所不否認的；但我們在這裏仍須提醒我們自己，我們不知道伊壁鳩魯已散佚的著作，究含有如何的財寶。幾乎一切評論家，對於魯克理底斯的教訓詩，都以爲就敍述之巧妙與活力說，當是奧古斯丁前期著作物中最特出者。但教訓的部分，依然往往是乾燥的無味的，或依急激的轉變而與詩的描寫相結合。

就其用語說，魯克理底斯頗有古代的粗野性素樸性。奧古斯丁時代的詩人，雖覺得自己的藝術，遠勝於前輩人，但仍極尊敬他。威基爾曾以如次之詩獻於彼：

『認識事物的原因，不理會
一切的恐怖，一切無常的運命，
一切饑餓地獄的喧嘩，那就是幸福。』

魯克底理斯，對於伊璧鳩魯哲學在羅馬人間的傳播，無疑地有極大貢獻。但在奧古斯丁的統制下，這種傳播，才達於頂點。蓋因當時雖已不復有像魯克理底斯那樣的代表者，但麥西納斯及奧古斯丁周圍的詩人的晴快精神，莫不為這體系的精神所鼓舞所指導。

但在底伯里亞斯（Tiherius）及尼祿（Nero）的統制下，各種暴行全出現了，一切享樂均為危險或恥辱所染毒。伊璧鳩魯學徒遂隱退了。在異教哲學這最後時期中，與非德及卑怯戰者，以不動搖之勇氣而卒為暴君所殺害者，多為斯多亞學徒，例如西尼加或培達斯·特拉西亞（Patus Thrasea）。

無疑，純粹的伊璧鳩魯哲學，尤其是依魯克理底斯的剛毅性格而推廣的伊璧鳩魯哲學，亦適於提供這種崇高的情操；但魯克理底斯見解上的純粹、強固與勢力，在這學派中已極不易見，實則自魯克理底斯以來，直到今日，恐怕亦沒有再發見過。因此，關於這位可注意的人的著作，我們就值得努力予以更精密的考察了。

這篇詩的序詞，乃是向女神威拿士（Venus）祈願。威拿士是生命、繁榮、及平和之施與者。這序詞的特色，是比喻的神話的想像及明晰的深奧的思想。

這裏，我們立卽看出了伊壁鳩魯學派對宗教所特有的態度。不單是宗教的觀念，卽宗教之詩的形態，亦爲其尾隨之人以顯著的敬虔心及熱忱所利用，（據上所述，他是把這點看作他體系中最重要的點，要藉此以克服對於諸神之卑怯的尊敬。）古羅馬的宗教概念——那雖不能在語源學上有確實的解釋，却確乎表示了人對於神的依存性及義務性——所給於魯克理底斯者，正是他最排斥的東西。他非難神，攻擊宗教，但我們不能因此，便在他體系中發現任何可疑的矛盾的陰影。

他說明了，如何依希臘人——這裏所指的是伊壁鳩魯，蓋因他雖亦稱讚德謨克利特士，但和他相去較遠——的大膽的不受束縛的研究，會一度殘酷壓迫人類之宗教，已被拋棄而受踐踏於足下。往下，他就提出了如下的問題——這種哲學，是否會引我們走入不道德的犯罪的路。

在他方面，他又說明如何宗教是最大的罪惡之源泉；如何使人類犧牲幸福及心意和平而爲豫言家所慘害的，便是對永遠刑罰之不合理的恐怖。[六二]

於是，展開第一原則：無中不能生有。這命題，在今日看來雖不如說是經驗的概括，但卽認它是一切科學經驗之基礎的指導的原理，亦十分符合於科學的見地。妄信無能生有的人，雖隨時可以確證其偏見；但信念與此相反的人，才有眞正的研究精神，才能發現現象之眞正原因。這命題之確立，乃由於如下的考慮，卽、如若無能生有，發展方式就不能有任何制限了，任何一物均可由任何他物生出了。譬如說，人可從海間生出，魚可從土裏生出；沒有一種動物，一種植物，是按照物種的確定性保存自身了。

這見解所以是正確的，就因爲如若無能生有，我們就不能想像，爲什麼理由某一些東西不會生出來。像這樣的世界秩序，必致於成爲一幕常變的無意味的游戲，奇奇怪怪，常在生滅之中。但不然。自然的合法則性，使我們春有玫瑰，夏有穀物，秋有葡萄，並使我們斷言，創造之完成，乃由於事物的種子在確定的期間內聚合。如是，我們就可以假定，好像字母之於字一樣，必有某種物體，爲許多事物之共同成分。同樣，他又說明了沒有什麼事物實際是可消滅的。事物的消滅，不過是分子分散，好比事物的構生，祇是分子的聚合。

有些人以爲我們不能感知分子的聚合或分散。對於這種異論，魯克理底斯以激烈的暴風的描寫爲答。他因要使其意思更爲明瞭，又舉出激衝的急流爲譬喻，並說明如何風的不可見的分子，和水的可見的分子，會產出一樣明白的結果。熱、寒、音，亦以同樣的方法，被引來證明不可見的物質的存在。在次一例中，還現出更精細的觀察：一件放在浪頭海邊的衣服被打濕了，放在太陽下旋卽乾了，但我們始終不看見水分子的來去。那分子一定是小到不可看見。又如帶在指頭的戒指，經許多年數之後更薄了；水的下落，可以磨損石塊犂頭在田間用盡；舖道石由人踐踏而磨去；但每一瞬間消滅掉的分子，我們都是不能看見的。我們的目力所以不能在一切生滅過程中發現分子的來去，正以此故。自然的活動乃以不可見體（卽原子）爲媒介。

接着又證明宇宙非充滿物質，因爲，宇宙不如說是原子運動所在的空虛的空間。這裏，最重要的理由，復被假設是先天的理由。卽空間如若是絕對充滿物質，則運動爲不可能，但關於運動，我們是時時可以知覺到的。其次是經驗的理由。水滴可以滲入最緻密的岩石。生物的營養料，可以滲入全身。寒冷與音響，可以穿過牆壁。最後，重之差別，祇能還元爲所佔的空虛的空間之大小。有人說，以魚而言，魚所排開之水，卽流入魚去後所留的空間。對於這種反對論，魯克理底斯是以如此的主張爲答覆。卽，在這場合，運動何由開始，是全不能想像的。因爲，在魚未去以前，水所要佔的空間既尙未存在，水是在何處呢？同樣，在二物體分開之際，亦必有一瞬間，二者間有一空間存在。單是說空氣濃厚然後稀薄，決不能說明這事實。因爲，卽使眞是如此，那亦只能發生在如次的場合：卽、分子因爲充滿在原來使各分子隔離的空間，故能更爲密集起來。

但除了原子與空虛的空間，便無任何物了。一切存在物，都是二者的結合，都是二者的作用。就連時間亦無自體，不過是先後相續之感覺。時間決沒有像空虛的空間那樣的實在性。歷史的事變，被認是物體及空間之作用。

物體，或爲單純原子（卽魯克理底斯普通所稱的『始源』Principia或Primordia rerum），或爲複合物。如若是單純原子，卽不能由任何暴力毀滅。無限的分割，是不可能的。事物之分解，比構成，是遙爲便易，分解過程在無限時間的進程中進行到一定的程度，事物就不可得而恢復。事物所以能保持，卽因其可分性是有限的。再者，無限可分性，亦與生產事物的法則不相容；因爲，如果事物非由不變的微小分子構成，一切事物的生出，就毫無確定的法則與順序了。

無限可分性的排除，是原子與空虛的空間之學說的關鍵。我們的詩人在確認這點以後，曾稍停息，以反駁關於自然的各種見解，尤其是反駁赫拉克里特士、恩比多立及安納撒哥拉斯。就中，我們講過，恩比多立與唯物論有密切關係。他對於恩比多立的稱讚，是值得我們注意的。我們的詩人，在以崇高的譬喩稱讚西西里島之後，便說：

『這大國雖在許多點上值得人間嘆美，值得人們遊歷，譬如那裏的物品極豐富，那裏的人民有強固的自衞力，但沒有什麼比這個人物還更可引爲光榮，引爲神聖，引爲崇高了。他的歌，出於神一般的天才，其聲調高亮，如此如此的提出光榮的發現，好像不是一個凡人。』〔六三〕

在這樣辯駁之後，他卽以宇宙形成之討論結束了第一篇。這裏，他忠實地追隨伊璧鳩魯的先例，排斥世界有一定限界的假定。且假設其有一限界，並設想有一矛從這限界，用強有力的臂投來罷。那麼，這將由某種事物而停落呢，抑將繼續前進而入於無限呢？無論結果如何，我們都不能設想世界有現實的限界。

這裏，有一卓絕的議論，謂：如若世界有確定的限界，一切物質老早就聚集在有限空間的地盤上了。在這裏，我們看見了伊璧鳩魯全部自然學說之本質的弱點。他顯然駁擊許多古代思想家所已容納的中心引力說。魯克理底斯的教訓詩的這一段，雖不幸多有割裂；但仍可由此看出這議論的特色，認出這議論的根本錯誤。伊璧鳩魯假設原子之本質的特性，在抵抗力以外，尙有重量即重力。創設古代唯物論的深奧的思想家，仍不能避免通常的感官的假象。伊璧鳩魯雖明言，嚴格的說，在空間無所謂上下，但他關於構成宇宙的原子之下落，却又主張有決定的方向。實際，要避免重力之普通的感官的直觀，乃是人間精神所不易成就的功績。與天文學研究相結合的對極住民（Antipoden）學說——因陰間（Tartarus）之信仰已經動搖，這種學說是展開了——在古代，曾與絕對上下的自然觀，作無益的鬥爭。不斷由感官而予吾人以印像的直觀，是如何不甘皈服於科學的抽象，我們還可在近代，尋出別一個例——即地動說。就連在哥白尼以後一世紀，亦尙有已受科學訓練而有自由思想的天文學家，拿地球堅固而靜止的自然感覺，來證明哥白尼體系的不當。

從原子重力的根本見解出發，伊璧鳩魯體系不能認有二重方向止於中央。蓋因像在其他各處一樣，在此中央分子間亦有空虛的空間，不能互相支持。但若我們願認此等分子已由直接的接觸而以某種絕對的密度凝集於中央，則按伊璧鳩魯的學說，在時間之無限的持續內，一切原子必早已密集於此處，世界上再不能發生別種什麼了。

這種思考方法的弱點，用不着我們予以批判的證明。〔六四〕對於人間發展之思惟的觀察者，一定更高興知道，在自然事物的考察上，要得到一種純確的見解，是怎樣困難。我們驚嘆牛頓引力法則的發現，但不常想到，對於這個必然會爲某一大思想家發現的學說，曾有如何深的步武爲之開路。當哥倫布的發現，一舉而予對極住民學說以全新的光明，而結局在這點排斥伊璧鳩魯的見解時，全部重力概念已有改革的必然性了。然後來了哥白尼，然後克蒲勒，然後葛里略的關於下落法則的研究。於是全新的學理的提出，便把一切都準備好了。

在第一篇快要結束的時候，魯克理底斯曾扼要敍邊最初由恩比多立提出的大見解，按照這見解，宇宙間一切的尤其是有機體的合目的性，不過是一個從機械事象無限性中生出的特別情形。〔六五〕

卽令我們能在亞里斯多德的目的論上發現偉大處，我們仍不能因此故便否認無條件否定目的概念者的偉大。這裏，我們所問的，是唯物論世界觀全體——其體系的一部分爲近世唯物論者所不曾充分注意——所本有的要石。目的的理論，卽令天然較能博得人的同情，其中也包含更多分的人間的偏見。要完全排斥已由偏狹而導入吾人見解中的東西，雖使我們厭惡，但感情不是議論。那至多祇是一個指導的原理。與嚴密的論理的歸結相對而言，那也許是更廣泛的解決之豫兆，但此等解決，乃在此等歸結之後，決不在此等歸結之前。

魯克理底斯說：『事物各自置於適當的地位，並非由於原子的聰明的商量，事物各自如何運動，亦非由於原子的聰明的確定。但因其數多，在全宇宙間有多式多樣的變化，自無始以來，卽以衝擊而相互驅迫；經過各種運動與結合的嘗試以後，世界的位置才如我們今日的世界的形狀。創造進行了無數年，事物才投入適當的運動中，江河才以河水補充貪饞的大海，大地才爲太陽所溫熱而常更新其產物，生物的種族才日益增殖，並有「以太」的閃光從而發生。』

認合目的的事物爲可思惟的事物之特殊情形，並以存在的事物之合目的的性還元爲合目的的事物之存在，都是壯大的思想。自存的世界，不過是一個情形，這情形，在永遠的經過中，是必定會在無數的原子結合中自己發生的。自存的世界，不過是這個事實，卽此種運動的性質，將會如此，使此種運動能在大全體中維持並更新其自身，從而使這世界的關係有它們所有的持續性。

第二篇，魯克理底斯更充分地說明了原子的運動與特性。他說，原子是在永遠的運動中，而這運動，便原來是永恆地、均等地、經由空虛的空間之無限的無限，向下落。

伊璧鳩魯的體系，在這裏又發生了大困難。這永恆的均等的原子下落運動，如何結果會形成世界呢？照德謨克利特士說，原子是以不等的速度下落；重者與輕者衝突，變化遂由而發生。伊璧鳩魯謂空氣中或水中物體下落速度不同，由於媒介的抵抗，那是一點不錯的。在這一點，他是依從亞里斯多德。但他旋卽堅決反對亞里斯多德。亞里斯多德不僅否認有空虛的空間，且否認在空虛的空間有運動的可能性。有更正確的運動概念的伊璧鳩魯，却反過來主張在空虛的空間，因無抵抗，將有更迅速的運動。但如何迅速呢？這是伊璧鳩魯體系的又一暗礁。

據云，原子在空間的運動的速度，雖一瞬間卽由太陽穿過空間降至地面的太陽光線，亦不能與之比較。〔六六〕這是一個比較，但是一個標準麼？這裏我們有速度的標準麼？當然不因事實上任何有定的空間，固皆可以無限小的時間通過，但空間是絕對無限的，在尙無任何對象可爲運動的尺度時，這運動必全然是不定的。且以同速度作平行運動的原子，必是相對地在完全靜止狀態中。伊璧鳩魯在這點是和德謨克利特士不同的，但這種不同的結果，伊璧鳩魯自己似未十分明瞭。他所容納的世界形成法，極爲奇異。

本來像雨滴一樣按循平行直線而運動的原子，又如何達到側面的運動，急速的循環，及無數的時而鬆懈時而強固的結合，並依永遠的合法則性發生新的結合呢？要決定何時原子始與直線的進行相乖違，那是全不可能的。〔六七〕稍稍離平行線，固可在時間的進程中，使原子會合或衝突。而此事一經發生，原子形式的多樣性，又就會立卽造成最複雜的回旋運動、結合與分離。但此事是如何發生呢？這是伊壁鳩魯體系的致命的缺陷。魯克理底斯解決了這個謎，或不如說他是求助於人與動物的隨意運動來，把這個結頭斬斷。〔六八〕

從機械的原因演繹隨意運動的全體，乃是近世唯物論最重要的努力之一。但伊壁鳩魯却把一種全然不可計算的要素，導入他的體系中。固然照他說來，人類大多數行爲，都是物質分子發生一定的運動之結果，因一運動常例會惹起他一運動。但此處我們不僅明白激烈地把因果系列打破了，而關於運動的性質，背後亦隱有更進的不明晰處。卽在生物界——這就是魯克理底斯所選的例——自由意志立卽會佔得最重要的意義，好像欄柵一經除去，馬就會突入賽馬場中。依他說，這情形的起源，祇是各個靈魂原子之無限小的衝突。這樣的根本見解，和地球靜居宇宙中央的理論，（關於這理論，我們以下還有說明，）似乎極相像。

德謨克利特士也許沒有犯這種錯誤。但是，如若我們一想到，就連今日，意志自由說雖有形上學的微妙，其本質仍不外是感覺假現之無知與偏頗，我們對之，當能予以更寬大的評價。

物體之構成部分既始終在急速運動中，如何表面上又靜止着呢？為要說明這點詩人曾用下述一事為比喻。吃草的家畜，一羣一羣，帶着活跳跳的小羊，但從遠方看去，却僅僅是綠郊上一個白點。

魯克理底斯以為原子的形式非常多樣。時而平圓，時而粗尖，時而分枝，時而作鈎狀，各按其形狀，予吾人的感官或所感事物的特性，以一定的影響。形式之數雖有限，各形式所有之數却無限。在每一物體中，都有最不同的原子，以相互間的特殊關係而結合。像字母結合而成字一樣，物體的種數，亦由這種結合而非常多。設非如此，要因原子形式不同而生成如此多種的物體就不可能了。

下述那一段詩，正從魯克理底斯的精神出發，而對神話的自然觀下一種批判。我們於此不禁要引用如下：

『若有誰認海宜稱為海神（Neptum），穀宜稱為穀神（Ceres），酒宜稱為酒神（Bucchus），則我以為，如果他僅要避免以卑汚的宗教汚其心情，我以為，宜認地為諸神之母。』〔六九〕

魯克理底斯曾進一步說明顏色與其他感官的性質不是出發於原子自身，祇是原子在一定的關係與結合上發生作用之結果。在這種說明之後，他就提出了這樣一個重要的疑問，即，感覺與物質究有如何的關係。

在這裏，他的根本見解是：有感覺物是由無感覺物發展出來的。詩人曾精密敘述此種見解說：感覺不是在任一事情下，從任一物，都能夠發生的。那大都依存於物質的精粗、形式、運動、及秩序，看此種物質是否能夠生產感覺或賦有感官。感覺只能在有機的動物體中發現，[七〇] 然非屬於身體某一部分，而屬於身體全體。

在這裏，我們看見了唯物論在其他諸點雖有條理一貫的發展，但往往在這一點公然地或隱密地拋棄他的見地。那顯然在原子與空虛的空間之外，加入了一種新形上學的原理使聯成一氣，而作爲一種十分獨創的補充。

魯克理底斯曾以多少滑稽的態度，證明感覺不屬於個別原子而屬於全體。他以爲，如若人間的原子能哭能笑，能明論事物之組合，能詳究什麼是事物之本來的構成部分，當然不是一種壞事。人間的原子，必須在每場合如此，才能有感覺；但在這時候，它們已不復是原子了。這裏雖然看落了，發展了的人間感覺，可以是各種較劣感覺由特殊協力而成之全體，但雖如此，本質的困難依然存在。全體的感覺，無論在任何場合，都不祇是個體某種可能的機能之結果——除非全體亦有本質的實在性。因爲，從原子無感覺性的非此即不可能的總和，決不能產生全體的感覺。

這樣，有機的全體，便在原子與空虛的空間以外，成了一個全新的原理了。不過事實上未曾承認其如是而已。

第二篇的結論，是上述諸種見解之壯大的大膽的一個系論。即，有無限數的世界，經莫大的期間與距離，相並而又互相上下，永久持續而又重行解散。是即古代唯物論者關於無限世界之見解。

遠在可見的世界限界以外，各方面有無數尙未形成物體之原子，經由人間所不能尺度的空間與時間，繼續其安靜的下落，或在無限的時間內再行分散。不過因爲廣大宇宙隨處都有同一的條件存在，現象遂得照其原樣反覆下去。總之在吾人之上，吾人之下，吾人之側，乃存有無數的世界。如若我們一思及此，全體受神統制之思想就消滅了。這一切都在生成與消滅的過程中。它們有時不斷從無限的空間吸引新原子，有時又與其部分分離而忍受益益大的損失。我們的地，已經老了。老農夫搖頭嘆息，以爲昔時的善果，乃由於祖先的敬虔，現在，這種善果，已因這世界的消耗而益益損破了。

魯克理底斯在敎訓詩第三篇中，盡其哲學與詩之全力，以說明靈魂的性質，駁斥不死說。此處，他以除去死之恐怖爲出發點。這種恐怖，毒害一切純粹的快樂。詩人以爲，人們所以犯罪，有大部分應歸因於這種感情的驅使。對於未受眞理薰陶的心，貧窮似乎是死的門。爲了避死，人們往往犯最卑下的罪以積聚財富。不，死的恐怖，往往矇蔽我們，使我們尋求我們所要避免的東西。死的恐怖，將使生活難於支持，從而驅使我們自殺。

魯克理底斯認靈魂（Anima）與精神（Animus）有別。但他以爲二者是人身上有密切關係的部分。手、足、目是生物的器官，精神亦然。有人以爲靈魂祇是全肉體生活的調和。他否認這種見解。死時卽離去肉體的溫熱與呼吸，卽由靈魂形成。位於胸內的最微細最內部的部分，卽是精神。惟精神有感覺。但二者都是肉體的，都由最微細最圓最能動的原子構成。

葡萄酒雖失去其香味，膏藥雖散其香氣於空中，但我們看不見重量的損失。所以，靈魂消滅，體重仍不減輕。

這裏，我們再看見了，要確定感覺的正確地位，是很困難的。伊壁鳩魯的體系，在這最重要的點上，完全迴避了這種困難。就連在生理學非常進步的前世紀，唯物論亦同樣有這情形。個個的原子無感覺，卽有所感，亦不能融合。何則？無何等基體之空虛的空間，不能傳導感覺，更不能有感覺。所以我們常常逢着如次的威令：原子的運動卽是感覺。

伊壁鳩魯及魯克理底斯因要掩飾這點，便說：除了構成靈魂的細微的空氣原子、蒸汽原子及熱原子，尙有第四個成分。這成分全無名稱，又最微細最能動。靈魂之靈魂，卽由此形成。〔七二〕但關於這些最微細的靈魂原子，疑問依然是一樣的。拉麥托里（De la Mettrie）的振動的大腦纖維，亦復如是。卽：本身無感覺的物體之運動，如何能成爲感覺呢？那麼，誰感覺呢？感覺是如何發生的呢？從何處發生的呢？——對於這種種疑問，魯克理底斯均未答覆。我們以後也許還有談到此等疑問的時候。

在一切可能的形式上詳細反駁不死說，是第三篇的重要部分。在這點上，詩人會如何着力，我們是知道的；因爲結論已充分包含在前文了。全部證明的結論，即是說明死於吾人無足輕重，因爲死的時候，主體已不復能感知任何不幸。

詩人說，人們見肉體腐爛於墓中，燒燬於火焰中，或爲猛獸所撕裂，遂隱隱中留有一種觀念，覺得自己將來亦有一天如此，因而怕死。就使他否認有這觀念，他依然會撫育這觀念，不能『從這個我分開他自己，亦不能從這個如此投棄的肉體分開他自己。』他不知道在他眞是死了的時候，他已不復存在，却徒以如此的命運苦其自身。『君之故居不再如此歡待君矣，君之愛妻愛兒不再前迎吻君矣，不再以靜默的歡悅感君之心矣。君之事業無可繁昌矣，君不能保護君之自身矣』——於是他們慨然——『生活之財寶悉爲一不幸之日所奪矣。』不過他們忘記了補充一句：『君對於此等事物已全無所求矣。』如果他們正確地理解了這點，他們就從大困厄與恐怖中解放出了他們自己了。

『君死矣，君永眠矣，君之未來永遠解除痛苦矣；吾人以難抑之悲思，見君臥於火葬之薪上片刻化成飛灰，不禁爲君痛哭。任何長久之時日，亦不能使吾人之永哀在吾心中消滅。』如果有人如是說，我就必須問他——在他如此永眠休息時，有如何的苦楚會使人在永遠的悲哀中憔悴？

第三篇的全部結論，據此處所引述，實有大可稱讚注意之所。他借自然之口，證明死的恐怖全然是無益的一切可用來說明人生及其痛苦與情慾之可怕的地獄神話，他都曾極其美地加以利用。如果那不是屬於古代人們也許會以爲那是前世紀唯理論者的話。

不是地獄中的唐達魯斯，對於掛在頭上的岩石抱一種徒然的恐怖；是人間在生活上常常爲神及死的恐怖所煩惱。不是地獄巨人德多斯，横臥佔九英畝地終爲鷹所撕裂；是人們個個爲愛或慾望的煩惱所吞食。爭求國家高位的野心家，像西斯卜斯一樣，捲巨石上山，但再滾落於地下。暴怒的賽爾伯魯士及地獄的一切恐怖，例示犯人所不得不恐懼的刑罰。他雖避免了牢獄及死刑之汚辱，但他的良心，仍必以正義之恐怖，予他以處罰。

英雄與王，大詩人與大賢人，都有死；生活遙少價值的人，才以爲必死是一種不幸。他的全生活，是浪費在煩惱的夢中和無益的懸念中。他們覺得他們不幸的原因，有時在此，有時又在彼，但不知道他們所實際缺少的是什麼？如果他們知道了這個，他們就會放棄其他一切，而專心致志於事物之自然的認識；因爲，人要在生命終結以後仍能永續其自身，是祇有走上這一條路。

第四篇包含一種特殊的人性論。在這裏我們不必深述詩人學說所根據的很多的屢屢驚人的自然觀察。他這些學說，卽是伊壁鳩魯的學說。我們所關心的，不是生理學假說的原始，而是重要原理的發展，所以我們略述伊壁鳩魯關於感官感覺的學說，就很够了。

第四篇的結末特就愛及兩性關係加以詳論。詩人在這裏流露的眞誠與嚴肅，旣不能在伊壁鳩魯體系的通常概念中發現，亦不能在開卷對威拿士（Venus）大祈願詩內發現他根據純粹博物學的見地，來討論他的主題。他要說明性的慾望之成立，同時並認其爲惡。

第五篇特敍述地球、大海、星晨、及生物之起源史。其中最特異處，是認大地靜止於世界中央。大地所以靜止在世界中央，他曾舉出這樣的理由：散佈地下，並因其自始即與地球牢相結合，故不爲地球所壓縮的氣狀原子，與地球不可分離地結合着。這見解的根柢，缺少明晰性，那是我們必須承認的。再者，他舉出人身不爲四肢所壓縮，却由精細的氣狀的靈魂分子所支撑所推動之事，以爲比較，但這種比較並不能幫助我們十分了解這觀念。我們必須注意，地球絕對靜止的思想，旣與全體系顯然矛盾，亦甚不合於這位詩人自己。宇宙必須被認爲是同原子一樣向下落；可奇怪的，是他竟不用地下氣狀原子的下落時自由轉位的事實，來作問題的解決。〔七二〕

當然，伊壁鳩魯及其學派如能充分說明相對的靜止與運動之關係，他們就超越了他們的時代好幾百年了。

不依『現實』而依『可能』以說明全自然的傾向，我們已經在伊壁鳩魯的場合看見了。魯克理底斯亦非常精密地表明了這種傾向。我們如若把這種傾向同勒爾特狄奧格奈斯的傳說關聯起來講，就可以達到如次的結論：在這點，我們眼前所有的，並不如衆人所設想，祇是無所關心或淺薄，却是伊壁鳩魯學派的確定的精密的方法——這根本思想所能有的精密的方法。〔三三〕

提到星辰運動的原因，詩人曾如是說：『在此等原因中，何者在這世界上有作用，是不易確實斷言的；我所主張的，祇是在依種種計劃而創造的種種世界內，究有何者能通宇宙而發生作用。我將舉出通宇宙而存在的星辰運動的一般原因；在這一般原因中，有一個也是這世界諸現像運動的原因。但這原因究是什麼，愼重的一步一步前進的人，不必把它舉出。』〔三四〕

可能性的總和，必在無限的世界中某處，有其現實的存在——這思想，完全符合於這體系。認可思惟之總和(Summe des Denkleen)與實際可能之總和(Summe des real Möglichen)相一致，從而與無限世界內某處的實在相一致——這思想，在今日，對於實在與思惟同一說，依然投射了有利的側面的說明。伊壁鳩魯之自然研究，雖傾向於可思惟之總和，不傾向於實際可能之總和，但同時却又傾向於實在之總和(Summe des seienden)，不過，當決定何者存在於吾人的特殊場合時，懷疑的躊躇(ἐπέχειν)便有了根據，使我們發表實際認識以上的見解。特殊說明有較大的蓋然性這個假定，很可以和這深奧的聰明的方法相調和。實際，我們亦有許多痕跡，贊成這種最動聽的說明。

第五篇討論人類漸次發展的幾節，可認爲是全書最重要的部分之一。在其他諸點上不曾以十分公平態度待伊璧鳩魯的辛勤，却很公平的說，他的哲學在這諸問題上建立了極健全的見解。

照魯克理底斯說，原始時代的人類，較現今的人類遙爲强壯。他們有更强健的骨骼。在霜侵暑迫之下，他們的身體硬健得很。他們的生活，像動物一樣，沒有農業技術。豐沃的土壤，自然地提供他們以生活資料。他們渴了，就到流泉邊去。他們住在森林洞穴中，沒有道德，亦沒有法律。火的使用，甚至於毛皮的覆蓋，他們都不知道。他們與野獸鬥，大都佔勝利地位，僅少數爲野獸所迫害。慢慢他們知道建築小屋了，知道墾地栽種了，知道用火了；家族生活的結合於以形成了，人類始益趨於溫和。鄰人之間開始發生友誼，對婦女兒童開始發生憐惜，此時雖未完全調和，但大部分人類彼此間是處在和平情狀下。

人由自然命令發出多樣的言語的聲音。此種聲音之應用，卽成事物之名稱。其初期發展，卽導兒童使用語言以指示他眼前的事物。小山羊在角未長成以前卽感其有角，而試以角牴觸；小豹小獅在爪牙未大成長以前，卽以爪牙衞其自身；小鳥很早就信賴它的羽翼。就語言一點說，人恰好是如此。相信有某人以名給當時一切事物，後人卽從此學習最初的語言，實在是毫無理由的。因爲，爲什麼可以假設在其他一切人均不能發出明確的聲音而創造言語的各種聲音時，却有一個人能够如此呢？並且在其他一切人均不能瞭解聲音的目的及價值時，如何會有一個人，能指導其他一切人，叫他們去使用此等聲音呢？

就連動物，在其恐怖時苦痛時喜悅時，亦會發出各種不同的聲音。摩洛西的獵犬，搟牙咆哮時，高聲吠時，與幼犬嬉戲時，獨留家時，被打而逃時，也自然會發出各種不同的聲音。其他動物，亦復如是。於是，詩人推定：我們其實不如設想原始時代的人，必能由各種不同的音，表示各種不同的對象。

他又以同樣的方法，討論藝術之漸次的發展。魯克理底斯雖容認情操及發現的勢力，但他嚴格遵守他自己的世界觀，所以他以爲最與此有關的，乃是幾分盲目的試行。試行許多迷誤的路以後，人們才得到因有顯明價值而能保持的正路。紡織最初由男子發明。婦女專司紡織，祇是後來的事。那時男子已投身於更困難的作業了。

今日婦女的勞動，已漸次（有時竟是一躍）轉入爲男子所創設並夙爲男子所專司的職業。但在伊璧鳩魯及魯克理底斯當時，則據我們所知，職業的這種轉移，尙未實行。所以，這種思想在今日亦較在當時爲適切。

關於政治制度及宗教制度之形成，詩人所有的思想，均編在歷史的哲學的考察中。魯克理底斯以爲，有才幹有勇氣的特殊男子，先建設城市並建築城堡，然後當作國王，隨意以其土地財貨分給臣民中最美最强最有才能的人。使財富高於權力與美之經濟現象，乃是黃金發現以後的現象。此時，財產亦可造就渴仰者，而與功名相聯結。但漸漸的，有許多人追求權力與勢力。嫉妬把權力破壞了，帝王被顚覆了。

先前越爲人所恐懼的王權，將越爲人所踐踏。此時粗暴的羣衆，將實行暫時的支配。直到後來，經過一種無政府的過渡狀態，才有法律與秩序隨之而生。

此處插入的種種註解，有退避或嫌厭政治活動的性質。那種性質，一般說，乃古代唯物論的特色。魯克理底斯旣宣揚節儉與滿足，而反對熱望財產，又以爲，與其願望支配權而維持帝政，遠不如安安靜靜的服從。我們知道古代市民道德及純共和自治社會的觀念，已經消滅了。讚揚受動的服從，無異否認國家爲道德的社會。

個人主義之專斷的執着，曾過於和自然哲學之原子論，發生密切關係。在其他諸點認政治與道德行爲有密切關聯之斯多亞學徒，到後來亦曾斷然不問國事：反之，斯多亞學徒如此重視的賢人社會，在伊璧鳩魯學徒手上，被表現爲較狹隘較親密的友誼的形式。

驅這時代哲學家抱靜寂主義的，遠不如說是古代人民政治力之消竭，自由之消失，政治狀態之腐敗與絕望。

魯克理底斯以爲宗敎之起源，本來是純潔的。人們在醒時，尤其是在夢中，在精神上觀得了崇高有力的神的姿態，並以生命、感覺、及超人之力，附歸這些空想的像。他們觀察節季及星辰升落之合則的變化，但他們對於這些事物之理由，是不知道的。於是，他們遂以爲神在天上——光的地方；並以爲天及天的現象——暴風雨、雹、電閃、雷鳴——是以神為原因。

『人們以此等活動歸於神，並給他以激怒之情，那是如何不幸啊！他們對於自己曾由此齎來多少悲嘆，對於我們，曾由此齎來多少損害，對於我們的子孫，又曾由此齎來多少的淚啊！』〔十五〕

詩人曾詳細描寫人們很容易注意天的恐怖，不復靜默地考察事物——這種考察，是唯一的眞的敬虔——而以無用的犧牲及祈禱，來解除神的憤怒。

教訓詩的終卷所論為病理學——如果可以用這個名稱對於氣象學的現象，這裏曾論究其原因。關於電光、雷鳴、雹、雲、尼羅河漲水、歐特納噴火，這裏都有討論。在前篇，人類原史既當作宇宙開闢論的一部分來討論；同樣在這裏，人類疾病，亦編在宇宙怪現象中，而以瘟疫之描寫為全書之結束。詩人在著作之始，祈禱生命胚芽之女神，在著作之末，描述死之力，也許都是故意的。

關於第六卷的特殊內容，我們祇要敍引他關於『黃泉路』(Averrnischen Orte) 及磁氣吸鐵之詳細研究。前者特證明詩人之啓蒙傾向；後者却以一種特殊的難點給自己，而在自然研究上，對於這個難點，以非常愼重的複雜的假說，予以征服。

古人因見意大利、希臘及小亞細亞，常常有些地方發出一種氣體，可以使人及動物昏睡乃至於死亡，遂把這些地方叫作『黃泉路』，一般民衆自然相信那裏與陰間——死神的王國——相聯接，說陰間的幽靈及魔物會在那裏出現把生物的靈魂拉下去，以說明這種致命的影響。但我們的詩人，却試根據原子的各種性質說明這些地方，對於各種不同的創造物，有時有益，有時則有害。此後他又考究各種無形中散佈的毒物，並敍述——雖仍不免含有若干迷信的傳說——開礦時的金屬含毒及煙氣，有致死作用。古人不知炭酸氣，遂以爲原因在於惡臭的硫黃樣的蒸發氣。他斷定這地點的地面蒸發氣，使空氣有毒。這結論是正確的。這結論的正確，證明了整齊的類推的自然研究，即不應用更嚴密的方法，也是知識大進步的條件。

磁氣作用的說明，雖不免仍有缺點，却使我們瞥見了魯克理底斯曾如何根據伊璧鳩魯物理學全部自然學說所本的假定，作巧妙的條理一貫的引伸。魯克理底斯最先指示我們，在一切物體細孔中循環而由物體表面發散的細微原子，有一種非常急速的不斷的運動。根據這種見解，一切物體，都不絕在各個方向播送此等原子——此等原子會在空間的一切對象之間，產出不絕的交互作用——之流。這即所謂普遍流出說，與近世自然科學的振動說相對。若不論其形式，則在今日，不僅這種交互關係，已由實驗證明，而在其種類、數量及速度上，人們所與於它的意義，亦非伊璧鳩魯學徒的最大的空想所能想像。

魯克理底斯告訴我們，從磁氣發出的激流，會把空氣驅逐，致在磁氣與鐵之間產出一個空虛的空間，爲鐵所突入。如若我們考察一下這學派的物理學，便知道這裏未提到有神祕作用的「空虛的恐怖」。其所以會生出此種結果，乃因一切物體在各方面都不絕爲空氣原子所衝擊；所以在有路可通的任何方向，都不免發生這結果——除非物體的重量過大，或其密度過小，致空氣原子得無阻地通過物體的細孔。這說明了，爲什麼在一切事物中，最激急地受磁氣吸引的是鐵。詩人以爲這現象，全然發因於其構造及其特殊重力；其他物體一部分因過重，例如金，不易在氣流中推動，亦不易經空虛的空間而爲磁氣所吸引；一部分則因多孔，例如木，致氣流得自由通過，無任何機械的障礙。

這種說明，雖尚有許多疑問，但其議論，顯然可以和亞里斯多德之假定及理論，作一有益的對照。我們第一可以疑問：磁氣的出流，如何既能驅迫空氣，却不以同樣的勢力驅迫鐵呢？[十六] 事實上，由一簡易的實驗，便知道由空氣稀薄而生的空虛的空間，不僅鐵，其他一切物體，亦是可以吸動的。但我們能提出異論的這事實，却表明了這種說明之嘗試，是一個有效果的嘗試；同時，假定有祕密力，有特殊交感，及與此相類的各種手段，都足阻害進一步的反省。

這事例還指示我們，爲什麼這種自然研究法，在古代不能有多大進步。古代自然研究上的實際成績，全都屬於數學的方面，故在天文學，靜力學，機械學，光學，音學方面，頗有成績。記述的自然科學，亦曾蒐集許多有價值的材料。但要變動觀察，結合觀察，以發現法則，在古代却尚不可能。唯心論者對於具體的事象，固缺少感情與興趣；唯物論者亦往往以單一的觀察而中止，他們有一個初步的說明就滿足了，再不會去窮究事物的根柢。

第一篇註

〔一〕有時爲人誤解的這開卷命題，一方面反對唯物論的輕蔑者，他方面又反對某一些唯物論者。唯物論的輕蔑者，在唯物論的世界觀中發現了絕對與哲學思惟相反的東西，否認唯物論有任何科學的意義。某一些唯物論者，却輕蔑一切哲學，認自己的世界觀，並非哲學思辨的結果，却純然是實驗的健全常識的，自然科學的產物。也許可以簡潔了當的說，伊奧尼亞自然哲學家哲學上的最初嘗試，即是唯物論；但一考察由最初的動搖着的不完全的諸體系降至十分條理一貫的有明晰意義的德謨克利特士的唯物論，曾經過怎樣一個長期的發展，便知道唯物論祇能算作『最初諸嘗試中』的一種嘗試。實際，如若我們不混同唯物論與物活論（Hylozoismus）泛神論（Pantheismus），則唯物論祇在物質被解爲純粹唯物的物質時，始得成爲完全的體系。所謂純粹唯物，即認物質之構成份子非自體思惟的質料，祇是一種物體，其運動乃按照純物理的原理，自身無感覺，但因有某特殊的結合形式，才發生感覺與思惟。完成的唯物論，似必須爲原子論；因爲如若我們不把質料分解而爲小原子及小原子運動所在的空虛的空間，我們要明白說明從質料發出來的事象，而不混入超感覺的性質及勢力，就簡直是不可能的。德謨克利特士的靈魂原子和阿婆羅尼亞的狄阿格奈斯的暖空氣，表面上雖十分相像，實則有區分的必要。後者是一種絕對的理性質料；其自體能感覺，其運動似應歸因於其理性活動。德謨克利特士的靈魂原子，同一切其他原子一樣，按依純粹機械的原理而運動，其思惟現象之發生，祇由於特殊的結合，而這種結合，又復是機械地發生出來的。再者，達雷士的『生的磁氣』，適與 πάντα πλήρη θεῶν（一切都充滿着神）的話相調和但與原子論者的磁石吸鐵說，到底是顯然不同的。〔二〕試一觀察辛勒氏的完全相反的說明（見希臘哲學卷一、第三版、四四頁，）也許應作如次的聲明。對於『希臘人無任何等級制度，亦無任何不可侵犯的獨斷論』那一句話，我們是可以首肯，不須修正其說法。但我們須記着，此等制度與獨斷論所由而發展的政治統一，在希臘人間，還是沒有的。他們的信仰制度，比個個的都市及地方之制度，還表現更多式多樣的形式。禮拜之純粹的地方性質，加以平和交際的頻繁，自然會導向有堅毅信心同時又是中央集權的民族所不能想像的寬容與自由。而在希臘人追求統一之努力中，恐以追求教主政治和神政統一之努力爲最重要；我們對於德爾菲僧徒之位置，正可以看作是僧職所得『多名譽而極少權力』通例的一個例外。〔參看克帝亞斯希臘史卷一、第四五一頁，內有格赫特（Gerhard），斯帝芬尼（Stephani），威爾克（Welcker）及其他作家，關於德爾菲神學者普及酒神崇拜及祕法所提出的說明。〕即令希臘沒有僧侶階級，亦沒有僧侶階級制度，但至少是有僧侶家族。這種家族之世襲權利，乃以最牢固的正統主義爲保證，而照例屬於最高的貴族，且能維持地位歷數百年。伊羅西斯的祕密，對於雅典人，有如何的意義；此等祕密又如何與歐莫爾皮德、克里克斯、菲里德之家族相密接啊！（參看黑爾曼古代之神之祀奉第三一章第二一節；蕭曼希臘古代卷二第二版、三四〇頁以下。）這些家族究有如何大的政治影響，可由亞爾基巴德斯的沒落，予以最明白的說明——雖然在大衆宗教熱情與高教會及貴族勢力共同活動之裁判上，我們往往會把綱的一條一條的絲線看落。關於正統派，當然不能認其中含有煩瑣的有組織的學說體系。但若德爾菲神學者及祕教之神政，不是來得那麼遲緩，致不及防止貴族階級知識階級中的哲學啓蒙運動的普及，那樣一個體系也許眞已發生了。如是，人們將滿足於神祕的禮拜儀式。在這種禮拜下，雖許一切人在其他各方面順其意願以思惟，但對於一定的神，對於這些禮拜儀式，對於這些特定的神聖的言語與習慣其一般信仰必益難違犯。於是個人會大受拘束。一切懷疑，一切未經特許的改革，一切輕率的議論，必全受禁止。那是無疑的，就連關於神話的傳說，詩人的自由與地方僧侶的傳統束縛（那與祭典有密切關聯）亦有極大的區別。一個民族如對於自己的神聖的傳說，有不搖的信心，且在各都市上，有不同的神，不同的屬性，不同的系譜及神話，他們亦必以較大的容忍心，許其詩人隨意處理其民族文學之一般的神話材料。但若這種自由，稍稍露出要攻擊（直接攻擊或間接攻擊）地方神的傳統，那詩人就會同哲學家一樣大禍臨頭了。本文所舉諸哲學家，固然在雅典受人迫害，但在雅典受迫害的哲學家必不祇此數。譬如，斯蒂而卜（Stilpo）及德奧夫拉斯特士（Theophrastos）（麥耶及蕭曼著雅典之訴訟第三〇三頁以下，）還可以加入詩人梅樂斯的底奧哥拉斯（Diogoras von Melos），有人懸獎購取其頭；亞細羅斯（Aeschylus），即以褻瀆祕法之神聖爲名而致生命於危險，幸雅典高等法院念其勞績甚大，始得赦免；歐里庇德斯亦被指爲無神論者而受驚恐；倘有其他等等。在雅典人意識中，寬容與不寬容如何相互交接，只要看如下的演說便知。這次演說是彈劾恩多基德斯（Andokides），據伯刺斯（Blass）雅典之雄辯五六六頁以下，這演說似非出於里西亞斯（Lysias），但實爲訴訟中的彈劾演說。其言曰：梅樂斯的底奧哥拉斯不過違犯了外人的宗教，恩多基德斯却褻瀆了他本鄉的靈場。前者當較可恕，後者實罪無可逭，因違犯外人的宗教，並非褻瀆自己的神。如若不敬之心非對雅典的靈場，祇對外人的靈場而發，這種主觀的辯解，必成爲客觀的釋放。又從同一演說中，我們再看見了歐莫爾皮德的家族有權在一定條件下，按照一種不知作者爲誰的祕密法律，裁判瀆神的人。（這法律是否在亞肯王議長之下發現的——參照麥耶及蕭曼一一七頁以下——在我們是不關重要的。）徹底保守的亞里士多芬尼斯所以能嘲弄諸神，而以最酸辣的嘲笑對付新興的迷信，其理由是全然兩樣的。而伊壁鳩魯所以不致受迫害，祇因爲他斷然參加各種外形的宗教儀式。這種彈劾的政治傾向，與其說是破壞狂信的基礎，無寧說是建立狂信的基礎。如若不敬虔的罪名，是推翻最得民心的政治家的最有效手段，那就證明，不僅墨守法律的虛文的心情是存在的；即民衆的熱情的宗教熱亦是存在的。從而，蕭曼（古代希臘卷一第三版第一一七頁）關於教會對國家的關係，所叙述者，我們是決不能認爲充分。宰勒對於這問題的議論，亦有許多點是如此。迫害不常與典儀相關聯，而常與教理及信仰相直繫，此點似可由彈劾以對哲學家的彈劾佔大多數，而得充分明白的證明。但若我們僅就一城市，一短期間，來考慮那決非少數的這類訴訟事件，並考慮其危險，則在哲學上受攻擊者『僅爲少數代表者』的話，似不能稱爲正確。往下，我們還要鄭重討論，就十七世紀十八世紀（十九世紀？）的近世哲學而言，在威嚇的迫害之壓迫下，思想體系會如何有意或無意地求適應於民衆信仰。

[三]參照宰勒第一卷第三版一七六頁註二，及馬爾巴哈(Marbach)哲學史五三頁所引用的前世紀唯物論辯爭時期出版（那並非偶然的事情）的著作物。在我看，宰勒未免過於看低達雷士了。關於宰勒的叙述，我可作如次的批評。先前曾有人引用西瑟羅論神的性質的話（卷一第一〇章第二三頁，）來證明達雷士的有神論，而以西瑟羅式的淺薄，認『外的創造』(Fingere ex)一語，指世界質料以外的造物主。但同『世界理性』一樣，神，尤其是斯多亞學徒所謂神，祇是內在的神，並非人形的，從而亦非人格的神，就使斯多亞學徒的傳說所根據的，是按照自己的體系對一個較古的傳說所提出的說明，這種說明（不問用語是否原來如此，）亦不因此便是謬誤的。就前後的關係判斷，一切事物均充滿

精神這一句話，多分就是這概念的起源——這句話，就連亞里斯多德（靈魂論第一卷第五章第一七頁）亦顯明是予以象徵的說明。所以『蓋然的』（εἰκώς）一辭所暗示的疑問，僅（很適當）指他自己的解釋，而這種解釋，比較斯多亞學徒的解釋，事實上是遙較爲錯亂，遙較爲不可靠。拿亞里斯多德的話（形上學卷一第三章）來拒絕後一種見解（宰勒第一卷一七三頁），是很不適當的。蓋因亞里斯多德在這裏無疑是引伸安納撒哥拉斯的主張，即分離形成世界的理性（即生成之原因）與動作所在的質料。這種主張，和亞里斯多德自己的哲學是很有關係的。至於他所以不滿意安納撒哥拉斯這種主張，如次章所述，乃因超越的原理僅偶然出現於安納撒哥拉斯的場合，且未條理一貫的貫徹。安納撒哥拉斯的態度本來是過渡的，不十分徹底的。亞里斯多德之不滿意，無怪其然。亞里斯多德謂其功績可疑，並嚴責其不徹底，不過表明了，亞里斯多德承繼了柏拉圖的蘇格拉底（『費多』第四十六章）討論同一問題時所抱的狂信的熱心。

[四]參照巴克爾（Buckle）英國文明史卷二、一三六頁以下。

[五]參照宰勒卷一第三版、第二〇頁以下，那裏對於希臘哲學起於東方思辨的見解，曾有詳細的辯駁，烏伯衞卷一第四版第三二頁（十版第二〇頁）對於同一問題，亦曾有簡潔而極細心的討論。東方學者敎希臘人以哲學這種粗笨的見解，因宰勒及其他諸人之批判而永遠排除了；反之，關於印度日耳曼同源的影響及近鄰的不絕影響，宰勒的詳註（二十三頁以下，）卻隨東方研究之進步，取得了益加的意義。但關於哲學，宰勒因受黑格爾見地的影響，顯明看輕了哲學與一般文化發展的關係，過於使思辨的思想孤立。我們却以爲思辨與宗敎的啓蒙及科學的思惟的端緒，有最密接的關係。如若我們的見解不錯，思惟方法改變的衝動，也許竟是自東方來，但在希臘，則因其土壤特別適宜，得成熟比較高貴的結果。再參照路易斯（Lewes）哲學史卷一

第一一二頁的註解如下：『希臘科學思辨的黎明，與東方大宗教運動符合，這事實頗值得我們考慮。』又反之，特殊的哲學觀念，說是從東方移到希臘乃是十分可能的。其所以在希臘發生者正因希臘本身的發展，已爲之準備適當的文化條件。歷史家亦可通曉自然科學的見解。獨創性與傳統二語之對立，是粗笨得不能再用了。觀念同有機的種子一樣，遠飛廣行，但唯正當的地盤，能使之發展並予以較高的形態。在這場合，無這衝動，希臘哲學固然未必就會不能成立，不過獨創性的問題，終當另有說明。希臘文化之眞正獨立，不在於其開始，而在於其完成。〔六〕近世亞里斯多德學徒說，亞里斯多德論理學，從著者的見地考察，本質上非形式論理學，乃是論理學的形上學的認識論。這種看法是很正當的。但同時他還傳給了我們若干形式論理學的原理，那自然祇是由他編纂完成的。此等形式論理學的原理，我希望會如我以後的著作所示，祇表面上與他的概念論的原理相關聯，而事實上且往往與之矛盾。現在一般人都喜歡輕視形式論理學，過於重視形上學的概念論，但試一靜思，就知道形式論理學的根本原理，祇在其未受亞里斯多德形上學之惡化與腐化的限度內，才能嚴密的論證其爲數學的原理。〔七〕參照康德關於同一問題之說明。見純粹理性批判緒論，尤其是哈吞斯坦版康德全集卷三第三八頁。本書下卷，對於方法的問題，還有更徹底的研究。〔八〕參照教育及教授法百科辭典的『靈魂論』條。卷八第五九四頁。〔九〕參照註一。論阿婆羅尼亞狄阿格奈斯的詳文，見辛勒卷一第二一八頁以下。那裏假設無原子論，亦能有同樣徹底的唯物論。關於這點，我將在下卷討論烏伯衞的見解時予以考慮。現在我們只要注意第三種可能性，那在古代亦是同樣不會發展的，那就是有感覺的原子之假定。但此處如若根據肉體原子之感覺狀態之總和來建設精神生活，我們又和德謨克利特士的原子論碰見了同樣的絕壁了——他根據自身並不發光亦不發音的原子的集合來建設聲音與顏色。反之，如果我們把人間意識的全內容——內部狀態——還原爲一個單一的原子，（這個學說在近世哲學上以最多樣的修正而出現，但和古人的意思相去甚遠了，）唯物論便變成了機械的唯心論了。

〔一〇〕決不能根據這句話，便以我完全贊同模拉克（Mullach）宰勒加等人對於這種傳說加所的批評。僅僅因爲看見維賴里亞斯·馬克西瑪斯（Valerius Maximus）的可笑的誇張及狄阿格奈斯的引證的不正確，便否認色爾克塞斯（Xerxes）曾駐居阿布德拉，是不對的。布羅多達斯告訴我們，色爾克塞斯曾滯留於阿布德拉，甚願留在那裏（卷八第一二〇頁，狄阿格奈斯也許有這一章記在心裏。）在這場合，王及其廷臣必宿泊於當地最富裕市民之家，那是當然的；色爾克塞斯行隊中必有最有學問的波斯道士爲伴，亦是有史可稽的。但若假定對於這位有知識慾的兒童的精神，此等波斯人曾予以初期的刺激的影響，却未必確當。我們還不如提出與此相反的主張。內部的或然性越是巨大，這故事的萌芽就越容易由僅僅的假定與結合，發展而爲假定的傳說。同時，這故事後始出現於不可靠的著作家間，又足見其外部證據極不充分。與這問題相關聯的德謨克利特士的年齡問題，雖曾費盡炯眼（參照夫勒著勃洛大哥拉斯的疑問一八四五年波恩版，宰勒哲學史卷一第八四頁註二及七八三頁註二）來考究，但關於這問題，我們所得答案，要爲黑爾曼（K. F. Hermann）的意見，辯解，終不是不可能的。我們在本書第一版，即依從黑爾曼的見解。然內部的證明（參照路易斯哲學史第一卷二一六頁）却似乎要把德謨克利特士列於較後的時代。亞里斯多德以爲德謨克利特士是概念規定的創設者（蘇格拉底及其同時人僅爲繼續者，）（參照宰勒卷一第六八六頁，）這種見解，必不可匆猝採納，因德謨克利特士無論如何，要開始發展他的學理，終須待到成年。如若我們認定蘇格拉底的業績出於他和哲人派交際最盛時代即四二五年頃，德謨克利特士多分是和蘇格拉底同年，其生年至遲不在四六〇年以後。〔一一〕模拉克（Mullach）希臘哲學之斷片一八六九年第三三八頁。『其他各事均相異，但在科學研究的總體上，却有顯著的類似點。斯太基賴特的哲學家，其偉大卓越的學識，似有一部分應感謝於德謨克利特士著作之研究。』〔一二〕宰勒第一卷七四六頁。模拉克哲學之斷片三四九頁，一四〇頁——一四二頁。〔一三〕模拉克哲學之斷片三七〇頁以下斷片六。參照宰勒第一卷六八八頁註。那裏說『德謨克利特士在這一點，沒有多少是從外國人學來的，』這句話未免太過度了。根據德謨克利特士所言，到埃及時他已較『哈勃登拿蒲台』（Harpedonapten）為優的話，似不確實，即令已經較優，他顯然仍有許多是從他們那裏學來的。〔一四〕例如，亞里斯多德靈魂論第一卷第三頁，會嘲笑德謨克利特士視身體運動由於靈魂，而把偶然插入看作是運動原因（這一點，宰勒在卷一，第七一〇頁七一一頁之註一也曾加以輕輕的非難。）請看他在這樣嘲笑時，曾嘗試使用如何的方法。他又斷言德謨克利特士曾以真理歸於可感覺的現象之本身，這亦可以參照。見宰勒卷一第七四二頁以下。〔一五〕這種狂信，在我們看來，無論是怎樣不可信，却十分適合於柏拉圖的性格，對於這故事，狄奧格奈斯和亞里士多生諾斯（Aristoxenus）一樣是保證人，我恐怕這不祗是一個『傳說』罷。——參照烏伯衞卷一第四版第七三頁。〔一六〕參照宰勒的說明卷一第六九一頁註二。〔一七〕物理學斷片四一，模拉克三六五頁。"Οὐδὲν χρῆμα μάτην γίνεται ἀλλὰ πάντα ἐκ λόγου τε καὶ ὑπ᾽ ἀνάγκης." 〔一八〕當然，排棄一切科學思想的根本原理，乃是最近的最大膽的企圖——『無意識哲學』，我們在本書下卷，尚有機會回頭來討論我們的思辨的浪漫主義這最近的產物。〔一九〕模拉克物理學斷片三五七頁。〔二〇〕模拉克三五七頁。“νόμῳ γλυκὺ καὶ νόμῳ πικρὸν, νόμῳ θερμὸν, νόμῳ ψυχρὸν, νόμῳ χροιή. ἐτεῇ δὲ ἄτομα καὶ κενόν.　〔二一〕原子論之根本特徵，因缺乏可憑信的斷片，我們祇得主要根據亞里斯多德及魯克理底斯摘取。我們必須注意此等敘述雖與西塞羅的嘲笑的曲解與誤解相去甚遠，但其根本思想之數學的明晰性及個個部分之關聯恐仍不免有些缺陷。對於這種有缺陷的傳說，我們常常就德謨克利特士全體系所由而支持的數學的物理的自明性，予以補足，本來是很對的。宰勒討論原子之大與重的關係時，所採態度無疑是十分正確的。（卷一第六九八頁——七〇二頁）但在這裏講到運動理論，亦尚有缺乏明瞭性的痕迹。宰勒說（七一四頁）：在無限的空間沒有上與下的觀念，對於原子論者，非爲必備的觀念；又伊壁鳩魯在狄奧格奈斯第十章六十頁關於這點所發言論，太皮毛了，太非科學了，非出於德謨克利特士。但這種判斷，殊嫌嚴格。對於在無限的空間無『目擊』的上與下——這種反對意見，伊壁鳩魯並未反對，宰勒的話殊非事實。至若伊壁鳩魯說，在無限的空間上與下雖是相對的，但從頭到足的方向爲有定的既知的方向，從足到頭的方向（雖其量所由而測定的線得大延長）可認爲是絕對相反的方向，這種說法，乃是十分正確的，全然是屬於德謨克利特士的系統。自由的原子的一般運動方向，顯然祇是人立在線上從人頭到人足的運動，這方向即是從上到下，與此相反的方向即是從下往上。　〔二二〕參照模拉克物理學斷片二第三五八頁及宰勒卷一第七一七頁註一，論同種原子之純機械的結合。但曲線運動（『圓運動或渦旋運動』，宰勒七一五頁本文及註二）實際在德謨克利特士體系所佔地位是否眞如後世報告者所云，却比較更不確實。他多分以爲構成世界的原子集團的渦旋運動，是在原子尤其是宇宙外圍原子已由原子的鈎所拉合而形成緻密的物體以後，方始發展出來。這種物體，一部分由於其分子本來有運動，一部分因爲外來原子之衝突，遂發生迴轉運動。照德謨克利特士說來，星辰依迴轉的世界的蓋被而動。伊壁鳩魯與德謨克利特士較，當然是一個極弱的數學家，所以其所處時代雖較後，依然以爲太陽因曾一度在宇宙的一般運動中接受到衝動，故能繞地球而繼續迴轉。如若我們考察一下葛里略以前的運動觀念是如何含糊，我們就用不着驚訝，就連德謨克利特士亦以爲圓周運動是由直線的衝突導出來的。然對於這種假定，可靠的證據却是全然沒有。［二三］參照休埃爾歸納科學史卷二第四二頁。［二四］這裏又缺乏可靠的證據；我們主要又須仰賴於亞里斯多德的報告。但這報告却極充分，不致引起誤解的猜疑。其詳見宰勒卷一第七〇四頁以下。［二五］這裏我們在狄奧夫拉斯特士（Theophrastos）有相當充分的摘錄。參照模拉克物理學斷片二四至三九，第三六二頁以下。斷片二四的普遍原理有注意價值：『法式是自存的（καθ αὐτό），甘味及感官性質，祇與其他相對，祇存於其他』。這裏我們又看見了亞里斯多德的實體與偶有性之反對的源泉，好像他會在德謨克利特士那裏發現了可能（δύναμις）與現實（ἐνέργεια）之反對的模範。（模拉克物理學斷片七第三五八頁。）［二六］亞里斯多德物理學卷二二。那裏解釋自然有二元，即形相與質料。以前的哲學家只顧到質料。『恩比多立與德謨克利特士對於形相及實在這類用語的意義，不大理會。』［二七］參照宰勒卷一第七二八頁。［二八］參照註十四。要對德謨克利特士的觀念說句公道話，請參照笛卡兒感情論十章十一章如何在肉體的運動上表現物質的『生命之靈』之活動。［二九］純粹理性批判原理論第二部第二章第三節，哈吞斯坦版第三卷三三四頁以下。並參照同書三三五頁的重要的註。［三〇］參照近世哲學史上洛克對霍布士（Hobbes）的關係或康狄亞克（Condillac）對拉麥托里的關係。我們自然不必常常期望這種年代的連續，但這種連續是最自然而又最常有。我們必須注意，如何感覺論的要素，一般會早已表現在深透的唯物論者那裏；而在霍布士及德謨克利特士的場合，更爲顯明。再者，我們又看見了感覺論到底只是轉到唯心論的過渡——例如洛克便立在霍布士及巴克萊（Berkeley）間難於支持的地位；因爲一經承認感官的知覺爲唯一的與件，則不僅客觀的性質會發生動搖，卽其存在與否亦必發生疑問。但古代還未曾進到這一步。［三一］挑夫的故事雖在極古時代已有痕迹，但也許須認爲是一個寓言。參照布朗底斯（Brandis）希臘羅馬哲學史卷一第五二三頁並參照宰勒第一卷八八六頁註一，那裏過於着重伊璧鳩魯的『誹謗僻』了。至若勃洛大哥拉斯是否是德謨克利特士的學生，則與註十所論之年齡問題有密切關聯。我們在這裏仍不要下斷語。勃洛大哥拉斯長德謨克利特士二十歲這個有力的假定，決難有十分的證據，雖然德謨克利特士會如何影響勃洛大哥拉斯的認識學說，依然是極可疑的。我們必須假定原來祇是修辭學者政治教師的勃洛大哥拉斯，乃在他第二次滯留雅典與其反對派蘇格拉底發生精神的交際時，才完成他自己的體系。這時，德謨克利特士的著作，也許已經發生影響了。宰勒隨在夫勒（Frei 著勃洛大哥拉斯的疑問，一八四五年）之後，試完全從赫拉克里特士演繹勃洛大哥拉斯的哲學，完全不顧到德謨克利特士。這種嘗試，錯在沒有十分的支點來說明勃洛大哥拉斯認識學說之主觀傾向。他認感覺生於感官與事物之運動，固可說是受了赫拉克里特士的影響，（參照宰勒卷一第五八五頁，）但赫拉克里特士並未把感官性質還原爲主觀的印象。反之，德謨克利特士的『甘的法則和苦的法則』及其他（物理學斷片一），却是從古代物理學者的純粹客觀主義的世界觀到哲人派的主觀主義的世界觀一個自然的過渡。勃洛大哥拉斯爲要成就他自己的見地，誠不得不推翻德謨克里特士的見地；但他對於赫拉克里特士，亦是抱這種態度。赫拉克里特士以爲一切眞理在於普遍，勃洛大哥拉斯卻在特殊中尋求眞理。從歷史的見地說，柏拉圖的蘇格拉底如何會把勃洛大哥拉斯一切均在動中的命題，當作是一切繼起的命題之本原，（參照夫勒勃洛大哥拉斯的疑問七九頁，）還是不能決定的。但一般的說，赫拉克里特士自然影響到了勃洛大哥拉斯的學說，而同時這亦可以說是本原的要素，不過後來又加入了德謨克利特士把感官性質還原爲主觀印像的要素，作爲發酵的要素。［三二］路易斯哲學史說，卷一第一〇六——一〇七頁。［三三］參照夫勒『勃洛大哥拉斯的疑問』一一〇頁。『勃洛大哥拉斯人爲萬物尺度的學說對於哲學的進步，實有莫大貢獻。人間持有自意識的心，故爲萬物之靈長。』爲這個理由，我們必須承認，勃洛大哥拉斯完成的哲學的眞基礎，是這命題，不是赫拉克里特士的 πάντα ῥεῖ（萬物流轉。）［三四］夫勒勃洛大哥拉斯的疑問八八四頁以下。［三五］參看畢希訥人類在自然的地位來比錫版一八七〇年一一七頁。倂雷叔特的用語，我們將在下卷予以更充分的討論。［三六］夫勒勃洛大哥拉斯的疑問九九頁；宰勒卷一、第九一六頁以下。［三七］路易斯哲學史卷一、第一一四頁。［三八］這學說曾在柏拉圖提麥奧斯反覆詳述，可參照四八A、五六C、六八E的章句。在這一篇，到處都明白說出了二種原因，即神的、理性的、神學的原因及自然的原因。關於二者的一致，却殊少提到。理性支配着必然性，但非無條件的支配，其支配有一定的限度，且僅以『說服』爲手段。［三九］這種目的論之擬人的性質及其主張之反唯物論的熱心，可從『費多』一書最明白的看出。蘇格拉底在『費多』一書，深對安納撒哥拉斯表示不滿。因安納撒哥拉斯在其宇宙開闢論上，不使用如此有望的『理性，』却由純粹物質的原因，說明一切。關於這些章句，我們下文還要引用。［四〇］倫理學起源於特種的目的論。柏拉圖的目的論較蘇格拉底的目的論爲進步，亞里斯多德的目的論又較柏拉圖的目的論遙爲進步，但他們三者都有倫理的根本特性，並與眞正的自然研究不相調和。在蘇格拉底看來，一切都似爲人間的目的而創造。柏拉圖承認一切事物均有其自身之目的，他們的合目的性是更屬於內部；亞里斯多德却以爲目的與事物之概念的本質，完全一致。但就令如此，我們已引入一種自身實現力，到自然物中。那絕對不能當作自然現象來考察，祇在陶冶人間、形成人間之實踐的意識上，持有唯一的原型。且亞里斯多德尙引入許多其他倫理觀念，最有害於研究的進步。最要者，厥爲一切自然事物之等級『上』與『下』、『左』與『右』之抽象關係；此外，則爲『自然的』與『强制的』運動等等。

〔四一〕這裏我們不要提到佐皮魯斯（Zopyros）的不十分確實的記載及其他。按照這些故事，就連在青年時代，蘇格拉底亦是急躁的、放蕩的。（參照宰勒卷二第二版、第五四頁，他無條件地否認亞里士多生諾斯的記載。）我們既然按照齊諾芬及柏拉圖的記載，尤其是宴會一篇所述，來描寫他的性格，所以我們不說蘇格拉底生涯有任何時代，是放縱其熱情性質。不過，他本質上的崛强的天性基礎——後來轉變爲道德的使徒之熱情——亦有其重要處。

〔四二〕參照柏拉圖宴會（尤其是二一五頁D及E）中亞爾基巴德斯的讚辭。

〔四三〕在與蘇格拉底有關的限度內，這事情，會很詳細說明在他和亞里士多登摩斯（Aristodomus）的討論（齊諾芬的回憶錄卷一、第四頁）中。詳見路易斯哲學史卷一、第二八五頁。

〔四四〕關於德爾菲僧侶階級之雜神崇拜（把各種神及禮拜儀式混合且融合爲一），已在註二中敘述。阿婆羅在蘇格拉底精神傾向中所佔的地位，近頃已由尼采（Nietzsche）在悲劇的發生（萊比錫版一八七二年）中予以極怪異極明顯的指示。這種傾向，與柏拉圖的學說結合起來，如何有若干世紀不絕趨於繁榮，直到後來——但那時異敎要復活，已經太遲了——

——才完全爆發呢？試研究『希里奥斯王』之哲學的神祕的禮拜（鳩里安大帝以爲這是和基督教對立的，）我們對於這問題，就能予以解答。參照包爾（Baur）希臘教會史卷一，第二版，第二三頁；道肥爾（Teuffel）研究與性格描寫萊比錫版一八七一年，第一九〇頁。〔四五〕蘇格拉底是元老院長。他就以這資格任這一次的投票監察員。亞基魯薩戰後，將帥忽視戰死者的葬儀，激昂的國民就要投票判處將帥。這提議不僅內容上不正當，形式上亦有缺點。蘇格拉底遂不惜冒萬難斷然拒絕投票。三十暴君命他及其他四人從薩拉米斯解列馮（Leon）到雅典，其他四人聽命，蘇格拉底却悄然歸來，雖明知不聽命即有生命之危險。〔四六〕路易斯哲學史卷一，第一九五頁曾詳細引用『費多』這一章（參照註三十九。）他以爲這是眞正的蘇格拉底學派的，並說明如何安納撒哥拉斯會爲蘇格拉底所誤解。路易斯在這裏是很得當的。〔四七〕路易斯哲學史卷一，第三一二頁。他方面，可參照宰勒卷二第二版第三五五頁對於柏拉圖哲學之詩的性質表示敬意的言句。『生產這樣一種哲學，既必須有藝術的性質，所以這種哲學亦必然要有藝術的叙述。我們在柏拉圖著作中看出的與觀念有如此近接關係的現象，乃是美的現象；觀念在現象中的直覺，乃是美的直覺。在他，科學與生活是彼此滲通了的，所以在他，科學就只能在活的叙述下傳達出來。但若所傳達的是一個理想，那叙述當然會成爲一種詩的叙述。』無疑，路易斯會輕視柏拉圖對話篇中的藝術要素。但他們二人的描寫都是正當的，不是不可調和的。蓋因柏拉圖之形式的彫塑的美與阿娑羅的明晰性誠然一樣是『詩的』——就這字的廣義說——但不是神祕的，亦不是浪漫的。同時，路易斯所念念不忘的執拗尊大的辯證法，眞是過分擴張了，以致顛亂藝術形式，並由其獨斷主義及對『知識』之特殊要求——那祇能由組織的努力得到——與一切眞正的思辨之眞正的詩的原理（那是根據於心的直觀，非根據於媒介的知識）相反對。如若這藝術的要素會引伸出來，柏拉圖哲學事實上就成為一切時代的思辨之最好的模範了。但這要素是與抽象的辯證法及論理的嚴峻性（路易斯非常注重這點）相結合的，這結合遂生出了一種異質的全體；更因其全然混淆科學與詩，遂創出了後此哲學之大困亂。

〔四八〕宰勒希臘哲學史卷二、第二版第三六一頁，承認柏拉圖的神話，不單純是思想的外裝；哲學家往往在其他形式上，有這種外裝。他所以有時候要使用這種神話，乃因為在這時候柏拉圖所願表明的事物，不能以嚴格的科學形式傳達。那是很正當的。但若視此為哲學家之弱點，却就錯了，因為他在這裏更少分是哲學家的態度，更多分是詩人的態度。柏拉圖所提出的問題，非用比喻方法，卽無法處置。對於絕對超越的事物，我們不能有適當的科學知識。近世亦有若干體系使用超越的事物之概念的知識之幻想。就這方面說，這些體系事實上決不較柏拉圖的體系有更高的位置。

〔四九〕為要證明此事，我願介紹一新近出版之著作，卽倭鏗（Eucken）所著亞里斯多德之哲學原理及研究方法，柏林版一八七二年。這部精粹的有見識的小著作，對於我所夙持的見解，雖無予以確證之目的，却到底作了它的顯著的確證。我一向以為：托倫德倫堡（Trendelenburg）創設的新亞里斯多德學派終必大有助於我們，使我們能決然解脫亞里斯多德的權威。倭鏗分解哲學為亞里斯多德的言語學。但這言語學乃是徹底的客觀的。這裏比任何其他地方都更明白更概括地指出了亞里斯多德方法的缺點。著者雖主張那亦有其長處為之抵消，但精心的讀者當不難發現其證據之脆弱。著者以為亞里斯多德在自然科學發現上的成績所以會如此稀少，幾全應歸因於缺少必要的工具來完成感官的知覺。不過，從歷史方面觀察，則在近世進步的開始期間，自然研究任一部門所有的工具，殆與古人所用者完全一樣。今日所用的壯大的工具，大部分都是由這種進步創造出來的。

的哥白尼沒有望遠鏡，但他敢破壞亞里斯多德的權威。這是一個斷然的步武。在一切其他部門，亦復如此。［五〇］這一點，倭鏗沒有看到。他在他所著書一五三頁，便以為他前人的成就很少。是的，現存的文獻不是很少麼！參照註十一，我們在那裏就譯了亞里斯多德曾利用德謨克利特士，不過在引用前輩的話的時候，他不會舉出前輩的名字，而在舉出前輩的名字的時候，便為了要予以駁斥。倭鏗七頁以下，亦會如此說明。［五一］倭鏗在一五四頁曾舉數例：惟人間有心臟的鼓動；男比女有更多的牙齒；女人的頭蓋骨和男人的不同，有一環狀的縫合線；人類後腦蓋有一個空虛的空間；人有八根肋骨。一六四頁以下，有幾個例據說是實驗得來的：蛋在強鹹水中浮游；人們可用閉口的蠟製器皿從海洋攜帶飲水回來；幾個蛋的黃，攪在一起，會集在中央。［五二］古菲爾（Cuvier）以為亞里斯多德描寫埃及動物，並非根據他自己的觀察，祇是根據希羅多特斯的陳述。不過就他的描寫看去，倒像他親自見過這些動物一樣。漢波特(Humboldt)以為亞里斯多德的動物學著作，對於亞力山大戰役所造就之知識，並不見有何等增加。（倭鏗亞里斯多德研究方法十六頁及一六〇頁。他以為他是科學知識的集成者，這種見解，見同書五頁以下。）

［五三］亞里斯多德神學的原理，曾為烏伯衞所精細說明，（見其所著哲學綱要卷一第四版、第一七五頁。）即，世界之原理，在於神；這原理不僅作為世界內在的形式而存在，亦且作為絕對自存的實體而存在，換言之，不僅像軍隊中的秩序而且像軍隊中的將帥。他以荷馬之言『οὐκ ἀγαθὸν πολυκοιρανίη, εἱς κοίρανος ἔστω』（『主將不以多為貴，而以統一指揮為貴，』）作為他的神學的結論，已暗示有倫理的傾向為根柢。但超越神之本體論的基礎，却在於如次的命題，：即一切運動，（由可能性到現實性的發展，）都以本身不運動的某事物為運動的原因。『一切發生出來的事物，都含有一個現實的運動原因；世界一般，必

須有一個絕對的最初的能動者，以形相給一切自然的被動的構成世界的物質。』〔五四〕倭鏗在亞里斯多德研究方法一六七頁說明：亞里斯多德對於歸納法，並不曾予以嚴密的意義，因爲他常以歸納法一語代替類推法，但二者實甚不同；他還有時以爲歸納法不過是由實例說明抽象觀念。有時，歸納法一語的使用，有較嚴密的意義，（即認歸納法是由特殊達到普遍，）但他依然有匆匆由特殊到普遍的傾向（見亞里斯多德研究方法一七一頁。）『在自然科學各部門內不管是特殊的抑是普遍的，他往往以最大的確信，由少數事例推知普遍。從而，他所提出的判斷，往往超出他親自實際觀察之範圍。』同書一七一頁以下，曾舉出若干實例。關於寧可使用歸納法的那些先天的推理，請參照倭鏗同書五四頁以下，九一頁以下，一一三頁以下等頁。〔五五〕一般的說，希臘人間最熟知的唯物論，乃是人性論的唯物論；亞里斯多德的學說——認人間有可分離的神的個別的靈魂——就在古代他的後繼者間，遇到了最頑强的反對。音樂家亞里士多生諸斯以爲靈魂對肉體之關係，有如調和對絃之關係，因調和即生於絃。底克爾柯斯（Dicäarchos）以爲沒有個別的靈魂實體，祇有普遍的生命力與感覺力，那祇能暫時在肉體的對象上成爲個別的。（烏伯衞哲學綱要卷一第四版，第一九八頁。）帝政時代亞里斯多德最重要解釋者之一阿夫洛底西亞士的亞力山大（Alexander of Aphrodisias），以爲可分離的精神（νοῦς ποιητικός）沒有人的部分，而是神的本質，可以影響自然的不可分離的人的精神，並使其發展。結局，思惟過程，即由此而生。（參照宰勒卷三第一、第二版七一二頁。）在阿剌伯諸解釋者間，尤其是愛維羅斯（Averroes），便以爲神的精神侵入人間之學說，是泛神論的。中世基督教哲學家，比亞里斯多德還更承認理性的個別性及可分離性，他們就從此主張他們所謂不死的『合理靈魂』（Anima vationalis），但這與正統教會的嚴格解釋無關因正統派以為不死的靈魂，不僅包括理性，且包括各種低級官能，）所以，就在這點，亞里斯多德本來的意見，亦未曾有何處適用。〔五六〕參照宰勒卷三第一、第二版、二六頁。〔五七〕宰勒卷三第一一三頁以下。『原來以全部精力獻於實踐問題的斯多亞學徒，其理論的世界觀，却立足於常識的見地上。所謂常識的見地，即在可感覺的有體的存在物以外，不承認有任何真實的事物。在形上學，他們本來的目的，是發現人類行為之確實的基礎。在行為上，人間直接與外界對象物接觸。此時呈現感官前的事物，被他們認為是真實的事物，其真實的存在不容懷疑。它們的實在性，實踐地為他們所容認，因為它們有影響及於人間，且為人間實施能力的對象。這種能力實施的主體與客體，都是物質的。就連人間最內部的作用，亦必有某種物質的東西為其直接手段——即聲音與姿勢。在經驗的領域內，沒有非物質的作用。』參照同書第三二五頁。那裏曾切實對照斯多亞學派關於神意絕對支配世界之倫理方面的和理論方面的見解。但在這裏，唯物論亦祇是從實踐興味的優勢演繹出來的廣義的唯物論（泛神論的或機械論的，）在古代，實際幾乎是嚴格的一元論及決定論之不可避免的歸結。古代人依然遠隔於近世笛卡兒、萊布尼玆、或康德的唯心論。〔五八〕關於伊壁鳩魯與德謨克利特士的分歧，我們一部分可參看本書論德謨克利特士的部分，一部分可參看本書下文所摘錄的魯克理底斯的自然論。〔五九〕宰勒卷三第一、第二版第三六五頁，視此點為伊壁鳩魯未曾費力去解決的『難點。』但他又說，依勃洛大哥拉斯的見解，感官的錯誤為不可能。這句話是很可注意的。且他隨又繼以正確的言論，謂錯誤不在於知覺，祇在於判斷。例如，一棒插入水中，據眼所見似已折斷。但這知覺——斷棒的知覺——不僅是全然真確可靠的（參看該書反對烏伯衞所言，）而且是光屈折說的重要基礎，設無此種知覺，折光說當無得到的可能。但棒（被視為客觀事物的棒）折判斷，捧出水後依然折斷的判斷，却是錯誤的。這種判斷，很容易就可以根據第二知覺予以糾正。如若這二知覺之本身不全可靠，非進一步認識之基礎也許有人提議像放棄不正確的判斷一樣，斷然放棄其一。但這顯然是不可能的。有一類感官的錯誤（在古代還不知道的錯誤）——在此等錯誤上，不正確的判斷（誤斷）直接地無意識地影響知覺的機能（例如網膜黑點的現象）——作爲知覺，却是可靠的。宰勒以爲這個難點，要更進一步予以解除，只有區分心像的知覺和對象的知覺。這種主張，似立足於一種誤解。關於眞的心像與不眞的心像將如何分別的問題，可如次答覆：一切心像都是眞的。，即對象物在必然會從媒介物及吾人器官的特性生出的變形中，會十分確實地被提示出來。，所以我們本來的任務，非否認心像，認其爲絕對『不確實，』而以他物爲之代，却不過承認心像是原像的變形。這種承認，像其他各種承認一樣，是很單純地由豫想（τρόλημις）及意見（δόξα）的形成而生，而豫想及意見的形成，則由於知覺的反覆。，譬如我們可參照盧騷（Rousseau）使愛彌爾從斷棒的心像，展開折光概念之方法。伊璧鳩魯雖不曾如此精確地處置這問題，但他如次的言論（如西瑟羅之報告眞確）——聰明人之任務，爲區分空虛的意見（Opinio）與確實（Porspiuitas）——顯明不是伊璧鳩魯體系對於這問題的答案全部。，不這種區分的發生方法，顯然和其他一切知識的發生方法相同。那就是形成概念，並根據知覺參照概念，假定變形現象之原因。

［六〇］本書第一版第六五頁有一段，曾引用漢波特『宇宙』的索引來證明亞里斯多德在自然科學上的重要。因考慮到希臘一般文獻散佚，亞斯里多德著作却得保留的事實，便把這段取消了。漢波特稱讚亞里斯多德的話，是否有點過於推崇他，也許還有懷疑的餘地。『包括一切有機體的亞里斯多德的形態學見解固是如此，柏拉圖的可尊敬的數學思想，亦含有後來自然

科學一切進步之萌芽。』事實上，我們亦必須承認目的論的假設，在有機的範圍內，頗爲重要；但近世自然科學的大發展，却須從這『有機世界觀』的獨裁，解放出來，並以這解放爲前提。對於無機的自然，對於最普遍的自然法則，我們的知識，事實上就與德謨克利特士的原理，有遙爲密切的關係。只有根據德謨克利特士的原理，物理學和化學才有成立的可能。［六一］利特（Ritter）要分別魯克理底斯學說和伊壁鳩魯學說。宰勒卷三第一、第二版第四九九頁曾予以駁斥。反之，道肥爾（Teuffel）羅馬文學史三二六頁（第二版第三七一頁）却特別看重他『解脫迷信的黑夜』之熱情。我們還可以更確定地說，魯克理底斯之眞正的創見，是對於宗教之墮落的敗壞道德的影響，抱有一種純粹的高貴的熱烈的嫌惡。伊壁鳩魯雖亦以解脫宗教爲其哲學之本質的目標，但僅以冷淡的平靜的心，追求此目標。當然，我們同時又須視此種差異，有一部分應歸因於羅馬宗教制度比希臘宗教制度，還更可厭，還更有害；但仍可看出他所特有的宗教觀。無疑，魯克理底斯在近世所以能取得如此重要的地位，固以其嚴格的伊壁鳩魯主義爲根據，同樣亦以這個特徵爲根據。［六二］卷一第一〇一頁（根據拉西曼Lachmann版引用）有屢屢被人引用的一句名言：『宗教多分是從惡意的挑撥而生。』［六三］卷一第七二六頁——七三八頁。"Quae cum magna modis multis miranda videtur Gentibus humanis regio visendaque fertur, Rebus opima bonis, multa munita virum vi, Nil tamen hoc habuisse viro pra clarius in se Nec Sanctum Magis et Mirum, Carumque Videtur. Carmina quin etiam divini pectoris eius Vociferantur et exponunt praeclara reperta, Ut vix humana vid atur stirpe creatus"。［六四］從當時的知識及槪念的見地考察，則伊壁鳩魯的學說比亞里斯多德的學說，會在許多重要點上提出更好得多的理由，而後者所以更接近於我們現今的見解，乃出於偶然，非由於證據的勢力，那是應該講講的。例如，亞里斯多德全部學說根據於宇宙中心點的概念，而魯克理底斯（卷一第一〇七〇行）卻從宇宙無限性的見地，予以正當的否定。同樣，魯克理底斯關於運動亦有更優的概念，因爲他主張在空虛的空間（即令那是宇宙中心點）運動一經開始，即不能停止，亞里斯多德卻從目的論之運動觀出發，以爲宇宙中心點是運動之自然的歸的。但最顯明之優點，卻在於伊璧鳩魯體系能排斥亞里斯多德所主張的自然向上的（離心的）運動。魯克理底斯又曾極其巧妙地反駁亞里斯多德，（卷二第一八五頁，也許是第一卷最後一行，即一〇九四行）認向上運動爲平衡法則及衝突法則之必然結果。［六五］參照同書一二二頁至一二五頁。（第一卷一〇二一行至一〇三四行：）"Nam certe neque consilio primordia rerum Ordine se sua quaeque sagaci mente locarunt Nec quos quaeque darent motus pepigere profecto, Sed quia multa modis multis mutata per omne Ex infinito vexantur percita plagis, Omne genus motus et coetus experiundo Tandem deveniunt in talis dispositura, Qualibus haec rerum consistit summa creata, Et multos etiam magnos servata per annos Ut semel in motus conjectast convenientis, Efficit ut largis avidum mare fluminis undis Integrant annes et solis terra vapore Fota novet fetus summissaque gens animantum Floreat et vivant labentes aetheris ignes." 按照恩比多立的原理，更詳細地討論有機物的發生，見卷五詩八三六行以下。［六六］何故？蓋因太陽光雖甚微細，但非由單一的原子構成，卻是由原子的集合構成的。其進程雖是經過一種極稀薄的媒介物，但非經過空虛的空間。（卷二第一五〇——一五六行。）反之，我們且可說原子降落之速度，比較光線之速度，不知要大多少倍。（卷二第一六二行——一六四行：）“Et multo citius ferri quam lumina solis, multiplexque loci spatium transcurrere eodem Tempore quo solis pervolgant fulgura coelum.” [六七]魯克理底斯卷二第二一六行以下。 [六八]魯克理底斯卷二第二五一——二九三行。何以這種『意志自由』說會被設想是魯克理底斯較優於伊壁鳩魯處，並被設想是他的道德性質較强之結果，那是難於瞭解的；因爲，卽不問在伊壁鳩魯處是否同樣可發現這點，我們仍當說這種見解，和不贊成道德責任說的物理學說，其間有極重大之矛盾。反之，靈魂原子決定方向及規定意志傾向與作用時所表現的無意識的任意，正可認爲是對於任意的平衡（Equilibrium Arbitrii）之諷刺。因爲，要明白這種平衡決定的假設，怎樣會把個人的行爲與性格間之鞏固的關聯破壞，最好是憑藉這一幅圖象。 [六九]卷二第六五五行——六六〇行（六八〇行：）“Hic siquis mare Neptunum Cererem-que Vocare Constituit fruges et Bacchi nomine abuti Mavolt quam laticis proprium proferre vocamen Concedamus ut hic terrarum dictitet orbem Esse deum matrem; dum vera re tamen ipse Religione animum turpi contingere parcat.” 關於這正文，可參照拉西曼註釋一一二頁。最後一句在原稿上排錯了位置，但其訂正（柏納斯 Bernays 就採用這種訂正）亦是很明白的；因爲設非如此，則『dum vera re tamen ipse』數字，僅足使思想減弱。

[七〇]卷二第九〇四行以下。『Nam sensus jungitur omnis Visc ribus, nervis, venis』這全段（其字句有幾分不確實）指示了此等部分的脆弱。從而，此等部分特易於破壞，非永遠的，亦不能像感覺的要素那樣由一個感覺體傳至別一個

感覺體。但魯克理底斯屢屢說那些部分有一種特殊的構造，而感覺體之原子旣無獨立的存在，故亦不能自有感覺。這裏，詩人亦相當接近於亞里斯多德的有機體的概念，我們沒有理由疑心這是伊壁鳩魯的教理。（參看九一二行以下：“Nec manus a nobis potis est secreta neque ulla Corporis Omnino sensum pars sola tenere.” ［七一］當然，從他一方面說，卽參照運動學說上一個大的缺陷來說，假較有一種無名的極微細的質料，亦似乎持有一種深深考慮過的價値。伊壁鳩魯曾假設——與我們的能力不滅說極相反對——一個微細的物體，可在其自身的運動中，轉成爲較顯著的獨立於質量之外的物體，而這又可轉成爲仍較顯著的物體，故此際機械作業之總和，非靜止不變，却是一步一步的倍加。魯克理底斯在卷三、第二四六行以下，曾描寫這種階段的連續；卽首由感覺（有意志：可參照卷二、第二五一行至九三〇行）要素推動熱的質料，次由熱的質料推動呼吸，由呼吸推動與靈魂混合的空氣，由此種空氣推動血，始由血推動身體之固形部分。［七二］辛勒關於這事件，有不同之解釋，（卷三、三八二頁。）辛勒以爲，爲要使魯克理底斯體系條理一貫，必須假定世界的落下（那當然又須假設地球與世界相對而言是靜止的，）但他沒有想到，伊壁鳩魯就會提出這個結論。但若說在這種落下過程中，世界必定很快就會互相衝突，却是不正確的。這種事變，多分只能發生於長期間以後，因諸個別世界之間，必須假設隔有一個非常大的距離。世界由衝突而破滅，魯克理底斯似曾明白承認其可能。同時他又承認外來的許多小衝突，亦是世界破滅的原因，是年老的世界死亡之自然的原因。至若關於地球如何依微細空氣原子之不絕衝突而保留，他似乎是以伊壁鳩魯之運動說（註七一）爲基礎。按照伊壁鳩魯的運動說，衝突之機械的影響（用我們的用語來說，）乃在由較微細的物體轉變到較顯著的物體時，增加起來的。［七三］這裏當然不是說精密的科學方法，祇說精密的哲學方法。關於這點，詳見文特辛爾（Wenterthur）對唯物論史之新貢獻（一八六七年一七頁以下。）近頃復有一法蘭西人布郎克（A. Blanque）著星辰之永遠性一個天文學的假說（巴黎一八七二年，）很鄭重地再引伸一切可能的均會在某地某時實現於宇宙間，且常常實現於宇宙間這個觀念。一方面這是世界絕對無限性之必然結果。他方面這又是諸要素——其可能的結合，必同樣是有限的——之數的有限性及不變性之必然結果。後者亦是伊壁鳩魯的思想。（參照魯克理底斯卷二第四八〇行——五二一行。）〔七四〕這段詩，見五二七行至五三三行："Nam quid in hoc munto sit eorum ponere certum Difficile est: sed quid possit fiatque per omne In váriis mundis, varia ratione creatis, Id doceo, plurisque sequor disponere causas, Motibus astrorum, quae possuit esse per omne; E quibus una tamen siet haec quoque causa necessest Quae vegeat motum signis: sed quae sit earum praecipere haut quaquamst pedetentim progredientis."參照伊壁鳩魯致恩比多立書。勒特狄阿格奈斯卷十第八七頁以下。〔七五〕詩，一一九四——一一九七行："O genus infelix humanum, talia divis Cum tribuit facta atque iras adjunxit acerbas! Quantos tum gemitus ipsi, quantaque nobis Volnera, quas lacrimas peperere minoribu' nostris!"〔七六〕人們在這裏可參照這個大家知道的實驗。即設有一容器，容器有一孔，有空氣之急流從孔流出。設以一金板近於氣孔，馬上就會被吸過去。這是因爲側邊急流的空氣，在容器與金板之間，較爲稀薄。（米勒物理學卷一，第九頁九六頁。）我們就使不能假定伊壁鳩魯學徒已知道此種現象，但說他們會按由同一方法，考察因石之出流而把空氣逐出，亦未嘗是不可的。

第二篇　過渡時期

第一章　與唯物論有關係的一神教的宗教

基督紀元最初數世紀，古代文化殁落了。關於這事件的重大的謎，尚有大部分未曾解決。要總觀羅馬帝政時代之糾紛事件，探究其重要事實，是很困難的；但要充分評價諸國民日常交通上，下層民間，城鄉賤族家庭內，那種種小而又無限多樣的變化之結果，其困難更不知要大得多少。〔一〕但我們要說明這大變革，又確乎只有從中下層人民着手。

不幸，我們常認所謂哲學發展的法則爲一種神祕的活動力，那必然會使我們從知識的光天，導入迷信的黑夜，而再從那裏，在更新的更高的形態上，開始其進程。實則，這種民族發展的衝動力，好比有機體的生命力。那是存在的，但僅僅當作個個自然力之合成力而存在。這種力的假定，常可幫助我們的觀察；但是，如若我們在綜合起來就和這種力一致的諸要素之外，再把這種力當作一種補足的說明根據，那就會掩飾無知，引出錯誤了。

爲我們的任務，頂好不要忘記，無知不是知識之特有的歸結，狂妄的幻想不是方法的歸結；理性不會導出迷信，其自身亦不能導出迷信。我們曾講過，在古代啓蒙的、知識的、方法的進步間，精神的貴族如何離開民衆完全民衆教育的缺乏，定會加速這種分離，加强這種分離。從某一意義說是古代全部文化基礎的奴隸制度，在帝政時代已改變其性質；努力改良這危險制度的結果，不過使這制度更難於維持。

〔三〕

諸國民間的交通加進了，這種加進的交通，開始在迷信的民衆間，引起宗教的混淆。東方的神秘術，在希臘的形式上，藏掩着了。在被征服國民所羣集的羅馬，各種信條都有了信仰者，亦沒有一種信條不受多數人嘲笑。對於受蠱惑的羣衆的狂信，或則加以輕浮的嘲笑，或則加以鈍感的冷淡。上層階級的興趣，已起了一般的分化；要形成嚴格的有訓練的黨團，已經是不可能了。

由於文學之驚人的增大，多事的散漫的研究，及日常的交際，科學發現之斷片已侵入民衆間了，並產出了我們今日引爲特色的那種半開化狀態（這種狀態，與其說是我們今日的特色，遠不如說是那時代的特色。）但我們切不可忘記，這種半開化狀態，主要是帝政時代富者有力者的狀態。就某種哲學的意味說，最完全的社會教養，莊嚴的社交形式，以及廣闊的社會關係，常常具有最可悲憫的缺陷。普通人總以爲哲學家的敎理，含有危險，實則在這個無所執着、無所主張而爲自然性向及豪放情慾所奴隸的半開化團體中，才眞有這種危險。

伊壁鳩魯爲求高尚公正而以熱情投棄宗敎的桎梏時，荷勒斯（Horace）鳩文那（Juvenal）培特羅尼亞斯（Petronius）所描寫的放逸的剎那主義的寵兒出現了。他們不顧廉恥，姿縱於最不自然的惡德。此等邪徒，縱不要求斯多亞學派的名字，亦要求伊壁鳩魯的名字，來保護這種可哀的哲學。

民衆信仰的侮蔑，在這裏，不過是內部空虛的假面具，以掩飾其全無信仰與眞正知識而已。對不死觀念的嘲笑，是惡德的符號；但此惡德，乃發因於當時的情勢，決非從哲學而生，不過雖有哲學，亦不足阻止此惡德之發生。

在這階級中，伊細斯的僧侶、魔術師及豫言家，挾其幻術，發現了豐富的收穫；不，有時甚至於猶太人間，亦有改宗者。

全無教養的下層人民，亦在都市中，分得了半開化的大人物的無節操的性格。從而，實踐的唯物論即生活的唯物論，就在這時代開放了最鮮豔的花。

在這點，主要的概念猶有說明的必要。有時遭人誹謗有時又受人稱揚的生活的唯物論，仍可在別種實踐傾向之旁，現出面來。〔三〕

如果努力所爲的，不是暫時的享樂，而是事態之眞的完成；如果物質企圖的勢力，受支配於有理論基礎有目標可達的明晰的考量，則使現代英吉利二百年工夫就蔚然成爲大國的大進步，就發生了。這種大進步，曾在巴利克斯時代的雅典，與世界上最高度繁榮的精神生活，共同發生。

但羅馬帝政時代的唯物論，却有完全不同的性質。那曾在拜會廷（Byzantium）亞力山大利亞（Alexanderia）及帝國各重要都市復演其自身。在那些地方，好像荷勒斯及鳩文那的辛辣筆法所描寫的那樣，金錢的問題支配了一般民衆。但在那些地方，却缺少偉大的原理來提高國民的威力，來利用自然資源的公共利益，以高尚化唯物的時代傾向。蓋因彼等雖從質料出發，但以勢力醇化此質料。羅馬所知者，非繁榮的唯物論，乃腐敗的唯物論。哲學和繁榮的唯物論相容，但腐敗的唯物論則無原理可言。實在說，在此恐怖發生的時代，哲學是消滅了，或不如說已經消滅了，但關於這恐怖，我們在這裏却不許有所議論。

但我們必須指出如次的無可否認的事實，即在尼祿、凱里古拉或希里渥格北拉斯以極惡非道玷污地球的那數世紀間，最被忽視且最與時代精神無關之哲學，就是那平心靜氣沈思默想，最誠樸的最純粹的以散文研究的哲學——換言之，即是德謨克利特士和伊璧鳩魯的哲學。

巴利克斯時代，是古代唯物論感覺論哲學之開花時代。其果實，亦在亞力山大利亞研究時代成熟了。那正是基督紀元前二世紀的事情。〔四〕

然帝政時代的民衆，既沈醉於惡德及祕法二者之中，一個誠樸的學者也找不出，哲學自然滅亡了。大家都知道，在那時代通行的，是新柏拉圖主義和新畢達哥拉斯主義，但在這兩種主義上，舊時的高尚要素，亦爲狂信及東方祕法佔了優勢去。柏維提挪（Plotinus）以有肉體爲恥，自來不提起他的兩親，在這裏，我們已經在哲學上達到了反唯物論傾向的頂點，換言之，我們已經有了一個要素，這個要素，如在其本來的領域內，即宗敎的領域內，還更有力。除了基督紀元後最初三世紀，實沒有別的時代，是這樣以種種形式——從最純粹的形式到最可嫌惡的形式——發展其宗敎。所以，無怪乎這時代的哲學家，亦屢屢是僧侶與使徒。其學說已有神學特徵之斯多亞學徒，即首先踏向這個方向；因此，在未爲新柏拉圖主義的禁慾的神祕主義者所戰敗所迫害以前，斯多亞學徒居然在一切古代學派中，享受着最悠久的尊敬。〔五〕

世人屢屢說，無信仰與迷信，常常互相鼓舞，互相喚起。但我們在這裏，切不可爲對立之虛光所迷惑。我們要知道這話是怎樣眞確，唯有考量特殊的原因，並愼察時代與環境。

嚴密的科學體系，如根基堅實的原理，以仔細考量的理由，從知識排除信仰，那就最確實最完全地把一切模糊的迷信排除了。但上述那一命題，在科學的研究和信仰的國民原始形式是同樣混雜同樣分裂的時候，確有其效力。羅馬帝政時代，情形便是這樣。

事實上，在那裏那時候，殆無一種傾向，一種生活需要，沒有其相應的宗敎形式。在酒神之淫蕩的祭禮（伊細斯之祕密的蠱惑的祕法）之旁，有嚴格的自我否定的禁慾主義傾向，不知不覺的，益益擴大起來。

在一切快樂都享盡了，開始覺得飽厭疲倦以後，就只有一種新奇的刺激，可以刺激他個人了；這刺激，卽是嚴格的自我否定的生活。古代世界就一般如此。無怪乎這種新方向，會和前一時代追求肉感快樂的方向截然反對，而引導人們去過極端的隱遁生活和自我否定的生活。〔六〕

闡揚不可思議而動人的天國教理之基督教，對於這種見解，似曾予以極適切的內容。被壓迫者及奴隸的宗教，勞苦者及悲愁者的宗教，亦會吸引那不能再以快樂財富為滿足的游惰的富人。為利己主義所乾涸了的心，遂由這種禁慾的博愛的原理，取得了新的精神的享樂。迷惑的孤獨的心情，正渴望强固的團結和積極的信仰，這種渴望亦因此而得滿足了。信徒的鞏固團結，散佈世界各地的教區的統一，比豐富的奇蹟史，還更有傳佈新宗教的效力，因為奇蹟祗能愉悅願信者之耳。總之，奇蹟與其說是傳教的工具，無寧說是愛好奇蹟相信奇蹟時代的信仰的必然補助物。在這關係上，不僅伊細斯的僧侶及魔術師曾與基督教競爭，甚至於哲學家亦曾以奇蹟發現者及神證豫言家的資格而出現。近代卡里奧斯特羅及加斯納的體驗，不過是最著名豫言家特亞那的阿婆羅尼亞斯（Apollonius von Tyana）豫言之薄弱的模寫；但阿婆羅尼亞斯的豫言却有一部分，甚至於魯西安（Lucian）俄利貞（Origen）亦予以是認。這一切的結果，都說明了惟單純的一貫的原理，可提示永遠的奇蹟——那奇蹟，至少曾逐

漸在基督教徒的祭壇周圍，使分裂的國民及宗派結合起來。〔七〕

向貧民傳達福音的基督教，振動了古代世界的基礎。〔八〕將因時機成熟而實現爲現實事實的這東西，已經爲敬虔的精神在心情中把捉住了，那就是愛的王國，在那裏，最後的卽是最初的。以秩序建立於强力之上，認財產爲人類關係之不變基礎的羅馬人的剛性法律概念，在這裏碰着了一個非常强力的要求，主張人們應放棄一切私人的權利，應愛其敵，應犧牲其財貨，應尊重絞架上的罪人像尊重自己一樣。

古代世界被這種教理的神祕的恐怖所佔據了。〔九〕對於這種顚覆一切存在物，不僅嘲笑牢獄與火神，且嘲笑宗教與法律的革命，有權力者曾以慘忍的迫害想予以鎭壓，但沒有效果。一個受奴隸死刑的猶太謀叛人，從天堂把永遠的父的賜物——幸福之大膽的自足——帶到地上來的時候，這個宗派，就征服了一國又一國，並能逐漸把迷信的觀念感覺的傾向，異教的熱情及法律概念（因爲這些都不能完全破滅），引用來扶助新的創造，同時却又能堅持其根本思想。富有神話的阿林普士的地位，遂爲聖徒及殉教者所代替了。諸士提主義（Gnosticismus）構成了基督教哲學的要素。基督教的修辭學學校，凡要結合古代文化及新信仰者，均得入學。從古代教會之單純的嚴格的訓練，又發展了宗教政治（Hierarchie）的要素。主教們競集財貨於自身，過一種放逸的世間的生活；大都市的賤民，則陶醉於憎厭與狂熱之中貧民救濟衰滅了，高利貸的富者，用警察制度司法制度，來防護其掠奪品。就淫逸華美說，其祭典不久就和衰落的異教祭典相似；敬虔的祈念，似乎在放縱的感情的洶湧中，把新宗教的生命的萌芽窒息了。但新宗教的萌芽，決不這樣就被窒息。那還會反覆與外來的勢力鬥爭。就連古代哲學——那從溷濁的新柏拉圖主義的源泉流入基督教的世界內——亦須與這宗教的性質相適應。平等超度一切人類的思想，留待近世雖成了民衆運動的基礎，但基督教國家的建立（其本身卽爲一個矛盾），却是藉助於奸策、欺騙與殘忍。希羅塞爾（Schlosser）說：『人類的迷想與欺騙，就這樣成了神在古世界廢墟上發展新生活的手段之一。』[10]

現在，我們應研究基督敎原理會如何影響唯物論史，並連帶討論猶太敎及回敎，而後者尤屬重要。此三宗敎的共通點，是他們都是一神敎（Monotheismus）。

異敎徒認一切均充滿着神，慣視各種個別的自然作用爲某種惡魔勢力的特殊領域。這樣，妨害唯物論宇宙觀的困難點，就和神國的組織一樣，非常之多了。如果有某一些研究者，認一切事物均出於必然，均出於法則的規律，均出於一舉一動都受法則支配的不滅的質料，他就根本不能和宗教和解。所以，伊璧鳩魯的精巧的媒介，其實只是一種薄弱的嘗試；否定神的存在的哲學家，是比較更爲徹底。但一神敎徒對於科學，却抱有別樣的態度。我們承認，就連一神敎亦承認低劣的感官的解釋，以個個自然作用歸因於擬人的神之特殊的地方的活動。這是比較更可能的，因爲各個人都自然只會想到他自己和他的周圍。像這樣遍在（神）的觀念，就依然是一個空的法式；根本上，人們依然有多數的神，但默認我們將認他們一切神爲同一的。

這個見地，本來是燒炭夫的信仰。從這個見地出發，好像從異敎徒的信仰出發一樣，科學仍然是不可能的。

只有自由地崇高地認全宇宙事物均受唯一神的調和的指導，事物間的因果關係，才不僅是可思惟的，而且是學說之必然的歸結。因爲，假若我在某處看見無數輪轅在動，並假設有一個人從中指揮一切，那我就不得不假說，在我之前，有一機械，其中一切最小部分的運動，均不變地受決定於全體的計劃。像這樣設想的我，將能認出這機械的構造，至少也能局部地理解其作業，於是，科學的進行就有了餘地了。

就爲了這個理由，這個見地，在必須設想這機械是永久自動機械以前，竟可有數世紀之發展，以豐富科學之積極的內容。此結論一經取得，還定然會爲事實所推重，同時古哲人派的武器，在我們看來，就非常薄弱而不完全了。

所以，在這裏我們正可把一神敎的作用，比作一個大湖；那個大湖，在突然決堤以前，會把科學的洪

水集流在一個地方。〔一〕

一神教的新特徵，就這樣被我們看明白了。其根本概念，有一種教義上的彈力性及思辨上的曖昧性；那兩種性質，在變化的文化狀態下，在科學的教化有最大進步的時候，特宜用以維持宗教的生活。周而復始的或按隨永遠法則的宇宙秩序之假定，決不如豫期而立即導出宗教與科學間之鏖戰；反之，以神對世界的關係比作肉體對精神的關係之嘗試，倒是起來了。所以這三個偉大的一神教的宗教，都在其信徒精神發展到最高度的時候，轉向到泛神論去。這包含着對傳統的鬥爭；但這鬥爭，離鏖戰之期，依然甚遠。

在一切宗教之中，首先認創造爲無中生有的，即是摩西的誡律。

我們且回想一下，據傳說，幼年的伊壁鳩魯在學校裏，因聽見一切物出於渾沌的主張，但沒有一個教師能向他說明這渾沌是從何處來的時候，即專心致志於哲學罷。

有些民族，相信地球是立在龜的上面，但不問龜立在什麼上面。人類就這麼容易，好幾百年滿足於任何人都不能眞正滿足的解答。

在這一切幻想之旁，世界生於無的學理，至少亦是明晰的、眞誠的。這種學理，是公然直接包含一切思想的矛盾。一切較微弱的較退縮的矛盾，都覺相形見拙。〔二〕

然尙不祇此：就連這觀念，亦是可以改造的；一神教引爲特徵的彈力性，這觀念亦分得了；曾有人試以超凡的神的優先性，看作祇是槪念的優先性，以創造日看作是發展的年紀。

這些特徵，猶太教是早就具有了的。但基督教除有這些特徵，却又認神爲毫無感覺的姿態，嚴格地把他看作是不可目見的精神。神人同形說遂被放棄了，那是第一次在通俗的溷雜的見解上歸來，此後又在教義之歷史發展中，不知歸來了多少次數。

基督教既有這些卓越處，那我們就正可以假定它一經取得勝利，新科學就會開放最鮮豔的花了。但我們很容易就可以看出，情形並不是這樣。一方面，我們切不要忘記，基督教是一個民衆的宗教，在它尙未成爲國教以前，它是從下面慢慢發展到上面，普及到上面的。哲學家那一類人，恰好離開這種宗教最遠；更不着重敬虔心，更不傾向空想主義的哲學家，尤其是這樣。〔三〕基督教所向的新國民，都是一向不與文化接近的國民；所以，無怪乎古代希臘、意大利雖從最初殖民以來即已通過了一切豫備的階段，但在這裏所開設的學校，仍不得不再從根本上作起。

但最要緊的，我們切不要忘記，基督教教義的着重點，原來不是它的偉大的神學原則。那遠不如說是：忘世俗快樂以純化道德的主張，救世的理論，及基督降臨的希望。

不過，一旦這大勝利把宗教往昔的特權恢復，異教的要素會有大量侵入基督教的教義中，從而使基督教馬上取得非常豐富的神話，却亦是一種心理的必然。所以，此後數百年間，不僅唯物論，甚至於任何徹底的一元論的哲學，亦無成立的可能。

但對於唯物論，影響特較爲大。波斯聖經（Zend-Avesta）宗教之二元論的傾向——把世界和物質代表惡神和光代表善——在其根本觀念上，尤其在其歷史發展上，都與基督教相似。所以，最被討厭的，莫過於古代哲學的傾向了，那不但假設一個永遠的物質，且認此物質爲唯一眞正存在的實體。如果我們要加入伊璧鳩魯的道德原理來說，那亦是和基督教完全對立的；因此，我們就可瞭解，爲什麼中世紀對於這個體系，會加以如此不合理的評價。[一四]

在這最後一點上，三大一神教的宗教中，要算回教比較更適合於唯物論了。在這三大宗教中，回教是最後起的宗教，但要算它最先與阿剌伯文化之光輝的飛躍相關聯，而發展自由的哲學的精神；那先對於中世紀的猶太人，發生有力的反響，旋又對於西方的基督教徒，發生有力的反響。

在希臘哲學未爲阿剌伯人所知以前，回教中就已產出了許多宗派和神學學派了。其中有一些人提示了那樣抽象的神的概念，以致任何哲學的思辨，亦不能從這方向發展；但別一些人，却祇相信一切能理解能證明的事物；還有些人，却把狂信與無信，附結於幻想的體系。而在亞巴西德斯（Abassiden）的保護下，巴斯拉（Basra）的高等學校，又發生了一個學派，要在唯理論的方式下，調和理性與信仰。[一五]

傍着純粹回敎神學及哲學（曾有人以之比於基督敎的經院哲學，那並非不正當的）之巨流，有巴里伯提特學派（那我們一提起阿剌伯的中世哲學就不期然而然地會想到）形成了一個比較不很重要的支派，惟其內部亦不免複雜。至若在西方大名僅次於亞里斯多德的愛維羅斯（Averroes）却並不是回敎哲學界第一等的明星。他的眞價在於他集合『阿剌伯亞里斯多德哲學』（Arabisch Aristotelischen）的結果作爲最後一位代表者，並在廣泛的文學活動中尤其是由註解亞里斯多德，而把這些結果傳到西方去。這種哲學，好像基督敎的經院哲學一樣，是從亞里斯多德之新柏拉圖主義化的解釋發展出來的。不過，第一期的經院學派僅保有極少的巴里伯提特學派的傳說，且完全爲基督敎的神學所混和、所支配；由敍利亞學派（Syrischen Schulen）媒介而流入阿剌伯的泉水，是更豐饒得多，其思想之發展，亦比較更不受影響於神學，而自有思辨之路。所以結果，亞里斯多德體系之自然主義的方面，就僅能在阿剌伯人間發展了，而發展的方法，乃爲早期經院哲學所全然不知，直到後來，基督敎敎會，也把愛維羅斯主義看作是最有害的異敎的源泉。這裏有三點，是應該特別注意的：（一）反對基督敎的創造說，主張世界及物質的永遠性；（二）主張神對於世界，祗影響恆星之最外部，一切世間的事物，祗間接由星辰的力而受支配於神，不然，神與世界就泛神論地互相滲透着了；〔一六〕（三）關於理性的本質，主張祗有理性是人間不死的部分——這個學說，否定個人不死，因理性是照入人心，使知識可能之唯

一的神光。〔一七〕

這幾種主張，所以會在基督教教義所支配的世界中發生有害的作用，愛維羅斯主義所以會依此方法及自然主義的要素作了近世唯物論的準備，決不是難解的事情。不過，這兩種傾向仍是根本不同的。愛維羅斯主義成了經院哲學的基柱，而經院哲學則因無條件地崇拜亞里斯多德，確立我們次章將要詳論的根本概念，遂使唯物論的見解那樣久沒有成立的可能。

但除了哲學，我們還有一點，是要感謝中世阿剌伯文化的那一點，和唯物論史也許有較密切的關係。那就是阿剌伯人在精確研究（即數學及廣義的自然科學）範圍內的成就。阿剌伯人在天文學及數學的範圍內，其赫赫功績已爲人所充分知道了。〔一八〕這種研究，與希臘傳說結合，再爲宇宙進行合法則性合規律性的觀念留一餘地。此時，基督教世界的信仰的墮落，使事物之道德的及論理的秩序，比希臘、羅馬任何異教時代，還更爲混亂。此時，一切事物均被認爲可能，但沒有一種事物被認爲必然。此時，想像中賦有新的特性的人，得姿意在無限的領域中活動。

天文學與占星術的幻想相結合。這種結合，其無利之程度，殊不如人所設想，而所以如此者，即因此故。占星術及與此極相似的鍊金術，在各點上，都有科學之正規的形式。〔一九〕中世阿剌伯人及基督教學者所實行的較純粹的占星術及鍊金術，比較在十六世紀，尤其是十七世紀（此時，更嚴密的科學，已經把這些迷信的要素排除出去了）出現的詐術，實相去甚遠。此等祕密是重大而難測的，其研究之衝動，老早就是天文學化學上科學發現的幫助。但我們姑不說此。在這神祕研究的本身，就包含了事象的正常進行依照永恆法則之信仰而以這種信仰爲一個必然前提了。這信仰，便是從中世到近世文化全部發展的一個最有力的衝動。

已在我們今日相當成爲唯物論的神學之醫學，在這裏亦須特別留意。阿剌伯人特別熱心研究醫學。[三〇]這裏，除了與希臘傳說發生關係，又曾秉持一種獨立的感情，去作精密的觀察，從而發展一種生命學說，和唯物論問題有密切關係。對於人，對於動物界，對於植物界，總之，對於有機的自然，阿剌伯人的精細的精神，都不僅要探索其特性，且要探索其發展，其生滅——生命之神祕的見解就在這裏有了基礎了。

大家都知道，醫學校最初設起於南意大利地方，那裏回教徒和較有文化的基督教徒種族，曾發生如此密切的接觸。早在第十世紀，僧人君斯坦丁(Constantine)即設教於孟特·凱新諾的僧院。此人曾被當時人呼爲希卜克拉底第二；他曾遨遊東方各地，以餘暇繙譯各種阿剌伯醫學著作。在孟特·凱新諾，此後又在塞勒諾，在納蒲爾斯，設立了有名的醫學校。歐洲各地，都有人來此尋求知識。[三一]

我們敢說，雖不能與完全唯物論混同但確與唯物論密切相關的自由精神，就在這地盤上，第一次在歐洲出現了。南意大利一帶，尤其是西西里，在今日，雖然是盲目的迷信及瘋狂的幻想最繁盛的地方，但在那時候，却是啓蒙思想的故鄉和寬容思想的搖籃。

回敎徒的知識極爲高尙的友人實證科學之博學的促進者菲力特利克二世（Kaiser Friedrich 二），無論曾否宣稱摩西、摩罕默德、基督爲三大騙子，〔三〕但這種意見至少在這時候這地方發生過。但丁（Dante）曾估計立墓頭猶輕視地獄的大膽懷疑者，凡幾千人。這並不是毫無理由的。在這種種一神敎宗敎的密切接觸中——因爲這時候猶太人亦很來多，而在文化上又不較阿剌伯人落後——精神的交際一經發生，對於特殊儀式的尊敬就不免減退；宗敎勢力之存在於特殊儀式，正如詩的勢力之存在於個人。

菲力特利克二世曾怎樣深爲人所不信任，可由如下的控告事件說明他曾被控與回敎狂信者（Assassinen）同謀。此等回敎狂信者，曾被稱爲回敎的耶蘇社派，據說他們抱有的秘敎會公然發表完全的無神論，凡極力滿足享樂慾及權勢慾的利己主義的一切結果，他們都毫不忌諱。但是，如果回敎狂信者的敎義的傳說不是假的，我們對於這個宗派，就應付以更大的敬意，不應採取這種莫須有的敍述。今日有一些無知的幻想的偏見家，因要攻擊唯物論者順利，往往設想出一種唯物論者，而以最高等的回敎狂信徒爲代表。回敎狂信者，於是成了歷史上一個空前的例，人們往往以此來例示唯物論哲學怎樣與慘酷、權勢慾組織的犯罪相結合。

我們不要忘記，關於這個宗派，我們所得一切報告，都得自和他們極端反對的敵人。從最無害的世界觀出發，就其內部條件說，未必能發出那樣可怕的勢力，這勢力須有精神力極端緊張，且在一切其他場合，都僅與宗教根本思想相結合。此等宗教根本思想，就其可畏敬的崇高性及其蠱惑的魔力說，乃是世界史上一個要素，在這要素之前，我們甚至於會從最高的見地，原恕狂信主義之極端的暴行。這乃深深根據於人類的本性。我們不敢丟開傳說，單憑內部的理由，猜想回教狂信者間的宗教根本思想，極爲活躍——除非關於回教狂信者，我們的知識來源，使我們可以這樣猜想。〔三〕但最高程度的自由精神，得與狂信的宗教根本思想相結合，耶蘇社（Die Jesuiton）諸人，可以爲我們證明。回教狂信者，在本質上，就和他們極相類似。

再回頭來講阿剌伯人的自然科學，我們結局又不得不舉示漢波特的大膽主張：『我們現今通常所謂物理科學，阿剌伯人實爲其建設者。實驗與測量，乃是他們進步的大工具。在他們之前，有希臘短期歸納時代的功績，在他們之後，有近世自然科學的功績；他們賴有這種工具，遂得位自身於二者之間。』

回教所以最能促進自然科學，我們會歸因於其一神教的原理，但那與阿剌伯人的天賦有關，與阿剌伯人對希臘傳說之歷史的空間的位置有關，更無疑地與下述的事情有關，卽摩罕默德的一神教是非常嚴格的比較最沒有攙入神祕的成分。最後，我們又把這更進的一點——即美學的自然考察會在一神敎及閃族文化影響之下發展那會在漢波特宇宙論第二卷中詳細論述——看作是一個新文化要素，會影響到唯物的自然觀的。

在古代，盛行擬人說，很少把自然看作純是自然。帶蘆花環的男人代表大洋；水神代表泉水；森林神或牧畜神代表平原及森林。祇有剝奪曠野的神性，自然的眞正考察才會開始，自然現象之雄大與美，才會引起人們喜悅。

漢波特說：『希伯來自然詩有一個特色，即，當作一神敎的反射，它是常常總括宇宙的全體，把世間的生活和光輝的天空總括在統一之中。這種自然詩，很少講到個別現象，但樂於直觀其大全體。其中有一段讚美詩（第一〇四篇），正可說已經把全宇宙的影相描寫出來了。「主啊，光明當作你的衣，天空好像你的帷，地球因你而有永遠不動的基；山間的谷因你而有水；谷在山間，你又爲之設境使不泛濫。羣獸因此得飮，羣鳥因此得息，而在樹枝上高唱。富有樹汁的里巴南杉啊，好比鶴居的樅樹，有鳥來築它們的巢。」』

漢波特繙譯的大聖巴西利（Basilius）的書翰，對於隱者小家所在的寂靜森林地，曾有盛壯的感情的描寫。但這種書翰，已屬於基督敎隱者時代了。

近世精神生活的大河，就這樣從各方面的泉水合流的。但我們却就不得不在此處，尋求複雜變形下的研究對象，即唯物論。

第二章　經院哲學及亞里斯多德質料形相說的支配

當阿剌伯人從豐富而汚濁的來源，汲取亞里斯多德的知識的時候，西方的經院哲學，卽開始研究非常不完全又非常朦朧的傳說。〔三四〕

經院哲學之主要題材，是亞里斯多德『關於範疇』（Kategorieen）之著作，和波爾費利（Porphyrius）對於此書所作之序論。此序論所討論者爲五語。這五語，卽全部經院哲學的入門。所謂五語，卽『類』（Gattung）『種』（Art）『差異』（Unterschied）『特性』（Eigentümliches）及『偶有性』（Zukommendes）。十範疇卽是實體，量，質，關係，空間，時間，位置，狀態，能動，及所動。

大家知道，曾有許多著作，討論亞里斯多德所謂範疇（卽斷言或斷言之類）究作何解的問題。那種著作，現今還是不絕增加。如果人們在研究進行中，把這一切看作是不成熟不明晰的概念，不想在每一個難解的語句後面，探尋最深奧的知識的秘密，這目的也許早就達到了。這樣，我們正可說，亞里斯多德所以提示此等範疇，是因爲他要確定我們能在若干種主要方法下，敍述對象物爲何，但因他誤信語言的權威，遂認斷言的方式和存在的方式爲同一。〔三五〕

我們這裏，不要討論我們能在如何程度上——像烏柏衛的論理學或詩萊爾馬哈（Schleiermachers）托倫德倫堡（Trendelenburgs）那樣——是認存在的形式與思惟的形式之平行或二者間有多少精密的對應。我們却須馬上指出，在我們關於事物的見解中主觀的要素和客觀的要素之混同，乃是亞里斯多德思想最本質的特徵之一，但這混同，就大抵在最粗劣的形式下，成了經院哲學的基礎。關於這點，我們往下去，還要更為明白。

亞里斯多德未將此混同導入哲學中。反之，非科學的意識所屢屢認為同一之事物，他還是第一次予以區別。但亞里斯多德的嘗試，是極不完全的；結局最為背理最不成熟的他論理學上他形上學上的這個要素，却被泰西諸粗野國民當作是知識的基礎，因為那最適合於他們的未發展的悟性。阿爾奎斯（Alcuins）學徒夫里特居索斯（Fredegisus），就是一個有趣的例。他曾致查理大帝一封神學的書簡，名『論無與黑暗』，謂上帝從『無』創造世界，這『無』便是一個實際存在的事物，並就為了這極單純的理由，認每一個名，都有其相關的事物。〔三六〕

施高塔司·愛利根奈(Scotus Erigena)認『黑暗』『沈默』及類似的用語，為思想主體的概念。他的地位是更高得多的，不過，施高塔司更進而認事物之『不在』及事物之自身為屬於同一種類；從而，光明與黑暗為同一種類，音響與沈默亦為同一種類。我在一時有事物的概念，等一會又在同一的方法上有事物不在的觀念。於是，『不在』（Abwesenheit）亦成了客觀的與件，而成為實在的。

這個缺點，我們在亞里斯多德的場合，亦可發現。他認判斷中的否定（ἀπόφασις）爲思惟主體之動作，那是很對的；但他認褫奪（στέρησις）例如本來能視的生物的盲目，也爲對象物之特性。事實上，我們並沒有在這種生物身上發現眼珠，僅發現了某種單有積極性質的墮落的形式。我們也許會發現，這種生物的運動，祇在暗中摸索，遙爲困難，但運動之本身，却完全是確定的積極的。我們祇有把這個生物和其他（根據吾人經驗可稱常態的）生物比較，才能生出盲目的概念。視覺祇在我們觀念中缺少。就物之本身考察物，則此物存在，卽是此物存在，毫無關於視覺之有無。

像這樣的嚴重的錯誤，當然很容易推想到，在亞里斯多德的範疇的系列中，是可以發現出來的。在關係（πρός τι）範疇中『加倍』，『半』，『較大』尤爲顯明。在這些處所，恐怕誰亦不會鄭重地主張，此類用語，不與思惟主體比較也能適用於事物。

但關於實體及類的概念，名與事物之關係的曖昧，還更重要得多。

我們曾見在一切哲學的門閾上，如何出現了波爾費利的『五語』——這五語，乃從亞里斯多德論理書上選出，其目的在於以方便的形式予學徒以第一必要的東西。『類』與『種』居五語之首；此緒論之緒論，會使中世發生關於『普遍』的大論爭。波爾費利提出如次的大問題，卽，類與種是否有獨立的存在，抑是僅僅存在於精神之中？是有形的實體，抑是無形的實體？是與可感覺的事物分離而存在，抑是存在於其中且以此爲媒介而存在?這個問題是如此堂堂提了出來,其解決却延期到後來;因爲這個問題乃是最高對象之一。但我們很有理由相信,『五語』在哲學入門上的地位,和類概念及種概念在思辨上的重要,是正相關聯的;他的辭句亦充分表現了著者對於柏拉圖主義的同情,不過他把問題的判斷中止了罷了。

關於類概念及種概念,柏拉圖的見解,乃是前期中世紀最通行的見解,不過已經很傾向於亞里斯多德了。巴里伯提特學派尚保有柏拉圖的玄關,其門徒一經踏入哲學的講堂,卽被視以柏拉圖的聖禮;也許同時還要對於亞里斯多德範疇之躊躇的特徵,懷抱着一種故意的對抗。在論究實體(οὐσία)的時候,亞里斯多德便說,在嚴格的第一義上,具體的個物像特殊的人像這裏站着的馬一樣是實體。這種看法,當然不合於柏拉圖輕視具體的脾味,無怪乎斯高塔司·愛利根奈會排斥這種學說。亞里斯多德稱『種』僅爲第二義的實體;至若『類』,則又惟有以『種』爲媒介,始得實體性。於是,在哲學研究的入門上就引起了層出不窮的學派的爭論了。不過,在中世紀快要結束以前,大體是以柏拉圖的見解(卽唯實論,因普遍被認爲實在的)佔優勢,同時並以此爲正宗的學說。所以,古代最反對唯物論的見解,從中世哲學最初發展以來就成了支配者;甚至於在唯名論發生之初期,亦有幾世紀,不從具體的現象——那多少會使我們想起唯物論——出發。全時代,都受支配於語言,受支配於思惟上的事物,受支配於可感現象的意義的曖昧。這種可感的現象，好像夢境一樣，是經由受奇蹟的瞑想的僧侶之心，飄然過去。

十二世紀中葉以來，阿剌伯及猶太哲學家的影響已經很大，亞里斯多德的更完全的知識，又逐漸依繙譯，最先由阿刺伯人，復由拜會庭保存的希臘原本，而普及了。從此以後，事情始日有變遷。但同時，亞里斯多德形上學的概念，亦一步一步有更完全的更深徹的根基。

這些根本概念，於我們是很重要的。但其所以重要，不僅因爲它在唯物論史上有消極的作用，並且因爲它有助於我們對於唯物論之批判。但它所以有助於我們的批判，並非因爲我們仍須根據這些根本概念來批判今日的唯物論，却是因爲我們如得有這些根本概念的幫助，就能完全排除討論這對象時不免要時時發生的誤解。我們只要把我們這裏不絕討論的概念弄個明白，我們這裏所論問題的一部分就解決了，唯物論中那一些是正的，那一些是誤的，亦就一目瞭然了；並且，我們對於此等概念，亦有探索其本源，注意其漸次變化之必要。

亞里斯多德是形上學的創造者。大家知道，形上學（Metaphysik）的無意義的名稱，乃由於此書在亞里斯多德全集中所佔之位置。這種學問的目的，是研究一切存在事物的共通原理，所以亞里斯多德又名之曰『第一哲學』——即普遍哲學，不討論特殊的枝葉。認這種哲學是必要的，原是十分正確的，但若不承認普遍存在於吾人容受一切知識之精神之性質中，則問題之解決，殊難有成功之望。分離主觀與客觀，分離現象與物自體，其失敗至可注意。卽因有此失敗，亞里斯多德的形上學，遂成爲幻覺之無盡的源泉。但中世紀却就特別熱心於吸收此等最有害的錯覺；所以，此等錯覺，對於我們的問題，亦就特別重要了。那些，都存在於與形相及現實性相對而言的物質及可能性的概念中。

亞里斯多德曾敍述一切存在物的普遍原理四項如次：形相（或本質，）質料（ὕλη 拉丁文譯爲 Materia），活動原因，及目的。[三七] 我們這裏主要是考察前二者。

質料的觀念，與今日所謂『物質，』大異其義。我們的思想，雖在許多部門內，依然保有亞里斯多德的概念的特徵，但在這點，由自然科學的影響，唯物論的要素總算侵入了我們的思想方法中。無論主張不主張原子論，我們總認物質爲具體的，散佈於各處（除了空虛的空間）的東西，其根本性質雖不免有若干變異，但大體上則是一致。

在亞里斯多德，質料的概念乃是相對的；他所謂質料，乃是添加形相卽可轉成他物的質料。沒有形相，事物就不能照現在這個模樣存在；有形相，始能有現實的存在；而原先的質料，却不過提供事物的可能性，但質料都有它自己的形相，（不過是更低級的形相，）且與轉成之物全無關係。

例如銅像的銅，是一種質料；彫像的觀念是一種形相；由二者之結合，遂轉成了現實的彫像。但銅之為質料，非意指這特塊的銅（因為銅所有的形相，與銅像全無關係，）却是意指一般的銅，其本身無現實的存在，但『能轉成』為某種東西，所以質料僅有可能性的存在（δυνάμει ὄν，）形相僅能有現實性或現實化的存在（ἐνεργείᾳ ὄν或ἐντελεχείᾳ ὄν）。由可能性轉到現實性，即是轉成；所以轉成即是質料為形相所型成。

我們知道，這裏不必問一切事物之獨立的有形的基體如何存在於某處之具象的顯現的物自體——例如，橫在那裏的木塊——在別時候僅是質料，但在這時候，即是『實體，』是有形相有質料的現實物。木塊是『實體，』是完全物——如其已從自然受得形相；木塊是『質料』——如我們所提到的，是棟樑彫像所由而成的東西。這裏，我們祇須附加幾個形容字，即『限於在它被認為質料的時候。』這樣，一切都明白了，但我們這樣一限制，我們所得的概念就不復是亞里斯多德的概念了；因為這種關係，僅存於吾人思惟中，亞里斯多德却把這種關係移入事物中去。

除了質料與形相，亞里斯多德又認活動原因和目的，為一切存在物的根據。但就事物的性質說，則目的與形相一致。形相既是彫像的目的，亞里斯多德又把在質料中實現其自身的形相，看作是轉成之自然的頂點，即目的或最後原因。

這種考察法，完全和它自己的方法相一貫，但完全忽視了，這裏相關的概念，雖然可以提示一個有組織的從主觀立場出發的體系，但如假定其爲客觀世界的實際承認了的屬性，却必然會發生錯誤。所以，我們更有把這點弄個明白清楚的必要，因爲從來祇有極少數極聰明的思想家如萊布尼疵(Leibniz)、康德及赫爾巴特(Herbart)曾完全避去這個暗礁。

其根本謬誤，是把『可能的』的或 δυνάμει ὄν 的概念——那就其性質說，單是主觀的假定——移入事物中去。

質料與形相，是我們所賴以考察事物本質的兩個方面，那是無可否認的；就連亞里斯多德亦十分謹慎地，不會主張本質是由這二者合成，不會說這二者是本質上兩個可分的部分；但若我們把轉成及現實的事象，看作是物質與形相，可能性與現實性之滲和，我們所要避免的錯誤，就在這裏，以加倍的重力發生了。

我們遠不如這樣推論：如若沒有無形相的質料存在，——就使那祇能假定，不能想像——在事物中亦就沒有可能性存在。我們一經離開假定的立場，δυνάμει ὄν 或可能的存在，就是一個純粹的虛無，不復是實在的，在外的自然界內，祇有現實性存在，無可能性存在。

例如，亞里斯多德認會打勝仗的將軍爲現實的戰勝者。但這現實的戰勝者，在戰前，亦是戰勝者，不過是 δυνάμει，potentia，即可能的罷了。我們當然承認，在戰之前，他的人格，他的軍隊的强大與配置，及其他種種戰勝條件都已經具備，即他戰勝已是可能的；但這『可能性』的概念所以有用，僅僅因爲我們這班非不死者，祗能看見活動原因的一部分：如果我們能概觀其全體，我們就應當說，那勝利不是『可能的，』而是『必然的；』偶然的外部事情已立在確定的因果關聯中，整然有序，只能發生這特殊的結果，不能發生其他的。

於是有人抗議說，這不完全和亞里斯多德的假定一致麼？何故，因爲必然會戰勝的將軍，在相當程度上已經是戰勝者，但他未現實的如此，却僅僅有像這樣的『可能。』

這裏，概念與對象很分明的混同了。無論我是否稱此將軍爲戰勝者，他總歸是他——是一個現實的人，立於內外屬性及作用的過程的某時點上。未發生作用的狀態，對於他，是全不存在的。他不過在觀念中有一定的計劃，在臂膀及聲調中有一定的勢力，對於他的軍隊有一定的道德關係，有一定的希望感情或疑懼感情；總之，他在各方面都具備條件。這種種條件，和他的敵人、戰場、軍隊、氣候及其他種種條件相關聯，結局使他戰勝了。這種關係，如若由我們的思惟去理解，不必取去一物或加進一物，就可生出可能性的概念，甚至於結果有必然性的概念。

這思惟上的可能性，要轉成現實性，除了必須在吾人思惟中，即不須有任何的附加。

康德說：『一百個現實的台婁（Thaler），就包含一百個可能的台婁，一點亦不多。』〔三八〕

這命題，在一個金融家看來，就令不是背理的，亦似乎是可疑的。康德死（一八〇八年七月）後數年，康尼斯堡（Königsberg）財政部證券一百台婁，竟難現售二十五台婁。[三九]於是，在這大哲學家的故鄉，一百個現實的台婁比四百個可能的台婁所值還要更多。這對於亞里斯多德經院學者，以至沃爾夫（Wolff）、包迦吞（Baumgarten）等人，也許是一個顯著的證明。即由二十五個現實的台婁所得的財政部證券，可代表一百個可能的台婁。但若我們的觀察稍為精密一點，我們就會知道，二十五台婁所換得的財政部證券一百台婁，其未來是否支付，極為可疑。二十五台婁，即是此種希望的現實價值，亦即是此種證券的實際價值。但吾人抱有希望的那種東西，其名義價值卻是一百台婁。這名義價值所代表的可能額，祇有四分之一的希望可以獲得。現實價值與可能額毫無關係。在這限度內，康德是完全對的。

但康德此例所示的意義，尚不祇此；在這更進的意義上，他依然是對的。因為，如果我們的金融家，在一八一六年一月十三日以後，就領得了一百台婁足正，那亦無關於可能性，因為那已經成為現實性。僅僅思惟上的可能性，決不能成為現實性，現實性祇能從既往的現實狀態發出，因為這個現實性，全受規定於既往的現實狀態。並且，除了國家信用的復活及其他諸條件，他還須提示一個現實的財政部證券——不是提示一個『可能的』一百台婁。這可能的一百台婁，祇存在於金融家的大腦中；這種金融家，知道了影響紙幣兌現的事情的一部分，就把這種知識作為希望、疑懼及反省之出發點。

如果我們再極簡單地指出，可能性的概念，是許多最惡劣的形上學的誤謬之源泉，人們也許會原諒這議論的冗長罷。當然，亞里斯多德對此並不能負責任。因爲根本的謬誤，乃深深地根基於吾人的組織。但這根本謬誤，對於這一個，比以前任何體系都更使形上學以辯證法論究爲基礎之體系，自不免有加倍的禍害；而亞里斯多德由這手續（從別方面說，那是毫無效果的）取得的崇高的尊敬心，又似乎會把這種禍害永遠維持下去。

亞里斯多德既不幸認轉成及運動一般，是純粹可能的質料之結果及形相之現實化，邏輯的結論便是事物的形相與目的，必然是運動之眞源；像靈魂推動肉體一樣，作爲世界形相及目的之神，就是一切運動的第一原因了。於是，我們決不能希望亞里斯多德會認物質自動，因爲在他看來，物質只是一種消極的規定性，只是轉成一切事物的可能性。

這種錯誤的可能性概念，對於物質概念，會發出這樣有害的影響。但這種可能性概念，又在永恆事物對其變化狀態之關係上，再度和我們遇見；用他的體系的術語來講，又在本體與偶有性之關係上，再度和我們遇見。本體是事物之自存的本質，偶有性是本體中『有可能性的』偶然的特性。沒有事物是偶然的，不過有時由於我們不知道，遂有些事物不得不被稱爲偶然。

同樣，在一事物中，亦不能存有任何特性或屬性的可能性。可能性，不過是吾人結合觀念的結果。又，任何特性，亦不能在事物中作爲『可能性』而存在。如此的特性，不是存在形式，祇是思惟形式。種子不是可能的莖而是種子。如一片布浸濕了，浸濕的性質，在浸濕的那一瞬間，便和布的其他特性一樣是普遍法則的必然結果。浸濕的性質，固可在事前當作是可能的而被思考，但後來浸在水裏的布，絕對不比不施行這種實驗的布，有更多的別種性質。

在概念上把本體和偶有性分離，固然對於我們的考察，是一種方便的也許還是絕對不可少的補助手段。然若窮究事物之本質，我們就當承認本體與偶有性的區別已經消滅。在一種事物的各種特性中，有一些確乎比別一些更和其本體發生耐久的關係，但確乎沒有一種特性是絕對永恆的，到底一切都不絕地變化着。設吾人認本體爲個別的東西，不認其爲種，爲普遍的有形的基體，那我們爲要完全規定其形式，就必須限制其考察於某一期間，並在這期間內，視這一切互相滲透的特性，爲本體的形相，且認此形相爲事物之唯一的本質。

反之，如果我們和亞里斯多德一樣，認事物中之概念的東西(τὸ τί ἦν εἶναι)爲其眞正的本體，我們就會發覺，我們自己已經在抽象的領域中了。蓋因吾人形成種的概念的方法，無論是由十二隻貓的經驗，抑是由通觀家貓之全生活史，通觀其全部變化與態度，而認此貓爲始終如一之動物，論理的抽象過程總是同樣的。本體與偶有性的對立，祇在抽象的領域中有其意義。因爲我們要精察事物，則亞里斯多德所精巧造出的可能性與現實性，形相與質料，本體與偶有性之對立，決不可全然缺少。不過，如果我們忘記了那幾種概念之主觀的性質及相對的妥當性，忘記了那幾種概念不能幫助我們進一步觀察事物之客觀的本質，則在精確研究的範圍內，我們會爲這幾種概念所誤導，也是十分確實的。

近今唯物論一般所主張的通常經驗思想之立場，不會免去亞里斯多德體系的這些誤謬。因爲，如果可能，他還會更倔强更確實地主張這種對立，不過其方向相反罷了。如果我們認質料或物質（那祇代表抽象的概念）爲眞的本質，我們就會認事物的質料爲事物的本體，形相爲其偶有性。例如，彫像所由而成的石塊將被視爲現實的；彫像所受的形相，將被視爲可能的。但這種看法，祇在如下的限度內，才是眞的。卽，石塊亦有其形相，從石坑出來的時候的形相。作爲彫像質料的石塊，祇存在於思想中，而由藝術家設想出來的彫像的形相，却至少當作一個概念看，是有現實性的。僅就這點說，與通常經驗論相對而言，亞里斯多德是很正當的。他的誤謬，祇在於把思想者的現實的觀念，移入未知對象（這是思想者思想的對象）中，作爲這未知對象之『可能的』特性。

亞里斯多德關於本體、形相、質料等等之定義，在被理解的限度內，在經院哲學支配的限度內——譬如，在我們德意志，就一直到卡笛兒哲學時代——始終佔着優勢。

然若亞里斯多德待遇物質已有幾分冷淡，並特別否認其有自運動，這種冷淡的待遇，在基督教的影響下（我已於前章略述之，）就益加重了。但人們仍不認爲，物質所以有定義——例如惡的或罪的——卽因有亞里斯多德意義上的形相。這體系尙未修正到這程度，致把物質看作是惡的有害的原理，但他們依然高興把它看作是絕對受動的。他們認物質爲不完全，不曾想到如次的事：卽存在物之完全，乃成於自身目的之適合，所以如果我們像孩稚一樣檢察一切存在物的最後根據，我們還多分會轉而讚賞物質因物質有如此顯著的穩靜態度。到後來，沃爾夫以惰力性賦與物質，物理學家在經驗的方法上，以重力及不可入性的特性（那些又必然是形相）移入物質中的時候，像這樣可怕的圖畫，不久就展開了。

『物質是暗的、鈍的、堅硬的、絕對被動的本體。』

『這本體是思惟的麼？』有些人問；同時，別一些人却訴說，應該有非物質的實體，因爲在日常用語上，實體的概念已與物質的概念一致了。

近世唯物論當然有影響於此等概念之變化，不過亞里斯多德概念之影響及宗教之權威，足抵殺此種影響之結果而有餘。於物質概念的改造上，有最大影響的二人，當然是笛卡兒和牛頓。他們兩人主要都立在爲迦桑狄所復活的原子論的基礎上（笛卡兒因否定空虛的空間，遂儘可能把這一點掩藏住了。）但他們在這點上，都和德謨克利特士、伊璧鳩魯不同，因爲他們把物質和運動分開來了，並以爲運動是發生於神的意志——神，最先創造物質，次又由一種獨立的（至少可在思想上被認爲獨立的）活動，使物質能夠運動。

亞里斯多德的見解，在對唯物論問題特別有批判意義的特殊範圍內，即在心理學的範圍內，保持得最長久，而亦比較地保存得最純粹。這種靈魂學說之基礎，乃建立在可能性與現實性的謬想上。亞里斯多德的靈魂定義，是有『可能』生命的有機體之現實化。[三〇]這個定義的曖昧與迷惑，殊不如後人所言之甚。『現實化』或『成就』即是 ἐντελέχεια（現實或完成）的意思。這定義會攙入多少東西，是很不易說的。在亞里斯多德，這用語乃所以表示 δύναμις（可能）之反對，其意已盡於此。[三一]有機體祇有可能的生命。這可能性的現實化，是從外來的，這就是他所要說的一切。這全部見解都是不眞的，其不眞比較形相質料說的不眞，猶爲顯明——而這兩對概念之反對，却是恰好互相平行。單單作爲人類可能性而沒有人類形相的有機體——那豫想人類，當作可塑的質料，有其能動的現實性，即豫想靈魂——實無法可以思考。這事實，乃是正宗亞里斯多德派的見解——那無疑曾在本質上有助於斯德拉圖主義（Stratonismus）之完成——的暗礁。亞里斯多德因要避去這暗礁，乃退一步說，在產生的行爲中，至少有一種無形相的質料，是從產生者的心力受得其成爲人體之現實性。但這種退返，不過把這體系所要求的形相和質料，現實和可能性之分離，移入一個不熟習的過程的微光中，其目的在於混水捉魚。〔三二〕不過中世紀倒很能利用這種見解，使其與教義發生圓滿的調和。

斯太基賴特哲學家如次的聰明的學說，是更有價值得多。他以爲，最高的被創造物，人類，包有一切較低階級的性質。植物的機能爲營養與繁殖，從而植物的靈魂的本質，便是生長營養的本質。動物就有感覺、運動、及慾望能力了；生長營養的生命，在這裏爲更高等的感覺的生活服務。最後，在人間又有最高的原理，即理性（νοῦς）的原理，並以此支配其餘一切。但此三者——生長營養的靈魂，感覺的靈魂，及理性的靈魂——却依經院哲學家所愛好的某種機械過程，變成了三個幾乎完全可以獨立的靈魂。第一種靈魂爲人類動物植物所共有；第二種靈魂至少爲人類動物所共有；最後一種靈魂則爲人類所獨有，那是不死的，有神的起源，其所包括之精神力，雖高等動物亦無之。〔三三〕基督教的獨斷論者特別喜歡區別靈魂與精神（兩種更高等的力），即是從這種區別出發；最低等的力（生長營養的靈魂）却成爲此後生活力學說的基礎。

無疑，亞里斯多德僅在概念上分離人間的這三種力。人間的身體——那是最高等的一種動物身體，但在其特殊形成上，却全然是人間的——雖有動物的性質，但此動物性質非存於其人間性質之外，而是存於其中；所以照他說來，我們是必須想像靈魂之等級關係，人間形相所包含的精神的本質，乃與感覺能力及慾望能力全相滲透，好像動物的感覺能力及慾望能力與單純生活力全相滲透一樣。按理性可分說——那，一方面作了愛維羅斯主義者唯一心說（Monopsychismus）的基礎，他方面又作了經院哲學家不死說的基礎——這統一才被否定，但就連在這裏亦很明白地牴觸了體系的根本特徵，人間形相所賴而與一切低等形相結合之統一，是由經院哲學家破壞了的。姑置這理性可分說不問，經院哲學家要把這種統一破壞，仍可以引證這位大哲學家許多話。這位大哲學家，在他體系中，到處都有顯著的躊躇態度，與最嚴密的條理一貫精神相混雜。關於不死說，尤其是這樣。不死說像神學一樣，和這體系本僅有極疏漫的結合，且在許多點上，和這體系相矛盾。〔四〕

唯物論者常常斥為背理的舊形上學的假定，有許多可以由亞里斯多德的哲學說明。靈魂不僅分配於全身，且在身體每一部分表現其全部的斷言，尤其屬於這一類。道麥斯·灣·阿奎諾（Thomas von Aquino）就彰明皎著的說，靈魂不僅在可能性上，而且在現實性上，以統一的不可分的本質表現於身體的各部分。這在唯物論者看來，是再荒謬沒有的，但按照亞里斯多德的體系，則其合理，至少亦好比說圓的原理——那就是$x^2+y^2=r^2$那一個不可分的原理——實現在圓（其半徑為r，從圓中心點出發，各半徑全相等）的任何一個弧上。

比較人體的形式原理及圓的方程式罷。我們對於斯太基賴特哲學家根本思想的理解，比較他自己的敍述也許還要更為純粹更為明瞭。但關於感覺及慾望之意識機能的在處，其疑問是另一疑問。這種意識機能，亞里斯多德把它放在心臟上；經院哲學家却像格倫那樣，把它放在大腦上。但亞里斯多德會條理一貫地認這種機能是出於其物理性質，從而與唯物論者在這非常重要的點上互相一致。（參照註三十一）在這點上，經院哲學家當然不是追隨亞里斯多德。後來的形上學，會在許多方法上把一種神祕的紊亂，引導到本身確乎是單純確乎是易解的法式中。那種紊亂，當然是更近於荒唐，而更遠於明晰的思想。

如果我們要在這裏明瞭唯物論對形上學的反對，我們只要回頭看看思惟與存在之混同；那種混同，在『可能性』的概念上，是非常重要的。我們堅決主張，這種混同，原來祇有普通誤謬的性質。這幾千年來的束縛，近世哲學家依然解脫不了；他們依然把存在與思惟之未證明的一致，建爲原理。

試藉數學之構成，以粉筆畫一圓，粉筆分子之空間的配置形式，遂作爲目的，而存在於吾人精神中。這目的是運動原因，形式是原理在質料部分上的實現。但這原理究在何處呢？在粉筆上？當然不在個別的分子上，亦不在其總和上。但在於分子的『配置』上，卽在於其抽象中。原理是存留於人間的思惟中。那麼誰給我們以如次的權利，使我們能夠把已存的原理，移入那不經人間智慧卽行生出的東西，如人體的形式中呢？這形式究是什麼呢？那當然僅存在於我們的見解中。此卽質料顯示其自身之方法，亦卽質料顯示於吾人之前之方法。不過，事物顯示自身的方法，能已存於事物自身中嗎？能離事物而存在嗎？

我們既知形相與質料之反對，所以如果我們一究事物之根柢，我們就歸到普遍是否存在的問題上去了。因爲一般形式，祇有當作普遍，始得認其能離人間思惟能力而獨立存在。亞里斯多德的世界觀，當我們根究事物之根柢時，隨處都會還元到柏拉圖主義；我們屢屢以爲亞里斯多德的經驗論是與柏拉圖的觀念論相反對的，但我們亦同樣屢屢發現亞里斯多德自相矛盾之點。譬如，亞里斯多德在其本體說上，是完全立在經驗論的立場上，從個別的具體的事物之本體性出發。但這概念，搖身一變，就假定事物之概念的方面（卽形相）爲本體。然概念的卽是普遍的；質料是全然不定的，形相才是規定的要素。這種主張，在認個物爲虛無的假現之柏拉圖主義上，是很有意義的；但在亞里斯多德體系中，却是全然矛盾的，從而對於賢者愚者，同樣是一種迷惑。〔三〕

如果我們把這種議論應用到唯名論者（Nominalisten）和唯實論者（Realisten）的論戰上，我們就會瞭解，個物的起源，對於唯實論者定然是一種非常的困難。普遍的形相，決不能從質料中造出何等的個物。那麼，我們從那裏得到經院哲學家所說的 Principium individuationis（個物的原理）呢？亞里斯多德決不會答覆我們這裏提出來的問題。愛維森納（Avicenna）曾試把個物的原理——比方說，特殊的犬乃從犬的概念中生出——移到物質的逃路上來，但這逃路，不是把亞里斯多德的（原是柏拉圖的）物質概念破滅，就是像柏拉圖一樣把個物概念破滅。甚至於在其他諸點上會以愼重態度利用阿剌伯註釋者但要避去其異端邪說的聖道麥斯（Thomas），在這裏亦絆倒了他把個物的原理移到物質上來遂成了異端者。何故？那正如大主教斯蒂芬·呑庇爾（Stephan Tempier）所說，這見解，如同天使和死靈一樣，是與非物質的個人說相悖的。頓斯·斯考特斯（Duns Scotus），曾試以個體性（Haecceitas）說自救。這種學說，常爲人所引用，但引用者多不顧慮概念之關聯而認此爲經院哲學之最背理者。事實上，認個體性爲普遍之結果，也像是不合理的。但是，這種解決困難法，在一切提議的方法中，還算最與全部亞里斯多德學說相調和，至少也是最少矛盾。

這裏，對於唯名論者，並沒有很大的困難。奧肯模（Occam）很鎮定地說明了，個體性的原理即存在於個體之中。這種說明，很與亞里斯多德相調和。亞里斯多德亦認個物爲實體，但又與亞里斯多德極不調和，因爲亞里斯多德是柏拉圖化了，竟發明了『第二實體』（類概念及種概念）及本體的形相。第一個亞里斯多德必然會把第二個亞里斯多德排除。但第二個亞里斯多德才是主要的亞里斯多德。在經院哲學中如此，在阿剌伯人中如此，在古註釋家間如此，甚至於在純正無僞的亞里斯多德體系中亦如此。因此，我們事實上就可認唯名論，尤其是第二經院哲學時代的唯名論，爲經院哲學終末的開始。但唯名論在唯物論史中所以佔如此重要的地位，尙不僅因爲它一般反對柏拉圖主義，而承認具體，並且因爲一種鮮明的歷史痕迹，指示了唯名論實際是唯物論的開路先鋒，並在唯物論後來極其發展的英格蘭，特別有旺盛的發育。

如果早期唯名論特與亞里斯多德範疇論相關，而反對新柏拉圖派的註釋家，〔三六〕亦無疑，亞里斯多德全集的流行曾大有影響於後期唯名論的成立與普及。經院哲學家一經從新柏拉圖派傳說之引綱中解放出來而追逐於亞里斯多德體系之大洋，他們不久就會發現，在他們關於普遍的學說中，詳言之，在他們關於名、關於概念、關於事物的學說中，實有那麼多的難點。這大問題曾有無數人試要予以解決。事實上，亦正如卜倫特爾（Prantl）在其『泰西論理學史』中所說，不祇有三個主要的見解（普遍居前、居後、居中 Universalia ante rem, post rem, oder in re）而且有極多樣的融合和解的嘗試。但『普遍』原來起源於人間精神中的見解，僅孤立於大體上決然相信唯實論的著作家中。〔三七〕

除了亞里斯多德著作的廣佈，愛維羅斯主義亦有若干影響。愛維羅斯主義因有自由思想的立場，故被認為唯物論的先驅。蓋因阿剌伯人的哲學，雖趨向於自然主義，但在中世黨派的意味上，本質上仍是唯實論的，即依然是柏拉圖化的；並且，就連它的自然主義，亦喜歡採納神祕的色彩。但因阿剌伯註釋家有力地提出了我們這裏有關的問題，強迫人們增加思想的獨立性，故亦間接促進了唯名論。但主要的影響，却是從我們所意想不到的地方送來——即從拜會庭的論理學送來。拜會庭的論理學，因有抽象的繁瑣性，曾受無限的惡評。

極端的經院哲學，極端的形式論理學，竟會與以掃除經院哲學爲結局之復活的經驗論相關聯，那是我們所不能不訝然失驚的。但我們却可發現那種關聯的痕迹，曾一直維持至於今日。我們現代大論理學家之間，要以約翰·斯多亞特·穆勒（John Stuart Mill）爲最顯明的經驗論者了，但他在『論理學體系』中卽引用康多塞（Condercet）及哈彌爾登（W. Hamilton）二氏的話開卷，備稱經院哲學家在思想之言語的表現上，是如此細緻與精密。穆勒自己亦會把中世紀後期經院哲學家用語上的幾種區別——我們通常把它們看作是一串不斷的誤謬——採入『論理學體系』中。

如果我們考察一下自從霍布士及洛克以來，英吉利哲學的主要功績，卽是從思辨上的空名辭的錯誤支配之下，把我們解放出來，並使我們的思想更與事物相結合，更不與傳統的言辭相結合，這一個謎馬上就解決了。但因要達到這點，字義之學說，必須徹底瞭解；並且最先要對於用語及其意義之關係予以精銳的批判。但爲這個目的，拜會庭論理學（那是在泰西，尤其是在奧肯模學派中完成的）所表現的準備作業，仍有積極的興味。

除了這點不講，經驗論與論理的形式主義互相提攜，亦不是什麼稀奇的現象。我們的努力，越是傾向於事物之自然，越是傾向於以經驗與自然研究爲見解之基礎，我們就越是感到有如次的必要，卽、必須以我們的觀念聯絡於嚴密地正確地代表我們所要敍述的事物之記號，不再容認普通的言語形式，使其伴同過去數世紀及人類精神發展幼稚期的偏見攙入吾人的見解中。

當然不是全部拜會庭論理學都原是有意識地要從言語形式解放，遠不如說那是企圖由言語與思惟之表面的一致，以追究結論。結果却一定是思惟之精密的表現得從言語形式中解放出來。現今，仍有些人，和托倫德倫堡、貝克爾（K. F. Becker）烏伯衛一樣，喜歡把文法學和論理學看作一種東西。他們這些人，必定會從這時代的論理學家學得了許多事情，因爲這些論理學家曾努力就文法學作一種論理的分析，他們在如此做的時候，至少也創造成了一種新的語言，其粗野，曾爲人本主義者所驚訝不止。

在亞里斯多德，文法學與論理學的一致，仍是素樸的，因爲在這場合，這兩種科學是由同一的根苗生出。關於這點，托倫德倫堡的話是很正確的。當然，在亞里斯多德的場合，對於言語與概念之區別，已經發出烱烱的眼光，不過這種眼光，尙不足破滅一般的黑暗。在他論理學中，有的祇是主辭與賓辭，看作辭類，就祇有名詞和動詞，如不是動詞，就是形容詞及綴系字；此外，再加以否定詞，及表示範圍（賓辭適用於主辭的範圍）的字，如『一切』『有些』以及若干用以表示判斷方式的助動詞而已。反之，在十三世紀傳播於泰西的拜會庭論理學，却不僅把副詞加入了論理學，擴大了論理學上使用的助動詞的範圍，並考察名詞的位的意義，而且想到了名詞的曖昧（隨名詞對於其概念圈的關係而生），努力予以除去這種曖昧，在無冠詞的拉丁文中，比較在德文中，是更多得多。例如，有一個酩酊的學生，發誓他不會飲『Vinum』；他會利用狡猾的心竅，把『Vinum』一字，解作周延的葡萄酒，換言之，解作世間一般存在的全部葡萄酒。他當然不會飲印度的葡萄酒，甚至於不會飲他鄰人杯中的葡萄酒。像這樣的詭辯，就成了後期經院哲學家論理學之確實的任務。經院哲學家之區分，其煩瑣大都如此。這種現象的過度受人非難，是很正當的。那還幫助了人本主義者，使能戰勝經院哲學家。但經院哲學家所以如此做的主要動機，卻是非常莊重的。這全部問題，恐早晚還有重行討論的機會——當然，那是就別一種關係討論，而討論的最後目的，亦是和這裏不同的。

這大試驗的結果，在這限度內是消極的。循由這一條路，決不能達到任何完全的論理學。煩瑣得過度了，自然會發生反動。那種反動，不久便把兒童連浴盆一齊拋了。然而，康多塞的話是很對的。『古人所不知道的』精密表現思想的習慣，就從此取得了。且不祗此，從此還取得了一種關於語言本質的見解，與經驗論非常調和。

蘇格拉底以為一切語言原來都儘可能完全表示所示事物之真的本質；亞里斯多德受着經驗論的刺激，卻以為語言是因襲的（Conventionell）；奧肯模學派卻有意——但無完全的意識——要把科學的用語作成因襲的，換言之，依概念之任意的確定，而從歷史的表現方式下，把科學的用語解放出來，從而除去無數曖昧和有害的附帶概念。這全過程乃是必要的，如果要發生什麼科學。因爲在科學上，不是從主觀創造各種事物，却是讓事物自己發言；惟事物發言的文法與字典，常常和我們的全不相同。在這種情形下，奧肯模遂成了培根、霍布士、洛克的最重要的先驅者了。但他所以是他們的先驅者，非僅因爲單純的複述，（雖然這亦是他的一種傾向，）却是因爲他在獨立的思惟上有更大的活動；尤其因爲他的論理學的研究，與唯名論的根本思想——即一切『普遍』祇是代表唯一實在物（即具體的、個別的、可感的東西，祇有它存在於我們的思惟以外）的總名詞——自然相調和。此外，唯名論不像其他各學派的主張祇是學派的意見，那還是懷疑論的原理，曾反對中世紀對於權威之愛敬。在聖芳濟派（Franciscanern）僧徒的撫育下，它的分析思惟法之尖鋒，除了攻擊概念世界上的教主政治，又轉過來反對教會制度上的教主政治制度。所以，無怪乎奧肯模會要求思想自由，無怪乎他在宗教上，會牢執着實踐的方面，無怪乎他會像他後來的同鄉霍布士那樣，宣稱信仰的教條不能證明，從而放棄全部神學。〔三九〕他以爲科學除了可感覺的個物，即不能有別的對象。他這種教理在我們今日，便是穆勒『論理學』之基礎。他彰明皎著說柏拉圖主義與健全的人間悟性相反對。他在這樣主張的時候，他的精敏，給了他以永遠的價值。〔四〇〕

第三章　科學的再生與唯物論見解的復興

經院哲學支配科學界的結果，沒有生出任何積極的成績，却祇生出了一個概念的名辭的體系。那是根深蒂固的，有數百年視其爲神聖。但其實這個體系不過是傳統哲學之偏見及根本誤謬之具體化。所以，進步的工作，必須先打破這體系。但就連經院哲學的束縛在他們那時代，亦曾對人類精神發展，提供重要的役務。像同時代的神學家的拉丁語一樣，經院哲學的法式，亦成了全歐精神交際的共通要素。姑不論思惟之形式的磨鍊——那就連在亞里斯多德哲學的最墮落的形式下，亦是非常重要而有效——這古體系所創造的共通性，不久就成了新思想普及之優良媒介。學問復興時代，成了歐洲諸學者間的聯合，這是此後再也不能發生的。那時，發現重要書籍，及文學論爭所博得的好評，在諸文明國間，即不較今日傳佈更速，亦必較今日傳佈更普遍更澈底。

再生運動始於何時，終於何時，是很難確定的，但若認其起於十五世紀中葉，終於十七世紀中葉，我們就可以把這兩世紀的期間，分作四期。那當然是不能截然分開的，但各時期都有各時期的顯明特徵。第一期歐洲集中注意於言語學。這就是洛倫提亞斯·渥拉（Laurentius Valla）、安居羅·鮑利吞諾（Angelo Politiano）和大伊拉斯瑪斯（Erasmas）的時代。伊拉斯瑪斯再過渡到神學時代。神學的支配，可由宗教改革運動的暴風雨，得到十分的指示。有一長時期，一切其他學問的興趣都被壓倒。在德意志，尤其是這樣。然後就是自然科學時代。自從文藝復興以來，自然科學卽已在研究家的悄靜的研究室中，取得了活力；但在克蒲勒及葛里略的光輝時代，自然科學才取得了支配的主要的地位。第四期才是哲學——雖然培根，笛卡兒的根本活動，在克蒲勒的大發現以後不久，就達到了頂點。此等有創造活動的時代，一直到十七世紀中葉迦桑狄霍布士之唯物的自然哲學已有系統的發展，當時，尚有新的影響及於當時的人。

如果我們不把『文藝復興』運動卽『復古』運動看作徒有其名，却承認這運動有其眞正的特質，那我們把哲學的再生，放在這全時代的終末，不見得會惹起怎樣嚴重的反對。這時代，非常熱心地附結着古代的努力與傳說，但同時，這時代又到處含有新時代大時代獨立文化時代的萌芽。要從嚴密意義的文藝復興運動，分開這『獨立』的性質，及葛里略、克蒲勒、培根、笛卡兒的新努力及新目的，而另開一全新的時代，固然是可能的；但是，像歷史時代的各種劃分一樣，我們不免在其中發現相聯的綫索和交錯的特徵。所以我們看見了，十七世紀的迦桑狄、波以耳，尚與古代的原子論握手，同時，達文齊（Leonardo da Vinci）及路德維·維夫斯（Ludwig Vives）——他們無疑是新運動中最新的人物——却已遠離古代的傳統，嘗試建立一種經驗的科學，擯亞里斯多德及一切古代人於不顧。

復古運動究始於何時，我們也難嚴密地劃定。我們前曾說在十五世紀中葉因爲意大利的語言學，就在這時候十分發展人本主義（Humanismus）就在這時候開始與經院哲學奮鬥。但這運動，必在一百年前已有其序曲，那就是勃托拉加（Petrarca）和波克西奥（Boccaccio）的時代。我們亦不能否認，在意大利出現的新精神，至少亦可溯源於菲力德利克二世（關於他的重要地位，我們已在本篇第一章中斷定了）時代。就這種關係說，由亞里斯多德及阿剌伯文學〔四二〕之研究而起之經院哲學的變革，亦可說是這大復活過程中最先而又最重要的事實之一。結束這全運動，完成這大革命的哲學，已出現於運動的先頭了。

我們在前二章已經講過了如何在中世紀最後二世紀中，在阿剌伯哲學及拜會庭論理學的影響下，會出現毫無拘束的自由思想，並如此痛烈地爭求思想自由。這種無益的求思想自由的奮鬥，有一種特殊的形式，卽二重眞理說，意謂哲學的眞理與神學的眞理，雖全然相反，但可相並而存。這種主張，顯然是近世所謂『複式簿記』〔四三〕（這用語是很不適當的，但現今已根深蒂固）的原型。

此說最流行的地方，是十三世紀的巴黎大學。甚至於在這世紀的中葉以前，那裏亦發生了一種奇妙的學說，說『有許多不屬於神的眞理，自無始以來，直至於今日。』巴黎有一教師名傑恩·德·布勒斯凱因（Johann de Brescain），曾於一二四七年說，凡爲主教所斥的異端的教理，非『神學上』的眞理，祇是『哲學上』的眞理，以爲辯解。大主教雖絕對禁止這一切遁辭，但這種『僅僅哲學上』的主張，仍一天一天有更大的聲勢。一二七〇年至一二七六年，有許多從愛維羅斯主義出發的命題，被懲罰了。復活世界之時間的創造，個別的靈魂之無常，都以哲學的名義被否定了，但同時這一切教理，都『按照加特力敎的信仰』而被認爲眞理。他們所以如此隨便承認神學的眞理，似乎是因有這一種情勢。即，下述那樣的命題亦被列爲犯禁的命題。例如：『因有神學，我們遂不復能有其他的知識。』『基督敎使我們不能學知任何更多的東西。』『世界上唯一的賢人便是哲學家。』『神學家的話，以寓言爲基礎。』〔四三〕

我們不知道這些命題的始創者，那是眞的。但其大部分，也許從來未曾載在書本上，至少未曾公然載在書本上，乃散見於演講辯論中。但主敎關惡的方法，却很顯明地指示了，產出這些命題的精神，散佈得很廣，並曾大膽地猛進。認這一切命題僅有『哲學上的眞理』的謙遜主張，與如次的命題比較，就明明只是躱避迫害的藏身所俾審問時有個退路。這所謂如次的命題，即倡言哲學高於神學，神學爲科學之妨害。很顯明的，那時候有一派人，不僅在解釋亞里斯多德的時候，偶然提出這樣的命題，而且故意提出這些命題，來反對正統派的獨斷家。這種精神，在英吉利、意大利亦曾發生。在十三世紀之頃，這兩地幾乎和巴黎同時發生了同樣的原理，爲主敎所責罰。〔四四〕

這時候，在意大利，潛有愛維羅斯主義，在勃篤亞（Padua）大學種下了深根。曾指導意大利東北部文化事業的這間大學，受威尼斯商人及政治家的影響。這種商人與政治家，都是世間的自由思想家，有實踐唯物論的傾向的。[四五]愛維羅斯主義，伴着對亞里斯多德的崇拜及經院哲學的野蠻，總算在勃篤亞，一直保持到十七世紀。因為比較起來這間大學很少參加論爭，所以亦很少被人談起。但像『野蠻之堅固的城砦』一樣，勃篤亞曾盡力對人本主義者奮鬥。這種人本主義者，因見柏拉圖之文字思想，處處有動人的優美形式，所以幾乎都傾向於柏拉圖。但他們除了少數幾個例外，都警戒着不陷溺於柏拉圖哲學之神秘的方面。

勃篤亞的經院哲學家反對人本主義者，雖堪稱為理性主義者，但因其受束縛於其傳統，故曾儘可能長期與自然研究者抗拒。經院哲學家中最後一人克勒曼尼尼（Cremonini）與葛里略同時執教鞭於勃篤亞大學。葛里略教幾何學初步，得俸甚少；克勒曼尼尼教亞里斯多德的自然研究的著作，却得俸二千格爾登（Gulden）。據說，葛里略發現木星的衛星時，克勒曼尼尼就從這時起，誓不再用望遠鏡，因這事情與亞里斯多德反對。但克勒曼尼尼是一自由思想家，他關於靈魂的見解，雖不是嚴格的愛維羅斯的見解，但斷然不是教會的主張。亞里斯多德著作中所有的一字一句，他都以可以稱讚的堅決態度，堅持他有講授的權利。[四六]

在經院哲學的自由哲學家間，有一位特別值得在這裏舉出，那就是白特拉斯・波本納提斯(Petrus Pomponatius)。他曾著書論靈魂的不死，於一五一六年出版。那時，不死的問題，是如此通行於意大利，所以在這位新任教授到校最初一次演講時，學生因要探悉其傾向，遂請他演講靈魂問題。[四七]那裏，正宗派的教理，似乎不是最受人稱頌的教理；因爲，波本納提斯便在二重眞理說的掩護下，極大膽極銳利地攻擊當時一般人所知道的不死說，而他便是一個極得人望的教師。

他當然不是一個愛維羅斯主義者；不，他所主領的學派，尙曾與愛維羅斯主義者發生劇烈的爭鬥，並引用註釋家亞扶羅地西亞斯的亞力山大(Alexander von Aphrodisias)的話，作爲教理的根據。但這論爭中的爭論，其實不過是靈魂與不死的學說；『亞力山大學徒』在一切主要點上，都立足於愛維羅斯的思考方法上。但關於不死問題，『亞力山大學徒』的研究，更爲徹底；他們排斥唯一心說(Monopsychismus)，並宣稱『按照亞里斯多德，』靈魂也非不死——但加特力教會的信仰依然被保留，却也是大家知道的。

波本納提斯在論不死的著作中，對於教會，採一種非常謙恭的態度。他極力稱讚聖道麥斯之辯駁愛維羅斯主義。但他在評判不死問題時所傳達的思想，却極爲膽大。大體說，他的議論方法，是嚴密的經院哲學的議論方法，而與經院哲學不可分離的惡劣的拉丁語，也未曾除去。但在這書最後一節，[四八]波本納提斯討論不死說的『八大難點時，』他却不能滿足於亞里斯多德之概念的論究與引證。在這裏，充分表現了當時的懷疑精神，甚至於顯然贊成『三大騙子』的理論。

波本納提斯認靈魂的死滅性，已有哲學上的證明。八大難點，僅僅是不死說的最普通的一般論據。波本納提斯非立在經院哲學的方法上，駁斥此等論據。他所根據的，乃是健全的常識和道德的論究。在八大難點中，第四難點爲：『一切宗教（Omnes leges）旣全主張不死說，如果世間無不死，那全世界都受欺騙了。對於這點的答覆是：全世界人幾乎都受宗教欺騙，那是必須承認的；但並不因此而有任何特殊的害處。世間有三種法則——摩西的，基督的，摩罕默德的——或者全是僞的，從而全世界受欺，或者至少二者是僞的，從而世界大部分受欺。但我們必須知道，照柏拉圖及亞里斯多德說來，立法者（Politicus）乃是靈魂的醫士，立法者的任務，旣以使民有德爲重，使民有識爲輕，所以他必須適應於他們各式各樣的性質。比較更不高尙的，自須有賞罰。然賞罰有時無用，遂發明不死說以代替賞罰。醫生每每說誑話。乳母常常拿許多不合理的話來誘導孩子。宗教創祖的用意，正復如是。所以，他們創不死說，是完全正當的；他們的最後目的，乃純然是政治的目的。

我們不要忘記，這種見解在意大利的上等階級，尤其在實際政治家中，傳佈得很廣。所以，瑪齊威利（Macchiavelli）在論述利喊亞（Livius）〔四九〕時說：『共和國或王國的君主，必須維持他所信的宗教的基柱。這樣他們要使國家成爲宗敎的，使國家繁榮統一，就很容易了。有利於他們的，那怕被認爲是假的，他們亦須佑助促進；他們愈是賢明，愈是通曉事物，他們就愈要這樣做。賢人的這種行爲，是這樣發生的；爲宗敎所尊重但同樣虛僞之奇蹟信仰，亦是這樣發生的。賢明者不問其起源如何，使其益益擴大；他們又尊重它，使它得普遍的信仰。』里奧十世準備審判波本納提斯時說得很好：『這個人是完全對的，如果那不會惹起何等騷擾！』

第三難點說：『如果靈魂是可死滅的，則世界將無正當的指導者。』對於這個抗論，波本納提斯答說：『德的眞酬，卽是德，因爲德可以使人幸福；按照人間的性質，德就是最高尙的可得物，因爲德可以使人安全，解除煩惱。有德的人，一切都是調和的；他沒有憂，亦沒有望，幸與不幸他都無所動心。對於惡人，惡就是懲罰。亞里斯多德在其倫理學第七篇中曾云，對於惡人，一切都是紊亂的，他不相信任何人；他沒有休息，無論在醒的時候，抑是在睡的時候；心與身都有苦惱，所營生活的苦慘，使賢智之士，無論怎樣貧賤，都不願選擇暴君惡棍的生活。』

關於幽靈的現象，波本納提斯亦有說明。他以爲，那全是興奮的幻想之錯覺或是僧侶的鬼話。中魔的人是病人（抗論五及六）。但他又承認其中一部分現象，認其出於善神惡煞之影響或占星術上之原因。占星術的信仰，嘗與愛維羅斯主義的教理，發生極密切的結合。

最後，波本納提斯又竭力辯駁如次那一種主張（抗論八）有些人以爲，惡人罪人普通否認靈魂不死。義人正人則相信靈魂不死。波本納提斯反對着說：顯然有許多惡人是相信不死的，而一任情慾橫加騷亂；同時有許多正人君子却以爲靈魂是可以死滅的。例如荷馬、西曼尼底斯（Simonedes）、希卜克拉底、格倫、亞扶羅地西亞斯的亞力山大；最後如我們同邦人（在我們同邦人之中，就連在經院哲學家間，亦可看出文藝復興的精神）蒲林尼、西尼加。

波本納提斯以同樣的精神，著書論意志自由，並大膽指出它的矛盾。他說，神既全能，既全知，既善，又謂人須負責，豈不大相矛盾。他又以同樣的精神，批判基督教的神的概念。在一篇專攻的論文中，他攻擊奇蹟的信仰。實際，占星術的作用，如果當作自然的現實的事實，亦被他認爲是我們論爭的一部分。例如，他認豫言的天賦，出於星辰之影響，出於對未知的精靈之神秘的交通，〔三〇〕就純然屬於阿剌伯的系統。他方面，他又以爲，聖骨的作用，依存於輕信者的想像，那怕聖骨是犬骨，其作用亦是一樣大的。

關於波本納提斯的見解，曾經發生一種爭論。他對於教會信仰的服從，單是一個形式麼？這樣的疑問，在許多同樣的場合，確是極難決定的，因爲我們不應當應用我們現今的標準。對教會之非常的尊重，由火刑的積薪而加重了。這種尊重，甚至於會使最大膽的思想家，對於教條發生神聖的畏懼，這種畏懼，便在不能穿透的霧中，把語言與事實之限界遮住了。但波本納提斯曾充分向我們表示，在哲學眞理與神學眞理的鬥爭中，他倒底要使天秤盤的指針，傾向那一方面。他說過，惟哲學家爲世間之神；眞身遠與晝像有別，他們亦遠與其他一切人有別！

信仰與知識的關係的曖昧性質，就許多點說，都可說是過渡時代（引出近世思想自由的過渡時代）顯著的持續的特徵。甚至宗教改革運動，亦不能把這種性質除去。從波本納提斯及卡登(Cardan)降至迦桑狄、霍布士，從膽怯的畏首畏尾的懷疑到有意的諷刺，我們可以在各階段上，發現這種性質伴着這種性質發生了一種傾向，要曖昧地辯護基督敎乃至個個的說敎，而把黑暗的方面轉向外面。且有數例，像瓦尼尼（Vanini），又像麥省尼（Mersenne）創世紀註釋一樣，表示有予以不利證據的意圖，其眞正性質，難於確定。

有種人，以爲唯物論之本質的要素，卽在於反對敎會的信仰。這種人，也許會把波本納提斯及其大膽信徒，列爲唯物論者。反之我們如要探求實證的唯物論的自然觀，却一定不能在最開明的經院哲學家間，發現這種說明的始基。能作如此觀的，祇有一個奇特的例，出現於十四世紀。一三四八年巴黎，尼苦拉·德·奥托里古里亞(Nicolaus de Autricuria)[四]不得不撤回幾種信條，其中有一條文曰：『在自然的過程中，除了原子的分合運動，不復有任何物存在。』在亞里斯多德自然觀獨裁時，竟出現了一個正式的原子論者！但同時還有同樣大膽的精神，宣稱我們應把亞里斯多德及愛維羅斯拋在一邊，而直接投身於事物之本身。原子論與經驗論，在這裏是互相提攜了！

實際，在我們能直接與事物之本身發生接觸以前，亞里斯多德的權威非破壞不可。據我們所知，尼苦拉·德·奥托里古里亞在這方面的孤立的努力，是全無結果的。不過，差不多在同時意大利的勃托拉加(Petrarca)的激烈的攻擊，已經開了人本主義者對經院哲學家大戰的序幕。

但決定的鬥爭，乃發生於十五世紀。大體上，那雖無關於唯物論——因爲意大利偉大的人本主義者，大都是柏拉圖派——但試一觀察人本主義最初一位戰士洛倫提亞斯·渥拉(Laurentius Valla)即以關於快樂之對話一書聞名於世，却亦是一件頗有意味的事。這本書，可以說是辯護伊壁鳩魯主義的第一個嘗試。〔五二〕誠然，對話中代表基督教倫理的人，對斯多亞學徒勝利了，亦同樣對伊壁鳩魯學徒勝利了；但對於伊壁鳩魯學徒，那顯然有祖護的模樣。在一般人都畏懼伊壁鳩魯主義的時候，這種祖護，是值得我們特別重視的。渥拉又嘗改革論理學，他對於經院哲學的煩瑣，似不常公平處置，而他自己的敍述，復使論理學染上極强烈的修辭學要素。但這種企圖，有很大的歷史的意圖，因爲那不僅攻擊經院哲學的墮落，甚至在亞里斯多德權威之前，亦不稍示輭弱。並且，這種莊嚴的批評，還算他是最初的嘗試者。在其他範圍內，渥拉亦是覺醒的批判之第一流代表。他的出現，在各方面，都表示了，傳說及神聖權威之絕對支配，已經完結。

在德意志，人本主義運動當初發之日雖頗為有力，但很早就完全為神學的運動所併吞。德意志的情形，曾使這種反對，公然決然與教主政治破臉。但在這裏科學的範圍所以一部分被人忽視，一部分所受的待遇較他處更為保守者，或亦就因由這種情形。數世紀之後，思想自由的獲得才把這種犧牲抵償。

在亞里斯多德的老基礎上改革哲學的，有腓力·梅倫克登(Philipp Melanchton)為顯明的例。他公然表示他意欲復返於亞里斯多德的眞著作，以改革哲學，好像路德意欲復返於聖經以改革神學一樣。

但梅倫克登這種改革，結果並非德意志的安寧幸福。一方面，這改革既不徹底，因為梅倫克登自己雖有十分精巧的思想，但終不免為神學及占星術的束縛所阻害；他方面，這位改革家的異常的活動及其大學教育的影響，都在德意志，引起了經院哲學——那一直維持到笛卡兒時代，是德意志哲學的主要妨害——的復歸。

梅倫克登自編教科書，正式演講心理學，是值得注意的一件事。他的見解，很接近於唯物論，但處處為教會的教義所限制，不曾嘗試予以進一步的調和。他對於靈魂一語，因誤讀ἐνδελέχεια為ἐντελέχεια，竟把它解為不中絕的。這種讀法，乃因假定亞里斯多德相信靈魂不死而發。有一位亞梅巴哈(Amerbach)，威吞堡大學的教授，著心理學，亦嚴格抱亞里斯多德學徒的見解。他就因為堅信這種讀法，竟離去維吞堡，再成爲加特力教徒。

還有第三部心理學著作，幾乎出現於同時候，著作者爲西班牙人路特維·維夫斯。維夫斯必須認爲是這時代的最重大的哲學改革家，是笛卡兒和培根的先驅者。他全生涯，是在不斷的對經院哲學鬥爭，其成就亦甚大。關於亞里斯多德，他的見解是這樣：有他那樣的精神的眞學徒，應該超過他，像古代人一樣向自然發問。要認識自然，根據盲目的傳說和煩瑣的假說，是不行的；那必須用實驗法直接研究。不過，維夫斯雖非常明瞭研究的眞正根據，但他在他的心理學中，很少歸訴於人生的事實，以傳報自己的觀察或別人的觀察。書中有一章論靈魂不死，乃全然修飾辭藻，把不可抗拒的論據，放在最皮相的證據上——這種敍述法，一直傳到今日，依然是頂流行的。不過無論如何，維夫斯總是他那時代一位頭腦最清晰的人。他的心理學，尤其是他的情緒論，都富有微妙的言論和動聽的特徵。

舒里克的眞誠博物學者康拉德·格斯訥(Konrad Gessner)，亦差不多在這時候，著了一部心理學。其內容，其研究法，都很有趣味。他曾以一種簡明的幾乎是表解的敍述法，敍述關於靈魂本質的各種可能的見解，然後突然敍述一種詳細的感覺論。在這點上，格斯訥似特感到意趣，而徘徊於生理學的論究者久之。這種論究，一部分亦有極徹底的性質。但是，如果我們一瞥此書前部各種靈魂學說的可怕的渾沌，那也許又會生出一種極奇異的印象。因爲格斯訥曾以平穩的心情告訴我們說：『有些人主張靈

魂是空無，有些人主張靈魂是實體。』〔五三〕

所以在各方面，我們都看見了古亞里斯多德傳說的動搖，意見的紛紜，疑惑的紛起，惟僅極少數見於文獻中。但從十六世紀末葉以來，已有非常多著作加以討論的心理學，很快就再度體系化了，過渡時代的醱酵，再爲獨斷的經院哲學——其重要目的爲與神學調和——開路。

但在神學依然充分支配精神的範圍，激昂論爭蓋住平靜判斷的時候，却在自然外界的範圍內，有一種嚴密的研究，靜悄的，對於全然革命性的世界觀，放下了一個牢不可破的基礎。

一五四三年出現了一本書，論『天體的軌道』，獻於教皇，著者爲托恩的尼告拉·哥白尼(Nikolaus Kopernikus aus Thorn)。這位年老的研究者，在生涯最後數日接到了他的大著的最初一册，就很滿足地與世長辭了。〔五四〕

三世紀後每個青年學生都須學習的地球依自軸而轉繞太陽而行的學理，在當時，却是一個偉大的與當時一般意識正相反對的新眞理——雖然亦有少數幾個前驅者。這個眞理，與亞里斯多德相反對，教會亦不贊成。哥白尼學說，所以在保守羣衆的嘲笑下，與經院哲學的教會的狂信主義相抗，猶能得幾分保護者，蓋因著作之形式，極爲科學，著作之證據，極有力量。著者著此書時，尚任沃老恩堡的僧職；他是以三十三年的忍耐心，偷閒把這書著成的。他在最活潑的創造的年齡，已經懷有這種驚動世界的觀念，並充分意識到了它的範圍，但猶能退隱下來，以其未來生活之全部埋頭研究這種觀念。這已足見其思想之眞正偉大了。他那幾個最早的門徒的熱心，衒學者的倉皇失色，教會的遠慮，明乎此，全都可以說明。

要知道在這方面，這種企圖是如何危險，我們只要看這書的出版家與西安德教授（Professor Osiander）照例加上的序言，竟宣稱哥白尼的全部學理爲假設。哥白尼自己似不曾參與這種蒙蔽。充滿思想自由精神的克蒲勒，就稱他富有自由精神；事實上，亦只有這樣的人，能完成大事業。[五三]

『地球動轉』不久就成了一個公式。相信科學，相信理性不誤的人，都贊成這公式；盲目的附和傳說的人，都排斥這公式。經數世紀的鬥爭之後，勝利已顯然歸於科學方面的時候，這公式就好像曾用一種奇蹟，把一向不動的地球推動了，一般極爲科學所重視了。

這種新世界觀出來的時候，有一徹底的哲學家名叫喬登諾·布魯諾(Giordano Bruno)的意大利人，最早並且最堅決地作了這種學說的附和者。他的學說全部雖應視爲汎神論的，但因其在多數點上有關於唯物論，故不能置而不論。

哥白尼歸依於畢達哥拉斯的傳統——教會的禁書目錄，說他全部學理，都祇是畢達哥拉斯的學說——布魯諾却引魯克理底斯爲模範。他很巧妙地選定古代伊壁鳩魯關於無限世界的學理，使與哥白尼的學說相結合，從而主張：一切恆星都是太陽，在宇宙中有無限數，並各有其不可目見的衞星，好像太陽有地球，地球有月球一樣。這種學說，因反對古時的宇宙有限說，故與地動說幾有同樣大的意義。〔三七〕

布魯諾說：『物質的無限形式，並非外來，乃係自生。形式乃生於物質的胎內。有幾個哲學家願意把物質當作是空虛的。實則不然。且他們的主張亦是常常衝突的。物質並不是不活動，不完全，不實在的赤裸裸的徒有其名的可能性。就令它自身無形式，但不是像冰無熱，深淵無光，祇像忍痛的產婦，從她的胎內生出兒女。甚至於亞里斯多德及其後繼者，亦寧認形式出於物質之內的能力，而不必認形式是按照外的模型而生產於物質中。但他們因見可感的完全的事物的現象，不是事物存在的主要根據，而祇是事物存在的結果，遂不承認這活動的能力，存於形式之內的形成中，卻承認這活動的能力，最大部分祇存在於發展了的現實。我們知道，自然之生產物品，和人之生產物品一樣，非由於增減，乃由於分解或展開。希臘賢人便是這樣教訓我們。摩西在說明事物之起源時，亦教普遍的活動本質如此說：「地產出生的動物罷，水產出生的動物罷！」這儼然是說，「物質產出它們。」因為，照摩西說來，事物之物質的原理便是水，所以說活動的形成的理性——他名之曰「靈」——在水面上浮動。這種理性給水以生產力，於是有創造。總之，他們都以為事物非生於接合，而是生於分離與展開，所以物質決非無形式者——不，

物質含有一切形式，因爲物質展開其本身含有的一切，故物質實爲一切生物的自然，一切生物的母親。』〔五八〕

這個定義，曾被卡里爾（Carriere）稱爲哲學史上最重要的事實之一。如果我們試把這定義和亞里斯多德的定義比較，我們就發現了這一個大的決定的差別。布魯諾不認物質爲可能的，而認其爲現實的，活動的。亞里斯多德亦謂形相與物質在事物中是一個東西；但他既認物質爲形相所造，一切的可能性，眞的本質遂僅屬於形相。這個定義，爲布魯諾所倒轉了。他認物質爲事物之眞的本質，一切形相均從物質生出。這命題是唯物論的。所以，我們正有理由說布魯諾完全是唯物論者，不過他的體系的發展，在某數終極點上，取得了泛神論的轉向。

實際，泛神論本身亦祇是某種一元論的變形。唯物論者如認神爲一切有生的物質的總和，那他要成爲泛神論者，一點也不須放棄他的唯物論的見解。但以精神歸向於神或神的事物之自然結局，每每是把出發點忘記，每每是愈研究愈有如次的傾向，即認宇宙間的靈魂不一定包括在物質中，那至少在思想上，是原先的創造的原理。甚至於布魯諾，亦是依這方法完成他的神學。他說，聖經既原來是爲民衆的，故不得不順應於民衆的博物學的見解，不然，卽難得民衆信仰。〔五九〕他就用這種話來和聖經和解。就他的表現方法說，他是詩的；他大部分著作，論其形式，亦是詩的，一部分用拉丁文寫，一部分用意大利文寫。他的深奧的精神，隨時準備埋頭於思考之神祕的朧朦中；但他有時亦大膽地，無顧忌地，明明白白地表示他的意見。

布魯諾初會加入多明尼肯教團（Dominicaner-Orden），冀得研究之餘暇。被疑爲異端者後，他就不得不逃了；從這時候起，他便過一種漂流無定的生活，曾繼續受許多次數的迫害和虐待。他曾旅居於日內瓦、巴黎、英格蘭、德意志，最後始決意歸其故國。一五九二年他在威尼斯墜入異端審問處手中了。在多年禁錮之後，他在羅馬受罰了，但仍嚴持其見解。在貶黜破門之後，他被引渡到異端裁判所，請在可能範圍內處以最寬大的不流血的刑罰。這就是處以火刑的意思。但當判決書向他宣讀時，他卻說：『我猜想，你們宣讀這判決書，比我接受它會更覺得畏懼。』一六〇〇年二月十七日，他就在羅馬的康卜費歐被焚了。他的學說，對於哲學的繼續的發展，自有非常的影響，不過在笛卡兒、培根出現以後，他就退入背景中去了，像許多過渡時代的偉人一樣被忘記了。

文藝復興運動在各種人類精神生活範圍中所導入的大解放，在哲學的範圍內，是在十七世紀前半，才有成熟的果實可以收穫。在這一世紀的最初十年，培根出現了；其中葉，又有笛卡兒出現。他的同時有迦桑狄、霍布士，爲唯物論哲學的眞正復興者。但兩個更有名的『哲學復興者』笛卡兒及培根，亦與唯物論有密切的顯著的關係。

特別是關於培根，要在徹底的研究中明白證明他和唯物論的差別，比要指示他和唯物論的共通，幾乎還更困難。

在一切哲學體系中，培根把德謨克利特士置於最高地位。他稱讚着說，他這個學派比任何其他學派，都更透徹自然的本質考察多種變形的物質，比抽象更引我們入深透的地步。不假定原子，不能好好說明自然。自然界是否有目的爲之支配，很難確實決定；研究者須以活動原因的探究爲止。

世人常認培根與笛卡兒爲哲學上兩反對派的始祖──從笛卡兒出發，經斯賓諾莎、萊布尼疵、康德、菲希特，到謝林和黑格爾；其他由培根出發，經霍布士、洛克，到十八世紀法國的唯物論，從而我們必須間接從後一路線，探究我們今日的唯物論。

唯物論之名，始現於十八世紀，乃是偶然的現象。實際，在各根本要點上，培根都是唯物論者。我們所以不認培根爲唯物論哲學之眞正復興者，乃因他幾乎祇注意方法，而在最重要的點上，又以曖昧的態度表現他自己培根的迷信的虛榮的非科學性，[10]與大多數其他體系比較，固不更與唯物論哲學一致，但亦不較劣。不過，培根在其自然哲學上，曾廣用『精神』(Spiritus)一語，關於這點，我們却得加以若干說明。

培根在這裏是傾向於傳說，其研究方法，在『科學復興者』盛名下雖應當感到若干慚愧，但他是滿足了。各種『精神』在新柏拉圖派經院哲學的宇宙論與生理學中，都佔重要地位；在阿刺伯人中，星的精神卽因與世間事物內住的精神發生神祕的同感及反感，而統制世界，故精神尤為重要。精神學說主要是在心理學生理學上取得了科學的形態。而在心理學及生理學上，精神學說的影響直到今日，猶可尋得。（例如，睡眠的、覺醒的、或興奮的『生命精神』）格倫之心理的和動物的精神學說，很早就在中世紀與四種液體氣質說相結合，而與亞里斯多德的心理學相融合。這種學說，就在梅倫克登的心理學，亦言之綦詳。按照這種學說，則這四根本液體，乃在肝臟中製造（第一有機過程起於胃後，第二有機過程卽起於肝臟。）此後，『生命的精神』（Spiritus Vitalis），再在心臟中，由最高尙的液體（卽血液，）經過一個新過程，加以製造。最後，這又在腦窩中（第四過程卽最後過程，）再精鍊而為『動物的精神』（Spiritus Animalis）。

在感性的與超感性之間，新柏拉圖派及基督教神學者都覺須有一架橋梁。上述那種學說，在皮相的思想家看來，却就是這樣一架橋梁了。也許就因為這個原故罷，這種學說竟有了非常深的根柢。比方，我們在梅倫克登那裏，就依然可以發現他把物質的漸次精鍊的精神，當作這諸種作用的直接保持者。這諸種作用，在學理上應該是純精神的，但在事實上却被這位博學的神學家在，物質的形式上表象出來。神的精神便與人間的生命精神及靈魂精神混合了；然若魔鬼亦在心臟中有他的座位，他就會打擊

精神，使精神混亂。〔六二〕

這種溝隙——一方是超感覺的，一方是最微細物質的最微細分子，即全地球——在思想條理一貫的人看來當然還是同樣大的。近世英、美精神學者的精神，在他們强力振動信徒的衣襟時，或持重傢具疾馳屋中時，乃是全然正當的。

動物有機體的生命精神說，是極有規則的，至少在形式上是嚴密的科學學說。但與此種學說相並，尚有占星術鍊金術的狂妄的學說，把一切事物之本質，分解爲精神的作用，從而在感性的及超感性的間，除去了一切的界限。我們固可說這種自然觀的『精神』乃是絕對物質性的，與我們今日所謂『勢力』相一致。我們姑無論『勢力』這個概念，尚附有不明瞭性的餘痕，但我們對於不以壓迫和衝突，而以同感影響其他物質的事物之物質，將作如何的思考呢？我們祇須附言，占星術者鍊金術者的自然觀，在其狂妄的形式上，亦把一種意識，歸屬於無生命的事物。帕勒西爾索斯（Paracelsus），曾認『精神』爲擬人的，而在全世界大小一切事物中，充以無數的魔，以爲一切生命一切作用都從此種魔出發。我們這裏這種學說，和帕勒西爾索斯是相距不遠的。

現在，講到培根。表面上看，培根對於鍊金術的自然觀，確有相當決然的反對。他反覆把精神視爲質料或物質的勢力，所以我們正可相信培根的唯物論，在他的『精神』學說中，表示得最明顯。但我們略細心觀察一下，我們就會知道，他不僅把各種迷信的假定，從祕敎徒的叡智，採入他的理論中，就連他在唯物論的方式上把魔術譯成『自然』現象的企圖，亦非常陳腐，簡直可以說全然失敗。例如，培根毫不躊躇認物體有一種思想力，認磁石能『感知』鐵的鄰近，並視『精神』之『同感』『反感』爲自然現象之原因；從而『毒眼』、疣一類東西的交感治療法，在這種自然科學上便占優越的地位了。〔六三〕培根在他的熱學中居然把金屬星宿等等的占星術上的『熱』和物理學上的熱，列在同一的線上。這種事情，與上述那種學說是很相調和的。

從祕敎(Kabbala)出發的鍊金術的神學的自然觀，在英格蘭已如此根深蒂固而在貴族階級中尤然，所以說培根在這一切點上並無何等創見，僅僅在其周圍的觀念內移動，是一點也不錯的。事實上，我們還可假定，培根因卑顏屈膝於宮廷，其所以採納此種見解，爲辯護自己者實居少數，爲恭順宮廷者實居多數。但反之我們又可發現，像帕勒西爾索斯那樣，假定一切都有生氣，甚至於無機的自然亦有生氣，又與唯物論有極特異的交互關係。這種反對的極端，不僅常與唯物論有接觸，且往往從唯物論生出。因爲結果，精神的產出，必須歸因於物質本身——不過中間須經過無限多的階段而已。帕勒西爾索斯主張物質一般有生氣說時，其狂想的人格化的描寫，乃是時代的謬誤；至若培根，還可說曾在相當程度上脫離了這種錯謬。他的『精神，』既無手，亦無足。並且這位『自然科學的復興者，』曾誤用『精神』來說明自然，但終不爲他同時代的更有知識的人所暴露，亦大可注意。但我們的歷史就是這樣。我們要在何處看出這種現象，就能在何處看出。——唯物論對道德有如何的關係，是一個甚多爭論的問題。關於這問題，我們可以毫不躊躇地假定，培根的品性如較爲純粹較爲鞏固，則從他的思惟的特色看，他無疑應當成爲更嚴格的唯物論者。但我們這裏所發現的，却不是大無畏的徹底，祇是科學的一知半解、輭弱與道德的墮落。

笛卡兒是哲學上另一派系的始祖。他建立精神世界與物質世界之二元論，以名言『我思故我在』爲出發點。一看，他既與唯物論哲學相反對，他對於唯物論的影響，亦僅在於他的一貫性及明瞭性上。但我們將如何說明法國最壞的一個唯物論者德・拉・麥托里（De la Mettrie）願成爲徹底笛卡兒學徒（他所以如此發願，並非沒有理由）的事實呢？所以在這裏，我們又發現了更直接的關係，那是我們以後要說明的。

講到研究的原理，培根和笛卡兒原來對於一切古代哲學都抱反對態度，尤其是對於亞里斯多德的哲學。他們兩人都以懷疑一切開始；但培根因爲要這樣，才可由外部的經驗導出眞理的發現。懷疑一切獨不懷疑自我意識的笛卡兒，却因爲要這樣，才可從自我意識，用演繹的推理導出眞理的發現。

這裏無疑，唯物論祇存在於培根那一方面，笛卡兒哲學如從其根本思想，作條理一貫的展開，是必然會陷於唯心論而承認整個外部世界爲現象自我才是眞的實在。〔六三〕唯物論是經驗的，很少使用演繹法；祇在我們已用歸納法取得充足材料時，才能從這種材料由三段論法之自由使用，得到新的眞理。笛卡兒從抽象與演繹出發，那不僅非唯物論的，而且非實際的：所以，無怪乎在一切大哲學家中也許要算他最多推論上的誤謬。但演繹法却因此而一度抬起頭來，演繹法的最純粹的形式即數學（笛卡兒除了哲學，就最重視數學）亦因此而一度抬起頭來。培根却看不起數學，數學家的傲慢，或不如說數學家的嚴肅，使他覺得討厭。所以他以爲，數學只宜作物理學的侍女，決不宜裝作物理學的主婦。

所以，以數及幾何圖形的標準應用於一切自然現象上之自然哲學之數學傾向，主要是從笛卡兒發出來的。甚至於十八世紀初葉，唯物論者之名猶未普遍的時候，唯物論者已常被稱爲『Mechanici』，即從機械自然觀出發的人。這是値得注意的。然這種機械的自然觀，却實際起源於笛卡兒，而爲斯賓諾莎、萊布尼疵所發展——雖然萊布尼疵，並不是這傾向的追隨者。

雖然在主要點上唯物論是從培根出發，但以機械論的印痕印在德・拉・麥托里『人間即機械』的思考方法上的，却終推笛卡兒。一切精神生活上物理生活上的機能，所以會被認爲是機械作用的結果，是不能不歸因於笛卡兒的。

笛卡兒關於自然科學一般，會作如次的輕率的結論以自救。即，在其他場合，我們固須懷疑我們以外的事物的實在性，但我們猶可推論那些事物是實在的，因爲，反是，則給吾人以外界觀念的神，便是一個騙子了。

這個危險的冒險，結果遂立即把笛卡兒送到自然中去了。他因研究，在這領域內，比較在形上學上，成功是更大得多。講到外界自然學說的一般基礎，笛卡兒不贊成嚴密的原子論；他否定原子的可思惟性。就使有最小的不能進一步分割的分子，神必猶能分割它們，因爲它們的可分性，依然是可以思惟的。但是，他雖然否定原子，但仍不會踏入亞里斯多德哲學的路上。他的空間絕對充滿說，不僅就物質的概念說，是有全然不同的基礎；甚至於就其物理學的理論說，亦有極近似於原子論的形態。古代原子論者主有原子，他就說有微小的周圓的小體，那實際和原子是一樣不變的，僅在概念上或可能性上有分割的可能。古代原子論者主有空虛的空間，他就說有非常纖細的碎片，形成於小體間的空間。傍着這種見解，我們或可鄭重地發問空間絕對充滿的形上學的理論，是否祇是二個應急策，俾不致與正統派的見解相距過遠，同時又可像原子論那樣，對於自然現象予以直觀的說明。再者，笛卡兒要明白主張，分子及物體的運動，都按照機械的衝突法則，出於轉移。他固然把運動之普遍原因稱爲神；但照他說來，一切物體都有其特定的運動；一切自然現象，不問其爲有機物或無機物，都不過是一物體的運動轉移爲別一物體的運動。因此，自然之神祕的說明，就馬上除去了。他這裏所根據的原理，和原子論者其實相同。

十八世紀論爭的主要點是人間的靈魂，關於這點，培根又是唯物論者。他固然假定有理性靈魂(Anima Rationalis)，然僅基於宗教的理由他並不把它看作是可以理解的。他以爲，能用科學方法研究的，祇是感覺靈魂（Anima Sensitiva）；他像古代人一樣，把它看作是纖細的質料。事實上，培根不承認非物質的實體是可思惟的。他的全部思想方法，都和亞里斯多德的靈魂說不相一致，因爲亞里斯多德認靈魂爲物體的形相。

在這點，笛卡兒雖斷然與唯物論反對，但唯物論者亦就在這點，從他那裏取得了曾發生最重要結果的原理。

笛卡兒的微分子論（Corpusculartheorie），在有機的自然和無機的自然間，未立何等本質的差別。植物是機械；關於動物，他亦假定其僅爲機械。

笛卡兒的時代，對於動物心理學非常熱心。在法國，才氣煥發的懷疑論者曼台(Montaigne)〔六四〕的著作，傳誦最廣，亦有最大的勢力。他就宣佈『動物的理性和人類一樣多且往往更多』的大膽的命題。但曼台宣佈這命題，是因爲要辯護薩朋特的勒伊孟(Raymund von Sabunde)而隨隨便便說出來的。希羅尼瑪斯·羅拉里亞斯(Hieronymus Rorarius)却就把這命題當作一專著的題目，於一六四八年由加布里爾·諾篤斯公布於世，書名就是：『Quod animalia bruta saepe ratione utantur melius homine』[六五]（動物比人類往往更能够好好地使用理性。）

這命題和笛卡兒的命題，似乎正相反對但這二命題——動物是機械，又能思惟——在這裏正有綜合的可能。動物到人類的步武原來是很短的。但關於這點，笛卡兒又是先覺者，我們正可說他是唯物論的直接先驅者。在他所著的『動物的情感』中，他要人注意如次的重要事實，即死了的身體所以是死了，不僅因爲它缺少靈魂，並且因爲身體的機械已有部分的破壞。[六六]試一反省原始人類的靈魂觀念，全都出於活體和死體的比較，而對於死體的生理現象之無知，乃是靈魂學說最有力的支點之一——這種幻想的靈魂，是一種幽幻玄妙的人，民衆心理學把它看作是人間內部的動力——我們當能承認笛卡兒這種主張，對於人性論的唯物論之完成，是一個重要的貢獻。對於哈威（Harvey）的血液循環的大發現，其明白的是認，亦是一樣的重要。[六七]有了這個發現，亞里斯多德——格倫的生理學，遂顛覆了。笛卡兒雖仍主有『生命精神』，但他所說的生命精神，至少，物質與精神間之神祕的對立位置是沒有了，『同感』『反感』對一切半感性半超感性的精神之不可解的關係是沒有了。笛卡兒所說的『生命精神』，乃是純粹的可以實際思惟的物質，比較伊璧鳩魯的附有奇異要素的靈魂原子，還更能首尾一貫地被思惟。它們運動並促成運動，是完全按照數學的和物理學的法則。這一點和德謨克利特士是恰好一樣的。笛卡兒所努力發現的壓迫及衝突之機械性，是這種作用——其產生乃由於外界的事象，經由感官，達於大腦，再由大腦，經由神經及筋肉纖維，而達於外部——之不絕的連鎖。

德·拉·麥托里說他自己的唯物論是出於笛卡兒，並且說這位哲學家本來全用不着靈魂，却祇因爲怕僧侶，才把靈魂加入他的學說中。這種說話是不是確當的，在這情形下，就很值得一問了。如果我們不如此說，那是因爲我們看重笛卡兒哲學之觀念論的方面。這種看重，是一點也不錯的。他怎樣演繹『我思故我在』的命題，固是可疑的；這位在其他各點都是思想明銳的人，在從內部建築其世界時，其論理的跳躍與矛盾，固是很顯明的；但現象總和祇是非物質的實體之表象那一種思想，依然有其重要，不可忽視。然笛卡兒缺少的地方，正是康德成就的地方——卽在唯物觀的自然與唯心論的形上學（認全自然爲現象總和，存在於實體不爲我們所知的自我中）間，建立確實的關係。分開來看卽互相矛盾的這兩方面的知識，在康德哲學中是很調和的互相結合着。但笛卡兒要明白瞭解這兩方面，從心理上講，是十分可能的。如果他看見了他必須用大膽的命題，由人爲的結合法，把這兩方面結合，他也許還會更堅決的，把它們結合起來。

此外，十分看重自己的科學研究，數學研究，自然機械論〔六八〕的笛卡兒，他的名聲雖與他的形上學說密切相關，但他自己却不怎樣重視他自己的形上學說。不過，他對於靈魂的非物質性及神的存在一經提出新的證明，就在懷疑論盛行，同時人均感不安的時代，博得了大的稱譽。他十分願意變成一個形上學者，並日益注意於他這一部分的理論，是無足怪的。他原來的宇宙觀，比較他後來的學說，是否更接近於唯物論，我們不知道；因爲大家知道，他是因爲恐怕僧侶，才提回他的已成的著作，全行改編一次。他曾違反自己的確信，從著作中撤除地球回轉說。〔六九〕

第二篇註

〔一〕近頃從自然科學及經濟學的見地考察歷史對於國家生理學，提供了一種極有價值的洞見。這光明且曾普照到赤貧如洗的茅屋中。但那依然不過指示了事物的一面。民族精神狀態之變化，在未能由社會變遷說明的限度內，依然是掩在朦朧中。利比居（Liebig）的地力涸竭說，曾爲卡勒（Carey）引伸爲誤謬的誇張的結論（見社會科學原理卷一第三章第九章，卷三第四十六章）而與全不合理的學理（參看拙著穆勒對於社會問題的見解及卡勒對於社會學變革的影響一文，一八六六年）相融合。但這學說在其主要的特徵上，無疑是正確的；應用於古代文化，亦無疑是正確的。出穀的地方已漸漸貧瘠，住民亦着着減少。但在羅馬及次一等中心地的周圍，財富與人口却導出了一種最集約的農業形態。在這形態下，那怕是一塊小小的園地，如果施肥甚厚，耕耘甚勤，也比較僻遠窮鄉的廣大農場，能生出更多的收入（參看羅雪爾〔Roscher〕農業的國民經濟學四六節。那裏說，羅馬近鄰果樹一本所結果實每年可得一百「台婁爾」，同時，意大利的穀物，却大概不過生產四倍的收穫。因爲用以栽種穀物的，都是較劣等的土壤。）但交通中心點的集中的經濟，比較普通關係上的農村的經濟，更容易受外來的刺激，且依存於周圍各地（交通中心點所絕對必需的生活品，即仰給於此）的生產力。豐沃的農村，就令人口同時減少，一經戰爭而成爲廢墟，亦很快就可由自然與人間的勞作而得補償。若但首都，如遇有打擊，却很容易就會發生全體的擾亂。在農村的資源已經減退的時候，尤其是這樣。因爲這種打擊，會妨礙中心點貿易的全部，從而突然破壞奢侈所費與所造的誇大的價值。但是，即令沒有這種外來的打擊，如若農村如此貧乏，農村人口如此減少，以致加緊壓迫亦不能使其貢納保持常則，那都市就依然會以不絕的加速度，趨於衰微。羅馬帝國的情形，更能明白地把這種過程的全部姿態顯示於我們之前。但第二世紀諸大帝之中央集權，既崇高而又得有力的支持，故其利益足夠抵殺其弊害，並還在一般衰微的時候，生出了一個物質繁榮時代。（居貢羅馬帝國衰滅史第一章的優美的描寫，主要就根據古代文化這最後一次的繁花（其利益大都歸於都市及少數受恩惠的農村。）但帝國終須屈服的經濟的災害已達到了嚴重的發展，亦是很明顯的。以財富之蓄積及集中為基礎的光榮，如果蓄積的手段已開始消滅，那很容易就會達到最高點，如同太陽落了，一天的最高的暑熱亦會停止一樣。在這大中央集權過程中，道德的腐敗，還出現得更早，因為許多不同種的民族，一旦發生隸屬與合併的情形，就不僅要擾亂道德的形式，且將擾亂道德的原理。勒克（Lecky）（見歐洲道德史從奧古斯丁到夏里曼卷一第二七一頁以下）關於與古羅馬人的愛鄉心及其本土宗教密切融合的羅馬人的德，如何必然會因古代政治形式沒落，懷疑論的發生，外國文化的移入，而致於消滅，曾有很得當的說明。至若文明過程如何不能用新的更優良的道德——『更高尚的習慣和擴大的憐愛』——來代替舊道德，他曾列舉三個原因：即帝權，奴隸制度，及劍鬭。這種主張不把原因結果混同了麼？勒克前此關於皇帝馬卡斯·亞勒里亞斯（Marcus Aurelius）的高尚意圖及其所治民衆的性格，曾有巧妙的對照的描寫，在這裏可供參考。個人能以哲學為助，而得到與宗教及政治無關的倫理原理；但人民大衆，却祇能在普遍性與特殊性永遠有效性與可變性（依地方傳說的教訓而成立且不可分解）的關聯中看見道德。（這種情形，在古代，較今日為尤甚。）所以世界帝國的大中央集權，在這範圍內，必然會同樣在征服者及被征服者間，到處發生分解的破壞的影響。但是，能以新道德代替舊社會道德的『正常社會狀態』究在何處呢？（勒克二三四頁）道德原理要與感覺的要素及空想的附加物融合，最所必需的，乃是時間及新型的民族的出現。所以，古代文化所賴而達到最高點的蓄積過程及集中過程，亦就是古代文化沒落的原因。事實上，中世基督教所由而出發的醱酵過程之熱情的特徵，似乎就在這裏得到了一個說明。因爲那個特徵，顯明指示了民衆各階級之極端奢侈，極端禁慾，極端逸樂，極端耐苦，已使神經系統過分緊張。而此狀態，又不過是蓄積的結果。但奴隸制度又在這種結果上，加上一種極不快意的顏色。——關於古代羅馬的蓄積，可參看羅雪爾國民經濟學的基礎二○四節，尤其是註十。關於日就衰亡的國民的無意味的奢侈，可參看同書二三二節以下，及羅雪爾『歷史觀的國民經濟學學說』關於奢侈的論文。奴隸制度的影響，在康曾（Contzen）社會問，題其歷，史其文，獻及其對於現代之意義（萊比錫版再版一八七二年）中，亦會特別指示。可參看下註。

〔二〕居責羅馬帝國衰滅史第二章，說自侵略以後，奴隸人數比較少，故價值騰貴，待遇遂亦較佳。在侵略的戰爭時代，戰爭的俘虜得大批以廉價輸入內地，但從這時候，這種輸入就停止了。所以，在內地飼育奴隸，漸漸地愈有必要。允許奴隸互相結婚，亦漸漸地愈有必要。由這方法，前此在各領地內由許多民族構成的全部奴隸，就漸漸成爲同種的了。再者，富人的大領地及宮殿，又集有非常多的奴隸。被解放的奴隸又在帝國的社會生活中，扮演着重要的角色。——勒克歐洲道德史二七二頁，會很正當地把奴隸位置分爲三時代：（一）最初時代，奴隸爲家庭的一部分，所受待遇比較好；（二）第二時代，奴隸人數大增，待遇漸劣；（三）最後時代，開始於居責所指示的分歧點。勒克又特別指出斯多亞哲學會使奴隸的待遇，日趨溫和。——在這第三時代，奴隸制度就不再由大奴隸戰爭的恐怖影響於古代的文化生活了。奴隸制度到這時候所以猶能影響古代文化者，乃因支配階級對於人民的全部思想方法，益有大的影響。這種影響，與古代理想正相反對，乃與基督教的普及相並而來。關於這點，可參看勒克歐洲道德史卷二第五二頁。［三］曼孫（Mommsen）羅馬史卷三第十二章曾說：『不信與迷信是同一歷史現象的不同色彩。二者在當時羅馬世界中攜手而來。把這二者結合的人，未始沒有。這種人和伊壁鳩魯一樣否定神，但又在禮拜堂前祈禱，祭祀。』同章又曾詳述東方宗教如何移入羅馬。『元老院（紀元前五十年）命令建在周壁中的伊細斯的殿堂，概行拆毀時，沒有一個工人敢首先動手，執政魯夏斯・卜魯士不得不親自動手先劈一斧。我們敢說，一個女子愈是淫蕩，就愈誠心尊敬伊細斯。』再參看勒克歐洲道德史卷一、第二三八頁以下。［四］德勒勃（Draper）所著的歐洲理智發達史，在許多點上都很有價值。但他認伊壁鳩魯主義及俗人——社會腐敗，他們應負過半的責任——的僞善的不信爲同一物，却未免不公平不正確。（參看卷一、第一六八頁一六九頁。德勒勃的最後判斷及全部思想方法，固然表示他是有見解的，但他說明伊壁鳩魯時，尤其在認亞里斯多德爲經驗哲學家時，他顯然受了錯誤的傳說之影響。［五］宰勒希臘人的哲學卷二第一章、第二八九頁說：『一句話。斯多亞主義不單是一個哲學體系，而且是一個宗教體系。其最初的贊和者，即如此觀察斯多亞主義……斯多亞主義亦就這樣和柏拉圖主義在一起，對最好的最有教化的人，在希臘勢力所及的地方，提供一個代替物，以代替敗壞的自然宗教，滿足宗教要求，支持道德生活。』勒克歐洲道德史卷一、第三二七頁，關於最初二世紀的羅馬斯多亞學徒，說：『在最能予人以深刻印象的家人死亡之際，通例請他們來安慰生者。死者在其生命最後一瞬間，請求他們的安慰，他們的保護。有實際道德的糾紛待人解決的時候，或在絕望或良心呵責的時候，人們亦來請求他們作良心的指導者。』關於斯多亞學派影響的消滅及新柏拉圖學派的神祕主義的代起，可參看勒克歐洲道德史卷一、第三三七頁。——辛勒卷三第二章第三八一頁說：『新柏拉圖主義是一個宗教體系，柏拉圖主義與斯多亞主義固亦可說是一個宗教體系，但新柏拉圖主義所以稱爲宗教體系，尚有進一步的意義。單以道德義務及人間精神生活，結合於從神的觀念出發，但由科學方法成就的哲學，他們還是不能滿足。甚至於他們的科學的世界觀，自始至終，就反映着人間的宗教傾向，根本爲迎合人間宗教需要及使人與神發生最密接的人格的交通之願望所支配。』

［六］這種極端，在三世紀後，特別顯明了。其說明，可參看勒克歐洲道德史卷二第一〇七頁以下。

［七］關於基督教的普及，可參看居賁書第十五章。這一章包含了充分的材料，供我們從各種見地評價此種作用。但勒克在其歐洲道德史及其歐洲理性主義史中，會提出更正確的見解。神學方面的要籍，或當推包爾（Baur）所著最初三世紀之基督教及基督教會。從哲學的歷史的觀點說，便有拉薩爾（E. von Lasaulx）所著希臘主義之沒落及基督教皇帝之沒收寺產，明生版一八五四年。此外，還可參看烏伯衞教父哲學，史哲學史中的一節，但不幸世人多把這值得注意的一節忽視了。（參看我所寫的烏伯衞傳，柏林版，一八七一年第二一頁二二頁。）——關於當時的奇蹟狂，請參考勒克歐洲道德史卷一、第三九三頁三九五頁又講到製造奇蹟的哲學家，說：『基督教帶着東方的迷信與傳說，浮着輕信的浪，流入羅馬帝國。……它的奇蹟，基督教之友固接受之，基督教之敵亦接受之，認其爲宗教教義的普通伴侶。』

［八］基督教救助貧民，究會發生怎樣大的影響，可參看如下的事實。背教者鳩里安（Julian）在嘗試以哲學的希臘國家宗教驅逐基督教時，亦公然承認基督教在這一點是較優於古代諸宗教。他因要在這一點和基督教徒競爭，遂建議在各部市上建立收容所，以收容不信教的外國人。因要救濟這種外國人，並分配給貧民起見，他曾捐納巨金。他寫信給

勒格登高等牧師亞薩西亞斯曾說：『在猶太人中沒有一個乞食者，同時與神對敵的基督教徒却不僅維持他們自己的貧民，且能維持我們的窮無所歸的人，那在我們確當引爲奇恥。』拉薩爾著希臘主義的沒落六八頁。［九］參照德西達斯（Tacitus）年代記卷十五第四四章。那裏說，尼祿（Nɔro）曾詣羅馬火災，基督教徒應負其責。他『因憎厭基督教徒的兇惡，往往加以極嚴重的處罰。基督教徒這名稱所由而起的基督，即在底伯里亞斯的統治下，在太守旁夏斯・庇拉達斯手下，受了極端的重刑。受一時壓抑的不幸的熱狂，不僅在妖怪的母國猶太，甚至於在萬惡匯萃，凡百無恥均以其地爲中心地的羅馬，都重行爆發了。從而，凡被控爲有罪者，一律均予逮捕。據他們的報告，還有許多人，不以放火燒城的罪判決，而以憎厭人類的罪判決。』他們自相團結而憎惡他人，當常使猶太人受非常的非難。拉薩爾在希臘主義的沒落第七頁以下，曾說明羅馬人這種見解之內部的必然性。並從蘇丹尼亞斯（Suetonius）及小蒲林尼（Plinius），引用同這一樣的判斷。關於一神教的宗教之不寬容（那在希臘人和羅馬人是不知道的，）那裏亦曾有極正確的指摘。在這諸種宗教之間尤其是基督教，自始就採攻擊的態度。——居貴亦認基督教之不寬容的熱心及其對於別一世界的期待，是基督教傳佈迅速的最要原因之一。——永遠的地獄苦痛，對於全人類的威脅，以及這威脅對於羅馬人的影響，可參看勒克歐洲道德史卷一第三六六頁。［一〇］克里格（Kriegk）訂正的蕭露爾(Schlosser)所著的『德意志人的世界史』。［一一］這在近代，特別使我們想起牛頓世界觀通俗化所引起之轉向點。牛頓的世界觀，乃由福祿特爾（Voltaire）而通俗化的。［一二］試考察摩罕默德教的正統派，如何會採用原子來使超越的創造（創造者爲世界以外的神）更易於理解，亦很有趣味。參看勒南（Rɔnan）著愛維羅斯及愛維羅斯主義，巴黎版，一八五二年，第八十頁。

〔一三〕神祕的新柏拉圖派如（柏羅提挪〔Plotinus〕波爾費利〔Porphyrius〕，都是基督教的決然的敵對者。波爾費利曾著書十五卷，以反對基督教。）但就其內部說，他們又和基督教原理極相近似。那是毫無疑問的。他們對於基督教哲學後期的發展，曾發生大影響，亦是毫無疑問的。格倫與塞爾蘇斯（Celsus）却立在更遠得多的地位。（塞爾蘇斯，以前曾有人信其爲伊璧鳩魯學徒，那固然是不確的。但他是柏拉圖派。參看烏伯衞哲學史第六十五節。）安耐西登馬斯（Aenesidemus）學派的懷疑論者及『經驗的醫師』（宰勒卷三第二頁第二版一頁以下，）尤其塞克達斯・恩比利卡（Sextus Empiricus），離得最遠。

〔一四〕極端反對超神論及禁慾論的伊璧鳩魯學徒及伊璧鳩魯主義的概念，自很早的時期以來就通俗化了。在古代一切哲學學派中，雖要以伊璧鳩魯學派保持住了最顯明的特徵，最有一貫的體系，但台爾瑪德（Talmud）竟把薩杜塞教徒（Sadducees）及自由思想家看作是伊璧鳩魯學徒。十二世紀佛洛倫斯出現了一派伊璧鳩魯學徒。但這一派，不僅就嚴密的學派意義說，即按照但丁（Dante）的說法，也不能說是伊璧鳩魯學徒。（參看勒南愛維羅斯第一二二頁及二二七頁。）斯多亞學派的名稱，當然亦有同樣的通俗化。〔一五〕勒南著愛維羅斯第七六頁以下，說明了如何神的概念之最抽象的見解，會因基督教的神的三位一體說及化身說起而抗爭，居然得了本質上的促進。謨太居里德（Motazaliten）的併合學派，勒南曾以之比於詩萊爾馬哈學派。〔一六〕愛維西納（Avicenna）附和前一種見解，但按照愛維羅斯所提出的意見，他的見解其實是後一種見解。愛維羅斯認世界上一切變化與運動，尤其是有機體的生滅，已在『可能性上』包存於物質之中，神之作用不過是把這種可能性轉爲現實性而已。但我們一旦採納了永遠性的見地，可能性與現實性間之差異就消滅了，因爲在永遠性的關係上，一切可能性都成了現實性。且若從考察之最高見地出發，就連神與世界的對立，亦消滅了。參看勒南愛維羅斯第七十三頁及八十二頁以下。

［一七］這種見解，基於亞里斯多德更創造的理性（νοῦς ποιητικός）說，（靈魂論卷三第五章）即所謂唯一心論。意謂，與可死的動物靈魂有別之不死的靈魂，在一切分有靈魂的存在物中，是同一的。

［一八］參照漢波特宇宙卷二第二五八頁以下。德勒勃著歐洲理智發展史一八七五年版卷二第三六頁以下。這位著者，對於自然科學的問題，最有說話的資格。他在第四二頁便慨然說『歐洲著作界，乃有系統地故意把摩罕默德教徒的貢獻抹煞。』

［一九］參照利比居化學上的書信第三信第四信。『鍊金術即是化學』的話，當然說得過分些。抗議將鍊金術混同於十六世紀十七世紀的製金術，固有片面的理由，但我們不可忘記，製金術祇是野生的鍊金術，好比同時代的生辰術（Nativitätenschwindel）祇是野生的占星術一樣。關於近代化學與中世鍊金術，可由理論與實驗之關係，明白顯示二者精神之最大差別。鍊金術者認理論在一切主要的根本特徵上，都是確定不變的；理論被置於實驗之上位；如實驗之結果，反於原來的期待，也勉強使其與先天的理論相合。所以，根本上，實驗的目的，與其說是自由研究，不如說是產出豫期的結果。這種實驗傾向，在我們近世的化學上，固然尚是十分活動。普遍理論之權威，即令在我們今日不大，但在我們以前不久的時代，卻確乎還是很大的。但就令如此，近世化學的原理，仍必須稱為經驗的原理；鍊金術的原理，雖有其經驗的結果，終須說是亞里斯多德的經院哲學的原理。鍊金術與占星術的科學形式，立基於若干根本命題的徹底的推究——這些根本命題，乃關於物體的性質及其交互關係者，其本身雖單純，但其結合卻有非常多的樣式。——科學精神曾依更純粹的占星術而進步，可參看勒克歐洲理性主義史，卷一第三〇二頁以下。該書三〇三頁的註二，尚舉有若干例，表示占星

術的自由思想家，會有如何大膽的思想。——並參照漢波特宇宙卷二第二五六頁以下。〔二一〇〕德勒勃歐洲理智發展史卷一第三八四頁以下。赫叟（Häser）著醫學史（二版、傑納、一八五三年）一七三頁以下，大連堡（Daremberg）著醫學史（巴黎、一八七〇年）關於阿剌伯人的醫學，都有更不利的判斷。但他們在這範圍內的大活動，就連在此等敍述中，亦可以明白看出。

〔二一一〕參看渥克勒爾（Wachler）文學小史卷二第八七節。——邁納斯（Meiners）中世道德與近世道德之歷史的比較卷二，第四一三頁。——大連堡之醫學史卷一第二五九頁，說明了塞勒諾（Salerno）在醫學上的重要，比阿剌伯人的影響還要古。古代的傳說也許是在塞勒諾復活的。但醫學校確曾由菲力德利克二世受得有力的衛勵。〔二一二〕相傳愛維羅斯，或菲力德利克或任何其他的大膽的自由思想家，曾斥摩罕默德、耶蘇、摩西爲『三大騙子。』那種傳說，在中世紀，似乎只是一種無根的讒謗，蓋因當時人厭忌有自由思想的人，故作此以示其憎厭疑忌而已。但後來有一書論三大騙子，即以此假造的故事爲對象，並有許多人（根特Genthe宗教騙術綱要一八三三年第十頁以下，勒南愛維羅斯第二三五頁，都曾列表記述這許多人的名字）被控著作了事實上從未曾有的書籍。關於是否眞有此書的疑問，曾惹起了熱烈的辯論。這種熱烈終誘致一般勤勉的僞造者，去僞造這一類的書。但此等僞造的書，甚爲脆弱。其詳可參看根特所著書。〔二一三〕漢牢爾（Hammer）根據東方的資料，著回教狂信者的歷史一書（一八一八年），把回教狂信者分爲哄騙者與被哄騙者，而在最高階位，祇發現了冷酷的計算，絕對的無信仰，及最醜惡的個人主義。對於這種結論，東方的資料是頗爲充足的。但我們不要忘記，這是戰勝的正統派處置戰敗的各宗教的通常方法。除了惡意的誣妄以外，實際這裏的處理，與私人生活上所謂『僞善者』的判斷正相同。異常的敬虔，在民衆眼裏，不是眞的神聖，便是掩護罪惡的可惡的假面具。純粹的宗教情緒，與卑鄙的利己心及不德的衝動相混合，其心理之微妙，實非普通人間所能鑑識。漢牟爾關於回教狂信主義之心理的根據，曾以如下的幾句話，表示他自己的意見。（二十頁）『使舌尖、筆桿、寶劍動作起來推翻王室震撼時代的諸種熱情，要以權勢慾居第一位而最有力了。權勢慾以犯罪爲手段，以德爲假面具。它不尊重任何神聖的東西，但依賴最確實的，最爲人所愛戴的，被人認爲最神聖的東西——即宗教。因此，宗教史上最騷然最殘殺的一幕，即是三重冠（羅馬教皇所戴的冠）與王冠結合，而授受大權力的時候。』但全無權勢慾的僧侶，那裏有呢？如果宗教之最初信奉者，僅以宗教爲滿足權勢慾的手段，宗教又怎樣能成爲人類間最神聖的要素呢？如果權勢慾大概只能由一種非常不安穩的路徑，導向一切自私自利者心目中的快樂生活，爲什麼權勢慾又會是這樣普遍這樣危險的情慾呢？在世界史的大事件上，一方面被估價過高，一方面又與其保持者發生片面關係的理想，往往與權勢慾共同作用。這就是宗教的權勢慾持爲頻頻發起的理由。因爲宗教被有權勢慾但不信宗教者當作主要工具而被利用的情形，在歷史上是極少見的。——這種考察，亦可應用於耶穌社教徒（Jesuiten）。據漢牟爾所述，耶穌社教徒，在其歷史之某一時代，確與回教狂信主義極相接近。但他們非藉助於眞的狂信主義，即不能在信徒的心情中，建立其勢力。漢牟爾常常（見三三七頁及各處）把他們和回教狂信者對比，那當然是正當的。但（三三九頁）他又以爲法蘭西革命的弑君者，應該說是『山嶽老人』的衞星。這說明了，這種概念，對於特殊的歷史現象，甚易於引出誤解。無疑，法蘭西大革命時代恐怖政治家的歷史的狂信主義，大體上是非常眞誠的，一點亦不僞善。

[二四]卜倫特爾（Prantl）泰西論理學史卷二第四頁，僅在經院哲學中看見神學與論理學，但全未看出『哲學』。但說經院哲學的時期

的劃分，必須按照逐漸增加的經院資料而改變，却是一點也不錯的。（例如，烏伯衞把它分爲三時期，亞里斯多德哲學與敎會敎義不完全適合時期，完全適合時期，再不完全適合時期。這種分期法，是維持不住的。）——那裏，還把他所有的中世的經院資料，完全列擧了出來。

［二五］後一點，休勃博士（Dr. Schuppe）曾在亞里斯多德的範疇（柏林一八七一年）一書中很詳盡地說明了。關於實在的範疇（κατηγορίαι του ὄντος.）一語的意義，反對波尼玆（Bonitz）的論據，在我看，似不甚有力。原書所以引用這一語，乃所以避免論爭。關於這種論爭，我們如加以論究，便未免深入了。按照卜倫特爾泰西論理學史卷一第一九二頁，則實際存在的事物，乃依範疇中所述的要素，而取得十分具體的規定。

［二六］卜倫特爾泰西論理學史卷二第一七頁，尤其是註七十五。

［二七］烏伯衞哲學史卷一第四版第一七二頁及一七五頁。那裏所擧的證明。爲我們的目的，已是十分充足了。因爲我們在這裏不要提出亞里斯多德形上學之新見解，我們所要的，祇是用一種批判的敍述法，敍述大家公認的亞里斯多德的概念與學說。

［二八］康德純粹理性批判原理論第二部第二篇第二章第四節，哈香斯坦版四〇九頁。康德在這裏討論神的存在之本體論的證明，爲不可能。又說明『存在』並不是一個實在的賓辭，即不是『附加於某其他事物概念上的某事物的概念。』所以現實的（在其概念上），並不較僅僅可能的，含有更多什麼。現實性與可能性所示爲同一事物，惟現實性所示者爲事物之對象的存在（純粹論理的，）可能性所示者祇是事物的概念。爲說明這關係，康德使用了如次的例。即『一百個現實的台斐，即包含一百個可能的台斐，一點亦不多。蓋因後者示其概念，前者示其對象，設假定前者內含大於後者內含，我們的概念便不是全對象的表現，換言之，乃是全對象的不充分的概念。但從別一方面說，則謂一百現實的台斐，較一百可能的台斐，即較一百台

婁的單純概念含有更多的東西，亦未嘗不可。因爲現實的對象，並非分析的包容於我的概念中，却形成了我的概念之綜合的附加。（我的概念祇是我的精神狀態的規定，）不過，這對象的存在，如離開我的概念，便不能增加上述一百台婁的毫末。』本文添入的財政部證券一例，可以把這事情弄得更爲明白，因爲除了純粹論理的可能性(即一百台婁的概念)，這裏又加入蓋然性的根據，以影響一百台婁是否實付的條件之局部的洞見爲基礎。這種條件(有局部的洞見)即烏伯衛所謂『現實的或客觀的可能性，』（見烏伯衛論理學第三版六七頁六九節。）這種關係的外現乃由於如次的事實，即對於條件之純粹實現的存在與受條件事物之現實的存在，我們心中所思惟的關係，被移入對象中。

［二九］克魯格 (Krug) 普魯士公債史布勒斯勞版一八六一年第八十二頁。

［三〇］完全的定義（見靈魂論卷二第一頁）如下： ψυχή ἐστιν ἐντελέχεια ἡ πρώτη σώματος φυσικοῦ ζωὴν ἔχοντος δυνάμει τοιούτου δὲ ὃ ἂν ᾖ ὀργανικόν。克齊曼哲學叢書卷四三) 譯文如下：『靈魂乃有可能生命且有器官之自然物體之最初的完全的現實。』這裏的註釋大體上是頗爲適切的。但克齊曼說（五八頁，）這定義並不是現代所謂靈魂之定義，祇是人類動物與植物所共有的有機力之定義。這是不對的，因爲亞里斯多德早已聲明他要給靈魂一個普遍概念。他所說的靈魂，乃包括一切種類的靈魂。但如克齊曼所設想，這並不能指示一切生物所共有的那一種靈魂的概念，因爲在此以外，有一部分生物尚可有別一種靈魂，爲這定義所不會包括者。所以這定義不僅包括了植物靈魂，且包括了全部人類靈魂，及其高等能力事實亦正如此。因按照亞里斯多德說來，作爲有機體的一種，人類的肉體是適合於理性的靈魂的；這靈魂就是包有下等能力的人類肉體之現實化。

［三一］伏特拉格 (Fortlage) 心理學體系一八五五年第一卷第二四

頁說：『Die negative Grösse eines Immteriellen, von welcher die Aphäre des äusseren Sinnes beherrscht sei, wurde von Aristotles durch den räthrelhaften und vieldeutigen, darum tiefsinning scheinenden Ausdruck der ἐντελέχεια fixirt, und gleichsam aus nichts zu etwas gemacht.』說亞里斯多德在現實學說上曾認整體出於無，那是一點也不錯。但這不僅適用於靈魂的觀念，且適用於 ἐντελέχεια 一字所適用的一切地方，及亞里斯多德的全部可能性現實性學說。在事物中，自始至終就只有完全的現實性。每一事物，如就其本身考察，都是現實；我們想像一事物，復在其旁想像其現實，不過是言語重複。在靈魂的場合，毫無殊於在其他任何場合。照亞里斯多德說，人的靈魂即是人。這重複語，在這體系中所以有深的意義者，乃因（一）作爲可能的人的肉體現象，是與現實的完全的人相反，（二）現實的完全的人，嗣後又與人之本質的論理的部分相混。亞里斯多德沒有在形式的概念中，亦沒有在靈魂的概念中，再爲確立非物質性的消極程度。在現實概念中加入神祕主義意味的，第一個乃是新柏拉圖派的超感覺論。〔三二〕參看靈魂論第二篇第一章，克齊曼譯第六一頁，『Auch ist nicht das, was seine Seele verloren hat, das dem vermögen nach Lebendige, sondern das, was sie hat; dagegen ist der Same und die Frucht ein solcher Körper dem Vermögen nach』這裏亞里斯多德想要避免這極適當的指摘，即，照他的體系，每一個人都須由生命圓極(Entelechie)的加入而從死的肉體中興起。他很可主張屍體不再會有這樣適當的條件，因爲那已經不是完全的組織（不過亞里斯多德的思想曾否如此進步，尚係疑問；參看克齊曼此節之註）但若如此，要設想一個例來說明『在可能性上沒有生命的物體與在現實性上有生命的物體互相不同，就不可能了，因此，亞里斯多德乃不得不求援於種子及果實。在此二物中，他發現了他的對立有表面的理由，但祇是表面的理由，因爲種子與果實本身均是有生物，且有與人類本質相對應的形式。設我們以本文所說明的相對性應用說：『胚胎固有胚胎的形式（與生命圓極）但與已發展的人相對而言，那卻祇是可能性，從而祇是質料。假如我們僅着眼於極端，匆匆看過實現的作用，那也是很動聽的。但是，如果我們採這方法，並追尋其各個步驟，則全部幻想便直等於零了。因爲，亞里斯多德並不要說因爲青年人是成年人的可能性，所以青年人是成年人的肉體。 〔三三〕分開理性的靈魂及下等的精神能力，雖爲教會所否認，維也納長老會議（一三一一年）亦提出相反的主張，但更方便的更亞里斯多德化的見解，總不絕起來。 〔三四〕烏伯衞在綱要卷一第四版一八二頁（十版第二二六頁）亦承認，就不死論而言，理性說是有矛盾的。餘可參照第一篇註五五。 〔三五〕參照卜倫特爾泰西論理學史卷三第一八四頁。 〔三六〕關於這點，除了卜倫特爾，特可參看巴拉克（Barach）唯名論史，那裏證明了第十世紀的記錄，已有非常發達的唯名論。 〔三七〕亞爾伯圖·瑪格拿斯(Albertus Magnus)曾屢屢這樣主張，參照卜倫特爾卷三，第九七頁以下。 〔三八〕拜會庭論理學在西方的普及，與唯名論之急速的發展，頗有關係。卜倫特爾在其泰西論理學史中，曾證明這點。這是卜倫特爾最有價值的成績之一。卜倫特爾自己曾指出，奧肯模的傾向，非『唯名論，』僅爲『名辭論』（因這學派的主要工具，即是論理的『名辭。』）這種指示，無關於我們的研究。因爲我們無取乎論到這裏。所以，我們依然把唯名論用作廣義的唯名論，那是反對柏拉圖主義的，因爲柏拉圖主義『否認』普遍是事物的名字。照奧肯模說來，那固然不是『名字，』而是『名辭，』是代表所指事物的『名辭，』但名辭是心理判斷的要素。在心以外，那是不存在的。但那亦不是純然任意的，那和表示名辭的字一樣名辭，乃精神與事物相交涉依自然的必然性而發生的。（參看卜倫特爾卷三、第三四四頁，尤其是註七八二頁。）〔三九〕卜倫特爾卷三、第三二八頁。思想自由的要求，誠然僅有關於哲學的命題，（參看下一章關於中世二重眞理的註，）但神學既本質上依然是信仰的範圍，不是知識的範圍，故這要求，乃實用於科學思想的全範圍。〔四〇〕同時，奧肯模並未誤解普遍命題的價值。他明白主張科學有關於普遍，不直接與個別的事物生關係，但科學所討論的，非普遍本身僅僅是普遍所含各個物的名稱。卜倫特爾卷二第三三二頁以下，尤其是註七五〇頁。〔四一〕卜倫特爾泰西論理學史卷三、第一頁曾謂：『關於哲學數學及自然科學，所謂古代復活，大部分在十三世紀就發生了，主要是因爲亞里斯多德及阿剌伯人的文獻的認識。〔四二〕這諸事實，全見於勒南著愛維羅斯卷二第二頁第三頁。與二重眞理說特別有關於一切事物，均略述於梅淮特（Maywald）『二重眞理說，中世神學與哲學分離的研究。』〔四三〕梅淮特二重眞理說第一一頁。勒南愛維羅斯第二一九頁。〔四四〕梅淮特第三頁；勒南第二〇八頁。除了浩樂（Haureau）的經院哲學，我們又可在這二個地方發現一些文句，說明英吉利的愛維羅斯主義與聖芳濟派之關聯。〔四五〕勒南愛維羅斯第二五八頁。"Le mouvement intellectuel du nord-est du l'Italie, Bologne, Ferrare, Venise, se rattache tout entier à celui de Padoue. Les universités de Padoue et de Bologne n'en font réellement qu'une, au moins pour l'enseignement philosophique et médical. C'étaient les mêmes professeurs qui, presque tous les ans, émigraient de l'une à l'autre, pour obtenir une augmentation de salaire. Padue d'un autre côté, n'ést que le quartier latin de Venise; tout ce qui sénseignait á Padoue, s'imprimait à Venise"　［四六］勒南愛維羅斯第二五七頁及三二六頁以下。［四七］勒南愛維羅斯第二八三頁。［四八］十三章及十四章。最後一章（第十五章）表示他屈從教會的判斷。不死說沒有任何自然的根據，所以僅基於啓示。最有力的章句，見於巴地利杜賓根版（一七九一年）一〇一頁至卷終。一五三四年有一個不知出版地的版本，亦載有這些章句，見一一八頁以下。最初諸版本，我不知道。我第一版所引用的話，乃得自卡里爾者一八四七年於斯杜加特及杜賓根出版的宗教改革時代的哲學的世界觀。那些話在最重要的諸點上是很忠實的，但大意譯了，比較原本音調也似乎更悲愴。［四九］參照瑪齊威利(Macchiavelli)關於利曦亞最初十年的論究柏林版一八七一年四一頁。［五〇］梅淮特二重眞理說四五頁以下。［五一］卜倫特爾泰西論理學史卷四第二頁以下。［五二］參照渥拉在瓦倫的講演，柏林版一八七〇年第六頁八頁。［五三］這裏引述的宗教改革時代各種心理學著作，曾於一五六三年爲格斯奈集印於舒里克；前三種又見於巴塞爾。一般教育及教育制度百科辭典，有靈魂論及維夫斯條，可供參照。［五四］參照漢波特宇宙第二卷第三四頁及註二十二，及第四九七頁以下。［五五］漢波特宇宙卷二、第三四五頁。『有一錯誤的意見——謂哥白尼雖主張地球有行星的運動，太陽位於全行星體系的中心，但因怯懦並畏僧侶迫害，才把這種見解，看作單是一種假定，其目的，僅在使天體軌道，更宜於計算，「但其本身不必是眞的，亦不必是蓋然的」——直到今日，依然很爲普遍。這些奇妙的話，見於哥白尼著書的緒言名 De hypothesibus Hujus operis，作者不知爲誰。但這些話，完全和哥白尼的意見相反，並直接和他對敎皇保羅第三的獻詞相反。』據迦桑狄說，這緒言的作者，爲安特里亞斯・奧西安德(Andreas Osiander)他也許眞如漢波特所說，『不是當時住在牛倫堡的數學家，』祇是有名的路德派的神學家。校對者，無疑是牛倫堡數學天文學教授約翰·休納爾（Johannes Schoner）。哥白尼之書，所以會由休納爾及奧西安德負責印刷，乃因受賴提凱斯(Rhäticus)的委託。賴提凱斯是威吞堡的教授，是哥白尼的學生。賴提凱斯以為此書『更宜』於在牛倫堡刊印，更不宜在威吞堡印行（漢波特宇宙上引那一段話的註二十四，卷二第四八九頁。）這種辦法，多分因為顧慮到梅倫克登，因梅倫克登亦熱心研究天文學與占星術，為哥白尼體系勁敵之一。——當時羅馬比較自由。耶穌社教團之設立，其目的一定是為要焚死布魯諾，裁判葛里略。關於這種變化，佛郎克（Frank）在批評馬丁的葛里略時（見道德家與哲學家一五三頁，巴黎一八七二年）曾說『Chose étrage! Le double mouvement de la terre avait déjà été enseigne, au XVe siècle, par Nicolas de Cus, et cette proposition ne l'avait pas empêché de devenir cardinal. En 1533, un Allemand, du nom de widmannstadt, avait soutenu la même doctrine à Rome, en présence du Pape Clément VII, et le souverain pontife, entemoignage de sa satisfaction, lui fit présent d'un beau manuscrit grec. En 1543, un autre Pape, Paul III, acceptait la dédicace de l'ouvrage ou Copernic développait son systéme. Pourquoi donc Galilee soixante et dix ans plus tard, rencontrait-il tant de résistance, soulevaitil tant de colères?』這種對比，是很巧妙的，但若佛郎克以為差別在於葛里略不能滿足於純粹數學的抽象，（輕視克蒲勒的思辨）而藉助於觀察、經驗與檢查，其解決就頗不合理。事實上，哥白尼、克蒲勒、及葛里略三人的品性才能，無論有怎樣的不同，他們的研究精神，總是一樣的，他們都要改良科學，向前進步，並破除狹隘的成見，絲毫不顧慮學者世界與民衆之界限。所以，我們不能不引述以下那一段話。那是漢波特的那一段話，大可表示作者的卓見（原文見漢波特宇宙第三卷三四六頁）。『現時宇宙觀的建設者，最出色的一點，與其說是他的知識，無寧說是他的勇氣與確信。克蒲勒在盧多芬表（Rudolphinischen Tafeln）的序言中，稱讚他爲「有自由精神的人」，他確實值得受這種稱讚。「Vir fuit maximo ingenio et quod in hoc exercitio（與偏見相鬪）magni momenti est animo liber」。哥白尼獻敎皇的獻詞中，曾描寫他的著作，原不要把神學家地球不動住於中央的意見名爲「不合理的音樂」，亦不要對附和這誤謬學理的人，攻擊其愚昧。他說：「倘有任何空虛的饒舌家，毫無數學的知識，要對於他的著作，故意牽强附會於聖書某章節，（propter aliquem locum Scripturae male ad suum propositum detortum）而加以判斷，他必輕視這種粗率的攻擊，而置之不理！」』 [五六]我且利用這機會附加一註，闡明哥白尼和薩摩斯的亞里士達可斯的關係。那種關係，我已經在第一篇第三章說明了。我說哥白尼曾看見過古代天文學家的見解，這種說明，照漢波特宇宙卷二第三四九頁以下所說，並不是不可能的。哥白尼曾明白參證西瑟羅學園研究卷四第三九頁及布魯達克（Plutarch）哲學信條論卷三第一三頁兩段話，這兩段話使他想像地球有變動的可能。西瑟羅的著作，提到了西勒卡斯的希克達斯（Hikatas）的意見；布魯達克的著作，提到了畢達哥拉斯學派愛克芬特士（Ekphantos）及赫拉克里特士的意見。據哥白尼自己的敍述，亦可見他進行研究，確是最初受着希臘古代思想的刺激。但同時，他並不會特別提到亞里士達可斯。參看漢波特宇宙及利希吞堡所著哥白尼。 [五七]布魯諾不僅喜歡引用魯克理底斯的話，並故意模倣他，寫成他的敎訓詩宇宙與世界（De Universo et Mundis）。他的對亞里斯多德宇宙論的論爭，曾爲囂俄・浮納克（Hugo Wernekke）（一八七一年）所討論。〔五八〕這一段話，錄自莫里茲・卡里爾(Moritz Carriere)宗教改革時代的哲學的世界觀第四二六頁四二七頁。在這富有思想的著作中，特別喜歡討論布魯諾。——此外，可參考巴道麥斯(Bartholméss)所著約登諾・布魯諾(巴黎，一八四六年二卷。)〔五九〕卡里爾宗教改革時代的哲學的世界觀第三八四頁。聖經之倫理目的及其表現法(其表現乃按照於其著作時代之見解)之區別，已見於阿剌伯諸哲學家著作中，又可見於葛里略致克里斯登大公夫人書中，其言曰：『De sacrae scripturae testimoniis in conclusionibus mere naturalibus, quae sensata experientia et necessariis demonstrationibus evinci possunt temere non usurpandis』〔六〇〕在這點，利比居之否定的判斷(關於培根及其自然研究的方法，明生一八六三年)不能由任何抗辯(見烏伯衛哲學史綱要第三卷第三版第三九頁)而緩和下來；事實太的確了。在他身上，自然科學研究已染上了輕浮的享樂主義，科學已淪為僞善的阿諛工具。不待『大復興』即已起來的哥白尼，克蒲勒，葛里略，其科學成績竟為他所忽視所誤認。鄰近的眞正研究者如居伯特(Gilbert)，哈威(Harvey)亦為他所反對所蔑視。這諸點，已足表示培根之學問的品格和他的政治的及人格的品格，是一樣不光彩。所以早已為古諾・菲謝爾所駁斥的麥皐萊(Macaulay)的意見，已根本不能成立。關於培根的研究方法，其判斷却沒有這樣單純。關於這點，利比居未免把善點惡點一齊拋棄了。不過他對於歸納法理論(參看歸納法與演繹法，明生一八六五年)的批判的說明，對於科學方法之完全理論，却包含了極有價值的貢獻。像侯塞爾(Herschel)及約翰・穆勒那樣富有思想富有研究的作家，其論研究方法之著作(如侯塞爾自然哲學研究緒論)，都依然把培根的歸納法理論當作是他們自己的理論之最初的不完全的基礎，那亦是十分值得注意的。我最近才想起培根在方法論上的先驅者如里奧那・多・達文西，路德維・維夫斯，尤其是葛里略。但我們在這裏仍須注意像佛郎克在道德家與哲學家上那樣過於誇張的話。佛郎克在其著作一五四頁，曾說『La méthode de Galilée, antérieure à celle de Bacon et de Descartes, leur est supérieure à toutes deux』——再者，我們又不可看過了如下的單純的事實。培根的大名譽，並非出自後世人的歷史的誤解。那是出自他同時人的傳說，而降至我們現今。但這種事實，正可證明我說他在當時發生了很大的很廣的影響。他的學理雖有許多缺點，但他的影響，對於自然科學的進步及價值，都有所稗益。並且，他的著作又有極有力的體裁和燃熱的光閃。如果再考慮一下他的優越地位的權威，他對於時代所提示的適當的格言，我們實在不應該把他的歷史的意義減損。

［六一］參看下一段話，見生理學部分之末。（舒里克版五九〇頁。）『Galenus inquit de anima hominis: nos spiritus aut animam esse, aut immediatum instrumentum animae. Quod certe verum est, et luce sua superant solis et omnium stellarum lucem. Et Quod mirabilius est, his ipsis spiritibus in hominibus Piis miscetur ipse divinus spiritus, et efficit magis fulgentis divina luce, ut agnitio Dei sit illustrior et assensio firmior, et motus sint ardentiorserga Deum.——E contra, ubi diaboli occupant corda, suo afflatu turbant spiritus in corde et in cerebro, impediunt judicia, et manifestos furores efficiiunt, et impellunt corda et alia membra ad crudelissimos motus.』參照改革者的身體卷一三第八八頁以下。［六二］參照夏勒爾(Schaller)自然哲學史（一八四一年）拔粹本第七七頁至八〇頁。［六三］科學及美術史紀要（一七一三年九二二頁，）曾引述一瑪

爾布蘭主義者(Malebranchist)，生在巴黎，但未舉出其名字。他就主張他自己是唯一的存在者。〔六四〕曼台同時又是經院哲學的最危險的反對者，法國懷疑論的建立者。十七世紀卓越的法蘭西人無論爲友爲敵，都會受他的影響；不，我們還發覺了他的快樂哲學的反對者如拔斯克爾 Pascal)及卜特·洛約(Port Royal)諸人，亦都受了他不小的影響。〔六五〕希羅尼瑪斯·羅拉里亞斯的著作，足足等了一百年，才有出版機會，所以其起源必較曼台論文爲早。這部書，有辛辣的嚴重的音調。動物之特徵，雖被認爲『高等精神能力』的產物，而被否認爲動物所有，但特別爲他故意看重。他把動物的德，與人的惡，作截然的對比。他本來是一個僧徒，又是教皇和皇帝的朋友，他的遺稿所以依然須留待一個長時期才有發表機會，就是爲了這個理由。——出版者諾德斯(Naudäus)爲迦桑狄的朋友。迦桑狄和笛卡兒不同，他極看重動物的能力。〔六六〕感情論第五章：『Erroneum esse credere animam dare motum et calorem corpori』第六章：『Quaenam differentia sit inter corpus vivens et cadaver。』〔六七〕一般都反對哈威的大發現，而同意笛卡兒，關於這點，可參看巴克爾英國文明史一八七一年卷二，第八〇頁。〔六八〕他的方法論中有一段話很可以表白這個意思，見第一卷第一九一頁以下，一八二四年巴黎維克多·可新版。『…bien que mes speculations me plussent fort, jái cru que les autres en avoient aussi qui leur plaisoient peutêtre davantage, Mais, sitôt que jái eu acquis quelques notions gènerales touchant la physique, et que commencant à les éprouver en diverses difficultés particuliéres, jái remarqué jusques où elles peuvent conduire, et combien elles diffèrent des principes dont on sést servi jusques à présent, jài cru que je ne pouvois les tenir cachés sans pécher grandement contre la loi qui nous oblige à procurer autant qu'il est possible de parvenir à des connoissances qui soient fort utiles à la vie; et qu'au lieu de cette philosophie speculative qu'on enseigne dans des écoles, on en peut trouver une pratique, par laquelle, connoisant la force et les actions du feu, de l'eau, de l'air, des astres, des cieux, et de tous les autres corps qui nous environnent, aussi distinctement que nous connoissons les divers métiers de nos artisans。』參看下一篇註十七。[六

九] 關於笛卡兒的人格，意見頗不一致。問題在於：他以大發現家的自許野心，他對於其他大數學家大物理學家的嫉妬，是否有時超出受人尊敬的限度。參照休埃爾的歸納科學史卷二第三七九頁。那裏曾指稱他不加聲明，即利用斯累爾（Snell）所發現的屈光法則；但巴克爾在其英國文明史第二卷第七七頁以下，却在某幾點，過分重視笛卡兒。——關於這點，可參照他對大數學家浮瑪特（Fermat）的論爭；可參照他對於葛里略的運動學說所下的顚倒的輕蔑的判斷；可參照他不加聲明即奪拔斯克爾山上氣壓減輕的大發現爲已有的事實及其他等等。——關於這一件事，在我，似尙未有何等解決；至若他因畏懼僧侶而否認自己的見解，却須從別一立場解釋之。巴克爾隨在勒明尼爾（Lerminier）之後把笛卡兒比於路德。但我們須記着，德國宗教改革家，有無所顧忌的大膽性；笛卡兒在自由思想與壓迫思想之鬪爭中，却時時注意迴避敵人。笛卡兒每每反對自己的更好的知識，使其理論，屈從於敎會的理論，且儘可能屈從於亞里斯多德。這是事實。試一觀下述的書翰，即可毫無疑問。——致麥生函，一六三三年七月。笛卡兒聞葛里略所著書受罰，大驚；猜想葛里略受罰的原因，爲地動說，並承認他自己的著作，亦當受此種處罰。其書

翰之一段如下：「Et il est tellement lié avec toutes lecs parties de mon Traité que je ne lén saurois détacher, sans rendre le reste tout défectuex. Mais comme je ne voudrois pour rien du moncd qu'il sortit de moi un discours ou il se trouvât le moindre mot qui fût désapprouvé de l'église, aussi aimé-je mieux le supprimer que de le faire paroître estropié.」又致前人書（一六三四年一月十日）：「Vous savez sans doute que Galilée a été repris depuis peu par les inquisiteurs de le foi, et que son opinion touchant le mouvement de la terre a été condanné comme hérétique; or je vous dirai, que toutes les choses, que j'expliquois en mon traité, entre lesquelles étoit aussi cette opinion du mouvement de la terre dépendoient tellemont les unes des autres, que cést assez de savoir qu'il en ait une qui soit fausse pour connoitre que toutes les raisons dont je me servais nónt point de force; et quoique je pensasse qu'elles fussent appuyées sur des démonstrations trés certaines et trés évidentes, je ne voudrois pour rien du monde les soutenir contre l'autorité de l'église. Je sais bien guón pourroit dire que tout ce que les inquisiteurs de Rome ont décidé nést pas incontinent article de foi pour cela, et qùilfaut premiérement que le concile y ait passé; mais je ne suis point si amoureux de mes pensées qúe de me vouloir servir de telles exceptions, pour avoir moyen de les maintenir; et le désir quejái de vivre au repos et de continuer al vie que j'ai commencée an prenant pour ma devise bene vixit qui bene latuit, fait que je suis plus aise d'être délivré de la crainte que j'avois d'acquérir plus de connoissances que ne désire, par le moyen de mon écrit, que je ne suis fâché d'avoir perdu le temps et la peine que j'ai employée à la composer』。但在這書翰結尾的時候他又說『Je ne perds pas tout-à fait espérance qu'il n'en arrive ainsi que des antipodes, qui avoient été quasi en même sorte condamnés autrefois, et ainsi que mon monde ne puisse voir le jour avec le temps, auquel cas j'aurois besoin moimême de me servir de mes raisons』。後一段話，總算是够明白了。笛卡兒不敢使用他自己的悟性，所以他決心提出的新理論，不要公然與教會衝突。

第三篇　十七世紀之唯物論

第一章　迦桑狄

完全唯物論世界觀的復活，我們特別要歸功於迦桑狄（Gassendi）。但我們把這個位置給他，必須有幾句話作辯護。我們特別看重這點，卽，迦桑狄使古代最完成的唯物論體系，卽伊壁鳩魯的體系，再放光明，並適應當時的情勢。但亦有人，以爲獨立哲學時代乃開端於培根及笛卡兒，迦桑狄不能說是獨立哲學時代的哲學家，祇能說是再生古典哲學那舊時代的承繼者。〔一〕

這種說法，未免忽略了，在迦桑狄的時代，伊壁鳩魯的體系和古代其他一切體系之間，存有本質上的差異。爲敎父所不悅的流行的亞里斯多德哲學，已在中世紀當中，幾乎與基督敎完全融合了，但伊壁鳩魯却依然是極端的異敎的象徵，且與亞里斯多德正相反對。如果在此之外，我們再想到伊壁鳩魯曾怎樣受流言的中傷，並想到雖時有有識見的言語學者，指斥此種流言爲毫無根據，但皆未能予以斷然的打擊，我們就知道，伊壁鳩魯名譽的恢復及其哲學的復活，卽僅就消極方面說，認其爲亞里斯多德哲學之完全反對，亦應該與這時代的最獨立事業並列。但迦桑狄功業的全部價值，決不祇如此。

迦桑狄恢復伊壁鳩魯及其哲學，決非由於偶然，亦非由於反對癖。他是自然的研究者，其實是物理學家經驗論者。培根已經主張古代最偉大的哲學家，不是亞里斯多德，是德謨克利特士。富有哲學的歷史的教養而對於一切古代哲學體系都有研究的迦桑狄，曾以確實的窺探，從古代一切體系中，選拔一個於近代極相適合的體系，卽最適合於他那時代經驗論傾向的體系。他再從古代選出原子論來。由他選出的原子論，經後來諸研究家之逐漸修正，遂取得了永遠的價值。〔三〕

把底納高僧學院的主監，正統派加特力教的僧侶迦桑狄，看作是近世唯物論的祖先，或不免有幾分使人生疑。但唯物論與無神論，縱令是相近似的概念，亦決不是同一的概念。伊璧鳩魯自己亦敬神。這時代的自然研究家，都經過長期的練習，有法術在形式上與神學保持友好的關係。例如，笛卡兒的世界成立觀，謂世界的發展，始於小體，却又主張神曾一度創造世界。我們雖知道世界非自身發展的，但試一考察世界如何發展其自身，亦是極有意味的。笛卡兒置身於自然科學理論中時，他放在眼中的就祇有這種發展的假說。這假說既與一切事實相調和，沒有一點缺陷，是則神創說，就不過是毫無意義的公式但爲人所承認罷了。關於運動，亦然。神雖爲運動的第一原因，但那與自然研究家，並無進一步的關係。如是，勢力由機械衝突運動的不絕傳達而保存這個原理，言其內容，雖極與神學相反，言其形式，却與神學相似。在笛卡兒爲然者，在迦桑狄亦然。迦桑狄身爲高僧學院主監，其研究法卽如是。麥生（Mersenne）亦一神學家，置身於自然科學的研究，但同時又是希伯來學者。他曾著書註釋創世紀說。在這書中，他曾答覆無神論者自然主義者所有的反對論。但其答覆的方式，却使許多人搖頭不認爲正確。他的最大的努力與其說是反駁反對論，無寧說是蒐集它們。麥生居在笛卡兒與迦桑狄的中間地位，是他們兩人的朋友，亦是英國人霍布士的朋友。麥生爲堅決的王黨，屬於監督高教會派（Bischöflichen Hochkirche），但同時又可看作是無神論的首領與祖先。

迦桑狄的模稜態度的理論，非從耶蘇社派的理論推出（那是十分可能的，）却以之基於伊壁鳩魯的例，那是很有興味。在他的伊壁鳩魯傳中曾詳細討論這一點；即，從內部說，伊壁鳩魯本來可想他所要想的，但就外部說，他必須服從他本國的法律。霍布士還更强烈地，把這教條敍述如下：國家對禮拜式有絕對的權力；個人必須聽從國家的判斷，但不是就內部說，因爲我們的思想，是不受指揮的，所以，我們不能强迫任何人信仰。〔三〕

伊壁鳩魯之救出及其學說之再建，在迦桑狄，是煞費心思的。他著書論述伊壁鳩魯的生涯與道德，並曾在書前撰一序，我們從這一篇序，可以明白看到，奉信伊壁鳩魯的學說，比創立一種新宇宙開闢論，還是一種更冒險的事業。〔四〕爲要證明他的主張，他所用的辦法，不是深思慎求其根據，而是大大應用辯證術，從表面集合許多根據。這辦法比較鄭重地獨立地企圖以教會的教義，調和於無關的或敵對的成分，還更能與教會言歸於好。

伊壁鳩魯是一個異教徒嗎？——亞里斯多德亦是。伊壁鳩魯攻擊迷信與宗教，是對的，因爲他不知眞的宗教。他不說，神無所賞亦無所罰麼？他不因神完全而尊敬神麼？——我們祗有兒童的敬念，沒有奴隸的敬念；總之，我們有更純粹的更基督教化的見解。伊壁鳩魯的錯誤，必須小心改正；這種改正，是在笛卡兒式的精神中進行的，這種精神，我們剛才在敍述世界創造說及運動說時，已講過了。但迦桑狄在一切古代哲學家中獨辯護伊壁鳩魯爲最純粹的道德家，總可見其眞率的熱心。亦卽因此故，我們很有理由認迦桑狄爲唯物論的眞正復興者。當我們考察他對於以後各代曾發生怎樣大的現實影響，我們更有理由如此說。

庇爾·迦桑狄是一個貧農的兒子，生於一五九二年，居近勃洛文斯的底納。他幼年好學，十六歲卽充任修辭學教師，再三年，又充任愛克斯哲學教授。那時，他已著有反亞里斯多德研究一書。這部書，明白表示了他的學說。那裏，充滿着少年的熱情，對亞里斯多德哲學下一種極嚴肅極大膽的攻擊。此書，後來在一六二四年至一六四五年印了一部分，但因受友人的忠告，其中有五篇被燬棄了。不久，他就由博學的最高法院顧問官勃里斯夏斯推薦，被任爲底納的牧師，旋被任爲底納的高僧學院主監。

這種迅速的經歷，使他經過種種範圍。他既充任修辭學教授，自不能不敎言語學。魯克理底斯在言語學界是一向負有盛名。他愛好伊壁鳩魯，也許就是爲的這個原故罷。一六二八年迦桑狄旅行尼德蘭，洛文的言語學家愛里夏斯・菩亭諾士(Eryceus Puteanus)，曾贈他一件非常貴重的物品，那就是寶石複製的伊璧鳩魯像。[五]

反亞里斯多德研究一書，事實上，必然是一部非常大膽非常精銳的著作，我們有各種理由假定它對於法國學問界曾發生影響。勸他燬棄五篇的友人，定曾看見過這五篇已佚的著作的內容。迦桑狄曾聽信和自身見解相近，不僅顧慮其危險，且能從他方面理解其著作賞識其著作的的人的勸告，是可理解的。當時，有許多火在暗中燒着，其火焰却在他處爆發出來。幸而，已佚各篇的內容，都曾留有要錄，供我們參考。我們從這種要錄，知道第四篇不僅提示了哥白尼的學說，且曾提示布魯諾從魯克理底斯那裏推出的世界無限性學說。這書既曾攻擊亞里斯多德的要素，我們正可以推測，那裏曾推稱與亞里斯多德相反的原子論。這是很可能的，因依其所示內容，第七篇就曾正式推稱伊璧鳩魯的道德學說[六]

迦桑狄有一種好品性，他到處都責己嚴於責人。精神的早熟的發展，不曾使拔斯克爾(Pascal)亦不曾使他自認學問飽滿，使他獲得一種憂鬱的性格。他爲人快活和愛，到處可以得到朋友。他的態度謙遜，又使他能在親信之間，儘量地歡笑戲謔，相傳，他曾反對傳統的醫學，亦吃了這種醫學不少的虧。他以爲，曾在青年時代給他以最大的影響，使他從亞里斯多德的束縛下解放的作家，不是機智的嘲笑者曼台(Montaigne)，乃是敬虔的懷疑論者沙隆(Charron)和眞摯的路德維・維夫斯(Ludwig Vives)

（他常常以論理的犀利結合於犀利的道德判斷。）

迦桑狄敍述其世界觀時，像笛卡兒一樣，不得不放棄『其自身理智的使用，』但他沒有超在必要程度以上，以適應於教會的教義。笛卡兒必要立德性，並在唯心論——因新奇而使人迷惑的唯心論——的大外套下，掩飾住他自然哲學上的唯物論。迦桑狄却本質上保持唯物論者的眞面目，毫不掩飾地，以不滿足的心思看待意見和他相同的人的主張。在笛卡兒看來，居上風的是數學家，在迦桑狄看來，居上風的却是物理學家。有些人，像古代的柏拉圖及畢達哥拉斯，受着數學的例的迷惑，讓自己的結論，超越一切可能的經驗範圍。迦桑狄却牢牢執着經驗，除非教會的教義絕對禁止，否則決不把根據經驗以建立最大膽理論的思辨範圍放棄。笛卡兒强蠻把思惟和直觀分開，飛越地定下極冒險的結論；迦桑狄却以不可搖撼的堅忍心，維持思惟與直觀的統一。

一六四三年，他刊布反笛卡兒研究一書，那可以說是論戰的模範作，那是徹底的，機智的，又是優美的，鄭重的。笛卡兒以懷疑一切開始；感覺給他的東西他亦懷疑。迦桑狄却以爲，要實際把一切感官所與，行一種抽象作用，無論如何也是不可能的。所以，『我思故我在』云云，決不是最高的第一眞理，要從這句話推演一切，乃是不可能的。

事實上，爲要使靈魂解脫幼年以來所染的一切偏見，而在某一美晨（生涯的一度）發生的笛卡兒的疑，僅僅是輕浮的空虛概念的游戲。在具象的心理作用中，思惟決不能與感官要素分離。我們祇能在空空洞洞的公式中（例如計算$\sqrt{-1}$時，我們不能表示這個數量）依同一方法拒認懷疑的主體，甚至於拒認懷疑的行動。我們不會由此取得什麽，亦不會由此喪失什麽——除了這種思辨所費的時間。

迦桑狄以為，存在固可從思惟推出，但同樣可由任何的其他行動推出。〔七〕這種有名的抗論，是很明白的。這種抗論曾屢次在與迦桑狄無關的場合被人提起，並屢屢被人責為皮毛的、不可理解的畢希訥說，這個論據，好比我們說：『狗吠故狗在。』巴克爾〔八〕卻認這種批評未免近視，因為這裏的問題，不是論理的過程，祇是心理的過程。

要反駁這種厚意的辯護，我們必須牢記如次的極明瞭的事實，即，混同論理過程和心理過程的，便是笛卡兒；如果我們把二者明白分開，這全部議論就崩潰了。

抗論之形式的正確，是毫無疑問地根據原理（第一卷第七章）內這樣一句話：『Repugnat enim, ut putemus id quod cogitat, eo ipso tempore, quo cogitat, nihil esse』。這裏，笛卡兒自己應用純粹論理的論據，從而喚起迦桑狄第二反對論。但若，以心理過程為其代替，則又引起迦桑狄第一反對論：心理的過程是不存在的，亦不能够存在，那純然是虛構。

笛卡兒根據論理的演繹，以爲『我思惟』的前提是確實的，反之，『我行故我在』所本的前提，却是可疑的，不能推出任何結論。這種辯護，一看似乎是很深遠的。但一究其實，却依然是空空洞洞的詭辯。如果我眞去散步，我固然可以把我的散步看作祇是與自體有別的過程現象。但我亦可依照同樣的方法，把我的思惟，看作祇是一種心理的現象。非陷於絕對的不眞，我們決不能抹殺我思惟的觀念——如果像笛卡兒那樣在思惟中尙包有選擇作用，表象作用，及感覺作用，那就尤其如此——亦同樣不能抹殺我散步的觀念。

並且推論一個思惟的主體，不能說是正當的。利希吞堡（Lichtenberg）曾剴切說明：『我們說它思惟，好比說它發光。把「思惟」譯爲「我思惟」太過了。我們實際必須聲明這個「我」是假定的。』

〔九〕

一六四六年迦桑狄充任巴黎的數學教授，其講堂充滿了各種年齡的人，其中尙有當代知名的學者。他不得不忽然離棄南方的故居，但不久就爲肺病所襲，於是返底納，在那裏一直住到一六五三年。他關於伊璧鳩魯的著述活動，以及自己的學說的積極發展，大部分都屬於這一時期。在同一時代，迦桑狄除出版了幾種天文學著作以外，還著作了幾種極有價值的傳記，其中以哥白尼傳及德浩·布拉伊（Tycho Brahe）傳爲最可注意。迦桑狄在一代最著名的唯物論代表之中，算是唯一賦有歷史意識的人，他所有的歷史意識，還頗爲出羣。就連在他的哲學纂集中他亦就各種可能的觀點，對於各個題目，最先予以史的討究。

關於宇宙體系，他宣稱多利買體系，哥白尼體系，德浩（Tychonic）體系爲最重要。在三者中，他全然否認多利買體系，宣稱哥白尼體系最單純最與事實相呼應；但德浩體系亦須承認，因聖經是明明白白把運動歸因於太陽。從此，我們可以窺見這個時代曾一度如此愼重而在一切其他點上都要維持唯物論及敎會間和平的迦桑狄，仍不能拒認哥白尼的體系，不責其爲宇宙觀上的異端。迦桑狄要推翻舊宇宙觀，但不要予以明白的攻擊。如果我們看清了這點，則舊宇宙觀遵奉者的憎厭，亦就可在相當程度內理解了。哥白尼的反對者，常慣使用這樣的論據，即，如果地球是自動的，大砲彈直向空中放射，就不能再落在大砲的位置上了。迦桑狄曾自問自答，作過一個試驗：[一〇] 即在一駛行極速的船上，直向空中投擲一石。那塊石，跟着船的運動，再落於船身的時候，其部位，適與擲石所立的部位相同。石從桅頂落下，恰落於桅足。這試驗，在我們看是很平常的，但在當時，人們方才得葛里略指示而開始瞭解運動律，所以有頗大的意義。否認地動者的主要論據，就由這種試驗的幫助，根本推翻了。

迦桑狄亦認世界爲秩序整然的全體，唯一的問題，在於秩序的性質，尤其是世界有沒有靈魂。如所謂世界靈魂僅指神，僅說明神因其本質及其存在，以支持、統制、並在某一意義上構成一切事物的靈魂，這亦往往是可能的。一切人都承認熱是遍存宇宙間的；這種熱，亦可稱爲世界的靈魂；然而嚴格的說，說世界有生長的感覺的及思惟的靈魂，畢竟與現實的現象相矛盾。因這世界不能像動植物一樣，產出別一世界；又不由飲食而發育滋長其自身；那更加沒有視覺、聽覺、及靈魂所有的其他官能。

迦桑狄以爲空間及時間，乃是獨立存在的，既非實體，亦非偶有性。在沒有有體物的地方，空間仍得無限際的擴大。時間，則在世界創造以前，和現今是一樣地流過。物質的原理或『materia prima』，意卽指不能進一步分解的物質。人是由頭、胸、腹等等成立的。這等等又是乳糜及血液構成的；此二者又是食品構成的，食品又是所謂原素構成的；原素又是原子構成的，原子卽是物質的原理或『materia prima』。從而，物質卽無形式，亦可存在。沒有物質體的形式，却是沒有的。物質體是永續的基體，形式却變是化而又消滅的。所以，物質自體乃是不可滅的，亦不能被創造。無不能生有。（不過，這並非否認物質神造說。）原子，就其實體說，是互相同一的，就其形態說，却是互相不同的。

關於原子，空虛的空間，無限分割性的否定，原子的運動，及其他等等的進一步的說明，他全然依從伊璧鳩魯。我們祇須註明，迦桑狄認原子的重或重量，與原子自動的內在能力爲同一的事物。此外，這運動自始就是神賜於原子的。

造出地與水，動物與植物的神，又像形成物的種子一樣，創造了一定數的原子。現今尚存在今後亦存在的生成與消滅的系列，就是這樣開始的。

『一切事物的第一原因是神，』但他全部研究，祇有關於直接生出一切個別變化的第二原因。它們的原理，必然是有體的。在人工的產物中，運動原理固與質料無關；但在自然界，活動原因乃是內動的，祇是物質的最活動的最能動的部分。就可見的諸物體說，此常為他所推動自動的原理即是原子。

物體的下落，迦桑狄以為是由於地球的吸引；但這種吸引，不能成為距離作用（Actio in distans）。倘非有某種事物，從地球發出，把石塊捉住，並把它拉下，石塊是不會停在地球上的。那好像磁石必須在某種眞實的（雖不可目見）情狀下，把鐵捉住，以吸向其自身。他以為，這種吸引，並不像投魚叉鈎鈎一樣。迦桑狄為說明這引力會使用一個頗有意味的比喻。比如一個兒童因由感官感到蘋菓的形相，而為蘋菓所吸引。〔一二〕這是值得注意的，在這點追蹤於迦桑狄的牛頓（Newton），亦不認他的重力法則，是一個無媒介的距離作用。〔一三〕

事象之生滅，即是原子之結合與分離。木片被燃燒，會發出火焰、煙與灰等等，但這等等的原子，都是早已存在的，不過結合的方法不同。一切變化都只是同一事象諸構成部分的運動，所以，單純的實體是不能變化的，不過能繼續其在空間的運動。

原子論的弱點，換言之，從原子及空間說明感官性質及感覺之不可能，似已為迦桑狄所充分認識。

他曾詳細討論這問題，他不僅努力把魯克理底斯所提出的說明，弄得非常明瞭，且提出新的論據來加强魯克理底斯的說明。他雖承認仍殘留些事物未曾說明——但他以爲，一切其他體系都不免有這種情形。〔三〕這是不十分正確的；因爲作用在此所由而定的結合的形式，在亞里斯多德學徒看來，是本質的事物；在原子論者看來，却是虛無。

迦桑狄因假定有不死的非物體的精神，和魯克理底斯是相隔很遠的；但這精神，和迦桑狄的神一樣，全無關於他的體系。我們爲方便起見，正可不必過問。他所以要假定有這樣一種精神，並非爲了要求統一；他所以如此假定，乃因宗教要求他如此假定。正因爲他的體系祇承認一種物質的由原子構成的靈魂，所以不死的非物質的性質，必須由精神供給。他這種情形，痛烈地使我們想到愛維羅斯主義。例如，精神病祇是腦病；那種病不能影響不死的理性，不過因爲理性發表的工具已經破滅，故理性不能發表。但個人的意識，即實際曾爲疾病所擾亂且不能當作外界觀察者來加以觀察的自我，是否存在此種工具之內呢？關於這點，迦桑狄却曾當心不予以詳細的論究。當時雖有正統派的壓迫，他依然不要隨着問題的曲道而迴行，因爲這種曲道，會誘致他離開經驗的範圍。

原子論所極贊成的外界自然觀，比之心理學，是更爲迦桑狄所看重。在心理學的範圍內，笛卡兒曾在其形上學的自我說之外，試加以獨立的研究，迦桑狄却除了爲完成他自己的體系，幾乎沒有獨創的思辨。

亞里斯多德哲學尙在巴黎大學諸年老教授間有支配力的時侯，笛卡兒及迦桑狄的見解，却在諸青年教授中取得了益益擴大的勢力。那裏遂發生了兩個新學派，卽笛卡兒學派和迦桑狄學派。其一在理性的名義下，其他在經驗的名義下，熱望致經院哲學以最後的打擊。這種衝突，因在這時侯，恰好在反動趨勢的影響下，亞里斯多德哲學又受得了新的衝動，所以更加値得注意。神學家老諾（Lamoy），在其他諸點上本是一位學問淵博的比較有自由思想的人。他敍述其同時人迦桑狄的見解時，曾驚訝地說，『勒瑪斯（Ramus），里托篤斯（Titandus），維羅尼亞斯（Villonius）和克勒維亞斯（Clavius），如果是這樣主張，人們將會怎樣看待他們啊！』〔四〕

迦桑狄不爲神學的犧牲，因爲他的命運，使他成了醫學的犧牲。當時流行的熱病治療法，使他的身體大弱。他渴望南旋於其故居，但未果。返巴黎途中，他再爲熱病所襲，十三次的放血，斷送了他的生命。他卒於一六五五年十月二十四日，享年六十有三。

物理學及自然哲學的改良，通常是歸功於笛卡兒，但迦桑狄在這方面，至少有相等的貢獻。笛卡兒在形上學方面的名聲，把許多應歸於迦桑狄的功勞，被歸於笛卡兒。又因這兩個體系，在一種特異的方式上，同時有相同的地方和相異的地方，同時有反駁的論調和提攜的論調，所以，由這兩個體系發出的影響，亦是全然混合着。所以，唯物論者又爲迦桑狄之友的霍布士，遂成了笛卡兒微分子說的遵奉者。牛頓的原子說，則遵奉迦桑狄。要調和這兩個學說，承認原子與分子並存，尙須等待以後的發現，而在這兩種思想各有相應的發展以後。我們今日的原子論，無疑是從迦桑狄笛卡兒一步一步發展出來的，不過它的根基，又無疑是溯源於盧西比斯（Leucipp）及德謨克利特士。

第二章　霍布士

唯物論史上我們所遇着的最顯著的人物中，無疑要數到英吉利人馬爾梅斯柏勒的托麥斯·霍布士(Thomas Hobbes aus Malmesbury)。他的父親是一個素樸的農村牧師，受了中庸的教育，但亦有充分的能力向民衆宣講必要的教義。

一五八八年西班牙人菲力(Philip)所率的傲慢的無敵艦隊來犯英國海岸，人民都在戰戰慄慄朝不保夕的時候，這位牧師的夫人，就在驚愕中早產出了一個孩子。這個孩子，在嬰孩時期雖甚纖弱，但仍享了九十二歲的高齡。這個孩子，就是托麥斯·霍布士。

霍布士的名聲，和他後來的傾向及愛好的職業，都在生命的後期，才在極迂迴的方法上得到。十四歲他入牛津大學時，按照當時當地流行的研究精神，他最先就要研究以亞里斯多德原理爲基礎的論理學和物理學。足有五年，他極熱心地企圖精通此等煩瑣論，在論理學，尤有進步。這對於他未來的發展，無疑曾生若干影響。他那時熱中於在原理上和唯物論有密切關係的唯名論學派。霍布士後來雖全然放棄了此等研究，但他依然是一個唯名論者。我們又實在可以說，他給了這個學派以一種在歷史上堪稱爲最大膽的發展，而結合普遍概念單有因襲價值的學說及普遍概念僅有相對性的學說。

後者殆與古希臘的哲人派極爲相近。

二十歲時，他就職於卡文底西爵士之家，後又就職於德文夏公爵之家。這個位置，決定他以後的整個外部生涯，對於他的見解與原理，那似乎生出了不斷的影響。

卡文底西爵士有一子，年與霍布士相若。霍布士卽在爵士家爲此子之友伴或家庭教師。後來，他又曾教爵士之孫。對於這貴族的三代，他都保持着親密的關係。所以，他的生活，乃是英國最高貴族社會內家庭教師的生活。

這地位，使他走進世界；這時代英國哲學家一般引爲特徵之持續的實踐的傾向，他亦由這地位取得了。他是生長在經院哲學知識及牧師偏見的狹隘的範圍中，但他畢竟超出了這狹隘的範圍。在他的頻頻旅行中，他遊歷了法蘭西，意大利，尤其在巴黎，他得有餘暇與機會，與當代最聞名的人交際。同時，這情形又使他很早就遵從並傾向於王黨及國教黨，而與英國民主黨及非國教諸宗教的努力相反對。他在這新地位，不久把拉丁語希臘語忘記了。在第一次旅行中，同着幼公爵，他才學得若干法國語意大利語，以爲補救。因到處都感到，經院學派的論理學，已成一切聰明人輕蔑的對象，他才把這種論理學完全放棄，而再開始熱心研究希臘文拉丁文，但已比較傾向於人文主義了。但就連在這種研究中，他亦未嘗放棄已轉向於政治方面的實踐的意識。

英國革命爆發前的風波，開始騷動了，他遂在一六二八年把蘇西底德斯（Thycydides）的著作譯成英文。其目的至爲明白。他要暴露民主政體的愚劣，以警醒其邦人，而蘇西底德斯在描寫雅典人命運時，就描寫了民主政體的愚劣。當時有一種迷信，以爲歷史可直接用作敎師，歷史上的先例可直接取來應用，且可應用於最多變的事情下。這種迷信，直到今日亦尚未全然消滅，但在當時，傳佈尤廣。霍布士所加入的黨派，十分顯明是正統派保守派，雖然他個人的思惟方法和他的有名的學說，都根本和保守主義相反，且直接與保守主義相反。〔一五〕

一六二九年他同另一少年貴族遊歷法蘭西時，霍布士開始研習歐幾利德幾何學。對於幾何學，他不久就非常愛好。那時他已四十一歲了，但他就在這個年紀，才開始注意數學。他不久就研究完了當時所有的最高級的數學，從而，使他倡導一種系統的機械的唯物論。

二年後，他再遊歷法蘭西意大利，即在巴黎開始研究自然科學。不久，他就提出如下的問題，作爲他研究的主要對象。這問題的提出，已可明白指示他的唯物論；其解答，又提示了次世紀唯物論論爭的口號。這問題是——生物的感覺及想像所由而生的運動，是屬於那一類的？

他曾有許多年研究自然科學，在此等研究中，他每天都和明寧僧徒麥生（Mersenne）交際。一六三七年他回英格蘭後，還常常和他通信。

一六四〇年長期國會開幕，反對民主黨的他已有隱退的各種理由了。他遂逕赴巴黎。這時，他在巴黎除了與麥生來往，且不絕與迦桑狄來往，受其見解之薰陶不少。他在巴黎住了不少年數。當時亡命巴黎的英國人甚衆，在這大羣的亡命者中，他居了甚被尊崇的地位，遂被選任爲未來查理二世的數學教師。同時，他又撰成了他的主要政治論著市民論和巨靈。在此等論著中，尤其是在巨靈中，他曾公然敍述質樸的奇拔的專制主義，但不是正統派的專制主義。在這種論著內，僧侶曾發現許多異端邪說，其公表，暫時破壞了宮廷對他的寵遇。他在失意中，又竭力攻擊敎皇，以致被迫逃往巴黎，得有享那過於濫用的英國人的自由。王復位後，他再與宮廷和解，而在一種名譽的退隱中從事研究。八十八歲時，出版了一本荷馬的譯文；九十一歲，出版了一本測圖法。

霍布士因患劇烈的熱病，曾一度臥病聖日耳曼，麥生即被派親至該處，希望這位名人不死於羅馬敎會之外。麥生宣稱敎會有權赦罪以後，霍布士央求他寧可告訴他最近何時會見迦桑狄，他們的談話，於是轉到其他問題上去了。但他曾接受一位英國主敎的扶助，其條件爲不違背敎會規定的禮拜式。

霍布士關於自然哲學的見解，一部分散見於他的政治論著中，一部分見於人間論及物體論兩種著作中。他的哲學導論，發揮了他的思想方法的最特色。其言曰：

『在我看哲學對於今日的人類，有如野產菓物對於古代的人類。野生物的成長既無人爲之培護，亦無人爲之播種。人類大都習慣了依槲實爲生，若有某人試食未知的漿果，他就有損失健康的危險。同樣，在今日以日常經驗爲滿足而不大熱望於哲學的人，亦被視爲更健全的更可尊重的人』。

霍布士指出了，要從人精神中排除根深蒂固的復爲纖巧作家名望所確證的妄想，是如何困難。又因眞正的或精密的哲學蔑視文辭的粉飾與文字的裝飾，而一切哲學之最初基礎，又都無味而不美觀，所以要排除這種妄想就更困難了。

在這導論之後，他又下了一個哲學定義。把哲學解在通常意義上，那亦同樣可說是哲學的否定。即：哲學是從已知原因，由正確推論而得的關於結果或現象之知識，或是從已知結果由正確推論而得的關於可能的原因之知識。但一切推論都是計算，一切計算都不外是加減。〔一六〕

不僅這個定義把全部哲學轉化成了自然科學，完全把超越的原理撇開，在說明哲學的目的時，還有更明白的唯物論的傾向。哲學之目的，在於預料結果，使其能用於生活上。——這裏所表明的哲學概念，已在英吉利如此根深蒂固了，所以，要使『Philosophy』一字的意義，譯成德文中相應的字，簡直不可能。眞正的『Natural philosopher』，簡直就是實驗的物理學家。就這點說，霍布士是培根的條理一貫的後繼者。此等人的哲學，對於英吉利的物質的進步，曾發出頗大的促進的影響；反過來，此等人的哲學，又是那生來的國民精神的產物。那種精神，在當時已急趨於有力的發展。那就是足踏實地的實際的人追求權力與財富的精神。

但就令有如此易見的關係，我們亦不能否認這個定義曾受影響於笛卡兒。不過，我們在心中必須明白記住著方法論的笛卡兒，不要牽連到笛卡兒哲學之傳統的見解。在這篇處女作上，笛卡兒特看重他的物理學的見解，而更不看重他的形上學的見解。他曾誇稱他前一方面的見解說：這諸見解，開闢了一條路，『以代替學派的思辨哲學，創設實際的哲學。如果我們像通曉匠人的各種手藝一樣，通曉火的，水的，空氣的，星的，天空的，及我們周圍一切事物的勢力與活動，我們卽可依同一方法，把它們用在適當的用途上，從而使我們自己成爲自然的主人及所有者。』〔一七〕我們正可以說，這一切，培根都在更有力的方法下說過了。霍布士青年時代卽已充分認識了的培根學說，就會這樣主張。但這種一致，祇存在於一般傾向上。因爲笛卡兒的方法，在一個最本質的點上，是和培根的方法截然不同的。

培根以歸納法開始，希望由特殊昇到普遍，卽能突進到現象之眞實原因。但此種原因一經達到，却就可使用演繹法，一方面充實其細目，一方面實際應用其已發現的眞理。

反之，笛卡兒却要作一種綜合的研究，不過不像柏拉圖及亞里斯多德那樣，自認他的原理有絕對的確實性（這個語法，曾被保留用在他的形上學的反動的發展）他明白意識到了眞實的證明力，乃存於經驗。他是嘗試地提出他的理論，由這理論說明現象，再由經驗檢討理論。〔一八〕這種可稱爲假設演繹法（Hypothetisch deductive）的方法（如按證明力來分類，這種方法，實屬於歸納法，應在歸納的論理學中討論，）比較培根的方法，較近於自然研究的實際方法，雖然兩者都沒有充分表明科學研究的眞正性質。在這一點，霍布士無疑是贊成笛卡兒，反對培根。後來，牛頓才再（當然是在理論方面較甚於在實行方面）歸到培根。

霍布士坦白地毫無顧忌地承認近世自然研究的大成果，所以值得大稱讚。培根與笛卡兒尚非難哥白尼，霍布士却承認哥白尼應得的榮譽地位。在這點，像在其他各論爭上一樣，他斷然宣佈合理的正確的見解。（在此，成爲例外的，也許就是他對於眞空說的否定。但他自己曾聲明，他否認眞空，乃爲笛卡兒所誤。）就這關係說，就他的傾向的決定說，物體論一書的獻詞，〔一九〕都是値得注意的。那裏曾說，地動說是古代人的發明，不過，它和天文學（天體物理學）都由後世哲學家用名詞的繩絞殺了。所以，除了觀察，天文學其實是始於哥白尼，不能遠溯於哥白尼以上。哥白尼在前二世紀復活了畢達哥拉斯，亞里士達可斯，及菲羅洛斯的意見。其後，葛里略首先開放自然哲學（物理學）的門；最後，哈威又由血液循環說及動物生殖說，建立了人體學。在此以前，除了各人自己的經驗及博物學，即不復有任何他物，且博物學也不較世界史更確實。但從此以後，一切自然科學都爲克蒲勒，迦桑狄，及麥生所異常促進了。至於霍布士，却正可說他（市民論一書）建設了『市民哲學。』

那裏往下又說在古代希臘，盛行一種幻想，其外表有一點像哲學，但充滿着虛僞與汚物。——最先，有若干有害的柏拉圖的命題與基督教混淆了；此後，又從亞里斯多德那裏，混進了許多愚妄的話；如是，信仰失去了，却起來了一種叫做神學的東西。這種東西，以一足跛行（因爲它一部分基於聖經，一部分基於亞里斯多德的哲學）像一隻妖怪一樣，引起了無數的論爭與爭鬥。要解脫這隻妖怪的魔力，最好是建立國教以代替個人的信條，同時並以宗教基於聖經，以哲學基於自然的理性。

這種思想，他曾大膽提出，尤其在巨靈一書中。在這一點，我們有時驚訝他的大膽的奇警，有時又驚訝他的判斷之直截痛快。他反對亞里斯多德。關於這點，在四十六章有一段特別值得注意的話。在那裏，他說名與物的混淆，乃是惡的根。霍布士說綴辭『est』的實在化，乃是無數謬誤的本源。亞里斯多德把『存在』變爲實物，好像宇宙間有一種現實的對象，可以由『存在』一辭來指示一樣。照這樣看，我們試一想像，霍布士將如何判斷黑格爾！

他攻擊神學，把神學看作是一種不幸的怪物，祇表面上爲純粹的聖經信仰辯護。事實上，不如說這對於宗教，是一種祕密的厭惡，但霍布士將更嫌惡神學，如果神學與僧侶的統治要求相結合。他絕對非難這點。他以爲，基督的王國不是這個世界，僧侶團決不能在這世界要求任何人服從。霍布士曾特別攻擊教皇無過的學理。[10]——一般說來，他的哲學定義已如上述，則謂思辨的神學思想爲不可能，正可說是必然結果。神的認識，不是學問的一部分。神既不能有所增減，思惟對於神是無用的。誠然，原因與結果的關聯，會使我們假定一切運動的最後原因，一切運動的最初原理；但其本質之進一步的規定，却依然是不可思議的，是與思惟相矛盾的，所以神的觀念之實際的認知與實現，依然不得不說是宗教信仰的作用。

信仰之盲目性與無思慮性，這體系比任何體系也表示得更明白，雖然在許多點上培根與迦桑狄，佔有極相類似的位置。夏勒爾（Schaller）關於霍布士對宗教的態度，曾很確當地說：『那在心理上如何可能，依然是一個神祕，所以最先必須對於這樣一種信仰的可能性抱有信仰。』〔三〕但這種信仰學說的眞正支點，還在於霍布士的政治學說。

霍布士以爲要避免各人彼此互相戰爭，有建立一種最高意志的必要。他並從此推出他的專制政府論。世人遂亦視他爲專制政府論的建立者。他假定，自然想要保持自身利益的人，即令和平相處，亦因祗要努力保持自己，致不能無害於他人的利益。霍布士否認亞里斯多德的原理。亞里斯多德以爲人類像螞蟻蜜蜂海狸那樣，生來便是政治的動物。霍布士却以爲，人類所以互相團結，以保公衆安全，並非因有政治的本能，乃因有恐怖與理性。他爲一貫其主張起見，甚至於否認善惡之間，德與非德之間，有任何絕對的差別。任何個人，均不能給此等概念，以任何確立的妥當性。他事實上是受着個人利害關係的指擇，所以，如果國家的較高意志不存在，我們既不能責備肉食獸剝食弱小動物，亦不能責備個人自私自利。

此等原理固嚴密地互相調和且與全體系相調和，但霍布士，卽同時承認有一個政治的自然衝動，甚至承認人類自然會傾向爲保證一切人最大幸福而採用的習慣，亦不會陷於何等矛盾。自由意志的否定——這是霍布士體系當然會有的事情——不一定要認利己主義的倫理學爲必然的歸結。那不過是，如果把這概念擴大到人爲的地步，卽福利鄰人之行爲，亦因其可滿足自然傾向，而被名爲利己主義。但霍布士不知道這概念的人爲的擴大，在他看來，國家建立者的利己主義，乃是純粹的完全的非人爲的意指個人利益與他人利益及共同利益相反的利己主義。貶視感情在敎育上的價值的霍布士，否認人類自然是傾向於政治生活，傾向於共同利益之理解與領有。他由此放棄了一條大路，因而不能從唯物論的觀點，進到較高級的倫理的政治的根本見解。在否認亞里斯多德的政治動物說（ζῷον πολιτικόν）時，他走了別一條路，再加以他的別種原理，他就沒有辦法，只好主張這個奇拔的結論了。霍布士所以走了邪途仍能給我們以異常的敎訓的，乃因爲他能毫無顧忌地貫徹到底。沒有第二個作家，能像他，他既爲各派學者所同聲咒罵，但同時又鼓勵他們一切人使他們有更大的明晰性與準確性。

後來的盧騷，就以爲國家的最初建立者，結有一種契約。霍布士亦如此主張。在這點，他的學說是徹底革命的——不問階級之原始的神的秩序，亦不問世襲的神聖的王權。這一類的保守的幻想他都不問。〔三二〕霍布士以爲君主政體是最好的政體，雖然他曾自認他這種學說，在他全部學說中，最不能圓滿證明。他又以爲君王的世襲，亦祇是爲便利起見的制度；至若君王何以必須是專制的，却僅由於這一種要求，即國家的統治權，就使委託於一個團體或議會，亦必須擁有專制的威力。

人類生成就是自私自利的，要他自然而然服從一種憲法或法律，簡直是不可能的。只有恐怖，能强迫人類服從法律。所以，爲要使羣衆團結，使各人彼此間的鬥爭，能被視爲最大的惡而避免，統治者的利己主義即須有專制執行的權力。要這樣，才可以抑制一切人民的無約束的、就總和說又更有害得多的利己主義。政府不能有任何制限。如果政府侵犯憲法，市民爲要予以有效的抵抗，自必須互相信賴，但這是利己的動物所不可能的；個人必較政府爲弱小。那將怎麼辦呢？

照這體系推去，每一次能建立新政權的大革命，都必然是正當的了。暴君不必以『權力先於正義』的諺語來慰藉自己，因爲事實上權力和正義，全然是同一的。但霍布士不要把他的體系停在此等結論上，他寧願描寫專制的世襲的君主政治，有怎樣的利益。這一切，都不致變化他的理論。『巨靈』（Leviathan）一辭，顯明表示了一種國家的怪物。這隻怪物沒有像神一樣的高等顧慮爲之指導，却是按照自己的意志定立法律與判斷，權利與財產，甚至隨意決定善惡的概念，〔三三〕並使一切屈膝於自己面前，爲自己而犧牲的人，取得生命上財產上的保障。

規定宗教及人民思想方法的權利，是國家的絕對權力。霍布士像伊璧鳩魯克理底斯一樣，以爲宗教出於恐怖與迷信。但伊璧鳩魯克理底斯就爲這個理由，宣稱提高宗教的界限，是思想家最高尚最貴重的任務；霍布士却知道如何利用這一般的材料，來爲國家的目的。他關於宗教的根本見解，會如此簡單地確立下來，乃竟有人集精費神來研究霍布士的神學，眞不免使我們失驚。他曾有這樣一個定義：『對不可目見的權力的恐怖，爲精神所虛構，爲傳說所留傳，如得國家確認，便是宗教；不得國家確認，便是迷信。』[三四] 霍布士曾在書內心平氣和，把摩西在埃及建立巴伯爾塔及諸奇蹟的故事，當作單純的事實來敍述。[三五] 在此我們必定會回想起他的宗教定義。須知以奇蹟比於不嚼卽行吞下的丸藥[三六]的人，不能把這種奇蹟的故事當作迷信，因爲在英格蘭，聖經的權威已爲最高國家權力所確立。所以，當霍布士講到宗教問題的時候，我們須時時分別以下三種情形。第一，霍布士直接根據他自己的體系說話，把宗教看作祇是迷信的一種形式；[三七] 第二，他間或論及特殊點而祇在實際方面應用他的體系的原則，他就把宗教的教義當作是單純的爲科學所不能討究的事實；第三，霍布士有一時期，是貢獻其自身於巨靈。

最難堪的矛盾，至少在形式上可以這樣除去。這裏我們只要提到第三種情形，卽霍布士貢獻其自身於巨靈的時期那裏很謙遜地提議純化宗敎，排除最不好的迷信。在此，我們必須承認，霍布士會盡其所能，以減小信仰與知識間的溝隙。他分別宗敎之本質的要素和非本質的要素。他嘗試區別聖經的表現法及其道德的意圖，從而除去聖經與信仰間的明白的矛盾，例如地動說。他把『中魔』（Besessenen）解作一種病；他主張自基督敎建立以來，奇蹟就已終止；他甚至於對我們說，在這個人看是奇蹟，不必各個人看都是奇蹟。〔二八〕此外，我們再看看他對於聖經之歷史的批判的討論，我們很容易就會承認唯理主義的全部武器都可以在霍布士那裏發現，不過其應用範圍，尙待後人擴大而已。〔二九〕

其次，論他的外界自然論。我們最先須注意，霍布士完全混同物體的概念與實體的概念。培根猶著書反駁亞里斯多德的非物質的實體，霍布士却已超過他，毫不遲疑地分別物體與偶性。霍布士宣稱一切事物都是物體，獨立於吾人思惟之外，佔有空間的一部分，而與空間相一致。偶性則與此相反，不像物體一樣是眞正客觀的東西，祇是物體所由而理解的方法。這種區分，已較亞里斯多德的區別，更爲明瞭；並且像霍布士的一切定義一樣，表明霍布士的精神，頗有數學的敎養。在其他諸點上，霍布士的解釋又如下；卽，偶性不能認爲是物體的任何部分，反之，偶性是可以取去的，卽令取去，亦不足妨礙物體之爲物體。缺少了便不成爲物體的不變偶性，祇是廣與形。其他一切，例如靜止，運動，顏色，堅硬等等，卽令變化，物體亦依然是物體。所以此等偶性，不是物體，祇是我們理解物體的方法。霍布士以爲運動是『繼續放棄一地位而取得他地位。』這裏，他顯然忽視了，運動的概念，已經包含在地位的『放棄』與『取得』之中。與迦桑狄及培根比較，我們就說霍布士的定義，是亞里斯多德哲學的復歸，亦無不可。即令就其形式不能如此說，至少就其表現法，是可以如此說的。這事實我們在叙述其精神發展時，曾予以說明。

就其物質的定義言，他復歸於亞里斯多德的傾向，尤爲顯著。霍布士宣稱物質既非物體之一，亦非與其他各種物體不同的特殊物體，所以，他認物質實際不過是一個名目。這裏，他顯然以亞里斯多德的概念爲基礎，但因他改良了偶性的概念，遂徹底適應這種改良，而改良了他自己的見解。霍布士既認可能性或偶然性不能存於事物之內，僅存於我們對事物的概念之中，遂不承認偶性爲客觀的偶然的要素，却承認其爲偶然的主觀的見解，從而，很正確地修正了亞里斯多德體系的根本缺點。他不把物質當作是能變爲任一物但不是任一有定物的實體，却以爲物質是一般理解中的物體，換言之，是思惟主體的一個抽象。經一切變化猶爲不變的要素，在霍布士看來，不是物質，乃是『物體。』物體僅變化其偶性，換言之，它有時在這方法，有時在那方法，被我們理解。但在這變化的概念之根柢，却有某種不變的事物，那就是物體諸部分的運動。

所以，當一對象變其顏色，硬化或軟化，分成塊片，或與新分子結合的時候，具體事物的原量是不變化的，對於我們所感覺的對象，我們將按照我們感官所得的新印象，而予以不同的名稱，我們假設一個新物體來作我們感覺的對象，抑僅給舊物體以新的性質，乃取決於我們表示概念的語言，所以，間接乃取決於我們自己的意志因爲語言祇是記數的號碼。又因此，物體（實體）與偶性的差別，僅是相對的，乃定於吾人的見解。眞實的物體，除了其各部分的運動，卽不能有任何其他的變化。而這種眞實的物體，亦卽由其各部分的繼續運動，而在吾人感官上，激起相應的運動。

這裏値得注意一點。像勃洛大哥拉斯超越德謨克利特士一樣，霍布士因主張一切概念相對性說及感覺說，事實上亦超越了唯物論。我們講過，霍布士不是原子論者。他關於事物本質的思想，亦表明他不能稱爲原子論者。他旣以相對性的範疇適用於一切其他概念上，遂亦把它適用於『大』與『小』的概念上。他說，許多恆星離太陽的距離太大了，所以，與之比較，地球離太陽，似乎祇有一點點距離。分子，在我們看來所以如此小，亦是爲了這個原故。在這方向，亦有一無限性。人間的物理學家所考察的最小分子，乃爲研究方便而假定，但其實那亦是一個世界，在這個世界上，亦有無數的階段，從最大的一直到最小的。〔三〇〕

他的感覺說，已在胚胎形式上，包含了洛克的感覺論。霍布士假設具體事象的運動，能以空氣爲媒介，而傳達到我們的感官，再由感官傳達到大腦，終由大腦傳達到心臟。〔三一〕每一運動，都有反動之相應。那在有機體，是和在外界自然一樣。從這種反動學說，霍布士導出了感覺；但構成感覺的，不是外部器官之直接的反動，却僅是從心臟出發，再經大腦，由外部器官而歸的運動。所以，在印象與感覺之間，屢屢須經過頗大的時間。感覺心象之向外的轉移，遂由感覺運動之逆行（那是趨向客觀界的努力）而說明了。[三] 感覺與感覺心象（Phantasma）相一致；感覺心象又與趨向客觀界的努力運動相一致，不單由後者惹起。如是，關於當作主觀條件的感覺，如何與運動發生關係的問題，霍布士就這樣用快刀斬亂麻的方法，切斷了。但事情依然沒有弄明白。

感覺的主體，是整個的人；客體即是被感覺的事物。感覺所由而行的心象或感官性質，不是物自體，乃是吾人內部發出的運動。所以，光不從發光體發出，聲不從發音體發出。光與聲，都不過是物體某一形式的運動。光與聲都是感覺，其發生於吾人內部，最初，乃是從心臟發出的反動。從這個結果，感覺論者遂以爲，所謂感官性質不屬於事物，却僅從吾人內部發出。唯物論者却以爲，就連人類感覺亦不過是物體分子之運動，其發生乃由於事物之外部運動。霍布士自來沒有想到要放棄這個唯物論的原理，以贊助條理一貫的感覺論。因爲像古代的德謨克利特士那樣，他的出發點，是外界事物之數學的物理學的考察，所以，他的體系雖已含有感覺論的芽，但本質上終歸是唯物論的體系。

霍布士的宇宙觀，僅牽涉到可知的可由因果律說明的現象。一切我們不能知道的事物，他盡委之於神學者。在神有體說中有一顯著的怪論。這個怪論，因其與英國國立教會的信條相矛盾，所以不曾切實被主張，而僅僅當作一個可能的結論被提出。〔三〕吾人若幸能竊聽迦桑狄和霍布士的親密的對話，也許會聽見一個這樣的爭論：，即必須認爲是神的，究竟是與奮一切的熱，抑是包括一切的『以太。』

第三章　唯物論在英國的影響

無遠慮的著者德·拉·麥托里，特別喜歡基督教所深惡的那一方面的唯物論。但由唯物論體系之近世的完成到德·拉·麥托里那樣的著作，其間幾乎隔有足足的一世紀。固然，就連迦桑狄霍布士，亦不會全然避去唯物論體系之倫理的歸結，但他們倆都曾設法與教會保持和好關係——迦桑狄的膚淺，霍布士的隨意的不自然的推論，都成了他們和教會和睦的手段。如果十七世紀唯物論者與十八世紀唯物論者在這方面有根本的分歧，那麽，除了純粹的教會事件，二者間的分歧，就要以倫理學方面的溝隙爲最廣闊了。德·拉·麥托里，像古羅馬的哲學的享樂主義一樣，以輕浮的喜悅，認慾望爲生活的原理，並由其低劣的見解，在數千年之後，依然染着伊璧鳩魯的記憶；迦桑狄却依各種方法，提出伊璧鳩魯倫理學的更眞誠更深邃的方面。霍布士亦以奇妙的遁辭，是認那流行的半基督教半有產階級的道德。他雖認這種道德未免狹隘，但不認這種狹隘爲不當。他們二者，都過着極單純極誠實的生活，並不違反當時流行的概念。

然而十七世紀的唯物論，卽令與十八世紀的唯物論大有區別，但以其傾向自然之體系，其中尚有共同的連鎖。從德·拉·麥托里到現代瓦格特或伴雷叔特，其間雖亦相距一世紀，但似乎沒有一點連貫。康德的哲學，尤其是最近數十年自然科學的大成果，是要求我們從理論科學的立足點，作這樣斷然的特殊的考察，反之，如一考察物質的生活狀態及文化史的狀態，我們卻必然會在一個內部的統一上，把握住降至法國革命為止的那全時代。

我們如首先注意國家及市民社會，我們將會感到過去二時期的類似。這個類似點，顯著地，劃開了過去和現在。霍布士迦桑狄住在宮廷，換言之，生在英法二國的貴族社會。德·拉·麥托里亦為大菲力特利克所保護。過去兩世紀的唯物論，都受世間貴族的支持；對教會之關係所以彼此不同者，一部分乃因這二世紀的世間貴族及宮廷，對教會抱不同的態度。反之，我們現代的唯物論，卻有徹底的民衆傾向，它不靠任何事物，除了靠思想自由信仰自由的權利；對於民衆科學的結果，混着唯物論，在最方便的形式上，成了他們所容納的東西。所以，要瞭解由十七世紀唯物論到十八世紀唯物論那一個意味豐厚的過渡，我們必須注目社會諸上層階級的關係，以及他們間這種關係在這時代的變化。

十七世紀後半英吉利，以努力的轉向為最顯著的特色。王政復古以後，對於支配革命時代之清教徒主義之奇矯的偽善的嚴肅，發出了一種激烈的反動。

加特力教的保護，在查理二世宮廷中，與世間的放逸相伴而生。當時的政治家，照麥臯萊說來，[三四]也許是腐化社會中最腐化的部分，他們在輕浮與奢侈之外，又毫無政治上的主義，不顧廉恥，把政治當作野心的玩物。

宗敎及道德之輕浮的特質，卽是宮廷的特質。固然，法蘭西是先鋒，一切時髦都從那裏發出，但法蘭西在這時期正在所謂古典文學的隆盛期中，它在文學方面政治方面給與外國的影響的光輝，構成了路易十四的時代，從而使國家與宮廷的努力，取得一種衝動和品位，遙遙超出唯物論的趨向，而傾向於功利的目的。但同時，日益發達的集權主義，加以對人民的壓迫及榨取，又在心理方面醞釀着革命的種子。在法蘭西，在英吉利，唯物論都種下了根。但在法蘭西，僅其消極方面被人受取，而在英吉利，人們却日加無已地，把唯物論的原理，應用到全國民生活之經濟上。所以，我們可拿法國唯物論與羅馬帝政時代的唯物論相較；人們容認它，因爲要腐敗它，並因它而腐化。但在英吉利却完全兩樣。在英吉利，上層諸階級亦是非常輕浮的，他們或有信仰，或無信仰，因爲他們在這兩方面都無主義。他們既可稱爲有信仰，亦可稱爲無信仰，因爲究竟如何，祇看如何適合於他們的情慾。但查理二世除了抱着自我萬能主義以外，又曾就學於霍布士，學得了一點更好的東西。他是一個熱心的物理學家，自己有一個實驗室；全部貴族都倣傚他，甚至於巴金漢宮內亦學化學——那時的化學，當然不免有鍊金術之神祕的吸引力，卽探求金丹。貴族，僧正，法律家，都以其餘暇，用在流體靜力學的研究上。晴雨計及光學器械，爲適合多樣的用途而製造了。貴族之優嫺的貴夫人，亦引入實驗室，親見磁電吸力的實驗。上流階級之無目的的好奇心及遊惰的享樂主義加以專門家之眞誠的眞純的研究，英吉利遂應了培根的豫言，走上了自然科學進步的路。〔三五〕那裏每一個人手上，都引起了眞誠的唯物論的精神。那種毫無破壞性的精神，就在這時候，使英吉利取得了未之前聞的發展。而在法蘭西，復活的伊壁鳩魯主義的斷片，加以日甚一日的頑迷，結果，遂引出了福祿特爾以前那一時代堪引爲特色的兩極端間的無窮的動搖。結局，在法蘭西，輕浮的精神日日增加。但在英吉利，這種精神却成爲一時的現象而出現於革命時代唯心論原理到大商業時代唯物論原理的過渡時期。

當時麥皋萊曾說：『機智（Witz）對淸敎徒主義（Puritanismus）的鬥爭，不久就成了機智對道德的鬥爭。僞善的淸敎徒所尊崇的一切，都被嘲笑了；他們所嚴禁的一切，都被獎勵了。他們除了引證聖經的章句，便不開口；現在人們却是一開口，就是最粗野的罵人的話。就詩而言，德里登（Dryden）的放縱的文體，在淸敎徒厭惡世俗詩，且把一切才能壓迫下來以後，遂代替了莎士比亞的文體。』〔三六〕

以前舞臺上的女性，都由靑年男子扮演，大約從這時候起，才由女伶扮演。准許女伶上臺的要求，一天大似一天。劇場遂成了不道德的中心點。增大的奢侈性，與增大的生產力相並而來，不久前者就與後者均衡了，乃至於後者佔優勢。在競求財富之激烈的競爭中，前一時代的良性美質及其弊害之一部，遂一齊沒落了。快樂的唯物論，遂爲政治經濟的唯物論所代替了。〔三七〕商業工業發達的高度，爲前時代所不曾夢想。交通的機關改良了，停開甚久的礦山再開了，那都由物質生產時代所特有的能力而行。但這種能力在受着有力的刺激的場所，又必順利地在其他諸點上，反應到能力與企業之上。這時候，英國起來了許多大都市，其中有一部分是突然興起的，有一部分是長足進步的，從而不到兩世紀，英國就成了世界上最富的國家。〔三九〕

在英吉利，唯物論的哲學甚爲繁昌。像法蘭西革命與福祿特爾有密切關係一樣，英吉利的異常的躍進，無疑地亦與哲學家科學家（從培根，霍布士，到牛頓）的活動有密切關係。這是很容易被忽視的，因爲滲入生活中的哲學在其滲入生活中時，卽失其獨立的存在。事實上，唯物論在霍布士手上已經完成了，已不許學說有更進一步的發展。

思辨哲學的隱退，把地盤讓出來給實踐的傾向。伊壁鳩魯要由其哲學以福利個人；霍布士却努力福利全社會，但其方法，與其說直接由於他的哲學，無寧說由於哲學所得的結果。伊壁鳩魯的根本目的，是放棄宗教；霍布士却利用宗教。在他看來，好的市民，是信奉民衆迷信的市民，不是以哲學爲媒介而達到同一結果的市民。就多數民衆言，要達到信仰的目的，與其讓個人尊重權威，洞察權威之必要，以調節個人自己的宗教觀念，是無寧讓信仰單純地由一代傳至一代。後一方法，既更優良，復更容易。

如市民不用哲學亦能保得其努力之一切結果，換言之，如服從國家，僅在有成功希望時革命，在平時則以全部精力與活動以圖自身地位之物質的改良，以圖新利益的產生及現制度的完成，那麼，在市民生活的集合經濟上，哲學便成了贅餘物了。如果哲學的用處，祇是把這種態度看作是最好的最有利的，而予以獎勵，那麼，假設我們不照哲學學說傳達於各個人，亦能獎勵這種態度，不用哲學，不顯然是勞動的經濟麼？哲學對於國王及其顧問，對於貴族社會的領袖，才是有價值的了，因爲此等人必須在全部的動向中，注意保存全部。

由霍布士學說引出的這種種堅決的結論，一看，雖僅僅是英國新文化史的抽象，實則英國全國的發展，都依從霍布士所已定下的模型。上流的貴族保持着個人的自由思想，同時，對於敎會制度，又抱有眞誠（或可稱爲眞誠）的尊敬。實業家認懷疑宗敎眞理爲『不實際，』因爲贊成神學基礎或反對神學基礎的議論，他們都不關心。他們排斥『日耳曼氣質，』因爲他們更看重現世生活的安全，更不看重彼界生活的期待。婦女，兒童，及感情派，是無條件地歸依宗敎。社會下流階級，在受壓迫狀態中，正不必要維持上品的心情生活。在他們中間，除了畏敬上帝及牧師，卽不復殘留有宗敎的成分。思辨哲學，卽令不是有害的思想，亦是贅餘的思想。自然哲學的概念，改爲物理學的概念。與基督敎和解了的緩和的利己主義，遂當作個人道德及社會道德的唯一基礎，爲社會上一切階級所充分承認。

我們不以爲，近世英吉利之燦新的模範的發展，是由於一個霍布士的影響。不，那無寧說是該國國民在這些發展過程中本性上活潑潑的根本特徵。那是一切歷史關係物質關係之總體。霍布士的哲學及英吉利國民性以後的轉向，都應由此說明。但無論如何，因霍布士曾豫先在他學說中描寫英吉利國民生活的後此的現象，所以我們總得從一較高的見地看待他。〔三九〕現實往往較任何哲學體系更奇異得多；人類的實際行爲總必較思想家所能盡力搜集的矛盾，有更多的矛盾。關於這點，正統的唯物論的英吉利，可提示我們一個顯著的例。

再者，在自然科學範圍內，同時又起了一種奇異的結合。那種結合，乃至今日，亦足使大陸的學者大驚。那就是有一些人抱有徹底的唯物論的見解，同時，對於宗教傳統的信條及習慣，又非常尊敬。這裏有兩個人，特別可以代表霍布士以後那一時代的這個精神。那就是化學家洛伯特·波以耳 (Robert Boyle) 和伊薩克·牛頓 (Sir Isaac Newton)。

後世在此二人之間，曾劃分一個大溝渠。波以耳的大名，僅見於化學史上，他在近世一般文化生活上的意義，幾乎全被遺忘了。牛頓的名字，却像第一等明星一樣，放射光明。〔四〇〕他們同時人的看法，却不十分是這樣。更精密的歷史研究，亦不能肯定這種評判。牛頓的價值，並不是這樣無偶；波以耳在科學史上，必賦有更高的榮譽地位。但牛頓終是一個比較偉大的人物。他由引力法則說明天體運動，固然是當時已成熟的果實，但他這個人，既在如此稀有的程度上，兼有數學的才能，物理的機械的思考方法，和耐苦的勞作力，所以這種說明何以會在他手上集大成，決非偶然。波以耳亦傾向於物理的機械的明晰的自然觀。在這點，他和牛頓是完全一致的。波以耳還比較年長，所以，談到唯物論基礎如何導入自然科學，我們必須把他看作是一個最有力的開拓者。賴他，化學才進到一個新時期。〔四二〕賴他化學才與鍊金學及亞里斯多德概念完全絕交。這兩個大自然研究者，使一個迦桑狄一個霍布士的哲學，化爲實證科學，並由他們的發現，使這種哲學確保決定的勝利。但奇怪得很，他們兩人都很誠實地信仰神，其信仰又不像霍布士那樣別有用意。在他們依然留在現象界的時候，要這樣，是難免發生大弱點與大矛盾的。但若他們降格而爲哲學家，他們對於科學方法發展所生的影響，却是十分健全的。在這一點，好像在許多其他點一樣，波以耳和牛頓都可以稱爲指導者，他們最先從實驗研究的多結果的範圍嚴格分開了一切超越的，至少在科學現狀下尚難研究的問題。所以他們兩人都表示了自己對於方法的問題，感到十分興趣，對於思辨的問題，却興味甚少。他們顯然是經驗論者。關於牛頓，更須堅決地如此主張；因爲他的引力原理的大普遍性和他的數學天才，曾使人們過分重視他精神活動的演繹方面。

洛伯特・波以耳（生於一六二六年）是考克伯爵里嘉德之子，因享有頗大的財產，得以其全生涯研究學問。他生來就有陰鬱憂抑的傾向。他關於基督教信仰所抱之疑念，也許是由他的科學研究所激起。此種疑念他曾鄭重考察。他雖由誦讀聖經及反省而與此種疑念相戰，但他覺得他必須使別人亦覺得，信仰與知識有互相調和的可能。抱着這個目的，他曾作多次公開演講。克拉克(Clarke)因要證明神的存在所撰的論文就得力於這種演講。克拉克曾按照牛頓的世界觀構成一種自然宗教。凡一切與此體系不相適合的見解，他都加以駁斥。他不僅著書反駁斯賓諾莎，萊布尼疵，且著書反對英國唯物論感覺論之始祖霍布士和洛克。然克拉克所追踪的大物理學家波以耳和牛頓的滲有宗教要素的全世界觀，沒有唯物論，是決不會成立的，不過從唯物論將引出全然相反的結論。

如果想到波以耳的宗教的瞑想的性格，我們會更加驚嘆，在突破鍊金術的羅網的時候，他的判斷是如何直率。他雖然是神祕主義的最有力的反對者，但因此等神祕主義在當時尚一般支配着化學與醫學，所以在此等科學範圍內，他的科學的理論，無可否認地尚含有神祕主義的痕跡。他的懷疑的化學家(一六六一年)被視為化學史上的轉向點。這個書名，就提示了對傳統觀念的宣戰書。在物理學上，他亦有極重要的發現，不過，其中有一些，後來被世人歸功於別人了。但我們終須承認，他的理論往往缺少必要的明瞭性和完全性，所以他所做的，與其說是終極的解決，遠不如說是給人以刺激與準備。[四二]

但是，他天生性格的一切缺點，終不能妨礙他的成就。他對於經院哲學之名辭彫琢及似是而非的知識，抱有真實的憎惡心。他對於親眼見的，對於能試驗給別人看的一切，是絕對信賴。[四三]他是查理二世所立「皇家學會」最初會員之一，沒有一個會員還比他更以皇家學會建立的精神從事作業。他的實驗都有正式的日記。〔四四〕如果發現了非常重要的東西，他從來不隱瞞他的共同研究者和別的能人。只要有這種精神，他在近世科學史上，就有不可輕視的地位了。但若不在實驗之外，再加以實驗之不斷的整理，他仍不能得到現在這樣的名望。

這種實驗的傾向，賴有自然物體的本質之唯物論的見解，而得到了極本質的支持。就這關係說，形式與性質之本源〔四五〕一論文，是特別值得注意。在這論文中，他敍述了一長列的亞里斯多德的反對派。這一切反對派的著作，都於他有用。但他獲益最大的一部，書乃是迦桑狄撮敍伊壁鳩魯哲學的內容非常豐富的一本小書。波以耳曾自恨未能早識伊壁鳩魯的見解。〔四六〕波以耳在其他諸論文中，對於伊壁鳩魯哲學，亦表示了同樣的稱讚。當然，他對於伊壁鳩魯哲學的無神論的歸結，亦曾提出極激烈的抗議。我們講過，在迦桑狄的場合，關於這抗議是否誠實，尚不免有若干疑問；但在波以耳的場合，却一點疑問亦沒有。他以宇宙比於斯托拉斯堡（Strassburg）寺院的巧妙的大鐘。〔四七〕在他看來，宇宙是一個大機械，其運動按從一定的法則。但就爲了這個理由，宇宙亦就像斯托拉斯堡的鐘一樣，有一個聰明的創作者。在伊壁鳩魯哲學諸要素中，波以耳決然排斥恩比多立的有目的出於無目的的理論。他的宇宙觀，像牛頓的一樣，把目的論建在機械論的基礎上。在這一點，到底是牛頓（比波以耳更年輕，但亦曾深學於迦桑狄）就學於波以耳，抑是波以耳得力於牛頓，我們尚不能確定；我們如知道他們在如下諸點是完全一致的，亦就够了。即，他們都認神爲原子運動之最初創作者，神和自然進行有相當的關係，但在自然界出現的一切事物，其普通規則，乃是原子運動的機械的法則。

德謨克利特士所謂原子一名所由而得的絕對的不可分性，立即爲近代人所全然放棄了。其所以如此者，蓋有兩個可能的原因。第一，或由於這樣一種考察，即，創造原子的神，定必能將原子分割。第二，或由於一種相對論，（這種相對論，霍布士表示得最明白，）即，甚至於在物體界諸要素中，亦不許有絕對的最小。波以耳曾名其學說曰『分子哲學』（Philosophia Corpuscularis），但與笛卡兒的修正原子論的說法，頗不相同。他認物質有不可入性。笛卡兒否認有空虛的空間，他却相信有空虛的空間。關於這問題，他曾對霍布士發生一次頗爲激烈的論爭。因爲霍布士把眞空解作是更稀薄的空氣。[四八]波以耳對於每一種物質的最小分子，都指出了它的形式，大小，與運動。在某幾種分子互相結合的時候，他還進一步說明了它們在空間的地位和它們互相結合的秩序。然後，像德謨克利特士和伊壁鳩魯一樣，由此等要素的變異，說明諸物體在感覺器官上的印象的變異。[四九]但波以耳從來不曾進一步討究心理學的問題：他所討究的世界，乃是創造最後一日的前夜的世界，換言之，祇是物質的事物之體系。[五〇]在波以耳看來，事物之生滅，祇是原子之結合與分離。這一點，他和古代原子論者是一樣的。除了對於奇蹟[五一]他尙有若干保留以外，他對於有機生活的過程，亦和古代原子論者，有同樣的看法。[五二]笛卡兒曾提出一個命題：在死的時候，肉體的機械，不僅為靈魂的起動力所拋棄，它的內部分子亦被破壞。這個命題，為波以耳所推廣了，並在生理學方面予以證明。他又說明了，有許多現象一向被歸功於靈魂的活動，但都有純粹的物體性質。〔三三〕他是醫藥機械學（Iatromechanischen）傾向的最初領導者之一。當時盛行的醫藥及毒藥學說，以為醫藥及毒藥及於人體的影響，如使人發汗，使人痲木等等，乃是醫藥及毒藥的特殊勢力和特性。他很明白地反對這種學說。因為這種種影響，其實不過是此種物質之通性與有機體之屬性互相接觸所生的結果。玻璃碎片刺傷了小腸，當時人的解釋，並不是玻璃碎片把小腸傷害了，却認玻璃碎片有一種『傷害能力』。〔三四〕波以耳曾在一列小論文中，嘗試證明了熱的，磁的，電的，固體液體氣體的變化等等的機械性質。他在此等方法問題上的熱心，幾乎等於他在實證研究上的勤勉。當然，他亦不免像伊壁鳩魯一樣（但見解比他正確多了）往往滿足於僅僅可能的假設。但他的直接目的是驅逐可能的性質和實體的形式，導入直觀的因果性（那在自然過程的全範圍內，都不失其作用）思想。而為這個目的計，此等假設，亦就在一切地方都很充分。

對於機械宇宙觀的復興，牛頓的影響比較更非多方面的，但更深刻。在神學上，牛頓較波以耳為忠誠，事實上，且為正統『索西尼派』（Socinianer）所疑忌。牛頓衹在年紀很大，精力已衰的時候，才要以約翰之啓示〔三五〕行神祕的思辨，不暇問這種啓示，怎樣和他的科學的偉大成就相反對。他的研究的重要結果，尚未全部完成以前，他的生活是學者的安靜生活，有充分的餘暇以發展其驚人的數學才力，完成其偉大的事業；亦就從此突然取得了一個顯著的位置，[56]來報酬他的功績。此後殘下的許多年數，他的科學研究的結果，沒有任何本質的增加。在兒童時期，據說他祇以機械的熟練勝人。他的病弱的不活潑的身體，使他在學校不能有何等進步，亦不能在他父親的職業上，發展何等能力。十八歲時（一六六〇年）他進了劍橋的三一學院。學習幾何學原理時他所表現的聰敏與自力，雖導師亦不免一驚。十七世紀產出的數學天才，本極豐富，這時候，歐洲人類的一般發展，都迫向這個方向。在這些特異的數學天才之中，牛頓是一個。試一精密考察他的功績，我們當會知道堪稱為天才及辛勤的發現之數學研究，隨便在什麼地方，都是鼓舞一切之活動的精神。一六六四年牛頓發現了他的微分學說，他發表這種學說的時候，比萊布尼疵已較後二十年，發現的名譽，險些為萊布尼疵所奪了。引力說他早就懷抱着了；微分學說雖可成為他的計算的一個說明，但要證明物體下落運動與天體吸引互相一致，却尚有待於暫時缺少某種前提的數學。牛頓有一個如此長的時期，沈默地自守着他這兩個大發現，使自己可以從容地利用其一，以完成其他。他這種沈默，是值得我們稱頌的，並使我們回想起他的偉大前驅者哥白尼的類似的堅忍不拔性。但在這裏，我們又認識牛頓的偉大的性格特徵。物體下落法則及天體橢圓軌道間的關聯的發現，他雖已覺得十分滿足，並已有充分的計算，但仍不單獨把它發表，而必在偉著原理一書

（一六八七年）內共同發表。原理一書，討論了一切有關引力問題之數學的物理學的問題，所以牛頓正可名其書曰自然哲學之數學的原理。

牛頓還有一個更重要的特徵。我們今日皆推牛頓為引力說之發現者。但我們講過，牛頓並不認引力為『一切物質的根本力。』關於引力之物質的原因，他所得的僅僅是不成熟不明瞭的假定。他把這種假定撇開了，而固執着他所能證明的東西，以冀引力說能得一般的承認。換言之，他不問現象之物理的性質，但固執着現象之數學的原因，假定有一個近似的原理，其活動與距離之平方成反比例。

全部唯物論史，就在這裏，起了一個極重要的轉點；因要把這點弄得明白，我們必須插入幾句話，來表白牛頓的眞正功績。

我們今日已經看慣了勢力之抽象的概念，或不如說，習慣了在神秘的朦朧中，浮游於抽象與具體理解之間，所以我們很容易以為物質的分子，不與其他分子直接接觸，也可影響到其他分子。我們正可以想像，『沒有無物質的勢力』這命題，已經是極唯物論的，而默認物質的分子，無物質的結帶，亦可由空虛的空間，而彼此互相影響。但十七世紀的大數學家大物理學家，還沒有這種思想。他們依然主張古代的唯物論。他們認直接的接觸，為互相影響的條件。原子的衝突，或鈎狀分子的吸引（祇是衝突的變形，）乃是一切機械的原型，於是，科學的全部運動，遂以機械為目標了。

在兩個重要點上，法則之數學的公式，先於物理學的說明——卽克蒲勒的法則和葛里略的下落法則。此二法則，遂以原因問題，煩惱全科學界。這裏所謂原因，當然是下落運動及天體運動之物理學的、機械的、從小分子衝突而說明的原因。特別在牛頓前後有一個長期間，『引力的原因』成了純理物理學所愛悅的題目。在物理學思辨的這個普遍範圍內，遂產出了一種思想，認這二種力，本質上是互相同一的；按照當時的原子論的豫想，一切自然現象亦只有一個根本力！但這個力，得在極不同的關係與形態下發生作用；並且，就在那時候，人們亦已經不能再滿足於伊璧鳩魯物理學的不可必的可能性了。他們要求構成證明，及數學的公式。公式要首尾一貫地貫徹這種要求，葛里略必須戰勝笛卡兒，牛頓及浩芬斯(Huyghens)必須戰勝霍布士及波以耳，因爲笛卡兒霍布士波以耳依然滿足於冗長的事實如何可能的說明。牛頓這種努力的結果，數學的構成遂第三度搶在物理學的說明之前頭。這事情在這一次所取得的意義，就連牛頓自己，亦是深信不疑的。

是故，因與蘋菓落下〔五七〕故事相關而爲人所讚美的這個偉大的歸納，在牛頓的發現中，決非主要事件。他的學說的影響，我們已經講過了。姑不論這種影響，我們亦有充分痕跡，來說明如下一件事，卽，重力伸張在宇宙間的觀念，相去並不甚遠。不，這種思想，已經在古代出現了，古代已有人主張，月如不藉不定狀態中的動轉，必致落於地球上。〔五八〕牛頓知道了力的組合。〔五九〕他把這思想推進而假定月實際是落向於地球。這種下落運動，再加以切線方向的直線運動，即組成月的軌道。

把這種思想看作偉大科學力之個人的成就，這種思想的本身，比對這種思想所下的批判，是更少價值的。大家知道，牛頓曾抛開他的計算，因爲計算所得的結果與月的運動不能恰相符合。[六〇]牛頓似曾在不放棄主要思想的限度上，冀以某種未知作用的影響，說明這種差異。但他既不能精密地認識這未知作用以完成他的證明，結果，全部問題遂暫時無法決定。後來，畢加特（Picard）的經緯度測定器（一六七〇年）才證明地球比我們以前所假定的更大得多；這要素的修正，才使牛頓的計算，如人所望，而臻於精密。

牛頓假定一個天體的引力，祇是這天體各部分引力的總和。這個假定，不僅因其證明，且特因其結果深遠，而取得了偉大的價值。從這個假定直接推到的結論，是地球上諸物體互相吸引，更進而這種物體的最小分子亦互相吸引。分子物理學，就這樣有了第一個基礎了。這歸納，因是如此接近，所以原子說分子說的每一個主張者，都能採納。全體的作用，不外是各構成部分的作用的總和。如果人們假定，原子論必定會使這個學說不可能，因爲原子論認一切事物基於原子衝突，而這裏所論却是『引力』問題，那我們就不過把從康德福祿特爾以來一般所說的『牛頓學說』，再度混同於牛頓關於此等事物的眞的見解。

於此，吾人必須回憶霍布士對原子論之修正。原子概念之相對性，在『以太』(Aethers) 對『可秤』物質之決定的區別上，生出了物理學的結果。按照霍布士說來，不能由感官認識的小物體，即在相當程度上堪稱爲『原子』的小物體，是能够存在的。同時，又可假定，在此等小物體之旁，還有別種東西存在。那種東西，與此等小物體比較，已極爲微小；而在那稱極微小的東西之旁，還可假定有比這更小的東西，以至於無窮。物理學不過使用這無窮系列中的第一位，從而把一切物體的原構成分化爲有重的受引力影響的原子；然後再假定別一種無限小的，無重的，但依然是物質的受同一衝突法則同一運動法則規定的小物體。他們就在此尋覓重的原因。當時的著名物理學家，都只想到了衝突運動的機制，再不會想到任何別的原因。

認重力出於『以太』小物體的衝突，在當時，不僅笛卡兒爲然。[六二]但我們今日，却慣嚴厲責備他的大膽的假定，認他的假定，與浩斯芬牛頓的證明相反。我們忘記了，在自然過程之統一的機械的概念上，總之，在自然科學之直觀的機械觀上，浩芬斯牛頓之流，無疑都與笛卡兒一致，且曾通過笛卡兒學派。

現今流行的距離作用 (actio in distans) 說，被視爲極不合理；牛頓亦不是例外。他在他的偉著中反覆宣稱，他是爲方法論的理由，才不問重力之未知的物理學的原因，但無疑那是存在的。所以，例如，他就說，他把向心力看作是引力，但若用物理學的用語，也許稱爲動力 (impulsus)，是比較正確。[六三]他的信徒，旣宣稱重力爲物質的根本力（由此從『可秤小物體』衝突而得的進一步的機械的說明，遂被放棄了，）他遂感到，他不得不在一七一七年光學再版序言中顯明對這種見解提出抗議。〔六三〕

在他這最後的說明以前，他的先驅者又是同時人浩芬斯，已宣稱他自己不信牛頓會視重力爲物質之根本特性。此外，浩芬斯又在他的光論第一章，再宣稱眞正的哲學，須由『機械的理由』說明一切自然作用的原因。人們現在知道了，此等見解怎樣會互相關聯，就連像萊布尼疵及約翰．白爾諾伊（Johann Bernoulli）這樣的人怎樣亦爲新原理所非難；我們又知道了，白爾諾伊亦不禁要看看數學的構成，能不能從在事實上亦爲充分的笛卡兒原理導出。〔六四〕

這一切人都不願從物理學分開數學。他們亦不能把牛頓學說當作物理學的學說來把握。

這裏所見到的困難，與哥白尼學說所遇到的困難相同；但這兩個事情在一個極本質的點上却是相異的。在這兩場合，都須克服感官的偏見。但在地球運動的場合，我們能利用法則，以證明我們所感到的，祇是相對的不是絕對的運動。但在別一場合，問題却是自創物理學的根本見解，而與一切物理學的直觀原理相矛盾，至今猶相矛盾。〔六五〕我們知道，牛頓自己亦有這種見解，但他斷然分離他所能提示的數學的構成和他所不能發現的物理學的構成。所以他遂違反本意，成爲一種新宇宙觀的建立者，而他所提倡的新宇宙觀，又不免在其最初要素上包含顯明的矛盾。他的『自設的假定』把理論的唯物論

之舊基礎放棄了，同時又似在慶祝其最大勝利。〔六六〕

我們已經講過，牛頓的最大功績在於他完成數學的證明。英國有幾個數學家同時主張，克蒲勒的法則須由中心力說明，中心力又與距離之平方成反比例。〔六七〕但牛頓不僅是第一個達到目的的人，而且他所完成的事業，還是那樣精闢確定，對機械學物理學的一切部分都放射了豐富的光明，所以，即使新學說的主要命題，不曾這樣光輝地確立起來，他的原理依然是一部值得稱譽的著作。他的師表，如此眩惑着英國的數學家和物理學家，使他們不能自立，以至有一個長時期，以機械科學的領導地位，委於德意志人和法蘭西人。〔六八〕

純粹數學的工作的勝利，很奇妙地生出了一種新物理學。讓我們細心觀察，二現象——例如物體的下落與月的運動——之純粹數學的關係，須在豫想有一般的隨處發生作用的物質原因的限度內，才能導向那個偉大的歸納。歷史的進行，把這未知的物質的原因除去了，而以數學的法則位於物理學的原因之列。原子衝突讓位於無任何物質媒介亦得支配世界的統一思想。牛頓認爲任何哲學思想家也不能設想〔六九〕的大背理，竟爲後世大大稱讚，認其爲牛頓關於宇宙調和的大發現！如果瞭解得正確，那是他的發現，因爲這調和，無論是否產生於一種貫通各處並服從衝突法則的微細物質，亦無論物質的分子是否不藉任何物質媒介，即按數學法則而支配其運動，總是一樣的。如果我們在後一場合要排除背理，我們就必須排除事物得在其不存在之處活動的思想；卽原子相互影響的全概念須當作一種擬人說來排除因果性的槪念必須取得更抽象的形式。

英國的數學家考特（Cotes），在原理再版（一七一三年）的序上，把重力當作是一切物質的根本力同時又伴着這種思想（從那時候起這種思想已支配着科學，）附加了一篇激烈的彈劾演說，反對唯物論者認一切事物出於必然性，非出於創造者的意志。牛頓體系認一切事物出於最無束縛的神的意志，他以爲，這就是牛頓體系的特別的卓越點。照考特說來自然法有許多處表示了最賢明的意圖，沒有一個地方表示必然性。

不到半世紀，康德公表其一般自然史及天體學說（一七五五年），就把牛頓學說的通俗化，結合於其大膽的擴張（那在今日，一般被稱爲康德．拉普拉士假說。）在這書的序言中，康德承認他自己的學說很像似伊壁鳩魯魯西比斯，和德謨克利特士的學說。〔七〕再沒有誰想在物質分子的一般引力上，發現機械原理以外的任何事物。在我們今日，唯物論者大都贊成牛頓的宇宙觀，但在十八世紀，唯物論者却大都贊成古代人的原子論。這種學說，以爲一切事物都由物質本有的特性而必然成立的。

牛頓及波以耳的事業，對於一般文化的進步，生了頗大的影響。在這種影響上，他們的宗敎傾向和他們的成果的科學意義，不久就很容易地分開了。但在英吉利本國，他們的宗敎傾向却似乎生出了若干結果唯物論和宗教性這種奇妙的混合，正可說是英吉利土壤的特殊產物。同樣，他們性格上的保守的特徵，亦可說在相當程度上，與他們生存所在及影響所及的時代與環境，保有關係。巴克爾說得有趣，革命時代尤其是英吉利第一次革命之政治的社會的大騷擾，對於著作階級的心情，曾發生深大的影響，而主要原因即是權威之動搖與懷疑精神之覺醒。〔七二〕他還以為波以耳化學上的懷疑主義，乃是時代精神的產物。在查理二世時代，尤其在革命運動中，至少就某一點說，實驗研究的精神的普及，是不絕在進行中。在他方面，我們當然要說，波以耳及牛頓的研究的開花時代，是介在二次革命風潮之間的比較平靜的反動時代，他們兩人都很少和政治發生關係。〔七三〕但政治鬥爭及於下述那一個人的影響，卻全不相同了。那一個人，生在培根與霍布士之後，必須看作是英國哲學運動的最著名的保持者，他比他那兩個先驅者，在大陸是發生了更重要的影響。

約翰·洛克(John Locke)生於一六三二年，英國感覺論派的首領，在唯物論史上保有着多方面的關係。就年齡說，他是生在波以耳和牛頓之間，但他的主要活動，祇出現於牛頓主要活動已經閉幕以後，他的著述活動，強烈地受了第二次英國革命所由而生及所伴而生的各種事件的影響。洛克和霍布士一樣，曾就職於英國的第一流家庭。這種生活，一樣成了他晚年地位的基礎。他又和霍布士一樣是在牛津大學開始研究哲學。但霍布士到晚年才輕視經院哲學的教養，他卻在學生時代已輕視這種教養。

他在這時候，曾晤見笛卡兒。笛卡兒對他曾生若干影響。但他不久就學醫了，所以他第一個地位，就是阿胥勒公爵（Lord Ashley），即是後來的沙夫慈伯里公爵（Lord Shaftesbury）的醫學顧問。他的醫學見解，與著名醫士西登汗（Sydenham）很相一致。西登汗當時在英國，好像後來波爾哈夫（Boerhave）在荷蘭一樣，開出一條路來，改良了尚未發展的醫學。他有這種知識，證明他很早就有健全的人間悟性，而能將迷信與形上學避去。洛克又是自然科學的熱心研究者。我們在波以耳著作中可以發現一篇洛克許多年的日記，記錄他用晴雨計，寒暖計，水速計觀察氣候的報告。但阿胥勒公爵却使他轉而注意政治的和宗教的問題。他對於這種問題的興味，既然是不斷的，又復很强烈。

霍布士贊成專制主義，洛克却贊助自由運動——不，即視他為近世立憲主義的始祖，亦未嘗不當。立法權與行政權分立的原則，雖已在當時英吉利實際完成，但使它成為定說的，他仍是最早的一個。[七三]沙夫慈伯里公爵是他的朋友，又是他的保護人。洛克暫時在商務部擔任職務以後，就和沙夫慈伯里公爵一道捲入反對黨的漩渦中去了。有好幾年，他住在大陸上，一部分為自願逃亡，一部分亦因政府迫害。在大陸上，他更熱心於爭求寬容與市民自由。有一個有權力的朋友，本來可以為他向宮廷求得寬恕，但他因自問無罪，而拒絕朋友的提議。一六八八年革命，才把他召回祖國來。

洛克開始政治活動的時候，即於一六六九年，為北美卡羅林納州草擬一憲法，但甚拙劣，不能與他後來成熟了的自由主義相符合。他的更重要的造幣論，雖僅片面的承認國家債權人的利益，但他的議論，頗含有光輝的觀察，所以必須視為英吉利國民經濟學一個重要先驅者。〔七四〕

英國諸哲學家，均在活動的生活中，抱有豐富的世間知識，而熱心於抽象問題的解決。洛克是這諸哲學家中的一個。洛克的名著人類悟性論一書，早在一六七〇年就有計畫了，但二十年後才以最完全的形式出版。其所以遲遲至此者，一部分固因作者遠離母國，但洛克對於曾一度思想過的觀念，無疑是不絕在研究而益益求其完成。使他進而研究人類知識之起源與限界的問題的，〔七五〕是一件極平常的事情——幾個朋友的無目的的論爭。同樣，在他的研究中，他亦隨處使用普通的但有力的見地。在德意志，我們直到今日仍然有一種所謂哲學家，他們以形上學的粗工，著大冊書論觀念的構成，當然不主張以『內感作精密的觀察』，亦不主張在自己屋內有育嬰房以供他們用耳目觀察觀念構成之外徵。像這樣的雜草，在英格蘭是不生長的。洛克在反對天賦觀念的論爭中，即求訴於兒童與白癡。一切未受教育者，對於我們的抽象命題，不能有任何思考。此等命題果是天賦的嗎？反對者以為此等觀念實際存在於悟性中，但未經意識到。洛克認此說全不合理。因為，我們所知的，即是存在於悟性中的。我們不能說，我們開始使用悟性的時候，意識所最先知道的東西，即是普遍的命題。反之，特殊的知識必先於普遍的命題。兒童在認識矛盾的論理法則以前，老早就知道甘不是苦。

洛克以爲悟性形成的方法，正與此相反。我們決非最先在意識中有普遍的命題；意識的特有內容，乃後來得自經驗。經驗，感官的經驗，是我們知識的第一根源。感官最先給我們以或種單純的觀念或印象。洛克常用印象一字，其意極近於赫爾巴特學徒(Herbartianer)所謂『表象』(Vorstellungen)。聲，色，觸覺之抵抗感覺，廣袤及運動之觀念，便是這種單純的觀念。如感官頻頻給我們以這種單純的觀念，則其間互相類似者，必互相結合；抽象的觀念就是這樣形成的。未受教育的悟性的黑暗，所以能得光明的，是以感覺內的知覺(反省)爲『唯一的窗』。實體的觀念，變化性的觀念，關係的觀念，都是複合觀念。我們到底只知道實體的屬性，不知道實體。實體的屬性，乃從單純的感官印象如聲色等等取得。我們所以能在變化的現象中，形成實體的複合觀念者，祇因此等屬性頻頻在一定的關係下表現。就連感情及情緒，亦出自單純的感覺之反覆及多樣的結合，而我們所以有單純感覺，卽以感官爲媒介。

亞里斯多德的命題：靈魂原來是一張『白紙』，『不先存在於感官中，卽不能存在於精神中』，直到這時，才獲得今日一般人所認定的意義。就這意味說，我們儘可認這些命題是洛克的命題。〔十六〕

對感官印象及複合觀念之形成單取容納態度的人類精神，如進行以文字爲媒介而確定它所已經取得的抽象觀念，隨意使此等文字聯結於思想，則它所走的道路，必不復有自然經驗的確實性。人類越是遠離感官，他就越易犯錯誤。錯誤多生於文字。文字本來是觀念之任意的符號，必須愼重使用。如果把文字看作是事物之充足的記號，或把文字混同於事物之眞實的記號，那會生出無數的誤謬。洛克對理性的批判，遂由此變爲對文字的批判。這種批判的根本思想，也許比體系中任何其他部分，都有更高的價值。後來有人區分語言之純粹論理的要素及其心理的歷史的要素。對於這個重要的區分，洛克實開了端緒。這個區分，設非有諸語言學家的豫備研究，恐尚不致於被認是重要的。但是，『哲學的科學』所一般應用的結論，所以會大多數是論理上的謬誤，却就由於概念與文字不斷地相混淆。舊唯物論者以爲文字有因襲的勢力，洛克更竭力說明文字僅僅是因襲的。必須在這樣的限制下，文字才有確定的意義。

在最後一書中，洛克曾檢驗眞理的本質及我們的認識能力的本質。他以爲，眞理祇是記號（即文字）——形成判斷的記號——之正確的結合。單純文字上的眞理，不過是迷妄。三段論法沒有多大用處，因爲我們的思想常常間接的或直接的導向於特殊。『啓示』不能給我們以任何單純的觀念，所以不能實際擴大我們的知識。信仰與思惟的關係如此，以致在思惟所及的範圍內，祇有思惟是有標準的。不過，有些事物，洛克終承認其超越理性，所以成爲信仰的對象。熱烈的確信，不是眞理的印號；啓示亦須由理性裁判。熱狂不足證明教義之神的根源。

洛克所著關於寬容的書翰（一六八五年——一六九二年，）教育論考（一六九三年，）政府論

（一六八九年，）及基督教之合理（一六九五年，）都發生了大影響。但其中祇有一部分，是屬於唯物論史的。經若干考察之後，洛克卽認識傳統的中世制度所以會腐敗，其故是政治與宗教混合，政治權力被用來維持或壓抑見解與意見。〔七七〕那是很明白的，如洛克所努力的目標一經達到——卽教會與國家分離，而在教義問題上採用一般的寬容政策——唯物論的態度，亦必會改變。直到十八世紀猶未消滅的半遮半掩的思想發表法，遂逐漸消失了。保持許久的匿名的假裝，終於撤去了。因爲最初在荷蘭，其次在菲力特利克大王的國內，自由思想家，已經獲得了安全的避難所，直到後來，法國大革命又給舊制度一個致命的打擊。

與洛克抱同一思想且發展洛克思想的英國自由思想家，要以約翰·托倫特(John Toland)最接近於唯物論了。把新宗教的禮拜建立在純粹自然主義的（卽使不是唯物論的）學理上，他也許是最先的一個。他的論文『克里多伕拉斯』(Clidophorus)卽『鑰匙的保持者』嘗參照古哲學家所爲，提出顯教的(exoterische)教義和密教的(esoterische)教義。顯教的教義爲一般大衆而設；密教的教義，則專傳授於受學的學徒。在這關係上，他嘗在論文第十三章內插入如下那一段話。——『我曾屢次提到，內教外教在今日是和以前一樣有用；雖然其間的界限，沒有在古代那樣公然明白。這不禁使我想起，曾有人說我和老沙夫慈伯里公爵親近。沙夫慈伯里公爵，有一天，和威特曼少校，談到世界上雜多的宗教，他們最後的結論是：這種無限的區分雖由牧師的利益及民衆的無知促成，但一切賢人終屬於相同的宗教。當時室中有一貴婦人，她的注意點，似更在她的針線，不在他們的談話。她就起來發問，何謂宗教？對於她這一問，沙夫慈伯里急起答曰：太太，聰明的人不談這個。』托倫特很贊成這種方法。但他以爲，他有方法使普遍的眞理的言語，成爲可能的。——『讓一切人自由說出他們的思想，如非有惡的行爲，卽不加以烙印或刑罰；並讓他們發表他們思辨所得的思想，以任人駁斥或稱許；這樣，你才能聽見全部眞理。反是，那就至多只能聽見一點點，甚至於一點也聽不眞切。』

托倫特自己曾在匿名的著作汎神論（一七二〇年）上，公然表示他的密敎的敎義。他在這篇論文中，要完全排斥啓示與民衆信仰，並建立一種新的和哲學完全一致的新宗教。他的神，卽是萬物所從而生及所由而歸的宇宙。他的禮拜，卽是眞理，自由，與健康的禮拜。這三事，是賢人所極看重的。他的聖者及教父，卽是天才崇高的一切時代，尤其是古典時代最卓越的著作家。但就連他們，亦沒有權力可以束縛『人類的自由精神。』在蘇格拉底的禮拜式中，主席大喊：『不要用主的話發誓！』會衆當卽大聲應曰：『亦不要用蘇格拉底的話發誓！』〔十六〕

托倫特在泛神論中既如此廣泛的表示他的見解，所以他的唯物論並不怎樣決定。關於自然的本質及勢力與物質的一致，他曾引述西瑟羅的話。這些話，與其說是唯物論的，實無寧說是泛神論的。但在他方面，他有兩封信給斯賓諾莎學徒，附錄於給西倫拿的書信中，却發表了一種唯物的自然論。西倫拿是普魯士王后蘇菲·夏羅蒂。她和萊布尼泚的交誼，是大家知道的。她和許多年流寓德國的托倫特，亦有交際，並高興聽他的見解。這書信集中最初三封信，雖署有西倫拿的名字，按其性質，却其實是一般的。托倫特在書信集的序上，曾明白宣佈他和這位貴婦人通信所討論的，乃是別的更有趣的問題，但這些信札，都不會留下底稿，所以才添上其他兩封信。第一封駁斥斯賓諾莎，謂從斯賓諾莎的體系，不能說明世界及其部分之運動與內部變異。第二封討論唯物論全部問題的核心。如果我們不問其實際標題爲『運動爲物質的根本性質，』我們把它名作『勢力與物質，』也許還來得更明白。

物質的舊觀念，認物質爲死的硬的被動的實體。我們曾反覆說明，這個觀念曾如何深入一切形上學的疑問中。對這個觀念而言，唯物論必全然是正當的。我們這裏所問的，不是基礎同樣穩固的種種見地，乃是科學知識的種種程度。唯物論的世界觀，雖需進一步的說明，但無論如何也不致於拉我們向後退。當托倫特著作其書翰時，人類的精神已有半世紀以上，看慣了迦桑狄的原子論。浩芬斯的波動說，對於最小分子的生命，又提供了一種深闢的洞見。化學過程之無限的鏈鎖，雖須再七十年後，才由蒲里斯提勒（Priestley）發現氧素，而顯露它的最初的環，但物質的生命以至於其最小分子，都由經驗而確定了。托倫特常常以非常的敬意引述牛頓。牛頓因假定原始的衝突，並在說明其世界觀時，屢屢插入一個創造者，固仍認物質爲被動的。但視引力爲一切物質的屬性這種思想，不久就從徒勞的補綴細工——牛頓的神學的狹隘思想即與此聯貫——解放出來了。引力的世界是自存的。無怪福祿特爾所領導的十八世紀的自由思想家會自認是牛頓自然哲學的使徒。

托倫特又根據牛頓的暗示，進而主張，沒有物體是在絕對靜止中的。〔七九〕不，他還巧妙地應用英國舊唯名論（這種思想曾幫助英國人，使他們在自然哲學上有如此大的進步）說明能動與所動，靜止與運動，是純粹相對的概念，同時，物質之永遠的內在的活動，當其予物體以加速的運動，或因有其他勢力的對抗而維持物體於比較靜止狀態中時，還是以同樣的勢力進行。

『每一運動，對給與運動的物體說是所動的，對規定次一運動的物體說是能動的；使此等名辭的相對意義變成絕對意義，遂引出了關於這問題的許多錯誤和爭論。』〔八〇〕當時人都沒有歷史觀。沒有歷史觀的托倫特，不知道絕對概念之自然的發展，亦不知道相對概念是文化與科學的產物。『强固的廣延的物質諸部分之運動的規定，即吾人所謂自然現象。我們按照它們對於我們的感官所生的影響，對於我們的身體是引起痛苦抑是引起快樂，是有助於我們的保存抑是有助於我們的滅亡，而給之以名稱，用途，並稱其爲完全或不完全。我們在給它們以名稱的時候，不按照它們的眞正原因或彼此互相生出的方法，如彈力性，堅軟，流動性，量，特殊物體的形態。有許多運動之規定，如動物的隨意運動，我們不以之歸因於任何原因;實則,此等運動雖可伴思想而生,但若視爲運動,例如犬追逐兎,它們就有它們的物理原理。外的對象的姿態,以其衝動或吸引之全力,影響於神經,神經又與筋肉,關節,及其他部分相調整,致在動物的機械中發生各種不同的運動。設有誰能相當瞭解諸物體由直接的接觸,或由物體內不絕流出的極微分子而生之交互作用,又能有機械學,靜水學,解剖學的知識,他就會相信,一切坐的,立的,臥的,起的,跑的,行的,及其他各種動作的運動,都有其特殊的物質的外的及比例的規定。』〔六一〕

這是再明白沒有了。托倫特明認思想這一種現象,必伴神經系統之物質的運動而生,好像光由電流而生一樣。隨意運動亦是物質的運動,其發生與一切其他運動之發生,受支配於同一法則,不過表現於更爲複雜的器械上罷了。

當托倫特以牛頓理論的更廣泛的表現掩蔽自己,不承認牛頓體系足使理性支配說成爲贅餘物的時候,我們不禁要想起,他曾區分顯教的教義和密敎的教義。匿名刊佈的泛神論一書,正可就這個理由,被視爲密敎的敎義。那部書,不尊敬任何種類的超越的世界精神,却僅尊敬精神與物質永遠統一的宇宙。從他的著名的書翰,我們所能搜集的,已足證明托倫特不復像古代唯物論者那樣,把現今的世界看作祇是經無數不完全試驗後所生出的偶然結果,却假定在宇宙間永遠有一個內在的偉大的合目的性。〔六二〕

托倫特是一個快心的人物他在我們面前顯示了人類本質各方面完全調和的偉大人格度一個波瀾疊出的生活以後，他卽在快活平靜的心地上，享受田園生活的隱世的沈靜。不到五十歲他就爲病所襲了，他是以哲學家的平靜，忍耐着病的侵襲。他死數日前，曾自撰墓誌銘，和諸友告別後，卽在精神的安定平和中長眠了。

第三篇註

〔一〕關於迦桑狄我在唯物論史第一版中未曾說得十分明白。他確實是笛卡兒的先驅者，與浮魯倫的培根無關係。在其他場合不甚稱讚他人的笛卡兒，對於迦桑狄，却承認他爲自然科學界的權威。我們假定他看過反亞里斯多德研究（一六二四年），甚至於假定他曾由談話得悉已焚五篇的內容；亦是十分可能的。後來笛卡兒因畏懼敎會而創設的世界觀的根本原理，已和迦桑狄的原理根本不同，這是大家知道的。調和科學與致會敎義的嘗試，使他成爲偉人以後，他對於迦桑狄的論調方才改變。——但如嚴格的考察一下迦桑狄和笛卡兒的關係，則流傳到今日依然未消滅的那種世界觀，迦桑狄是最早的一位代表的結論，必更爲明白；因爲仔細考察一下，就知道笛卡兒對於唯物論思想方法的發展與普及，發生了更顯異的關係。福祿特爾在其牛頓哲學原理（一七八四年）中，曾說他知道許多人，都由笛卡兒哲學引導，進而否認神！——夏勒爾（Schaller）在其自然哲學史（萊比錫一八四一年）上，位霍布士於迦桑狄之前，是沒有理由的。固然，就年齡說，前者較長於後者，但迦桑狄的成就特別早，霍布士的成就特別遲，所以他們同寓巴黎時，霍布士顯然居在學生地位，至若迦桑狄的著作物老早已經刊布，文無待說了。〔二〕諾曼（Naumann）所著熱化學概論（一八六九年）是一種頗有科學價值的著作。其中第十一頁，就說『化學的原子論，與古代魯克理底斯及德謨克利特士的原子論，沒有共同的地方，或者幾乎沒有共同的地方。』這話是不當的。我們待要證明的歷史的連續性，表示從發展之開始，一直到最後產物，其間雖有各種不同之點，但終歸有一個共通點。這兩種見解，其實有一個共通點

——費希奈認這是原子論的最重要的特色——卽它們都假定有分離的質料分子；這個共通點，對於化學家，也許沒有對於物理學家那樣重要，但依然是一個重要點。如果像諾曼那樣從物理的作用說明化學的現象，那就是更重要的點了。同書第十頁十一頁又說，在道爾丹（Dalton）以前，沒有人曾參考事實來試驗原子論的正確與應用。這亦是不確當的。迦桑狄以後不久，就在化學上有波以耳，在物理學上有牛頓作了這種嘗試。波以耳牛頓的嘗試，雖不類於今日科學的嘗試，但我們必不可忘記，道爾丹的理論，現在亦是被人駁倒了的見地。——但諾曼說（與費希奈共著之原子論一八五五年第三頁，）如要反駁近世的原子論，必須先知道它是什麼，卻是十分正確的。不過我們仍可附註曰：如要反駁古代原子論與近世原子論之關係，我們既須先知博物學的事實，亦須先知歷史的事實。［三］伊壁鳩魯之生涯與道德第四卷第四頁。『Dico solum, si Epicurus quibusdam Religionis patriae interfuit caerimoniis, quas mente tamen improbaret, videri posse, illi quandam excusationis speciem obtendi. Intererat enim, quia jus civile et tranquillitas publica illud ex ipso exigebat: Improbabat, quia nihil cogit animum Sapientis, ut vulgaria sapiat. Intus, erat sui juris, extra, legibus obstrictus societatis hominum. Ita persalvebat eodem tempore quod et aliis debebat et sibi……Pars haec tum erat Sapientiae, ut philosophi sentirent cum paucis, loquerentur vero, agerentque cum multis.』此所云云，特最後一句，與其應用於伊壁鳩魯的時代，不如應用於迦桑狄的時代。因伊壁鳩魯享有教授言論的大自由，亦曾親自利用這種自由。霍布士（巨靈第三十二章）主張，遵從國教，卽有不反對宗教教義的義務。這段話的意思，誠如其字面所云，但對於一般能有所主張的人，他仍毫不躊躇，要把一切宗教的基礎都撤去。巨靈出現於一六五一年；伊璧鳩魯之生涯與道德一書出版於一六四七年；在這裏，着重點不是思想的優先，而是時代及一般問題（此處與數學及自然科學無關係。）在一般問題上，霍布士在未與迦桑狄認識以前，無疑已經是獨立的了。［四］伊璧鳩魯之生涯與道德之序臨要結束時，迦桑狄會以非常嚴肅的調子，保留教會的教義，這是值得注意的。他說：『In Religione Majores, hoc est Ecclesiam Catholicam, Apostolicam et Romanam sequor, cuius hactenus decreta defendi ac porro defendam, nec me ab illa ullius unquam docti aut indocti separabit oratio.』［五］伊璧鳩魯的生涯與道德序言的結末會說：『Habes ipse jam penes te duplicem illius effigiem, alteram ex gemma expressam, quam dum Lovanio facerem iter, communicavit mecum vir ille eximius Eryceus Puteanus, quamque etiam in suis epistolis cum hoc eulogio evulgavit: 'Intuere, mi amice, et in lineis istis spirantem adhuc mentem magni viri. Epicurus est; sic oculos, sic ora ferebat. Intuere imaginem dignam istis lineis, istis manibus, et porro oculis omnium'. Alteram expressam ex statua, Romae ad ingressum interioris Palatii Ludovisianorum hortorum exstante, quam ad me misit Naudaeus noster（羅拉里斯論文集的發行人）usus opera Henrici Howenii in eadem familia Cardinalitia pictoris. Tu huc inserito utram Vales, quando et non male altera, ut vides, refert alteram, et memini utramque congruere cum alia in amplissimo cimeliarcho Viri nobilis Casparis Monconisii Lierguii, propraetoris Lugdunensis asservata.』 ［六］反亞里斯多德研究（一六五六年）序云：『Uno verbo docet Epicuri de voluptate sententiam: Ostendendo Videlicet, qua ratione summum bonum in voluptate constitutum sit, et quemadmodum laus Virtutum actionumque humanarum ex hoc principio dependeat.』 ［七］『我行故我在』的例，非由迦桑狄提出，乃由笛卡兒提出。笛卡兒曾在他反駁中使用此語——就別方面說，那是十分與此抗論相應合的。 ［八］巴克爾文明史卷二第八七頁。 ［九］最先提出這種說明的，似乎是康德。康德在純粹理性批判一書原理論卷二第二部第一篇純粹理性之論過中曾說：『這個思惟的我，或他，或它，所代表者不過是思想之超越的主體。此主體即x，僅由賓辭所述的思想而被認識，離開這種思想，即不能形成任何概念』云云。同時，這段話，並不因利希吞堡提出如下的問題，而減少其大功績。利希吞堡曾在最單純的方法上，如此明白的，證明了主體的假定性質。——我們又要說，教父奧古斯丁（Augustines）以『懷疑』證明心存在的嘗試，與『我思故我在』的命題，非常相合。奧古斯丁在三一位體論第十卷中，曾說：『Si quis dubitat, vivit si dubitat, unde dubitet meminit; si dubitat, dubitare se intelligit.』曾一度廣播的哲學珍寶（一四八六年一五〇三年等）曾在第十卷靈魂論中，引述這一段話。笛卡兒的原理，雖與這句話一致，但似乎不會知道這句話。他承認奧古斯丁曾提議用這方法證明我們的存在的確實性；但他曾利用這個論據，來說明這個思惟的我，乃是一個非物質的實體。笛卡兒要把這個最公然假定的要素，當作他所特有的財產而看重它，原是十分正當的。 ［一〇］在『De Motu Impresso a Motore Transtato』一論中，此論據云，乃爲著者所不願付印者。其中有葛里略一信，論聖經與地動說之調和。此書出版於一六四年里昂。 ［一一］關於這點，烏柏衞哲學史卷三第十五頁以下所述的意見，是否正當，在我看，仍是一個極大的疑問。烏柏衞這裏的意見，一部分基於對唯物論史第一版的誤解，一部分又基於這意見本身的誤謬。關於迦桑狄，烏柏衞說：『迦桑狄的原子論，比伊璧鳩魯的原子論，還更少生命。迦桑狄給原子以勢力，乃至於感覺。一個孩子爲蘋果的形像所動，會捨棄他原來的路，走向蘋果樹。同樣，一塊向空中擲的石頭，爲地球的影響所動，而捨棄石原來進行的直線，走向地球。』唯物論史第一版第一二五頁曾假定，錯誤似乎在以感覺移入原子中，但在細校一遍之後，我不承認那有任何證明了。錯誤似乎是這樣發生的，即，迦桑狄關於有感覺物如何能由無感覺物生出的難題，曾在一個非常可注意的點上，遙遙超出了魯克理底斯。我很抱歉在這裏祇能引述柏尼爾（Bernier）迦桑狄哲學要略卷四第四八頁以下的話。我這時手頭沒有迦桑狄的全集，但出版期又不能再延了。柏尼爾曾說：『En second lieu（在魯克理底斯認爲可加入而迦桑狄認爲不可加入的諸理由中）que toute sorte de semence estant animée, et que non seulement les animaux qui naissent de l'accouplement, mais ceux mesme qui séngendrent, de la pourriture estant formés de petites molécules seminales qui ont esté assemblées, et formés ou dés le commencement du Monde, ou depuis, on ne peut pas absolument dire que les choses sensibles se fassent de choses insensibles, mais plutôt quélles se font de choses qui bien qu'elles ne sentent pas effectivement, sont neanmoins, ou contiennent en effet les principes du sentiment, demesme que les principes du feu sont contenus, et caches dans les veines des cailloux, ou dans quelque autre matière grasse.』迦桑狄至少在這裏承認，說有機的萌芽與其感覺的素質，在創造的當初即已存在，是可能的。這種萌芽，其原初（自然與伊壁鳩魯的宇宙觀矛盾）雖不是原子，但是原子的最單純的結合。——兒童見一蘋果所生的心像，其解釋可以引出誤解，即被誤認為純粹精神的作用。這其實應該說是純粹物理的作用，因為那祇是一個複雜的吸引過程。但迦桑狄會否像著動物感情論的笛卡兒那樣首尾一貫引伸唯物論，却確乎還是一個疑問。在動物感情論中，一切事物都被解釋為分子的壓迫與衝突。［一二］福祿特爾在其所著『牛頓哲學原理』（一七八四年卷三一第三七頁）一書中，曾說：『Newton suivait les anciennes opinions de Démocrite, d' Epicure et d'une foule de philosophes rectifiées par notre célébre Gassendi. Newton a dit plusieurs fois à quelques Francais qui vivent encore, qu'il regardait Gassendi comme un esprit trèsjuste et très sage, et qu'il ferait gloire d'être entièrement de son avis dans toutes les choses dont on vient de parler.』

［一三］白尼爾迦桑狄哲學要略卷四第三二頁至第三四頁。［一四］老諾著亞里斯多德在巴黎學士院種種命運第十八章第三二八頁，我所參看的是一七二〇年威吞堡版。［一五］第一版這裏，還附註了一筆，即這種學說頗適合於我們今日拿破崙的政策。這個附註，或不免引起誤會，因波拿拔特族在他們的政策上，要採用一種正統主義。這裏不如更單純的說，亘靈的原理，事實上是更與克倫威爾的專制主義相一致，更不與斯圖亞世襲神權的主張相一致。［一六］這定義，在第一版，還更為簡約，以圖盡他所能，對於如何由哲學轉渡到自然科學，說得明明白白。原文如下：『Philosophia est effectuum seu Phaenomenon ex conceptis eorum causis seu generationibus, et rursus generationum, quae esse possunt, ex cognitis effectibus per rectam ratiocinationem acquisita cognitio。』我們如願詳細考察這定義所提示的方法，我們必須記着，『Conceptis』及『quae esse possunt』並非閒字。那反對培根的歸納法，指示了假設的演繹法的性質。這種方法，先假設一個理論，然後參照經驗來試驗它，修正它。關於霍布士對培根對笛卡兒的關係，本書以後還有說明，可參考。這裏所引述的那一句話，見物體論第一卷第一頁。〔一七〕古諾·菲謝爾及克齊曼，在繙譯此段之際，均很正當的指示了笛卡兒與培根的關係。但克齊曼認笛卡兒爲經驗論者，並從這傾向演繹『我思故我在』（自我觀察的結果）他是完全誤解了演繹方法的性質。演繹方法在這範圍受制於經驗，在別範圍又可不受制於經驗。笛卡兒自己，在一六三七年，關於這點，亦甚爲明瞭，所以他對於他的物理的理論，要求客觀的妥當性，但對於超越的思辨，却並未這樣要求。〔一八〕方法論快要完結的時候，有如下那一段話。那一段話，很決然的主張：Rationes enim mihi videntur in iis（即底奧蒲屈里克的假說等等）tali serie Connexae, ut sicut ultimae demonstrantur a primis, quae illarum causae sunt, ita reciproce primae ab ultimis, quae ipsarum sunt effecta, probentur. Nec est quod quis putet, me hic in vitium, quod Logici Circulum vocant, incidere; nam cum experientia maximam effectuum istorum partem certissimam esse arguat, causae a quibus illos elicio, non tam iis probandis quam explicandis inserviunt, contraque ipsae ab illis probantur』〔一九〕獻給德文夏公爵，倫敦，一六五五年四月二十三日卷一第七頁。〔二〇〕霍布士曾在巨靈第四十二章反駁教皇無過說。大僧正伯拉明（Bellarmin）曾著書贊成耶穌社團的教皇權力高於地上一切公侯的學說。霍布士力駁其說。這全部議論，都表明了霍布士已認識此種主張所見的危險性甚大——但這種危險，直到今日才能爲一切人所見。［二一］夏勒爾所著自然哲學史（萊比錫八四一年第八二頁）。但我不要在夏勒爾書中尋覓關於這一點的更明白的說明。古諾·菲謝爾關於霍布士的宗教觀和道德觀所下判斷，都是很巧妙的，大體上都是確當的。（見所著培根論第三九三頁。）但關於培根全部趨勢，這片面的意見，竟認笛卡兒爲直截的反對，却不免有一二缺點。這缺點所以會發生，不能說不是爲黑格爾的分類法所誤。黑格爾的分類法，把一切都弄得非常明白，但對於極複雜交錯的絲，却往往橫被切斷。其必然結果，遂使古諾·菲謝爾（他通例能以微妙的技倆理解這一類現象），不能認識笛卡兒在恭敬服從教會判斷時所不能免的世俗的輕浮。霍布士的宗教心情，不能認爲全是僞善的；至少，他是反對加特力教的他本國國教的忠實信徒。也許就在這意義上，像麥生及笛卡兒，甚至像迦桑狄那樣的人，都是熱心的加特力教徒。［二二］國家統一所由而生的公式如下：『Ego huic homini, vel huic coetui, auctoritatem et jus meum regendi meipsum concedo, ea conditione, ut tu quoque tuam auctoritatem et jus tuum tui regendi in eundem transferas.』各人如此互相協約，原子論的集合，遂成了我們稱爲國家的統一。『Atque haec est generatio magni illius Leviathan, vel ut dignius loquar, mortalis Dei.』巨靈第十七章。——關於一切人的自然的平等（這與亞里斯多德的意見相反，亞里斯多德以爲主人與奴隸都是天生的，）可參看同書第十五章一一八頁。［二三］在國家不加以干涉的限度內，按照霍布士說來，每種事物，對於欲望此事物的個人，都是善的。（巨靈第六章。）良心，祇是一個人對於他的行爲言論，所抱的祕密的意識；這個名辭往往誤用到個人的俗見上來。這種俗見，僅因有我見及虛榮，而難於破除（見同書第七章第五二頁。）在他看來，使私人認自己爲善惡的裁判官而以一切反本人良心的行爲爲罪惡，乃是侵害市民法律之最大罪過。（第二九章二三二頁。）〔二四〕巨靈第六章。『Metus potentiarum invisibilium, sive fictae illae sint, sive ab historiis acceptae sint publice, religio est; sic publice acceptae non sint superstitio.』霍布士又附云：『Quando autem potentiae illae re vera tales sunt quales accepimus, vera religio.』但這附註，祇是一個表面的救濟條文。因爲既然祇有國家可以決定什麼宗教可以容納，既然國家不能以政治的理由來反對所謂『眞的宗教』就顯然只是一個相對的概念了——文因關於宗教一般所說的一切沒有什麼可說是科學的，所以我們更當說其應當如此。〔二五〕參照古諾・菲謝爾培根論四〇四頁。巨靈第三十二章第三卷第二六六頁。〔二六〕參照巨靈第四章卷三第二十二頁：『Copia haec omnis…… interiit penitus ad turrem Babel, quo tempore Deus omnem hominem sermonis sui, propter rebellionem, oblivione percussit.』同書第三十七章第三一五頁：『Potestatem ergo illi dedit Deus convertendi virgam, quam in manu habebat, in serpentem, et rursus serpentem in virgam.』及其他。〔二七〕霍布士例如就從這觀點討論宗教的成立。他以爲宗教的成立，完全由於人某幾種自然性格（參照巨靈第十二章，）尤其由於輕率下結論的傾向等等。所以其摘要云：（八十九頁）這四件事——對靈鬼的恐怖，對『第二原因』的無知，對於人所畏懼諸物之尊敬，認偶然的事情爲預兆，——乃是宗教的『自然種子。』〔二八〕就中，特可參照巨靈卷三第六四頁以下及二〇七頁的章句：『Miracula enim, ex quo tempore nobis Christianis positae sunt leges divinae, cessaverunt』『Miracula narrantibus credere non obligamur.』『Etiam ipsa miracula non omnibus miracula sunt.』［二九］例如參照巨靈第三十二章第二七六頁『Libri testamenti novi ab altiore tempore derivari non possunt, quam ab eo, quo rectores ecclesiarum collegerant』及其他。［三十］物體論卷四第二十七頁，關於方法，有一段極有價值的話。『Agnoscunt mortales Magna esse quaedam, etsi finita, ut quae vident ita esse; agnoscunt item infinitam esse posse magnitudinem eorum quae non vident: medium vero esse inter infinitum et eorum quae vident cogitantve maximum, non statim nec nisi multa eruditione persuadentur.』如不復考察分割可能性及大小相對性的理論問題，霍布士或不致反對把微分子（Corpuscula）描寫成為原子（atomi），例如在他的引力理論上，物體論第四卷第三十章四一五頁。［三一］物體論卷四第二十五頁。認衝動（Conatus）為此處所指的運動形式的學說，在這裏，不必要有進一步的研究。要充分暴露這個理論，可參看包曼（Baumann）所著空間時間及數學論第一卷第三二一頁以下。三二七頁曾指摘此學說（認感覺的產生，由於心臟歸來的『衝動』）的缺點。這缺點，在我看來，是不必十分辯護的。因為，按照霍布士的理論，對物體衝擊而生的反動，雖必同時發生於最初被衝擊的部分，但這並不能在常新的動與反動之下，阻止運動向內部（運動得在此處成為反歸的）傳播。例如，讓我們為簡單的目的，假設有一系列的彈力的球，放在一條直線上，a，b，c……n；並假設a直接向b衝擊，此種衝突必由c等等傳播至於n；假設n以直角衝擊堅壁，然後運動必經全系列，而正反歸過來，不致因b會對a反動而受阻礙，而限制其運動。倡此說者，不得視感覺和b對a的最初的反動為同一，祇許視感覺和由b到a的歸來的衝擊為同一。這種見解，無疑最適合於事實。

參照傳達中斷作用的附註，（摩勒士偉版三一九頁以下）。 [三二]物體論第四卷第二十五章第二節：『Ut cum conatus ille ad intima ultimus actus sit eorum qui fiunt in actu sensionis, tum demum ex ea reactione aliquendiu durante ipsum existit phantasma; quod propter conatum versus externa semper videtur tanquam aliquid situm extra organum.』 [三三]關於這點，特可參照巨靈第一章的附錄。那裏曾主張，一切眞正自存的東西，都是物體。然後又假定，就連一切精神，如空氣，亦是具體的，不過其中有無限階段的纖細。最後，又指示了像『非物體的實體』『非物質的實體』那一類的名辭，在聖經上是找不出的。誠然，三十九條之第一條，即謂神無『肉體』無『部分。』這是無可否認的。但第二十條却說敎會對於非以聖經爲基礎的一切，均不得信仰（第三卷第五三七頁以下。）這種明白的矛盾之結果，給霍布士以機會，使他主張神是不可理解的，而祇給神以消極的賓辭。同時，在引述像 Tertullian 那樣的典證時，討論聖經的用語時，尤其是在狡猾地使用那一類須由讀者自作最後結論的前提時，他却到處要喚起這樣一種見解，即，如我們在物體與幻想（即無物）二者中，認神爲其中之一，神的概念就是非常容易理解的；神的概念所以難於理解，僅因我們被吩咐祇許認神爲『無體者。』參照第三卷第八七頁第二六〇頁以下第二八二頁。（此處話特爲明白：『Cum natura Dei imcomprehensibilis sit, et nomina ei attribuenda sint, non tam ad naturam eius quam ad honorem, quem illi exhibere debemus congruentia』）此外，霍布士全部神學的神髓，在人間論中也許表現得最爲明白（第三卷第十五頁。）那裏曾明白說：神的支配，必經由自然，神的意志的宣佈，必經由國家。我們從此決不可斷言，霍布士是在泛神論的方法上，把神和自然全體看作是一個東西。他似乎認神爲宇宙的一部分；這一部分是標準的，到處散佈着的，一致的，並且由其運動，而機械地決定全宇宙的運動。世界史是自然法的流出，同樣國家的權力，作爲事實上存在的權力，亦是神的意志的流出。［三四］麥皐萊（Macaulay）英國史第二章，尤可參照社會道德之變遷及政治家的墮落二節。［三五］麥皐萊英國史卷一第三章英國的科學狀態；再參照巴克爾英國文明史第二卷三六三頁以下。那裏（三七一頁）曾特別敍述皇家學會的建立的影響，而當時歸納法的精神，却就以皇家學會爲中心點。——黑提訥（Hettner）著十八世紀的文學史卷一（三版）第十七頁，卽稱『爲獎勵自然科學而設的倫敎皇家協會』的建立，是查理二世最光榮的政績。這話並不爲過分。［三六］英國史第一卷第三章英國諫恭文學的不道德性。關於這點，再可參看黑提訥十八世紀文學史卷一第一〇七頁以下。［三七］英國古典經濟學雖到後來才成爲一種發展的科學，但其根柢却已在這時種下了。經濟學之唯物論，早已在孟德維爾（Mandeville）的蜜蜂寓言中充分發展了。參看黑提訥十八世紀文學史第一卷二〇六頁以下。再參看馬克斯（Karl Marx）資本論第一卷第三三九頁註五十七。那裏認孟德維爾爲亞當斯密的先驅者。同書三七七頁註一一一，又曾論述笛卡兒及英國諸哲學家（尤其是洛克）對於經濟學之影響。關於洛克，可看以下的註七十四。［三八］麥皐萊英國史第一卷第三章都市的發展。［三九］巴克爾英國文明史第一卷第三九〇頁，關於霍布士，曾說：『十七世紀僧侶的最危險的一個敵，當然是霍布士。霍布士是當時最巧妙的辯證論者，是一個極其暢達明瞭的作家，在英國諸形上學者間，也許祇有巴克萊（Berkeley）勝得過他（？）……在他生存的時候及死後若干年，凡敢有所思惟的人，都被指稱爲 Hobbist（霍布士派），有時又稱爲 Hobbian。』這種觀察是不錯的，雖然對於霍布士及其影響，倘非顧及另一方面，其形容卽未免不當。這所謂另一方面，在麥皋萊英國史第一卷三章社會道德的變遷中，會這樣描寫：『托麥斯·霍布士比任何其他形上學者都用了更精確明瞭的語句，主張國王的意志是正邪的標準，一切人民都須在王命之下，承認其信教皇，信回教，抑信異教。有許多人，因沒有能力瞭解他的思辨的眞價何在，遂熱烈歡迎提高王權，放弛道德義務，使宗敎淪爲國家事務的理論。霍布士主義不久就成了上流紳士品性的一個本質部分。』那裏還說英國高尙敎會，卽由這種輕佻紳士而取得財產與名譽。這話亦是很正當的。高尙的樂道者雖不依敎會的命令而支配生活，却準備爲敎會的敎堂宮殿，爲敎會的各種法式，爲敎會的裝束，而『拚命鬥爭。』麥皋萊的有名的培根論，關於霍布士，有這樣一段值得注意的話：『……他的敏銳的目光，不久就洞悉了霍布士的優越的才能。他一定充分賞識了他的弟子的能力，並豫見了這位最活躍最犀利的聰明人，對於後二時代，定會在善的方面惡的方面，發生巨大的影響。』

［四〇］巴克爾英國文明史第一卷第三六七頁的判斷，更爲準確。『培根死後，波以耳當然是英國最有名的人物之一，如與同時人比較，數過牛頓以後，馬上便要數到他，雖然作爲一個獨創的思想家看，他是遙爲遜劣。』對於後一種意見，我們是不能贊成的，因爲牛頓所以偉大，不是因爲他的思想有獨創性，僅因爲他有珍奇的數學天才，同時又兼有本書所描寫的各種性質。

［四一］格麥林（Gmelin）化學史（一七九八年）卽以波以耳之時代（一六六一年——一六九〇年，）爲第二主要時代或近世化學史的開始。他在卷二第三五頁會很正當地說，沒有一個人，像波以耳那樣出力來破壞曾如此支配心情與科學的鍊金術。——科浦（Kopp）化學史卷一第一六三頁以下，會更充分地討論他說：『努力於化學而祇具有高貴的衝動卽自然研究的衝動的化學家，第一個就是波以耳。』其次，他又屢屢在歷史的特殊的部分，尤其是在愛

力論史中（卷二第二七四頁以下）說到波以耳說波以耳關於要素的問題，自始就以和今日一樣的研究方法來理解。〔四二〕巴克爾英國文明史卷一第二章以爲精密地試驗顏色與熱的關係，建立靜水學（Hydrostatik）發現空氣密度與其壓力同變化的法則（後被稱爲馬里奧台法則）都是波以耳的功績。關於靜水學，巴克爾不過在英吉利人之間給波以耳以最優地位；在他如此看待的時候，他無異間接承認拔斯克爾（Pascal）的地位更爲重要。〔參看同書註六十八頁，那裏其實還可進一步說對於這兩人的評價，都太高了。杜林（Dühring）著力學原理史，即在九〇頁，承認葛里略在這部門，亦是眞正的建設者。拔斯克爾不過很巧妙地應用他的理論。波以耳，杜林甚至於不曾提起他。他在這部門的主要貢獻，亦是由試驗明白說明新的原理。〕關於馬里奧台（Mariottésche）法則，波以耳能否要求絕對的優先權，亦成疑問。波以耳顯然不要匆匆結論，他亦似乎不曾充分知道，嚴密法式化的法則是怎樣重要。關於這問題，他的主要著作空氣之彈性及重力及其結果之新試驗之繼續出版於一六六九年，牛津，就顯然承認壓力取決於容積；事實上，波以耳對於殘留容器中的空氣的壓迫與數量，雖曾提供方法，來作準確的量的決定；但他未曾明白引出任何結果。所以，例如試驗第一卷第六節第四頁（一六九四年日內瓦出版的拉丁文版）我們就看見了如下的話：『……Facta inter varios aeris in phiala constricti expansionis gradus, et respectivas succrescentes Mercurii in tubum elati altitudines comparatione, judicium aliquod ferri possit de vi aeris elastica, prout variis dilatationis gradibus infirmati, sed observationibus tam curiosis supersedi。』〔四三〕在近世諸物理學者間，看重良好而精確的器械的，波以耳也許是第一個，這是值得稱揚的。〔四四〕參看新實驗（一六八〇年）

那裏曾附記各次試驗的日期。［四五］形式與性質的起源——按照微分子哲學來說（一六六四年牛津；拉丁版牛津一六六九年；日內瓦一六八八年。）我所引述的是後一版本。［四六］同書Discurous ad Lectorem說：『Plus certe commodi e parvo illo sed locupletissimo Gassendi syntagmate philosophiae Epicuri perceperam, modo tempestivius illi me assuevissem。』［四七］參看自然哲學之效用演習第四(Exercitatio IV. de Utilitate Phil. Naturalis)，那裏曾詳論此問題。論實驗的自然哲學之效用，第一版出現於牛津，一六六三年一六六四年。此書拉丁版名如上，出版於一六九二年林德維。（格麥林化學史第二卷第一一〇頁，曾引述一拉丁版，一六九二年出版於倫敦。）［四八］參看論爭著作Examen dialogi physici domini Hobbes de natura aeris，出版於一六九五年日內瓦。［四九］形式與性質之起源日內瓦一六八八年第二八頁以下。但我們仍須注意，波以耳不認運動是物質的根本特性；物質在靜止時，其性質亦決不改變。不過，運動是物質的最上的形相；他和笛卡兒一樣，以爲物質之分爲微分子，乃是運動的結果。參照同書第四四頁以下。［五〇］參看自然論，我這裏所引述的，祇是一六八八年日內瓦出版的拉丁版。這論文，從哲學的關係看，亦是極有趣味的。［五一］例如，自然論第七十六頁，即稱讚宇宙進行的規律性，在那裏，就述外表上的紊亂，例如日蝕，尼羅河泛濫等等，亦必須認爲是自然法則之豫見的結果；這種自然法則，創造者一度定下即永遠如此。至於雅蘇亞時代的太陽靜止，伊薩里特人通過紅海的道路，卻被視爲例外，因爲那都由創造者的特殊的干涉，而在希有的重要的場合上發生的。［五二］哲學的實驗之效用演習第五第四章：『Corpus enim hominis vivi non saltem concipio tanquam membrorum et liquorum congeriem simplicem, sed tanquam machinam, o partibus certis sibi adunitis consistentem.』形式之起源第二頁『corpore viventium curiosas hasce et elaboratas machinas.』其他各處亦屢屢有這種情形。〔五三〕形式之起源一六八八年日內瓦版第八一頁。〔五四〕形式之起源第八頁。〔五五〕牛頓之『Annotationes in vaticinia Danielis, Habacuci et Apocalypseos,』出版於一七一三年倫敦。〔五六〕牛頓一六九六年任皇家造幣局局長薪俸一五〇〇鎊一六九三年一部分原稿的損失，曾引起他一場病。這場病，對於他的精神力頗有惡影響。參看里特勞(Littrow)所譯歸納科學史中所作的小傳（一八四〇年）卷二第一六三頁註。〔五七〕參看休埃爾歸納科學史第二卷第一六六頁以下，那裏按照朋白登(Pemberton)及福祿特爾的相當可考的傳說說牛頓早在一六六六年他二十一歲的時候，獨坐在一個庭園中反省重力問題，並推論重力既可從吾人所知的地中心而在最遠距離上動作出來，當然亦會影響月的運動。〔五八〕參照杜林力學一般原理之批評的歷史一八七三年柏林第一七五頁一八〇頁以下，關於哥白尼及克蒲勒，有很可注意的言論。再參看休埃爾歸納科學史第二卷第一五〇頁波勒里(Borelli)的見解。又須注意，笛卡兒在渦動的理論上亦發現了重力之機械的原因。所以二現象統一的觀念在當時已是一般盛行。杜林很正當的說，問題乃在於如何使天體接近或落下的曖昧觀念與葛里略的地球落下運動的數學確定的概念相一致。這諸先驅者，不絕地說明了實際的綜合已經不遠。我們在本書又曾說明，原子論如何必致於促進這種綜合。但牛頓的功績，乃在於他把一般的問題變成數學的問題，尤其是他對於這問題，曾提出一種光輝的解決。〔五九〕關於這點，浩芬斯已經作了有力的準備，但正確的理論，仍須追溯於葛里略。參看休埃爾歸納科學史卷二第八〇頁以下；杜林一六三頁以下及一八八頁。

〔六〇〕休埃爾歸納科學史第二卷第一六八頁，關於計算之創立史，那正可與黑提訥十八世紀文學史卷一第二三頁對照來看。

〔六一〕原理論第四卷。〔六二〕『Phil. Nat. Princ. Math.』第一卷第二章結束有一段話，有恰好相同的傾向。在這段話中，牛頓名假定的質料（那由衝動而發生引力）為『靈』這裏曾敍述許多不同的可能性，其中如物體互相吸引之傾向，及無形的媒質之作用。但這段話的特別目的，仍在於指示，不論物理的原因如何，數學的展開終有無條件的普遍的妥當性。牛頓所懷抱的思想，在全書結束的時候，表現得十分明白。我們且把這一段全部錄在下面：『Adjicere jam liceret nonnula de spiritu quodam substilissèmo corpora crassa pervadente et in iisdem latente, cuius vi et actionibus particulae corporum ad minimas distantias se mutus attrahunt, et contiguae factae cohaerent; et corpora electrica agunt ad distantias majores, tam repellendo, quam attrahendo corpuscula vicina; et lux emittitur, reflectitur, refringitar, inflectitur et corpora calefacit; et sensatio omnis excitatur, et membra animalium ad voluntatem moventur, vibrationibus scilicet huius spiritus per solida nervorum capillamenta ab externis sensuum organis ad cerebrum at a cerebro in musculos propagatis. Sed haec paucis exponi non possunt; neque adest sufficiens capia experimentorum, quibis leges actionum huius spiritus accurate determinari et monstrari debent.』〔六三〕參看烏柏衞綱要第三卷第三版一〇二頁。〔六四〕休埃爾歸納科學史卷二第一四九頁。但在當時能充分認識牛頓的成績（尤其是數學上的成績）的價值的，在大陸上，亦就幾乎衹有浩芬斯，伯爾諾伊，

及萊布尼瓈諸人而已。參看里特勞所譔歸納科學史的有趣味的附註。這種附註，如參照牛頓引力說最初在英國所受的反對而言，尤有趣味。

［六五］由直觀的物理的原理說明重力的嘗試，曾不斷發生。這是我們容易瞭解的。勒薩格（Lesage）的嘗試，見烏柏衞綱要卷三第三版第一〇二頁。近頃希拉模（Schramm）作自然現象之根本原因與物質之一般意義，亦作了同樣的嘗試。但這種嘗試近日猶爲專門家所非常冷視，還又表明了習慣的勢力。他們一度承受『距離作用』的學理，卽永遠承受之，並不要改絃更張。哈根巴克（Hagenbach）物理科學之目的第二一頁說：要由『較單純』的原理說明引力，直到今日，還有人在作同樣的嘗試。這種註解，有一個顯然的誤解。卽這種嘗試的目的，不是求單純性，而是求容易理解的直觀性。

［六六］『自設的假定』一語，見全書將結束處，在註六十二所引諸語前數行，其下尙有『Quidquid ex phaenomenis non deducitur, hypotheses voc unda est; et hypotheses seu metaphysicae, seu physicae seu qualitatum occultarum, seu mechanicae, in philosophia experimentali locum non habent.』牛頓的實驗科學的眞方法：是命題由現象搜集，由歸納法而綜合。這決不正確的主張及見於第三卷初頭的『自然研究四規則，』都表明了他有意反對笛卡兒。牛頓對於笛卡兒，有極强烈的成見。參看休埃爾歸納科學史第二卷第一四八頁，所載福祿特爾的談話。

［六七］牛頓自己承認克利士托浮·倫（Christopher Wren）與佛克（Hooke）〔尤其是後者，他對於引力的全部證明，正可以要求優先權〕曾發現距離平方相逆的關係。與佛克相反的最有嫉妬心的牛頓稱頌者之一哈勒（Halley），亦懷抱這種非凡的思想：卽引力必然會按這比例減少，因爲放射的勢力所擴在的球面，將以同一比例擴大。參看休埃爾歸納科學史第一卷一五六至一五八頁。

［六八］參看斯訥爾（Snell）著牛

頓及機械的自然科學萊比錫一八五八年第六五頁。［六九］一六九三年牛頓致書勞提勒（Bentley），曾有這樣的自白。參看哈根巴克物理科學之目的萊比錫一八七一年第二一頁。［七〇］康德全集哈特斯坦萊比錫一八六七年卷一第二一六頁。［七一］文明史卷二第七〇頁以下。關於托瑪斯·布羅恩（Thomas Browne）變心一事，我們可附述莫浩夫（Morhofs）博學者一書所敍的謠傳，卽他著『醫學的宗教』，乃因要解脫無神論的嫌疑。但若這個例巴克爾認爲不甚適切，由引述這個例而證明的一般見解，却無疑是正確的。［七二］休埃爾歸納科學史第一卷第一五三頁以下，曾描寫革命風潮會如何影響到主要英國數學家與科學家的生活。其中有幾個，和波以耳一道在一六四五年組織『不可見學院』，後來由查理二世建立的皇家協會，卽發端於此。［七三］參看摩爾（Mohl）國家學歷史及文獻第一卷二三一頁以下。［七四］關於洛克和財政大臣洛德斯（Lowndes）的論爭，可參看卡爾·馬克斯政治經濟學批判柏林一八五九年第五十三頁。洛德斯，在改鑄劣幣時，欲使先令之重量，較輕於先前法律上的規定。洛克却主張，鑄幣必須按照法定標準。這久已在事實上無人注意了。若按法定標準，結果是債務（尤其是國債）本來用輕先令借進來現在却須用重先令償付。洛德斯的見解本質上是更正確的，但他把他的意見建築在一種惡劣的論據上，遂爲洛克所駁倒了。洛克之黨派態度甚爲銳利。馬克斯就說：『代表新有產階級的約翰·洛克，代表產業家的利益以反對勞動階級及貧民的約翰·洛克，代表商人的利益以反對古式地主的約翰·洛克，代表金錢貴族以反對國家負債者的約翰·洛克，曾在著作上證明有產階級的悟性爲人間悟性的模範的約翰·洛克，亦向洛德斯挑戰。洛克戰勝了，以一幾尼合十先令或十四先令借入的貨幣，遂以一幾尼合二十先令的貨幣償付。』——此外，馬克斯（大家知道他是最博學的現存的國民經濟學史家）又主張：洛克對於貨幣學說的最有價值的貢獻，不過把畢特（Petty）一六八二年一篇論文中所已發展的意見，伸論一番而已。參看馬克斯資本論漢堡一八六七年卷一第六〇頁，政治經濟學批判卷一第五六頁。［七五］人類悟性論前有致讀者一文；關於這點，又可參看黑提納十八世紀文學史卷一第一五〇頁。［七六］『靈魂原來是一張白紙』之譬喻，見於亞里斯多德靈魂論第四章。洛克人類悟性論第二卷第一章第二節，不會提到亞里斯多德之可能性與現實性反對，却不過把精神看作是一張『白紙』。但這種反對，就在這場合，有其重大的意義，因爲亞里斯多德的容受各種性質的『可能性』，乃被認爲板之眞實性質，非被認爲單純的可思惟性，或妨害事情的缺乏。所以亞里斯多德乃更接近於如下那一種人。他們並不以爲靈魂中有完全的觀念，却以爲觀念之前提已經存在，故一與外界接觸，結果所得的現象，便成了『有觀念』的樣子，以爲這就是人類觀念之本質的特色。主張這種學說的，譬如萊布尼疵，尤其是康德。表象之主觀的前條件，是我們全現象界的基礎。但這一點，洛克沒有十分注意。——關於如下那一命題『理性中無一物，一切有結果的都存於感覺』（萊布尼疵與洛克爭論時，再加上了一句：『nisi intellectus ipse』；參看烏柏衞綱要卷三第三版第一二七頁）我們須記住亞里斯多德在靈魂論卷三第七章第八章所說的話。托麥斯·阿奎那（Thomas Aquino）亦主張，人間的現實的思惟，其最初發生，乃由於知性與感能的幻想相合作。但精神已在可能性上包含一切可思惟物。這個重要點，在洛克，是完全沒有意義的。［七七］關於國家應許自由發表宗教意見那一點，洛克亦有其先驅者，就中，必須特別指出者爲托麥斯·摩耶（Thomas Morus）及斯賓諾莎。在這裏，他的重要地位，與其說由於獨創性，倘無寧說由於他對於適應新社會狀態的思想，能適合時代，作有結果的引伸。但對於無神論者及加特力教徒，他獨認爲應置於寬容規則以外。那可參看黑提爾卷一第一五九頁以下。［七八］要更充分的知道托倫特，尤其是要更充分的知道他的最初作品基督教非神祕主義（一六九六年，此書與洛克密切相關）可參看黑提爾十八世紀文學史第一卷第一七〇頁以下。——『蘇格拉底的禮拜式，』黑提爾又在同書一八〇頁提示了它的最特色。黑提爾還從此推知了英國自然宗教與共濟組合制（Freimauer-Bunde）的關聯，那是很正當的。那裏，尙可指出一特點，即托倫特顯然在哲學的宗教教義的意義上，把泛神論者的禮拜，認爲是開化人的祕密社會的禮拜。民衆的粗雜的觀念雖由未成年的兒童所成立，但若能由影響國家與社會，而使狂信成爲無害，則開化人所創導的禮拜亦就得在相當程度上容認。上所云云，均主要表現在汎神論者之二重哲學之附錄內。附錄之第二章，有一段話可引錄如下：『At cum supersitio semper eadem sit vigore, etsi rigore aliquando diversa; Cumque nemo sapiens eam penitus ex omnium animis evellere, quod nullo facto fieri potest, incassum tentaverit: faciet tamen pro viribus, quod unice faciendum restat; ut dentibus evulsis et resectis unguibus, non ad lubitum quaquaversum neceat hoc monstrorum omnium pessimum ac perniciosissimam. Viris principibus et politicis, hac animi dispositione imbutis, acceptum referri debet, quidquid est ubivis hodie religiosae libertatis, in maximum literarum, commerciorum et civilis concordiae emolumentum. Superstitiosis aut simulatis superum cultoribus, larvatis dico hominibus aut meticulose piis, debentur dissidia, secessiones, mulctae, rapinae, stigmata, incarcerationes, exilia et mortes.』［七九］致西倫拿的書信，倫敦一

七〇四年，第二〇一頁。該處所引述的原理論上那一段話，見於書前說明之註，及第一卷第二章之初始：『Es kann nämlich sein, dass kein wirklich ruhender Körper existirt。』及一六六頁：『Bis jetzt habe ich die Bewegung solcher Körper auseinandergesetzt, welche nach einem unbeweglichen Centrum hingezogen werden, ein Fall, der kaum in der Natur existirt。』　［八〇］致西倫傘的書信一〇〇頁。［八一］致西倫傘的書信二三一頁至二三三頁。［八二］致西倫傘的書信二三四頁至二三七頁。托倫特在這裏，反對恩比多立的進化原理，據我所知，他曾認眞使用如下的例證，即我們不能從單個字母之幾百萬度的混淆反覆，而說明 Aeneis 或 Ilias 之成立，亦不能從原子之無目的的邂逅，說明一花一蝇的成立——這個議論是錯誤的，但是值得欣羨的。這是屬於公算的論範圍，但哈特曼的『無意識哲學』，即以對此事之誤解爲基礎。——托倫特在他方面，甚至於在最重要諸點上，都不贊成伊壁鳩魯的學說。他拒認原子與空虛的空間，並從而拒認獨立於物質以外的空間一般的槪念。

第四篇　十八世紀的唯物論

第一章　英國唯物論及於法蘭西德意志之影響

近代唯物論之成爲體系，固初次出現於法蘭西，但英吉利終歸是唯物論世界觀的發祥地。在英國，唯物論世界觀的基礎，已爲羅吉爾·培根（Roger Bacon）及奧肯模（Occam）所準備好了。浮魯倫的培根，再稍爲首尾一貫點明晰點，便成了一個唯物論者了。他全然是他那一時代那一國家的人。霍布士，近世最徹底的唯物論者，他所得於英國傳統者，決不較少於他所得於迦桑狄的表率與模範。牛頓與波以耳，固曾給物質的世界機械以一個精神的建設者，但人們越能提示神的設計者而與宗教相和協，則關於自然過程之機械的唯物論的見解，便越根深蒂固。宗教信仰與唯物論這種奇特的混合，〔一〕一直到今日，依然在英吉利維持。我們祇要提到法拉第（Faraday）就夠了。法拉第是一個敬虔的宗派心强的人，他的大發現根本就應歸因於他在考察自然作用時，賦有一種感能的生氣，在物理學化學上適用機械原理時能首尾一貫。

就連在十八世紀中葉，法蘭西唯物論者在大陸如此動搖人心的時候，英吉利亦有它自己的唯物論者。醫士大衛特·哈提勒（David Hartley）就在一七四九年出版一部兩卷的著作，哄動一時。其書有一奇特的標名曰『人類論，其組織，其本務，及其期待之考察。』〔三〕最主要者，乃指吾人未來生活之期待。內含一部分生理學，或稱爲心理學，又一部分神學；但最惹人注意者，爲後一部分。哈提勒對於神學問題，極有心得。他是一個牧師的兒子，他亦曾熱心於這種職業，但因懷疑三十九條，才投身於醫學。所以，他在宗教事件上，是不贊成霍布士主義的，他亦不會欣賞過這種疑念。我們在他的著作上，可以發現他的缺點。他爲奇蹟辯護，爲聖經的權威辯護，他還評論死後的生活，不過他懷疑地獄刑罰的永遠性！這搖動了宗教政治的根蒂，而在他其餘各種學說之上，漫佈異端邪說之黑影。

哈提勒在所著書的生理學部分，認人類思想與感覺之全部，出於大腦的振動，唯物論曾從這種學說取得豐饒的滋養，是不可否認的。但哈提勒之敍述此種思想，並不牴觸正統派的教義。哈提勒很忠順地把人間分作兩部分：即肉體與靈魂。肉體是靈魂的工具；大腦是感覺與思想的工具。他以爲，其他諸體系亦假定精神上的變化，必伴以肉體上的相應的變化。但衹有這體系，曾根據觀念聯合說，對於這種相應的變化，提供一個完全的理論。把觀念聯合看作精神現象基礎的學說，在洛克手上就有了萌芽。但哈提勒之直接先驅者，却是一位牧師格伊君(Gay)〔三〕。他曾嘗試由聯想的共動，說明一切精神過程。這種學說，一直到今日，依然持續於英吉利。從來沒有誰懷疑過聯想這種東西，在大腦中尙有一定的現象爲其基礎；更愼重地說，從來沒有誰懷疑，聯想之起，必伴有大腦的相應的機能。對於這種心理學基礎，哈提勒所附加者，祇是生理學的理論；但就因此，他雖不自認爲唯物論者，我們亦須承認他是唯物論者。即在我們僅言大腦機能之廣漠的一般性的限度內，假定精神得隨意使用其工具，亦無何等矛盾。但我們如進一步研究這一般觀念，我們就知道，物質的大腦亦必服從物質的自然法則。無邪地陪伴思想而生之振動，亦不過是機制的結果，其運動必由於外界的刺激，且須按照物質世界的法則。[四] 我們不能一躍而像康德那樣大膽承認一序列的行爲，當作現象便須服從絕對的必然性，當作物自體，便以自由爲基礎。但我們不可避免地應承認大腦的機能含有必然性，從而直接的結果，是在心理學範圍內亦有必然性。哈提勒容認這種結果，但他似乎在研究聯想學說多年以後，才不高興地承認它。所以，這問題，霍布士得公然明白的予以討論，萊布尼玆亦不曾在此發現與宗教相反的要素，唯物論者哈提勒却在此感到非常困難。他承認意志之實踐的自由即責任，藉以辯護自己；但他還更熱心要證明他亦承認地獄刑罰之實際的永遠性，亦承認地獄刑罰的時期非常長，程度非常强，足够威嚇犯罪者，使教會所預許的祝福成爲無限的祝福。

哈提勒的主著，曾譯爲法文德文，但與原著相差甚遠。兩繙繹者，都認此書包含兩個種類不同的部分。德文譯者認神學部分爲最主要，故對於聯想的理論，祇有一個簡略的拔粹。[五] 法文譯者却專注重生理學的說明，從而把神學丟了。[六] 哈提勒的更爲大膽的承繼者蒲里斯提勒（Priestley），雖是一個神學家，却步着法國譯者的後塵，在編輯哈提勒的著作時，同樣省去了神學部分。〔七〕蒲里斯提勒不絕與人論爭；無疑，他最受反對派攻擊之點，卽是他的『唯物論』。但同時我們不要忽視了，他是全然依藉別的事情，來和正統派或保守派挑戰。他是非國教組合的說教師，處在這個地位的他，很有餘暇從事自然科學的研究。這件事是大家知道的。但有別一件事却是大家所不深知的，卽他是唯理論的最大膽最熱心的戰士。關於基督教之腐敗，他曾著書二卷以論之，當中，曾詳論基督的神性說。同時他又在別的著作裏，主張自然宗教。〔八〕他在政治上宗教上都是一個自由思想家。所以他不惜非難政府，尤其是非難教會制度及高教會的位置。我們很容易瞭解，這樣一個人，就使不提倡感覺是大腦的機能，亦一定會受人迫害。

但在這裏，我們仍可指出這位英國唯物論者別一種非常的特色。當時英國的無信仰派的統領或代辯者，與其說是唯物論者哈提勒，尚不如說是懷疑論者休謨(Hume)。休謨的見解，不僅破棄了唯物論，且根本破棄宗教與形上學的獨斷論。蒲里斯提勒却從目的論及有神論的見地，著書反駁他，好像當時德國的唯理論者著書反駁唯物論一樣。但蒲里斯提勒又攻擊自然之體系——法國唯物論的主著——雖然在那部書上，無神論的熱忱，顯然比唯物論的理論，更爲着重。他對於這種攻擊，是非常熱心的。他像波以耳，牛頓，克拉克一樣，認世界爲有意識的創造者的創作。他在這樣主張時，他的語調，是斬釘截鐵的，十分確信。並且，他又像詩萊爾馬哈一樣，不斷努力純化宗教，除去混亂宗教的迷信，以復興宗教〔九〕。

哈提勒及蒲里斯提勒的著作，在唯理論的神學家甚多的德意志，亦很注意地被人閱讀了；但德意志人閱讀他們的著作，與其說重視他們的唯物論，無寧說重視他們的神學。反之，在法蘭西却沒有眞誠敬虔的唯理論派，從而這兩個英國作家祇有唯物論影響到法國。在這一點，當時的法蘭西並不需要進一步的科學的刺激。從前期英國影響出發，那裏已發展出來了一種精神，大膽飛越理論上的一切缺點，在自然科學的事實及理論之匆促建立的基礎上，達到極大膽的歸結。德·拉·麥托里與哈提勒同時著書；自然之體系曾爲蒲里斯提勒所反對。這兩種事情，很明白地說明了在唯物論史中，哈提勒及蒲里斯提勒大體僅佔有微小的地位，雖然他們在英國唯物論思想的經過中，極值得注意。

像英吉利的國民精神傾向於唯物論一樣，法蘭西人所愛好的哲學，本來是懷疑論。敬虔的沙隆(Charron)及世界化的曼台(Montaigne)，就推翻獨斷論一點說，是相一致的。他們的事業，又在迦桑狄笛卡兒創立機械的自然觀以後，爲拉·莫特·勒·維爾(La Mothe le Vayer)及庇爾·貝勒(Pierre Bayle)所承繼了。在法蘭西，懷疑論傾向的影響，是如此有力的承續下去了。所以，在十八世紀唯物論者中，就連那班自認爲最極端最堅決的，亦與霍布士的體系相差甚遠，似乎僅僅要使用唯物論來抑阻宗教的信仰。狄德羅(Diderot)即在懷疑論的旗幟下，開始與教會宣戰，甚至於德·拉·麥托里，在十八世紀法國人間算最密切地附和伊壁鳩魯的獨斷的唯物論了，但亦不免自稱為庇倫主義者（Pyrrhonianer），稱曼台為敢於思想的第一個法蘭西人。〔10〕

拉·莫特·勒·維爾是路易十四時代樞密院議員之一，是後來的奧林斯公的業師。在他的五篇對話中他確曾犧牲神學以擡高信仰，且在說明哲學家的想像的知識和神學家的想像的知識一樣空洞無物的時候，他仍認懷疑為歸依啓示宗教之一階梯；但他著書的語調極不同於拔斯克爾。拔斯克爾的懷疑，結局乃與對哲學家的憎厭相融合；他對於信仰的尊敬，不僅是正直的，而且是褊狹的狂信的。我們知道，霍布士亦擡高信仰，俾可攻擊神學。如果拉·莫特不是霍布士，他亦定然不是拔斯克爾。〔11〕在宮廷中，他被認為是無信仰派；他所以能維持他的地位，祇因他生活異常嚴肅，且富有遠慮，教養又較人優越。他的著作的影響至少是適合於啓蒙的運動，他所享受的尊敬，尤其是上等階級對他的尊敬，又大大增加了這種影響。

當然，貝勒的影響，不知要更重要得多少。庇爾·貝勒——兩親都是新教徒，他在少年時曾一度改宗耶穌社派，但不久就再信新教了——因路易十四對新教徒施行嚴厲的法律，而被逐往荷蘭。當時荷蘭幾為各國自由思想家所愛好的避難所。貝勒是笛卡兒派，但他根據這體系的主要命題所引出的結論，卻和這體系的創立者不同。笛卡兒處處保證宗教與科學的一致，貝勒卻故意指出它們的差別。他曾著歷史的批評的辭書有名。在這書中，據福祿特爾所說，他從來不曾公然攻擊基督教，但他每一頁每一行都有意要喚起疑念。理性與啓示的對立，一看，似爲啓示的利益而決定了，但其實他是有意要使讀者得到相反的決定。這本書的影響，總算儘可能是最大的了。他在這裏曾把各種知識，說得最易於使人容認。這種知識的豐饒，吸引了不少學者。他對於科學問題的討論方法，又如此使人愛悅，所以，皮相的讀者亦不免爲其魔力所吸引。黑提訥說：『他的文體有最高的戲劇的生氣，新鮮，直截，大膽，猛進，明白，急於達向目標。他表面上似乎不過巧於操縱主題，實則他對於主題，分析必至於最裏，檢討必至於最深。』『福祿特爾及法國百科學者（Encyklopädisten）所使用的辯論體裁，乃是從貝勒得來的。勒新（Lessing）的作風，似亦曾大受貝勒的影響，因爲他青年時代，對於貝勒很有研究。』

路易十四死的時候（一七一五年），近世史上起了一個顯著的轉點。那個轉點，對於國民之社會的及政治的命運，固甚重要，對於知識階級之哲學的思想方法亦甚重要。那就是英吉利與法蘭西的精神交接。那種交接的發展，既然如此突然，又復如此深刻。巴克爾在所著文明史中，曾以活躍的也許有一點誇張的顏色，描寫這種動向。他懷疑在十七世紀終末之頃，有沒有五個研究文學或科學的法蘭西人懂得英文，都還是疑問。[三] 國民的虛榮心，使法蘭西社會輕視英吉利文化爲野蠻的，欺瞞自己的；英吉利發生的兩次革命，當法國宮廷的壯觀及大王的勝利，尚足使人們忘記這種光榮，曾犧牲多少國民幸福才購買到的時候，亦僅足增進這種輕蔑的感情。跟着國王年齡的增加，壓迫增加，光輝却減少的時候，人民的愁訴與不平鳴更易聞見了。一切思想家，都提醒了一種思想，以爲壓服在專制政治下的國民，已走上破滅的途徑。對英吉利的交通再開始了：好像以前的培根霍布士那一流人都在法蘭西完成其敎育一樣，現今，法蘭西的聰明人，却雲集於英吉利，[一四]努力學習英文及英國文學。

在政治範圍內，法蘭西人亦在英國取得了市民自由與個人權利的觀念。但這種觀念乃與民主的傾向相結合。這種傾向，在法蘭西，不可抵抗的起來了。但這種傾向，正如德·托克維爾(De Toqueville)[一五]所說，壓根兒就是這快要沒落的帝政的產物。同樣，在思辨範圍內，英國唯物論又與法國懷疑論相結合了；這種結合的結果，卽是極端排斥基督敎與敎會。但在英吉利，却自從牛頓波以耳以來，基督敎與敎會都和機械的自然觀，保持着非常和解的關係。牛頓哲學竟能在法蘭西被用來完成無神論，是一件奇妙的事情，但不是不可說明的事情，但當其輸入法蘭西時，却竟有人證言，它對於信仰，一定比笛卡兒哲學更少妨害！

把牛頓哲學輸入法蘭西的，當然是福祿特爾。福祿特爾，就溝通英法文化那一點說，是最初的一人，亦是最多影響的一人。

福祿特爾的異常的活動，在今日，比在這世紀的前半，已經被人看得更爲明白了。英國人和德意志人，爭着在吾人精神生活史上，對於這位偉大法國人，給予相當的位置，而不問其一切缺點。〔一六〕杜・波以・勒伊蒙(Du Bois-Reymond)以爲暫時蔑視福祿特爾的原因『很奇怪但很明白』，卽事實上『我們都多少是福祿特爾學徒，但不自知亦不自稱爲福祿特爾學徒。』『他以如此長的生涯，如此不倦的熱忱，如此情熱的獻身，以一切精神的武器，尤其是以可怕的嘲笑，來爭求理想的財寶——卽寬容精神自由尊重人類正義——但這種理想的財寶，對於我們，却像空氣一樣，成了自然的生活要素，我們只有在再有需要的時候，才會把它想起，——一言以蔽之，在福祿特爾筆下尚爲大膽的理想，在我們今日，已成了常套話。』〔一七〕

牛頓世界觀得在大陸上爲人所確認，乃是福祿特爾的功績。那是大家早已有了定評的。他對於牛頓的瞭解，他的獨立的行爲，他所須克服的困難的鉅大，亦是大家早已知道的。我們所要指出的，祇是牛頓哲學原理一書，不准在法國出版。這部著作，亦不得不求助於荷蘭的自由！我們決不要假定，福祿特爾是把牛頓世界觀，當作攻擊基督敎的武器來使用。我們亦不要以爲，他對於牛頓世界觀，會加入刻毒的福祿特爾的諷刺。這著作，大體上是莊嚴的，靜默的，明白的，簡單的；其實，當中尚有許多哲學問題的討論，顯着怯懦，尤其在如下的場合是如此。卽在萊布尼玆（他曾反覆顧到他的體系）比牛頓尚更大膽更首尾一貫的地方，關於神的活動，我們是否必須假設其有充分理由之疑問，福祿特爾非常稱讚萊布尼琉，因爲他對於這疑問的答語是肯定的。照牛頓說來，神所以如此安排許多事物——例如行星自西而東的運動——僅因其願如此行爲，卽僅因其神意。福祿特爾感到，克拉克用以反駁萊布尼琉的論據，尙不十分使人滿意。他遂努力舉示他自己的理由，以爲之支持。這時候，他正在意志自由問題上躊躇莫決。[一八]後來，他在長期研究洛克以後，[一九]曾有這樣一個顯明的見解，卽『所謂自由，乃能行吾人之所欲，非能欲吾人之所欲』這命題，如解釋正確，當與萊布尼琉的定命論及自由學說一致。但在一七三八年的牛頓哲學一書中，福祿特爾又表示他自己仍爲克拉克的學說所拘束，以求十分的明晰。他以爲，不置可否的自由也許是可能的，但不是重要的。問題不是我能否祇憑我自己的意志而向左動或向右動，乃是卡托克（Cartouche）納底爾·夏(Nadir Schah)能否避免殺戮。這裏，福祿特爾的意見，當然和洛克及萊布尼琉一致，卽他們不能。但全問題，就是這個『不』如何說明。在人類品性中尋求責任心的決定論者，必否認人類能違反品性而形成一種持續的意志。如我們發現一個相反的場合，那祇足證明在這樣一個人的品性中，有一種被忽略的勢力，依然在睡眠狀態中，但能够喚醒。但若我們要依這方法決定關於意志的任何問題，那末，判決這表面上全然不關重要的案件，卽判決古經院哲學的『決定力平衡』的案件，決非如福祿特爾所想像那樣不重要。我們祇有放棄這個幻想，才能應用科學原理到意志問題上來。

關於此等問題他的態度既然如此，他稱讚牛頓關於神及世界合目的性的見解，就毫無疑問，是很眞誠的了。如何牛頓的體系會在法蘭西促進唯物論與無神論呢？

這裏，我們切不要忘記這新世界觀，會使法國最優秀的頭腦，以最新鮮的興味，再考慮並再檢察一切在笛卡兒時代已經提出的問題。我們已經講過了笛卡兒對於機械世界觀的貢獻，我們以後不久還有機會講到這種事跡；但大體上，笛卡兒主義的刺激力，在十八世紀開初就經消竭了。我們不能希望他對於法國諸學派再有進一步的極大的影響，因爲他已經爲耶蘇社教徒所懷柔，而適合於耶蘇社教徒的目的了。大思想的系列，究竟是在新活的原本下，抑是攙入許多傳統的偏見而在混合物的形式下，給其同時人以影響，決不是一件無足重輕的事情。並且，人們的心靈究以如何的氣分與態度，接受一種新學說，亦決不是無關輕重的。但我們仍須大膽主張，要完成牛頓所建立的宇宙觀，最適合的環境，最適合的氣質，都當首推十八世紀的法蘭西。

笛卡兒的旋回運動，不爲數學的理論所確證。數學是牛頓博得勝利的記號。杜·波以·勒伊蒙很正確的說，福祿特爾的影響，在於使紳士淑女的優雅的社會歸化於新世界觀。『范台尼爾(Fontenelle)的月，被福祿特爾的原理，從貴婦人的化粧室驅逐出來的時候，牛頓對笛卡兒的勝利，才可說在法蘭西完全了。』說牛頓理論之得確證，乃依一位法蘭西人的計畫而成就，決不祗是民族虛榮心的滿足；[二〇]

在引出這大變化的最基礎上，我們又發見了，法蘭西人的數學感，依着牛頓的影響，受得了强大的刺激。十七世紀的偉大現象，以增大的光輝復活了；在拔斯克爾及浮馬特（Fermat）的時代以後，又借着茅卜杜斯（Maupertius）及達蘭保（D'Alembert），發生了一長列的十八世紀的法國數學家，直到後來，拉普拉士才放棄創造者的假設，而引伸出牛頓世界觀的最後結論。

福祿特爾雖在其他諸點上都是過激論者，但終不會引出此種結論。他固不承認其師牛頓及克拉克要與敎會和睦，但對於形上學這兩大思想，他終生都是很忠實的。我們不能否認，這個人雖以全力推翻敎會的信仰，雖首倡『écrasez l'infâme』（戰勝汚辱）那種有名的學說，但仍不免竭力支持純化的目的論，他也許比任何一個英國自然宗敎論者，都還更眞誠地討論神的存在。在他看來，神是一個卓越的藝術家，而按照賢明的合目的性的理由，創造世界。福祿特爾後來無疑發生了一種更暗黑的見解，寧願描寫世界上的惡，但最不合於他的精神的，依然是自然法則之盲目支配說。〔三二〕

福祿特爾不欲成爲唯物論者。他的思想，曾在『神不存在，但人們必須假定神存在』一語顯著表示出來。他會反覆歸到這個思想上來。可見康德的見地，在他心中，已顯然有粗雜的無意識的萌芽。康德說，我們要以神的存在爲道德行爲之基礎。福祿特爾以爲，認無神論國家有成立可能的貝勒，如得五六百農民受其統治，就會馬上宣說神的報應。這話固近於開玩笑，但若棄其輕浮，我們就當承認福祿特爾的眞正見解，已包在此中，卽爲維繫道德與正義，神的觀念乃是不可缺少的。

現在我們瞭解了，福祿特爾是眞反對無神論聖經卽自然之體系，但不像盧騷那樣瘋意的熱狂。福祿特爾更接近於人性論的唯物論。在這點，洛克是他的嚮導者。洛克對於福祿特爾全部哲學，似曾發生最大的影響。洛克自己在這點，是全未予以決定。他雖主張人類全部精神生活都從感官的活動流出，但他對於如下的問題，却全未予以裁答，卽接受感官所供材料的，是不是物質；進言之，物質是不是能够思惟？有一種人常常以爲，物質的本質卽有廣延者的本質，與思惟的本質是互相矛盾的。洛克反對着這種人，却以爲，如主張思惟的物質是不可能的，那就無神了；因爲，如果神願如此，他就可以由他的全能，創造一種能思惟的物質。這種見解，顯見得有些淺薄。但這種神學的轉向，却頗爲福祿特爾所愛悅，因爲，在與信徒爭論時，這是一個很滿人意的支點。福祿特爾對於這問題既如此熱心，所以再不能像洛克那樣不予以決定，而必須在唯物論的意味上予以裁決。

關於英吉利人，他在倫敦書翰中說：『我是肉體，所以我思惟；此外我不知道什麼。一件事情，既然很容易委歸於我所熟知的唯一有結果的原因，爲什麼硬要把它委歸於未知的原因呢？事實上，除了抱不合理的無神論思想，還有誰敢確言，創造者不能予物質以思想與感情呢？』

當然，形式更爲嚴密的唯物論，是難於這樣主張的。福祿特爾相信，人們倘非失去健全的常識，就不致於假定，單是物質的運動已足產生有感覺有思惟的東西。〔三〕所以，爲要使物質能够思惟，不僅創造者是必要的，並且創造者亦不能像霍布士所說那樣，單由物質的運動，即可在物質中生出思惟。他以爲物質有一種特別的力；這種力照福祿特爾說來，雖然不是運動，但總可在隨意的行動中生出運動。如此看待物質，就成了物活論（Hylozoism）了（參看第一篇註一）。

我們已經有勢力保存法則。所以，從純理論的觀點說，嚴密的唯物論與物活論之間，實有頗大的差別。前者能與那法則相調和；後者則不能。康德宣稱物活論是一切自然哲學之死滅，〔三〕顯明祇因爲物活論會把機械自然觀破壞。在評論福祿特爾時，過分看重這種區分，當然是不正當的。對於他，有些結論比原理還更重要。他的觀點所以如此，乃因他對於基督敎的信仰，對於以信仰爲基礎的敎會的權威，持有一種實踐的關係。他的唯物論，跟着他對信仰的攻擊日益强烈而日益强烈起來。然無論如何，他對於不死問題總是沒有弄得明白的。就純理的理性說，不死是無可容認的，就實踐的理性說，不死却是可以容認的。福祿特爾即躊躇於這二說之間。這不免使我們想起康德。在康德，不能由悟性證明的敎義，都被視爲道德生活的豫想及基礎，而被保持着。〔三〕

在道德哲學上，福祿特爾亦受英吉利的刺激，但他的典據已不復是洛克，而是洛克的學生沙夫慈伯里公爵。沙夫慈伯里公爵因對於十八世紀德意志諸主要思想家有深切影響，故特使吾人感到趣味。

洛克在道德範圍內亦否定生得的觀念；霍布士所導入的善惡相對說，爲他所極力通俗化了。他曾從各種遊記搜集材料，以說明如何明格里安（Mingrelier）人活埋其兒女，不稍示憐恤，如何道奧賓納波人（Tuupinambos）相信他們可由復仇而登天堂。〔三五〕福祿特爾有時亦能使用這種記載，但這種記載，決不能搖動他對於下述那個原理的信念，卽正與不正的觀念在其最內的根蒂上，隨處是同一的。這種觀念，雖非當作已充分形成的觀念爲人所生得，但至少在出生時已有這種觀念的素質。好比人雖到後來才學走，但生來就是有腿子的。一個人在出世的時候就有分辨正與不正的器官，他的精神的發展，又必然會促動這種器官的機能。〔三六〕

沙夫慈伯里爲人富有理想主義的熱情，抱有詩的世界觀，他的世界觀既有純粹的美感，而對古典的古代又有深刻的把握，故特宜於影響德意志。在這時，德意志已趨向國民文學之最豐富的發展。同時，法蘭西人亦在他那裏取得了十分的營養。當然，會發生影響的不祇是實證的學說——例如說，對於德的熱情，各個人腦中都有自然的萌芽。但我們還是第一次知道研究這種學說。洛克，乃在不利的意味上，認『熱情』（Enthusiasmus）爲狂信及自負心的源泉，爲過熱的大腦之有害的產物，完全相反於理性的思惟。〔三七〕這種看法，完全適合於他的凝固的無趣味的散文的全部世界觀。洛克完全受指導於他的悟性，沙夫慈伯里却在更優良的情狀下，受指導於他的詩感。他在藝術之上，美之上，尋得了某種在洛克心理學上毫無地位而爲他所蔑視的東西。這種東西的價值與品位，在他看來，是毫無疑問的。這種東西，在全範圍內投射着明晃晃的光線。沙夫慈伯里雖不否認熱情往往生出狂信與迷信，但他又在其中發現一個源泉，以爲人間精神所顯示的一切最高貴最偉大的東西，亦從這個源泉流出。人間道德，是由此起源的。宗教亦是從此起源的。這所謂宗教，當然統指善的和惡的。在不幸時節安慰人類的宗教，固包括在內，在火刑積薪上點火的復讎的女神，亦包括在內。心情對於神所做的最純潔的高揚，固包括在內，人性的高貴性所受的最卑劣的冒瀆，亦包括在內。他和霍布士一樣，主張宗教與迷信是互相連結的，但其間之隔牆，已不復是巨靈的粗劍，而是——美的判斷。氣質好的，快活的，愉快的人，爲他們自己建立高尙的崇高的自由的好意的神；陰鬱的，發怒的，不平的人，卽建立憎厭的復仇的神。

沙夫慈里伯以基督敎列在快活的氣質好的宗敎那方面。但他對於歷史的基督敎，曾予以如何的攻擊呢！對於敎會制度，曾予以如何嚴厲的非難呢！對於信者所稱頌的傳說，對於被他們認爲神聖且無議論餘地的傳統，又曾予以如何不容情的責罰呢！

沙夫慈里伯在其他諸點上雖極稱讚其師洛克，獨關於其宗敎觀，則表示責罰，然他所責備者，非洛克個人，乃爲英國全部自然神敎徒。他根據霍布士哲學，予他們以共同的非難。其中，特別指出了英國自由思想家大多數，對於宗敎之精神及本質，都抱着內心的嫌惡。但洛克著作的出版者，却以爲他有轉用此武器以攻擊其敵人的權利；他爲洛克的正統派辯護，又稱沙夫慈伯里爲『對啓示的宗教之冷笑的無信仰者，及道德上極端的熱情家。』〔三六〕

這個人並不是全然錯誤的，如果我們從僧侶的見地（視教會之典據高於其教義之內容）予以判斷，那就更加不是全然錯誤的。但我們可以遙遙一步說：沙夫慈伯里在心內是比洛克更接近於宗教，但不瞭解基督教的特別精神。他的宗教，是能保持優美氣質的快活的人的宗教。他的世界觀，被稱爲貴族主義的世界觀，但我們必須附帶聲明，或不如修正其說曰——他的世界觀，是天眞無邪的、處境優裕的、以自身水平線爲人類水平線的、兒童的世界觀。基督教會一度被稱爲孤苦貧民的宗教，但同時，根據歷史的明白辯證，基督教又是下述那一種人的宗教，那種人認貧苦是上帝在此世間立下的永久制度，他們特別喜歡這種神的制度，因爲那是他們自己境遇優良的天然基礎。蔑視這假設的永久制度在某情況下，無異是最激烈的直接的攻擊。再者，我們這裏所以要注意沙夫慈伯里及於勒新（Lessing）赫德爾（Herder）席勒（Schiller）諸人精神的影響，乃因要說明，從素樸的樂天觀到如此形成世界使其與此樂天觀相應的看法，其間相距並不很遠。

沙夫慈伯里最近有一位傳記家，〔三九〕曾明白指示有兩個極端，和他相反對，一方面是蜜蜂寓言的作者孟德維爾（Mandeville），他方面是正統派。這兩極端，藉由這種情勢發生了顯著的結合了。不過，孟德維爾這個人既是罪惡的辯護者，同時又是高教派教會的擁護者，這是我們必須要正確理解的。孟德維爾反對沙夫慈伯里說，眞正的德，乃依存於自我的克制及自然性向的抑壓。他這樣主張時，他的意思，不是制服他自己和他自己的性向——因爲如果此等性向不努力追求無限的滿足，一切商業交通都將陷於停滯狀態，國家必定會滅亡！他所指的，乃是勞動階級的自利心及情慾，因爲『適度的生活和不斷的工作，乃是貧民得到物質幸福的道路，亦卽是國家進於富强的道路。』〔三〇〕

如果我們記着，沙夫慈伯里不僅攻擊火刑與地獄，奇蹟與破門，而且攻擊說教壇及宗教問答；並記着，他會以得僧侶的誹謗爲無上名譽；我們就不難知道，福祿特爾所取受於沙夫慈伯里的地方，究在何處。說沙夫慈伯里哲學之實證的特色，於福祿特爾有影響，當然不錯；說福祿特爾思想上可作爲康德見地序曲的某一要素，根本可溯源於沙夫慈伯里，當然亦是不錯的。

當然，沙夫慈伯里世界觀的實證的特徵，及於第德維的影響，比較及於福祿特爾的影響，還更有力。這位十八世紀精神運動的大領導者，有徹底的熱狂的性質。羅生克郎茲（Rosenkranz）曾活躍地描寫他的矛盾性格及無組織的文學活動之弱點，又以光彩的筆，發揚他天性上的情熱的天才。『我們把第德羅和蘇格拉底一樣看待，說他的學說，表現於著作上者少，表現於言辭上者多，並且說從攝政時代到革命時代那個時期發展的各階段，都曾實現在他身上，我們才算瞭解了第德羅。第德羅和蘇格拉底一樣，有不可思議的魔力。他又像蘇格拉底一樣，必須自拔到眞善美的觀念，才自認爲已經完成。如他自己所說，他的歡欣鼓舞會形之於外表，他前額中央的髮會動起來，他四肢會震蕩起來，而第德羅亦祇在這種歡欣鼓舞情態中才能表現眞的第德羅，他像蘇格拉底一樣，能以滔滔的雄辯，感動一切聽衆。」〔三〕這樣一個人，不僅會對沙夫慈伯里的『道德家』——『對於永遠的美之酒神的歌，貫通全世界、並結合一切表面上的不調和、而成爲深切的高調的調和之酒神的歌』（黑提訥語）——抱着情熱；就連里嘉德孫（Richardson）的小說，其道德傾向雖平凡單調，亦會因技術之生動活潑，使他生出熱情的稱歎。他的見地雖在不絕變化，但他對於德及其在吾人精神性質中的深基礎，却抱持不搖的信念；這是一個固定點，他努力要使它和他理論思惟中表面上極相矛盾的要素相結合。

第德羅是如此堅執地被認爲法蘭西唯物論的首領與指導，至少被認是引伸『洛克感覺論』爲唯物論的第一人，所以我們必須在下一章根本清算黑格爾極端輕視年代紀的組織癖。那，對於十七世紀十八世紀的哲學，比對於任何時代的哲學，都更引出了混淆。我們所根據的，祇是這幾種單純事實，卽，在人間機械論出版之前，他依然不是唯物論者；他的唯物論的發展，僅由於和何爾巴哈（Holbach）周圍諸人相交際；其他法國著作家如茅卜杜斯，洛賓訥（Robinet），甚至於拉·麥托里，對於第德羅的影響，比較第德羅對於任何著名唯物論者的影響，都要更爲決然的。我們是參考一種明晰的理論的見地之採用，說『決然的』影響——因爲第德羅所引起的鼓舞激勵的影響，也是很爲重要的；因爲，在這沸騰的時候，各種革命傾向是會發生相互影響的。第德羅熱心讚美道德，攻擊道德基礎的思想仍可在別人心中覺醒過來，——雖然他們兩人的心都充分厭惡僧侶的道德，都痛恨僧侶統治下人類的屈辱。福祿特爾雖鼓勵無神論者，但又辯護神的存在，因爲他主要的任務，卽是奪取教會對於被濫用被曲解的神學的獨佔權。那時候，對於一切權威，有繼續不斷的攻擊，在這不斷的潮流中，聲調無疑會越來越是激烈。其領導者才終於利用唯物論，同着無神論，使其成爲反宗教的武器。但無論如何，在運動的最初期，唯物論的首尾一貫的理論的體系卽已完成，不過運動的領導者依然抱持英吉利的自然神論，或自然神論與懷疑論的混合物。

第德羅所以有此鼓舞激勵的能力，應感謝他的稀有的文學天才和描寫的非常有力。他著有多種獨立的哲學著作，又從事不倦地著作大百科全書。後者尤可表白他的能力，固然，第德羅不常在百科全書中表示他自己個人的意見，但在百科全書着手著作的時候，他亦還未有無神論和唯物論的思想。自然之體系固有大部分出於他的手筆，但以下那一件事，亦毫無疑問，卽，不是他推何爾巴哈進到極端，而是何爾巴哈以其堅決的意志，明晰的平靜的耐久力，把這位天才家束縛到自己的路上，並使他接受自己的思想。

當拉・麥托里著作靈魂自然史，公然宣佈其唯物論時，第德羅尙全然立在沙夫慈伯里公爵的立場上。他在價值及德論中，曾緩和其原有的鋒銳，而在註解上，反駁他所認爲過激的見解。這也許是愼重的先見，但他對自然秩序（他後來又和何爾巴哈共同予以攻擊）的辯護，對無神論的反駁，則在後一年著作的哲學思想一書中，是同在這裏一樣誠實。在哲學思想一書中，他的意見依然根據牛頓所導出的英吉利的目的論，以爲給無神論及唯物論以最强大的打擊的，卽是近代的自然研究。顯微鏡的奇蹟，乃是神的眞的奇蹟。蝶之羽，蝠之眼，足以粉碎無神論者。但同時這裏又流着別一種全然不同的空氣。傍着無神論之哲學的破壞，滾滾湧出了一個最豐富的滋養料，以營養社會的無神論。爲簡便的目的，我們說，這種無神論，是否定且非難現社會組織，國家，教會，家庭，及學校所承認之神的。

第德羅表面上似僅僅攻擊不寬容，『因爲他看見了關在地獄般的牢獄內的死屍，聽見了他們的呻吟愁訴。』但這種不寬容，乃與神的流行觀念相關聯！第德羅曾問：『此等不幸的人，究竟犯了什麼罪？那個人使他們忍受這種苦悶？他們所觸犯的是神。那麼，誰是這個神？全善的神。哈！一個全善的神，高與自浴於淚中？我們必須知道，人民不是畏敬神祇，是對神恐懼。試看看這位最高存在物的圖象，他易怒，他急於復仇，他所要殺的人遠多於他所要救的人，那怕最正直的心，亦定然願意沒有這樣一個神存在。』〔三二〕

這種斷然的辭句，比人間機械論任何章節，亦對當時法蘭西社會發生了更强有力的影響；全然離開思辨的理論不說，一個人如在唯物論中祇看見對教會信條的反對，他要把第德羅稱爲唯物論最大膽的一個代表，是用不着等候達蘭堡的夢的出版（一七六九年）了。本書（即唯物論史）雖爲著者之計畫與目的所驅，有時，在嚴密的唯物論之外，還得考察許多相關的見解，但促進這種混淆，總不是我們的任務。

在英格蘭，貴族的沙夫慈伯里，得平靜地秤衡復仇的神，從而發覺他的缺欠。在德意志——那自然後了許久了——席勒亦要求從神殿把祇給人類以苦悶以眼淚的神驅除出去。〔三三〕知識階級，有力樹立一個更純粹的神的觀念，用以代替被他們推翻了的神的觀念。但對於民衆，尤其是對於法國的加特力教徒，復仇的神即是愛的神。就那種宗教說，天堂與地獄，祝福與呪詛，竟在一種神祕的統一與刻板的傳統觀念上，互相結合了。第德羅從黑暗一面描寫出來的神，祇是他自己的神，即是他所信賴，他所恐怖，他所日常尊敬的神。這個圖像，好像異教徒的神會一度爲波尼拂斯所破壞一樣，是可以破壞的，但要由筆尖把它破壞，並以沙夫慈伯里的神爲之代，却是不可能的。同一滴溶質，投在不同的化學液中，可以發生極不相同的沈澱。第德羅老早就實際爲擁護無神論而戰了，雖然他依然在學理上破壞無神論。

在這情勢下，對於他的唯物論的性質，要更詳細的予以研究，並沒有多大的歷史的意義，但爲批判唯物論而簡單討論他的見解，亦未始毫無用處。他的見解，不經充分解釋，單就最明顯的一目瞭然的特徵說，就可說是唯物論的一種修正，那是新的。在這種修正上，從德謨克利特士到霍布士原子論所受的重要抗論，顯然是避免掉了。

我們曾屢屢說明，古代原子論不以感覺歸原子，但以感覺歸於小胚種的組織，但按照原子論的原理，這種小胚種的組織，又不過是原子（單獨的說，那是不能感覺的）之特殊的空間結合。我們曾講過，就連迦桑狄竭畢生之力亦不能征服此種困難。我們又講過，霍布士雖斷然把某種分子運動和思惟，看作是同一的事物，亦不會把這個困難改良。這裏，除了認感覺爲最小分子的物質的特性，殆沒有第二條路可走。洛賓訥在其『自然論』一書（一七六一年）中，就是這樣做的，不過拉·麥托里一七四八年的人間機械論却尚依然保持老魯克理底斯的意見。[三四]

洛賓訥的奇特的體系，富有空想的要素和粗野的假設，有時被認是萊布尼蜓單子論之曲解，有時被認是謝林自然哲學之序曲，有時又被認是純粹的唯物論。最後一種看法，才是正確的，不過，我們讀他的書全篇不會知道他是站在什麼立場上，却亦是一種事實。洛賓訥予一切最小分子以生命與精神；在他看來，就連『無機的』自然之構成要素，都是生的胚種，雖無自我意識，但自身具有感覺的原理。但就連人類（那又是康德學說一個重要的要素）亦祇知他的感覺，不知他自己的本質，不自知其爲實體。

洛賓訥全書都承認這兩個原理——物質之物體的原理和精神的原理——是互相影響，好像最放縱的物活論那樣主張。但突如其來，我們又看見了下述那個簡單且極重要的解釋，即，精神對物質的作用，不過是物質的印象之反動，在這種反動上，機械之（主觀的）自由意志的運動，其起因不外是機械之有機的（這其實是機械的）活動。〔三五〕這原理，就這樣，無何等誇示地，首尾一貫地引伸出去了。例如，如果有一種感官的印象，刺激靈魂去欲望某種事物，那其實不過是大腦中觀念纖維對欲望纖維發生了機械的作用，從而發生制約的活動；並且，如果我為實現我的欲望而伸出我的手來，那其實又不過是自然過程之嚴密的機械的結果——那從大腦出發，經由神經與筋肉，而使手臂運動——之內部的主觀的方面。〔三六〕

康德曾非難物活論，說物活論是自然哲學之死滅，但他這種指摘，不能射到這個見地。勢力保存的法則，用我們現代的話來說，已由洛賓納應用到人類一切現象上來了——從感官的印象，通過大腦機能，而至於言語行為。他很巧妙地，把這種學說，和洛克福祿特爾的自由意志說相結合了：即所謂自由，是能行他所欲，不是能欲他所欲。我的手臂的運動，是自由意志的，因為其運動依從我自己的意志。客觀地考察一下，此意志作用之生起及其與結果之關係，一樣是自然必然的。但就主觀而言，這種自然必然性就消滅了，存下的祇是自由。在主觀方面，意志僅依從有精神性質的動機，但此動機，在客觀方面，又受制約於相應的大腦纖維之必然過程。

這裏我們又看見了，徹底的唯物論，常常鄰近於唯物論的限界。略一懷疑物質及其運動之絕對的實在性，我們就有了康德的見地了。康德以爲這兩個因果系列——依外部必然性而行的自然的因果系列，及依自由與精神動機而行的經驗意識的因果系列——都不過是第三個因果系列的現象。這第三因果系列的眞正性質，尙非吾人所能認識。

洛賓訥著作出版以前許久，第德羅卽已傾向於這樣一種見解。茅卜杜斯一七五一年在一篇假名的論文中最先說到感覺的原子，第德羅卽在自然說明的思想（一七五四年，）反駁這個假定，他的反駁方法，致我們覺得他是十分明瞭這問題。不過，這時候，第德羅依然抱懷疑論的立場，茅卜杜斯的研究，大體上似乎沒有發生很大的影響。〔三七〕

第德羅在採用洛賓訥的見解時，未嘗不會感到這種修正的唯物論，依然有弱點。〔三八〕在達蘭堡的夢一書中，夢想者曾反覆敍述此點。事情是簡單的。我們既承認原子有感覺，但這感覺又如何綜合而成爲意識的統一呢？——此難點決不是心理學的。因爲，如果感覺是像調和音系中的音一樣相互交流，我們就可想像要素的感覺之總和怎樣，可以提供意識之最豐富的最有意義的內容。但是，感覺如何經由空虛的空間，而在原子與原子間互相交流呢？夢想的達蘭堡，卽第德羅，並沒有回答這個問題，他不過設想，這感覺的分子相互間會發生直接的接觸，並從而形成一種連續。但這必在概念上放棄原子論，從而放棄烏柏衞晚年在內敎哲學上所贊成的那種唯物論。〔三九〕

現在我們進而考察英國唯物論及於德意志的影響。但我們且先簡單考察一下，德意志本身曾在這方面有怎樣的成就。那成就是非常小的。其所以如此之原因，與其說是熱情的唯心論占着優勢，不如說是宗敎改革大鬥爭後，德意志政治紊亂，道德淪亡，從而精神虛脫，以致於一般墮落。其時，其他各國均呼吸着新的精神自由的空氣，獨有德意志却在獲得這自由的鬥爭中，成了犧牲者了。沒有什麼地方的凝固的獨斷論，還比德意志的新敎徒，更爲狹量。從而，自然科學特陷於苦境。『新敎僧侶，反對採用改正的克里哥林曆，僅因這種改正，倡於舊敎的敎會；按照杜賓根元老院一五八三年十一月二十四日的意見，基督不能與惡魔（Belial）及基督敎反對者合爲一。克蒲勒，天文學的大改革者，曾於一六一二年九月二十五日受斯杜特加宗敎裁判所勸告，須克制他的過於思辨的精神，並在一切事件上以神的名稱來修鍊自己，切不可以不必要的穿鑿，躊躇，註解，來混亂主基督的聖經及敎會。』〔四〇〕

威呑堡大學敎授生納德（Sennert），竟在德意志諸物理學者間介紹入原子論，在我們看，好像是一個例外。但這個革新，不但無大益於物理學，且不能引出一種傾向唯物論的自然觀。宰勒說，『形式上與德謨克利特士原子論無根本差別的』原子論，在德意志諸物理學者間，有一長時期佔着這樣重要的地位，所以，萊布尼疵亦宣稱，那不僅使人們忘記勒瑪斯主義（Ramismus），〔四二〕且大大破壞了巴里伯提特學派的學說。不過，我們很可以猜想，萊布尼疵的話未免誇張。至少生納德自然科學概要（一六一八年威吞堡版）中原子論的痕跡很不顯著，所以他的全然以經院哲學爲基礎的見解，爲原子論的異端所擾亂者較少，爲他從巴勒西爾索斯（Paracelsus）〔四三〕借來的要素所擾亂者尚較多。

此時，在法蘭西有曼台拉·莫特·勒·維爾，貝勒提倡懷疑論，在英吉利有培根，霍布士，洛克提倡唯物論及感覺論，在某一意義上，那都形成了一種國民的哲學了，而德意志却依然滯留在玄學的經院哲學的老家。對於貴族的粗野，伊拉斯瑪斯（Erasmus）曾痛快地予以『半人半馬怪物』之綽號。這種粗野，絕對不能在社會文化的基礎上，像英吉利那樣，建立一種完全的哲學。法蘭西日益活動的不穩的沸騰要素，德意志亦不是全然欠缺，但因宗教的見地佔了優勢，這種要素遂扭向極爲錯綜同時又極爲悲慘的路上了。宗派的分裂，就在無限的無任何耐久結果的鬥爭中，把國民的最善的力消磨盡了。諸大學，佔有講壇和教椅的人，是一代不如一代。梅倫克登爲再生亞里斯多德哲學而起的反動，在此輩人手下，引出了一個異教排斥運動，那不禁使我們想起中世紀的黑暗時代。笛卡兒哲學，除了在小杜伊斯堡，即難尋得任何安全的養育所，因小杜伊斯堡爲開明的普魯士王所保護，得享受荷蘭精神自由的空氣。我們講過，笛卡兒輩均依辯護的形式，予亞里斯多德哲學以曖昧的攻擊。這種精神，是很重要的。但是，就連十七世紀結末之頃，笛卡兒哲學，亦還保有這種精神。不過，那已逐漸消滅了；在這世紀終末之頃，許多人都覺得有一個更好的時代快要來到的時候，我們却發現了無數的非難，說笛卡兒哲學在宣傳『無神論。』正統派的人，最是在這時候，隨時準備向無神論攻擊；但很顯明，爭自由的人們在德意志，已經牢牢墨守着一種已經與法國的耶穌社教徒成立和解的教義。〔四三〕

在德意志，斯賓諾莎的影響，幾乎和笛卡兒哲學的更深的影響，同時顯著起來。在對經院哲學及正統派的鬥爭中，斯賓諾莎學徒不過是極端的左派，他們在斯賓諾莎學說之神秘要素泛神論要素所能容納的限度內，遂因而更接近於唯物論。德意志的最重要的斯賓諾莎主義者，是佛里特里克·威廉·斯托齊（Friedrich Wilhelm Stosch），他著有理性與信仰之一致一書（一六九二年），此書曾惹起非常的評判與忿怒，著者因隱匿於柏林，曾受五百台累罰金之威脅。斯托齊直率地否認靈魂的非物質性，且進而否認靈魂的不死性。『構成人的靈魂的，是血液與分泌物之適當的混合物，那經由完全通管而流出，且能生出各種隨意的和非隨意的活動。』『精神是人類的更好的部分，那是人類用以思惟的。那由大腦及無數器管所構成，由纖細物質之合流與循環而有種種變形，並且這種纖細物質亦同樣有種種變形。』『顯明的，靈魂或精神的本身及其性質，都不是不死的，且不能離人的肉身而存在。』〔四四〕

關於一般反教會信條運動的發展，尤其是關於唯物論見解的發展，英吉利人的影響，要更普遍而痛切。一六八〇年官房長科爾托爾特（Kortholt）在居爾著作大騙徒時，就指屈柏勒的侯爾巴特（Herbert von Cherbury），霍布士，斯賓諾莎爲基督教眞理三大仇敵。[四五]此三人中，就有二位是英吉利人。其中一個，是我們早已認識的霍布士。侯爾巴特（死於一六四八年）是『自然神學』即反對天啓信仰主張理性信仰的最老而又最有勢力的代表之一。他和霍布士在德意志究曾發生如何的影響，我們可以參看根特（Gente）發行的宗教騙術撮要一書。那部書也許不是十六世紀的作品。[四六]那多分是這時候的作品。在這時候，官房長科爾托爾特正努力轉用敵人的武器來反對敵人。這種大抵已被忘却的自由思想家的研究，曾有如何的多產性，可由如下那一事實說明之，即官房長謨斯痕（Mosheim死於一七五五年）曾搜集這種稿本不下七種之多，那都是笛卡兒斯賓諾莎死後，從而亦是侯爾巴特霍布士死後那個時期著作的。[四七]

英吉利人的影響，在下述那一本小書上，表示得最爲明白。那本小書，完全屬於唯物論史。但因爲最近諸文學史家對於那本書均不曾予以適當的評價，且爲他們大多數所不很知道，所以我們喜歡在這裏加以詳細的論列。

那就是關於靈魂本質的通信集。那在當時曾引起如此的評判，而從一七一三年以來又曾重版數次，受多種反駁與評論，甚至於使傑拿大學一位教授著一專書來反駁。[四八]那書包括三篇演講辭，據稱是由兩個人著作的，還有第三者一篇長序。作序的人稱一七二三年版爲第四版，他見前幾次版本未被沒收，曾表示十分驚訝。〔四九〕威勒爾（Weller）在假名辭典一書中，曾謂此書作者爲J·C·威斯特福爾（Westphal）德里茲一位醫生，）及J·D·霍謝西爾（霍謝生，威呑堡大學哲學助手〔？〕）奇怪得很，前世紀還有人認二位神學家羅雪爾及畢謝爾爲此書的作者。後者是熱烈的正統派，當然不會和一個『無神論者』通信——所謂無神論者，在當時，乃泛指笛卡兒學徒，斯賓諾莎學徒，自然神教徒等等。羅雪爾是一個物理學者，我們如根據內部的理由，亦正可說，第二封（反唯物論的）書簡，是他寫的。但在這場合，誰是唯物論者，卽誰是第一信第三信（不是全書）的作者，却依然是莫大的疑問。〔五〇〕此小書，很適合於那時代的慘憺現象，是用一種很可怕的文體寫出來的——內中的德文，攙雜着拉丁文和法蘭西文的斷片，並表現一種機智的精神和徹底的思想。此思想，如在古典的形式上，出現於十分自信的民族間，也許能夠像福祿特爾的著作一樣引人注意。但這著作的形式，却指示了德意志散文價值之零點。其著作的時代，乃是一切著名自由思想家均從法蘭西人貝勒學習的時代，最初數版尚爲人所愛讀，但不久就爲德意志人所棄置了。著者本人似亦十分意識到了這種情況，因爲他曾說：『我用德文起草此等書翰，當不致被認爲不當，因爲我並不設想它們是 Aeternitata』。著者曾讀霍布士，但正如他自己所說，那是『爲的別個目的；』關於法蘭西的啓蒙學者，他還什麼也不能知道。〔五一〕一七一三年，（即此書出版的年度）第德羅還才出世，福祿特爾還才十九歲，因曾爲詩譏嘲政府，第一次被囚於巴斯蒂獄。出版者在此書翰的緒言中既已證明了一切古哲學的誤謬，（即笛卡兒哲學，亦包括在內）說明了物理學近頃已從形上學取得其第一位置以後，即進行考察如下那一般的論爭，即，我們是否要把一切新觀念和一切舊的殘存的權威一同打倒，或一同攻破。

『有些人介紹我們位我們自己於 juxta captum vulgi erronei；別一些人又 par tout 主張要爲自己所信爲眞的，貢獻其自身。對於這爭論，我沒有解決它的聰明。但在我看，平常人當會漸漸更聰明起來：同時，我又看見了，不僅下等人是偏見很重的，即所謂學者亦如此。除偏見是很困難的，因爲畢達哥拉斯學徒的獨斷的定言（αὐτὸς ἔφα），乃是許多哲學家掩飾無知的一件很好的外套。』

『在一千個例中舉一個例來說罷，即靈魂問題。這可憐東西曾忍受多少的變遷呢，整個人身都被人指到了。有人把它放在大腦中，相信此說者甚衆。有人把它放在松子腺中，奉此說者亦不少。但別一些人，又認此居處太窄了，而把它放在 Quamvis corporis partem，放在全身體中。理性雖將告訴吾人，如果眞是這樣，身體有多少部分就會有多少靈魂，但七十五歲的曾任二十年大學校長的教授先生，總有許多愚民在背後附和着。』

『又有人把它放在心臟，使它與血液共循環；別一些人把它釘在心室；還有別一些人，把它看作是不安靜處的可憐的門役。』

『當他們談到靈魂本質時，情形還更壞；我不要說關於孔門尼亞斯（Conenio）的失敗，我是怎樣感想；我感謝上帝在我身邊沒有這樣荒唐的東西。』（譯者附註：以上數段，原文是德文，法文，拉丁文混雜着寫，譯文是根據英文的意譯直譯出來的。）

亞里斯多德博士（Dr. Aristoteles）在『嚴格的學位試驗』中，不知道他的『生命圓極』（Entelechie）應如何說明，黑莫老斯・巴巴魯斯（Hermolaus Barbarus）亦不知道他的『Recthabea』應譯爲柏林的夜提燈，抑應譯爲萊比錫的夜巡照。不使用異教的字眼『ἐντελέχεια』以煩惱良心的人們，因要說些甚麼，遂認靈魂是『祕密的性質。』『如果他們的靈魂果是祕密的性質，就讓它成爲祕密的罷，他們的定義不被輕視，乃因其有充足力量攻破其自身。』

『我們且講那些自認爲優良基督徒而與聖經相一致的人罷。這些聰明人卽稱靈魂爲精神，換言之，是我們所不知道或竟全不存在的事物。』

第一書翰相信唯物論的著者，關於他自己的思想的進行，曾給我們以十分的說明。生理學者和哲學者，像毫不遲疑地信靈魂有種種的機能一樣，以更複雜的人間諸機能，放在靈魂上面。他有見及此，遂以人類行動比於動物行動，進而探究諸機能的根本性質。他說：『動物的情緒及未開化人的情緒之類似。既然使近世某一些哲學家覺得未開化人亦有一種非物質的心，所以，無論古哲學家是否不用靈魂來說明他們的行動，近世哲學家總要這樣斷言，我們是不能不用靈魂來推動人類的行動。』接着，他就說明，尋根究柢，古代哲學家殆無一人，在我們現今的意味上，認靈魂爲非物質的實體。亞里斯多德哲學之『形式』，梅倫克登曾予以很正當的定義，說是『ipsam rei exaedificationem』。照西瑟維的解釋，其意當爲『永久運動』（ἐνδελέχεια）。而『此運動，乃從肉體的構造生出，所以是人間生命的一個本質部分，其分離當非現實，而祇存於心理上。』聖經，敎父，各宗派，都被引述。就中，且曾引述一五六八年克拉考出版的再洗禮論派的論文：『我們否認靈魂於死後繼續存在。』他自己的意見則有如下述。

通常稱爲無機的（卽非有機的）靈魂的機能，如洞見與意志，亦以感覺爲基礎。『知識過程』是這樣，卽，『當感覺器官尤其是視覺及聽覺向於物象的時候，大腦中纖維卽發生種種運動，』那種種運動都以感覺器官爲終點。大腦這種運動，有類於光線落在暗箱感光板上而發生一定影像的運動，因爲這種影像實際不在感光板上，却祇在眼中顯出。像網膜的纖維受了刺激一樣，這種運動在大腦中延續下去，從而形成一種觀念。種種觀念的結合，乃生於大腦纖維的運動，好像語言生於舌的運動。觀念如此成立，更證實了如下的原理：卽『理性中無一物，一切有結果的都存於感覺。』一個人的大腦纖維，如非適當地受感官刺激，他就不能知道任何事物。那又由敎育，練習，及習慣而來。人的外部的四肢既像他的兩親，所以我們亦須想像，其內部亦必像他的兩親。

著者雖毫無忌憚地嘲笑神學家，但他的全唯物論的人類觀，却處處當心不與神學發生尖銳的衝突。他絕對不對於宇宙及其對神的關係，作任何的思辨。他很公然在各處拒絕非物質的實體之概念，但不免陷入一種矛盾中，即不把他的原理，擴充到自然全部。但這到底是前後不相照應，抑是依照點滴石穿的原則，我們不知道。他的神學觀，表面上是依從英吉利人卡特沃茲（Cudworth）——即設想，在最後之日，靈魂當與肉體一同覺醒，冀不致與教會信仰相違反。所以，他認最初的人的完全大腦組織，是以神為其創造者，這種大腦組織，像人因疾病喪失記憶一樣，是因墮落而受了傷的。

行為上意志的決定，往往隨在更强烈的動機以後，意志自由說是全然無用的。影響意志的動機，可還元為情慾與法則。我們或不免設想，大腦中既有如許多的運動，那必然會引出混亂。但讓我們反省一下，如何那許多『以太』光線，為要把事物的影像傳達於我們，必須互相交錯罷。反省一下，如何適當的光線，無論在什麼時候，都會彼此互相遇合罷。我們的舌，且能發出無數的字音，形成無數的話，為什麼大腦纖維不能產出更多的運動呢？一切均取決於此的事實，特可從神經錯亂的情形認識出來。血液既被擾亂了，纖維的運動遂亦不均而混雜，神經錯亂的現象遂發生了；如果這種混亂的運動不是由於發熱，癲狂就會日甚一日。神經錯亂的病得由血液傳入的事實，可由癲狗咬，毒蜘蛛咀毒等等證明。

別一種精神病，是必須由教育，教導，訓練而救濟的無學。『這種教育與教導，是人間的當然的靈魂，人所以是理性動物，卽因此故。』（第一版第二五頁。）在別個地方（第三九頁，）著者又說，認人身有三不同部分卽精神，靈魂，與肉體的人們，最好是以『精神』指示他所受的教育，以『靈魂』指示他的肉體的某一部分，尤其是大腦纖維的力，一言以蔽之，以靈魂指示能力。

著者又非常細密地試與聖經和解，雖然他屢屢以嘲笑的註解中斷正統派的意見。這第一封書簡所基的理論實際是很强烈地傾向於亞里斯多德學說之古唯物論的說明，而認形式爲物質的一種特性。從而著者特喜引用斯德拉圖（Strato）和底克爾柯斯（Dikaearchos）的話，雖然他對於他們的無神論，亦曾提出抗議；他特別喜歡梅倫克登的靈魂定義，並曾幾度歸還到他這個定義。認靈魂或精神爲教育結果的說明，在一個地方（第一版第三五頁，）曾顯明參考愛維羅斯和台彌斯底斯（Themistius）；但愛維羅斯的柏拉圖化的汎神論在這裏轉變成了唯物論，亦是很容易看得出來的。誠然，在愛維羅斯看來，不死的理性，在一切人身上，是同一的實體，而與知識之客觀的內容相同；但精神與其內容之同一，乃以思惟與實在同一說爲根據，意謂思惟，當作神的建立萬物的理性，在個人之外有眞的存在，而像神的光一樣映照入於個人。但在此書翰的作者看來，教育乃是語言對大腦的物質作用。實際，這種主張，殊不類似亞里斯多德學說之無意的『冲淡』卻好像是亞里斯多德學說在唯物論意味上的有意的修正。

在第三書翰，著者的主張如次：『雖經這多次的爭論，我仍不要主張靈魂是物質的。我不知道，主張靈魂是物質的究於物理科學有何利益。我更不知道，其他動物尙如此構造，使我們以其所現的結果歸於由神而適於目的之物質，爲什麼人卻不能以此自誇，而必須認爲是 iners, mortuus, inefficax 的。我們必須插入某種東西到人身上去，使人能有一種行動，來區分人及其他動物，並給他以生活。』

著者以爲辯護自己不是『機械論者』或唯物論者，是甚得策的。『我除了介紹巴里伯提特學派的形式，我不說任何機械或物質性向；事實上，我也不曾介紹什麼新哲學，我寧可受權威之偏見之責難，承認我是信從梅倫克登的。梅倫克登（爲說明形式，卽有靈魂的人）就曾利用 Exaedificatio materiae 一辭。』但我們如更明瞭地考察一下亞里斯多德的見地，很容易就可看出『Exaedificatio materiae』或『Ipsius rei exaedificatio』那一類的話，對於如下那一問題，依然未有解決，卽形成力到底是從物質出來的，抑必須認爲是形式的性質，而認形式爲一種特殊的更高的自存的在這場合特可指示『靈魂』的原理？關於這點，著者顯然要隱其自身於梅倫克登的典據之後，或要模倣神學家；又或兩者兼有。他對於他的全部巴里伯提特學派的見地，似不怎樣認眞，這似可由下述那一事實說明之，卽，他不久在說明形式的時候，就感到了困難，這種困難，終驅使他不得不隱身於『德謨克利特士的原子論，』因爲他以爲原子是一切自然物體的形式的支持者。〔三二〕這種隱身術，似乎在下述那一件事，亦可看出，即，第二封信表面上反對唯物論的作者，曾嘗試證明第一封信作者的無神論的結論，也許，他就要像貝勒之流一樣，故意這樣來一下，好教讀者傾向於這種結論。並且，這又是全書出於同一手筆的別一個證據。

我們現在所論的值得注意的著作，不是德意志精神鬥爭的唯一紀念物，亦不是新唯物論在德意志較古於在法蘭西的唯一證據。早在一六九七年就有一位忠實的醫生般克賴夏斯·沃爾夫（Pancratius Wolff）在法醫學考一書中說：『思想不是非物質的靈魂的作用，祇是人類肉體尤其是大腦的機械作用，』以待著作界之批判。一七二六年沃爾夫又出版一小書，更提出他的舊見解，『脫離一切非基督的結論，從而，神的特殊的智慧，自由意志，一切道德，都被否認了。』沃爾夫曾親自觀察熱病神經錯亂——和德·拉·麥托里大體相同——而得到他自己的見解。

甚至於有名的萊比錫醫學教授米凱伊爾·愛特米勒（Michael Ettmüller）據說亦曾『確立一種物質的靈魂』但惜未否定其不死性。愛特米勒是醫化學學派的領袖；單是這種情形，似已不許我們在現代的意味上，認他爲唯物論者。但十七世紀之末十八世紀之初，即在法國唯物論尚未普及以前許久，醫學先生們已開始從神學家及亞里斯多德的靈魂說，解放出來，並貫徹他們自己的思想，却亦是顯明的事實。不能稱爲唯物論之見解，已常常爲正統派所非難，而稱其爲唯物論。且在別一方面，我們又必須知道，有一種特殊的發展過程，已引導醫學及自然科學走向首尾一貫的唯物論，所以這種過渡的見地，在唯物論史上，亦値得加以最小心的考察。但現在，這種必要的材料，還是甚爲缺乏。[五三]

第二章　德·拉·麥托里

鳩里安·奥夫勒·德·拉·麥托里（Julien Offray de la Mettrie）或如通常的簡稱拉·麥托里，在文學史上是最被人咒罵的一個，而其著作亦最少人閱讀。認他應當受咒駡的人們，亦祇有少數懂得他一個皮毛。這種傳統的看法，是從他同時代的人以來就是如此的；就連和他意見相同的人，亦是如此看待他。拉·麥托里是十八世紀法蘭西唯物論的替罪羊。凡與唯物論締結非友好關係的人們，都攻擊他，說他是唯物論的最極端者。就連那些意見接近唯物論的人，亦踢拉·麥托里一足，俾自己不致受最惡劣的非難。這是很適合的，因爲拉·麥托里不僅是法蘭西唯物論的最極端者，而且就時代的順序說，他亦是最先的一人。嘲笑是日加無已，數十年來，人們一方面雖漸漸採用他的思想，同時却又以莫須有的罪名，來處罰這個罪人；後來，他們把他們從拉·麥托里那裏學來的東西，當作自己的製造品來出賣了——因爲他們曾如此一致，如此用力來分別他和他們自己，故能迷惑他們同時人的判斷。

讓我們先整理一下年代記！在哲學史上，我們必須感謝黑格爾的無數創制的遺產。但至少在大多數場合，對於其『缺點』，却是沒有人指示過；大家知道，黑格爾是從原理構成概念之眞的系列，設若自然錯了，以致某人或某書早出或遲出若干年，錯誤是不在他，而在於自然。他的學派，在這一點，是承繼着他的；甚至於有些人雖不復贊同這種強蠻的辦法，但依然受其結果的影響。例如，宰勒就從希臘哲學史，有意的，排除這一切對年代記的輕蔑。他著萊布尼疵以來的德意志哲學史，亦到處努力對於事物之實際的進行，予以公平的處理。但等他偶一提到法蘭西的唯物論，他在敍述上雖是愼之又愼，却把它看作是『感覺論』——爲康狄亞克（Condillac）從洛克經驗論發展出來的感覺論——的一個結果。至少，宰勒指出了拉・麥托里在世紀中葉以前，已引出這個結論。[三四]但他的看法是這樣，以致最有影響最獨創的近世思想家之一霍布士，是全被忽略了，而僅被列在政治學史上，或僅被認是培根的餘響。反之，在當時通俗化霍布士主義並在霍布士主義邊際上繞圈的洛克，却好像是二重發展系列——英吉利的和法蘭西的——獨創的祖先了。在後一系列上，有福祿特爾，康狄亞克，百科學者愛爾法修(Helvetius)最後拉・麥托里何爾巴哈等繩繩相續。這種發展系列，是這樣被人熟習，以致古諾・費謝爾竟有一度認拉・麥托里爲何爾巴哈的學徒。[三五]這種看法的影響所及，且遠在哲學史範圍之外。黑提訥主張拉・麥托里一七四五年所著的靈魂自然史及一七四八年所著的人間機械論，主要地均受笛德羅哲學思想一書的刺激。他在這樣主張時，未免忘記了他的年代記了。蕭塞爾（Schlosser）著世界史，亦說拉・麥托里是一個非常無知的人，因爲他不顧廉恥，把別人的發現和觀察當作他自己的。[三六]但其實，如果我們看見了拉・麥托里和他同時任何名人有極相類似的見解，那幾乎在一切場合，前者都有無可辯駁的優先權！

就年齡說，拉·麥托里委實是法蘭西啓蒙時代諸著作者中最年長的一個。除了屬於前時代的孟德斯鳩及福祿特爾，幾乎一切人都比他年輕。蒲豐（Buffon），拉·麥托里，盧騷，第德羅，愛爾法修，康狄亞克，達蘭堡，是依次相承的，他們都出現在一七〇七年到一七一七年那一短期間；何爾巴哈，則在一七二三年以前尚未出世。當最後那一位，在待客的家中會集他門下出入的才氣煥發的自由思想家時，拉·麥托里早已作古了。再者，作爲一個著作家說，尤其是，如果所關涉的是我們所論述的問題，拉·麥托里尚可說是這全系列的開始。蒲豐在一七四九年開始發行其博物學的大著最初三卷；但他在第四卷，才展開多樣有機體有統一原理的思想，這種思想，後來在一七五一年重現於茅卜杜斯的匿名著作，在一七五四年重現於第德羅自然說明的思想，〔三七〕但一七四八年出版的拉·麥托里的人間機械論，已先此而以非常的明確性發展這種思想了。引導拉·麥托里著作此書者，乃爲林訥（Linne）剛剛出版的植物分類學（一七四七年）。我們在他一切著作上，都可發現他不斷地熱心追隨最新的科學研究。拉·麥托里引述林訥；後來的作者，却沒有一個以爲必須引述拉·麥托里，雖然他們都確乎讀過拉·麥托里的書。在傳說中游泳而忽略年代記的人，當然會說『無知的』拉·麥托里，是以借來的羽毛裝飾自己！

洛生克倫茲（Rosenkranz）著書論第德羅，關於拉·麥托里的生涯與著述，曾予以大體上頗爲正確的說明他甚至於提到一七四五年的靈魂自然史。但他仍稱洛克的感覺論，爲康狄亞克由巴黎導入法蘭西以來，即成爲『法蘭西唯物論原理的出發點，』並隨着就講康狄亞克最初一種著作是出版於一七四六年。但這出發點，竟較最後的結果出得更晚；而在靈魂自然史中，唯物論又僅僅有一層極透明的面帕爲之遮掩。在這著作中我們可以發現一種思想，那對於康狄亞克的感覺論，或許還提供了暗示。

以上所論，都爲表白眞相！眞的關聯，所以有一個如此長時期被人誤解者，除了黑格爾及其學派的影響，次要的原因當爲拉·麥托里攻擊基督教的道德，曾引起世人的忿怒。結局，世人把他的理論的著作忘記了；他的最平靜最莊嚴的著作，（靈魂自然史亦包括在內）亦最完全地被人們遺忘了。對於拉·麥托里的生涯及著作，人們的責罵，有許多祇能嚴密地適用於他的倫理學著作。此等被遺忘了的著作，並不像一般所想像的那樣淺薄空虛。不過，拉·麥托里，尤其是晚年的拉·麥托里，在他努力的範圍內，特別熱心的，是爲解脫道德的束縛而戰。這種事情，加以他的挑戰的意圖——他甚至在他的主要著作上，亦要把人當作『機械』——遂使拉·麥托里的名字成爲萬人厭惡的對象，就連最寬容的作家，亦不承認他有任何好的特質。他和菲力特利克大王（Friedrich dem Grossen）的關係，遂亦被認爲十分怪異。實則，拉·麥托里論肉慾，雖有犬儒學派的論著，其死雖肇因於過度的貪食，但我們要知道，他比福祿特爾盧騷，都有更爲高尙的性質；而比較此等曖昧的英雄，他又更軟弱得多，因爲這一班人的醱酵力曾激動全十八世紀，他的活動，却依然局限在非常狹隘的範圍。

也許，拉・麥托里得稱爲近世唯物論中的亞里士提卜斯。他以爲人生的目的是肉慾，但他所謂肉慾，又像鮑新（Poussin）的立像與麥底西（Medici）的愛的女神（Venus）有關係一樣，與亞里士提卜斯的理想保有關係。他的最有名的製作物，既沒有大感動力，亦沒有誘惑的詩的靈感，那似乎只是衒學地追究他曾一度採用過的原理。大菲力特利克說他有一種靜正的自然的快活與親切，並稱揚他有純正的靈魂和可尊敬的人格，當然不是全無理由。但他的這種性格，終難免輕薄的非難。作爲一個朋友，他是很親切而肯犧牲自己；作爲一個仇敵，他在手段的選擇上却是惡意的卑劣的，亞爾伯勒西特・灣・赫勒爾（Albrecht von Haller）就曾受他這種待遇。[五八]

拉・麥托里生於一七〇九年十二月二十五日之聖瑪羅。[五九]他的父親經營商業，所以他能夠受到良好的教育。他受完大學豫備學科的時候，備受各方面的獎賞。他的天分，主要在修辭上詩歌上表現出來。他熱情地喜歡美的文學。但他父親却以爲，作一個牧師，定比較作一個詩人，能夠度更好得多的生活。他遂決定教他的兒子到教會去服務。拉・麥托里遂被送到巴黎去了，而在眞生教主義（Jansenist）的教授下，研究論理學。他既如此透徹地研究了他的老師的見解，遂亦成了一個極熱心的眞生教徒。據說，他還著了一本書，甚得此派的稱贊。他是否像其他眞生敎徒一樣採納神祕的禁慾主義，並傾向敬虔的懺悔苦行，我們不知道。但無論如何，這種傾向，在他，決不能維持至相當長的時間。

有一次，他回到故鄉聖瑪羅，當地有一醫師，使他發生了研究醫學的傾向，並使他父親相信『做好醫生比做牧師更有利益』。年青的拉·麥托里，非常熱心地投身於物理學及解剖學的研究，畢業於萊姆斯後，卽曾有一個時期充任醫生，一七三三年爲大波爾哈夫的名聲所誘，乃親往勒登聆敎。

這時，波爾哈夫（Boerhaave）雖早已停止講學，但其周圍，仍集有一羣熱心的稀有的青年醫士。勒登大學，在當時是醫學研究的中心，那也許是以後所不會再有的。在波爾哈夫周圍擁集的學徒，都對他非常尊敬。這個人的大名譽，曾使他取得頗大的財富。他的生活雖如此樸素，但他的廣施博助，足證明他很有錢。他作爲一敎師，固有優良的敎授才能，然除此以外，他的性格，亦特別値得稱揚。他雖曾一度主張無神論，雖難於改變他的理論的見解，但他的敬虔心，亦是特別値得稱揚的。因爲波爾哈夫和拉·麥托里一樣，是以神學的進路開始的，不過，後來，因爲他彰明皎著地贊助斯賓諾莎的哲學，而斯賓諾莎的哲學，在神學家眼裏又復與無神論無異，他才不得不把這個進路放棄。

堅實的實證的這位大師的精神，在貢獻其自身於醫學時，原不要根據自然主義的世界觀，而向其他原理的代表者挑戰。他對於他的活動與努力，已是滿足的了；但同時他的全部傾向，却終不免幫助唯物論的見解，使普及於其學徒之間。

在這時候，與英格蘭尼德蘭及德意志比較，法蘭西的醫學是比較落後的。所以，拉·麥托里為要開闢一個更好的體系，遂着手繙譯波爾哈夫的著作；嗣後，他自己又出版了幾部書，因此不久就與巴黎的醫學的權威，發生了嚴厲的敵意；同時，他在他的故鄉執行醫術，又大為成功，並還不斷地研究醫學著述。他的先生的實證精神，不稍被放鬆；他的興奮的努力，雖使他每日在醫學爭論中鬧個不休，但對於哲學，他却依然未曾過問。

一七四二年，他到巴黎去，藉着有力的薦舉，他在那裏取得了近衛軍軍醫的位置。他在德意志一役充任軍醫，這次戰役決定了他未來的全部方向。他一度為劇烈的熱病所困，且利用這機會，以自身為對象，來觀察血液波動及於思惟的影響。他的結論是：思惟不過是我們的機械之組織之結果。有這種思想的他，遂在病體復元後，試藉解剖學之助，以說明精神的機能。他的假定，會以靈魂自然史的標題出版。聯隊野戰佈敎師，首先提出警告，但不久一般人都對他表示憤怒。他的著作，被認是異端，他的近衛軍軍醫職務，遂不復能夠繼續了。不幸，同時又因答允幫助一位朋友爭奪國王侍醫的位置，曾譏笑最著名的巴黎醫士。因此許多人都厭惡他。他高尚的友人們，忠告他暫時躲避一般人的復仇慾。他遂於一七四六年逃亡勒登，在那裏，他對於醫師的蒙混與無知，馬上又發表了一篇新的諷刺文，嗣後不久（一七四八年）

又出版人間機械論。〔六〇〕

靈魂自然史〔六一〕開卷卽說，從亞里斯多德到瑪爾布蘭（Malebranche），沒有一個哲學家，能夠說明靈魂的本質。人和動物的靈魂的本質，好像物質和肉體的本質一樣，自來沒有被人瞭解。靈魂與肉體是相伴而生，亦是同時生成的。要研究靈魂的性質的，必須豫先研究肉體的性質，靈魂只是肉體的生活原理。

這種考察的結果，引出了如下的結論：卽，感官是最確實的指導者。『感官是我的哲學家。』我們無論能從感官取得多少，我們都須請敎於它，——如果我們要發現眞理。所以，我們且公平正直的問問我們的感官，究能在物質上，在肉體上，尤其是在有機體上，發現一些什麼。不存在於此的一切，均可不必過問。物質自身是被動的：它只保有惰性的力。舉凡我們看見運動的地方，我們都須把運動歸於運動原理。如果我們在肉體上發現了一個使心臟鼓動，使神經感覺，使大腦思惟的運動原理，我們就說這是靈魂。

以上所述，拉·麥托里的見地都確乎是經驗的，但不全然是唯物論的。但以下，他却非常微妙地，不絕參照經院學派和笛卡兒學派的原理，而逐漸移到唯物論上來。拉·麥托里說明物質的本質，它對於形式及對於外延的關係，它的被動性質，最後，它的運動力及感覺力。他的說明，表面上和經院學派的最爲人所容認的槪念相一致（這些槪念，他很糢糊的委歸於古代諸哲學家，）好像他的說明和他們的說明，大體上是一致的。他因要更確實地除掉實體與物質間的嚴密的區別，故亦注意於這種區別。他因要間接地認形式被動的物質所由而取得規定性與運動的形式，爲物質的性質，不可分地附着於物質，且亦不能從其本質分離出來，故亦談到形式。

這一切的主要目的，都好像在斯德拉圖主義的場合一樣，在於除去『動的主動力』即除去亞里斯多德的存於世界以外而促起世界運動的神。物質如僅由形式方成爲有定的實體，那麼，它究在何處取得此形式呢？從別一個實體，但其本質亦是物質的。這別一個實體，又復從別一個，從此推演，以至於無限。如是，除非形式與物質相結合，我們就不能知道形式了。形式與物質的這種不可分解的結合，互相影響，互相形成；而物質與運動的關係，亦復如是。此被動的本質，祇是抽象的，獨自思惟中的物質。具體的現實的物質，無時無形式，亦無時無運動。如是，具體的現實的物質，事實上，就和實體是一個東西了。在我們不感覺運動的地方，已有運動潛存，好此物質是在可能性上包含一切形式於自體中。假定物質世界以外尚有一個主動者，實在沒有一點理由。這樣一個主動者，就說是『ons rationis』（理性的生物）亦不成。笛卡兒假定神是運動的唯一原理，那在必需證據的哲學上，是毫無意義的。在信仰的光明之前，那雖是一種假說，但旋卽就證明了，物質是有感覺力的。這種見解如被說明了是本原的自然的見解，則這裏所需要的一切，就不過是證明近代人（曾對此提出反駁的近代人）尤其是笛卡兒的錯誤。人對動物的關係——這是笛卡兒哲學的最大的弱點——自然首先成了問題。拉·麥托里很巧妙地主張，我所直接確知的，到底祇是我自己的感覺。要證明他人亦有感覺之結論，與其取證於他們自己表白的話，遠不如取證於他由姿勢及聲音所表示的感情。表示情緒的有力的聲音，人和動物是一樣的；這種有力的聲音，比笛卡兒一切詭辯，有遙爲巨大的證明力。人們總是從外部形態，尋取人與動物的差別，實則按照比較解剖學，則人與動物的內部組織，殆完全類似。——如果感覺力如何得成爲物質屬性現在依然是一個不可解的謎，這個謎亦就好像許多其他的謎一樣，照萊布尼疵的思想說，我們祇能着見其隱藏本身之面帕，而不能看見其本身。——物自體有沒有感覺力，換言之，物自體是否祇在有機體的形式上，才取得感覺力，還是一個未解決的問題。但就在這場合，感覺亦必然像運動一樣，會在可能性上屬於一切物質。古代人就是這樣思想，他們的哲學，在一切有判斷能力的人看來，都較優於近代人的不完全的嘗試。

往下，拉·麥托里講到實體的形式說。關於這點，他依然在傳統概念的樊籬內來去。有一種見解，認事實上，使事物成爲現實的，卽是形式，因爲此等事物，倘無形式，換言之，倘無性質的決定，卽不成其爲此等事物。他對於這種見解，曾予以檢驗。所謂實體的形式，卽是決定物體的根本性質之形式；所謂偶然的形式，卽是決定物體的偶然變形之形式。在有生的物體中，古代哲學者曾區別如下的幾種形式：卽，營養

靈魂，感覺靈魂及理性靈魂（就人類而言）〔六〇〕

一切感覺，都由感官得來。感官以神經爲媒介，而與大腦相聯。大腦是感覺的座位。神經管中，流出一種液體，卽生氣。這種生氣的存在，拉·麥托里以爲已由經驗確證。傳感覺到靈魂中的生氣，要受器官變化的影響。沒有這種器官變化，感覺是不會發生的。靈魂並非在人們設想其有所感覺的地方發生感覺；靈魂乃按照感覺的性質，而以其感覺歸於其外某點。器官的實體是否亦有感覺，我們不得而知；但這祇能就這實體本身，不能就全動物來考察。〔六一〕靈魂所佔據的地方究爲特殊的一點，抑爲一個範圍，我們也不知道，但因一切神經並不在大腦的一點上會集，所以前一種假設，乃是不可能的。一切知識，祇在知識爲靈魂所觸發的那一瞬間，存在於靈魂之中。知識的貯藏，應分解爲有機的狀態。

如是，靈魂自然史，從普通的概念出發，漸漸引我們到唯物論上去，結果，在若干章以後，便下結論如下：感覺的東西，必然是物質的。那究如何發生，拉·麥托里亦不知道；但爲什麼（照洛克說）我們要限制創造者的全能在我們的知識範圍內呢？記憶想像情慾等等，就這樣都在完全唯物論的方法上，予以說明了。

書中，有比較很短的一節，論理性靈魂，在這一節中，他以同樣强硬的傾向唯物論的態度，並以同樣的果斷，討論自由，反省，及判斷力諸問題。下一章的標題，卽爲『祇宗教的信仰可證實理性靈魂存在的假定。』但這一章的目的，却在說明形上學及宗教怎樣要採用靈魂的概念；結論則謂，眞的哲學應坦然承認無法瞭解那以靈魂的美名自稱的不倫不類的東西。那裏又引用了福祿特爾的名言：『我是肉體，所以我思惟。』經院學派證明物質不能思惟的命題，福祿特爾曾嘲笑之。關於福祿特爾這種意思，拉·麥托里是高興予以敍述的。

最後一章標題『確證一切觀念皆出自感官之故事，』〔㐫〕亦是頗有趣味的。查特爾的聾啞（他突然恢復聽覺學習語言，他幼年雖習了各種宗教儀式與宗教動作，但無任何宗教觀念；）屈塞爾登的瞎子（他被施手術後，方始看見多色的光線，但不能辨別球與立方體；）亞門教育聾啞的方法，那種種都在那裏提到了，其討論亦頗爲周密詳細。像當時的習慣一樣，他毫無批評的，再介紹了一系列的野人故事，並按照非常誇張的報告，把猩猩描寫得活像人的模樣。一般的結論是：人所以爲人，祇因他由感官受得了教育。他有所謂靈魂那種東西，亦祇因他由感官受得了教育。從內向外的精神發展，是從來不會有過的。

關於靈魂本質的通信集的作者，不禁要拉梅倫克登加入他自己的體系；同樣，拉·麥托里亦依據教父亞諾比亞斯（Arnobius）。他曾從亞諾比亞斯的著作反系統論，借取一個假設，這個假設，也許就是第德羅，蒲豐，尤其是康狄亞克的人類觀的原型。

我們且假設有一間陰暗的地下室，一切聲音與感官印像都不存在，但其中有一新生的嬰孩，僅爲一裸體的永遠不說話的乳母所撫育，所以，到他長成到二十歲三十歲，甚至四十歲，對於世界及人生，仍舊沒有一點知識。但等他長到數十歲以後，忽然他離去這孤獨的生活。這時候，我們問他，在孤獨生活中，他究竟有什麼思想，他究竟是怎樣撫育長成的。他會沒有回答；我們對他發出的聲音，他亦不知道其中有什麼意義。那麼神性的不死的部分，究在那裏呢？有如此教育如此教化的肉體中的靈魂，又在那裏呢？〔六五〕

像康狄亞克的立像一樣，我們須假設這個僅有人形及生理組織的動物，會由感官的使用，而取得漸次整頓其自身的感覺，以教育輔之，即可取得靈魂，因靈魂的素質，是潛伏於生理組織中。——康狄亞克的學徒卡本尼（Cabanis），雖曾確當地放棄這種不自然的假定，但若與笛卡兒的天賦觀念說的非常薄弱的證明比較，則我們又不能不承認此種假定，亦有若干是處。

拉·麥托里的結論說：『無感官亦無觀念。』『教育愈少，觀念亦愈少。』他非常漸漸地達到了他的目的，最後並下結論說『然則，靈魂根本就是依存於肉體的器官了，是和肉體器官一同形成，一同生長，一同消耗的了。Ergo participem leti quoque convenit esse。』

人間機械論與靈魂自然史的著作方法，非常不同。人間機械論所要論述者，已顯明表白在書的標題上，其最後結論已見於全書的開場；但靈魂自然史却是注意深深的，配列周密的，逐漸提出其驚人的結論。靈魂自然史因要逐漸證明靈魂不過是一個空虛的可灌入唯物論內容的形式，遂與全部亞里斯多德的形上學相聯結，人間機械論不再討論此等纖巧的區別了。對於實體的形式之問題，拉·麥托里曾與自己論戰；所以如此者，並非因爲他的意見已發生本質的變化，却是因爲他希望能藉此以保護他的姓名。他對於他的姓名，曾盡其所能來掩護，並用最有效的方法，來防止迫害者的迫害。並且，這兩部書的形式，亦是根本不同的。靈魂自然史照例分成若干章若干節，人間機械論則以流利的言辭暢論下去。

這書的文章，是極美的散文，是證明和辯服並重的；其著述，具有一種意識的意旨，要使其在知識階級中容易被採納，迅速被流佈；一種論爭的著作，其主旨在爲一種學說開闢道路，不在於證明一種發現。但無論如何，拉·麥托里曾以廣大的自然科學的基礎，支持其自身。事實與假設，議論與演說，都集合起來爲達到這一個目的。

拉·麥托里此書，曾有一篇獻詞給亞爾伯勒西特·瀿·赫勒爾，其用意究在使此書更爲人所容納，抑爲隱匿其自身，不得而知。爲赫勒爾所拒認的這篇獻詞，曾以他們兩人的個人的爭執，混入科學的疑問中。但拉·麥托里認此獻詞爲他的散文的傑作，故以後諸版，仍印在上面。獻辭的內容乃熱烈稱揚藝術與科學的功績。

此書開始卽謂，賢者僅僅研究自然與眞理，還是不够的：他必須爲那少數能思惟並願思惟的人，傳佈眞理：多數民衆均無力得到眞理。一切關於人類靈魂的哲學體系，可還原爲二：較古的體系是唯物論，次之是唯心論。我們如果像洛克一樣問物質能否思惟，那好比問物質能否指示時間。這問題，乃取決於它的本性能否如此。〔六六〕

萊布尼疵在其單子論中，提出一個不可理解的假設。『他使物質精神化，不是使靈魂物質化。』笛卡兒犯了同樣的錯誤，似乎看見了數過了一樣，提出兩個本體來。——最聰明者，則謂靈魂唯依信仰之光方能認識其自身。如果他們以理性存在物的資格，自認有權研究什麼是聖經上用以指示人類靈魂的精神，他們必和神學家全相矛盾。其實，諸神學家亦是同樣自相矛盾的。因爲，如果眞有神，則神既是自然的創造者，又是神示的創造者。他給我們以二者之一，卽因要說明其他。他又給我們以理性，因要使二者一致。二者不能互相矛盾，不然，神便是騙子了。若眞有神示，則此神示必不能與自然相矛盾。——對於這種思想的進行，曾引起一種輕率的攻擊。對此，拉·麥托里曾引述蒲魯克長老(Abbé Pluch)〔六七〕的話以爲例。蒲魯克在其自然的考察中，曾參考洛克，作如下的主張：『這是很奇怪的，一個如此貶蔑靈魂，認靈魂爲污物的靈魂的人，竟認理性爲信仰的祕密之最高的審判者：如我們承認他所謂理性，則關於基督教，我們將有怎樣奇特的思想呢。』這種辯論，就連在我們今日，不幸尙屢屢被人用以反對唯物論。拉·麥托里對於這種孩氣的辯駁所加的反駁，是很正當的理性的價值，不在於『非物質性』一字，而在於它的功績。如果『汚物的靈魂，』得在一瞬間發現無限數觀念的關係及其系列，那麼，就使黑暗的單純的靈魂，是由最高價的材料構成，我們亦寧願有前者而不寧願有後者。像蒲林尼一樣，因見我們的出身微賤，遂覺得面紅，殊非哲學家所應出。因爲，表面上看來是卑賤的，正是自然表顯其最大藝術時所用的最高價物。就使人是出身於更低微得多的源泉，亦不減其爲世界上之最高貴者。只要靈魂是純潔的，高尙的，崇高的，那便是一個美的靈魂，而賦有此種靈魂的，亦便現得尊貴至若，關於蒲魯克君的後半見解，我們當亦可做效着說『我們決不可相信托里西列（Toricelli）的實驗，因爲我們如果放逐了「眞空的恐怖，」則關於哲學，我們將有怎樣奇特的種類呢。』（這種擬說，不如寫作這樣，卽，我們決不可以實驗判斷自然，因爲如果我們依從托里西列的實驗，則我們關於『眞空的恐怖，』將獲得一種怎樣奇特的觀念呢！）

拉·麥托里說，實驗與觀察，是我們唯一的指導者。成爲哲學家的醫家學會實驗與觀察；但不成爲醫學家的哲學家，却不知道實驗與觀察。祇有醫師，就靈魂的偉大處及其窮困處靜觀靈魂的醫師，有在這裏說話的權利。別個能說些什麼？尤其是神學家能說些什麼？他們對於這個問題永無瞭解的資格，却不過常常以曖昧的研究，使這問題陷入無數的偏見中，一句話，陷入狂信中，更使他們昧於肉體的機制而已。去聽他們關於這問題的不顧羞恥的判斷，豈不是大笑話？

拉・麥托里雖很正當的指摘他的反對派會犯竊取論點的誤謬，但他自身亦不免犯同樣的錯誤。就連神學家，對於人類靈魂，亦有機會獲得一種實際的經驗；其價值所以有區別，僅因實行經驗的方法與組織經驗的範疇各有不同。

拉・麥托里再進而作如下的說明。人是一架如此構成的機械，要先天的形成一種人類觀，乃是不可能的。笛卡兒，瑪爾布蘭(Malebranche)，萊布尼玼，都曾嘗試先天的形成一種人類觀，他們雖繼以不斷的努力，但都沒有成效。他們的偉大的精神，是值得稱佩的，但我們必不可依照他們的方法。我們必須採取一種完全不同的途徑。那就是採用後天的方法。即，我們祇有從經驗出發，從身體器官的研究出發，才能得到最高程度的蓋然性，(即令不是確實性)以物理原因為基礎的種種氣質，決定人的品性。在疾病中，靈魂有時是暗淡的，有時又可說是二重的；不然，就是散亂成為白癡。愚痴的療救法，即是使其有悟性。最大的天才，往往會變成傻子，失去他辛勞獲得的一切可稱贊的學問。一個病人，會問他的腿子是不是在床上，又一個病人會以為他的被切去了的手臂，依然在他身上。在死日臨到的時候，甲將像小孩一般痛哭起來，乙則談笑自如。怎樣可使鳩里・凱薩，西尼加，貝特羅尼亞斯，轉其大膽無畏心而為怯懦或自慢呢？使其脾臟，肝臟，靜脈有了障礙，而想像力與此諸內臟有密切關聯；希卜康德里亞(Hypochondrie)

和希斯特里亞(Hysterie)種種怪現像，都是從此發出的。有些人相信他們自己是人狼，是吸血鬼，又有些人相信他們的鼻子或肢體是玻璃造成的。對於這一種人，我們又當如何解釋之呢？拉·麥托里再進而論述睡眠的影響。鴉片，酒，咖啡，都被認爲有影響於靈魂。曾飲强性飲料的軍隊，會對敵人施以勇敢的襲擊，但若飲水則將聞敵先逃。好的食料，會發生一種增益精神的影響。

半熟食的肉食的英吉利人，其野性卽由於食料。這種食料的作用，祇有教育可以抵殺那種野性，在英吉利人的靈魂中生出了傲慢，怨恨，輕視他國人，難於教訓，及性格上其他諸種缺點。那好比粗劣的食料，將使精神粗鈍。——饑餓及節制，氣候及其他等等的影響，都可以看見的。人相學及比較解剖學，有其貢獻。有精神病的人，倘無大腦病，那就一定因有某小部分的血積或其他變化，致發生錯亂。〔六八〕『一點點，一片小纖維，一點爲解剖學所不能發現的東西，已足使伊拉斯瑪斯和范台尼爾(Fontenelle)成爲白癡。』

拉·麥托里有一種奇特的思想，說教猿猴說話的試驗，換言之，使一部分動物受人類教育的試驗，是有成功的可能。他以猿猴比於聾啞；他對於晚近發明的教育聾啞的亞門法，是非常熱心的。他也很熱心買了一頭大的特別聰明的猿猴，以實行這種試驗。〔六九〕

在文字未曾發明，語言未被認識以前，人究竟是怎樣的呢？拉·麥托里曾提出這問題來。這樣的動物，不過比別種動物更少一些本能，而有其特殊的面相及萊布尼玆所說的直觀的知識而已。最優的組織較好的人發明記號，且像馴育家畜一樣教導別人。

打鋼琴會在琴絃上發出一種振動和聲音，同樣人類大腦的絃，如受聲音感覺的影響，即發生語言。有適當組織的眼，必定會看；同樣，大腦亦會由相似的必然性，於各種事物的記號都已提示以後，立即比較它們，注意它們的關係。各種事物的類似，使它們得集成一類，從而有計算發生。我們一切觀念都與相當的語言或記號之表象密切相關。靈魂中發生的每一事物，都可歸因於想像力的活動。

最富有想像力的人，必須看作是最大的精神。自然更難於造就牛頓那樣的人，抑更難於造就考尼爾（Corneille）那樣的人，更難於造就亞里斯多德那樣的人，抑更難於造就索伏科斯（Sophocles）那樣的人，是不能斷定的，但我們可以斷言，這兩種才能，不過指示想像力的使用方向不同。所以，如果說某人有很多想像力但少判斷力，我們的意思不過是他的想像力，專用於感覺的再生產，非專用於感覺的比較。

人類的最大特色是他的組織。對於眞正的優點，作適度的誇耀，是應當的。抑止之，反覺其不自然；實則，一切優點無論其如何成立，都是値得尊敬的；但我們的尊敬，必須求其適度。天才，美麗，財富，爵位，即令是偶然的，亦和技術，知識，德行一樣，有它們的價値。

或謂，人之所以異於動物者，乃由於一種自然律教人辨別善惡。但這是一種幻想。這種自然律在動物界亦有。例如，我們在惡行之後，感到悔悟。但別人是否亦有這種感覺，我們只有聽他們自己的話或其他記號。這種記號，就可在動物間發見。例如，設有某犬咬傷了它的發怒的主人，它就立卽現出愁苦，垂頭喪氣，羞恥的樣子；並用一種卑下的態度，承認它已經犯罪。歷史提供了一個有名的例，說有一隻獅子，不咬害自己的恩人，並表示自己的謝意。因此，他便斷言，人和動物，是由同樣的材料構成的。

道德法則，就連在殺人放火的無惡不作的殘食近親的人間，亦是存在的。這種不幸的人，已充分受着悔悟心的懲罰。與其援照往例，把他們火焚或活埋，遠不如引渡到醫生那裏去。爲善包含一種快樂，所以，爲惡本身就是一種充分的刑罰。——在這論爭點上，有一思想可以講講。嚴格的說，那雖不應在這裏論述，但這種不禁使我們回想起盧騷的思想，本質上就屬於拉·麥托里的全思想範圍。我們一切人生來都是幸福的，那本來不須學習。我們所以必須學習者，也許祇因爲我們的素質被誤用了。——這裏，我們又要一考年代記！人間機械論著作於一七四七年，出版於一七四八年之初頭。笛眞（Dijon）學院一七四九年公佈有名的徵求，而盧騷領得獎金，乃在一七五〇年。但這小事件，按照從來的經驗，仍不能服衆人之口。一般人仍責備拉·麥托里，說他以盧騷的羽毛裝飾自己！

他又說，自然的道德法則之本質，在於這個原理中，卽己所不欲，勿施於人。這法則的根蒂，也許祇是一種健全的恐怖；我們所以尊敬別人的錢袋和生命，祇因我們要保全我們的所有物。那好比『基督敎的伊克西奥』(Ixions des Christenthums) 愛上帝而遵守諸種美德祇因爲恐怕墮地獄。——狂信的武器，能破壞宣敎眞理的人，但決不會破壞眞理自身。

拉·麥托里不懷疑最高者的存在。一切蓋然性，都爲其存在辯護。但這種存在，決不比任何其他存在，更有禮拜的必要。那是理論上的眞理，在實行上是無用的。有無數的例證可以證明道德不是和宗敎相伴而生的，我們正可結論說，無神論亦不排斥道德。

爲求心安起見，不一定要瞭解世間有沒有神，神是不是物質的創造者，物質是不是永遠的，那諸問題。關於此等事情，我們沒有認識的可能，即使認識了，亦不能增加我們一點幸福，我們實在不必去自尋煩惱！

世人以有名宗敎辯護者的著述質於余。實則，此等著述，除了重重複複，殆沒有一點內容。而此種反覆，與其說可以推翻無神論，尙無寧說可以證實無神論。無神論的反對者，最着重世界的合目的性。關於這點，拉·麥托里所參照者爲第德羅。第德羅在哲學思想〔七〇〕一書中（此書在當時，尙出版不久）曾主張：他得以蝶之羽，蚋之眼，粉碎無神論者，而他則有宇宙之重，以粉碎無神論者。拉·麥托里却以爲，我們尙未充分認識在自然界作用的原因，來否定一切物是她由她自身生出。托倫布勒〔七一〕(Trembley)

所切斷的水螅其本身卽有再生的原因。我們所以以神爲遁辭，乃因我們昧於自然原因，而照某人（那就是他自己，卽靈魂自然史的作者）說來，所謂神，甚至於不是『理性存在者』(ens rationis)。破壞偶然，不是神存在的證據，因爲世間正可以有別一種東西，旣不是偶然，亦不是神，但能產生萬物——此何物，卽是自然。『宇宙之重』不能嚇倒眞正的無神論者，更談不到粉碎無神論者。那不知重複多少次數的爲創造主辯護的證明，在輕率判斷的人看來，固甚充分，但亦祇此而已。對於這種種證明，自然科學者可以提出同樣有力的反對論據。

結論，拉·麥托里說，『對於正反兩面的論據，我都不置可否。』但我們很明白看見了他所贊成的方面。因爲他接着就說，他曾以此種種告給一個朋友，他像他一樣是懷疑論者，是一個有許多功績的而且值得享有佳運的人。但他就曾說：我們對於此等事旣無明瞭的可能，我們爲此等事煩心實在是極不哲學的；但世界如非無神論的，亦就決不會有幸福。以下便是這位『討厭的』人的理由：『如果無神論一般擴延了，一切宗教的分枝都斷根了。神學的戰爭，卽不復有宗教的兵隊，這種可怕的兵隊，亦不復存在。爲神聖化的毒質所感染的自然，將復得其權利而回復其純潔。不能聽到一切其他噪音的人們，將依從自身的個別的衝動；祇有這種衝動能由德行的快樂的路，引導人們到幸福的彼岸。』

拉·麥托里的友人忘記了，與神示完全不同的宗教本身，亦必須算是人類自然衝動之一，如果這衝動會生出不幸，則天然起源一同的一切其他衝動，如何會生出幸福，就是一個頗難理解的問題了。引出這破壞性結論的體系在這裏沒有首尾一貫的推究，那其實是前後矛盾的。拉・麥托里關於不死的觀念，其討論方法，無殊於他的神的觀念，但他顯然樂於承認不死爲可能。他設想，最聰明的毛蟲，亦決不知道它自己會變成蝴蝶；我們祇知道自然的一小部分，我們所由而構成的物質既是永遠的，我們不知道從這物質將會生出什麼。我們的幸福，在此，乃依存於我們的無知。作如是想者，即是聰明的，公正的，安分的，從而是幸福的。他等候着死，不怕死，然亦不要死。

在此，拉・麥托里所斤斤注意而繞道趨向者，無疑是結論之消極方面。他宣稱，不死的機械這個概念，不包含任何矛盾：但其目的不在求得不死，而在於從各方面確定機械的性質。拉・麥托里如何才能想像他的機械是能不死的，我們實在沒有方法知道：因爲除了毛蟲的譬喻以外，即不復有其他暗示，他亦不要有任何其他的暗示。

拉・麥托里不僅不在靈魂（在他看來，這僅僅是物質的意識）中發現生命的原理；他以爲，生命的原理決不存於全體之中，而僅存於個個的部分。有機體中每一小纖維的活動，都依於內存的原理。對此，他會舉出如下諸種理由：

（一）動物的肉，死後仍搐動，其久暫，則與動物本性之冷度爲比例。（龜，蜥蜴，蛇。）

（二）從身體切開來了的筋肉，如受刺激，即收縮。
（三）臟腑有一長時期繼續其蠕形的運動。
（四）溫湯的注射，可使心臟及筋肉復生（參照考白爾（Cowper）。
（五）蛙的心臟，離開身體之後，得運動至一點鐘以上。
（六）照培根說，人類亦有同樣的情形。
（七）實驗鷄、鳩、犬、兔的心臟。鼷鼠的切斷了的前足，依然可以運動。
（八）毛蟲，蛆蟲，蜘蛛，蠅，蛇，亦有同樣的情形。在溫水中，切離的部分的運動，還會加甚。
（九）一個酒醉的兵士，以劍打落了一隻七面鳥的頭。這七面鳥立着，向前動，終於跑。它跑得碰到了一扇牆，才回轉來，振起翼似乎要繼續跑一樣，但終倒下來（我自己的觀察）。
（十）寸斷的水螅，在八日中，得按其段數繁殖而成為多數動物。

人對於動物的關係，類於浩芬斯的天文時計對於普通時計。沃康生（Vaucanson）製造吹簫人，比較製造家鴨，須多用幾個齒輪，同樣，人的活動工事，亦較動物的活動工事為複雜。沃康生如要製造一個能够說話的東西，所需齒輪，還要更多，但這樣一架機械，決不能說是不可能的。

當然，我們不能設想，拉·麥托里所說的能够說話的東西，即指有理性的人；但可見他是怎樣高興

把沃康生的傑作（那是他們的時代的特色）比於他自己的人間機械。[七三]

把人性機械論的思想推到極端的拉·麥托里，又自問自答的自相辯駁，並非難靈魂自然史的作者，因為靈魂自然史依然懷抱不可理解的『實體的形式』說。但根據以上所言，則在此處，他顯然沒有改變主張，不過作為一種策略，一方面因為要隱匿他自己的名字，一方面亦因為要從相反的兩面出發而終向同一之點進行。為要使這點更明白起見，我們還要從靈魂自然史第五章，指出別一段話來。在這段話中他很顯明主張形式的發生，由於一個有機體的部分壓迫別一個有機體的部分。要言之，即以原子論的形式隱匿在經院哲學的『實體的形式』的假面具下。

這時候，他突然針對笛卡兒來攻擊。不過他終承認笛卡兒在其他諸點雖是錯誤，但他稱動物為機械這一點，已足使他成為一位大哲學家。這種思想對於人身之應用，是很明白的。人與動物的類似點是很顯明重要的，大家都可看見。笛卡兒誘神學家吞嚥的餌，是藏有毒的，這種毒祇有神學家不知道。

拉·麥托里略一考察他根據經驗所建立的結論是否堅實，是否適切，並以之比於神學家玄學家的幼稚主張以後，遂把本書結束了。

「這是我的體系，不，我如果不錯，這便是真理。真理是簡潔而單純的；誰能辯駁，就來辯駁罷！」

這書所引起的騷動頗大，但不是不可理解；這書的流佈亦頗速。在德意志，因為一切學者都通法蘭西語，所以未有何種譯本但原著爲人所愛讀，故此後數年間，一切有名的新聞雜誌，都予以批評，並立即喚起了許多辯駁。沒有一個人公然贊成拉・麥托里；但此等辯駁書，與我們同時人的論戰比較，有許多論調尚屬溫和批評尚稱穩健周到。這種情形，表示當時人不像今日人們一樣，視這種唯物論爲絕對的怪物。在英格蘭，此書原著出版後不久，就出現了一個譯本。但該譯本竟認原著者爲馬魁斯・達根斯(Marquis d'Argons)。達根斯亦是一個可愛的自由思想家，且爲菲力特利克大王一位親信。但原著者的眞姓名，仍沒有隱歿許久。〔七四〕

拉・麥托里前曾發行一種關於肉慾的哲學著作，嗣後又繼續出版了一些別的同類的著作。這一事，使他所處地位，特受不良影響。在人間機械論中，就連在無關宏旨的地方，他亦隨處以幾分故意的放縱，討論性慾問題。我們在這裏不要忽視他的時代及民族性的影響，我們亦不要否認他有一種可嘆的個人的傾向，但我們必須堅持這一點，拉・麥托里相信他的體系，使他必須是認肉感的快樂。他是這樣想，所以就這樣說。他的哲學全集序文，曾明白表示這個原則：『在著作的時候，你當自認獨存於天地間，一點不要怕人們的嫉妬與偏見，否則，你會達不到你的目的。』在這樣辯護自己的時候，他曾盡其文藻，分別他的生活和他的著作。拉・麥托里在這裏或不免自粉太過。但世人責他是『放蕩者，他贊成唯物論，不過要粉飾自己的不品行，』却亦言之過甚，我們沒有理由說這種傳說是正當的。我們所要考慮的問題，不是拉・麥托里所過的生活，是否和他那時代許多著作者一樣放蕩浮華，關於這點，我們很少有效的證明。我們所要考慮的，無寧是他的著作，是否以他自身的腐化爲根據，他是否爲一個當作過渡而有眞意義眞價值的時代思想所吸引，而獻其生涯以說明之。我們瞭解他同時代人對他憤怒。但我們相信，倘若正義有一天能認識他，那對於他，後世的判斷必更有好意得多。

一個青年人既已順利地通過他的研究時代，且已踏入實踐之門，倘非對於眞理，心中有一種活躍的衝動，就斷乎不會爲了要深入學問的堂奧，而把實踐地位放棄。醫學的諷刺家，很知道在醫藥界通俗藥方比合理治法的報酬更好。他知道，波爾哈夫（Boerhaave）和西登漢（Sydenham）的原則要輸入法蘭西，非經一番奮鬥不爲功。他爲何不盲從有力的權威者，而情願加入這種奮鬥呢？逼他如此做的，單是天然的好勝心嗎？他爲何除了諷刺，還如此煞苦費時間作翻譯，作摘要呢？一個這樣聰明伶俐的人，如要弄錢，分明是以執行醫術爲佳爲易。或謂，拉・麥托里之著述醫學，乃所以自鈍其良心。是這樣嗎？自以爲是的觀念，對於他的天性是全然不適合的。他在誰面前自認爲是呢？在一般人民之前？當時法國哲學家大都把一般人民看作無是非的羣衆，不配講自由思想。他和他們一樣嗎？在他周圍人面前？他周圍的人，除了極少數，都和他一樣愛肉感的放縱。他所異於他們的，祇是他們不寫關於這一類問題的書。在他自己面前？但我們在他全部著作上，都祇能發現愉快的滿足與自足，沒有任何熱情的辯證法在苦惱精神中發展。有人說拉・麥托里是無恥的，虛浮的。這種嚴重的責難，恐未必恰合他人格的全部意義。拉・麥托里的特別的惡行，我們全不知道。他沒有像盧騷那樣把兒女送到孤兒院去；沒有像斯威夫特(Swift)那樣欺負兩個女人；沒有像培根那樣被判定是腐化；亦沒有像福祿特爾那樣有僞造文書的嫌疑。在他著作中罪犯被指爲疾病，沒有一個處所，像孟德維爾(Mandaville)在有名的蜜蜂寓言中那樣，頌揚罪犯。[七五]拉・麥托里攻擊司法行政的冷酷殘忍，那是十分正當的。他主張以醫師代替神學家和裁判官，雖不免是一個錯誤，但他不曾爲罪犯曲飾；因爲既名之曰疾病，疾病總歸無可讚美。不過試一想到如次的事實，却不免使吾人失驚。他到處都惹起非常的憤怒，但人們對於他的生活，從未加以任何積極的罪名。這個人，當然不能說是有德行的，但舉世對他的責備，却祇在他著述中搜尋短處，而這些著作，雖不免有片面的文辭和輕率的諷語，却其實有一大部分是健全思想。

拉・麥托里的道德學說，在其幸福論上言之最詳。後來爲何爾巴哈沃爾訥(Volney)所系統發展的自愛爲德說，其根本原理殆已盡包於此中。其基礎爲除去絕對的道德，代以相對的道德。此相對的道德，和霍布士洛克所見到的一樣，乃以社會及國家爲基礎。拉・麥托里又把這種相對的道德和他自己特有的快樂說相連結。他這種快樂說，爲他在法蘭西的後繼者所放棄，而代以一種漠然的自愛觀念。他還有一個特色，即他曾就道德的關係，十分重視教育，並駁斥良心的呵責。

至今尚有人以「奇妙的諷刺畫」形容拉·麥托里的道德學說。關於這點，我們必須極簡略地舉出他的體系之最本質的特徵。

人間的幸福，依存於快感。這種快感，無論精粗久暫，在性質上總是一樣的。我們既然祇是肉體，最高的精神享樂，實質上亦就祇是肉體的快樂。不過就價值言，快感却有無數等的差別。肉感的快樂是强烈的但是瞬刻的；由全身調和統一而生之幸福，是平淡的但是持久的。全自然界多樣性中的同一性，在這範圍內，亦可發現。各種快樂與幸福，在原理上是同樣合理的，雖然高尚的有教化的比下賤的平凡的，更有別種樂趣。但這種區別，畢竟是次要的，如僅就其本質說，不僅無知識者得與有知識者同樣享有快樂，而且惡人亦得與善人同樣享有。（參照席勒『善者惡者，一齊追向他們的玫瑰的足跡』）。

感覺是人類的本質的性質，教化祇是偶然的性質。所以主要問題是人類能在一切情狀下幸福麼？換言之，他的幸福是以感覺爲基礎，不是以教化爲基礎麼？這一點，由大多數無教化人的處境證明了。那些無教化的人，在不知不識之中是覺得幸福的，他們就連在死的時候，亦用一種於己有利的幻想的期待，安慰自己。

反省可以提高快樂，但不能提供快樂。有幸福者，得由反省而取得更高的幸福，但這種反省，破壞快樂的時候，實居多數。甲依其自然傾向感到幸福，乙雖享有財富名譽與愛情，但仍會感到不幸福，因爲他是不安定的，不忍耐的，嫉妬的，爲情慾所奴隸。鴉片的陶醉，比較任何哲學的論文，也更能從生理方面惹起幸福的精神狀態。設這種陶醉所暫時給與的精神狀態能通全生涯而保持不爽，這個人將是如何幸福呢！如是，夢之幸福，甚至於幸福的幻想之幸福，都被認爲是眞實的幸福，尤其是因爲我們醒的時候，往往不比夢的時候更多。理智，知識，理性，在幸福的獲得上，屢屢無用，甚至於有害。那些全是心可有可無的贅餘飾物。實際沒有理智知識理性的大羣人，並非從此就爲幸福所外。自然所以能給一切人以同等的權利及同等的滿足要求權，並使一切人同樣愉快，乃以幸福的肉感性爲主要手段。

差不多要說到這點的時候（約去全書六分之一），黑提訥在他的報告（十八世紀文學史卷二第三八八頁）上，似曾顧慮到他的幸福論，雖然在那裏，仍不免把觀念之論理的關聯破壞。但以上所論，尚不過是這倫理學的一般基礎。我們值得停下來看看在這基礎上，建立了一種怎樣的德論。且再一講這基礎！

據上所述，我們已知道，拉·麥托里所以置肉感的快樂於第一位，僅因其爲一般的。我們所謂精神的享樂，並不曾在客觀的本質上被他否定，就它對個人的價值說，就個人說，那亦不曾被他位在肉感的快樂之下。那不過包攝在肉感快樂的普遍性質之下，當作一個特殊場合來考察。在原理之一般的考察上，那並不像一般原理重要，但那有比較更高的價值，却無可駁斥。——我們且以此比於康德的一句話罷！康德說，『據我看，我們很可對伊璧鳩魯讓步。由喚起美的觀念之概念所喚起的快樂，都是動物的肉體的感覺。我們承認這點，仍可不致觸犯尊敬道德觀念之精神的感情。這種感情，並不是快樂，祇是一種使我們超越此種需要的自尊心。並且亦可不致觸犯高貴性稍遜一籌的趣味的感情。』[七六] 於此，我們旣予以是認，亦予以批評了。拉·麥托里的倫理學所以可排斥，乃因其爲快樂說；非因以概念爲媒介而生的享樂，被他還原爲肉感快樂。

拉·麥托里最後曾精密的論述幸福與教化之關係，並發現理性本身不與幸福反對，而其所以與幸福相反，僅因有偏見附在思想中。設釋除偏見，以經驗及觀念爲基礎，理性就寧說是幸福之助。那是一個良好的指導，設其能受自然指導。有教化的人，比無知識的人可享受一種更高尙的幸福。[七七] 這裏我們重視教育就有了第一個理由了。實際，自然組織乃是幸福的第一源泉，是最重要的；教育是幸福的第二源泉，亦非常重要。教育可由其長所，補償我們組織的缺陷。但教育之最初的最高的目的，乃以眞理平靜我們的心。拉·麥托里在這裏像魯克理底斯一樣，主要目的在於顚覆不死的信念，又無待煩言了。他曾特別費力說明西尼加[七八]及笛卡兒的見解到底是相同的。尤其是後者，在這裏特爲他所稱讚。笛卡兒因懼怕神學家的汚蔑不敢明言，但後來更不偉大但更大膽的學者，就頼有他開道，才能引出他們自己的結論。

爲要從幸福論的基礎，達到德的概論，拉·麥托里使用國家及社會二辭，但其意義，本質上就和霍布士的不同。〔五九〕他以爲，世間本無絕對的德，一切所謂善惡都是相對的——事實上，祇與社會相關而言。這一點，他和霍布士是一致的。但在這裏，非絕對聽命於『巨靈』的意志。關於社會的善與惡，個人得有自由的判斷。合法與道德在霍布士看來全然沒有區別，但在這裏却是有區別的。（雖然他亦認法律與道德是從同一的源泉流出，故在某意義上都是政治制度。）法律是威嚇惡人限制惡人的；德與功績的概念，却是對善人的刺激，使其盡力於共同幸福。

拉·麥托里主張公共幸福得由名譽感而促進。後爲愛爾法修(Helvetius)所充分展開的道德學說，蓋以此爲完全的核心。唯物論可引爲基礎的最重要的道德原理，即同情原理，亦在這裏述出了，不過祇是偶爾提及。『我們可由善行而自富，我們給人以喜悅，自己亦可得喜悅。』對自我的關係，使拉·麥托里不能充分認識他已觸到的一般眞理。後來沃爾訥在法蘭西市民道德問答中的敍述，是怎樣更爲純粹更爲燦麗呀！那裏說，自然使人組織成社會。『自然給他以感覺，自然如此組成人類，使別人的感覺得反映於自己心中，並喚起相應的快感苦感，同情之感，從而造成社會之刺激及其不可解散的紐帶。』此所謂『刺激』即同情與自愛原理間的紐帶。這紐帶，在法蘭西全部道德理論家間，自拉·麥托里以來都被認爲是不可少的。——拉·麥托里又以大膽的詭辯，認蔑視虛榮——他以爲這是至上的德——

亦從虛榮心生出。他以爲眞幸福須從自身生出，不由他人齎來。我們如能使百聲女神噤若寒蟬，僅自知自我之榮譽，亦是一種偉大的事業。聲望出於全國人以上的人，卽不得同胞公民喝采，僅以自我尊重爲滿足，亦不致喪失任何榮譽。

德所從生出的源泉，我們知道，並不是頂純粹的。但德是存在的，他亦承認其存在。我們沒有理由設想拉·麥托里的態度不眞摯。然則，如何指他辯護罪惡，稱揚罪惡？

拉·麥托里依照自己的見解，很正確地說明了善與惡之區別，僅在如下那一點：卽如果是善，公共利害關係必較私人利害關係佔優勢，如果是惡，私人利害關係必較公共利害關係佔優勢。二者都是遵從必然性。從這關係說，拉·麥托里當然會指斥良心的呵責，因爲這樣的悔悟，祇能擾亂人類精神的平靜，不會給他的行爲以任何影響。

在這裏我們如一考察，怎樣在他體系的最不好的方面，會明明白白地現出一點，和他自己的原則相矛盾，亦是有興味的。實則，對他人格的種種非難，亦卽在這點尋得了最多的營養。我們關於他的描述，既不要過於他有利，亦不要過於他不利，因此，我們且說明他怎樣指斥悔悟罷。——他的出發點，顯然是這樣一種觀察，卽據我們經驗的結果，疑慮與悔悟往往會在哲學家認爲不能非難的事務上，搖動我們。這裏我們第一要想到個人對宗教及教會所抱之全部態度，尤其是想到似乎並無何等禍害的肉感的快樂，特別是性愛的快樂。在這範圍內，拉·麥托里所領頭的這時代的法國著作家，都缺乏精密的區別能力，因爲在他們所知的社會中家庭生活之更嚴密的秩序及與此不可分離的更純粹的道德，早已喪失得幾乎被人忘記了。由此而生的幸福，亦早已喪失得幾乎被人忘記了。愛爾法修所推稱的賜美女以報答德與勇之奇矯思想，已有拉·麥托里爲之序曲，因爲他會慨嘆德性的自然報酬，將爲無用的無理由的疑慮，喪失一部分。這個原理之一般應用，乃以此事爲基礎，即悔悟爲過去道德狀態所是認，但在現今，對於我們已不復有任何意義。

在這裏，拉·麥托里顯然忘記了他曾顯然給教育以最高的意義——對社會，對個人之最高的意義。此蓋有二說。第一，據上所述，教育可以改良個人的組織；第二，拉·麥托里亦承認爲一般幸福起見，社會有權以教育促進個人服務社會的觀念，使他在此種服務中尋取幸福，即有犧牲亦所不辭。

所以，由不當的教育——那不當地咒駡肉感的快樂——而生的悔悟，善人正有充分理由使其根絕。同樣，能有多少幸福拉·麥托里即許他有多少幸福的惡人，亦用不着悔悟。他既捨此即無他路可由，故無論悔悟與否，掌刑罰的正義，總不會讓他漏網。

這裏不僅錯誤地把人類分成『善』人與『惡』人，看落了善惡動機之心理的結合，有無限的多樣性，並又看落了惡人的悔悟，有其心理的因果性，雖然在善人的場合，他曾假定有這種心理的因果性。

但若善人能由所獲道德之剩餘，避去無害的享樂，惡人當亦可由所獲感情之剩餘，避去惡的行爲。前一場合的悔悟，顯然可以變爲後一場合的阻止的動機。但拉·麥托里因要極端排斥悔悟，遂非否定或看落這一點不可。

他的體系的更好的結果，是要求刑罰應儘可能使其合乎人道而緩和。社會爲保存其自身故，誠須制裁惡人，但除了爲這目的而加惡人以懲罰以外，必不可再有所害於他。——最後，我們又看見了，拉·麥托里爲要使其體系更爲完全起見，曾主張快樂可使人快活愉快，殷勤，所以是社會的有力的紐帶，但自我克制却使性格粗野編狹，而成爲非社會的。

設能從心所要來判斷這道德體系，我們實不能否認那是深沈研究的結果，富有重要的思想，其重要性由如下的事實證明了，即，這種思想，廣泛地系統地發展後，出現在別個思想家那裏，便大大惹起當時人注意。像何爾巴哈，愛爾法修，沃爾爾，會在如何程度上，有意取得拉·麥托里的見解，我們實無法研究。但他們都讀過他的著作，都自信遠在他之上，却是沒有疑問的事實上，這些思想有許多乃是他們那時代的特質，我們祇能說拉·麥托里居先，不能說是他創始。在未有人敢記之以筆印之成書以前，這一類東西已有許多由口傳而普及了！有許多已在某種曖昧的辭句上，在假定的形式上，作爲一種滑稽，而暗暗地使人不注意地敍述在各種書籍上了！尤其是曼台（Montaigne），在法蘭西文學上，幾乎是編激思想的無盡藏。拉·麥托里曾自稱，他曾熱心讀曼台的書。此外還有貝勒與福祿特爾——雖然後者在拉·麥托里出現後許久才有褊激的傾向。所以我們必須研究如下那一問題，卽斷定什麼是留傳下來的，什麼是拉·麥托里自己的思想。我們憑良心所能判定的，是當時的思想家也許要算他最少以借來的羽毛裝飾自己。我們在拉·麥托里那裏，固難發現正確的引語，但他常常用一句話或一個暗示，指出他的先輩的名字；在非自己創始的處所，他不會表示他自己是創始者，但在他所獨有的地方他還常常指陳某一些人同抱這種意見。

再者，像拉·麥托里那樣的著作家，既然不畏懼普通思想所畏懼的大膽觀念與言辭，且正要尋覓它們，所以很容易達到最大膽的概念。就這關係說，我以爲，曼台的直言性和拉·麥托里的直言性的反對，是再大沒有了。在我們看來，曼台就連在最大膽的觀念上，亦常常是素樸的，從而是可親近的。他的曉舌，並無意要侵犯任何人，却是無意脫口而出，其影響如何，他自己並不會見到，但讀者一經看到並注意到這種文句的時候，卽不免訝然失驚。拉·麥托里却永遠不是素樸的。他的研究，必求其有影響，這是他的最不好的缺點，但使反對派容易誤解他的思想的，亦就是這種缺點。所以，就連他判斷上的表面的矛盾，（他有時故意攻擊自己，以隱匿自己，）亦屢屢可由誇張的矛盾表現——那不能說是根本的否定，祇能解作部分的缺陷——來說明。

拉・麥托里有幾種著作，對肉慾有一種詩的讚美。這類著作所以特別覺得可厭，卽因有這種性質。席勒論作法的法則，關於詩的自由曾說：『唯自然能是認之』，又說，『唯美的自然能是認之。』就這兩方面說，如適用這標準，我們對於肉慾論及享樂之術二書，都應決然斷定它們是文學上的產物。烏柏衛關於這兩書，很公道的說，這兩書企圖是認肉感快樂，與其說是出於輕浮，無寧說是出於藝術的誇大。〔八〇〕根據原理而在熱慮中有作有爲的人，比之所作所爲均從筆下自然流露的人，是否更應受道德裁判呢？關於這點，我們只好置而不論。

無論如何，菲力特利克大王當他不准居留荷蘭時，把他邀聘到柏林來充任國王教師，准入學士院，准行醫業，我們總不必予以非難。大王對他的頌辭中說：『哲學者與不幸者的名聲，已足使拉・麥托里到普魯士來避難。』他的人間機械論及靈魂自然史就這樣被認爲哲學了。他後來雖很輕蔑地論述拉・麥托里的著作，但這時候他所指的，無疑不如說是我們剛才討論的那幾種著作。關於他的人格，大王的批判始終是表示好意的，那不僅在這篇公開紀念演說是如此，卽在他私人談話中亦是如此。大家知道，拉・麥托里在宮廷中甚爲自由，與王交際，亦甚親密。所以這一點就更覺得重要了。

拉・麥托里之死，最傷害了他自己的事情。如果近世唯物論祇有迦桑狄，霍布士，托倫特，第德羅，格里模，何爾巴哈那樣的代表，好吹毛求疵的熱狂判斷者，或將失去一個咒詛唯物論的好機會。可惜拉・

麥托里在菲力特利克大王宮廷中享受新幸福不過數年。法蘭西公使帝康內爾有一次患重病，爲拉·麥托里所治痊及其旣痊，設宴爲賀。誰知道這一次賀筵，竟致此輕率的醫師於死地呢！據說，他爲要誇示自己健啖，顯示自己健康，一口吞了一個整的松露麵包，因此害病在公使館中，害急性神經錯亂病而死。此事件曾惹起世人觀聽，無神論者能否平和死去，曾惹起當時人許多辯論。一七一二年法蘭西出現了一種著作，據云是德斯倫特（Deslandes）所著，其中有一表，列舉了一些在談笑中死去的名人。一七四七年此書譯成德文，至今仍爲人所記憶。那雖多有缺點，然頗有一種意義，因其反對正統派的教義。正統派祇承認絕望的死或與敎會相調和的死。無神論者能否有道德生活的問題旣爲世人所討論，能否有無神論國家的問題旣爲貝勒所提出，同樣，無神論者能否平安死去的問題，遂亦成爲大衆辯論的題材。在構成普遍命題時，論理學雖視一個消極的例爲重，視許多積極的例爲輕，鄙俗的偏見，卻竟在這場合，更看重與自身見解相合的一個例，而蔑視與自身見解相反的一切例。拉·麥托里吞一大松露麵包後生熱病的神經錯亂而死，總算毫無遺憾的，完全適合熱狂者的狹隘眼界了。然關於主要點——死的眞因——全部感情的歷史，仍不免要引起若干疑問。菲力特利克大王在他的葬儀紀念式上，曾說：『拉·麥托里曾救活法國全權公使帝康內爾，亦卽死於他邸宅中。他的奇怪的病，知道先破壞他的大腦，後破滅他的身體。大腦被攻擊後，卽伴着起了劇烈的神經錯亂與急性熱病。這屢屢醫好別人又屢屢醫好自己的患者，就不得不求助於同業者的學問了，但可惜沒有一個人，能有他那樣神妙的醫術。〕不過，他給他妹妹貝羅伊特侯爵夫人的親筆信，却與此極不相同。〔六二〕在那裏，他說拉・麥托里死的眞因，是咽食雉肉麵包，不能消化，致爲一次針炙所殺。拉・麥托里以爲不消化病可以針灸治療。德國諸醫師持異說，拉・麥托里遂以自身爲試驗，致把生命送掉。

第三章　自然之體系

我們在計畫中如要紆迴曲折的追尋唯物論世界觀的各個支流，考驗那些僅偶然信奉唯物論，或逐漸進到唯物論或最後達己所願而表明唯物論心情的思想家與著作家，究有多大的一貫性，那就沒有其他時代還比十八世紀後半更能供我們以豐富的材料，沒有其他國家還比法蘭西，在我們的敍述上佔有更廣的地位了。最先有第德羅。一個機智的情熱的人，通常被稱爲唯物論的領袖元帥。但他在未發表堪稱爲唯物論的見解以前，他實際不僅經過了一長期的發展，且直到最後一瞬間，他還滯留在醱酵期中，不許自己的見解，達到圓滿明曉的地步。這位高尙之士，有理想主義者一切長處，亦有理想主義者一切短處。他特別熱心於人類幸福，熱心於自我犧牲的友愛，熱心於眞善美，熱心於世界的完成。他，據我們所見，乃是受時代思潮的驅迫，違反本願而傾向唯物論的。第德羅的朋友及共同研究者達蘭堡，却早已超過唯物論，『覺得自己要相信，人們所見的一切，都祇是感官的現象，在人身之外，沒有什麼可相當於人們自信已見之物。』他在法蘭西，猶如康德在世界——如果他能堅持這種見解，而提高其自身略高於懷疑論的見地。福祿特爾雖嘲笑他是他那時代的『勃洛大哥拉斯，』但他就要做到這步，亦不可能。細心謹慎的蒲豐（Buffon），沈默寡言的外交的格里模（Grimm），好虛榮的淺薄的愛爾法修

——這諸人雖接近於唯物論，但拉·麥托里所以出人頭地的那個根本思想（雖然他的表現法頗爲輕浮，）他們都未曾堅定的抱持，亦未曾有首尾一貫的引伸。我們雖應認蒲豐爲一動物學家而予以敍述，並特別要研究唯物論的生理學之祖凱本尼（Cabanis）但我們的計畫，使我們在陳述根本問題之歷史以前，須立卽採取決然的論點，並保留對特殊科學之考察。我們把由人間機械論到自然之體系那個時期，那個在文學史上呈現豐富材料的時期，輕輕的看過，立卽討論那通常被稱爲唯物論法典或聖經的著作，亦未嘗是不正當的。

自然之體系，有明白暢達的言辭，有德意志式的思想的進行，有理論家的詳盡，突然的，明白的，把那時代所醞釀的活活潑潑的思想之結果表示出來了。這結果，在其嚴格的絕對性上，且至於排斥對於這結果的發生極有貢獻的人。拉·麥托里主要是使德意志驚動。自然之體系則驚動法蘭西。這結果，在德意志伴有德意志人所痛心的輕浮性，在法蘭西則此書的敎訓的嚴肅性，會惹起騷動。比較兩國精神活動的全狀態，就知二者出現的時期顯有區別。德意志傾向於文學及哲學的繁榮期，法蘭西卽瀕於革命時期。在『自然之體系』中，革命尖鋒已可感到。

此書於一七七〇年，在自然之體系，物理世界及精神世界之法則的題名下，名在倫敦，實在阿謨斯特登出版。書上所記著者名爲米拉坡（Mirabaud），時已棄世十年。書中附有一小傳，敍此人——法蘭西學院的祕書——的生平與著述。沒有一個人相信此書是他作的，但很奇怪亦沒有任何人追問著者是誰，雖然這書是從唯物論陣營中心送出來，事實上，亦祇是一位獨創的著名學者許多著作中的一種。

保羅・亨利・底特利・濘・何爾巴哈（Paul Heinich Dietrich von Holbach），德意志一位富裕的男爵，生於一七二三年拔勒廷耐的希德爾夏，幼年即往巴黎，像他同邦人格里樸——他們是頂好的朋友——一樣完全為法蘭西的國民性所融化。如果我們考察這二人對於他們周圍的人會發生什麼影響，並拿何爾巴哈家中所招待的爽直煥發的人物來和他們比較，我們很容易就會知道，對於在他家討論的種種哲學問題，這兩位德國人是居在指導地位。他們坐在才士的渦卷中，靜默的，不動的，像一個自忖的舵工。他們居在觀察者的地位，各還各的方法，將那不可思議因而不可抵抗的深切影響，結合起來。何爾巴哈對於哲學會簡直就是一位賢慧和氣的主人公，他的和悅與友誼，使一切人心服；他的仁愛，他的處家的及處世的德行，他的素樸的謙遜的感情，加以下述的事情，而更為人所稱頌。即，他周圍的各種才士彼此間皆有充分認識而聚於一堂，他除了盡和氣東道主的責任以外，即不必有別種責任。但人們所以不敢認這騷動學問界的著述為何爾巴哈所作，亦就因為他有這種謙遜。但就連此書已被斷定是從他周圍發出以後，亦有許久，人們有時認其為數學家拉格倫格（Lagrange）（曾為何爾巴哈家庭教師）所作，有時認其爲第德羅所作，又有時認其爲若干人之共同著作。現在大家都相信那是何爾巴哈的著作了，雖然其中有若干特殊部分爲專門家拉格倫格所作，若干爲文章家第德羅所作，若干爲納鳩（Naigeon第德羅及何爾巴哈文學上的助手）所作。〔六二〕何爾巴哈不僅是全書的眞著者；支配全書，決定全書傾向的，亦以他爲系統的頭腦。他不僅有唯物論的傾向，且有豐富的自然科學的知識。他曾研究化學，他曾在百科全書中撰化學的論文，且曾從德文譯幾種化學著作。格里模說：『他對於學問，好比他對於財富。如果隱匿起來，不致減損自己的享樂，尤其是朋友的享樂，誰亦不會疑心他隱匿了什麼。』

何爾巴哈尙有許多其他的著作，〔六三〕大部分討論的問題，即是自然之體系所討論的問題——例如判斷力，超自然的觀念對自然的觀念，一七七二年普及版，其顯明目的，即在於影響民衆。就連何爾巴哈的政治觀，亦比較大部分法蘭西同時人的政治觀更爲明白確定，雖然他未曾定立任何確定的政體。對於無移入可能的英國制度，一般人抱有一種漠然的熱中，他却不是這樣。他以一種沈着的不帶感情的力量，提倡民族自決的權利，主張一切官憲均有服從這權利並爲國民生活目的效勞的義務，宜佈一切以維持個人不合法權利並反對國民主權的契約、法律、及法律形式爲無效。人民在暴虐情勢下有革命權。他認這是公理；這裏他一矢中的了。

何爾巴哈的道德觀是眞摯的，純粹的，雖然未能超出幸福的概念。那沒有喚起伊璧鳩魯心情調和說的深情與詩的胸懷，但他的倫理觀總算努力克服了個人的見地，而把德建立在國家及社會的見地上。在『自然之體系』中雖亦有些辭句近於輕浮，但這種辭句與其說是對於道德加以皮毛的嘲弄——這才是眞的輕浮——遠不如說是對於傳統制度（尤其是敎會及天啓的信仰、）道德內容、及理想內容，加以完全的蔑視。這種蔑視，乃是十八世紀缺乏歷史意識的結果，而在當時法蘭西那樣無任何眞詩歌的國家，並不是不可理解的。眞的詩歌，是一個生活的源泉。一切不經理性是認卽在人本性中有存在力創造力的東西，都從這源泉湧出。哥德對自然之體系所下的有名判斷，是最深刻的批評，但在這位詩人的自我活動之素樸的自意識中，混着最大的不公道。這個判斷，表示德意志的青年精神活動，如何尖銳地相反於法蘭西表面上的『衰老』。

自然之體系分成二部。第一部，爲一般的基礎及人性論；第二部爲神學——如果這個名辭是適用的。序文中，表明了作者的眞正出發點爲求人類幸福之努力。

序文開端卽說：『人所以不幸福，祇因誤解自然。人間的精神已如此爲偏見所害，他們簡直有永遠陷在錯誤中的危險，他們從兒童期卽爲幻想的桎梏所縛了。這個桎梏既如此深深的加在他們頭上，要從這桎梏解放出來，非有最大的努力不爲功。不幸，他們每每要努力超在可見的世界之上，痛苦的經驗則使他們覺得他們的企圖無效。人們放棄了自然的研究，而追踪於狐火一般的幻想，那迷惑他們，使他們捨眞理的大道弗由，幸福之門遂阻塞了。幻想陷人們於不幸中。現在我們是在自然中尋求救濟法的時候了。眞理祇有一個，那決不會傷害我們。誤謬所以起，乃因專制君主及僧侶到處束縛國民，以致發生一種可厭的桎梏。但國家所受束縛，又由誤謬而起；使人們陷於恐怖中，或爲妄想而互相殺害的，亦是誤謬，根深的怨恨，殘忍的迫害，由誤謬起；不絕的流血，可怕的悲劇，亦由誤謬起。我們所居的地球，因此不得不爲天國而成爲悲劇的舞臺。

『拂開偏見的雲霧，教人們對於理性放出勇氣與尊敬心來。不能除去妄想的，至少要讓別人按照他自己的方法，來形成見解，讓別人相信，對於世上的居民，最重要的東西是公正仁慈與和平。』

前五章討論他的自然觀的一般基礎。自然，運動，物質，一切現象之合法則性，秩序及偶然之本質，這等題目均與何爾巴哈的根本命題相連合。在這五章中尤以最後一章，斷然排除神學的遺跡，永遠分離唯物論者及自然神教論者，福祿特爾所以劇烈攻擊自然之體系，亦特別因爲這一章。

自然是大全體，人是自然的一部，且受自然之影響。自然以外的一切物，常常是我們想像的產物。我們既不能知道它們的性質，亦不能知道它們的居處及活動方式。在這包括一切物的範圍以外，沒有什麼東西，亦不能有什麼東西。人是物理的，其道德存在不過是其物理存在的特殊方面，是起因於其特殊組織的特殊活動方法。

人類精神為改善境遇而想出的一切事物，都祇是人類衝動及自然環境交互作用的結果。動物是由單純的需要及形式，益益進到複雜的形式；植物亦如此。龍舌蘭不知不覺地長了幾年，直到後來開花，就預兆它快要死了。人，當作一種物理的存在，是依可見的感官之影響而活動；當作一種道德的存在，是依偏見所不許我們認識的影響而活動。教育卽是發展；那正如西瑟羅所說：『Est autem virtus nihil aliud quam in se perfecta et ad summum perducta natura』。我們一切不適當的觀念，都由於缺乏經驗；一切錯誤，都有損害。人們，因其自然知識有缺陷，遂想像有神為希望或恐怖的一個對象，不知道自然既不知怨，亦不知愛，祇往前活動，或生幸福，或生災禍，乃一定於不變的法則。世界無論何地，除了物質與運動，便沒有任何事物。世界是原因與結果之無限的鏈鎖。有最多樣的物質，在不斷地交互作用中。物質之種種性質及結合，為我們構成了各個物的本質。廣義的自然，是個物一般中種種物質之總和；狹義的一物的自然，是此物的性質及活動方式之總和。我們說自然生出結果，切莫抽象地把自然看作是一種人格；我們祇是說，這成問題的結果，是我們所見大全體中某一物的性質的必然結果。

何爾巴哈的運動學說，和托倫特在一篇論文中所立下的基礎，頗為接近。他的運動定義雖不好，只但他曾周到地根本地予以討論（雖未曾論到數學的理論）。他適合着他的實際目的，在全書中，以

一般的抽象的考察代替積極的特殊的研究，

每一物，均依其特殊性質而能爲一定的運動。我們的感官能從一定的對象，接受印象。一物，倘非直接或間接在我們之中生變化，我們對於它決不能有任何理解。我們所感到的各種運動，或是一全物體變遷其地位，或是生於物體最小分子間，使其發生一種變化。我們所以能感知後一類變化，僅因物體的性質已有變化。生於物體最小分子間的運動，即是動植物生長及人類精神活動的基礎。

運動若由外强制及於一物體，即可命其名曰移轉的運動。運動若起因於物之自體，即可命其名曰自發的運動。在後一類運動中，就人而言，包含行，言，與思想。不過，在更精密的考察下，實際是無所謂自發的運動。人間的意志，亦爲外部原因所決定。

由一物移轉運動及於他一物，必須遵從自然法則。宇宙間一切事物，均不絕在運動中。一切靜止，都祇是表面的。[公]物理學家所謂『Nisus』（推動力）亦祇能由運動說明之。靜止地上的重五百磅的石，每一瞬間會以其全重量壓迫，亦從地球接受相應的壓迫。我們只要把一隻手放在石塊與地之間，卽令石塊表面上是靜止的，我們亦將發覺它有充足的力量壓壞我們的手。無論何時，動都會引起反動。所謂死力與活力，實係同種力，它們不過是不同情形下表現出來的。就連那種最耐久的物體，亦在不斷變化中。物質與運動是永遠的。無中生有，乃是一句空話。追溯事物之起源，不過推延我們的困難，使不能受感官檢討。

就物質說，何爾巴哈不是嚴格的原子論者。他假設有原素的分子，但又宣稱物質的本質爲未知的。我們祇知其性質之若干。物質的一切變化，都是運動的結果。運動改變事物的形相，分解事物的成分，使一種事物促使別種事物發展與保存。

在所謂自然三界之間，物質的分子是在不絕的交換與循環。動物須消費植物或別種動物，以取得新的勢力。空氣，水，土地，火，都有助於動物的保存。但同一原素，在不同的結合形式下，即可成爲動物解體的原因；同一要素可以引起新的創作，亦可惹起新的破壞。

『這是自然之不變的進程；這是一切存在物所表現的永遠的迴轉。運動，就這樣形成了宇宙的部分，暫時使它們互相保存，漸次使它們互相破壞。因此，存在物的總額，無論在什麼時候，都是一樣的。自然之結合作用，創造太陽，作爲許多體系的中心；又創造若干行星，賴其特殊性質，受太陽吸引，而在太陽的周圍回轉。運動，又極其漸次的，使一一發生變化；它從那些分子形成了人們短生命中祇能瞬間瞥見的驚人的大塊，但也許有一天，會再把那些分子離散。』〔六〕

不過，就一般原理說，何爾巴哈雖完全與我們近世的唯物論一致，但他關於物質變化，依然保持昔時的見地。（這證明了，這種抽象，和自然科學的正常道路相差很遠。）在他看來，火依然是事物之生命原理。伊壁鳩魯，魯克理底斯，迦桑狄，他都以爲一切生命進程中，有火的性質在當中發生作用，那有時是可見的，有時是隱在其他物質之下，生出許多現象來。自然之體系出版後四年，蒲里斯提勒（Priestley）發現了氧氣；何爾巴哈還在和他朋友討論原理或敍述原理的時候，拉瓦節（Lavoisier）所作的許多實驗，已開了眞燃燒學說之端緖，同時並爲何爾巴哈所研究的學問，立下了一個全新的基礎，但何爾巴哈和伊壁鳩魯一樣，滿足於以前研究之論理的及道德的結果，拉瓦節却爲一個科學觀念所鼓舞，而獻其生命於這科學觀念。

研究現象合法則性的何爾巴哈，並從此追踪到自然之根本勢力。吸引與排斥，是物體內分子離合所由而來的勢力，二者的相互關係，有如恩比多立在道德界所洞見的愛與憎的相互關係。但就連這離合，亦受最嚴密的法則及原理支配。有許多物體，其本身雖不許有任何結合，但可由其他物的媒介而結合。存在，祇是在特殊方式上運動。持續，祇是那種運動（作爲個物繼續存在的條件的運動）的傳達或受納。石塊之抗拒破壞，僅因其分子有結合力；有機體，則由於較複雜的手段。自我保存的衝動，在物理學上稱爲持續力，在道德學上稱爲自愛。

在道德界和在物理界，因果都有必然性。暴風雨與旋風中的塵分子及水分子，和革命暴風雨運動中的個人，是依同一必然性而運動。

『在政治的社會中屢屢會掀起致帝國於沒落之可怕的動亂。在那種動亂中，有的人爲革命而行着破壞，有的人爲革命而戰死。這些破壞者戰死者，不論他們的言論如何，思想如何，意志如何，情緒如何，都不能說不是必然的。這一些人，都是行其所不得不行。他們，按照地位，在道德旋風中所取得的地位，是必須這麼做。凡能理解並評價在參加者精神及肉體中所發生的各種動作各種反動的人，都能明白這一件事。』

何爾巴哈死於一七八九年六月二十一日，恰在第三階級議員組成國民會議之後數日。那次革命，驅逐格里模（他的朋友）回德意志，並屢次險些危害拉格倫格生命的革命，當這位極力鼓吹革命，認革命爲自然現象必然現象之人與世長辭時，就瀕於發動了。

福祿特爾最初對於這書予以攻擊，〔六九〕乃對秩序章而發。這一章，特別重要。福祿特爾在這裏照常是普通常識的代表。這種常識，有感情的偏見，鄙俗的宣言，就連與最低級的哲學思想相比較，亦是絕對無用的。但在這裏我們正好利用這點來權衡正面的議論和反面的議論，來表明下述那一點，即，如要超越唯物論，雖精明智巧如福祿特爾，亦尚嫌不足。

自然之體系中用『秩序』一辭，原來祇要表示一個方法；由這方法，我們對於全體，那以其存在形式活動形式和我們自己相一致之全體，必更容易就其個別關係，予以理解。（實際到後來方始發展的更嚴密的概念，不應誤認是原始的概念。這種誤認，顯然是時代錯誤。）人們每每把他們特有的思想方法，加之於外界世上一切物既都是必然的，在自然界中，自不能有有秩序與無秩序的分別。這兩個概念，都祇屬於我們的理性；和一切玄學概念一樣，在我們自身以外，實在沒有什麼東西和它相應。我們如要把這二概念應用到自然上來，則所謂秩序，其意義當不過是現象之合法則的繼起。那是不變的自然法則之結果。而所謂無秩序，則依然是一個相對的概念，其所包括的現象，固會擾亂個別事物之存在形式，不過，如從大全體的觀點着眼，却實在沒有任何擾亂。在自然界，本來沒有有秩序或無秩序那樣的東西。凡與吾人本質相應的事物，我們統稱之曰有秩序；凡與吾人本質相反的事物，我們統稱之曰無秩序。這種見解，立卽使我們知道了，在自然界本來沒有奇蹟那樣的東西。按目的行事的睿智的概念，及與此相反的偶然的概念，是由同法，由我們人創造出來的。全體不能有目的，因爲在全體之外，沒有什麼東西，可以做它的目的。一切原因，其作用如與我們的活動方式相同，我們便稱之曰睿知，而認其他原因的作用，爲盲目的偶然的作用。『偶然』一辭，僅有與睿知相對的意義，而睿智這個概念，又是我們人創造出來的。盲目作用的原因實際是沒有的，因爲我們盲目，因爲我們誤解自然的勢力與法則，遂認其結果出於偶然。

就這點說，自然之體系所循的途徑，已爲霍布士所豫備了。霍布士的熱烈的唯名論，認善惡的概念是相對的，主觀的。有秩序與無秩序，睿智與偶然之概念，當然亦是如此。霍布士雖未進一步指出這點，但從這點退却，其實是不可能的。我們證明了這等概念的相對性，又證明了它們的基礎，在於人的本性，但這種證明，依然祇是明遠的認識所不缺少的第一步。前進的路，依然在開着。因爲使我們超越唯物論限界的，就是此等概念起源於人的組織的學說。但『自然之體系』之命題，並非鄙俗的偏見所能搖動。我們對於一種結果如不能認識其原因，即以之歸因於偶然；秩序與無秩序，在自然界是不存在的。

對於這點，福祿特爾的反駁是怎樣呢？讓我們聽罷。我們且用何爾巴哈的名義來給他答覆。

『什麼！在物理範圍內，有一兒童生來就盲目跛足，是一個畸形兒，亦不違反人類的自然麼？自然有規則性，不便是有秩序，自然無規則性，不便是無秩序麼？設自然給兒童以饑餓，又閉其食道，還不是錯亂不規則麼？排泄是必然的，如排泄之道阻塞，就須施以醫術呀！這種無秩序，無疑有其原因；沒有沒有原因之結果；但這結果是秩序之大錯亂。』

從普通非科學思想方法考察，畸形兒確乎是違反人類的自然；但什麼是這『人類的自然』呢，除了經驗的人類觀，還有什麼呢？但這種經驗的人類觀，對於客觀的自然，並無何等拘束力，且無任何意義。我們親自感覺到的似乎無秩序的，如僅承認其有原因，還是不够；我們必須承認，這原因和宇宙間一切其他原因，保有必然的不變的關係；大全體是以同一的方法，按同一的法則，在大多數場合，生出完全的組織，而在若干場合生出不完全的組織。且與此大全體聯結起來觀察罷——福祿特爾如非故意自陷於不公正，他就應當這樣做——我們對於永恆秩序所生出，換言之，對於大全體規則進行所生出的結果，就不能承認其無秩序了。何況何爾巴哈亦未否認這種現象在感覺的同情的人看來，像似可怕的不規則的現象呢？福祿特爾不過證明了何爾巴哈所承認的事情罷了，其實他還更不曾觸着問題的核心。

但我們且看他在道德界曾否有更高的證明。

『謀殺朋友，謀殺兄弟，不是道德界上的無秩序嗎？格拉西、台利愛、篤新對眞生派（Jansenisten）的誹謗；眞生派對耶穌社派（Jesuiten）的誹謗；拔托伊利及卜利安的欺詐，不是小的無秩序嗎？聖巴多羅謨夜之殺害，愛爾蘭之殺戮等等，不是可咒咀的無秩序嗎？此等罪犯，固有熱情為其原因，但其結果却是可厭的：其原因不祥，其原因使吾人戰慄。』

殺害確乎是人們所恐怖的事情，是人們公認的對於道德秩序之可怕的錯亂。但罪犯對於其所由而起之錯亂及熱情，概可說猶影之於光，那祇是人類衝動及活動之必然的方面。我們必須承認這種必然性，如我們不再以原因的概念為遊戲。我們還更須承認，就連人類彼此間的活動及人類對自然全體的活動，也保有一種完全的因果關係。因為我們在這裏，好像在物理界一樣，將會發現一個因各部分有因果關係而致不可分解的共同基礎——是卽自然——其作用，乃按照永恆的法則，而在同一的秩序中，惹起德與惡，惹起罪犯的恐怖，並使我們相信，與這恐怖相連結的無秩序觀念，祇是片面的不恰當的人間概念。

『無秩序是存在的，我們祇要證明這無秩序之起源。』

其起源在於人間的概念；人類確有無秩序這個觀念，但福祿特爾所證明的，亦不過如此。不正確不邏輯的人的悟性——即令是最能幹的人的悟性——亦時時會把它的經驗的觀念，混淆於事物之自體；恐怕今後，還會繼續如此。

我們不要在這裏對於何爾巴哈的見地，予以更深一層的批判，雖然在我們研究的進行中，這種批判將會自行指示出來。我們祇要指出，唯物論者雖然證實了一切現象的合法則性，但終以其片面觀而限自身於這觀念的環中，致不能適當地予精神生活以評價，因在精神生活上，祇有人間的觀念，得有正當的工作。批判的悟性將否認目的論的觀念，自然睿智的觀念，秩序與無秩序的觀念等等，有所謂客觀性，但此等觀念對於人間的價值，即不全被否定，亦容易被他們過分輕視。何爾巴哈確曾相當是認這一類觀念：他以爲，人類若不爲此等觀念所奴隸，若知道他所須處分者非客觀事物，祇是關於客觀事物之不完全的觀念，他就很可利用此等觀念。但下述數種意見，却與這唯物論者相去甚遠。即此等觀念雖不能符應於事物之自體，但在廣大的生活範圍內，那不僅須當作方便的無害的幼年習慣而被容忍，並且，不管它們是生於人類精神中，不也許正因爲它們是生於人類精神中，所以是人類所有的最高尙的財寶，卽，它們供給人類的幸福，沒有任何物可爲之替代。這數種意見所以和他相去甚遠，非因它們和他的體系相矛盾，祇因他奮鬥勞苦所得的思考方法，使他離去人間生活的這一方面。

卽因此故，唯物論不僅在反宗教的鬥爭中比別的武器更危險，且多少會和詩歌藝術相敵視。詩歌藝術有一個長所，卽在詩歌藝術中，人間精神的反現實的自由創造性，得取得公然的承認；同時，在宗教的教義及形上學的組織中，人間精神的反現實的自由創造性，卻往往荒謬地要求得客觀的眞理。當然，宗教及形上學對於唯物論，後來還會表現一層更深的關係。但我們且就秩序及無秩序那一章的關聯上，一論藝術。

秩序及無秩序既不存在於自然界，美與醜的對立，亦就祇基於人間的觀念了。有這思想的唯物論者，必與美的範圍相離甚遠；比較近的是善；最近的是眞。一個唯物論者如担任藝術批判，一定更重藝術之自然的眞理，而忽視或輕視理想之嚴格的美；美與自然眞理不相調和時，他更加有此傾向。因此，我們覺得何爾巴哈幾乎沒有詩與藝術的感覺。至少他在著作上不會談到詩與藝術。只有第德羅，他最初批判藝術，本非所願，但後來卻以特殊的熱情，在一種驚人的方式上，敘述唯物論對於美的賞鑒之影響。他的關於繪畫之論文，有哥德的巧妙的註解，已爲人手一篇了。哥德看重藝術之理想的任務，第德羅却要把自然首尾一貫的觀念，看作是造形藝術的原理！秩序與無秩序，在自然界是不存在的。從自然的觀點看，（假定我們的目，祇能看見首尾一貫的全體的美，）駝背的姿勢不和愛神的姿勢一樣好嗎？我們的美的概念，豈不在根究上，祇是人間的缺陷嗎？益益發展這種思想的唯物論，勢必把美之純粹的享受及理想之崇高的影響減少。

第德羅言其天性，本來就是一個理想家，我們在他身上，亦可發現斷然的理想主義的論調。但這種事實，不過更明白地說明了唯物思想的影響，會違反他的意志，把他奪了過去。能由自然所現的最美的部分形式之經驗的結合，發現理想——『眞線』——麼？對於這問題，他的答覆是否定的。他以爲，大藝術家是眞美的本型，理想則是由大藝術家的精神中湧出來的；在必然性的壓迫下，自然往往沒有任何部分，有眞的美。這個命題是眞的。自然在駝背者或盲婦人的姿勢中一度形成缺陷，即難有任何變更，她的手腕的微妙，雖最偉大的藝術家亦望塵莫及。這個命題亦是眞的。但若把這二命題結合起來，說我們無需乎理想，因爲，如果我們能在首尾一貫的關聯中，看透全系統，〔九八〕也就可在自然之直接模倣上，得到最高的滿足，却與眞理不符。我們如把此事推到極端，誠可鬧爲絕對的知識——那在一個斷片中，可以窺知其對全體之關係，並因此故，每一直觀都是宇宙的直觀——計，離開現實，能否有美？但第德羅對於這事情的看法，不是這樣。他的命題，必承認藝術家及藝術批評家有實際的用處。又必主張，與理想之

『眞線』相背離，是許可的——不，與單純的範本關係比較而言，眞的理想實存於這種背離——如果我們能够至少在情操上，就其統一性及一貫性來實行這種背離。但若如此，理想便失去了獨立性了。美是隸屬於眞了，喪失了本來的意義了。

我們如要避免這錯誤，最先就得承認倫理的及美的理念，乃是一般自然力在人類精神特殊範圍內按照永恆法則所生的必然結果。人類的詩意與志願，像生出美的觀念一樣，生出秩序的觀念。然後自然哲學的認識發生，把這觀念破滅了，但這觀念會再從心情深處流露出來。創造的官能與批判的官能互相鬥爭；這種鬥爭，不比任何其他自然界諸種勢力間的鬥爭爲更不自然，亦不比生物界的生存競爭爲更不自然。不錯的，我們須從最抽象的見地，像否認有無秩序一樣，否認有誤謬。誤謬，亦生於有器官的人類與外界的印象二者間的合法則的交互作用。誤謬，和更好的認識一樣，是外界事物在人類意識中投射的方式。物自體之絕對的認識，存在嗎？至少，人類是不會有這種認識。不過，如果人類對於他們自己的本質有一種更高的認識，而與此相較，誤謬——雖亦是一種合法則的認識方法——祇可說是誤謬，是與更高級的認識方法不當地違背着；則在這場合，不亦有一種以人類本質爲基礎的秩序，其爲物不應與相反方面的無秩序，換言之，卽不應與與人類本質相違背且完全與之相反對的秩序混爲一談麼？

『自然之體系』文章雖甚冗長，過於反覆，但其中所包含的許多議論，一方面旣以其熱烈健全，値得注意，他方面又明白地顯示了唯物論世界觀所進退的範圍未免太狹。

拉・麥托里過好自稱爲笛卡兒學徒，並斷言笛卡兒曾根據機械原理說明人類，不過把一個靈魂附在這機械上，來使僧侶喜悅；但何爾巴哈卻以爲，靈魂有精神性質的學說，笛卡兒實應負大部分責任。『雖然在笛卡兒以前，靈魂已被認爲是精神的，但第一個主張思惟的性質必與物質相異，並斷言我們的思惟的性質是精神（一種單純的不可見的實體）的，卻無疑是他。我們作如下的結論，不更自然嗎？即，因爲人，一種物質的存在者，實際是會思想的，所以物質亦能思想。』倡豫定調和說的萊布尼玆，甚至於倡機會說的瑪爾布蘭（Malebranche），都和笛卡兒一樣主張。但何爾巴哈沒有充分駁斥此等人；他接着指出他們的原理荒謬就夠了。從他自己的觀點看，這並不是不可理解的；因爲，如果一個人不能理解他們曾如何努力形成他們的理念，如果一個人要使他們的體系經受一種嚴格的悟性的檢討，他看見他們這班受世人大大稱揚的哲學家，竟以體系之基礎，安在絕對的無之上，自不免大露輕視之意，說他們過於淺薄，過於輕率。何爾巴哈到處都祇看見神學的影響，不知道我們人自有一種形上學的本能。這種本能，是和建築的興趣一樣，深深種在我們本質中。何爾巴哈以爲『這是無足怪的，近世最深刻的思想家，爲神學的偏見所驅使，會因要調和靈魂之精神性質及物質的實體對於非物質的實體所生之物理影響，要說明靈魂對於物質的實體之反動，說明靈魂與肉體之結合，而不得不自遁於巧妙的不滿意的假設。』祇有一個唯心論者，能使他覺得困難，並我們認識我們全部研究之根本問題那。就是巴克萊(Bekeley)。他是英格蘭教會的主教，比笛卡兒萊布尼玆還更爲神學的偏見所驅使，但他所抱的世界觀，却比他們二人更合邏輯，而在原理上，又比他們二人更遠於教會的教義。

『要證明世界一切物都不過是妄想的錯覺，全宇宙不過存在於我們之中，存在於我們的空想之中，並由一種詭辯——這，在堅主靈魂有精神性質的人，乃是無法解決的——使一切物的存在都成疑問的巴克萊，我們將做如何的批判呢？』如何一切不堅主靈魂有非物質性的人，都應與巴克萊絕交，何爾巴哈忘記加以說明；而在一個註釋上，他還明白承認，這個最法外的體系，幾乎是最難駁斥的。[九〇]唯物論很堅決地認現象世界爲現實世界。對於攻擊這素樸見地的人，唯物論究持有何種武器呢？事物眞和它們所表現的一樣嗎？它們眞是存在的嗎？這些問題，在哲學史上不絕的成爲問題；對於這問題，到現在，才得了一種半圓滿的答覆——這個答覆，不贊成任何一極端。

何爾巴哈熱心注意到了倫理學的基礎。他的思想，雖然都可在拉·麥托里那裏發現，但在拉·麥托里那裏，僅僅是散亂的，混有許多輕浮的文句，在何爾巴哈這裏，却純化了，方法化了，系統地發展了，且嚴格避免了一切平凡與鄙俗。像伊璧鳩魯一樣，何爾巴哈以爲人類努力的目的，是持久的幸福，不是暫時的快樂。『自然之體系』亦要把道德學安在生理的基礎上，並對於市民道德，提出强力的主張。

『我們如與經驗商酌，不與偏見商酌，精神的醫學必可解決人間心情的謎，我們可以斷言，它還有時會以醫治肉體的方法，醫治精神。』二十年後康狄亞克學派醫士賓納耳（Pinel）才建立新精神病學，那漸漸地發展起來，減輕了人類一種最可怕的痛苦，使人們以好意看護狂人，並承認大部分罪人都是精神病者。——〔九一〕『靈魂不死說，使道德成了一種想像的科學，它所敎導的，全不是感化人類的眞正手段。設以經驗爲助，我們就知道形成人類氣質基礎或一國大多數人氣質基礎的，是一些什麽要素，我們亦就會知道什麽適宜於我們，什麽法律是必要的，什麽制度是於我們有用的。一句話，不能從靈魂非物質說取得甚至想到的道德上政治上諸種利益，可從唯物論取得。』〔九二〕何爾巴哈這種思想，至今仍有其前途；不過，人事統計，也許比生理學，還更有用於道德的物理學。

何爾巴哈以爲，我們所以有道德的及知的能力，是因爲我們對於外界所生的印象有一種感覺力。『易感的靈魂，卽是這樣構成故特易感受外來運動的大腦。如有某甲，見一種不幸的生物，見一種可怕的意外，或僅因想像中有一種痛苦事情，便會流淚，我們就說他是易感的。』在這段話上，何爾巴哈恰好立在唯物論道德哲學的入口。但迄至今日，道德哲學尙屬缺乏。我們當然希望其能發展，雖然我們不要保持唯物論的立場。我們所要的，是超越個人利己主義的原理。憐憫確乎是不够的；但若我們把同情的喜悅包括在內，並擴大我們的見解，把一切高等生物對同類所生的一切自然的同情，亦包括在內，我們人類的由來卡魯斯譯卷一第四七頁。〔一七〕言語起源的問題，近來頗引起辯論。在此討論這問題，未免太深入了。我們祇要說，要在語言的任何要素（例如，有意義的語根的形成）中，發現人與動物的「絕對」差別，會和絕對差別的其他證據一樣，完全失敗。人類生活與文化的個別要素，都屬於一般的種類；但若眞正的特徵，在其持續上，果有某種事物是絕對的，則在此限度內，我們亦可以說人與動物的絕對差別，乃存於一切相對差別因要生出特殊形式而共同動作的特殊方法。形式之絕對的特徵，在這意義下，當然亦爲動物所有，且這特徵決不包含不變性。人類所以得有較高的意義，非由於博物學的考察，乃由於倫理學的考察；在此確立『精神的』與『動物的』的差別，是很適當的。〔一八〕曾有人要以成功的物種交配的這個例，當作物種不變的證據，斷言盧君（Roux）八分之三的兎，引續交配下去，會回復母性的兎形。（靈界評論一八六九年卷二第四一二頁以下可供參考。）但這並非否定交配物種的不變性，但誰也不能說，新兎與原母族在本質上將永遠毫無區別，否則，飼養之目的將何在。關於主要點，不必浪費一辭，因爲這些動物及相似的產物，現已成爲顯著的商品。但說中間的形式，有一種傾向要回復經歷了數千年且確定了數千年的兩種形式之一，與達爾文主義及目的論那一章的說話，很相調和。〔一九〕『從猿起源』一句話，常爲通俗反對進化論者所憎惡，其所以然者，僅因以人與現存的猿比較，而普通人所知道的猿的性質，亦皆以現存的猿爲根據。所以，這久已忘失的古形，在動物學的意味上，是否被稱爲猿，毫無關係，因其與現存的猿比較，有絕不相同的性質。奧斯加·斯米特（遺傳論及進化論二七二頁以下）關於這點，曾說：『類人猿的發展，在最近的人類祖先之傍進行，人不能變爲大腥腥，正如栗鼠不能變爲鼠』……『這種猿的骨質的頭蓋骨，已達到極端，與家牛相彷彿，但這極端是在生長過程中逐漸形成，小牛是不知道的，它只有羊棲的祖先的頭蓋骨。』……『類人猿青年時的頭蓋骨，雖以不可否定的顯明性，表示祖先（那有較優良但仍可塑的頭蓋骨，及與人類相近的齒）的進化，但這些部分及腦的變形（因爲逐漸變小），却打出一條不幸的路。同時在他方面，人類却在淘汰作用上，更能使頭蓋骨的性質保存。』參看同著者的講演『進化論在人類之應用，』萊比錫一八七三年第一六頁至一八頁。——赫克爾自然的創造史第四版五七七頁。 [二〇]上卷第四篇第二章及該篇末。註七二可參照。 [二一]密勒爾人類生理學原理卷一第三版一八三七年八五五頁。 [二二]加斯特爾骨相學斯杜特加一八四五年第二七頁以下。 [二三]郎克神經系統之解剖學與生理學赫恩博士譯卷一，萊比錫一八四七年六一七頁以下至六二〇頁。 [二四]前書卷一第五二二頁以下。 [二五]庇特里（Piderit）腦與精神，生理的心理學案。萊比錫，黑特爾堡，一八六三年。在此，以精神活動還原爲反射活動的思想，仍分別『表象器官』與『感覺器官。』這種分別，其實是不能支持的。——馮德(Wundt)，他不僅計劃了『生理的心理學，』且完成了『生理的心理學，』他在三二八頁以下，就明白說，『複雜的腦髓反射，』與脊髓反射是完全相似的。——又可參看浩維居（Horwicz）心理的分析哈里一八七二年第二〇二頁。 [二六]參看夫里格爾（Pflüges）哺乳動物脊髓的感覺機能，柏林一八五三年；關於反對方面的實驗，可參看康尼斯堡醫學年報卷二（一八六〇年）蛙的神經中樞的機能。——要知詳細，尤其是關於後一種實驗，可參看馮德人類與動物的精神論一八六三年卷二第四二七頁以下。——此外可參看馮德的生理的心理學八二四頁至八二七頁。 [二七]所以我決不要認反射與（主觀的）感覺是客觀的相應着：這寧可說是反射必須在中樞機關克服的抵抗，故反射愈不受阻止，則感覺愈少。當反射爲上位的中樞所阻止時，我們須假定，感覺發生的地方，亦移這病的傾向，除去最後的基礎，從而不僅要熱心反對教會的觀念，且超出時代，同樣熱心反對自然神教及泛神教的觀念。但就因爲這原故，所以就連在自由思想家間，亦有人激烈反對『自然之體系。』

但我們同時又得承認，反對有神論的那幾章，大部分是非常冗長的。被認爲已證明神存在的那種論理組織，是極無根據而曖昧的，所以，採納呢，排斥呢，其實都不免多少成爲自欺的問題。固執這種證據的，不過在煩瑣哲學的表現上，表示他自己的信神的傾向。這種傾向，在康德爲神的理念創出一個方法來作基礎以前，就常常祇是實踐的精神生活或心情生活之流露，不是理論哲學的結果。經院哲學喜歡作無謂的討論，有『自存者必然是無限的，萬能的』或『必存者必然是唯一的』這一類命題，就滿足了。但要在這些曖昧的概念上，尋到一個出發點來作眞正值得研究的研究，却是不可能的。像何爾巴哈那樣的人，竟會用將近五十頁的著作，來對付克拉克（Clarke）的有神的證據——這種證據所要證的命題，全無一定的意義——我們還有何話可說呢？自然之體系，似乎故意要盛滿丹納登的水壺。反反覆覆的駁了又駁，但終未超出一個單純的命題：即，我們沒有任何理由相信神的存在，物質的存在才是永遠的。

何爾巴哈自己亦知道，他所攻擊的不是一個論證，祇是一個論證的影。他嘗說明克拉克的無的定義和他的神的定義完全一致，那僅包含一個消極的賓辭。但在別一個地方，他又說，一般說來，感官所示於吾人的，單是事物的外殼；但提到神，就連這個，它亦不復能示於吾人。下述那一段，更於此有關：

『克拉克博士告訴我們，只要神的屬性是可能的，我們不能反證，就够了。這眞是不可思議的論證！祇有神學才會教我們因其可能，便斷言其爲現實。』

一個人旣有比較健全的大腦，又不是十分邪惡，怎樣還會滿足於完全建立於空中樓閣上的命題呢？這在何爾巴哈不將成爲問題嗎？這不將使他相信宗教原理上的錯覺與日常的錯覺有點兩樣嗎？在外的自然界，何爾巴哈不能看見神的殼。但若這極無根據的證明，就是一個脆的外殼，而那以人類心情特性爲深切根據的神的觀念，就隱藏在這外殼下，那又將怎樣呢？關於這點，他其實應該把宗教看作是一種道德的文化史的要素，而予以更正當的評價。但自然之體系所本的基礎旣如彼，要其如此，就頗爲無望了。

自然之體系反對神這個觀念所採的見地，頗爲粗雜。這情形，在論泛神論的那章，最爲顯明。如果我們記得，斯賓諾莎主義者和唯物論者有一長時期被認爲同義的名辭，這兩種見解往往被包括在自然主義下，而事實上，我們亦屢屢發覺唯物論的領袖有泛神論的傾向，我們看見何爾巴哈那樣熱心要把神的名字——縱令視神與自然爲同一事物——從人類的思想範圍內排除出去，當不免有點驚疑。從他自己的觀點考察，我們固不能說何爾巴哈是行過其當。他以爲，人類本性中的神祕傾向，乃是一種病，是人類所犯最大罪惡的肇因實在說，我們人一經有了神的觀念，那就無論它是以什麼爲根據，無論它是如何細心地被定義，人的心情終不免爲他所拘束，而給它以詩的形式，使它人格化，尊敬它，崇拜它，其影響與此觀念之邏輯的形上學的起源，毫無關係。除非這種宗教傾向，每每突破邏輯範圍的宗教傾向，即與詩比較，亦顯見更少價値；不，除非這種傾向是絕對有害的，不然，我們實無須把神的名除去，但自然主義世界觀的要石，卻就建立在這種除去之上。而且，當何爾巴哈論到自然之眞禮拜及其祭壇時，我們又必須指出，他的修辭是頗有缺點的，那也許會引出危險的結果，

兩極端的話，常常併在一起。何爾巴哈教訓人們永遠除去神的迷想並廢除神的名那一章，卻又包含一段話，敍述人類迷信的傾向是如此普及，如此根深蒂固，如此不可抵抗，故不能視其爲人類一時的病患；並且說，我們必須假設人類的墮落（在反對的意義上）才不致於結論說：這種迷信傾向，和音樂美術的嗜好一樣，是爲人所本有，說引出這種現象的旣爲自然法則，故與自然法則相抗實屬不可想像。

『人們永遠認一切不可思議較優於單純，一切不被理解者較優於能被理解者。他們看輕習見的事物，祇看重那些爲他們所不能評價的事物。關於這些事物，他們雖祇有曖昧的觀念，卻推論其中有若干重大的超自然的神的東西。一言以蔽之，他們需要一種神祕的刺激，以鼓舞他們的想像，衝動他們的精神，滿足他們的好奇心。人們對於不能解答的謎，總是非常熱心的。』

這段話有一個註解，指出若干民族，是從可理解的神，如太陽，進到不可理解的神。為什麼？因為最隱匿最神祕最不可知的神，往往比可目視的存在者，更能使我們的想像愉快。所以，一切宗教都使用祕訣——僧侶的祕訣，亦即起因於此。奈何他竟突然說，知識雖進步，而民衆對於祕訣的自然需要依然甚强，雖有更純粹的見解者，須由僧侶階級負其責任。殊不知這個階級的發生，乃由於民衆需要祕訣。於是，我們在此又看見了這個最激烈攻擊一切偏見的見解，本身仍有極重要部分是偏見。

論宗教及道德的關係那一章，亦有同樣的情形。自然之體系不從批判的立場，攻擊以宗教為道德行為之唯一基礎的偏見，却進而說明積極的宗教，尤其是基督教，在道德上有怎樣的害處。在這點，歷史與教規都供給了他許多例示，但這種研究，本質上就是皮毛的。例如，他以為，宗教原恕惡人，過分要求善人，是在道德上有害的。這樣，惡人將受鼓舞，善人將受威嚇。但善惡間的對立的和緩，數千年來，曾如何影響於人道，自然之體系是未曾考慮到的。自然之眞體系，將會表明這種嚴格的對立乃是不合理的，那將使貧者愈受壓迫，弱者愈受貶抑，病者愈受虐待。基督教所倡導的罪惡平均說，正符合於精確自然研究（尤其是自由意志觀念的除去）所必致引出的原理。所謂『善人』，即幸運者，對於不幸運者，往往加以虐待。固然，就這事件說，中世基督教所佔的地位，和異教是一樣的。近世啓蒙時代，才引出顯著的改良。歷史研究者應反躬自問，數千年來與人類野蠻性在神祕形式上相鬥爭的基督教原理，會不會在它的形式可以消失，人們已準備接受純粹思想時，不再發生最大的影響就宗教的形式本身，尤其精神對於禮拜，對於儀式，對於心情生活的感動及解放的傾向——那往往與宗教相混同——而言，我們正可鄭重地問，依此而生之柔弱性與感能性，以及指導悟性之抑壓，自然良心之墮落，是否常常極其有害於個人及全民族？至少，瘋人院的歷史，刑事裁判的記錄，人事的統計那種種所供給我們的事實也許有一天會集成一種經驗的證明。何爾巴哈不大知道這點。他的研究，非用經驗法，乃用演繹法；關於宗教見地之影響，他一切理論，都豫想教義得單由悟性來調整。結果他討論所得的一切結果，遂都極不充分。

他論證無神論者存在及無神論與道德相融合的那幾章，是更適切更深刻得多了。在這一章，他以貝勒為根據。明白主張人類活動非從其一般觀念流出，但從其熱情及衝動流出的，第一個便是貝勒。

最後，能否全民族均信奉無神論的問題，其研究亦不是毫無興味的。我們曾反覆指出，法國唯物論，與英國唯物論世界觀的影響恰好相反，而有民主傾向。何爾巴哈決不比拉·麥托里第德羅更少革命性。然則，他既熱心要使自己成為通俗的，並如格里模所說，賴有他一本著作的拔粹，雖按摩女理髮師亦能瞭解何謂無神論，為什麼他又明白宣告『此等觀念不適合於人民大衆』呢？何爾巴哈有急進思想，他亦即因此故，而為巴黎貴族社會所排斥。他那時代多數作家——他們以全力顛覆現制度，但仍保持貴族階級的特色，輕視愚鄙的百姓，並在必要時發明一個神來威嚇民衆——的游移性，他全然沒有。但我們須知道，何爾巴哈所從而出發的原理是眞理決不能成爲有害的。這原理，又從一個更廣泛的命題推出：即，一般理論的知識，即令謬誤，亦決不會有危險。宗教的誤謬所以有害，乃因有一種熱情與之結合，有一種國家權力專橫地把宗教維持。最極端的數種意見，如沒有橫暴手段使其一獨佔優勢而排斥其他，即可共存。以自然法則的認識爲基礎的無神論，所以不能普及，僅因爲大多數人類，沒有時間且沒有傾向，要由這種眞正的研究，取得這種全新的思想。但自然之體系並無意要把宗教作爲哲學之代替物而留給大多數民衆。它既要求絕對的思想自由，不許國家干涉，所以又提議，讓人類的心情，得遂其自然發展罷。讓他們相信他們所願信者，讓他們學習他們所能學者！哲學研究的成果，遲早會像自然研究的成果一樣，有利於一切人。新觀念或不免要惹起激烈的衝突，但人們將漸漸由經驗知道它們所帶來的，祇是幸福。關於它們的傳佈，我們必不可僅着眼於現在。我們必須兼顧未來及人類全體數世紀的時間與進步，甚至於可以感化最頑强反對眞理正義與人類自由的君主。

全書最後一章，我們疑其爲第德羅所作，但亦滿有這種精神。這『自然法典綱要』並不是乾燥無味的問答，法蘭西革命，即以何爾巴哈的原理爲根據。那實在是一部文藻動人的著作，就許多點說，都是一篇傑作。像魯克理底斯的著作一樣，有一長節僅討論自然。她要人類服從她的法則，她要人類享受她給人類的幸福，她要人類行德輕惡——但不是厭惡惡人，祇是憐惜他們遭遇不幸。自然有其使徒在不絕促進人類幸福卽令其努力未必成功但敢於嘗試亦就滿足了。

自然及其女兒——德，理性，眞理——最後被稱爲唯一的神，值得人們以香火祀奉。如是，自然之體系在破壞一切宗敎之後，却由一種詩的高揚，把自身變成了一種宗敎。這種宗敎，將來亦會有一天生出野心的僧徒嗎？人類的神祕傾向既如此强烈這部因要除神名甚至排斥泛神主義的書的命題，不又將成爲新敎會——那會巧妙地混合可理解物與不可理解物，並創造禮拜的儀式與形式——的敎條嗎？

自然究在何處生出非自然？支配一切發展之永恆的必然性，如何能生出差違與誤謬？我們對較進步時代的希望，究存於何處？設徧處都是自然，又有何物可以恢復自然之本位？對於這些問題，『自然之體系』未給我們以任何圓滿的答覆。我們在這裏達到了唯物論的極點，同時又窺見了唯論物的缺點。自然之體系在嚴密關聯下所給與於我們的，近來又在多種方法下分割散亂了。新動機，新見地，出現了許多，但根本問題的圈，却始終未有變動——事實上，自伊璧鳩魯，魯克理底斯以來，直到現在，那都未有變動。

第四章　德意志對唯物論之反動

我們講過，唯物論很早就在德意志種下了根；但十八世紀大部分反對這思想傾向的有力的反動，亦卽發生於德意志。這一點我們必須予以考察。十八世紀最初期萊布尼疵的哲學已經普及，而這哲學之根本特徵，還形成一種光輝的努力，一擊就把唯物論除去了。誰亦認識Monaden（單子）與物理學家的Atomen（原子）是很相似的。〔九二〕萊布尼疵用以代替魯克理底斯的原子之Principia rerum（事物之原理）或Elementa rerum（事物之要素），可表示一個上位概念，而把單子原子包括在內。伊璧鳩魯的神，雖在世界與世界之間，有其黑影的存在，但其作用却是不必要的；同樣，萊布尼疵的單子，是原始的存在物，是形上世界的眞元素，他雖在他體系中承認神的存在，認神爲『單子之充足理由，』但其作用亦是不必要的。〔九三〕萊布尼疵，一位外交家，有普遍的天才。利希吞堡(Lichtenberg)〔九四〕說得好，他『少有固定性，』無論是置身於最深遠的思辨的深淵中抑是在日常議論的淺水中，都能以同樣的便易，避免固定的思想家所不能避免的砂洲。他的體系是矛盾的，要從他的著述的斷片予以說明，是無益的；好像這位大天才，曾把完全的體系保留在自己心中，又好像他偶然忘記給我們一個說明，以致他著述中一切謎，都無從理解。這種矛盾，或不免是萊布尼疵性格薄弱的一個證據，但我們切不可

忘記，這些矛盾不過是這位偉人肖像中的陰影。[五三]

推薦托倫特於女王蘇菲·夏羅蒂的萊布尼玼自己亦必定知道他的辨神論(Theodicee)的曖昧模糊的理據，不過是對唯物論的薄弱的防波堤，而對於眞的思想家，那是全然沒有防波堤的作用的。西倫拿（Serena）從貝勒的辭典及托倫特的書簡固難得到眞正的滿足，但從這著作亦一樣難得到眞正的滿足。——且對於我們，眞正重要的，不過是單子說與豫定調和說。這二概念，比他的冗長的體系更有哲學的內容。但要說明這二概念的重要，我們把它們說明就够了。

採用原子概念的唯物論，我們曾屢次講過，必難也許還是不能說明感覺及一般意識過程的位置。它們是由原子的結合而成嗎？如是，它們就僅存於抽象中，客觀的說，便不存於任何處了。它們是存於運動中嗎？情形還是一樣。我們就認運動的原子自身，卽是感覺所在地罷。那麼，感覺又如何形成意識呢？意識又存於何處呢？在個別原子中，在抽象中，抑在空虛的空間？如在空虛的空間，那空虛的空間就不復是空虛的，而充有非物質的原素了。

要說明原子的相互影響，除了可用衝擊原理以外，卽不復有任何原理可用。衝擊之無限連續，能够在振撼的原子中生出感覺來。那好像絃的振動或空氣一部分的振撼，會生出聲音來一樣。但音究存於何處呢？實際，在我們所意識到的限度內，它是存在於假定的中樞原子中。但這一個比喩，於我們沒有何等幫助。我們有了這比喻，並沒有比前進步。在原子中，我們沒有概括的原理，可以使衝突的多數，變成感覺的統一。我們當前的困難，永遠是這樣。原子是由不動的部分構成嗎？是由能動的部分構成嗎？是由小原子構成嗎？是含有『內部狀態』的嗎？是不含有『內部狀態』的嗎？總之，我們對於原子要怎樣思考，就怎樣思考吧。但衝突將在何處，以何法，由多數而變爲感覺的統一呢？這問題，現在還沒有現成的答案。我們如尋根究底，此事不僅尚無人明白，且恐難於思想。要把感覺解作這種衝突相互結合之自然結果，那是祇有移開悟性的眼。比如我們移開肉眼若干點就會匯成一點。但事物所以能被理解，僅因爲我們祇略略使用悟性麼？眞如蘇格蘭常識哲學家所說麼？萊布尼疵這樣一個人，決不會如此主張。從伊壁鳩魯所說，說是衝突麼；從牛頓的後繼者所說，說是距離作用麼；抑是毫無作用呢？萊布尼疵正對着這樣一個難題。

這乃是豫定調和之致命的飛躍。萊布尼疵這種學說，究從其他類似的見解推到，抑是一躍而蹴，抑是漸漸而得，我們不得而知。然這學說所以有其重要性，卽在於此處；這學說所以在唯物論史上如此重要，亦卽在於此處。原子之相互作用結果何以會在一個原子或若干原子中生出感覺，乃是不可思考的，所以不容我們採用。原子如從其自身生出感覺，那就有了單子的性質了，它是按照它自己的內的生活法則，發展它自身。單子沒有窗。沒有任何東西從此走出，亦沒有任何東西從此跑進。外界是它的觀念；這觀念，乃是從它內部生出來的。每一個單子，都是一個獨立的世界。它們沒有彼此相同的。其間，有富於觀念的，有貧於觀念的。一切單子的觀念，存於一種永遠的關聯中，存於一種完全的調和中。這種調和，在無始以前即已確定了，而在一切單子繼續變化中，猶繼續不變。每一個單子都或明或暗的代表全宇宙，代表一切現象的總和；單子的總和，又即是宇宙。像人的單子在無夢的睡眠中一樣，無機自然界的單子雖有觀念，但這種觀念彼此完全是中和的。有機世界的單子，更爲高等；下等動物，由夢一般的單子構成；高等動物有感覺與記憶；人有思惟。

如是，出發點雖以理性爲基礎，但賴有巧妙的想像，進到概念的詩中了。如果單子的觀念是從自身生出的，萊布尼玆又從何知道，在他的自我以外，尚有其他的單子存在呢？在這裏，他所遇着的困難，和巴克萊所遇着的一樣。巴克萊由感覺論達到了同一的點，而感覺論又是從原子論達到的。巴克萊認全世界爲觀念。這見地雖何爾巴哈亦不能駁斥。但笛卡兒的哲學已經使他某一些承繼者，生出如下的疑問；即在能動所動，快樂痛苦，强弱所由而生出的自身以外，是否因其本身所有的觀念出於其本身，故別無任何物存於廣大世界中。[九六] 許多人相信，對於這樣一種學說，以一種注射浴或沸騰散，補以適當的營養，便可將其駁斥。但持這見地的思想家，仍可主張，藥粉醫生，自己的肉體，總之，全宇宙都是他自己的觀念，在自己的觀念以外，決無任何存在。但就令他們願意從這見地相信尚有其他的存在——這是可以想像的——我們依然不能說明豫定調和之必然性。此種存在之觀念世界，正可相互間發生火熱的矛盾。不過沒有誰觀察。總之，萊布尼疵的哲學是多矛盾的。不過他的哲學所根據的思想，却有稀有的優美性，高尚性，及美。這哲學的目的雖是知識，但其美學的性質，實踐的性質，亦比我們通常所想像的，有更重大的意義。

豫定調和的單子，和原子及自然法則一樣，不能明白闡明事物之眞正性質，但亦像唯物論一樣，提供了一種純粹的世界觀，不比唯物論包含更大的內部矛盾。不過，萊布尼疵體系所以特在民衆間博得好感，乃因他的概念有殊多的意義，他的根本結論，比唯物論的結論更爲抽象而難於辨識。在這場合，沒有什麼還比徹底的抽象更爲重要了。人類祖先類於今日的猿那一種思想，每爲初學者所驚疑，但單子學說——宣稱人類靈魂本質上是和宇宙間一切存在物相類，最討厭的塵灰，亦可在其本身反映出世界來，而成爲獨立的小神性，包含同樣的觀念內容，惟佈置不同，發展程度不同——初學者却可囫圇吞將下去。我們在這場合，不會立卽覺得猿單子和人單子——那是不死的且可在發展進程中進到美的有秩序的觀念內容——是包括在同一系列中。反之，如唯物論者大膽把猿放在和人一起，把它比於聾啞，提議給它以基督教徒一般的教育訓練，我們就將聽見這動物咬着牙齒，將看見它的野性的面色及奇異的身材，將感到這動物的形式與性質，都甚鄙俗可厭。如是，有許多使人信服但各有其致命缺點的證據，大批流出來證明各人都明白看見了這學說是怎樣荒唐，怎樣不可思議，怎樣不合理性。

在這場合，抽象有其作用，在一切其他場合，抽象同樣是有作用的。一切現象有永恆的優美的神的調和那一個觀念，有時亦爲這神學家所巧妙應用。自然法則僅是假象，僅是經驗悟性所有的較低認識這一種見解，是極適合於他的，但這種世界觀的諸種結論，因與他的理論範圍相反，所以很容易就被他忽視了。那些結論單表現於概念的胚芽中；對於以各種矛盾爲日常食物的人，除了感官所能認識的事情以外，是沒有什麼可以擾亂他的。靈魂非物質性與單純性的建立，無異是哲學掘墳墓者——他們的特殊職務，是以日常概念的破片與塵芥遮蔽一個偉大的觀念，使其不生妨害——一個廣大的範圍。要以大膽的一擊，打破精神與物質的舊區別，靈魂非物質性的學說，實較唯物論爲更有效。這是誰亦不會發生疑難的。這種非物質性，這種美的大的思想，爲萊布尼玆所證明了！對於主張靈魂有物質性並如此卑劣地觸犯其意識的愚人，他是以非常輕視的態度來對付。

有時過分被人稱揚，然有時又過分被人攻擊的萊布尼玆的樂天觀，不免有同樣的情形。從理性的光去觀察，按其眞正前提及結論而予以考察，這樂天觀其實不過是機械原理的應用，在世界現實性的證明上的應用。在諸可能世界中選定最好世界的神，在事物之『本質』和勢力會相互影響的限度內，所行一切，都能完全在機械的方法下生出來。在這一切點上，神的進行是和數學家解決問題的進行一樣。〔九七〕他必須如此進行，因為他的完全的睿智，須受束縛於充足理由的原理。『最小抵抗的原理』之於物體自動的體系有如最小罪惡的原理之於神創世界說。結果，是無殊於從拉普拉士（Laplace）及達爾文（Darwin）的機械前提，推演宇宙的發展。世界誠然是極惡的，但那在任何一瞬間，都是儘可能的最好世界。不過，雖有這一切，通俗採用樂天觀者，是依然要說創造者的智與善，依然要認世間一切罪惡，是出於我們的惡意與無知。在這體系中，神是無力的；但一般解釋這體系者，却認神的萬能為無可懷疑。

觀念生得說，亦有這種情形。洛克曾駁斥此說，萊布尼玆再把它恢復，而拉·麥托里所領頭的唯物論者，又嘲笑萊布尼玆。關於這點，是誰是誰非呢？萊布尼玆說，一切思想都從精神本身發出，外界對於精神，沒有任何影響。對於這見解，要發現一個圓滿的反駁是很難的。但我們立卽看出了，經院學派的生得觀念與笛卡兒學派的生得觀念完全相反。笛卡兒學派的生得觀念，是指普遍的概念（最完全存在者的概念，普通亦包括在內。）他們以為，參照起源之證據來說，這種概念，比較其他一切概念，都有優先權，且認其為更可信賴。但在萊布尼玆看來，一切概念都是生得的。經驗的知識與所謂原始的知識二者間的區別，完全消滅了。洛克以為，靈魂最初是全然空虛的；萊布尼玆却以為，靈魂包含着宇宙。洛克以為，一切知識都是從外來的；萊布尼玆却以為，沒有任何知識是從外來的。這兩極端，屢屢發生幾乎同一的結果。設令我們對萊布尼疵讓步，承認我們所謂外部經驗，事實上都是內部發展，反過來，萊布尼疵亦就須承認，除了從經驗得來就不復有任何精密的知識。如是，萊布尼疵就只救出了生得觀念的外表了。他的全體系，無論何時都可還元作一個大思想——這思想是不能證明的，雖然從唯物論的見地那亦不能駁斥，而它所以會發生，亦因唯物論顯然是不充足的。

萊布尼疵以德意志式的深遠精神，對唯物論反動；他的崇拜者却以德意志的衒學精神，對唯物論反動。提出實際毫無根本結果的定義，在我國已成根深蒂固的惡習慣。就在康德全體系之周圍，亦不免長有這種繁蕪的雜草，直到最近，詩的發展，實證科學的發展，實際努力的發展，才引出一種更新鮮的精神，漸漸依至今尚未完成的解放過程，使我們從玄學鬼的法網中解放出來。萊布尼疵信徒中之最有勢力者，乃是一個正直的有自由思想的人然而却是一個極平凡的哲學家克里斯登·沃爾夫教授（Christian Wolff）他發明一種新煩瑣哲學，設法與舊煩瑣哲學相融合。萊布尼疵是在散亂的形式上偶然發表他的深邃思想；但在沃爾夫，一切都成了體系與法式。思想的銳鋒失去了，思想的表現却益益精密了。沃爾夫不過在他體系中給豫定調和說以一隅的位置，並把單子說還元為舊煩瑣哲學的命題，認靈魂為單純的非物質的實體。

被揚發而成為玄學信條之靈魂單純性，在對唯物論的鬥爭中，演着極重要的角色。單子與原子，調和與自然法則之平行論——此二極端極相反對，但彼此有密切關係——遂退縮而成爲沃爾夫所謂『合理心理學』（即是他所發明的煩瑣學問之一）中若干敎義。當他一位思想更不精確的學生比爾逢格（Bilfinger）用『萊布尼疵．沃爾夫哲學』這名辭的時候，沃爾夫卽很正當地提出抗議。何爾巴哈在自然之體系中，尊敬地引用過比爾逢格好幾次。比爾逢格對於萊布尼疵的看法，當然是很不相同的。他於心理學頗有研究。他放棄了自省法，而將自然科學的方法移入心理學。沃爾夫在『合理心理學』之外，曾著『經驗心理學』。在名義上，沃爾夫在經驗心理學中所追求的目的雖與比爾逢格相同，但在實際上這種經驗主義是極貧乏的——雖然這種趨勢，及靈魂是否存在那一種疲乏的論爭，曾引起一種自然的反動，並激起一個傾向，使十八世紀全時期有人要儘量搜集關於精神生活之實證知識。

這種硏究雖甚缺少嚴密的批評與確定的方法，但他們建立動物心理學的方法，我們仍須承認其有根本特色。羅拉里亞斯（Rorarius）學徒與笛卡兒學徒間的舊鬥爭並未停甜，現今再來了萊布尼疵。他以其單子學說，立卽把一切靈魂的區別問題，化成了單純的程度問題。更新的比較已有十分的機會。人們比較，檢討，搜集軼話，並在有好意有同情的精神方向——那是前世紀文化的特色——尤其是純理主義傾向的影響下，益益承認高等諸動物之間，有非常密切的關聯。

一般的比較的心理學之傾向，要把人類及動物包括在一處。這傾向，自身就頗適合於唯物論；但德意志人的眞誠的一貫性要儘可能確保宗教上的觀念，他們不像英吉利人法蘭西人那樣，忽視信仰與知識之關係。所以他們除了宣告動物的靈魂是非物質的是不死的以外，實在沒有別路可走。萊布尼玆倡靈魂不死說以後不久，在一七一三年就有一個英吉利人眞肯·道麥夏斯（Jenkin Thomasius）論動物靈魂，獻於德意志議會，貝伊爾敎授（Baier）且爲之撰序。但關於不死問題，他所言亦有點曖昧。〔究〕一七四二年，有全動物愛護會出現，繼續出版了許多年的雜誌，搜集關於動物心理學問題的論文，那當然一律以萊布尼玆的思想爲根據。〔究〕最著名的論文爲麥耶敎授（G. F. Meier）所作，一七四九年在赫里出版的『關於動物靈魂之新學說。』麥耶主張動物有靈魂還嫌不足，且進而提出如下的假說，即，動物靈魂經各種階段，結局，會達到精神的階段，而與人類立在同一水平線上。

此書作者，因論駁唯物論早已爲人所聞名。早在一七四三年，他出版『物質不能思惟之證明』一書，再於一七五一年修正重版。但此小册，沒有動物心理學那樣的獨創性，它始終未超出沃爾夫界說的範圍。差不多同時候，康尼斯堡敎授馬丁·克諾曾（Martin Knutzen）對於當時疑問——物質能否思惟——亦曾加以論究。列康德爲最熱心弟子的克諾曾，自由地以沃爾夫爲根據，不僅提示了一個玄學的輪廓，且提供了極徹底的例證與歷史的材料，以示於讀書界。但這證明仍不嚴密；以如此博學的敎授，作出這樣的文章來反對那被斥爲不能支持，爲輕浮，爲逆說，爲荒唐的學說，自不免根本搖動形上學的聲望。[100]

不講萊曼（Reimann）一七二五年出版的無神論史及更普遍的同類著作，就單有這一類著作出版，亦可使唯物論問題，在德意志惹起非常的注意。同時又突有人間機械論，像一顆不知擲自誰手的炸彈一般，投在文壇。自信甚篤的經院哲學，遂亦不能長此懵懵，要急謀奮起，表示他們對於這討厭的對象，有優先的機會。人們尚在討論這書是誰著作（是馬魁斯·達根斯呢，是茅卜杜斯呢，抑是灣·赫勒爾的私敵）的時候，對於這書，就出現了許多批判與論戰的著作了。

在德意志方面，關於這類論戰的著作，我在這裏祇要敍述少數幾部。佛郎曾（Frantzen）學士，曾試以普通的論據，反駁人間機械論，其所根據的，僅僅是全部聖經是神聖的，新舊約所言是可信的。他的言辭，照理可以適當一些，但他的言辭却證明了，當時就連正統派的神學家，亦不能以冷靜態度，攻擊拉·麥托里那樣的人了。[101]

布勒斯老的名醫士特拉利士（Tralles）的著作，更有興味。他是灣·赫勒爾的熱狂的讚嘆者，他稱灣·赫勒爾為『兩重的阿婆羅』（醫學上的和詩學上的。）這人，與有名的物理學家特拉利士為兩人。物理學家特拉利士遠在他以後。格文那斯（Gervinus）曾說『里森格堡』那非常可憐的敎訓詩作者，為灣·赫勒爾的模倣者。此人，或即是名醫士特拉利士。他曾以拉丁文著大部書物，反對人間機械論，而

以之獻於灣·赫勒爾以慰之，因爲拉·麥托里的著，作是惡意的獻於赫勒爾。的〔一○三〕

特拉利士開始就說，人間機械論要使人人相信一切醫士都必然是唯物論者。他要維持宗教的名譽與醫學的無邪。他反駁他所根據的理由，均從四主要科學——神學，醫學，法學，哲學，他以爲這四科學，如非按官能之順序，分成各個等級，其證明力便應當是相等的——取來。這種素樸，是他的理論的特色。在一切主要點上，我們都可發現沃爾夫哲學所用的通俗證據。

拉·麥托里關於氣質的影響，關於睡眠，吸鴉片，熱病，饑餓，酩酊，姙娠，放血，氣候等等的影響，曾下有結論。對於這種結論，特拉利士僅僅說了一句『這一切觀察都不過要表明肉體與靈魂一致』，就算推翻了。拉·麥托里謂動物可教，這命題，又引出了如下的明白的註解，即，誰亦不要懷疑人間機械論對於新建的猿國的主權說話的動物，非最善的世界，所有不然，我們應該老早就有了說話的牲畜〔一○四〕但就令動物有說話可能，它們亦定不能學幾何學。單純外部的運動決不能成爲內部的感覺與神經變化相聯結的我們的思想，祇能從神的意志發出。人間機械論如要改善關於想像力之錯誤概念，寧研究沃爾夫之心理學。

何爾曼教授（Hollman）以匿名的著作攻擊這匿名的著者，以諷刺的筆調攻擊這諷刺家，以流暢的法文攻擊這法國人，其文筆誠較特拉利士爲巧妙熟練，但思想却不比他更爲徹底，所以就思想深刻化那一點說，不曾生出任何結果來〔一〇四〕『匿名者的通信』一書敍述人間機械不能思惟，不能瞭解任何高尚事理。因其敍述方法如此滑稽，頗博得人們喝采。這假定，引出了許多巧妙的隱語，使作者免去許多證明的困難。但在一切嘲笑中，最使拉·麥托里憤怒的，是揣測人間機械論曾剽竊『密友通信集』。

匿名通信快要結束的時候，無聊的熱狂益露骨。斯賓諾莎的哲學，首當其衝。『在我看來，斯賓諾莎的學徒是一種可憐蟲，我們必須可憐他們，如果他們不是無救的，我們須爲幫助他們計，而以理性說二三不甚深奧的註釋，卽何謂「一」，何謂「多」，何謂本體之明白說明。對此有明晰觀念並已掃淸一切偏見的人，卽爲斯賓諾莎學徒的混亂概念發生一刻鐘的不安，亦當感到恥辱。』

誰知三十年後卽有勒新倡言一卽全，而雅各賓（Jocobi）又設想，如僅聽命於理性，就必陷於斯賓諾莎哲學中，因而與理性宣戰。

在這反人間機械論的論爭中，一般心理學雖暫時不和對唯物論的反動發生關係，但這關係，終必要顯露出來的。沃貢普台爾斷片的名作者萊馬魯斯（Reimarus），是一位確信的自然神敎派，是神學的熱心朋友，從而是唯物論的徹底的仇敵。他所著『動物藝術衝動的考察』自一七六〇年以來，曾重版數次，他到處都要證明創造者的創造之合目的性及其痕迹。對唯物論反動的最有力的代表，一個是以敎義驚動普魯士王的沃爾夫，一個是以『斷片』使發行人勒新捲入激烈論爭中的萊馬魯斯。他們是德意志唯理論的兩個領袖。——漢寧（Henning）一七七四年出版的『人類及動物的靈魂史』雖不鋒銳，但爲人所愛讀，其引證甚豐，對於當時的論爭曾提供一個優秀的批判，但亦是徹頭徹尾要駁斥唯物論的。

『斷片』作者萊馬魯斯的公子，繼父業研究動物心理學，乃是一位熟練的醫士和自由思想家，後來又在哥亭根科學文學雜誌發表一些論文考察肉體的記憶及物質的表象能力爲不可能。這些論文，可說是十八世紀對唯物論反動所生出的最有實質的著作。但這些論文出現的第二年，在康尼斯堡就出現了一個著作，決不可從狹隘的反動見地來考察。這著作的徹底的影響，對於立在科學頂點的一切人，總算暫時把唯物論和古玄學撲滅了。

哲學能有這樣徹底的改革第一最主要的原因，就是唯物論已經把古玄學攻破了。縱有各專門家的各種攻擊，唯物論猶能不滅而存在於天地間，那也許第一就因爲它不是一個狹隘的排他的體系。伏斯特（Forster），利希吞堡（Lichtenberg）都很强烈地傾向這世界觀；就連像赫德爾（Herder），拉維特（Lavater）那樣信奉宗敎而情熱的人，亦從唯物論借取若干重要的要素。尤其值得注意的是唯物論的思考方法已靜默的在實證科學上取得了地位，難怪醫士萊馬魯斯會在『考察』上，開始卽說近來許多著作，不，幾乎一切著作論思惟力之組織，均認其爲肉體的表象。以前那許多駁斥都沒有成功，直到一七八〇年，有一位有識見的反對唯物論的人，才達到這個目的。事實是這樣，當時一切煩瑣哲學，都不能十分和唯物論對抗。萊布尼玆論其徹底性，誠較唯物論為優，但此事卽未被人忘記，亦已失去了勢力。每個反唯物論的人，都曾偶然指出外部的多樣的運動，不能轉成內部的統一的感覺，卽不能轉成感覺與觀念；但他們所舉的論據，大都是毫無價值的，不然，就在唯物論的有色有聲的論證之前，顯出抽象的貧弱，所以他們雖曾偶然提到這點，終不免顯出毫無力量的模樣。對於靈魂單純性的積極命題如果是獨斷地加以討論，並引起最活躍的論爭，最強的論據亦會成為最弱的論據。單子說祇好說是原子論之修正；豫定調和說，祇好說是自然必然說之必要改造。此等重要觀念，如僅從概念出發，而直接與唯物論對立，實在不會有什麼證明力。

反之，唯物論亦無塡滿缺陷而成為主要體系的可能。我們在此如僅僅看見大學校傳說的影響，國家及教會的支配力的影響，就大錯了。這種影響，決不能長此抵抗着活躍的一般的確信。比較可靠的原因，不如說是這點，卽老是唯物論的信條，人們已十分覺得單調，而渴望由生活，由詩，由實證科學，以取得慰藉。

十八世紀的全部精神傾向，是和唯物論不相適合的。那全部傾向所有的理想的特色，雖在世紀中葉以後才明白顯露出來，但這個要素在這運動開始時就包含有了。如我們從世紀的末葉出發，我們也許會以爲，國民的理想的努力，到席勒及哥德的赫赫時代，才超出唯理論時代的荒瘠，才超出功利的枯求。但若我們追尋各種合流的傾向到各自的來源，情形却是完全兩樣。從十七世紀末葉以還，徹底的明視的德意志人，已知他們遠落在其他民族之後。於是有爭自由的運動，有爭精神進步的運動，有爭國家獨立的運動，在各種形式各種範圍內，個個的出現於各處，直到後來，終形成了一般的深刻的精神運動。十八世紀初葉，唯理論者大部分已和哥德席勒所抗爭的冷漠的柏林社會極不相同。神祕主義與唯理主義，在反對那凝化的正統主義時，是互相結合的。這時候人們已經認識已凝化的正統主義，是精神的束縛，進步的妨礙。自一六九九年亞諾特(Arnold)的教會史及異教史出版以來，歷史上被壓迫者及被壓迫黨派的權利的承認，對於自由思想，亦是一個有力的支柱。[105]這理想的出發點，是德國啓蒙運動一個最特色。霍布士承認君主有權由其最高命令建立一般的迷信爲宗教，福祿特爾因要使百姓年年納貢，時時聽命，而願保持神的信仰，但在德意志却起了這樣一種論調，認眞理存於被壓迫被害被侮辱者那一方面，而一切有權力有爵位有財產的教會，却每每予眞理以迫害與壓迫。

功利的思想傾向，在德意志亦取得了理想的特色。德意志尚無英吉利那樣發展的大工業運動，田野尚未成爲都市，財富尚未蓄在大企業家手中；貧困的宣教士及教師，正圖有所助於國民，創立新學校，擴充舊學校，推進質樸市民階級的職業教育，而在農村則促進農業，提高精神活動與職業能力，並以勞力爲德行。在相反方面，求美與崇高的傾向，雖在古典文學時代開始以前卽已開始，但保護這向上運動使其發展者，亦爲學校。拉丁文不再在高等學校佔優勢的時候，古典敎育就再生了。當學拉丁文爲神學之目的，學神學爲拉丁文之目的時，[一〇六]古典敎育在德意志全國地位之低，是很驚人的。關於基督敎之內容，古典的著者爲近世拉丁文的著者所代替。希臘文無人研究，卽有研究者，亦限於研究新約聖書及格言集。應爲大人本主義者列於前列且在英吉利因有功於國民敎化而大有聲望之詩人，在德意志幾乎完全不列在學校課程中，就在大學，人本主義的修養也看不出多少了，希臘文學是全被忽視了。從這時起，到德國言語學興盛時代止，卽從夫利特利克·奧加斯特·沃爾夫(Friederich August Wolff)以來，進步非突然的跳躍，亦非外來的神托，乃是步步奮鬥，這大運動的進行，直可說是德意志第二次文藝復興。——格文那斯(Gervinus)嘲笑十七世紀終十八世紀初『以閒暇詠詩代替散步』的『古董學者，材料搜集者，爲最鄙俗的人；』但他忽略了此種歪詩的博學作者，曾介紹別一種精神到學校去。他們雖缺少靈感，但有熱情與目的，使這一代，得在刺激的印象下發展。前古典時代的名詩人如 Uz 如格萊模(Gleim)，如海甚篤(Hagedorn)等等，幾乎都受了這學派的影響。[一〇七]他們作德文詩同讀希臘人作的書，精神是一樣的。高等普通學校古典敎育的最有力的復興者約翰·馬太·格斯納(Johann Mathias Gesner)，同時又贊成實科研究並熱心促進德國文的研究。萊布尼疵及托麥夏斯(Thomasius）指出其他國家獎勵本國語研究所得之利益[一〇八]也不是無益的。托麥夏斯力爭大學講義及科學研究應用德語。——這種宣傳漸漸在十八世紀有力起來；就連保守的沃爾夫，在哲學著作上用德文，亦促進了國民生活的勃發的熱情。

奇怪得很，為詩歌興盛時代開道的人，都沒有詩才。他們的衒學性格及低級趣味，竟引出了高尚的素樸性及自由的人間性。[一〇九]古典文學非常偉大的不知來處的消息，使人們的精神傾向於美的理想，但在文克爾曼（Winkelmann）及勒新的著作尚未放射夜光以前，仍沒有任何探求者嚮導者對理想有任何明快的觀念。早在十八世紀，就到處有一種思想，要由教育與科學而趨近於希臘人。這種思想每經十年，勢力即增加一度，直到後來，賴着席勒的深邃的研究，古代與現代的範圍才在原理上有分別，同時希臘藝術的優勢却在一定限界內更確定地確立起來。

理想的追求，經全世紀未曾熄滅。人們不曾想到如何與最進步國家爭權力，爭財富，爭政治上的榮譽，爭大規模的企業，但至少已嘗試要就最高尚最尊貴的努力凌駕在其他各國之上。克羅蒲斯托克（Klopstock）就在這意義上，宣言德意志詩人要與英吉利詩人爭雄，雖然當時尚無人說明德意志詩人有這種資格；勒新又以其有力的批判，炸破一切偽權威與病模範的束縛，蕩平達到最高成績的路，不要問，將循這路前進的是誰。

就這意義說，外國的影響，並非被動地接受，且被改造了。我曾講過，英吉利唯物論早已在德意志生根，但不能佔上風。德意志人所要求的，不是霍布士的僞善的神的教說，乃是眞的神，乃是以宇宙爲基礎的思想。牛頓及波以耳，在偉大顯著的世界秩序之外保有奇蹟的細工，這種態度，亦非德意志唯理論諸領袖所滿意。他們與自然教派更爲一致；尤要者，以世界觀之抽象理論，結合於構想之詩的努力及對理想之愛的沙夫慈伯里（Shaftesbury），又得了大勢力，所以康德要調和心情與悟性的哲學，在這意義上，就算有了萌芽了。卽令人們固執着萊布尼疵的哲學，但關於世界完全性的學說，解釋者仍大都根據沙夫慈伯里所謂。本文是從萊布尼疵取得，說明却從沙夫慈伯里取得。在席勒的青年哲學上，未創造的本質之機械觀消滅了，却出現了一種對宇宙美的讚美歌，因爲惡之於宇宙，正如陰影之於繪畫，不調和音之於音樂，有一種調和全體的作用。

在思想與感情的範圍內，遙較適合的，是斯賓諾莎的哲學，不是唯物論。也許沒有什麼還比斯賓諾莎對十八世紀領袖人才的影響，更能明白說明這二傾向的差別。於此，我們自然不應忘記這一輩人沒有一個是眞正的斯賓諾莎主義者。他們信奉一切存在的統一性，信奉一切現象的合法則性，信奉精神與自然的同一性。他們很少注意體系的形式及個別諸命題的關聯。他們雖然斷言斯賓諾莎哲學是自然思惟的必然結果，但並不是認他的數學形式上的證明。他們不過承認，這哲學的全體，與傳統的基督敎哲學及經院哲學相反，可說是一切思惟的目的。聰明的利希呑堡就說：『如果世界繼續存立無限年數，世界宗敎卽將成爲醇化的斯賓諾莎主義。純粹理性決不會推出任何別的結果，那是不可能的，應該是不可能的。』〔一〇〕這裏所謂醇化，卽除去數學公式，因其中包含許多錯誤。他不認斯賓諾莎主義爲理論哲學之究局的體系，但認之爲宗敎。有理論唯物論傾向且有强烈宗敎感情的利希呑堡，在這點是極眞摯的。在理論上更爲邏輯，在節目上更爲正確的霍布士，未包含未來宗敎的要素。斯賓諾莎所謂『神卽自然』之神，却不會在物質的後面消失。他的神，當作大全體的內面而存在着生活着，對於我們的感官，又當作自然而顯現着，

哥德亦抗議我們解斯賓諾莎之神爲抽象概念，——卽認其爲無物——因爲他的神，不如說是最實在最活動的『一』。他對他自己說『我在，故我在，我在我的形相卽是萬有。』〔一一〕牛頓的神『自外推進世界』，哥德不採此說。他決然堅持內的統一的本質之神性。這神性就其自身的現象說，就人間說，都祇是世界，但就其眞的性質說，却是高超在他所創造的任何物的概念以上。——哥德晚年，如遇異樣的見解感到不快，卽避身於斯賓諾莎的倫理學中；他並宣稱斯賓諾莎的倫理學，是他的純粹的深邃的生得的及習得的思想方法，那『敎他必須主張神卽自然，自然卽神。』〔一二〕

我們講過，哥德曾自認『自然之體系』一書曾給我們的少年詩人以印象。他對於這書所下的判

斷，雖未免對何爾巴哈有幾分不公，但這種判斷，很顯明表示了兩個極相反的精神運動的反對。我們正可說哥德如下的話，代表了這時代德意志向上青年的意見：『這樣一部書，如何會被稱為危險作品，我們是不能瞭解的。在我們看來，那是這樣沈悶暗淡無味的，我們簡直沒有耐心讀下去。』〔二三〕

哥德關於他自己青年時代思想方法的進一步的論述，並不怎樣重要，不過亦可表明這書在他和他的青年友伴看來，是『暮氣沈沈，毫無生氣，不，簡直是荒唐。』他們要求充實完全的生活，但這決非理論的論駁的著作所能給，亦不是它所應給。他們就連在啓蒙的著作上，亦不願捨棄心情的滿足，但究其實，這種滿足却祇能在詩的範圍內發生。他們不認宇宙本身是最高的藝術品，但分析宇宙的要素，終不能同默想全體的偉大一樣，成為一種享樂。伊里亞特如還元為字母，它的美還存在嗎？但何爾巴哈的任務，却就是按照自己的概念，把最必要的知識，拆成字母。無怪哥德會以如下的話結束他的判斷。『在這暗淡的無神論的半夜中，地球與其一切創造物同消失，天空與其一切星辰同隱沒，我們是感到怎樣的空寂呀！自始至終，祇有一物質在運動，然就由這不分左右不分方向的運動，生出了那存在的無窮的現象。著者如眞能根據他的運動的物質，在我們眼前構成世界，我們只好作罷。但他似乎和我們一樣不瞭解自然。他雖樹立了若干一般觀念，但他又立即把它們放棄了，因為他要把較自然更高尙的東西，或自然中的更高尙的自然化為物質的有重量的動着的但其動無方向無形式的自然。這樣，他就以為他所得已經很多了。』

不過，這一些青年，都不曾使用經院哲學的證明，『卽無任何物質能思惟。』哥德曾說：『如果這書對於我們有任何禍害，卽就是我們將從此心厭一切哲學，尤其是形上學，並長此在厭惡中。但同時，我們卻將以益活躍的熱情，投身於活的知識，那就是經驗，行爲，與詩歌。』

第四篇註

［一］參照第三篇第三章。我們可由哈提勒，探悉霍布士所導入的保守傾向的結果。［二］大衞特·哈提勒博士，人類論，其組織，其本務及其期待之考察出版於倫敦一七四九年共二卷，（校訂第六版出於一八四三年倫敦）。著者序言記日爲一七四八年十二月。一七四六年，著者尙出版一書，名『感覺運動及觀念之發生，』但未惹起世人注意。——黑提納十八世紀文學史卷一第四二二頁，說蒲里斯提勒一七七五年在人心論的名目下發表『考察』的第三篇或終篇，不正確。參照以下註七。［三］哈提勒在『考察』序文中曾表白他自己所以有這思想，是與格伊談話之結果。隨後他又在論德的根本原理時，提出自己的見解。這論文，曾由洛氏(Law)採錄於金格(King)罪原論之英譯本中。［四］與物活論相反的眞正唯物論之主要標準（參照第一篇註一）在哈提勒的場合亦包含着。他雖有宗教上的見解，但仍可數爲唯物論者。［五］大衞特·哈提勒『考察』之德文譯本第二卷一七七二年——七三年。內有註解將訂。註解增訂之作者及出版者庇斯托里亞士(Pistorius)；以其著作，獻於有名的有自由思想的神學家及宗教局評定官斯拔爾丁(Spalding)。斯拔爾丁有一次討論定命論與基督教互相調和，就會注意哈提勒，［六］觀念、隨意運動、不隨意運動之物理的說明，數學教授及僧院長焦勒因(Jurain)譯，一七七五年，有一獻辭致蒲豐。［七］參照哈提勒人心論，那以觀念聯合的原理爲根據。內有蒲里斯提勒關於此題目所撰的論文，一七七五年，（二版一七九〇年。）黑提納卷一第四二二頁，誤認此文爲哈提勒書的第三部，那其實不過是第一部的拔萃。因爲蒲里斯提勒甚至把解剖學的大部

分也除去了他主要不過敘述哈提勒的心理學說和他自己關於這題目的議論。〔八〕參照蒲里斯提勒（法學博士，倫敦王家科學會員）基督教墮落史一七八二年。（德譯本二卷，柏林，一七八五年。）——他所著的理性宗教及天啓宗教入門，一七七二年（德譯本有註，一七八二年。）——但據我所知，他專論唯物論的著作，却未譯成德文。關於物質與精神之研究附靈魂之起源及物質之性質之哲學理論史及其對於基督教之影響，尤其是關於基督先在說，倫敦，一七七七年，可供參考。——哲學的必然論解說，附答論唯物論書，倫敦，一七七七年。——這裏所指的論唯物論書，是里加特·蒲勒斯(Richard Price)的論駁文。蒲勒斯不僅攻擊蒲里斯提勒，且反對當時支配英國哲學的經驗論或感覺論。〔九〕參照蒲里斯提勒哲學的懷疑者的書簡，德譯本，一七八二年，（原著發行於一七八〇年巴斯。）這匿名的譯者，以蒲里斯提勒比於萊馬魯斯及耶魯撒冷(Jerusalem)，說他往往誤解休謨。這是不錯的。但這種誤解，不致減損他自己的見解的價值。——蒲里斯提勒在哲學上的處女作『黎德博士人心論之研究，比提博士眞理本質論及不變性論，阿士渥博士常識論之檢討』出版於一七七四年倫敦。這書即爲休謨辯護，駁斥當時反對休謨的常識哲學。〔一〇〕參照人間機械論，拉麥托里哲學全集卷三第五七頁；及幸福論（這書引用曼台）哲學全集卷二第一八二頁。〔一一〕黑提訥卷二第九頁，列拉莫特及拔斯克爾於一處。我們如一考察這兩著者極不相同的性格，就覺得他這種看法不十分正確。〔一二〕黑提訥文學史卷二第四五頁——至五十頁，對於貝勒及其影響，曾有巧妙的敘述，可參照。〔一三〕巴克爾英吉利文明史卷三第一〇〇頁布洛克浩斯版。〔一四〕巴克爾文明史卷三第一〇一頁至一一一頁，曾舉出許多法國人曾遊歷英國並瞭解英國人，可參照。〔一五〕托克維爾舊政制及其改革德譯本，一八五七年，萊比錫。〔一六〕在英吉利人中，我們這裏必須提出巴克爾來；在德意志人中，有黑提訥，十八世紀文學史的著者；此外，尙有斯托拉士的福祿特爾六講一八七〇年。關涉特殊範圍但不及一般興趣者，有杜・波以・勒伊蒙的演講福祿特爾與自然科學之關係柏林一八六八年。［一七］杜・波以・勒伊蒙同書第六頁。［一八］這所說的見解，見於一七三八年牛頓哲學原理卷一第三章第四章。——黑提訥文學史第二卷第二〇六頁以下，曾依時間次序，敘述福祿特爾對於自由意志問題所抱見解之變遷。在這裏，我們認爲重要的，是明白說明在拉麥托里尙未出現之前，福祿特爾是抱的什麼主張。因爲事實上福祿特爾關於這問題及其他許多問題的意見，主要都表白在『無學的哲學者』一書中，此書作於一七六七年，後人間機械論二十年。福祿特爾雖貶抑人間機械論，但他也許受了這書出版及其議論之影響。［一九］洛克人間悟性論卷二第二十一章二〇節至二七節。［二〇］參照杜・波以・勒伊蒙福祿特爾與自然科學之關係第二〇頁。［二一］黑提訥卷二第一九三頁，說福祿特爾乃因一七五五年里斯朋地震，而驚棄其初期的樂天主義。［二二］參照黑提訥卷二第一八三頁。［二三］康德自然科學之形上學原理卷三定理三之註。全集卷四第四四〇頁。［二四］福祿特爾如何會在一七六一年以後採取攻擊的態度，可參看斯托拉士福祿特爾六講一七八〇年第一八八頁。關於他的不死說的動搖，和他的使我們想起康德的那種特色，可參看黑提訥卷二第二〇一頁以下，尤其關於後者，有句常常被援引的話：『泅泳時相鬥，必有禍；能夠的，上岸去罷；但若說這裏無岸，泳也徒然，却不過使我沮喪，奪去我一切精力。』［二五］洛克人間悟性論卷一第三章第九節。［二六］參照黑提訥卷二第二〇一頁以下。［二七］人間悟性論卷四第十九章『論熱情』。［二八］參照洛克全集全十卷第十版倫敦一八〇一年著者傳卷一第二四頁註。［二九］基迪安・士皮克（Gideon Spicker）沙夫慈伯里之哲學夫賴堡，一八七二年第七一頁以下。關於我以上論沙夫慈伯里所云，我在這裏爲簡單的目的，再度舉出這有價值的論文參看黑提訥卷一第二一一頁至二一四頁。〔三〇〕參照卡爾・馬克斯資本論漢堡一八六七年第六〇二頁註七三。——黑提訥（卷一第二一五頁）以爲問題不是孟德維爾的德的概念是否與基督教一致，乃是他自己的德的概念是否與他自己一致。答覆是很單純的。惡德的辯護者，決不想要求任何自制的德。但他宣傳基督教及基督教救濟貧民的德，却和他的原則很相調和。這教說表面上看，很可應用於一般；但有手段放縱其惡德的人，一定知道自己能作什麽，社會的安定性就有保障了。（本書的引用，非根據孟德維爾，乃根據馬克斯的註解，這註解曖昧，致使郎格如此設想他這裏所引用的話，見於一匿名的著作，題名爲貿易及商業論的。此書一七七〇年出版於倫敦，署名克寧漢。可參看其第五四頁。——譯者。）〔三一〕羅生克郎茲（Rosenkranz）第德羅的生涯與著述共二篇，萊比錫一八六六年。這裏所引用的一段話，見第二篇第四〇一頁四一一頁。作者論第德羅在唯物論史中所佔地位的意見，我們雖不贊同，但我們對於這非常有價值的貢獻——對於十八世紀精神運動的貢獻——曾儘量利用。〔三二〕羅生克郎茲第德羅第一篇第三九頁。〔三三〕參照席勒熱情之自由思想第七五行至終。全集歷史的批判版卷四，一八六六年二六頁。——席勒在這詩中發表了自己的思想終結時，他却忘記了這特殊場合，而以神概念之一般思想爲終結，未免將詩的統一破壞了。這二事都無須進一步證明。『自然之體系之眞意義』譯者（改名爲唯物論二十九個命題，）很確當地指出了：『Nur auf der Folter merkt dich die Natur! und diesen Nero beten Geister an!?』這兩句，與眞意義第十九章完全一致。但我們必不可因此便斷言席勒曾讀過此小册，更不可因此便斷言，對於理論一偏的漫無想像的

『自然之體系』他的觀念是和哥德的大不相同。這種觀念在第德羅的場合亦可發現，且可追源及於沙夫慈伯里。——席勒撰此詩時，至少有撰此詩之動機時，正在研究第德羅，此事可參看巴里斯基(Palleske)所著席勒之生涯與著述第五版卷一第五三三頁。〔三四〕參照人間機械論二三二頁及上援引的話；此外可參照二八〇頁註。〔三五〕論自然，J·B·洛賓訥(Robinet)著，原文爲法文，有譯本出版於夫郎克福及萊比錫，一七六四年，第四篇第三章第1法則，原文爲『Les determinations dón proviennent les movements volontaires de la machine, ont elles mêmes leur origine dans le jeu organique de la machine』〔三六〕特可參照上書第四篇第二十三章第四四五頁以下。〔三七〕參照羅生克郎茲第德羅第一篇第一三四頁以下。——絕曼博士（茅卜杜斯）的假名論文，我未曾看見；照第德羅及羅生克郎茲說來，其中是否包含洛賓訥的唯物論，（即認精神的過程，無條件的隸屬於外部的純機械的過程）尚有疑問。換言之；是否倡物活論，（即按非純機械的法則，以自然之精精的內容修正自然的機械論），尚不免疑問。〔三八〕羅生克郎茲第德羅第二篇第二四三頁以下二四七頁以下。〔三九〕關於唯物論之修正，第二卷將予以更詳細的討論。——關於第德羅的唯物論，我們還可在這裏指出洛賓訥雖會在上引的章句中，確定地表示自己，第德羅卻不能夠。羅生克郎茲在達蘭保的夢中亦發現了物力論(Dynamismus)，如果第德羅在那裏表示的是他的眞正見解，那亦不過使這最進步的著作成爲無神論的，非唯物論的。〔四〇〕黑提訥十八世紀文學史卷三第一章第九頁。〔四一〕關於貝特魯士·勒瑪斯(Petrus Ramus)及他的德國信徒，可參考宰勒德意志哲學史第四六頁至四九頁。勒瑪斯的學說主要點，雖有聲有色，但都是從維夫斯借來的。參考一般教育及教育制度百科全書維夫斯條。〔四二〕生訥德

(Snnert) 原子論，全部似乎祇是亞里斯多德混合學說之怯懦的修正。生納德既明白排斥德謨克利特士的原子論，又說原素自體非由個個的分子構成，連續不能由不可分割的原素組成。（自然科學書簡威吞堡一六一八年第六三頁以下。）在他方面，他又假設，混合之際，個個原素上的物質，事實上——雖有再分的可能性——最先就分成無限最小的分子，所以原來就祇是混合物。這種分子，與亞里斯多德及經院哲學所謂的根本特性（溫、寒、乾、濕）相反應，直到這些特性再生平衡狀態——因此經院哲學的混合物的連續，遂於以再現。（參看前書第六九頁以下及二二五頁。）此外，他又進一步假設，在全體之『實體的形式』之外，尙有部分之實體的形式，在從屬的地位保持活動，——這學說，與嚴密原子論的差別，在波以耳的場合，最爲顯明。波以耳在他若干種著作中，尤其是在『形式起源論』中，常常援引生納德，並反駁他的見解。人們必須先已熟習經院哲學的自然觀，方能發現生納德與正統派分歧的點。至於波以耳，則在一切點上，都堪稱爲現代的物理學者。就這意義說，生納德學說在萊布尼涎以後所引起的興奮，不過使我們相信，就連到這時候，經院哲學的衒學氣味亦依然未會消滅。

[四三]關於笛卡兒哲學在德意志的蔓延及其鬥爭，參看宰勒德意志哲學史七五——七七頁。黑提訥十八世紀文學史卷三第一章三六——四二頁。笛卡兒學徒巴爾薩舍爾・貝克爾（Balthasar Becker），對於惡魔，女巫，及妖怪之歷史的迷信，會發起一種鬥爭。對於這種鬥爭的意義，在那裏會有一種正當的評價。

[四四]斯托齊(Stosch)，馬太・克魯會 (Matthias Knuzen)，魯德維希・老 (Theodor Ludwig Lau) 的事情，會詳載於黑提訥十八世紀文學史卷三第一章第四五至四九頁。——我們原來要以一專章討論斯賓諾莎及其哲學。但這意圖畢竟放棄了，因爲如果眞是這樣做，這書將過於擴大，而與原來的性質相差太遠了。一般說，斯賓諾莎哲學

對唯物論（嚴密的唯物論，不兼指其他許多有關於此的傾向，）每每被人看得過重。關於此事，我將於本篇之末章，予以說明。在那一章，我將說明如何斯賓諾莎哲學在德意志會和唯心的要素相連合，那在唯物論的場合，是決不會有的。

［四五］黑提訥文學史卷三第一章四三頁。關於這『僞書，』可參看同書的第二節註二三，第二一一頁。

［四六］第一版我曾隨根特（Genthe）及黑提訥之後，作錯誤的假定。我感謝科因的文考夫博士（Dr. Weinkauff）（他透識自由思想的文學，）寫信告訴我『欺騙綱要』大概是十七世紀末葉的作品。這書初版所記的年日，誠爲一五九八年，但這顯明是一個假日期。專家布隆納(Brunnet)認此書爲十八世紀德國人所發行。一七一六年，這原稿在柏林競賣，售八十台斐。這原稿或抄本，大概曾爲科爾托爾特（Kortholt）所知，它在一六八〇年頃，必已完成。其他一切版本，都是後出的，不過我們無法證明原稿是出現得更早。使我們相信原稿是十七世紀後半期出現的，乃是其內容。此書開始，即爲『Esse Deum, eumque colendum esse』一語，似曾特別參考屈柏勒的赫爾巴特（Herbert von Cherbury），但萊曼說他曾受影響於霍布士，卻不然。此書曾記載波羅門，吠陀經，中國人，及莫加爾大帝，從而引起了對印度及中國之文學神話之研究，及各種宗教之比較。羅吉里亞斯（Rogerius）的印度邪教，包爾達斯（Baldaeus）『瑪剌巴・科羅曼特・錫蘭，』亞力山大・羅士（Alexander Ross）宗教全覽（此書有三種德文譯本，）即其例。再者，此書最初雖以德文本印行，但原稿似非德文，因最初原稿有法蘭西語訛『Sortitus est』證明這書或爲法蘭西人所作，或爲法文原作。（在根特版上，亦有這語訛，以後各版，才改作『egressus est』。）

［四七］參照文克爾（Winkler）所發行的莫斯漢(Moskeim)的反基督教之歷史，德勒斯登一七八三年第一六〇頁。

［四八］『傑拿教授西爾比亞

士 Syrbius）整理圖書室二十八號以後，關於精神之本質，有書信來討論，作者不得不予以指斥。』（序言）參照德意志學者記錄卷十第七號第八六二至八八一頁。——直言卷一第二三號一五五頁及其他諸頁，一七一三年。〔四九〕唯物論史第一版，我用一七二二年波恩圖書館的版本。現在我又有機會參考一七一三年第一版的版本，此版本得於舒里克市圖書館之複寫本。我為簡便計，不曾將書中引語改訂，那仍是一七二二年版的原文，在那裏沒有明白敍述與此相反的主張。此書甚薄，無指引頁數必要；但從第一版援引的一切話，我們都曾精密指示它們的位置。〔五〇〕在我所藏的版本中，有一註釋『von Hocheisser und Röscher』，不知是誰所作。〔五一〕對這小冊全部顯然發生了影響的霍布士，曾屢被引用；第一版的匿名的『滑稽序詞』第一一頁，曾參考巨靈及此書之附錄。第一信第十八頁（內有一句話『Hieraus siehet man, dass die Meinung nicht neu und ungewöhnlich, da sie zumahl』）第二信第五五六頁；第三信第八四頁。第二信第五八頁又曾提到洛克；第三信第七〇頁所述思想，顯然發端於洛克：『Ich hielte es für unchristlish, wenn man Gott nicht so viel zutrauen wollte, dass aus der zusammengefügten materie unseres Leibes ein dergleichen von andern Geschöpfen unterschiede。』英吉利的機械論，屢屢被提起。斯賓諾莎被認為是無神論者，與斯德拉圖·灣·藍浦薩苦斯（Strato von Lampsacus）並列，第四二頁五二頁七六頁。——四四頁又『就左載科·加利科（Zodiaco Gallico）與蒲勒尼（Blaigny）之關係，』敍述法蘭西的『自由思想家。』〔五二〕第一版（六一頁，）原文如下：『Wenn er dagegen beiläufig sich zur Annahme der Atome Demokrits bekennt, so ist das mit seinem sonstigen standpunkte wohl nicht zu vereinigen』，印刷時，把『nicht』印落了。同時我反覆閱讀『密友通信集』的結果，我的意見亦改變了；我現在以爲，這位作者對於他的哲學的正統及神學的正統，都演着兩種角色，他一方面辯護自己，一方面又明明在嘲笑。——宰勒說萊布尼涎混淆原子論與修正的實體形式說；這種混淆，在這裏也許還更進了一步。不過著者僅在一般基礎的範圍內，才以主觀的大自由活動。——再者當作『種的保存者』(Conservators specierum)即形與種的保存者的原子，不是德謨克利特士的原子，祇是伊壁鳩魯的原子。這一點，我們在第一篇已經說得非常明白。伊壁鳩魯以爲，一定的自然形式所以能保持，是和原子形式的有限數目有關係的。人們提起原子論，總以爲是德謨克利特士的原子論，不以爲是伊壁鳩魯的元子論，那不僅因爲德謨克利特士已有原子論的根本思想，且因他的名字，更不致引起不快之感。

［五三］於此，我們看見了，歷史的討論即以原來出處爲根據，亦仍不能保證一時代之敘述爲正確完全。何況我們往往要引用別人所引用的資料呢，那當然更會以訛傳訛。對於這一種偏狹，有一種有價值的保障，即定期刊物。我記得，當我探究人間機械論在德意志所生影響所得之批判及其他痕跡時，我才逢着這『密友通信集』及般克顙夏斯・沃爾夫(Pancratius Wolff)。——一般的說，在德意志精神生活史上，一六八〇年至一七四〇年那一時期，似尙有許多重大的事蹟未有人知道。

［五四］參照宰勒萊布尼涎以來的德意志哲學史，明生一八七三年第三〇四頁及三九六頁以下。——有如下的言句：『同樣，康狄亞克已由感覺論一步一步行向唯物論，』『愛爾法修亦已由感覺論行向唯物論』（三九七頁；）但又說『但此種思想方法，在拉麥托里，第德羅，及何爾巴哈，更爲强烈。』這句話，顯然會使讀者作年代順序的解釋，至少關於拉麥托里，會立即對於他在哲學史上的地位，作一種錯誤的概念。——此外，黑格爾對於這

連續所抱的全部見解，即就論理一貫的見地說，亦是全然錯誤的。在法蘭西，由康狄亞克到何爾巴哈的進步，祇能由如下的事實來解釋，即唯物論當作更通俗的見地已由此提供了一種更有效的武器來反對宗教信仰。不是因爲哲學由感覺論進到唯物論，所以法蘭西成爲革命的，卻是因爲法蘭西由更深的原因造成了革命，所以反對派的哲學家能捉住更單純更原始的見地。縮編何爾巴哈及第德羅著作的納鳩（Naigeon）是這時代的眞實的人。經驗論（例如培根）在不受阻害的理論發展下，最先就引出唯物論（霍布士，）再轉到感覺論（洛克，）再發展而成觀念論（巴克萊，）懷疑論或批判論（休謨或康德。）這種趨勢，在將來必更爲明決因爲在今日，就連科學家亦常認感官所給僅爲『觀念之世界』。不過，這連續的順序，無論何時，都會受上述實際影響的擾亂。關於這次大革命，其內部原因尙深藏於『無意識』中，我們所知道的，不過是經濟方面的原因。但在這大革命中間，就連唯物論亦不十分通俗，十分適切；那是以神話反對神話，以信條反對信條。

［五五］古諾·菲謝爾培根論來比錫一八五六年第四二六頁『洛克之系統的承繼者爲康狄亞克，康狄亞克又爲百科學派的哲學家所承繼——其間祇留下一個結果，即最首尾一貫最露骨的唯物論。何爾巴哈的學徒（代表者爲拉麥托里及『自然之體系』）再把唯物論發展。［五六］黑提訥卷二第三八八頁（人間機械論的日期本爲一七四八年，誤爲一七四六年。）——蕭塞爾德意志國民之世界史卷一（一八五四年。）一四五頁。［五七］參照羅生克郎茲第德羅第一篇第一三六頁。［五八］參照龔梅曼（Zimmermann）灣·赫勒爾之生平一八五五年版二二六頁以下。［五九］在傳記的陳述中，我們有些地方按字根據菲力特利克大王德·拉·麥托里之悼辭，見王家文理學院史一七五〇年。［六〇］第一版我認人間機械論出版期爲一七四七年（終）是根據龔梅曼灣·赫勒爾之生平

二二六頁。魁拉特（Quérard）文學的法蘭西（對於拉麥托里的著作，有最豐富最精密的枚舉，但仍不完全）認此書出版期為一七四八年。此外，按照菲力特利克大王的頌辭，拉麥托里是一七四八年到柏林的。

［六一］在改題為『心論』的拉麥托里哲學著作集中。這書即靈魂自然史。這事實，可由著者自然史之註釋，『此書第一版在巴黎公刊時，曾引起批判』等語證明之。（我可乘此機會論述這書翻版數次，各章註釋及章次，都有錯亂。我有這書四個版本，最古版是阿謨斯特登版，一七五二年，認這篇是自然史的第六篇，那也許是對的。在第十五章之後，有前七篇的附錄。在這七篇中，前六篇註明是『自然史』的第一篇第二篇等等；第七篇，包含『達爾諾波的豫測，』註明是第七篇。一七六四年阿謨斯特登版亦如此。反之，一七七四年柏林版，一七七四年阿謨斯特登版，卻把第六章續在這裏，但按照章次，則應數十六。）

［六二］第七章之末，很明顯地暗示了人間機械論的見地，不過那也許是靈魂自然史以後增訂的，甚至於在人間機械論完成以後，才增加進去。拉麥托里說，在他討論植物的靈魂以前，他必須反駁一種反對論。曾有人問他，他既承認動物除了物質的原理即無任何其他原理，又如何能說笛卡兒動物即機械的見解荒謬呢？拉麥托里對於這一問，祇以一句話答覆：即因笛卡兒否認機械有任何感覺。這話可應用到人間來，是很明白的。拉麥托里不排斥機械之機械性，祇排斥機械之無感覺性。——我們在這裏又看出了笛卡兒與唯物論有怎樣密切的關係。

［六三］注意這『無知而皮相』的拉麥托里，是如何細心如何聰明地進行他的研究。第一版第四四〇頁討論約伯特、德・倫巴利（Jobert po Lamballes）時所述倖雷叔特的錯誤，他是沒有的。如果腦髓與脊髓是分開的，那我們按照拉麥托里，就要問脊髓它是有否感覺，不是問腦髓了。——在這裏，我們可指出，拉麥托里已暗示，洛賓訥的見地至少是可以想像的。

［六四］第十五章及附錄；參考註

六十二。［六五］參看亞諾比亞斯（Arnobius）國家反對者卷一第二十章以下的極有味的記述（一八四四年希爾德布蘭版一五〇頁以下）。那裏因要反駁柏拉圖的靈魂學說，對於這假說曾詳述細論。拉麥托里對於亞諾比亞斯的假設曾極簡略的引錄，本書祇要略述其主要觀念。［六六］拉麥托里很鋒銳地反對洛克（卽間接反對福祿特爾）其言曰『Les métaphysiciens qui ont insinué que la matiére pourroit bein avoir la faculté de penser, nont pas déshonore leur raison. Pourquoi? cést qu'ils ont un avantage (car ici cén est un) de sêtre mal exprimés. En effet, demander si la matière peut penser, sans la considérer autrement qúen elle même, cést demander si le matière peut marquer les heures. On voit davance qua nous éviterous cet écueil, ou M. Locke a eu le malheur déchouer』。（人間機械論第一頁第二頁，阿謨斯特登版一七四四年）——拉麥托里無疑是要說，如果我們僅考察物質的自身，不考察勢力與物質的關係「德文『Materie』，包含 Kraft（勢力）Stoff（物質）二字的意思——譯者」則我們對於洛克的有名的疑問，既可下肯定的答覆，亦可下否定的答覆，但無論如何都不能有斷然的結果。鐘的物質是否能表示時刻，那要看我們說的是能動的能力，還是所動的能力。如果物質的腦髓為靈魂（當作表現思惟的工具）所現實化，那在一定意義上便亦是能夠思惟的。眞正的問題是，至少能在思惟上與物質分開的思惟力是否眞是物質的必然結果。這問題，洛克迴避了。［六七］『自然的考察，關於博物學及科學的談話』，巴黎一七三二年九卷，第二版，拉黑伊一七四三年八卷，是匿名刊佈的。據魁拉特（他的意見和拉麥托里一樣）說，作者卽僧院長蒲魯克（Pluche）。［六八］關於大腦與精神力的關係，拉麥托里的見解，和近世唯物論極相類似。拉麥托里曾充分討論此事，本書僅略述其要點。拉麥托里這個無知者曾細心研究威里士（Willis）的劃時代的著作『大腦之解剖，』其中凡適合於他的目的的，都被他採用了。他知道腦髓洄轉的重要，知道高等動物與低等動物腦髓各部分的比較發展上的差異等等。〔六九〕這問題的詳論，見一七七四年阿謨斯特登版第二二頁以下。——關於亞門（Ammann）的方法，拉麥托里曾在靈魂自然史中，予以極詳細的解說——證明他對於這問題，曾有眞誠的研究。〔七〇〕第一版我設想拉麥托里是和第德羅一致的。這是錯了。因爲拉麥托里曾攻擊第德羅是一個自然神教論者和目的論者，並要以『粉碎』無神論者的重力嘲笑他的『宇宙論。』反之，羅生克郎茲（第一篇第四〇頁以下）引來證明第德羅自然神論的那一段話後，即隨有一章（二十一章，）其傾向是全然相反的。第德羅曾在這章，否定目的論之論據——這論據近頃又由灣·哈特曼（Von Hartmann）再提出——以爲合目的性之數學的必然性，不過是原因之無目的的結合。第德羅之批判，總算根本破壞了這論據，不過沒有拉普拉士（Laplace）那樣完全明晰罷了。在讀者大衆不免疑第德羅有敬虔的自然神敎的態度時，在專家看來，第德羅是否故意欲破壞他前一章的結果，卻頗是一個有趣味的問題了。但我們仍可假設——這假設似乎是確當的——自然會引出全然相反的結論的各種前提，在第德羅心中，是同時並存的，而見於他著作中的各章。但若有誰願說明第德羅是一個無神論者，那就主要須以這一章爲根據了。不大注意數學的拉麥托里，似未注意這一章的意義。羅生克郎茲亦把這一章忽略了。拉麥托里稱哲學的思想爲『無神論者所難信服的加工的作品，』但他未曾承認第德羅之駁斥無神論，乃所以暗地要推擧無神論。所以第德羅對拉麥托里的影響，必須還元至最小程度。——我們講過，人間機械論在原理上已包含在靈魂自然史中。參看第德羅著作集卷一第一一〇頁以下巴黎版，一八一八年哲學的思想二〇節及二一節。——羅生克郎茲第德羅第一篇第四〇頁以下；拉麥托里之哲學著作集，阿謨斯特登一七四七年第三卷第五四頁，柏林一七四七年第一卷第三二七頁。［七一］在這裏我們又發現了拉麥托里在自然科學的領域內，是怎樣熱心地繼續最新的研究，並以之連絡於他自己的思辨。托倫布勒（Trembley）關於水螅的最重要的著作，公布於一七四四年至一七四七年。［七二］關於沃康生（Vaucanson）及更技巧的德羅茲（Droz）父子的機械藝術品，可參看黑爾模浩爾茲 Helmholtz）一八五四年二月七日論自然力的交互作用那一篇演講。這種種嘗試，在我們看，不過是兒童的游戲，但其與機械的進步及人們對此的期待，卻很正當地被證明了是有聯繫的。——沃康生，在某種意義上，很可說是拉麥托里人間機械論的先驅者。成就更大的德羅茲父子（他們曾發明寫字的男童及彈琴的女童，）卻為拉麥托里所不知。沃康生的吹簫人，是一七三八年在巴黎展覽的。［七三］靈魂自然史第一版，自認是一個譯本，原著為英人 Sharp（魁拉特文學的法蘭西如此說）或 Charp（人間機械論如此說。）人間機械論曾攻擊這杜撰的 Charp。［七四］文德漢（Windheim）哥丁根哲學文庫卷一漢諾威版一八四九年一九七頁以下，有文批評人間機械論，說：『我們不過要說，這著作早已在倫敦刊布了，發行人歐文，把它名作「Man a machine」，是馬魁司·達根斯用法文著作，而譯成英文的。這作者曾大大剽竊靈魂自然史，那是一七四五年出版的，亦為唯物論辯護。』——拉麥托里剽竊自己，從這例看來，或不免就是別人批評他以他人的羽毛裝飾自己的一個原因罷。——法文原本有刊行者愛麗·魯薩克（Elie Luzak）的序文，（一七七四年柏林版，把它重印了，我猜想，那也是拉麥托里起草的，）說這草稿是從柏林一位無名氏寄來，請求印成後以六本譯送馬魁司・達根斯，但序者相信，那住所一定是假造的。〔七五〕說拉麥托里推賞罪惡，似乎是斷章取義，但在孟德維爾的場合罪惡卻在觀念的關聯中由一種世界觀的根本思想所是認了。這種世界觀，雖僅有數行的敍述，但極爲確定，雖不爲人所固執，但在今日傳佈甚廣。至若拉麥托里在這方面所說的話，見於『幸福論』一七六頁以下。簡言之，其意如下：『如果自然把你造得像一隻猪，你就在污泥中輾轉了；因爲更高的幸福，你是無分的，你懺悔，不過縮小你所能享受的唯一幸福，而無利於任何人。』但人像一隻猪這條件，卻是一個極不稱心的假設。但可舉與『蜜蜂寓言』中曾爲黑提納（文學史第一卷第二一〇頁）所採錄的那一段話比較。『蠢才，享受地上的繁華而在戰爭中博得名譽的你，仍要安樂的過有德的生活，祇是腦中夢想呀！我們如要獲得甘果，虛僞欺騙虛榮，乃是必要的。……罪惡是國家繁榮所必要，好比人沒有饑餓，即不會成長。』——我記得有一已停刊的刊物（國際評論）曾指出，這書在今日，已經沒有可以引起特別驚訝的地方。反之，我亦以爲，極端孟徹斯德學派的學說其建立者及現代社會其他可尊敬的人士的實踐道德，不僅偶然與孟德維爾相符合，且是歷史地邏輯地從這源泉流出。若說孟德維爾是歷史上一種大思想的代表者，決非個人於罪惡有所私好，那是我所不要抗議的，我祇主張孟德維爾推賞罪惡，拉麥托里卻不。〔七六〕康德判斷力批判第五章第四節哈香斯坦版三四六頁。〔七七〕『Toutes choses égales, n'est-il pas vrai, que le savant, avec plus de lumières, sera plus heureux que l'ignorant?』一七七四年阿謨斯特登版第一一二頁一一三頁。〔七八〕『幸福論』或『反西尼加論』，原來是拉麥托里繙譯西尼加『幸福生活』的介紹辭。——法蘭西人對於西尼加的關懷，可參看羅生克郎茲第德羅第二篇第三五二頁以下。〔七九〕論文快要終結的時候，（一七七四年阿謨斯特登版第一八八頁）拉麥托里斷言他未從霍布士亦未從沙夫慈伯里借取任何主張。他的主張，是他自己創始的。但即假定這種自白是可靠的，此等先驅者對於他的思想方法的發展的影響，仍是無法否認的。〔八〇〕席勒論素樸的感傷的詩，歷史的批判版，第十卷四八〇頁以下。烏柏衛綱要卷三第三版第一四三頁可參照。〔八一〕這書信，據上述那位作家說，對拉麥托里亦有不利的批判。(Il était gai, bon diable, bon medecin et tres-mauvais auteur; mes en ne lisant pas ses livres, il y avait moyen dén être tres content）記日爲一七五一年十一月二十一日；有一拔萃，見於『拉麥托里』名下新書解題中。〔八二〕參看黑提訥卷二第三六四頁。關於『無神論之僧侶』納鳩，可參看羅生克郎茲第德羅第二篇第二八八頁以下。〔八三〕參看羅生克郎茲第德羅第二篇第七八頁以下。〔八四〕第二章定義如下：『運動是一物體變其場所或要變其場所之努力。』在這定義中，運動被假定與當時理論家所稱『Nisus』及『Conatus』同一。那不過引出一個高級概念（努力，Effort德文譯爲Anstrengung）。這個高級概念，不僅包括運動的概念，且含有一種擬人的色彩。這種擬人的色彩，在更單純的運動概念中，是沒有的。參看次註。〔八五〕在這段話（一七八〇年倫敦版第一七頁）內，作者曾援引托倫特『致西倫拿書，』但他未曾正確應用托倫特的運動理論。托倫特說，『靜止』一辭，不僅須解作是相對的，那其實祇是一特種的運動。一物體在諸勢力衝突時或暫時維持其地位，或改變其地位，但無論如何，所包含的能動性與所動性是一樣的。何爾巴哈經由迂路接近這目標，但未精切的射中決定點。這，也許因他對於托倫特的見解，尚未十分正確地理解，或因他認自己的考察方法更通俗。〔八六〕卷一第三章第三九頁一七八〇年版。〔八七〕卷一第四章第五二頁一七八〇年版。〔八八〕參看禍祿特爾全集。在『禍祿特爾所見到的自然之體系』這個題目下，轉載哲學辭書的『神與諸神』條。［八九］繪畫論第一章：『Si les causes et les effets nous étaient evidens, nous n'aurions rien de mieux à faire que de représenter les êtres tels qu'ils sont. Plus l'imition serait parfaite et analogue aux causes, plus nous en serions satisfaits』。第德羅全集卷四第一篇巴黎一八一八年。——羅生克郎茲曾有力地指出第德羅的理想主義，（參看第德羅第二篇第三三二頁以下，有一段話，採自第德羅論一七六七年美術展覽會，致格里模書，）但未充分注意這段重要的話，（第德羅卷二第一三七頁，）這除了假定第德羅自相矛盾，或像本書，以自然眞理優於美的學說，結合於『眞線』的學說之外，是沒有別的辦法的。［九〇］一七八〇年版自然之體系卷一第十章一六八頁以下。——我們在這裏可以指出，最近對於巴克萊雖予以非常過當的評價，但他的體系的『不可駁斥性』實祇存於下述那一點，即他否認有任何物理世界的存在與我們的觀念相異。至若說我們的觀念，有一精神的非物質的能動的實體爲其原因，卻和其他體系一樣有明白顯著的不合理處。［九一］卷一第九章；一八七〇年版卷一第一二四頁。［九二］宰勒德意志哲學史（明生版一八七三年）九九頁以下曾說明原子論對於萊布尼兹的影響，並說：『他現在從原子轉到亞里斯多德的實體形式，即由此二者，生出他的單子。』同書第一〇七頁又說：『以精神的個物代物質的原子，以形上的點代物理的點。』——萊布尼兹自己亦稱單子爲『形式的原子。』參看古諾・菲謝爾哲學史卷二第二版三一九頁以下。（卷三第四版三三九頁）。［九三］有許多人以爲，萊布尼兹的神學和他的體系的哲學基礎是不相容的。（不僅愛特曼Erdmann如此主張，參看希林格唯物論史之貢獻第二三頁。）古諾・菲謝爾曾述到這點（近世哲學史卷二第二版六二七頁以下，）

但他堅決反對這種見解。他反對所本的證據，是最高單子的必然性，即被名爲『絕對』或『神』的最高單子。他承認這體系豫想一個更高的單子，但不承認（根據這體系的原則來推想）此單子能代替維持世界支配世界之神。單子的發展有絕對的必然性，且按照單子內在的勢力。但任何單子，亦不能在普通因果性的意義上或『豫定調和』的意義上，變成其他一切物的產生原因。豫定調和不會生出單子，不過規定單子的形態，好比唯物論體系的機械運動法則規定原子的（空間）狀態一樣。萊布尼玆所以會在這裏破因果系列，不再爲單子及豫定調和樹立別一個充足理由，乃因萊布尼玆的決定論有邏輯的一貫性。這是很容易看得出的。牛頓至少給了他的神以某種推進的及補綴的工具；僅僅作爲世界最後根據別無任何目的的神，和支撐地球的龜一樣是無用的贅餘物，那會立即引出進一步的疑問，即什麼是神的充足理由？古諾・費謝爾爲要避去這必然的推論，遂不從豫定調和說推出單子的狀態，卻從單子說推出豫定調和。『豫定調和，本來存於單子中，故必然是從單子生出。』（前書六二九頁。）這不過是同一命題的轉換；豫定調和即是單子狀態之豫定秩序。我們仍不能證明，其他一切單子，必須從最完全的單子引出。最完全的單子對於其他一切的單子的狀態得予以說明理由，但這事實不能使其成爲實在理由，即令其能，那在一定意義上，亦只能成立一個『超世界』的神，不能成立一個與宗教的有神論互相適合的神。宰勒在德意志哲學史一七六頁以下，很正當的說：『我們不難說明萊布尼玆的決定論，像一切神學的決定論一樣，經邏輯的發展，即將使吾人超出作者的有神論的見地，使吾人認神爲創造者且爲一切有限物的實體。』這種不困難的說明，將爲萊布尼玆體系之必然的批判之一部，因爲像萊布尼玆這樣的人，在笛卡兒，霍布士，斯賓諾莎之後，尚不免有這種發現。——必然會以神聯合於世界的，似乎是這一種學說，即神將從無限的可能世界中，選擇最好的世界。在這裏我們可參看包曼空間時間及數學論柏林一八六九年卷二第二八頁以下。那裏曾說明，我們可想像事物之永恆的本質，因爲對於事物之本質，神不能有絲毫變更；我們亦可想像永恆的勢力，頗有這種勢力之現實的鬥爭，萊布尼挻由神之（必然的！）選擇而生之交互的阻止，才減至最小限度。他的數學的世界觀之邏輯的歸結，遂謂一切事物均由『單純事實』而永遠豫定。『一切事物，結果都是單純的赤裸裸的事實；事物依存於神的依存性，乃是一個空虛的黑影。』（二八五頁）。

〔九四〕如前註所云，在萊布尼挻的形上學上，神的概念乃是無用的贅餘物，但我們不能因此，便斷言萊布尼挻能主觀地把這概念放棄，而按照事物的自然，那亦難有任何強制的證明。要分別宗敎的要求（辛勒一〇三頁對於萊布尼挻曾如此假定）和與宗敎感情相調和的生活的要求，亦不容易。同時，在這事件上，我們亦不願以萊布尼挻與笛卡兒並列。在後者，似乎僅僅是聰明的打算，而在前者，卻是心情之同情的協調。萊布尼挻的神秘主義傾向，在笛卡兒的場合，是全然缺乏的。（辛勒第一〇三頁。）於此，對於他體系中的嚴密的決定論，既無任何心理上的矛盾，亦無任何論據，可以證明他的神學的把戲是誠實的。本文所參考的利希吞堡的話，（雜錄第一部『關於人間之觀察，』）可詳述如下：『萊布尼挻曾辯護基督敎。如果像神學家一樣，從這點，立即斷然他是一個基督敎信徒，那就會表明白，我們所有的世間知識太少。對於一個問題比專門家猶較有深切的研究，是一種虛榮。與宗敎比較，這種虛榮，對於這位很少固定性的萊布尼挻，是一個遙爲有力的動作的原動力。我們且更精密的考察一下我們自己的心情罷；我們將會知道，關於別人，我們所能斷定的是很少很少。不，我甚至敢說，有時我們相信我在相信一件事，究其實，我們都是不相信。沒有什麼，還比行動的原動力更難揣測了。

〔九五〕俾特爾曼（Biedermann），關於萊布尼挻所受的決定的影響，曾有優美的敍述。十八世紀的德意志卷二第五篇，尤其可參看此書二四二頁以下。勒新對萊布尼梃所抱的態度，曾提出有名的辯護，倬特爾曼認這種辯護甚不充分，是很有理由的。勒新說內教與外教，照他的意思，內教是祕不傳人的。〔九六〕第一篇第二節一九九頁及二二二頁之註六十三，可參考。——漢寧『人類及動物的靈魂史』哈里一七七四年版一四五頁，認這意見的支持者爲特別一種觀念論者，並稱此輩爲『主我論者』，使與『多元論者』相對。〔九七〕杜·波以·勒伊蒙近代自然科學上的萊布尼梃的思想（柏林一八七一年）第十七頁：『大家都知道，因有他的切線方法的發現，函數之最大限及最小限的理論，才有最大進步。他以爲神之創造世界，有如數學家解決最小限問題，用近代話講罷，有如數學家解決可變數計算的問題，即在無限數的可能世界中，決定某一世界的必然罪惡的總和最小。』包曼又明白指示出了，神所不得不處理的乃是已知的因數（可能性或本體，）空間時間及數學論卷二第一二七頁至一二九頁。在這場合，神的完全的睿知，必毫不躊躇地從我們理性認爲最正當的法則（參照包曼上書一一五頁）；換言之，神的活動，是使一切事物均依數學及力學的法則而行。——參看上註九十三。〔九八〕第一版貝伊爾及道麥夏斯，均不當地被稱爲『牛堡大學的醫學者。』眞肯·道麥夏斯是一位英國醫生，當時留居德國，也許曾與亞托篤夫大學發生關係。但貝伊爾教授的序文卻說：『Cujus proinde laboren et studia, Academiae nostrae quam maxime probata, Cunctis bonarum literarum fautoribus meliorem in modum commendo』。然這序文的作者貝伊爾，非當時留居牛堡的醫生約翰·傑考布·貝伊爾（Johann Jacob Baier），乃是神學者約翰·威靈·貝伊爾（Johann Wilhelm Baier）。——科里夏士（Kohlesius）在大學出版局一七一三年公刊了這著作的簡單的拔萃，見謝特林

Scheitlin）動物心理學一八四〇年卷一第一八四頁以下。〔九九〕關於這協會，我在第一版的準備研究中未能發現詳細的報告，不得不根據克勒西（Grässe）的心理學文庫（一八四五年。）這書曾在文克勒爾（Winkler）的名下，舉出這諸論文的標題。其中有一篇（一七四三年）討論『動物的靈魂是否與其肉體同死。』在漢寧的『人類及動物的靈魂史』（哈里一七七四年）內，這論文集的標題，比克勒西所舉的，更爲完全。題曰：『關於動物的靈魂的實在及本質之哲學的研究，哲學愛好者所作，計六篇，有約翰·亨利·文克勒爾（Johann Heinich Winkler 萊比錫大學希臘語拉丁語教授）的序文，敍述這協會的組織，一七四五年。』〔一〇〇〕要詳知克諾曾的事蹟，可參看鳩根·波拿·梅爾（Jürgen Bona Meyer），的康德心理學柏林一八七〇年第二二五頁以下。梅爾提議研究康德的『合理的心理學』的觀念，（這觀念，是純粹理性批判的駁斥的根據，）是從何而得。結果，大約要以下述三著作爲最重要：即（一）克諾曾的哲學論文集（一七七四年），那一部分討論一般的物質不能思惟，靈魂是非物質的，一部分則明白答覆唯物論者的主要的異論。（二）萊馬魯斯的自然宗教之最高眞理（一七七四年，）及（三）門德爾散的浮登（一七六七年）——克諾曾從自意識之統一，演繹靈魂之本性；康德的批判，後來卽以其鋭鋒向着這一點。〔一〇一〕佛郎曾人間機械論之反駁萊比錫一七四九年全書三二〇頁。〔一〇二〕書名『De machina et Anima humana prorsus a se invicem distinctis, commentatio, libello latere amantis autoris Gallico homo machina inscripto opposita et ad illustrissimum virum Albertum Haller, Phil. et med. Doct. exarata a D. Balthas, Ludovico Tralles, medico Vratisl,-Lipsiae et Vratislaviae apud Michael Hubertum 1749』。〔一〇三〕

現實世界卽最善世界之萊布尼玆學說，如理解得正確，實不許有任何的發展與修正，這是無待詳說的。〔一〇四〕何爾曼，一位頗有聲名的敎師，這時候（自一七三七年起）是哥亭根的敎授了。照龔梅曼的濟·赫勒爾之生平說來，何爾曼卽是這書翰（評駁人間機械論之匿名書翰）的作者。這書翰首先以德文發表於哥亭根新聞，後在柏林譯成法文。法文本的好處，不是何爾曼的。〔一〇五〕參看俾特爾曼十八世紀的德意志萊比錫一八五八年版卷二第三九二頁以下。〔一〇六〕參看鳩士提（Justi）文克爾曼（Winckelmann）卷一第二五頁，同書二五頁以下，曾很有趣味地記述十七世紀末葉學校的狀態。我們所要補充的，是文克爾曼的敎師台勃爾（Tappert），雖不大懂得希臘文，但仍然是一個改良者，他亦一方面盡力介紹新研究課目，以供生活需要，使人們不再專用拉丁文，他方面又甚至要在拉丁文中，提出與十七世紀舊衒學主義相反的人道主義傾向。人們在十八世紀初頭屢屢要在泰風的傳說中，回復普通文科中學制度，事非出於偶然。這時期，比方說，就有許多人熱心模倣西瑟羅，這種熱心，不能說僅僅是對於拉丁文抱有傳統的尊崇，而且是對於語言的美雅已有新自覺。——如要舉出一個例，說明這意義上的學校改良，我要舉述的便是牛倫堡視學員費爾萊因（Feuerlein）的活動及安斯巴哈博學校長科勒爾（Köhler）。關於費爾萊因，可參看濟·祿茂爾（Von Raumer）敎育學史卷二第三版第一〇一頁及其他各頁，那裏祇看重他對於德文及實證科學的努力，不大着重他對於希臘文拉丁文課程性質上的改良。有名的博學者莫浩夫（Morhof），對他曾有甚深的影響。關於科勒爾，我們須注意格斯訥（Johann Mathias Gesner）卽從他那學校出身。格斯訥所建立的改良，曾敘述於他的煩瑣哲學事物撮要（一七一五年）及希臘名文集（一七三一年）。參看梭柏（Sauppe）淮馬爾學校演講錄卷八『格斯訥』（淮馬爾一八五六年。）［一〇七］Uz，他的同時人概稱他爲德意志的荷勒斯(Horaz)，曾受教育於安斯巴哈的文科中學校與格斯韵爲前後同學，參看前註。格萊謨是威尼吉羅特人，那裏的人的希臘語雖甚落後但很熱心寫拉丁詩德文詩。〔參看勃洛爾(Pröhle)在學的格萊模柏林一八五七年〕當時一般青年在哈里組成了一個安納克靈(Anakrem)同盟，開始讀安納克靈的原著。兩海基篤，一位是詩人，一位是美術通，都是漢堡人，該地有名博學家約翰·亞爾伯·菲步里夏士(Joh. Alb. Fabricius)，著有許多動人的著作，同時還作了若干『歪詩』。［一〇八］關於托麥夏斯及其影響，特可參看俾特爾曼十八世紀的德意志卷二第三八頁及以下諸頁。［一〇九］對此，有一特有特色的例，是柏林的耽模教授(Damm)。他曾爲鳩士提所記述，（見文克爾曼卷一第三四頁以下，）他的影響，在希臘文的傳佈，尤其是荷馬的傳佈上，極爲重要。［一一〇］利希呑堡雜錄卷二第二七頁。

［一一一］參照安登·篤恩(Anton Dohrn)在威斯特曼月刊發表的哥德書翰，重印於柏格曼哲學月刊四號五一六頁（一八七〇年。）［一一二］一八一一年的年報，雅各賓的書典『關於神之事物。』［一一三］第十一卷『眞理與詩。』

朗格唯物論史上卷終

周蓓 主編

『民國專題史』叢書

朗格 著 郭大力 譯

河南人民出版社

朗格唯物論史

（下卷）

研究唯物主義歷史的一部巨著，它試圖對唯物主義和唯心主義這兩種形態的哲學做出一種公允的評判

下卷序言

下卷，尤其是下卷後半的出現，是延遲了許久，原因是重病使我沒有多少精力從事著述。也就因這個原故，幾種近頃出版與拙著題目有密切關係的重要著作不能在此討論。其中最感遺憾的，是丁戴爾關於宗教與科學的演說及斯杜亞特·穆勒的宗教論。

丁戴爾的演說，是英吉利一個新時代的正式公告，那在唯物論史上，有非常重要的地位。由赫胥黎最近又由達爾文所搖撼的自然科學與神學間的休戰，是空洞陳腐的，今已被破棄。科學家要在一切方向，不顧現存的傳統，以追求世界觀的結果。斯賓塞的哲學雖保證宗教的繼續，但已不復認宗教感情究以何種教義何種信仰要求來表現的問題，爲毫無關係。於是，像以前的德意志一樣，發生了一種鬥爭。這種鬥爭，要得到和平的結束，祇有把宗教移入理想領域中。

斯杜亞特·穆勒一生最後的著作，是論有神論。在我看，他這篇論文的見解，顯然與唯物論史結果所得的見解很相近。這毫不假借的經驗論者，功利主義哲學的戰士，在前期許多著作中，似祇承認唯理的原理，在這裏却承認，必須闡發那狹隘的不適當的人類生活，而關於自身命運，取得一種更崇高的希望；並承認，應在不與顯明事實相衝突的限度內，用想像把這種希望構成。每一個人所欣賞的靈魂的愉悅，都以現在及未來更光明方面的耽思及生活的理想化爲根據，所以我們往往超越極微的或然性，而朝更好的方向，思考宇宙的統治及死後的未來狀態；他以爲，基督的這種理想性格，不僅是基督教的主要特徵，而且是非信徒亦得享有的事物。

這，和我們的理想的見地，相距有多遠呢？想像的夢卽有實現的或然性，這種或然性亦必微小而容易消滅。這種微小而容易消滅的或然性，至多不過是宗教與科學間的微弱的羈絆，歸根結蒂，祇是全體系中的一個弱點。蓋因別方面有一個非常佔優勢的或然性，與之反對，而在現實的領域內，思想的道德性，又要求我們不應執着模糊的可能性，常應選擇較大的或然性。如果我們承認，我們應在想像中創造一個比現實世界更美更完全的世界，我們就不得不承認，當作神話，神話亦是妥當的，但我們更須承認一方面依感官供我們以現實界的觀念，他方面又依自然的最高機能及創造的綜合，導我們形成一個理想世界，俾在此逃避感官的限制，並爲我們的精神，再發現眞的故鄉的，是同一個必然性，同一個先驗的根源。

郎格一八七五年一月二日馬堡

朗格唯物論史下卷目次

第二章　康德以後的哲學的唯物論……六七

第二篇　自然科學

第一章　唯物論與科學的研究

第三篇　人與心（自然科學之續）

第三章　自然科學的心理學……三九一

第四篇　倫理的唯物論與宗教

第三章　理論的唯物論及其與倫理的唯物論及宗教之關係……五二一

朗格唯物論史 下卷

第一篇　近世哲學

第一章　康德與唯物論

我們曾由本書的劃分，給了康德一個優越的位置，這在本書第一版刊行將近八年以後的今日，比在當時，已更用不着辯解，甚至於更用不着說明。事實上，德意志概念的浪漫主義之退却，在那時，是許久以前就決定了的。像一個敗退的軍隊，四顧搜尋堅固的場所，希望重新結成隊伍一樣，哲學界到處都聽得『回到康德！』的呼聲。但這運動直到近今，方才成爲事實，我們是發覺了，這位大康尼斯堡（Königsberer）哲學家的見地，在根柢上，決不能適當的認爲已被克服；實則，我們有各種理由，像一向來人們研究亞里斯多德一樣，以最眞摯的研究，究明康德體系的深奧。除了亞里斯多德，一向來，恐亦無任何其他哲學家，曾經人這樣眞摯的研究過。

誤解與熱烈的生產欲求在一個精神活躍的時代，連合起來，衝破了康德在思辨上所加的嚴密限制。繼形上學的陶醉而來的覺醒，當人們發覺自己再與唯物論相遇時，益加助成人們回歸到那放棄得太早的見地。唯物論是在康德面前消滅得乾乾盡盡的。——但現在，我們却不僅有了一個青年康德學派〔二〕，卽一班願和他分道揚鑣的人們，亦發覺了自己不得不清算康德，並說明自己何以要和康德殊途。甚至於叔本華（Schopenhauer）哲學之荒唐的誇張的運動，亦一部分由類似的特徵生出同時，在多數有更徹底頭腦的人看來，那又其實是到康德的一個過渡。但在這裏，我們所特別看重的，是自然研究者的歡迎。在唯物論不能滿足他們的限度內，他們大都傾向一種世界觀，其根本特徵，是與康德的世界觀相一致的。

事實上，我們在這裏所必須斷然着重的，不是正統的康德哲學，亦不是希萊登（Schleiden）——他以爲他可以將唯物論擊破，如果他以康德、佛里斯（Fries）阿卑爾特（Apelt）比於克蒲勒、牛頓、拉普勒士，並主張由他們三人的勞績，『靈魂自由神』的理念已經像天體運行法則一樣確定，——的獨斷的轉向。〔三〕康德自己雖認此諸理念全然不能積極的證明，亦不能消極的證明，而把它們遣入實踐哲學的範圍，以避去學派的論爭，並認此種避去有很大的價值，但這種獨斷論，總歸是和『理性批判』的精神相背的。實踐哲學全部，對於他同時人雖有強力的影響，但在康德哲學中，是易變化易消滅的部分。祇有基地是不滅的，康德在這基地上所建立的建築物不是這樣。這基地是自由建築倫理體系的地方，但對此之證明，不是此體系的不變要素。所以，如果我們從道德理念的救濟出發，以康德比於克蒲勒，已是再不適當沒有——牛頓和拉普勒士，更用不着說了。我們寧可在理論的理性批判中，尋求他所創始的大改革的全部意義。批判論不僅幫助了特殊倫理觀念的體系發展，如果適當的完成下去，它對於各文化時期的變化的要求，亦能提供同樣的幫助；而批判論之不變的意義，即在倫理學上，亦存於此。

康德自己，從來不把他自己比於克蒲勒，但他曾做別一種更有意義亦更適當的比較。他曾以他的工作，比於哥白尼的。這種工作，便是迴轉以前的形上學的見地。哥白尼『以一種奇拔但甚眞確的方法』大胆主張不要在天體，而要在觀察者那裏，尋求那被觀察到的運動。當康德以一個單純的假定，確實地，把一切經驗和歷史科學實證科學一併推翻時，精神遲鈍的人們亦必認爲是『奇拔的。』這假定是什麼呢？即，不是我們的概念依對象調節，乃是對象依我們的概念。[三] 從這個假定直接推出的，是經驗的對象全然祇是我們的對象；一切客觀性，總之，都不是絕對的客觀性，祇是對人（或與人相似者）的客觀性，而在現象界之後，事物之絕對本質——物自體（Ding an sich）——乃有一層不能看穿的黑暗包圍着。

對於這種思想，我們立即就要討論。在這裏，康德是怎樣敍述他的思想，是和我們沒有關係的；我們所要問的，是這種新見地，怎樣影響了唯物論的位置。

上卷的結論，說明了德意志的學派哲學，會陷於一種論戰，對唯物論的嚴重的論戰。怪蛇——半神射落它一個頭，它常常有兩個新頭伸出——這個可愛的比喻，對於公平的旁觀者眼前所展開的戲劇，是很適合的。唯物論確乎會時時受到不能避去的打擊；無論打法怎樣笨拙，打中它的，總歸是這樣一種手法。即意識不能由物質的運動說明。無論怎樣簡明地說明意識完全依存於物質過程，外部運動對感覺的關係依然是不可理解的。說明越是詳細，所包含的矛盾便越是明顯。但其次，我們又看見，一切與唯物論相反對的體系，無論稱為笛卡兒體系，稱為斯賓諾莎體系，萊布尼祇體系，沃爾夫體系，或老亞里斯多德體系，亦都包含着恰好相同的矛盾，此外，還可有許多更不好的矛盾。我們淸算唯物論時，這一切都顯示了。在這裏，我們且不問，其他諸體系，就它們的深奧說，就它們對藝術宗教及詩歌的關係說，就閃爍的豫感精神與啓示的精神作用說，是具有怎樣的特長。這幾種財寶，唯物論是缺乏的。但其他諸體系賴以生出所謂眞理之謬論與詭辯，唯物論亦是缺乏的。在不能證明亦不能駁斥的唯物論論戰中，深奧的特長無所補益，隱藏的矛盾却暴露了。

我們曾在許多形式上認識一個原理，對於這個原理，唯物論沒有武器可予以攻擊。事實上，它會使我們超出這個世界觀，對於事物作一種更高尚的考察。當我們的作業開始時，換言之，當我們看見勃洛大哥拉斯進到德謨克利特士以上的時候，我們就過着了這個原理。而在我們所討論的前一時代，我們又發現了兩個國籍不同、思想方法不同、職業不同、信仰不同、性格不同的人，是站在相同的點上，把唯物論的基礎放棄。一個是主敎巴克萊，一個是數學家達蘭堡（D'Alembert）。前者認全現象世界為唯一的大錯覺；後者却懷疑在我們之外，有沒有什麼事物和我們自認已見的事物相當。我們曾講過何爾巴哈是怎樣憤怒的對巴克萊，但不能把它駁斥。

關於現象世界的實在性，曾引起疑問。對於這疑問，今日的唯物論者，不能頑强的加以排除，其所以如此者，實因有一種實證的自然研究。此卽感官的生理學。這研究範圍的驚人的進步——以後我們還要講到它——似乎確證了勃洛大哥拉斯的舊命題，卽人為事物之尺度。一經證明，我們的感官知覺的性質，完全受制約於我們的器官的構造，我們就不復能以『不能駁斥但確乎背理』的話，來排斥如下的假說：卽，感官知覺所攝的全系統，簡言之，我們的全部經驗，都受制約於我們的精神組織，我們所以像我的經驗一樣經驗，像我們思考一樣思考者，卽因我們的精神組織是這樣。同一的對象，且將隨我們的精神組織不同而像似不同，至於物自體，則任何有限的存在，亦不能將其表象。

有一種思想，通行於全部人類思想史，卽，現象界祇是別一個眞物世界的朦朧的模寫。這根本思想，曾在許多形式上——在康德所定立的形式上，我們曾把它比於哥白尼的功業——出現於古印度思想家及希臘人間。柏拉圖信有一個理念的世界，為地上現象之永遠的完全的元型。康德稱他為知性的最高貴的哲學家，而在他方面，稱伊壁鳩魯爲感性的最高貴的哲學家。但康德對唯物論的關係和柏拉圖對唯物論的關係是怎樣不同，可由如下的事實表明：即康德曾特別賞讚伊壁鳩魯，因爲在他的結論中，他從來不會超越經驗的限界，同時，洛克之流，却『把一切概念及原則歸溯於經驗之後，又使用此等概念與原則，斷言神的存在與靈魂的不朽——這兩個對象都在可能經驗的限度以外——像數學命題一樣，可以明白證明。［四］

在他方面，康德和這一派哲學家——他們證明現象世界是我們的表象（Vorstellung）的產物，就覺得滿足——亦有同樣劃然的區別。勃洛大哥拉斯即住在現象世界中，他完全放棄了絕對眞理的思想，而以全部體系建築在下述的命題上：即，在人看來是眞的，則對人而言，它是眞的；在人看來是善的，則對人而言，它是善的。巴克萊在反現象世界的論爭中，其目的是爲被困的信仰，取得新鮮的空氣，他的哲學，亦就在他本來目的的出現的所在，終止了。懷疑論者（Skeptiker）以打破一切似是而非的眞理爲滿足，不僅懷疑觀念界與現象界，且懷疑思想法則之絕對的妥當性。但使康德逃出德意志學派哲學（Schulweisheit）的道路，而進向這樣的方向，經多年沈思冥想，始達目的，述爲不朽的純粹理性批判的，便是一位懷疑論者。我們如要明白理解康德的根本思想，但不要分析他的體系的全部組織，我們的路必須經由大衛特·休謨（David Hume）。

在英吉利思想家的系列中，休謨可以和培根，霍布士及洛克占有完全同等的位置。不，在他們當中，也許他還是居在第一個位置。出身於蘇格蘭一個貴族家庭的他是一七一一年生於愛丁堡的。他的人性論，是他訪問法蘭西時在讀書的餘暇中寫成，而公佈於一七三八年的。十四年之後，他才開始熱心於歷史研究，但他的名聲，亦即有一大部分，是由這種研究得來的。從事種種職業後，他終被任爲巴黎大使館書記，最後又被任爲祕書官。我們德意志人依一種必然的聯想，以爲一位哲學家，必定就是一位坐在講座上不問世故的教授，他們看見英吉利的哲學家有這許多政治家，沒有不十分驚奇的；不，更奇怪的，是英吉利的政治家亦有時是哲學家。

休謨，就他的思想方法說，總算是一位最接近唯物論的堅決的懷疑論者。他立在霍布士及洛克所創造的地盤上。他有時認爲，錯誤乃起因於大腦——他以爲一切概念都局處在大腦中——的錯誤的指導，雖然他並不怎樣重視這種假說。對於唯物論者自己亦不知道怎樣辯護的這個弱點，休謨發現了一個充分的掩護。他雖承認由空間運動到觀念與思惟的轉變是不可說明的，但他又說，這不可說明性決非這問題所特有。他說明了一切原因結果關係，都有相同的矛盾。『以一磅重的物體置於槓杆之一端，以同重的別一物體置於別一端，你固不能在這些物體中發現思惟與觀念的原理，你亦不能發現以中心距離爲根據的運動的原理。』〔五〕

我們現在的力學，或不免反對此說；但我們且記着，科學的一切進步，都不會解決休謨所提示的困難，不過把牠斥退。如果我們考察兩個在運動上互相發生影響的最小的物質分子或天體，我們固然可以圓滿地說明一切其他；但引出這關聯的吸引力對於物體本身的關係如何，却是在各個自然過程的完全不可理解性中掩蓋住了。我們固不會依此法說明空間運動如何變爲思惟，但我們證明了，這不可說明性，決不能用來反駁，說思惟非依存於空間運動。眞的，唯物論爲這種辯護所付的代價，不下於傳說中的魔鬼求救所付的代價。承認一切自然過程不可說明，則唯物論必不能存立。如果唯物論默認這不可說明性，它就不成爲哲學的原理；但它依然是科學研究的公理。事實上，我們現在大多數『唯物論者』的主張，都是如此。他們實際上都是懷疑論者。他們不復相信，物質（呈現於我們感官中這樣的物質）包含着一切自然之謎的最後解決。他們先假定原理是這樣，然後在原理上進行，一直到實證科學自身須採用別種假設的時候。

休謨熱烈攻擊人格同一性，意識統一性，及靈魂之單純性非物質性之學說。這種論戰，還更顯著的表示了休謨和唯物論相接近。

『有一些哲學家覺得，我們每一剎那都能正確意識到我們所謂我們自身（德意志的哲學家稱之爲「自我」）；並感覺自我之實在及其連續的存在；而關於自我之同一性及單純性，我們也有最確鑿證據以上的確實性……

『但不幸，這一切積極的斷言，都和辯護此等斷言的經驗相反對。按照這裏所說明的方法，關於自我，我們決不得有任何概念。……在我看來，當我深入我所謂自我時，我一定會逢到某種特殊的知覺，熱的或寒的知覺，明的或暗的知覺，愛的或憎的知覺，快的或不快的知覺。我沒有一個知覺，我無論如何也不能捕捉我的自我，而我所能觀察的，亦祇是知覺。我一旦失去知覺，如在熟睡中，我就全然不能感覺我的自我，實際，我們就說自我全不存在，亦未嘗不可。』——若有人對於自我有不同的感覺，休謨是不能和他議論的。『我雖確信，在我自己，沒有什麼單純而連續的事物，但他也許可以在他所說的他的自我中，知覺到這樣的東西。但除了若干這一類的形上學者，我却敢對其餘的人類說，那其實不過是種種知覺的集束。這種種知覺，是以不能理解的速度相繼而起，並在不絕的流動和聯續的運動中。』〔六〕

在這裏用來反對形上學者的幽默的諷刺，在別處又曾被用來刺擊神學者。休謨的見解，和神學意義上的靈魂不滅說，不用說是全不相容的。但他有時故意說靈魂不滅說的一切議論，對於靈魂單純性同一性的普通假定，和對於他的見解，恰好有相同的證明力。

對於休謨一提起就備極推崇的康德，就受了休謨很深的影響。這件事，立即使康德和唯物論的關係，和別人不同。康德無疑是反對唯物論的，但這位大哲學家，決不能與非常輕蔑唯物論的哲學家同日而語。

康德曾在形上學入門中說：『自然科學決不能示我們以事物的內面，那不是現象，但能作為現象之最高的說明理由。但自然科學要做物理的說明，並不一定要有這種最高的說明理由，實際，即令這種理由可以從他處得來（例如非物質體的影響），也必須把它拒絕，不把它用在說明的過程上。因為，這種說明，必須建基於作為感官對象的、能被經驗的、按經驗法則能與我們的眞實知覺發生關聯的東西上面。』〔七〕

一句話，康德完全承認，唯物論及懷疑論這兩種世界觀，是進向他的批判哲學之適當的前階；二者，他都認為是錯誤，但此二錯誤，乃為科學發展所必要。他承認，前者因易解故有害於多數公衆，後者因難解故祇限於學派。他雖比較更贊成懷疑論，但關於純粹科學的判斷，他卻以為，這二者，都是值得注意。除了這兩個哲學體系，康德對任何哲學體系，都抱消極的態度。特別是，普通的唯心論，與康德的『先驗的』觀念論最相反對。在普通唯心論者要證明現象世界不示我們以物自體時，康德是和它一致的。但唯心論者如要我們認識純粹事物界中的事物，或要以這種認識代替經驗科學，康德便成了他的不共戴天的仇敵。

一個輕率的批評家，會謂康德的純粹理性批判，含有『高尚的唯心論。』這句話，在康德看來，簡直是以『非常的背理』非難自己，完全被誤解了。當以下兩個命題——那，在最盲目者看來，亦可用來說明康德哲學的本質——被這位大思想家拋棄的時候，我們對於他的自制與銳敏，是不禁要加以嘆賞的。

『一切眞純的唯心論者——自埃里亞學派到僧正巴克萊——的命題，都包含在如次的法式中；即，感官及經驗的一切認識，祇是假現；眞理祇存於純粹悟性及理性的理念之中。

『但貫穿我的觀念論，規定我的觀念論之基本原則是：祇由純粹悟性或純粹理性而得的關於事物的認識，祇是假現；眞理祇存於經驗之中。』〔八〕

最純粹的經驗論者，亦不能比他還更直率地明白表示他自己；但是，這極明白的命題，怎樣和對象依從吾人概念這個奇異的用語相結合呢？

在這裏，問題顯然不在於思辨的個人所實際形成的概念。實際，在某種意義上，眞的黑格爾學徒或亞里斯多德學徒，都認對象依從於他的概念。他生活在他的迷想的世界中，圖使一切事物與之調和。在一個對象眞正對於他成爲對象以前，它必須依從他的概念來形成它自身。但並非一切對象都是如此柔順，經驗往往非常的愚弄這種哲學家。人們總還記得克勒曼尼（Cremonini）罷，他因爲恐怕逢見木星的反逆的衛星，情願不用望遠鏡發現一切眞理在經驗之內的康德，決不能這樣瞭解對象與吾人概念之一致。按照康德的理解法，『吾人概念』之影響，必在經驗之最普遍最不變的特色中表現出，那是和個人的恣意全然沒有關係的。於是，這個謎，遂要由分析經驗的自身着手來解決，而在經驗中，我們即不得不證明有一個概念的要素，非從事物生出，乃從我們自身生出。

照康德說，一切判斷，不是分析的，便是綜合的。分析的判斷，在賓辭中所表的東西，已包含在主辭的概念中。比如我說，一切物體都有廣延，我不曾依這命題增加我關於物體的知識；因爲，物體的概念，已包含廣延的概念。這種判斷，不過把主辭分解爲各要素，以賓辭爲媒介，而取出其要素之一，使其更爲人所意識。反之，綜合的判斷，却能增加我們關於主辭的知識。比如我說一切天體都有引力，我就用一種品質——在天體這個概念中本來不曾包含這種品質——使與一切天體相聯結了。

於是，我們知道，分析的判斷，祗可作爲手段，以闡明事物而論駁誤謬。賓辭中所述已包含在主辭中的判斷，至多不過使我想起我所已有的知識，或教我注意那將爲我所不注意的要素；但不能教我以任何新事物。但是，有一種學問全部——也許還是一切學問中最重要的學問——它的判斷究是綜合的抑是分析的，却很有疑問。這門學問，便是數學。

在我們討論這重要點以前，我們必須簡略的提起什麼是先天的判斷，什麼是後天的判斷。後者的妥當性，是由經驗得來，前者則不然。一個先天的判斷，固可間接根據於經驗，但並非判斷之本身如此，惟其要素爲由經驗得來之概念而已。例如，正確的分析的判斷之全體，卽有先天的妥當性；因爲，要由主辭的概念展開賓辭，不必要經驗。但主辭本身，就連在這場合也表示一種祇由經驗而知的對象。例如，冰的概念，便是一個經驗概念。但冰是固體這一個命題，却是分析的命題，因爲在最初的概念形成上，賓辭已包含在主辭裏面。

對於康德，綜合判斷是研究的範圍。這一切都是後天的嗎？都是經驗導出的嗎？抑或其中有些，非由經驗導出其妥當性呢？有先天的綜合判斷嗎？形上學假定我們不要經驗亦可以擴大知識。這是可能的嗎？能不能有形上學呢？一般說，先天的綜合命題如何才是可能的？

此處且稍待片刻！『由天啓，』『由天才的靈感，』『由曾一度居於理念世界的靈魂的思慕，』『由生時卽潛伏於人類中的天賦觀念的發展』——這等等答覆，是用不着答覆的，因爲形上學到今日事實上仍徘徊於迷途中。設能說明，以這一類學說爲基礎，亦能建立一種現實的科學，有健實基礎足自行發展，用不着反覆循環，那麼，雖無進一步的基礎，我們也許亦會認爲滿足。在數學的場合，我們就是這樣。數學的公理雖不能證明，我們仍甘心情願聽從它。不過，在形上學的構造是否能有任何基礎尚不確定以前，形上學進一步建設的嘗試，是無益的。

懷疑論者及經驗論者將提出同樣的主張，而以一個單純的否定解決此問題！如果他們能證明這點，他們就必以緊密的聯盟，永久專據哲學的領域。獨斷的唯物論亦將終結，因唯物論的理論，乃建立在世界可理解的公理上，忽略了這個公理，到底不過是現象秩序的原則。但唯物論可以放棄它已證明一切現象的最後基礎的要求。在這場合它放棄了，原來的本質而與懷疑論及形式的經驗論同盟，益益要併吞一切其他哲學上的努力。為要對付它們，康德得到了一個可驚的同盟——那就是數學。

懷疑一切超經驗的判斷的休謨，對於如下的問題，亦抱有疑問：即，二直線相遇於一個非常小的角上，是否可以不像數學所規定那樣必須相交於一點，而保有一個共同的延長部分。然休謨仍承認數學之優越的證明力，承認他可以將這種優越的證明力歸因於這種事實，即一切數學命題都基於矛盾原則，換言之，一切數學命題都是分析的。反之，康德却以為一切數學命題都是綜合的，所以當然是先天的綜合命題，因數學上的命題都不要經驗來確證。

除非我們要完全誤解康德，否則，我們必須嚴密的區別直觀與經驗，對於頂角益益成為鈍角而底邊益益加大的一系列三角形之直觀，其實亦是一種經驗；但這場合的經驗，不過是我看見這一系列三角形在我面前。如果我從這些三角形的直觀，以想像——想像底邊延長至無限——為助，而得到三角形三內角之和等於二直角（這種恆常的關係是早經證明了的）的命題，這命題就決非經驗的命題。我的經驗，祇是我已經看見這些三角形，並在當中看出了我必須認為有普遍眞確性的東西。至於經驗命題本身，却隨時得依新經驗而被論破。人們數世紀來在可見的範圍內總見恆星不動，於是人們便斷言恆星是不能運動的。這是一個經驗的命題；那可由更精確的觀察與計算而修正，且亦確乎被修正了。在科學史中，同樣的例，隨手可以舉出。今日實證科學在一切經驗的對象上所以不復提示絕對的眞理，祇提示相對的眞理，主要應歸功於法蘭西人的論理才能。我們所以隨時記着知識的條件，記着一切學說的精確性，都以日進無已的見解之保留爲根據，亦主要應歸功於法蘭西人的論理才能。但數學的命題不然；無論它們祇是推論抑是根本的認識，它們總包含絕對必然性的意識。但這意識並不是自生的；數學的命題，卽令是公理，亦無疑要經過一次發現。其發現，或由於反省與直觀的努力，或由於兩者之迅速的幸好的結合。但要得這種發現，終須以精神精密地運用於問題。卽因此故，數學命題與定理，雖易傳授於學生，但難於發現。日夜觀望天空冀發現新慧星的人，和擬在數學的直觀中求一新發現的人，是可以互相比擬的。但是，望遠鏡指導有健全眼力的人必定會看見慧星，同樣，新的數學原理亦可使每一個能有直觀（或以圖形爲媒介，或僅以構想圖爲媒介）的人必定會認識它的眞理。數學眞理往往難於發現的理由，與康德所謂數學眞理的先天性，沒有何等關係。對於這所謂先天性，我們寧可這樣解釋，卽，數學的命題一經由直觀證明，就會立卽與其普遍性必然性的意識相結合。例如，因要表示七加五之和爲十二，我應運用直觀，並計算點線及小的對象等等。在這場合，我所經驗的，祇是：這些特殊的點線等等，在此地使我得到了這特殊的總和。如果由經驗我知道了這是常常如此，我就必須屢屢反覆行這種經驗，至我心中已由習慣及聯想而將這種信念確立爲止，不然，便須行系統的實驗看看各種極不相同的或配置不整的或在其他特殊條件下的物體，是否會突然發生不同的結果。對於已見之物所作的這種迅速的無限制的概括作用，不能單以其表面與一切數的關係相類似來解釋。如果代數與算術的命題是經驗命題，則一切數的關係均與所數的物體的性質及配列無關這種確信，將在最後浮出於我們心中，因爲一切歸納法都在特殊命題之後，提示更普遍的命題。但數的關係與所數的物體的性質無關這個命題，無寧說是先天的。又容易知道那是綜合的。設我們把它加到我們所謂『數』的定義上去，它的綜合性便很容易取出。這樣，我們就直截有了一種完全的代數，但它可否應用於對象，我們仍無由知悉。但是，任一個人都知道，我們相信代數及算術的眞理，即暗示我們亦相信它們可應用於我們所遇的一切對象。自然的對象——關於它們，我們所不得不處理的，不是各物體或各部分的數，祇是測量與秤量——決不能與嚴密決定的數相當。但這種事情，毫無影響於此。在頗準確的程度內，數得應用於任一種對象。我們相信，須常常受影響於溫度變化的鐵棒，在無限小時間內，有無限精確而有定的尺度，雖然我們決不能有任何手段，可以完全提示這樣的尺度。這種確信固祇能由數學的及物理學的建立而得，但這種事情，不會減少它的先天性。按照康德的無可比較的定義，則先天的認識，既無關於靈魂中已有的生得觀念，亦無關於非有機的靈感或不可理解的天啓。先天的認識，像經驗的認識一樣，按照法則及人之本性而在人間發展。其唯一特色是，先天的認識與普遍性必然性的意識相結合。從而其妥當性亦與經驗無關。

我們在這裏達到的一點，直到現今，尙受極激烈的攻擊，一方面，數學知識的先天性受攻擊；他方面，數學判斷的綜合性又被否定。數學的見解，既然是康德世界觀的基礎，所以我們在這裏不能不論到這兩種攻擊。

關於數學的先天性，在休謨有最深影響的英格蘭，曾發生極熱烈的辯論。休埃爾，他是歸納法上很有功績的理論家與歷史家，他就主張數學有先天性，並主張數學命題的必然性須從一個先天的活動要素（卽我們認識的條件或形式）說明。與休埃爾反對的，爲天文學者侯塞爾（Herschel）及約翰穆勒（John Stuart Mill）。約翰穆勒的主張，幾乎在一切點上，都和侯塞爾的主張相同。〔九〕

這些經驗論者的學說是這樣：數學祇在它以定義或定義的歸結爲根據時，才受支配於嚴密的必然性。所謂公理，大部分不過是定義，或可還元爲定義。其他——如歐幾利特幾何學的根本命題：兩直線不能包住一個空間，兩平行線無限延長不能相交——的唯一現實的公理，却都不過是經驗的概括，祇是歸納的結果。所以定義（按照康德的意思，亦可說是分析判斷）所特有的嚴密的必然性，它們是缺之的。在我們意識中牠們的必然性，從心理方面解釋，祇是主觀的。我們認它們有必然性，好像我們屢屢認不眞的命題有必然性，或宣告先前認爲不誤的東西有不可理解性不可思考性一樣。不過，就令數學的公理完全出於觀念的聯合，而從心理方面考察，其起源亦不較許多謬誤的起源爲佳，人們仍不能因此便擔心它們會被駁斥。從此可得的結論是，它們的確實性，和經驗知識一般——是蓋然的，是確實的，抑是絕對必然的，須看它所從而出的歸納法是怎樣有力量——的確實性，是同一來源的。

按照這種見解，數學上有綜合的判斷，但這綜合的判斷不是先天的；數學上亦有先天的判斷，但這先天的判斷祇是分析的判斷，或照穆勒的名稱，祇是同一的判斷。

按照這種見解，一切應用於經驗對象的判斷，都祇有假設的妥當性。自然未提供我們以純粹的幾何學的形式。任何代數學的公式，都不能以絕對的準確性，現示一種量或力的尺度。所以我們祇能說，如果一個惑星的軌道與我們所假定所稱呼的橢圓形相當，在這限度內，它必然會具有橢圓形概念所引出的一切性質麼？這些性質，祇在假定的意義上，屬於這個惑星的軌道；而且，這個惑星的實際路途還決不會和我們的假定完全相合。

這便是這種學說的核心。就他們對休埃爾的駁論來說，雖然這延長的論爭始終在極有禮貌的形式上進行，但其辯駁仍不十分正當十分持平。常常在最誠懇最明白的方法上提示反對意見的穆勒，在引用對方言論時，仍有時不甚嚴密，致使對方意見陷入不適當的關節中。〔一〇〕這可驚的現象所以會發生，就因爲穆勒眼中時常有古時生得觀念的幻想及柏拉圖所現示的超感覺界的幻想——這幻想，在形上學上由來已久，往往與最不良的不可理解性相關聯，很應該惹起眞直而不好神祕的人起來反對。在我國誤導烏柏衞誤解康德體系的，理由亦就在此。烏柏衞要我們在康德體系中尋出『先天性』背後潛伏着的全部超自然的啓示。不知道康德的先天性，完全和古形上學的『先天性』不同，他對於這些問題的全部意見，和萊布尼炦把理性眞理置於經驗知識以上的方法，全然相反。我們馬上就要說明，怎樣穆勒的經驗論必須在嚴密的康德意味下討究；而在此之前，我們還要指出穆勒經驗論的弱點，這種弱點，已表現於他和休埃爾的論爭中。

最明顯的困難，見於幾何學的公理上。我們確信二直線延長至無限，亦不能包得一個空間。這種確信必須認爲是經驗的歸納，然而就連這個，按照這些名辭的普通意義，我們亦不能有所經驗。這裏穆勒亦承認須以想像的直觀代替外界的直觀，但他仍信這證明屬於歸納的種類。我們可以用想像代外界的直觀，因爲我們知道，我們的想像的心象可以極其精密地代表外界的事物。但我們從何知道呢？由經驗？但在這場合，我們祇知道，這種一致，在有限距離的關係內是存在的。

第二個困難是：數學祇有假定的妥當性，這個假定，並未有十分的證明。休埃爾指出自然科學的假定，決不是必然的。自然科學的假定，多少是蓋然的，能隨時爲其他的假定所代替。但數學的命題却是必然的，所以非純粹假定的。穆勒却用一個表面上很有效力的話來答覆這種主張。他說，必然的假定，依然是假定。假設我們由於精神的性質，故不得不假定有圓與直角等等，這假定不仍祇是假定的嗎？（因爲我們不知道，在自然界有沒有圓與直角等等，恰好與我們的數學假定相合。）但在他方面，我們亦可說，對於這樣重大的一個問題，僅僅以淺薄的名辭之爭爲終，實大不宜。如果有一種假定，因其在我們精神中的成立有必然性，故與其他一切假定有別，則在此場合，我們一筆抹煞，謂其仍祇爲一種假定，實無任何利益。我們所必須發現的，是這特殊性質之內部理由。再者，就物質界與我們的數學觀念的關係而言，我們還可舉出別一種重要的意見。即，說我們假設有與數學定義符合的事物或物體存在，決不是全然正確的。數學家在展開其命題時，是不問物體，而以圖形之直觀爲助。但同時他必相信，他決不能在何處遇見某種事物，在經驗上，與這些命題相矛盾。外界的事物固可不與任何數學形式完全相當，在這場合，我們須豫想其現實形態是非常複雜也許還是非常易變，所以任何單純的數學的直觀，皆不能盡其完全的本質。但同時我們又須豫想，在每一無限小的時間，那都由數學的法則完全正確的規定了。我們對於這種數學的法則，尚祇通其初步原理，亦祇能用其初步原理。

最後，是論爭的中心點：即數學判斷的必然性的概念及其起源之問題。這裏穆勒特別着重歷史的證明：即，後來證明是眞的東西，往往被人認爲全然不可思議，而後來證明大謬的東西，又往往被人認爲必然。但這正是一切經驗論的弱點；即，一經說明，或種知識的必然性的意識，和認識能力的性質的見解有密切關聯，我們就在主要點上，否決了片面的經驗論了——就令從這認識能力的性質會引出大謬的假定。

一個單純的譬喻，可以把這個命題說明。假設我看見對照的顏色特別鮮明，這當初固由反覆的經驗而得。我可以猜測那不常常如此，但我不能知道這個。新的意料之外的觀察可以取消我的見解，迫我另尋那包括現象共同要素的上位概念。假設我發現了我的觀察的基礎，在於我的眼的性質，我就會立即斷言，那在一切場合必都是如此。爲要把問題解釋得更淸楚起見，我們且假定這裏仍有謬誤；例如，假設生出這結果的，不是對照而是與對照常常同來的某種複合作用。在這場合，仍像在第一場合一樣，我不得不要改變我的判斷，雖然在第一場合那是實然的，在第二場合那是必然的。事實上，在我發現我的生理學假定不正確以前，我已由經驗的事實，不得不放棄這所謂必然的判斷。——但這證明了什麼呢？無論如何亦沒有證明必然性的假定是從經驗生出。因爲我在未有任何特殊經驗以前，已經有了這個假定。例如，如果我知道這個望遠鏡的鏡頭有傷，則我在試驗之前，就知道這些傷處必在我所望的對象上顯出。然後，假設我取望遠鏡以望風景，却看見並沒有傷點！在這場合又如何呢？實質上是我自己的判斷錯誤了，但必然性的形式仍完全與這見地相符。我知道所豫期的現象何以有普遍性之理由，而我所以得在這場合，關於各事項採取必然的形式，理由亦就在此。也許我已經用近旁一個無傷的望遠鏡混同於這個有傷的，也許我認為傷痕的原祇是一個影，祇是我眼中一個傷，或是其他，總之，是我自己錯誤了，但在我一般能做判斷的限度內，我給我的判斷以必然的形式，終無背於理。

在我們的認識上，最大普遍性，明明屬於為我們的認識能力的性質所制約的知識；亦就在這意味上說不可思議的事物或必然的事物，才是不錯的。但在更進一步區分以前，我們必須指出，這不但有謬誤的餘地，且字語亦有被誤用的餘地。穆勒說得很對，人們莫不深受習慣之影響，所以為要加强一個習見的假定，或駁斥一個貌似奇異的新假定，人們往往把明明白白是經驗對象的事物，看作是由於認識能力。但是，即假定在宣告『距離作用』為不合理的牛頓定律中，認識能力是有關係的，我們仍可因為真正誤解了思惟能力的性質，或在論斷思惟能力的性質時忽略了一個附隨的條件，而為經驗所反駁。

穆勒以為他在這事件上是完全勝利的，因為他曾表示，判斷之證明力，存於經驗之中。但我們還不曾進到那樣遠。我們所要講的，是判斷之必然形式是怎樣發生的。那是正當的，如果我的判斷不是從單個的觀察出發，而是從普遍的且被承認為普遍的源泉引出。

這裏我們要儘可能明白敍述康德的見地。讓我們再回到歐幾利特的公理！按照穆勒的意見，一直線不能包一空間這個命題的證明，乃存於經驗之中；換言之，那是與想像的直覺相結合的經驗之歸納。根據康德的見地這種意見很少可以反對之處。想像的直覺應否算爲經驗一部分，至多不過導出一種名辭之爭。命題眞理的洞見，既得於官能的直覺，故在某意義上它是歸納的；這句話雖非出於康德之口，但與康德的見解〔二〕完全一致。唯一的差別是，穆勒終止的地方，即是康德開始的地方。穆勒以爲問題已經完全說明；在康德，則眞實問題剛才開始。這問題便是：經驗一般如何是可能的。在這裏我們要討論這問題的解決，祇要說明有這一個問題存在——有一個問題爲經驗論所不能說明。因此，我們就用這樣一個證明：卽，必然性之意識，命題的嚴密的普遍妥當性之意識是存在的，這意識當初雖與經驗一同或以經驗爲緣而發展，但非從經驗生出。

我們在這裏想起了這樣的問題，卽：我們怎樣知道我們對於二直線的想像圖，是和現實的線恰好相同呢？〔三〕康德的答覆是因爲我們自己造成這種一致；當然，造成這種一致的，不是我們個人的意志，而是在我們一切直覺中必與外在印象相結合的我們精神的本質。有其所本有的一切基本特性之空間的直覺，便是我們的精神在經驗作用中的產物；卽因此故，它在一切想像的直覺中必然是固有的，在一般可能的經驗中亦同樣必然是固有的。——但這都是我們豫想，且不問這問題是怎樣解答罷；現在，我們祇要說明我們對於這問題必須有一種解答，就够了。這必然判斷是否十分正當及從何而來的問題，現今都還討論不到。以後我們會曉得，這不是心理的，乃是『先驗的』（Transscendentale）問題，我們以後亦要說明康德這個用語。現在我們所要討論的，是有嚴密必然性的判斷之存在，及必然性的意識之起源——那不是起源於純粹被動的經驗部分。

現在我們且來看看非對數學判斷先天性而發乃對其綜合性而發的攻擊。在這裏，重要的攻擊，不是攻擊關於量的概念的見解，而是攻擊數的概念，當然哪，如果要原理一貫，幾何學的公理是應當脫除綜合性的。——這種見解最近的著名代表者讓梅曼（R. Zimmermann）〔三〕，曾著一論文，題名『論康德數學偏見及其結果。』這裏，我覺得不如說是萊布尼疵的數學偏見，因爲他認爲，有了單純的命題，這全部科學便能用分析的方法，細密的取得一切不會豫見的結果！特別的，歐幾利特演繹之必然結果，是以三段論法，使幾何學上的綜合要素看不明白。在這裏竟有人假定，我們有一種科學，僅憑藉矛盾原理，即可從最單純的原始展開其所有的認識。就因有這謬誤，所以發生了一種偏見，以爲由形式論理學的魔術，即可以從無生有。因爲人們所要的見地，是承認先天性，並從分析的方法取得一切嚴密的說，是把一切公理捨棄，不然，就是把它們分解爲同一的判斷。〔四〕

這樣的嘗試，結局，使我們回來討論關於空間性質的幾種普遍概念。這些概念，若無相應之直覺，固等於空言。但說公理即由直覺所認識的空間之普遍性質流出，不但不與康德的學說相反，且可以確證它說明它。再者，設想少數當作公理或當作空間普遍性質的記述的先決命題，已包盡幾何學之綜合成分，亦是大誤。爲證明目的而設的補助構圖，亦均有綜合性質。至於，像烏柏衞那樣承認這一切要素的綜合性質，但否認它們在證明上有何意義，〔三〕亦屬全誤。烏柏衞以爲，對數學命題發現者而言，數學的『手腕』與作圖的『眼識』是特別重要；但對於發展之科學的嚴密性，這幾何學的『眼識』却不比在其他演繹上選擇適當前提的手腕，更爲重要。但烏柏衞這種意見，完全忽略了決定點。我們如要洞見其可能，實非看見這作圖或把它表象在想像中不可。直觀之不可缺少性，事實上且可推廣至於定義（在這裏，定義並不常常是純粹的分析命題。）例如，我們定『平面』之義爲一面，在此面上任取二點，聯以直線，將全在此面之內。當我們這樣定義時，設無直觀爲助，我們即不知道我們能否以直線聯結面上的點。我們可以在三段論法的形式上，不用任何直觀爲助，把面的定義和直線的定義相結合，但目的依然未達。因要依矛盾論法來達到目的，我們且進一步考察許多論證中的一個論證——即依圖形的重疊，證明其某種性質。在這場合，我們不要像烏柏衞所想，僅僅選擇前提，俾純粹使用三段論法，以實行我們的證明。我們祇有依賴直觀——即以一圖形覆於他圖形之上——使前提之一，成爲一般可能的。所以，無論我們是否像龔梅曼那樣宣稱直線爲兩點中最短距離的命題是分析的，皆無影響於主要問題。康德爲要說明與此相反的意見，亦曾偶然選擇這個例。康德在他的直線定義中，找不出任何事物可以引出最短距離的概念。〔二六〕即令我們能把這概念注入定義中，使這命題成為分析的，但關於直線的性質，將會立即現出其他諸種規定，這種種規定是極『明白』的但亦僅以直觀為基礎。勒根特爾（Legendre）雖要儘可能把定義還元，但仍採用這個定義；不過，他立即文說，如果二直線的二部分相合，則其全體亦必相合。但證據在何處呢？直觀呀！

實際，完全從幾何學拋棄綜合要素的企圖，即在外表上或試驗上，亦還未有人做得成功。烏柏衛曾非常注意這問題，覺得自己非採取穆勒的見地不可，按照這種見地，幾何學的綜合要素是被承認的，但由經驗來說明。烏柏衛所很贊成的般奈克（Beneke），亦由無數場合之匆速的比較來說明綜合的幾何學命題之普遍性，因為各種圖形相互間有連續的關聯（例如，三角形之一角，得有各程度的變異，自零度直至一八〇度），所以這種概觀，祇須佔一不可計量之剎那。無疑的，從心理學方面言，這亦存有若干真理。但我們以前關於第一種非難所說的話，已可表明假設這樣就算駁斥了康德的學說，實在不過是一個誤解。

我們講過，更強得多的攻擊，是對於算術命題的綜合性的攻擊。龔梅曼以為，被康德稱為『綜合的』的 7＋5＝12 的判斷，不僅是分析的，且是同一的。他承認，要以七加五，我們必須超越七的概念和五的概念，但我們未容受這判斷，不過容受了 7＋5 這個主題概念，十二這個賓辭，便和這個主題概念完全是同一的。

惜哉，龔梅曼誤矣！若果如此，我國小學校之教師，可不必教授加法了；只要把命數的方法教會，便一切都教會了。當兒童由手指或九九表取得五或七之直觀並知十一以後的數目便是十二的時候，他就立即會知道七加五爲十二了，因爲這兩個概念是相同的！但對此有一可稱讚的反駁，即要取得十二的概念，單知十一加一等於十二，是不夠的。這個概念，在其完全的發展中，包括它由十一加一、十加二、九加三等等成立的方法的智識。這種要求，對於由抽象原理展開其數學學說的數學家，是有意義的；我們知道，這種要求亦得適用於十二（由其因素）的成立及其他的運算方法。又，我們可以設想一個教授算術的方法，從一起，用四種成立方法，把各單個的數運用。我們在進習更大的數目以前，先就一至一百的各數試用這種種運算方法，即是根據這個原理。在這場合，命數法、加法、減法、乘法、除法，便可同時學知，並從此自始即將獲得更充分的數的概念。這是可能的，但是，與這可能性相反的康德的命題，卻由一個單純的事實證明了。我們並非如此進行。〔一七〕換言之，事實上，我們最初寧形成數的概念，然後把兩個較小的數化爲它的單位，再將這兩個更小的數目算在一處，視爲新事物，以學習這個更大的數如何成立。

尚有人提出異論，以爲加法的學習不過是練習語言與符號的使用，俾以最單純的方法，表示一定的數；以爲十二這個數的純粹概念，已由其成立的各個方法（不問其由一加一加一……，或由六加五，或由九加三）完全給與了。但這種說法，仍不能支持。因為我們在受取各種數的概念時，原來是把它當作一羣對象（不問其僅為吾人的手指，抑僅為計算器的球）已在感官上決定的心象。在這裏，我們可引原始人民及太古文化時代的計算方法及數的表示，來充分證明數的概念的綜合性質。對於那些表示數的手指的羣或配列，我們隨處都可在根柢上發現其感官心象。〔一八〕又，我們如果和穆勒一同從如下的原理——即，一切數都是『某物之數，』這有數的對象，亦將依其數量，對感官發生一定的印象——出發，我們即不能懷疑在現實中或在思想中結合兩羣相似對象的運算是含有綜合的性質。所以，按照他自己的學說，穆勒又說明，在特殊形式上結合的三個對象，即令稍移其一至於側旁，總和仍必不變，因為在這時候，這總和是分成了兩羣了，即二加一。〔一九〕對於這種『經驗，』康德並不怎樣反對，因為在證明『7＋5＝12』這個命題的時候，他曾用五個指頭或點的直觀來做幫助數的命題的『顯著的特有性，』穆勒亦承認，但康德有深進一步的洞察，故謂：『數的命題，即是關於任一切事物，一切對象，一切為經驗所知的存在物的命題；』又以為，一種對象的證明，使我們相信一切可能的對象都必然是如此。但這所說的，僅有關於前一種非難。在這裏，我們所論的僅是數的概念的綜合性質，就此而論，穆勒在大體上似與康德的見解完全相同。〔二〇〕

偏頗的經驗論者所未注意的是，經驗不是外物本身入於吾人的門戶，祇是事物現象所由而在吾人內成立的過程。說「事物」的一切性質都依這過程從外界來，與受納的人毫無關係，實與一切自然的比論相矛盾，因爲在自然界，任一新事物，都依二其他事物合作而成。純粹理性批判雖不免過分描寫二力相合生第三力的事情，但無疑的，這種比喻，對於經驗的問題，可提供最初的指針。我們的事物和物自體是不同的音與發音絃的振動間之單純的反對，已可說明這種不同。固然，研究一下，就知道在這種振動中尙有其他現象，並終於在這關係上，把物自體移入不能達到的單純的思想界；但我們祇要認淸音與其外因的反對，我們就可表明這種批判的是處，表明其最初準備階段的意義。在生理方面考察，在心理方面考察，絃之振動所以成爲音，都有賴於我們之內的某種東西，而這種東西，在經驗的過程上，便是先天的。如果我們除了聽官卽無其他感官，一切的經驗就都由音構成了；但是，就令其餘一切認識都從經驗而起，這種經驗的性質，仍將完全取決於我們的聽覺的性質，我們不僅可以蓋然的說，而且可以斷然的說，一切現象均必爲音。所以，我們必不可忽視，經驗之成立與經驗之推論全異。但我們有一般經驗的事實，乃受限制於我們的思惟組織，〔三二〕而這組織又存在於經驗之前。那使我們區別事物的個別屬性，使我們連續地思考什麼在自然界是不可分地融和着，是同時的，並把這種思考安置在有主辭賓辭的判斷上。那不單在經驗之先，且爲經驗之條件。純粹理性批判之第一目的，卽是在思惟上感性上尋求經驗的最初條件。康德第一要說明，在數學的場合，我們的思惟，實際含有若干先天的認識，就連常識，亦決不能缺少這種先天的認識。從此出發，他要說明不僅在數學上，即在任一種認識上，亦有先天的要素與之合作，這種先天的要素，乃徹頭徹尾，規定着我們的經驗。

但是，這種要素是如何發現的呢？這是康德體系上一個暗黑點，即對於這位大思想家的見解有最精細的研究，亦難將此點除去。但同時我們又可以斷然排斥一種極流行的誤解——與這問題有關的誤解。曾有許多人認這種雙關論法是正當的：即，思惟之先天的要素是從先天的妥當原理引出，不然，就是依經驗的方法求得。這種原理，在康德是沒有的，經驗的方法不能提供任何嚴密的必然的結果。於是，康德的先驗哲學(Transscendental Philosophie)全部，即在最順利的場合看，亦不過是經驗心理學的一章。曾有人主張，有必然妥當性的命題，必是必然地從先天確立了的原理引出。〔三二〕似乎問題就在於如何證明此等命題！但康德所要問的，却祇是如何發現此等命題，而對於這點，他亦祇有如下的問題作爲引線：即要說明經驗的事實，我必須豫想什麼？這問題的心理方面，不僅不是他所關心的主要點，他還顯明要避去這點。因爲他是這樣一般地提出問題，俾其答覆得與各種不同的心理學理論相結合。〔三三〕他的後繼者自菲希德(Fichte)以下，都要從一個形上學的原理引伸，但這種引伸，不是康德的目的，因爲這已經豫想形上學的方法（對於這種方法的是處與限度，康德曾提議加以研究）。這裏，留給他的，祇是普通的反省法，那固然是方法論的，但從事實出發。康德有意要行這個道路，似已有充分證明，但很明白，他對於這種手續的後果，不免有自欺之處。不然，他不會這樣看重它的絕對確實性，而屢屢輕視地排斥一切單純的或然性。〔三四〕這是康德身受的形上學學派的一種影響。他相信他可為自己（尤其在傳統論理學上）發現的準備作業，亦被他估價過高，從而使他益加固執於此。他沒有看見在現實界發現先天的唯一方法，即是歸納法。

先天認識之基本概念，必先天的以純粹的演繹由必然的概念發現：這句話，一看似乎是很明白的。但這假定，亦是謬誤的。必然的命題與必然的命題的證明，必須分別。有先天妥當性的命題，祇由經驗之途發現，這是再明白沒有的。實際必然的認識與單純的假定——經驗愈增加，我們就愈離這種單純的假定——間的限界，是一個漸漸消滅的限界，這亦是再明白沒有的。就星斗爛爛的天空中的星雲而說，雖然望遠鏡已逐一將其解為個個星辰的集團，但我們說它們眞是由雲一樣的物質構成，亦有很大的蓋然性。同樣在康德的基本概念與最高原理中，我們把先天認識的外觀破壞，但仍堅決主張有實際根本的概念與原理在一切經驗之先，出現於我們心中，甚至從心理方面說經驗須受其約束，當亦必無可反對。穆勒曾指出，有許多被認為先天命題的命題，後來被證明了是謬誤的。這是穆勒的功績。他要從經驗引出數學的命題雖然是錯誤，但無論這錯誤如何，他的功績總是不可磨滅的。不過，命題的普遍性與必然性的意識，雖可以是錯誤的；但單是這點，不足證明這一類命題常常是由經驗引出。穆勒自己亦曾討論（惜不全在正當的意義上）先天的謬誤；事實上，亦確乎有許多先天的謬誤。先天的謬誤知識如此，一般先天的知識何嘗不如此。那大概不是在非意識狀態下獲得的經驗結果，而是一個命題，其必然性，已經在各個特殊經驗之先，由人間的物心（Physisch-Psychische）組織〔三〕給與，無須藉歸納的媒介，已經在最初的經驗上出現。當然，這種命題將依同樣的必然性，由較深存的先天概念而被拋棄——設有某系列的經驗，給這些更深存的概念以優勢。

形上學者必須能分別兩種先天的概念。其一是不變的，且為人性中所本有；其他是可變的，僅與發展的特殊階段相應。當然哪，這兩種先天的認識，都同樣與必然性的意識相結合。但因此，他不復能使用先天的命題，亦不復能使用所謂純粹的思惟，因其基礎有無不變價值，殊成疑問。所以，在探求並檢討非從經驗生起的普遍命題時，我們祇能用科學的尋常方法。我們現今必須假定為真但仍沒有證明之概念與思惟形式，無論是否出於人間不變的性質，換言之，無論它們是一切人間認識的真的基本概念，抑是某一日將被人指斥的『先天的謬誤』，我們總祇能樹立或然的命題。

且回溯到康德的決定的問題，即先天的綜合判斷怎樣是可能的。答覆是：因為在一切知識中，都包含一個要素，這個要素，非從外界影響生出，而從認識主觀者的本質中生出，故不像外界印象那樣是偶然的，而是必然的，且在我們一切經驗中都是不變的。——我們的問題，就在發現這個要素；康德以為要發現精神重要機能中的先天要素，逐一考察精神在認識上的重要機能，則雖不問其中的心理關聯，亦有達到目的的希望。因此，他假定人間認識有兩個主要源泉——感性 (Sinnlichkeit) 與悟性(Verstand)。有卓識的他，以爲二者也許有共同的尙不爲人所知的根源。在今日，這種假定已被認爲確證了的；但確證它的，不是赫爾巴特的心理學，亦不是黑格爾的精神現象學，而是感官生理學的實驗——這種實驗，證明了卽在直接的感官印象中，亦有一些過程與之合作，而這些過程，一經除去或補足論理的中項，便與意識思惟之推論（眞的或僞的，）顯相符應。

康德對於感性及悟性或是同源的思想，惜未曾爲他的純粹理性批判——雖然問題必然是先驗問題之眞的解決，是否要由感性與思惟的統一而得——適當的加以估價。他雖然主張這兩個要素在認識上是合作的，但就連在考察這種合作的方法時，他亦還保留着許多柏拉圖純粹思惟說的殘渣——柏拉圖以爲，純粹思惟與一切感覺的要素相分離。這種學說，流行在全部傳統的形上學中，最後竟透徹於萊布尼玆的全體系，支配着沃爾夫學派的見解。照萊布尼玆的意見，唯概念的思惟能明白地本質地理解事物，感官的認識決不能與概念的思惟有同樣的妥當性，而祇是認識上較低等的源泉。感官的認識是混亂的認識，不過與純粹思惟在最完全性中所供的認識模糊地朦朧地相類似。——康德對這種根本錯誤的見解所發的改革意見，是他的最良的功績：他所保留的古思考方法，是他體系中最劣的弱點。

認感性與悟性同爲健全的認識源泉，是他的功績；依然認有一種悟性與感官的一切影響相離，是他的弱點。他以爲一切思惟結局都與直觀有關，沒有直觀，我們卽不能取得任何知識對象，這是他的長處；他又以爲沒有思惟的合作，單有直觀決不能提供任何知識，但沒有直觀，單有思惟，亦能留下思惟的形式，〔三三〕這却是他的不充分處。

使感性孤立而在其中發現先天要素的方法，無論如何，亦會引起正當的懷疑。這依存於一種假定，而這種假定之方法論的結果如何，却是誰也不能保證。在任何認識作用中，我們亦不能看見孤立的感性之機能。但康德却假定這是可能的。這種假定的結果，便是如下的原理：直觀中的先天要素，必然是現象的形式，而其素材則爲感覺所與。現象之必然的普遍的形式，就外官言是空間（Raum），就內官言是時間（Zeit）。

其證明不無若干缺點；祇認空間與時間有先天性，尤不能使人信服。且我們亦可問：運動是否可以列入呢。我們還可指出若干範疇，事實上決非純粹悟性概念，而祇是直觀，例如在變化中永不變化的實體。甚至像顏色這樣的感官印象，其性質亦不應完全斥爲個別的，斥爲不能引出任何先天命題的主觀事物，換言之不能有任何客觀性。最要者，康德說明規制形式（Ordnende Form）有先天性的命題，亦有可疑。這命題便是：感覺不能在其他感覺上規制它自身。但在未來的科學的心理學之貧弱的發端中，我們似已知道一個命題：即在普通限界內感覺是隨其相應的刺激之對數(Logarithmus)而增加的，此卽費希奈(Fechner)在『精神物理學』中稱爲『威伯爾定律』(Webersche Gesetz)的公式：x=log. y。這公式的基礎，也許在意識中，而不在外界刺激與意識作用[三七]間的精神物理過程中。所以，我們分別自行驅入意識中的感覺量子(Empfindungsquantum)——(y)——和依意識而被受納的感覺量子——(x)——或亦不爲無理。在這樣假定之下，我們由精確研究所得的數學公式，結局就不過表示：每一瞬間自行驅入的感覺量子，實是一個單位，意識每次測量受納的增加程度時，便使用這個單位。

感覺既可依感覺以測知其強度，亦可按照已存的感覺而安排於並存的觀念中。有許多事實可以說明感覺非按空間觀念這個既成的形式來配列；反之，空間觀念乃受制約於我們的感覺。由許多可感部分合成的線，對於直接的意識，往往較數學上同樣長的線——那不能提供任何特別的支點來刺激感覺——更長。就爲這個理由，我們普通的空間觀念，乃至非數學的，可以無限地引起細巧的錯覺。因爲我們的感覺，不能在精神中發現任何既成的縱橫線的系統，可按以安排其自身；反之，這種系統，反依某種未知的極不完全的方法，從感覺之自然競爭自然地發展着。

空間與時間是人類精神給於經驗對象的形式這種思想，就以上所云種種，實不能直截地排斥。這種思想，和所謂物理界一切現象及其安排所在的空間都祇是純粹精神性質的觀念這種假說，是一樣大膽而又壯大。但這種實質的觀念論常常引出毫無基礎的思辨，康德的形式的觀念論却祇瞥見形上學的深淵，不曾失去與經驗科學的關聯。因爲，照康德的意思，我們的存於經驗以前的認識形式，必須經由經驗，才能給我們以認識；若超出我們經驗的範圍，則此等形式之意義盡失。『生得觀念說』的駁斥，恐再無過於此了；因爲，按照古形上學，生得觀念乃從超感覺界來的證據，且可完全應用於超感覺的事物上，但按照康德的見解，則認識之先天要素，乃完全爲經驗之使用而服役。我們的經驗，爲此種先天要素所規定；我們所以認識經驗對象之必然關係，亦有賴於此種先天要素，但就因爲此種先天要素是一切人間認識的形式，所以把此種形式應用於超感覺事物的企圖，必歸無效。這裏，固然很容易發生如此的問題：即，如果我們在這些事物（那早已不是事物，祇是『現象』）中，祇能發現我們自身所想像的法則，這一切經驗的科學又將如何呢？——對於這問題，我們現在可以提出這個問題來作答覆：即誰要我們祇過問那爲我們所不能理解的『物自體』呢？自然科學，不是在一切場合，都與自然最後基礎（對此，我們將由哲學的批判加以研究）的思想相獨立，且不問這種思想如何，以完成它所完成的任務嗎？

從這方面考察，我們沒有機會，不加檢討，便把空間及時間的先天說拋開。但是，甚至空間觀念的心理起源的疑問，亦不能使我們把它排斥。

空間觀念由經驗成立的假定，亦不能解決此問題。就發展過程來考察空間觀念呢，抑提出這樣的問題——我們怎樣一般都從空間來理解，換言之，我們的感覺怎樣在共同動作上產生可依三次元來計算的共存表象，而在這場合，又可加入時間連續的表象，而當作存在的第四次元——那是大有分別的事情。卽令時間與空間，不是既成的，只要我們與事象相交通，便可充以素材的形式，它們依然可以是這樣的形式，必然會由我們的感覺機關，在其他事物所無的有機條件下生成。實際說，在這嚴密限制的意味上，我們不能懷疑空間與時間的先天性；我們的問題，無寧轉向康德所謂空間與時間的『先驗的觀念性』(Transscendentale Idealität)，轉問是否超越經驗，空間與時間卽無任何的意義。這無疑的是康德的假設。照他的見解，把空間與時間當作我們感官的直觀之必然形式，它們在人類經驗的範圍內便有現實性；在經驗範圍之外，它們就像翱翔於經驗範圍之外的理念，祇是幻想。

我們依時間空間以直觀事象所必須依賴的心物組織，分明是先經驗而存在的；在外物之最初感覺必須與空間觀念相聯結（就令是模糊的聯結）的限度內，空間便是感官的直觀之先天所與的方法，但康德不能從他的原理證明『物自體』是無空間無時間的存在，因爲這種認識，將成爲『物自體』

性質之先驗的（雖然是消極的）認識，而按照康德自己的理論，這種認識實全然是不可能的。而且這亦不是康德的意圖：他祇要說明時間空間對於一切經驗都有絕對的妥當性，因爲它們是經驗的形式而存於主觀中，所以它們的妥當性不能推廣到它們的機能範圍以外。反之，如果我們願踏入這有疑問的範圍，我們亦儘可假定，它們的範圍是超越我們的表象範圍。〔六八〕事實上，康德雖有時假定『一切有限的思惟者，必然（即按照我們所不知的普遍原理）會在這方面（即時間空間的直觀方法）與人相一致。』〔六九〕換言之，對象的一切認識，都必然會和我們的認識相似（須除外者，純粹謎一樣的神的認識方法而已），但在他方面，我們又可以容認，可以想像有某種人因有特殊組織之故，不以三次元計量空間，而以二次元計量之，甚或不以任何明晰的次元理解之。據此以言，則以更完全的空間觀念（比我們的空間概念更完全）爲根基的概念，我們又烏可否認其有可能。

即令宇宙間一切事象都在交互作用中，都按照法則而發生不變的關聯，但席勒的詩句：『而在今日，明朝已在變化。』在最嚴格的意義上，仍是一個形上學的眞理。我們還可認爲，於我們爲時間連續者，以理智解之，或爲同時。當然，對於這一切我們不能知道什麼；且健全的哲學亦祇在駁斥空間概念有絕對客觀性之獨斷假定，並樹立相反的可能性時，才會問到這樣的問題。康德說空間及時間的直觀原理是先天的存在於我們之中，這是不錯的；但若他能在最初的例上，說明我們所有的先天性，因爲是從我們精神的素質中生出，所以超越經驗便不復有妥當性，則康德對於一切時代又有一個貢獻了。

就其對唯物論的關係說，唯物論則認時間空間，和全感覺界一樣是客觀的，離開這見地——例如在侔雷叔特的場合——即是離開唯物論的體系。唯物論就在時間空間上面，覺得全然不怕康德的批評：因爲在這裏我們不僅有這種意識，覺得我們不能想像時間空間的終了，不能想像有與時間空間完全脫離的直觀，而且，就令按照最高度的思想抽象，把那不可能的直觀性完全捨去，以下的結果依然可以是眞的，即生理組織不同的存在者間，對於時間與空間雖可有不同程度的理解，但時間與空間的形式，就其內部本質言，仍必屬於各可能的概念，因爲這些形式，乃以事象的本質爲根基。康德雖顧有更大的成就，但至少在實際上他已成就這更小的功業。他確立了時間空間在思惟的有限存在者之經驗以外有無任何意義的問題；他既不會超越這個限界，而以形上學的思辨，進向『絕對的實在』之彼岸，又比任何實體的觀念論，都更有效地，把感官信仰（那是唯物論的基礎）的原始素樸性搖動了。實體的觀念論，認其觀念爲眞的現實，但這位眞誠思想家的論理的良心，却很淸醒。他否認我們對我們自己所表象的感覺世界有客觀性。對於他所適當援引的理由，我們如以思辨之詩的幻想予以排斥，實過於輕率。

關於感性，康德既認時間空間爲先天的直觀形式；在悟性的範圍內，他又以爲他已經證明範疇是先天所與的基本概念。這種證明，雖不充分，但已費他不少精神。休謨所懷疑的因果概念是範疇之一，在一定程度內康德卽依之以到達他的全部哲學；而康德當作沃爾夫學派哲學家，數學及自然科學精通者名聞於世以後，又被公認爲哲學改革者，也許就因他發現了完全的範疇表。但關於這重大變化的內部歷史，我們還是聽康德自己的話罷！因果概念在唯物論的評價上旣如此重要，則以這概念歷史中最重要的一章，引在唯物論史中，大概是值得的罷。康德在他的形上學入門〔三〇〕序言中，曾說：自有形上學以來，沒有什麼還比休謨的攻擊（如果他曾尋得更有感受力的公衆），更能決定它的命運。以下，便是這長而又值得注意的一段話，完完全全抄錄在下面：

『休謨主要是從形上學的唯一而且重要的概念出發，卽因果結合的概念（及從此引出的勢力與行動的概念）。他要理性——它自稱因果概念是由它生出的——起來答覆他，它究竟用什麼權利，來思考如下的事情，卽，一種事物如果假定是這樣，則必可隨着假定某其他事物。這正是原因概念的意思。他竭力證明理性完全不能先天的從概念思考因果的結合——這含有必然性的結合。我們決不能知道，爲什麼一物存在的結果，必有他物存在，亦決不能知道因果結合的概念，怎樣能够先天的生起。於是，他斷言：理性完全爲這種概念所蒙蔽了，以致荒謬地認這種概念是它自己所生，而究其實，這概念不過是想像力的私生子，依經驗而受胎，且須依照觀念聯合法則，這樣生起的主觀必然性或習慣，就這樣由知識而被誤認為客觀的必然性。因此，他斷言，理性甚至不能廣泛地思考這種結合。理性的概念祗是想像，一切它所謂的先天的認識，不外是被人誤認的普通經驗。簡言之，沒有亦不能有形上學這樣的東西。

『這結論，無論是怎樣輕率，怎樣錯誤，但至少是以研究為根基，而這種研究又確乎值得向當時頭腦清新的人提示，使其協力對於他所提出的問題，求一解決——如果有解決的可能。這樣，結果必然是科學的完全改革。

『但形上學的沒有好意的命運，決不讓休謨為人所瞭解。我們討論到休謨的敵人黎德(Reid)、奧斯渥德(Oswald)、比特伊(Beattie)、蒲里斯提勒(Priestley)怎樣會全然誤解休謨的問點，亦不能不感幾分心痛。因為，他們既常假定自己對於他所提出的疑問表示容認，並以熱心甚至以傲慢，證明他所認為毫無疑問的事情，但又忽視他的改良的暗示，以致一切事象都停止在原來的狀態下。問題不是原因概念是否正當，是否有用，是否為自然的認識所不可少，因為對於這點，休謨從來沒有疑問。休謨希望解決的問題是，這概念能先天的為理性所思考麼，這概念含有內的經驗麼，與經驗無關麼，可應用於經驗的對象以外麼？這問題顯明有關於這概念的起源，無關於這概念的使用是否不可缺少。假如前一問題解決了，這概念之使用條件及妥當應用，便不解而自決了。

『但這大思想家的反對派，如要充分解決這問題，則在理性的本質有關於純粹思惟的限度內，必須深進地研究理性的本質。這工作，是不適於他們的。他們無識見，卻發現一種便當的方法，卽訴於常識(Menschenverstand)。正當的（或如他們所說，明白的）常識，誠然是天的大恩賜。但這種常識，必須依充分考慮的合理的思考與文字來證明，不可在無合理事實足資辯白時徒訴於它，把它看作神示。在識見及學問不足時卽訴於常識，乃是現代的微妙的發現之一，因有此手段，於是最無活氣的饒舌家，亦得與最徹底的思想家並立而自持。稍有識見的人，決不會想用這無聊的手段。因為這不過是求訴於多數人的判斷。多數人的稱讚，固為通俗的饒舌家引為得意而自驕，但哲學家對之，必覺面紅。我覺得，休謨是和比特伊同樣要求於常識，但此外，他又要求於批判的理性（那是比特伊所無，但足保持常識於一定範圍內，使不流於思辨，卽有思辨，亦使它在它不能證明它本身的原則時，不敢輕於決斷）必須有這種手段，常識才是健全的。所刻的如果是一塊木頭，鑿與鎚就很够了，但若要刻銅版，則非有彫鑴針不可。常識與思辨的悟性，各有其用途。對於直接應用於經驗上的判斷，常識是有用的；但若所判斷的是單純的概念（例如在形上學，在那裏，常識不能有任何判斷），則思辨的悟性是有用的。

『我坦白承認，許多年前，打斷我的獨斷的夢，使我在思辨哲學範圍內的研究，操取一全新方向的，便是大衛德・休謨的暗示。我非追隨他的全部結論，因為他的結論，有些非考慮全部問題的結果，祇是考慮問題一部分的結果，不能給我們任何說明。不過他留給我們的思想雖未完成，但基礎是確實的；若從此出發，繼續反省，我們可以希望比這位初放火花的聰明人更進步得多。

『所以我最先卽要試試，休謨的駁論是否可成爲一般的，並且不久就發現了，因果結合的概念，並不是悟性先天思考事物關係的唯一概念。不如說，形上學全由這種關係構成。我想確定它們的數目，迄我由唯一原理出發，成就希望中的這一點以後，我遂進而證明這些概念。我從此知道了，那並非如休謨所云是由經驗引出，乃從純粹悟性生起。這種證明，在我的聰明的前輩看來，是不可能的，而其他一切，不懷疑概念的客觀妥當性却拿到概念就用的人，又根本不知道這種證明。其實，這種證明，乃是形上學上最難的工作。現存的形上學不能絲毫幫助我，因爲這種證明，必須先證明形上學的可能條件。我必須把休謨的問題解決——不僅在特殊場合，且就純粹理性的全體能力言——然後才能安然地遲遲地，在純粹理性的限界與內容以內，完完全全地，根據普遍原理來規定它的全部範圍。形上學如要按照安全的計畫來建設它的體系，非有此不可。』

照康德以上所說的話，我們一看就知道休謨會怎樣影響德意志的哲學，範疇表是怎樣成立，全部理性批判是怎樣發展，這位哲學改革者的正當的根本思想是什麼，他謬誤的理由又是什麼，他謬誤的理由是，他混合了思惟法則之方法的科學的考察，與從普遍概念演繹的思辨。

彫鐫針的譬喻，勝於其應用。保證其哲學批判成功的，不是完全不同的思想出發點或相反的方法，祇是普遍思惟法則的考察上較爲精確較爲嚴密。形上學在批判概念時，必須較言語學在批判習用教科書時，較歷史在批判小說資料時，較數學物理學在批判自然科學假設時更謹愼、更嚴密。但本質上，那仍須像一切批判一樣應用論理學上的一切工具——歸納的及演繹的——凡屬於經驗的，歸於經驗，屬於概念的，歸於概念。

常識學派的謬誤，不在於他單方面的從經驗出發。如果我們根據德語 Gesunder Menschenverstand（健全的人間悟性）不根據『棉襪製造家』的比論及同樣壯麗的語法，庶較近於眞理。因爲，這個名辭（即令就語源上說不是如此）所指的是健全人的普通悟性，這種人除了有初步的論理學，尙能應用其健全的感官而在判斷上，除了用悟性還能在不規則的方法上，應用感情、直觀、經驗及關係的認識而在普通利害關係的限界內，對於日常生活的問題又不致有度外的判斷。所以，日常生活的論理學雖以普通一般的見解爲基礎，但依然是有效果的。流行的偏見對於它的結果將有何影響，公衆是不會知道的，因爲公衆是全數捲在謬誤之中。因此，在此等事業——例如輕視一切改革的努力辯護警察的監視，殘忍的刑法，平民的壓伏，專制政府的必要，或辯說哥登較歐洲其他一切都市爲優——上，健全的常識亦常屢成功在偏見失其影響，按照主題的性質，判斷即須與直觀與經驗合作的地方，我們才學得了，從一個較良的方面來認識它。不過，就連柏恩特萊（Bentley）批評荷勒士，尼巴爾（Niebuhr）改革羅馬史，文克爾曼（Winckelmann）擴播對於古代的更深的理解，漢波特（Humboldt）進行世界一般的研究綱，結果所以能夠如此，亦有頗大部分，得力於曾以根本的科學理解結合於一般書齋學者所不能有的關於世界與人類的智識，或一般書齋學者所不能有的熱烈的感性。就連在哲學的批判上，這要素亦不過比較更不重要，並非意義全失。在完成意識的作業時，它實助我們成就了最好的事業，但同時它又扶育各種虛榮心，以反對科學的思惟。與有高尚精神的休謨及常識學派的代表比較，康德是更痛切地感到了這個道理；但他曾把更大的思惟力與思惟準確性混同於思辨的方法。休謨所以能從獨斷的夢中喚醒康德，祇靠論理學的力量；如果康德不過以範疇表的發現來反對休謨的攻擊，這種反對是不正當的；但在思辨的鬱蒼蒼的樹葉背後，尙潛有更深的思想，所以他卒成爲哲學的改革者。這便是如下的見解：即，人類的經驗，乃是某一些基本概念的產物，而它們的全部意義，即在於它們規定經驗。關於因果概念的論爭，是一般知道的。把這些概念之超自然的起源否定，是休謨的是處；把這些概念自經驗演出，是休謨的不是處。何則？因爲，我們如果不是最初就是這樣組織，使主賓相聯，因果相合，則我們必無『經驗』之可能。

嚴格的說，在經驗之前的，並不是概念本身，祇是外界印象所賴以與此等概念相結合，並按此等概念而佈置之組織。即令身體不專是先天所與的理解純粹精神關係的方法，我們仍可說身體是先天的。（參照註二十五）。也許有一天，因果概念可在反射運動及同情昂奮的機構中尋得。這樣，我們就應當將康德的純粹理性，翻譯爲生理學，而使其易於瞭解。但問題在本質上依然是一樣的。因爲現象界有現實性這種素樸的信仰一旦被排除，由生理的便很容易進到精神的。當然，純粹精神的要素將永不可知，因爲我們祇能依感官的心象來把它瞭解。

關於因果概念之判斷既如此深深重要，所以我們在這裏且將各種不同的學說（包括我們自己的學說），用四個簡單的命題，綜述在下面。

一、古形上學：因果概念非從經驗生出，乃從純粹理性生出，且就因有這種高尚的起因，所以即在人經驗限界以外，亦有妥當性，並可以應用。

二、休謨：因果概念不能由純粹理性生出，乃從經驗生出。其應用之限界尙未確定，但無論如何，不能應用於超越經驗的事物。

三、康德：因果概念是純粹理性的根本概念，爲我們全部經驗的基礎。因此故，它在經驗範圍內，有無限制的妥當性，但在經驗範圍外，沒有任何意義。

四、著者：因果概念根於我們的組織，就其素質言，實在經驗之先。因此故，它在經驗範圍內，有無限制的妥當性，但在經驗範圍外，絕對沒有意義。

由直接經驗的推論或比論而思考得的一切，均屬於經驗的範圍：例如，原子論。〔三一〕但伊壁鳩魯毫無理由假定他的原子得與直線背離，這種見解，遂爲本來非常溫和的康德斥爲『可恥。』〔三二〕他決不會夢想半世紀以後偉大的休謨會有一個精神趨向相同的同鄉人，竟寫下這樣一句話：

『我相信，慣於抽象與分析的人，如曾爲這目的使用其能力，則在他的想像力已知怎樣受納表象利用表象時，當不難想像（例如）在天文學所劃分的宇宙許多層天空中有某一層，其事蹟的嬗遞是雜亂毫無定則。在我們的經驗或精神中，卽令有任何理由，亦決沒有充分理由可以使我們相信這種情形在任何處均不致發生。』〔三三〕

穆勒以爲，因果法則的信仰，祇爲非任意的歸納之結果。由此必然推出的論調是：在我們的地球上，像在相距最遠的天空中一樣，有某種事情，沒有任何原因亦能發生；但對於因果法則僅這一次不忠實的伊壁鳩魯，卽將用他所愛用的公式駁斥穆勒道：『然則，任一物可從任一物生出了。』穆勒亦將應道：『眞是這樣，但那並非一切場合都有可能；等它發生了，我們再談它罷。』設有某場合竟與從前一切科學相矛盾，穆勒就會像我們——認因果概念爲『先天的』的我們——一樣，在這場合停止判斷，以待科學的更精密的研究。他儘可主張，他如此看重歸納法，所以把這場合配置在一般因果法則下的希望，他不能放棄。反對方面的證明，是一個無限的懇願；設不承認主張因果法則有先天性者先天的且在經驗之前便是正當的，此問題恐不免陷於空空洞洞的文字之爭。如果穆勒曾分別一般因果法則與今日自然科學對於因果法則的見解，他或不致錯誤得這樣厲害。按照後一種見解，一切原因與結果都保持在自然法則的極嚴密的關聯中，而在此以外，則別無事物或概念得有因果的意義。這種特殊的關於因果法則的見解，誠然是新的，是由歷史期間內的歸納獲得的。直接從人類精神本質出發而爲一切事象假定原因之必要性，實際往往是很不科學的。在這方面亦有人的組織的猿猴，所以用爪撲鏡之後，或弄轉玩物以求現象的原因，即因其有因果概念。野蠻人認雷爲神車，認日蝕爲龍呑發光的太陽，亦因其有因果概念。嬰孩以自己的哭聲與母親的救助相連結，並從而引起經驗，亦因其有因果概念。以一切歸咎於偶然的蠢才，如有思想，便把偶然思作魔鬼，而認這種魔鬼的作用，是他諸事失敗的充分原因。[二四]

我們今日的唯物論者，對此疑問，彼此間也許是自相矛盾。一方面要把一切從經驗引出的他們，不願在因果法則的場合，造出一個例外。但他方面，自然法則有絕對的無限制的妥當性，亦是他們所愛好的命題。實際，楚爾伯（Czolbe）似亦斷然贊成穆勒的見地（感覺論第六四頁）；但他認生得的思惟法則，是有生以來即存於意識中的論理命題。在這誤解除去之後，他究將採取何種立場，殊不能從他的敍述明白確定。無論如何，楚爾伯曾在吾人概念有直觀性的假定中，建立一個形上學的原理，決不能與穆勒的體系相調和，且在相反的方向超越康德。畢希訥（Büchner）特別看重自然法則的必然性與不變性，亦認這種法則的信仰，是由經驗引出。同時奧爾斯台（Oersted）思惟法則與自然法則相統一的形上學命題，亦有時被認爲正確。

也許我們今日的唯物論者，多要以吾人所述的這種不確定，立爲一個原理，並稱分別因果概念之經驗的見解和理性的見解，是一種無用的議論。這實際是一種讓步，因爲，就實際應用而言，以因果概念歸於經驗，亦顯然是充分的。但更精確的研究，祇以純粹理論的興味爲目的，在我們不得不處分概念的地方，必須有嚴密的邏輯，正如化學必須有精密的分析。

我們今日諸唯物論者最愛好的傾向，大概說，便是與休謨及穆勒攜手；對於因果法則之可能的例外所必致發生的結果，多假定這種例外祇有極小的或然性，以資避免。這當然可以駁斥奇蹟史的愛好者，因爲按照思惟道德的要求，我們必須常常留心，不使我們的假定以漠然的可能性爲基礎，而以或然性爲基礎。但這並不會解決眞正的問題；因爲眞正的困難，乃在於此，即兩種感覺本不能結合成爲二者互相關聯的經驗，其所以能如此結合者，祇因爲它們的因果關係的基礎，受決定於我們的精神組織。

現象對於『物自體』的關係，遂從此得到了一線全新的光明。如果在康德的意義上，因果概念是一個範疇，則此範疇像一切範疇，祇在經驗範圍內，有妥當性。這種概念，必須與感官所與的直觀相結合，然後能與一個對象發生關係。感性使悟性實在化。但是，如果可能，則要歸結於立於現象之後的『物自體』又怎樣才是可能的呢？這樣，因果概念不成了超越的？對於超越於一切可能的經驗以上之想像的對象，它亦可應用麼？

自純粹理性批判最初有人反駁以來，一直到現在，這種攻擊，常有人認爲可以擊破康德；甚至我們，在本書第一版，亦以爲康德『體系的盔甲，』將因而粉碎。但更精密的研究，却說明了這種攻擊，康德並非事前毫無準備。我們對於康德體系所提出的修正，實際正是康德自己的意見；『物自體』祇是一個限界概念（Grenzbegriff）。我們說：『池內的魚，祇能在水中游泳，不能在陸上游泳；但它可以用它的頭撞池的底和岸。』同樣，我們可用因果關係，測量經驗的全範圍，並發覺在經驗世界之外，尙有一個範圍，爲我們所絕對不能認識。〔三四〕

『物自體』是否存在，我們不能確實知道。我們祇知道，我們一經認識我們的世界祇是表象的世界，我們的思惟法則之首尾一貫的應用，就會使我們得到這個概念，某種極可疑的事物的概念，並假定它是現象的原因。如果有人問，事物究在何處？就答覆他說，在現象之中。『物自體』愈被限爲單純的表象，則現象世界愈有實在性。凡我們稱爲『現實的』東西，都包括在現象世界中。現象卽是常識所謂事物；哲學家所以稱事物爲現象，因爲他要指示所謂事物，非完全存在於我自身以外，乃是我的悟性與感性的法則之產物。這種法則，又使我憑藉因果關係的比論（因為我每天在個別的經驗中，都觀察到這種關係），為現象世界之大全體，假定一個原因。依因果概念而起的經驗研究，將對我們說明，耳的世界與眼的世界不相符應，論理的推論之世界亦與直接的直觀之世界不同。那又將對我們說明，我們的現象世界之全體，乃依存於我們的器官；康德曾有一種不朽的功績，他曾說明在這裏我們的範疇是和我們的感官有同樣的作用。如果現象世界之綜括的考察，使我們覺得現象世界就其總體關係言須受制於我們的組織，那我們就可據此類推，假定即在我們不能取得新器官以補足或改善其他器官時，仍得有無限不同的見解；而且，組織不同者的不同見解，又有一個共同的未知的源泉作為基礎，那就是與現象事物相反對的物自體；如果這種看法是悟性使用的必然結果，那麼，就令進一步研究的結果，悟性須承認這反對是它自身所創造，我們仍須服服貼貼地聽從這種看法。我們隨處都祗能發現現象與本質間的普通的經驗的反對；當然，這種反對，將對悟性顯示無限的等級。在這考察階段為本質，在他一階段，與更深藏的本質相對而言，便是現象。事物之真的本質，一切現象之最後的基礎，不僅為我們所不知，即其概念，亦不外是一種對立——那受限制於我們的組織——的最後產物。我們不知道，在我們的經驗之外，它有沒有任何的意義。

康德否認物自體的本質問題有任何意義：在這點，他和經驗論者——拿楚爾伯的話來說，他們滿足於所與的世界——非常調和。在反省概念之誤謬一章，康德曾說：『什麼是物自體呢，我不知道，我亦不要知道，因為任一物均祇能作為一種現象而對我表現；』進一步，他又說：『物質之內面』即表現而為物質之物自體，『祇是想像。』埋怨我們不能洞察事物內面的不平聲——引用哥德所不喜歡的哈勒爾氏的話——是『不正當不合理的；』因為這種人希望能不用感官認識事物，甚至於直觀事物。但『自然之內面，』換言之，現象之合法則的關聯之內面，仍有『現象之觀察與分析可入。誰也不能知道，這種觀察與分析有時可以進至何處。』〔三六〕

因果概念既然是這樣，其他範疇亦是這樣。它們是我們全部經驗的基礎，但若超越可能經驗的範圍，用之於超越的事物，期獲得古形上學所要得的知識，那就毫無用處。康德以為他確能從一個原理引出思惟上一切先天的要素，從而創造一新形上學，那是他的理論哲學的弱點。使康德成為哲學改革者的，雖就是這種所謂發現，但我們必不要忘記，這種思想的閃爍的魔力，幾無一人能抗拒。還更重要的，是在這裏，亦有一個眞理的核心，為其基礎。

康德相信，他可以按照論理學所教的所應教的種種判斷形式，來演繹悟性的基本概念。如果我們確實知道判斷之現實的不變的形式，則根據此形式推論本來的根本概念，亦未嘗是不合邏輯的。因為我們必須假設，規制我們全部經驗的我們的有機體性質，將予我們的悟性活動〔三七〕的種種傾向以特色。但是，我們從何處知道一切判斷之單純的必然的要素呢？祇有這些能給我們以真的範疇呀！

『從一個原理引出』雖是一般人非常疑惑的手續，但究其實却不過是五根垂直線，四根橫線，塡滿由此劃成的十二個區部。不過，像可能性與必然性的判斷一樣，其一爲原始形式，其他卽爲由此生出的否定形式。就這點說，亞里斯多德的純粹經驗的手續，確較爲佳，因爲它至少不會引出危險的自欺。康德在這裏犯的謬誤，對於德意志煩瑣哲學的學徒——他們要以非常的努力逃避傳統——是很自然的。康德過分看重形式論理學，認其爲『已經完成的準備工作，』又過分看重經驗心理學的分類工作，認其對於精神活動，可以提示一種完全的分類。他不會想到，傳習的理論學，因與文法及語言有自然的關聯，故仍含有心理的要素，這種要素，在擬人的構成上，與論理學的論理學素——迄今它仍希望能將那些混雜物肅淸——迥不相同。他依隨形上學者的構造衝動——那在思辨的創作上，有其位置，但在悟性基礎之批判的研究上，毫無用處——從普通論理學，照樣把判斷的區分法拿來，以價値不等的許多反省，湊足十二的數目。他越是使用四個主要概念——數量、性質、關係、樣式——及其三分法，他就越是失却他足下的健全的批判根據，〔兲〕並陷入無中生有的危險區域；而他的後繼者，反加足馬力，像要征服世界一樣，駛入這區域內，殊不知他們所遨遊的區域，正是康德所謂『廣大無邊多風浪的大洋，海市蜃樓的老家，』這種漂泊是一點效果也沒有的。

在這裏詳細批評範疇表，是太深入了。關於唯物論的問題，更重要的，不是討論其他的範疇，祇是探尋這諸種理念——全部論爭的中心——的起源。我們如果相信希萊登，則康德曾永立神、自由、和不死的理念。在理論哲學的範圍內，我們發現了一種演繹，甚至比範疇的演繹，還更可疑。康德既從普通論理學的判斷格式，演繹此等範疇，他又覺得——理由何在，却難說出——他必須把此等理念，當作純粹理性概念，從推理的形式，來演繹此等理念。在這裏他又相信，對於純粹理念概念的完全獲得他已有一種保證，並極巧妙地從定言的推理，展開靈魂的理念，從假言的推理，展開世界的理念，從選言的推理，展開神的理念。

照康德的意思，範疇祇有助於經驗上的悟性使用。然則，這幾種理念又有助於什麼呢？試一考察這幾種理念在現代唯物論論戰上佔有怎樣重要的地位，則再聽取康德關於這一點的言論，亦不無興趣。我們雖不能以多少價值歸於這幾種理性理念的演繹，但我們批判它們在我們認識上佔有什麼位置時，我們總不得不驚嘆這位大哲學家的明快。

在形上學入門（第四四節），康德曾說『理性理念（Vernunftideen），不像範疇那樣有助於經驗上的悟性使用；就這種使用而言，它完全是可有可無的，不，有時甚至會反對自然的理性認識的公理，並予以妨礙——雖然，就尙待決定的某一方面言，它却是必要的。

『靈魂是否單純的本體呢，這問題在靈魂現象的說明上，全無關係；因爲我們不能使這個單純本體的概念，得由任何可能的經驗，感能地或具象地予以理解。所以如果我們所希望的是洞見現象的原因，則此概念於我們全然無用，並且如果我們要說明內的經驗或外的經驗所供給的東西，那亦全然不能當作原理用。同樣，世界源起及其永恆性之宇宙論的理念，亦不能爲我們所用，以解釋世界上任何事蹟。最後，按照自然哲學上一個正確的公理，我們必須自行限制，不去說明依最高存在者意志而成立的自然的合目的性，因爲這不是自然哲學，祇是我們已至終點的告白。』

不欲爲形上學者而其目標又僅在開拓道路以進行精確研究的現代『唯物論者，』既不能要求這以上的東西，而這研究以外的東西，究從何種理由予以假定，亦對他們毫無關係。但獨斷的唯物論者卻要問：如果這些理念對於精確科學的進行全無影響，這些理念的作用又在那裏呢？他不但懷疑這些理念將由後門偷入研究的範圍，致妨礙科學的進步，且不承認在感能的經驗之外，尚有何物，因爲他固執一個形上學敎義，認世界本身和我們感官所感得的世界是一樣的。我以爲，這種懷疑的根據太好了；可是，與此有關的，不是康德本人，祇是某一些康德學徒。官僚主義的熱狂與哲學的無能相結合，不會敎人們濫用康德的自由說於裁判心理學——這種科學，一經離去最嚴密的經驗立場，〔三九〕卽將成爲野心法律家的殺人武器——上麼？反之，若與感覺世界有絕對客觀性的形上學敎義相對而言，這些理念，却又極容易能够維持它們所特有的位置。

理性——這些理念的母親——照康德的見解，乃指向一切可能經驗的全體，悟性所討究的則是特殊。理性既要把握全體，故不能以任何量的知識爲滿足。所以，悟性是經驗的，理性是系統的。靈魂，世界，及神這幾種理念祇是我們理性組織求統一的表現。如果我們認它們有我們自身以外的客觀的存在，我們立卽就陷入了形上學謬誤的無邊大海。我們所以尊稱其爲我們的理念，祇爲滿足我們理性不可抗的要求。這種理念，不能擴大我們的認識，但可以幫助我們破棄唯物論的主張，從而爲康德所謂哲學最重要部分的道德哲學，拓一地盤。

這種理念何以能反對唯物論呢，那並非因爲這種理念有更高的眞理——不問其爲證明的眞理抑爲天啓的不能證明的眞理——恰恰相反。卽，因爲在有外界作對象的知識範圍內，它完全地絕對地放棄理論上的妥當性。空想與理念的差別，主要在於下述一點——卽理念不是暫時基於個別的人，却是基於人的自然資質（Naturanlage），〔二〇〕且有一種利益爲通常的空想所無。所以，批判能排除一切獨斷的形上學，從而排除獨斷的唯物論，但它不能排除理念。如果這些理念，在康德所由而演繹的數目與形式上，證明了是我們自然資質的絕對必然結果，則在它們那方面，它們便有了不可搖動的權利。如果我們這種自然資質，不藉任何經驗，得由純粹理性來發現，則在此亦確乎有一門主要的學問爲說明這點，我們且想像有一個人認百花眼鏡爲望遠鏡。他相信他看見了非常奇怪的對象，且熱心地在觀察。假設他在這時閉在一間狹隘的房內，一面有一個小窗可向外眺，他方有一個鏡頭安在壁中，他以爲自己可藉以遠眺。他特別喜歡這種遠眺，他認爲，那比小窗，更能使他愉快。他黽勉的要從這方法認識遠方的事物。輕視狹隘的經驗的窗而爲觀念界的百花眼鏡所惑的形上學者，便是這樣。但若他一旦領悟了這種迷惑，證明了百花眼鏡的性質，他雖不免發生可怕的失望，但對於他，那依然可以是好奇心的對象。他將不復問：我在遠方所見的這不可思議的圖象，究有何種意義？却將問：生出這種圖象的望遠鏡是怎樣組織的？在這裏，有一個認識的源泉，論重要，是和憑窗遠眺一樣。

讀者們想早已覺察，我們對範疇所抱的疑問，又在這裏同樣發生了。我們必須承認，在我們的理性中存有一種自然資質，必然會顯示某種與經驗毫無關係的理念。我們必須承認，設捨棄外界認識的外觀，則此等理念，甚至在理論方面，亦是極有價值的精神財產。但我們不能確實地從一個原理引出它們。我們發覺了，我們在這裏全立在心理學的地盤上——如果這種學問可認爲早已存在——且亦只有專門科學研究的普遍方法，可使我們認識這自然資質，如果它有認識的可能。[四二]

但關於理念的必然性，在康德所主張的範圍內，必引起斷然的論爭。統一感覺雜多性的靈魂理念，固可以說是蓋然的。然若神的理念，亦當作理性的創造者，而與世界相對立，那我們便決然沒有這樣的自然資質。這不僅可由唯物論者的存在而證明，即古今許多大思想家亦能證明之。例如，德謨克利特士，赫拉克里特士，恩比多立斯，賓諾莎，菲希德，黑格爾。最後二人，在主要問題上——像天文學家德浩（Tycho）一樣——雖落在康德之後，但在這裏，他們依然可引爲例，以說明某一些熱烈的思想家，縱傾向於抽象，亦決不會在康德的意義上，確證世界理性創造者這種純粹理性的理想。

康德既把世界理念當作是有因果關係的一切現象的全體，又要嘗試解決意志自由的問題。這問題，在現代唯物論的論爭中，佔有重大的位置。唯物論者通常是單純的否定自由意志，而不巧練的反對論者，却屢屢訴苦於康德，似乎康德已經證明自由意志的存在。倘若我們能以二三堅實的概括的特徵，概說康德的眞正意見，則對於這兩種見地，都有啓蒙的作用。

在現象世界中，一切事物都作爲因果而互相關聯。人類意志當然不是例外。那亦須全然依從自然法則。但這自然法則與事蹟的全部連續，亦祇是現象，我們的理性的自然資質，必然會引導我們假設在我們感官所知覺的世界以外，尚有一個想像的世界。這個想像世界，在我們爲它形成確定的表象的限度內，固祇是假現的世界，是幻想。但若我們祇認它爲經驗外諸事物的性質的普遍概念，它却是幻想以上的東西。正因爲我們承認現象世界祇是我們的組織的產物，所以我們必亦能假定一個世界，『可思惟的』世界，與我們的認識形式無關。這種假定，並不是超越的知識，却祇是使用悟性以判斷與件的最後結果。

康德移此意志自由入此可思惟的世界，換言之，他要從我們通常所謂現實世界，即我們的現象世界，完全把這種意志自由放棄。在現象世界中，一切事物都發生因果關係。除了理性批判及形上學，一切科學研究都祇能以現象世界爲對象。日常生活上，醫術，或裁判的研究上，及諸如此類的人類行爲之判斷，亦祇能以此爲基礎。

但在實踐的範圍內，在對情慾的鬥爭上，在敎育上，在所論非意志的判斷而爲道德作用的施行時，情形便完全不同了。在那裏，我們必須從如下的事實出發：即，我們在我們自身發現了一個法則，那無條件地命令我們應當怎樣行爲。而且，這法則，又必須與這種概念相結合：即，那是可以實現的內部的聲音是對我們說：『你當行，故能行，』不是『你能行，故當行。』本務感覺的存在，全與吾人之能力無關。康德以其全部實踐哲學基於本務思想是否正確，我們現在且不過問。我們所着重的，祇是事實。試一考察康德——被瞭解或被誤解的康德——對於這些問題的討論曾發生怎樣大的影響，那末，我們假如能夠明白充分地敍述康德思想之本質的進行，不陷入概念規定的迷陣（我們不禁要由此想起哥帝克的裝飾）中，則關於近代的爭端，我們和我們的讀者都可從此省免毫無結果的辯論。

康德曾離一切經驗，相信他能在人類意識中，發現道德法則。這種道德法則，作爲一種內部的聲音

(Innere Stimme)，絕對地命令着，當然，並不是絕對爲人所服從着。但是，就因爲人們認這種道德法則有絕對實現的可能，所以有一種有限制的影響，發生於它的現實的完成（不是單單想像的完成）上。我們祇能認，道德法則的概念和經驗一樣是思惟過程中的一個要素，必須與其他要素，與衝動，與傾向，與習慣，與暫時的影響等等相激戰。這種激戰及其結果——道德的或不道德的行爲——在其全部過程中均依隨普遍的自然法則，而在此點，人類亦不成爲例外。『絕對』的概念，在經驗上祇有有限的力；而這有限的力越是强固，則人類必越是純粹的，明白的，强固的，聽從自己內部的絕對的命令。但是，『你當行』的本務觀念，設不與此命令有實行可能的觀念相結合，必不能繼續的明白强固。即因此故，就我們的行爲的道德性說，我們必須完全移我們自身入這可思惟的世界，因爲在那裏，自由才是可以思考的。〔四三〕

就以上所說來看，康德的自由學說，是完全明白的——捨道德法則的先天性問題不談——還是不可論駁的。但他還缺少一種紐帶，以連合實踐哲學及理論哲學於一處，並予其自由學說以更大的確實性。爲要確立這種紐帶，康德會給他的自由學說以一種神祕的背景，這背景對於精神之道德的飛躍，似尚有效，但同時卻混淆了我們剛才樹立的明白確實的學說（即現象世界與物自體世界的關係的學說），並以全體系移至動搖之處。

這紐帶便是這一種思想，卽，因要在實踐方面能够維持自由學說，故不得不在理論方面假定它至少是可能的——雖然，它怎樣是可能的，我們無從知道。

這假定的可能性，是建立在與現象相對的物自體的概念上。如果像唯物論一樣，主張現象卽是物自體，則必無自由可言。對於他，自由之單純的理念是不够的，那必須與現象相關聯，如理念之與現實，詩之與歷史。所以，就連康德亦主張，『人爲藝術品最高創作者所輳合且爲他所推動的傀儡或沃康生自動機。』並主張自由的意識祇是幻想，除非人的行爲是『當作現象的人的決定。』

須注意者，康德甚至在踏進這可疑的一步以後，仍然與人間之自然科學研究，保持和好關係。人是現象世界的一部分，這現象世界既充分受因果法則的規定，所以，人的行爲，卽令是本務之非常英雄的行爲，在生理方面，在心理方面，也仍受規定於個人已有的發展及其所處境遇的形成。但在他方面，他却主張這種思想——卽，事象的連續，在現象世界內是以因果系列而出現，在可思惟的世界內却基於自由——是不可缺少的。這種思想，在理論方面僅僅視爲可能的，但實踐理性則視其爲現實，且依道德意識之不可抗力，將其化爲定言命題。我們雖不知道我們如何能自由，但知道我們是自由的。作爲一種理性的存在物，我們是自由的。在道德法則的確實性上，主觀已揚在現象的範圍以上。在道德的行爲上，我們認我們自己爲物自體，雖然理論的理性不贊成，但我們確有權如此自認。在這裏，理論的理性沒有什麼，所有的，不過是在行爲的瞬間，驚訝他（在檢討的刹那）所發現但不能確實認識的奇蹟而已。

這全思想系列，從最初就是謬誤的。康德要避免『理想與生活』之明白的矛盾；但這是不可能的。它所以是不可能的，因爲即令在道德的奮鬥中，主觀亦祇是現象，不是本體。批評哲學之礎石——即我們自身在其本體上如何，我們不知道；我們所知道的，祇是它的現象——不能像叔本華所說，可由一般的意志而排斥，亦不能由道德的意志而排斥。即令我們隨在叔本華之後，認意志爲本體，或隨在康德之後，認在道德的意志上主觀是一種理性的存在物，我們亦不能把這個矛盾避免。因爲在每一次道德的奮鬥中，我們所須處理的，不是意志自體，祇是我們自身的和意志的概念，而這概念無論如何終是現象。

在入門一書中說自己承認眞理祇存於經驗中的康德，一動筆，就把一切經驗化爲傀儡的遊戲了。殊不知自動機械與有道德行爲的人的差別全部，無疑祇是兩種現象的差別。我們所以在這裏認其僅爲遊戲的，在那裏認其爲高尙的眞誠的，乃因我們有一種價値概念，而這種價値概念亦祇在現象世界之內有其根基。我們以我們的感官及思想來把握前者和後者，並確立一種差別，這種差別，決不因二者含有共同的必然性，而稍受影響。但是，如果它會受影響，那就把它譯爲『物自體』亦必無濟於事。設要比較它們，則不僅道德的意志，一切恐都須譯成本體世界。在這場合，傀儡又將如何呢？一般的自然機械作用又將如何呢？在現象世界內有其確實根據而與任何心理學的意志學說無關之價値評定之差別，在本體世界內，也許會消滅罷。

但這一切攻擊，都祇能攻擊『物自體』由這致命的轉變而陷入的曖昧的見地，祇能攻擊非知識的知識構成，非科學（在預想中爲非科學）的科學建立。柏拉圖不知道，康德仍不知道，『可思惟的世界』祇是詩的世界，且亦就因此，而有其價値與品位。因爲，就詩所必有的高貴的總括的意義說，詩決不是才能爲求樂而作的任意遊戲，而是精神的必然結果，它自種族最深的生命根柢發出，是一切高尙與神聖的源泉，而對於祇顧現實所生的悲觀主義，又是一種完全的抵抗力。

對於可思惟的世界的這種見解，康德不是毫無所見。但他的全部教養過程和他的精神生活所在的時代，使他不能在這方面充分表現他自己。他的思想的大建築，既不許有任何高尙的與中世幻想毫無關係的形式，所以他的實證哲學，無論如何亦不能達到充分而自由的發展。他的哲學，和歲神的頭，共站立在兩個時代的交界上，他和德意志詩的大時代的關係，決不僅僅是偶然的孤立的刺激。所以關於自由，他的證明的詭辯，很容易就被人忘記了；關於本務概念，他的見解的崇高，在青年的心中燃起了火花。他著作中有許多處，話雖是老老實實的，樸樸素素的，却像英雄的歌一樣，對於爲時代理想特徵所捉住的心情，發生了偉大的影響。在理性批判將要結束時，康德曾說：『這兒有一個理想的教師，』祇有他才配稱爲哲學家。康德，他在證明上雖有各種誤謬，但已經成了這樣一位『理想的教師了。』有靈感精神力的席勒（Schiller），就會握住他的學說的精髓，淘去它的煩瑣的滓殘。

席勒在他的散文著作中同他的先生一樣常犯錯誤，甚至更犯錯誤，但在他的詩中，他却是十分合理的。這種事實再明白沒有地證明了我們這裏爲什麼這樣重視詩歌。康德相信，我們祇能思考『可思惟的世界，』不能直觀它，但關於它，我們所思考的，都有『客觀的實在性。』席勒却很正當的以爲，當作一個詩人，則可思惟的世界亦可直觀；在這樣做的時候，他踏上了柏拉圖的舊路。柏拉圖違背他自身的辯證法，引出了他的最高尙的創造，同時，在神話中他又將超感覺的化爲感覺的。

『自由詩人』席勒，儘可公然移自由而入『夢的王國，』『陰影的王國，』因爲在他手下，夢與陰影已經成爲理想。在他以理想對立於生命時，動搖已成爲確極，散亂已成爲神的形態，任意的遊戲已成爲永遠的法則。宗教與道德所含的善，最純粹最明白地，表現在一首不死的讚美歌上，這首歌的結段，讚美一個煩惱的神子昇天，我們追隨『昂奮而與人離別』的神，夢與眞理已交換位置——生命之苦夢圖沈了，沈了，沈了，沈了。

※ ※ ※ ※ ※ ※

以後我們還要談到這些思想。在這裏我們祇要附加幾句。康德倫理學在歷史上如此重要，是可理解的，可辯護的——只要我們能從適當的眼光去看他。康德哲學之永遠的功績，在於他的純粹理性批判，但就連在那裏，仍不過在於少數的根本命題；但一種哲學所以是重要的，不僅因爲它有若干成分經得起悟性的檢討，被列爲人類知識的確實的財寶。大膽的或無意識的詩的結合之創造，雖可由嚴密的批判而毀壞，但可由其精神與內容，比任何明白的原則，發出更深邃更高尙的影響。這天啓，在形式上雖是可以消滅的，但其衝動力，却不比批判的輝耀的光線，更可缺少。沒有什麼思想，還比這種思想——我們的一切『現實』（不問它有怎樣嚴密的關聯而不爲意志所擾亂）都祇是現象——更能把詩與科學調和。但在科學看來，物自體依然祇是一個限界概念。以消極意義換爲積極意義的一切企圖，都不過導我們入詩的範圍，且必須有詩的純粹及偉大，纔能作爲理想上的指導，而爲一個時代服務。

第二章　康德以後的哲學的唯物論

近世哲學的故鄉英吉利、法蘭西、荷蘭，在前世紀終末之頃，已退出形上學論爭的演技場。休謨之後，英吉利殆未生產任何大哲學家，除非我們以這位置許給聰明能幹的穆勒。法蘭西在笛德羅與孔德之間，亦有一個這樣的時期。但同時在這兩國，我們都在別個範圍內發現了最偉大的進步與變革。在英吉利，有工商業的空前的發展和關係的統一；在法蘭西，則有震撼歐羅巴的革命和可怕的武力的發展。這是國民發展上兩個極不相同且完全相反的方向，但它們有一點是一致的，即：『西方諸强國』完全致力於現實生活的問題，同時，形上學則留給我們德意志人。

然若我們以輕視或不同情的眼光，來看待這純粹精神努力的大時代，那亦是非常的忘恩。這是不錯的，我們像席勒的詩人一樣，在世界的瓜分上是一無所得。這亦是不錯的，對於我們，理想主義的陶醉——也許，它的遺痛亦可包括在內——現在已成過去，單是上天之精神的遺留，已不復能使我們滿足。我們比其他國家更遲才達到成人時期，但我們亦會經驗一個更美更富且更多幻想的青年時代。這是必須證明的，我們的民族會依這種精神的快樂而喪失能力呢，抑會在理想的過去時代有不盡的能力與元氣的源泉，只要轉入新生產的通路，便可取得偉大的成果呢。這理想主義時代一個實際的事實——

—獨立戰爭中國民的奮起——固含有夢想的半成熟的性質，但同時却表示了一種强大的勢力，那對於目標尚祇有漠然的意識。

我們的國民發展，比古希臘人的國民發展更有規則。那是很顯著地由理想主義而益益近於現實。最初是詩，其隆盛時期已於哥德席勒的共同創造時，達到了最高點。而在此時，爲康德所振興的哲學，却尚不過剛剛走上它的風波的道路。而在謝林及黑格爾的偉大努力消滅以後，實證科學的眞誠的研究，才走上前線。繼德意志哲學批判的舊名聲而起的，是各知識部門的赫赫的功績。在這裏，尼巴爾（Niebuhr）、利特（Ritter）和兩個漢波特（Humboldts），特別可說是開路先鋒。與唯物論相關而言，最與我們有關的，是精確科學。而德意志較英吉利法蘭西更爲落後的地方，亦就是精確科學。我們的自然科學者雖好以此咎歸於哲學，說哲學到處宣揚空想，而把健全的研究精神窒息，但眞相如何，我們馬上就會知道。在這裏，我們祇要知道下面這點就很够了。卽，與我們面前的實際生活問題最有密切關係的，便是精確科學，而精確科學所以遲遲在德意志發展，是完全和這裏所指示的發展程序相符合。

我們曾於上卷講過，唯物論很早就在德意志生根了；那並非最初從法蘭西傳入，乃直接從英吉利來，而在那裏仲下特有的根。我們又曾講過，前世紀唯物論之爭，在德意志特別活躍，而主潮的哲學在表面上雖如此勝利，但在這種論爭上仍不過證明了它自身的弱點。

無疑的，唯物論在一般思考方法上增加了力量，但在詩的範圍內，許久以前却已由克羅蒲斯托克(Klopstock)植下了理想主義的芽。唯物論不能公然擡頭的事實，只要一考德意志當時的關係，便很容易理解。我們要偵知唯物論的存在，與其由積極的創造，尙不如由如下的事實。即，對於唯物論，有不斷的論爭發生。但我們仍可認康德的大體系，是一個光華燦爛的嘗試，其目的在於永除唯物論，而不陷於懷疑論。

對於這嘗試的外部結果，我們觀察一下，便會知道，自康德出現至最近爲止，德意志唯物論似已完全消滅。由動物形態的發展從自然方面說明人類起源之個個的嘗試——最惹人注意者，爲一八一九年奧鏗(Oken)之嘗試——並非承續眞正的唯物論見解。反之，賴謝林與黑格爾，汎神論已成爲自然哲學上的主要思考方法，這種世界觀，雖有其神祕的深處，但同時却必然在其自身，包含着幻想狂的危險。汎神論者不要嚴格從理念分開經驗與感覺世界，並在人類的性質上尋求這諸範圍的調和，却要不藉任何批判的媒介，僅依創作的理性之嚴命，來調和精神與自然。因此，絕對的認識，康德雖自認，已由他的『批判』而永遠被排除，但又在此發生了要求。固然，康德亦很知道並曾明白豫言，他的哲學決不能希望立時的勝利，因爲哥白尼學說尙且經過數世紀，才戰勝與它相反的偏見。但是，這位眞誠壯旺的思想家，那裏能夢想到，他的『批判』行世不過二十五年，就會有黑格爾精神現象學這樣的著作，盛行於德意志形上學的飆風時代，是由康德自己喚起的！席勒曾以康德比於建築王，說這位先生，不僅對於說明的『淸道夫』提供了營養料，而且生出了野心模倣者的精神時代，這種模倣者，像弗羅（Pharoonen）一樣，要向空中建設一個金字塔，忘記把它建設在堅固的地面上。

菲希德（Fichte）怎樣握住康德哲學最黑暗的一點——統覺之綜合的統一（Synthetischen Einheit der Apperception）說——引出他的創造的自我；謝林怎樣從空胡桃一樣的A＝A，引出全世界；黑格爾怎樣在我國大學好學青年的喝采下，宣稱有（Sein）與非有（Nichtsein）爲同一，在這裏，和我們無關。在大學門堂聽講我與非我、絕對與概念的時代，已經過去。唯物論亦不要我們向讀者們敍述這些哲學的浪漫主義時代，一直到今日，尚不曾引出一個有永久價值的要素，以評判唯物論的問題。從想像的形上學的見地出發而對唯物論所下的批判，祇能用來說明兩種並存的見地。像康德一樣，設由此不能達到一種更高的見地，我們就必須停止走入這些雜路。

現在，對於謝林及黑格爾的功業，尤其是黑格爾的功績，流行一種輕視，我們所以不能這樣輕視他們，是全然另外的一個問題。一個人，既然對數十年來的熱中傾向，提示了威壓的雄視的表現，我們決不能說他是不重要的。並且，如果祇考察黑格爾對於歷史學的影響（尤其是就文化史的研究而言），我們還必須承認，他對於科學的進步，曾提供有力的貢獻。〔四三〕概念的詩歌，對於科學，持有很高的價值——

——如果從它豐富圓滿的科學文化出發。這樣的哲學家所產出的概念，不僅是研究結果的死板板的記錄。那對於知識的本質從而對於經驗（那對於我們才是可能的）的本質，持有種種的關係。如果使用得當，它們決不會妨礙我們的研究。倘非有哲學的嚴命爲之拘束，我們的研究決不會失去它所特有的生命。與嚴密經驗相反對的一切形上學皆不健全的學說，在所論爲知識的一種時，是無意識地存於人類本性中。任一個人，都相信他明白看見的實驗，還更相信他親自所做的實驗。在初發的兒童期中，研究且能突破數千年來硬化了的亞里斯多德形上學的紐帶；難道黑格爾單憑一點點小手法，就能在成年期，把研究從德意志驅出？在下一章，我們將更能瞭解事實的眞相！

我們如要問，在康德之後，唯物論怎樣又興起呢？那我們便須記着，在德意志興起的理想主義的巨潮，不僅掃除了唯物論，而且在根柢上，掃除了理性批判的批判要素，以致在這方面，康德對於我們現代，比對於他同時人，還有更深的影響。永遠破滅唯物論的康德哲學上的要素，尙祇稍稍被人注意；僅能暫時壓倒唯物論的要素，自然會隨時代性質的新變遷，一同被壓退。

我們今日的唯物論者，大都先天的不經考察，便否認他們的見解和拉麥托里的見解（甚至和德謨克利特士的見解）有關係。他們所愛好的見解，是今日的唯物論乃是新自然科學的單純結果，因此故，決不能與古時的相似的見解相比較，因爲現代的自然科學，本來是古代所沒有的。果如此，我們這卷書，實沒有寫的必要。但若容我們將古代更單純見解的重要原則依次展開，我們至少須將次一章安置在這一章之前。

這裏我們要當心一種極易發生的誤解。我們斷定此中有歷史的關聯，但這裏所謂歷史的關聯，並非說畢希訥的『勢力與物質，』係抄襲『人間機械論。』我們假定當中有歷史的關聯，並不一定說畢希訥曾由此等著作的閱讀受到感動，甚至不一定說他曾知有此等著作。燃着的煤炭的熱，從凹鏡反射過來，雖可燃起發火物，但其熱線實是向各方面放射，同樣，著作者的影響，尤其是哲學的影響，雖在大衆的意識中消失，但散亂的命題與見解，亦就由這種意識，對於後生的個人——他們的感受性和地位，使他們宜於把這些熱線集合——發生影響。這種比喻當然是不適合的，但說明了眞理的一方面。現在祇要說明其他一方面！

倖雷叔特說，人是父母及乳娘，空間及時間，空氣及氣候，音及光，食物及衣服的總和；同樣，我們對於精神的影響，亦可立下相同的概念。『哲學家是傳統與經驗，大腦組織與環境，機會與研究，健康與社會的總和。』這樣的命題可以充分說明，就連唯物論的哲學家，亦不能以其體系完全歸因於他的研究。在事物之歷史的關聯中，我們可以立時發現一千條絲線，但我們同時祇能追尋一條。但甚至要這樣做，亦時常是不可能的，因爲粗而可見的絲線，將分枝而爲無數的更細的絲線，而有一部分爲我們所不能目見。對於唯物論之特別發展，尤其是對於唯物論在較大範圍內的流佈，新自然科學，用不着說，有很大的影響。但我們的說明將充分告訴我們，我們現今所須處理的問題的大部分，都還是先前的命題，改變了的祇是材料，不是證明的目的與方法。

當然，我們必須承認，就連在我們的理想主義時代，自然科學的影響，亦常常可以保持唯物論的見解，並促進之。對自然科學既發生了一般活潑的同情心，唯物論的見解自然會隨着興起，惟在當初不取獨斷的態度。我們必不要忘記，實證科學的研究是世界的，而德意志的哲學却按照國民的一般氣質，開出一條孤立的路。德意志的自然研究者，不僅同情於外國人的研究；即進行此種研究所秉的精神及聯合各特殊項目所由的思想，他們亦分得了。在最有力諸國民間，大體上流行的，是十七世紀十八世紀的見解，雖然徹底推究的嘗試，一般爲人所要避免。尤其是，當德意志依席勒及菲希德而把理想主義推進到絕頂（一七九五年以降）時，法蘭西的凱本尼（Cabanis）已以唯物論的基礎給與生理學。固然，作爲一個哲學家，凱本尼決非一個唯物論者。[四四]他傾向與斯多亞學派學說相鄰的汎神論，認『第一原因』的認識（用康德的用語，便是『物自體』的認識）爲不可能。[四五]他常常駁斥伊璧鳩魯的學說。但在人類科學研究上，他却是肉體方法（Somatischen Method）的創始者。在現象界，或用他自己的用語，當我們討論『第二原因』——人祇能認識這個——時，我們却隨處都可發現精神的機能依存於組織，感覺是思想與行爲的基礎。他的著作，就是要證明這種關聯；他的讀者和學徒，亦不窮究哲學性質的言論，便爲他的書物爲他的書物的目的與材料所折服。所以，自凱本尼以來，以精神機能還原爲神經系統的活動，已在生理學上樹起了基礎，雖然個別的生理學者，關於現象的最後基礎，仍有各種紛歧的見地。在專門科學上，題材與方法是一步一步前進的，但哲學的背景，即令存在，亦在不斷變化中。人民大衆是牢執着比較不變的要素，認明白的有用的實際的，才是正當的。在哲學尚不能在有知識的人間發生對抗的影響時，專門科學的研究，勢必會引出益益更新的唯物論。唯物論的主張者，越不把唯物論看作是哲學的世界觀，它也許會越頑强。但也就爲了這個理由，這種唯物論不能遠超越專門研究的限度。更爲了這個理由，自然研究者亦要檢查他的世界觀的基本原理。這種過程，和在哲學性質甚爲明白的統一見地下蒐集思想並省察思想的過程，乃是不可分離的。

英吉利法蘭西唯物論不復在鬥爭場裏露頭角的時候，德意志會有這樣的轉向，那無疑是因爲如下的事情：即，人們在德意志，比在任何其他國家，都更習慣了哲學的論爭。我們可以說，理想主義本身，亦曾幫助唯物論，因爲它喚醒了一種感覺來系統的完成主要思想，並提出一種反對，來驅使青年去研究自然科學。此外，又沒有一個國家，是這樣和宗教偏見及教會要求全相分離，認眞正的知識階級，必須有自己的思惟。在這裏，理想主義又爲唯物論開路，使其進展不致逢到大的障礙。如果這種情形，往往爲唯物論者所完全忽視或完全誤解，那不過表示（許多表示中的一種）唯物論常常與非歷史感相結合。

但同時我們又必不可忘記，在我國國民文學的花期中，以自然科學方法考察事物的傾向，雖因倫理的高揚及思辨的熱中而隱蔽下來，但這傾向的感覺，在德意志，從來就不是沒有。康德這個人，就把這兩種傾向結合在他的思惟上，而在他的前批判時代，他且與唯物論時常接近。他的學徒和反對派赫德爾（Herder），[四六]就完全採納自然科學的思考方法；如果他祇要在實證方法上完成他的理想，不與康德發生原理上激烈而多誤解的論爭，他對於德意志科學意識的發展，必有遠較為大的貢獻。哥德曾怎樣為自然科學意識所感動，是一天一天更為人們所承認了。在他的許多說話中，我們可窺見他對於理想主義傾向的偏頗，有一種溫靜的寬容。但同時，他的心情，却逐漸引向自然之客觀的考察。他對於自然哲學學派的關係，是決不可誤解的。他，這位詩人，比許多自稱的專門自然科學研究家，都更脫離了空想的誇狂。但就連自然哲學家亦祇表示一種奇怪的融合，即以一般流行的浪漫主義和自然研究（對現象的觀察及其關聯的研究）的感受性相融合。有了這樣的準備，一個國家由理想主義時代到眞實客觀思考方法的轉變，到時候，自然會使唯物論再擡頭。

我們如願指定一點，認其為德意志理想主義時代的終末，則最判然的事件，莫過於一八三〇年七月的法蘭西革命。

自由戰爭時代理想主義的愛國心，已在牢獄的空氣中酸化了，在外國隱滅了，在大衆的漠視下消散了。自哲學成爲專制主義的婢僕以來，哲學的魔力已全消失。現實的卽是合理的這一個公式所由而立的壯大的抽象，在德意志北部長期間擔任着卑員的職務，使人們一般對哲學不信任。在詩歌文學上，人們對於浪漫主義已覺得饜足，海涅（Heine）的旅行記曾響起一種輕噪的在席勒故鄉幾乎沒有誰料到的音調。著者曾於一八三〇年旅居巴黎，當時，對於德意志的前途，流行一種失望，而對於更現實的法蘭西則一般均認其爲新時代模範。差不多在同時，工商業上的企業精神，又開始在活躍。物質的興趣發展了；像在英吉利一樣，那不久就和自然科學相結合，凡使人們遠離直接問題的事情，均遭反對。數十年間文學雖仍支配國民的視界；但青年德意志正圖行入古典的及浪漫的座位。唯物論的思想方法，自行集合起來。像顧支科（Gutzkow）、道瑪斯·曼德（Th. Mundt）、洛伯（Laube）這一輩人，都著書來促成伊壁鳩魯見解的發酵。尤其是後者，他對於那件尊嚴的外套——我們的哲學，曾用它來掩飾它的不邏輯處——曾毫不留情的把它脫下。

普通都以爲，唯物論的復活，應歸因於這大哲學時代的末流。楚爾伯認新唯物論之祖爲斯托勞斯（D. F. Strauss）；還有些人（更公平的），舉出費爾巴哈（Feuerbach）。〔四七〕在舉出這樣一個人來的時候，人們固過分着重宗敎的爭論；但費爾巴哈既如此與唯物論相接近，所以我們必須特別加以考察。

魯特維治・費爾巴哈（Ludwig Feuerbach）是一個有名刑法學者的兒子，他自幼就表現了一種眞誠的努力的性質，與其說他有才智，能活動，無寧說他有品性。在二十歲時，他捲入黑格爾熱的漩渦中而往柏林學習神學。那時（一八二四年）黑格爾在柏林已充分取得國家哲學家的榮譽。『有』不依『非有』而定，『肯定』不由『否定』而得的一切思辨在公告中均被認爲『淺薄』。[四六]費爾巴哈的根本性質，從黑格爾的深淵，進向『淺薄』，但未喪失黑格爾的深奧處明晰的邏輯，費爾巴哈是沒有的。他的思辨的中心，像在理想主義時代一樣，依然是靈感。在費爾巴哈的場合，『是故』二字，不像在康德和赫爾巴特的場合，是悟性之眞實的（至少是有意的）推論，却祇像在謝林和黑格爾的場合，是思惟上的飛躍。所以，他的體系，乃浮泛在神祕的黑暗中，他雖着重感性與直觀性，但不能充分使其光耀。

『神是我最初的思想，理性是我第二的思想，人是我第三的最後的思想。』費爾巴哈這種辭句，與其說表示了他的哲學的各種形態，無寧說表示了他青年時代的發展階段。他在大學就職（一八二八年）後，就公開他的人道哲學的根本原則。這是他後來所堅持不渝的。這種新哲學對黑格爾理性哲學的關係，正如黑格爾理性哲學對神學的關係。於是，有一個新時代開始了，在這時代，不僅神學認爲已被克服，卽形上學亦認爲已被克服。

這種見解，很顯著的，與當時曾與貧困憂悶相戰的孤獨思想家博愛家孔德（Comte）在巴黎所建立的教義相符合。孔德亦說到人類的三個時期。最初是神學時期，第二是形上學時期，最後第三是實證時期。在實證時期，人類以其所有的感官與努力，投身於現實界，以解決實在問題爲滿足。[四九]

孔德，和霍布士一樣，以一切科學之目的，歸於支配現象的法則之認識。『因要豫知而知，因要斷論將來而研究現在』在他看來，這便是哲學的任務。但在他方面，費爾巴哈却以爲，『新哲學認人——包括自然，那是人的基礎——爲哲學的唯一的普遍的最高的目的，從而，認包括生理學的人類學，爲普遍的科學。[五〇]

他這樣過於看重人類，表示他依然脫不了黑格爾的影響，費爾巴哈所以和眞唯物論者有別，亦就因此。換言之，費爾巴哈哲學，不過是在感性哲學形式上出現的精神哲學。眞唯物論者常以其視線，集中於外界自然的全體，視人類爲物質永恆運動的大洋中一個波瀾。人間的性質，在唯物論者看來，祇是一般生理學上的特殊一件，同樣，思惟亦祇是物理生活過程連鎖中的特殊一件。唯物論者願把全部生理學放在物理學及化學的一般現象上，不但不要在生物的系列中，給人類以過重要的位置，且願給他以過不重要的位置。在實踐哲學上，唯物論者固有時歸溯於人類的性質，但決不像費爾巴哈那樣，認人類的性質有神的屬性。

與康德比較，黑格爾有一種大的退步。這就是，他不知道，與人間認識方法相反對的認識事物的一般方法。他的全部體系，乃移動在這樣的思想與空想的圈套中，關於事物雖給予高貴的名稱，但全不瞭解現象及其概念能有怎樣的妥當性。在黑格爾，『本體』與『假現』之間的反對，不外是兩種人間理解方法的反對，然這種反對，馬上又消滅了。他認現象是充有本體的假現，現實便是現象完全地適切地表現本體的所在。現象之中有『本體之完全的適切的表現』這個迷信，傳給費爾巴哈了，且他又認現實性卽是感性，所以他和唯物論者很接近。

『眞理、現實、感性，是同一的。祇有感性的存在，是眞的現實的存在。』『眞意義上的對象，祇依感官而成爲所與的——並非依於思惟之自身。』『在沒有感官的地方，亦沒有任何存在，任何現實的對象。』『古哲學從這樣的原理出發：自我祇是抽象的思惟者，肉體並非屬於我的本質；反之，新哲學却從這樣的原理開始：自我是一個現實的感能者，肉體爲我之一部分，不，肉體乃是我的全體，是我的自我，是我的本質。』『眞的與神的，不過是不待證明的，直接依其自身就是確實的，直接爲其自身而言語而主張的，直接受有存在的肯定的——總之，是絕對確實，絕對無疑，像太陽一樣明瞭的。但像太陽一樣明瞭，亦祇是感性的；祇在感性發生的地方，一切疑問與爭論，才會終止。直接的知識之祕密，卽是感性。』〔五二〕

費爾巴哈未來哲學基本命題（一八四九年）的原則，已經格言似的綜要敍述在這裏，那已經十分表示了唯物論的傾向。但我們仍須注意，感性與唯物性，並非同一的槪念。形式和物質一樣是感官的對象；不，眞的感性，且常常給我們以形式與物質的統一。我們是由抽象、由思惟，取得這幾個槪念。進一步的思惟，又使我們理解它們在一定方法上的關係。亞里斯多德隨處均給形式以優位，而一切唯物論者，却以優位給於物質。在唯物論，不可少的規範之一，是：勢力與物質不僅被認爲不可分離，勢力且被認爲物質的一種性質，一切事象的形式亦被認爲是由物質與勢力的交互作用引出。認感性爲原理，我們在體系之本質基礎上，仍可以成爲亞里斯多德學徒，斯賓諾莎學徒，或康德學徒。例如，我們如假定康德的猜測爲事實，換言之，假定感性與悟性在我們的本質中有共通的根柢，那末，卽再進一步，從我們的感官組織引出悟性的範疇，我們依然可以堅持如下的原理。卽，全現象界引爲基礎的感性，不過是一個存在（它的眞正性質，我們不知道）受影響於他一存在的方法。在這場合，雖無論理的理由，不許我們認現實與感性相一致，但我們仍須主張，在人所謂現實之後，隱有一個更普遍的存在，如由不同的器官考察，當會現出不同的模樣。我們可以堅持理性的理念，而以實踐哲學建築於康德所特有的行爲者的意識上，不過，仍須在感覺世界的比喩下，思考那可思惟的世界。這樣，將生出一種多色彩的活躍的宗敎，以代替康德的眞道德。這種宗敎的感性，是思考得的結果，雖不能要求直接感性之現實性與客觀性，但像康德的理念一樣，不妨說是可思惟世界更高尙更普遍的現實性之再現。

只要這樣稍稍牽涉可能諸體系的領域，我們就實際已經遠遠離開了費爾巴哈，但費爾巴哈自己亦差不多這麼與嚴密的唯物論遠離。現在，我們且看看這感性哲學之理想的方面。

『存在是直觀，感覺，與愛之祕密。這些——這些人，這些物——祇在感覺上，祇在愛上，有個別的絕對的價值；有限的，祇在感覺上，祇在愛上，才成為無限的。在這裏，祇在這裏，可以看出愛之無限的深祕、神聖、與眞理。給我們分辨毫髮的神，祇存於愛之上；眞理與實在，亦祇存於愛之上。』『人類的感覺，沒有舊先驗哲學所謂經驗的人性的意味；它們祇有本體的形上學的意味。最深的最高的眞理，隱藏於感覺中，是的，卽隱藏於日常的感覺中。我腦之外仍有對象存在之本體論的眞實證據，便是愛；除了愛與感覺一般，存在卽無任何證明。其存在使你喜，其不存在使你苦的東西，纔是存在的。』[三]

費爾巴哈至少不免回想到，他並不以為木星或遠恆星系統上絕不能有有生命有思惟的存在物。但是，在考察全體哲學時，祇認人類是可思惟的，有發達的精神感性，那自然是自畫。就這方面說，費爾巴哈依然是黑格爾學徒，在根柢上他和黑格爾一樣贊成勃洛大哥拉斯的原理，卽人為萬物之尺度。凡是眞的，卽是對人類是眞的，換言之，卽是由人類感官所把握的。所以，他宣稱，感覺不僅有人類學上的意義，且有形上學上的意義。換言之，感覺不僅被認為人類的自然過程，且被認為事物是否眞確是否實有的證據。從而，感覺體的主觀價值被提高了。如果感覺是形上學各種要素的基礎，則從心理方面說，那亦必然是一切有精神者的眞正本體。

『舊時的絕對哲學僅以感官排入現象的範圍，有限的範圍，但又與此相反，把絕對的、神的，看作是藝術的對象。但藝術的對象，就是視覺的、聽覺的、感情的對象。所以，不僅有限的、現象的，是感官的對象，即眞的神的本質，亦是感官的對象——感官是絕對的器官。』

『我們不僅感覺石與木，不僅感覺肉與骨，當我們握着有感情者的手或吻着他的脣時，我們還可感覺到感情。我們用耳不僅可以聽到水流的音，葉動的音，且可聽到愛與智的聲。我們不僅可以看見鏡面，看見有色的圖像，且可看見人的眼光。所以，不僅外界是感官的對象，內界亦是；不僅肉體是感官的對象，精神亦是；不僅事物是感官的對象，自我亦是。一切事物，都可用感官來把握；即令不是直接，亦至少是間接由感官來把握，即令不是用普通的粗野的感官，亦至少是用發達了的感官；即令不是用解剖學家化學家的眼，亦至少是用哲學家的眼。』〔一三三〕

但是，『發達了的感官，』『哲學家的眼，』事實上，不是感官與獲得概念的影響相協同嗎？我們承認，這種協同，不是這兩種機能（卽感覺的與精神的）之機械的總和。隨着精神的發展，感官必須教養成爲精神的認識；就在我們思惟最崇高而表面上又最『超感覺』的對象時，亦似有大腦的感覺中樞在極本質的方法上相協作。但是，假若我們願從思辨中的精神要素，分開思辨中的感覺要素，則此事不僅在藝術上可以辨到，在其他範圍內亦同樣可以辨到。鳩諾（Juno）頭腦中的理想，非存於大理石，乃存於形式之中。感官本來祇看見白的發亮的大理石；要理解其形式，某程度的修養乃是必要的；要完全的對此形式予以評價，其思惟尚須與藝術家的思惟相合。是的，我們可以比費爾巴哈更進一步，說最抽象的思想，亦是建築在感覺的材料上，好像最纖麗的圖畫，必須有粉筆或鉛筆一樣；我們能分別感覺連續的形式和感覺的材料，好像我們能分別大寺院的形式和建築材料一樣。所不同者，大寺院的形式可用圖畫描摹。說：人是不變地爲人類感覺的偶然材料所拘束，但感覺連續的形式（這在藝術品的直觀鑑賞上，是在精神方面很有意義的要素）和人類感覺的偶然材料完全獨立，是一種太超越的思想麼？是的，這固然是超越的，但不含矛盾。費爾巴哈的最弱點，是他在感覺之傍，又在黑格爾的意味上，承認有絕對無感覺的思惟，從而以一種不可救藥的不調和，導入人類的本質中。必有無感覺而純粹抽象的思惟這一種偏見，費爾巴哈和大多數人一樣不能避免，引爲遺憾者，大多數生理學者哲學者亦難免有此種偏見。但這種偏見，比任何其他的偏見，都更不適合於他的體系。我們的最有意義的思惟，也是從最細微——非常細微，以致粗心的反省，難於把它辨別——的感覺材料中生出，但最强的感覺，與我們的人格相關而言，仍祇有附屬的價値，仍祇有更少的論理的內容。不與同類的其他感覺發生關係的感覺，幾乎是沒有的。當我聞到鈴聲，我的感覺自始卽爲我關於鈴的知識所規定。亦就因此，所以會有一種全新的聲音，異常刺激我特殊之中有普遍，生理之中有論理，好比形式之中有物質。費爾巴哈在形上學方面所撕開的，祇是論理學方面可以撕開的。祇包含普遍的純粹思惟，是沒有的。全不包含普遍的感覺，亦是沒有的。費爾巴哈所謂個別的感覺物，事實上並不能發現，故亦不能是唯一的現實。

聰明的反對者，往往指摘費爾巴哈的體系，說它必會在道德方面導出純粹的利己主義。實則，費爾巴哈雖明白承認理論的利己主義之道德，但他全體系的必然結果，却是導向極相反對的方向。從愛引出實在概念的他，決不能保持『自然之體系』的道德。費爾巴哈的道德原則（他有時亦難免與此矛盾），不如用一個第二身的代名辭來表示。他倡對人說（Tuismus）。我們且聽聽他的根據！

『我們一切理念，都由感官生出。在這限度內，經驗論是完全正確的。但它忘記了，人類最重要最本質的感官對象物，就是人類自己——意識與悟性的光，須由人與人瞥見，才被燃燒起來。觀念論從人類身上尋覓理念的根源，是很正確的，但它從孤立的人，從獨立自存的靈魂確定的人，換言之，從沒有感性的你之自我，引出這些理念，却是誤謬的。理念祇由交際而生，祇由人與人會話而生。我們不能由孤立，祇能由二人得到概念與理性。要生產一個人，無論就物理方面說，抑就心理方面說，都必須有兩個人；人與人協合，是第一原理，是眞理及普遍性的標準。』

『獨立的個人，不包含人的本質於自身——無論作爲道德的存在物，抑作爲思惟的存在物。人的本質，祇包含於社會，祇包含於人與人的統一中，不過，這種統一，又以我與你的差別的實在性爲根據。』
『孤獨是有限與限制，協合是自由與無限。孤獨的人，祇是一偶人；人與人，我與你的統一，便是神。』
〔五四〕

稍一推斷，費爾巴哈就必從這些原理，推論一切人類的道德及高尙的精神生活是以他人認識爲基礎。但他不爲此，乃竟陷於理論的利己主義。他所以這樣，一部分是因爲他的思惟沒有聯貫，一部分是因爲他和宗教鬥爭。他反對宗教的教義，這使他承認與他體系相反的何爾巴哈的道德。在德國文獻上，最無遠慮最徹底的宣講利己主義的，是馬克士·史迪訥（Max Stirner），他就與費爾巴哈堅決反對。史迪訥在他的名著『唯一者及其所有』（一八四五年），甚至排斥一切道德的理念。一切物，無論其爲身外物，抑爲信念或概念，如在個人及其慾念以上，史迪訥卽斥其爲可憎的限制，可以限制人類自身者。這本書，據我們所知道，是最極端的，但竟沒有積極的第二卷續下去。其實，他要這樣做，比謝林的哲學是更容易；因爲，我從無限的自我，可以生產各種觀念論，比如我的意志，我的觀念。史迪訥是這樣看重意志，甚至認此爲人類本質的根本勢力。這不免使我們回想起叔本華——一切都有正反兩面！

史迪訥既不怎樣和唯物論有明白關係，他的著作亦沒有怎樣大的影響，所以我們不必詳論。我們不如轉過來講現代。

一八三〇年以來德意志觀念論的破裂，逐漸轉渡而爲反對國家及敎會現有權力的鬥爭。在這種鬥爭上，哲學的唯物論直接僅扮演着附屬的位置，不過時代的全部性質，已開始傾向唯物論了。我們卽認一八三〇年爲德意志詩歌記錄的終了，亦無傷大體。不僅古典時代已經過去，卽浪漫詩人亦已成過去；希維比亞派（Schwäbische Schule）的隆盛期已經過去。海涅對於新時代的影響是很大了，但他所有的依理想的靈感而活躍的一切事物，亦是在這限界之前出現的。有名的詩人，或死亡，或沈寂，或轉而爲散文；此後所生產出的一切，都帶上人工的刻印。要證明思辨與詩歌之內部關聯，最好的證據是這個轉向在哲學上的反映。曾一度爲時代精神最有意識的保持者謝林，本來是製作的最熱心的鼓吹者，但已不再製作什麼。謝林的早熟的天才，像已向退的潮一樣，衰朽了。似曾支配時代的黑格爾，亦似要將其理念，幽閉在化石的形式上。在他的體系中，理想主義時代對後一輩的影響，依然是很堅決的，但已發生非常的變形！尤要者，對席勒的理解，已經消滅，因伯訥（Börne）的冷醒的批評，居然爲公衆所讚揚。

格爾文那士（Gervinus）曾公然宣稱詩的時代必有一日終結，他又斷言，德意志在政治上的路德的指導下，必然有一個政治的時代隨着發生，而將德意志提到更高的存在形態。但他忘記了，對於這種形態的再生，新的理想主義的衝動乃屬必要。他又忘記了，對於當時開始的現實主義的時代，物質的幸福及產業活動的發展，是最最重要的。就連從政治的觀點看，人們亦愛慕法蘭西，現實主義的法蘭西。

但七月王國及法蘭西立憲主義爲德意志上流社會所愛好，原因究在那裏呢，那是因爲它們對於有產階級的物質利害關係，持有一種關係。現在，德意志的商人及有限公司建立者（如漢西亞商人），才有成爲輿論指導者的可能。商會及與此相類的會社，是在三十年代之初才像菌一樣突然生起。在教育上，已有工業學校，職業補習學校，商業學校，由繁榮都市的市民所建設。同時，中學校與大學校的不可否認的失敗，又依一種缺乏同情的擴大鏡所觀察到了。政府有時予以取締，又有時予以鞭策，但大體上各個政府都爲同樣的精神所策動。一個小的但爲這時代所特有的特徵，是因有理想主義傾向而被廢止的體操教授，現今再在健康的觀點上被採用。政府最重要的活動，是在交通機關方面。十年間最顯著的社會政治的創造，便是德意志關稅同盟。還更重要的，是鐵道。各大都市，在數年間，彼此爭先建築鐵道。恰好在同時，對自然科學的興趣，又終於在德意志立起了。而在這運動中扮演最重要角色的一種科學，即與實際利害關係有極密切的關聯，那就是化學。吉遜的利比居（Liebig），在一個德意志大學設立第一個實驗室以後，偏見的堤防便破壞了。吉遜大學出了一個化學家以後，接連出其他的化學家，於是，別的大學亦認爲應該及時倣傚這已成的先例。自然科學最重要的養成所之一，在柏林建立了；已經成爲歐洲名人的亞里山大·灣·漢波特（Alexander von Humboldt），一八二七年以來，即定居在那裏。歐倫堡（Ehrenberg），多維（Dove）及兩位羅塞（Rose）——一位化學家，一位礦物學者——在三十年代，亦已在那裏活動。此外，又有約翰·密勒(Johannes Müller)。他在青年時代已經加入自然哲學的學派，但未失科學研究者的眞面目，他著有生理學（一八三三年），不倦的充任教授，故對於生理學之嚴密的自然科學傾向，成了最有力的開路先鋒。在萊比錫研究的威伯爾（Ernst Heinrich Weber）又以其更深更確的研究，有力地予以扶助。此外，又有法蘭西的影響，那在德意志是很大的，而其傾向，亦是促進生理學。扶洛倫斯（Flourens）、瑪根底（Magendie）、婁勒（Leuret）、郎克（Longet）在生理學範圍內的研究，尤其是大腦及神經系統的研究，曾在德意志專門家間，惹起非常的仰慕，為後來的佛格特（Vogt）及倖雷叔特（Moleschott）樹立了根基。就連在德意志那時，人們（即令不是公開）亦常常從這一類的研究，引出關於靈魂性質的結論。就連在精神病學的改革上，改革的最大動機，亦是從法蘭西來的。再沒有什麼，還比愛斯魁羅（Esquirol）的著作（那於一八三八年譯成德文），更宜於將神學化的亨羅茲（Heinroth）及其學徒的超越的夢，永遠破壞。同年，魁特萊（Quetelet）關於人類的著作，亦有翻譯。在這著作中，有名的比利時天文學家統計學家，曾努力以數字為根據，提供一種關於人類行為的自然學說。

理想主義高潮的退落，在宗教範圍內，產生了最顯著的影響。對敬虔的浪漫主義及詩的教會主義之熱心，已經消滅了，僅僅留下拘泥文字、缺乏精神、但重視權威的唯物論作殘滓。漢士吞堡(Hengstenberg）從柏林贊美這個傾向，同時，德意志南部的杜賓根學派，却用一種科學的武器，非常嚴密的檢察教會的傳統。雖然這種努力——那當初仍與黑格爾的嘆美相結合——比漢士吞堡及其擁護者與信徒的活動更含有眞的理想主義，但對聖經及教會史加以冷酷嚴密的悟性批判，仍是新時代的特徵。在這時代，實踐的與悟性的，在各處都興起了。

但這是不能否定的，這時代，除了有實踐的及物質的一般傾向，尙因要求更良好的政治狀況，因知識階級嫉恨政府的反動態度，以致精神上亦保持着活潑的發酵狀態。人們對於政治界是這樣感覺它的弱點，對於文學（想像的與科學的）界是這樣感覺它的强點。青年德意志的作品，因提倡反對精神之故，所受到的重視，竟比它們本有的價值更大。第一條鐵道在德意志出現的一八三五年，曼特（Mundt）的瑪登拿，和顧支科（Gutzkow）的威勒（這書因反對基督教，曾使作者入獄）出版了。同年，還出版了一本書，更深切的攻擊政府基督教——那在當時，是權威的保障——的根柢。那就是斯托勞斯的耶蘇傳。賴有這本書，德意志竟取得了這種鬥爭的指導地位，（雖然這種鬥爭是開始於英吉利，繼續於法蘭西），而對宗教的傳統，加以自由的批評。歷史的及言語學的批評，早已成爲德意志科學的光彩。在這種批評上，比在思辨範圍內，理由與反對理由都更易於理解。凡自信有種種必要知識來檢討這本書的人，都認它是一種直接的挑戰，仍有理想色彩，但未明白決定的一切中間見地——浪漫主義時代及古理性主義時代的遺存物——遂都在此後佔支配勢力的批評問題上，崩裂了。精神的區分，比以前還更峻嚴。

在四十年代，對新狀態的要求，轉取攻勢。單講幾句自由的話，單發表一種大膽的思想，已不能使人滿足，人們已認現狀爲絕不可容忍。當魯格（Ruge）發行哈里年刊以來，政治自由的鬥爭，已與許多種科學的及社會的努力相結合，成爲協同反對的風潮。教會的狀態，尤爲攻擊的對象，大體說，唯物的思想成了人們歡迎的良友，同時，黑格爾主義及合理的批評，又佔了最優越的位置。在宗教上，不斷增大的復古企圖對科學所加的限制，殊爲人所忿激，而在政治上，復活過去諸世紀思想之曖昧的浪漫主義的嘗試，亦最受刺激。好像，與政治勢力的障礙相抗爭的科學欲求，就是這種緊張——那不久就發洩了——的祕密。這種運動，在進行中，是益益成爲理想主義的。宗教與詩歌，概被用爲戰具。政治詩，盛極一時。德意志的加特力教，第一次決裂了；於是，全歐都迭起風波，一八四八年終於使長期的怨懣突然爆發。

在這運動開始的時候，唯物論雖亦參加了，但在決定鬥爭的瞬間，它却完全落在理想主義努力的後面。使人們再熱心於唯物論的問題，並從許多觀念（非徹底地）引出贊否兩方的議論的，已是反動的衰微。

在德意志，可以屢次看見，一般進步的方向，有一種特有的變化。在有力的理念，集全勢力爲共同的衝擊以後，接着就來一個時期，在這個時期，每一個研究者都沈潛於各自所特有的材料。於是，爲各種可能的科目與運動發起了數目不斷增加的集會、旅行、一般紀念式、及中央組織；而在這種協同動作的系統上，又潛默的，實際的，生出了一種新的社會勢力。一八四八年理想的政治運動（那是退潮的最初的表示）以後，物質的興趣才以特殊的强力出現。在根柢上搖動了的奧地利，亦企圖在工業進步的基礎上，得到完全的再生。在熱病的急度下，灣·布魯克（Von Bruck）築了一條馬路又一條馬路。通商條約、投機事業、財政方策，迅速的相繼而起。個人的活動，不絕於書。在波希米，炭坑、熔鐵爐、鐵道，是發現了。在南部德意志，棉工業非常繁盛。在薩克森，幾乎每一種金屬工業及紡織工業，都有空前的發展。普魯士在鐵冶業上亦有邁進。炭與鐵，成了時代的口號。西里細亞，尤其是萊因河下流與西法里亞，正企圖與英吉利競爭。剛剛十年的光景，薩克森的炭產就加倍了；萊因及西法里亞的炭產就三倍了；西里細亞則居於中位。西里細亞所產的粗鐵的價值加倍了；在普魯士王國西半部，則已增加五倍。總鐵冶產物的價值，增加三倍以上。鐵路已適於大規模運輸貨品，其運貨額，爲前此任何人所不曾預料到。航業增加了。在若干場合，輸出貿易非常隆盛。曾有人要以衡器及鑄幣制度在議會失敗之後，促成德意志統一。最奇特的，從統一運動中救出的事物，幾乎僅有匯兌管理制度。

隨物質進步，自然科學再度興盛起來。尤其是，化學與人生發生了益益密切的關係。人民現在很可以拿科學之積極的事實，尤其是拿科學之有用的結果來滿足了；但對於其餘的事件，却像在英吉利一樣，奉仰那方便的無思想的正統主義。這就是完成了的實踐的唯物論。因爲，沒有什麼還比完全的精神受動性——對現象關係的反省，對經驗與傳統間的矛盾的反省，皆被其斥爲無用——更能節省我們的勢力以圖利得，更能保證放縱的享樂，更能將心情硬化，以對抗同情心及互助心之襲擊。

德意志決不能完全屈服於這種唯物論。昔時的創造的藝術衝動，仍未靜止；祖國統一的努力，可以一時被遺忘，但理性統一的努力，却是不會遺忘掉的。與中世寺院建築比較理性的建築，是更與我們的心相近。在特權建築家安睡的時候，職業自由却進行甚烈，化學家及生理學家亦捉住了形上學的鏝。世界上祇有德國的藥劑師，須先意識到宇宙的構造與他的活動的關係，才肯調劑藥方。這是一個理想的特性，那在哲學最沈衰的時代，至少曾以唯物論的論爭，使我們回憶那容易滿足的『有知識』的大衆，在作業及實驗的日常習慣之外，尙有一個無限的範圍可供逍遙，以使精神活潑，心情高尙。

德意志當時的科學界，有一種功績，是永遠要推崇的——即，它曾盡它所能，把輕視科學者所投下的挑戰書拾了起來。當可憐的君主之可憐的寵臣要拘束思想時，哲學竟潛默不做一聲。這種潛默，再確實沒有地，把哲學的無能與墮落，表示出來了。

當然，那時的科學家，亦有時爲同黨中人——他們沒有任何科學的理由，但要反對自然研究所盛行的精神——所苦惱。過去曾以副刊獻於比較更不科學的大學教授的『一般新聞，』在論爭的引導上，亦頗有貢獻。一八五二年初，就有瓦格訥（Rudolf Wagner）『生理學書翰』出現。四月，倬雷叔特卽寫成其生命循環論的序文；九月，佛格特又在動物生活圖中宣言現在務須抵抗那勢焰日張的權威。

有唯物論傾向的這二戰士，一個是自然哲學的末流，一個是政治家，從而是一個大膽的理想主義者。這兩個人雖都有自行研究的衝動，但主要仍以敍述才勝人。佛格特在個別點上更明晰而正確，倬雷叔特則更注意於全體的線索。佛格特更屢屢自相矛盾，倬雷叔特則更常於得到沒有任何意義的命題。在這論爭中佛格特的主要著作是『迷信與科學』，那在一八五四年哥亭根科學家會議後第一版出現。這次科學家會議，直重演了宗教改革時代大宗教論爭的情形。畢希訥的『勢力與物質』一書——那也許比任何同類的其他著作，都更引人注意，更爲人所痛斥——亦屬於戰爭最熱烈的時期（卽一八五五年）。反對畢希訥者參照他著作第一版所提出的道德上的非難，我們必須斷然排斥。反之畢希訥所要求的獨立的哲學意義，我們亦不能承認。所以，我們最先要檢察他在哲學上的要求！

在他所著書的序上，畢希訥指示理由以反對哲學術語以後，便說：

『按照哲學的性質，哲學便應該是精神的共同財產。有教育者所不能理解的哲學學說，是値不得印刷的。明白思考過的東西，都能明白的敍述出來。』

畢希訥這幾句話表白了一種全新的哲學概念，雖未曾嚴密的規定它。一向所謂哲學，決不是一切人的共同財產，無深邃透徹的豫備知識的有教育者，亦不能把它瞭解。赫拉克里特士、亞里斯多德、斯賓諾莎、康德、黑格爾諸人的體系，都要求最深刻的努力。在他們體系中如有某種事物，雖經這種努力，而仍不能理解，才可說是這些哲學家的過失。我們的祖先的著作比印刷用的墨汁，更有價值，是很明白的，因爲，不是這樣，牠們就不會被印刷、被買賣、被稱讚，在許多場合被人誦讀。畢希訥顯然祇用他的用語，來指摘所謂現存的人。那些體系在過去有何種價值，他略而未論。過去對現在有怎樣的影響，有無必然的發展過程使現今的思辨與那一些哲學家的努力相關聯，對於這些問題，他亦沒有研究過。但我們仍須假定，畢希訥亦承認哲學史的重要，因爲人類思惟像許多自然對象一樣，有研究的價值，而這種研究，還不僅限於思惟活動的最膚淺的產物。畢希訥曾親撰一論文，以論述叔本華。在這篇論文上，他雖僅要力向大衆敍述這位哲學家的特有的思惟，但仍承認叔本華『對於現下哲學發展的進程，有重大的影響』。但叔本華所代表的唯心論，在康德那方面看來，必須算是反動的，不易理解的。

畢希訥決不僅要求哲學有更良好更易理解的敍述方法；因爲在一向所謂哲學中，尙有一些問題，卽令以最通俗的用語敍述，亦不能使其易於理解，因爲困難是在實質之中。在此限度內，我們應完全與畢希訥同意。的確，現在我們應當將祕敎法的最後遺殘物，一掃而淸。固然，就大多數哲學家說，如其特殊原則的根本言論，竟像實踐應用上的遁辭一樣容易處分，他們很容易就會被拋棄。但這情形對於人類進步，不是任何大的不幸。康德是一個有高尚思惟的人，且可依賴大王及聰明大臣灣·赤德利。但他就依然保持古時的祕敎原則。例如，因唯物論易於理解，懷疑論更多假設，他就認唯物論比懷疑論危險。康德自身的深邃的極端論，一方面因見地難，一方面因用語難，是很艱晦的，非有最透徹最公平的研究，便難完全把它理解。但若畢希訥曾研究過這個體系，他定會發現，康德體系，比叔本華體系，有更多的東西對於現代思惟有用處。當然，我們贊成畢希訥的意見，認故意設辭使學者難於理解的弊害，必須永遠掃除，但在他方面，我們却不能希望，研究對象上的困難，亦應從哲學的範圍排除。一方面，民主主義潮流的不可避免的結果，不復許任何人將啓蒙工作及自由思想祕藏，而希望以人類共同努力所得的結果，公於民衆。但雖顧慮民衆的需要，他方面仍有一種願望，希望科學不因此而貧弱，如果可能，還希望維持哲學洞察的種種寶藏，以豫防現代文化的瓦解。就哲學原理的結果而言，這種公開性，看作是對大多數知識份子的讓步，是不必要的，但看作是最大多數民衆——那便是下層階級，他們已意識到了他們自己的更高尚的使命——解放的助力，才是必要的。我們的有知識者，已經習慣了他們的表面的皮毛，實在用不着再對他們說，在哲學上祇須伸出手來，像最有名的哲學家一樣博知。但若對於從科學結果引出來排斥迷信的一般智慧，我們亦願稱之爲哲學，那我們對於包含一切科學共通理論的哲學，便須發現一個新名稱了。有人否定，在科學現狀下，這種哲學有成立的可能麼？

無論如何，明白思考過了的東西都能明白表示出來這個命題本身雖可以是眞確的，但很有誤解的危險。拉普勒士，在公算論的分析學說上，敍述是極明晰了，但祇曾研究少許數學而受一般教育的人，必有許多，雖努力，仍不能瞭解他這本著作。在數學上，最明白的敍述，對於不瞭解其概念的人，必像外國文字一樣不易理解。在哲學上，亦是這樣。不必再舉別的證明，我們祇要在這裏指出，數學上無一部門不能作哲學的考究。拉普勒士自己就以公算論的第一基本概念，經受哲學的考究，這本書所以不像分析理論那樣易懂，就因爲它是哲學的，尤其因爲它祇討論基本概念。『公算論之哲學的研究，』至今仍有許多有知識者，覺得極難理解。

照畢希訥的見解，哲學不僅是科學的神髓，是比較科學結果所得的最後產物，而且是一個入門與準備。經院哲學就在後一意義上解釋哲學，直到最近世，我國大學中尙通行在專門研究之前，先給予一種哲學的演講。但在英吉利及法蘭西，哲學的論究，却往往實際與通俗的論究相混同。所以在德意志，畢希訥被視爲通俗的論文著作者，他在英法兩國所得的學徒，却大都認他是哲學家。

關於我們的概念的相對性，可由如下的事實得到一個最顯著的例。即在一般公衆看來，畢希訥是很明晰的，但他這種特質，却與嚴密科學所謂明晰，極相反對。例如，假若畢希訥曾採取科學上的假設的概念，大多數讀者也許就會不理解他，因爲嚴密思想家認爲明晰的概念，非有論理學的教養及科學史的知識，卽不能理解。但在畢希訥，則所謂假設，不過是某種未曾證實的假定，例如哲學思辨之演繹的命題。〔三五〕『唯物論』這個名辭，有時是指歷史上眞正的唯物論，有時與『實在論』相等，有時又與『經驗論』相等。在某幾段哲學概念中最積極的這一個概念，就完全用在消極的意義上，幾乎與懷疑論相一致。『唯心論』一辭的意義，還更多種，那有時幾與『正統說』爲同義。但就因爲用法這樣含糊，所以不知名辭正當用法但覺必須使用它們的人們，竟認它們是明晰的。這好比用一副眼鏡來看種種距離，合種種眼睛。能用肉眼認識這些事情的人，帶上畢希訥的眼鏡，必定會覺得一切事物都不明晰。反之，非常近視的人必定會以爲，他帶上這種眼鏡，看百事都看得非常明晰。這是確實的，他不帶眼鏡，任何事他亦將看不明白。所可惜者，這副眼鏡，已經着上了强烈的顏色！畢希訥往往把哲學家的眞正學說看得過於單純，因爲他覺察，在實際生活上，這種學說，常在一種保守的傾向上，與日常生活的粗野觀念相結合。所以，尤其是『生得觀念』那一章，祇能使我們模糊地回憶起每一些無智者的說教，或勤學兒童讀本中的可疑的辭句，同時，我們要在近世哲學上尋出一個命題來支持畢希訥所駁斥的學說，必毫無結果。於此我們看見了，我們的馴良的哲學家，在拙劣地演說之後，張着耳朵在大街頭，竟沒有公衆對他稍稍表示同情，亦是一種正當的刑罰。

在個別概念的使用上，畢希訥既如此動搖，如此隨便，我們當然不能把他看作是表現嚴密而意義確定的積極原理之代表。他祇在否定方面有嚴密性與首尾一貫性。但這種嚴密的否定，並不是純粹批判的冷靜的悟性之結果；那是從一種荒疏的熱情——希望人類進步的熱情，希望眞與美得勝的熱情——生出。對於人類進步的妨害，他曾十分研究，毫不姑息地追究。有許多無害的東西，他亦認爲可疑。他所能使用的一切，都不爲他所疑，換言之，不疑當中有詭詐，有任何惡意的事情，會妨礙科學的和道德的進步。畢希訥根本上就有理想主義的性質。他的家世，有豐富的詩的天才。他的弟兄，有一個早死的，就是一個極有望的詩人。還有一個，就是一個成名的詩人，曾著有詩學史。他的妹妹露絲·畢希訥就是一個很聞名的女作家，爲德意志女詩人著作的選集者。他自己在學生時代——在這點，他很像德·拉·麥托里——就以文學的哲學的及詩學的研究著名，善爲文章。依照他父親的願望，他去學醫，在這點，他又很像德·拉·麥托里，而在這醫學上加入合理學派。比這位法蘭西人更眞實的，他便以他的豐富而多方面的才幹，一部分用在科學的研究上，一部分用來從社會方面政治方面，對於自然科學輓近研究所得的結果，作一種通俗的敍述與應用。他一生行事所不忘的任務，便是人類進步。

在倅雷叔特的刺激下，而且在同樣的修辭方法下，畢希訥雖附和着最堅決的唯物論，但他的本來的傾向——不過，從矛盾的語句中，要確定它，是非常困難的——仍是相對主義的。〔吴〕生命與存在之最後的謎，他常說，是仍未解決。〔五七〕但能導我們於眞理的，唯有經驗研究。經驗研究，便不許我們做超感覺的假定。如果我們在思辨上超越經驗的範圍，我們便陷在無可救濟的誤謬中了。不以事實爲對象的信仰固可闖入這樣的領域，但理性不能亦不許隨往。哲學必須從自然科學出發；在我們未由相同的方法取得更深的洞見以前，我們必須牢記自然科學的敎誨。畢希訥顯然不承認哲學的或宗敎的命題有詩的或象徵的意義。有詩的性質的他，曾一度與這一切疑問斷絕關係；現在，在他看來，一切事情都是眞僞的問題。他不僅否定思辨與宗敎的信仰，且否定以譬喩表示理念的詩歌。

佇雷叔特與畢希訥在討論個別問題時，往往表示眞正的哲學的敏銳性，但這種敏銳性，會再讓位於難於理解的煩瑣性。例如，在畢希訥的『勢力與物質』中，論『思想』一章的最大部分，固是用意周到的辯證法的模範。但這祇是斷片的。因爲對於佛格特關於思惟與大腦關係所說的名言，他的有名的批判，乃以勢力與物質的完全的二元論而終。這種二元論，在那場合，並未融和，不過依一種急流的快辯，而成爲曖昧的。

畢希訥說：『思惟、精神、靈魂，不是物質的，不是自體，乃是種種勢力之統一，是有勢力或性質的許多物質相協同的結果。』他以之比較於蒸汽機。蒸汽機的勢力，是不能看、不能嗅、不能觸，而其所排出的蒸汽，又祇是副產物，與『機械之目的』無任何關係。其所有勢力，均祇能由其表現而『推斷，』或像第一版——比較更爲一貫——所云，是『理想地構成的。』勢力與物質是不能分離的，但在概念上，却彼此相隔甚遠，『不，在某種意義上，還是互相否定的。』『至少我們不知道，怎樣可以不認精神（卽勢力）爲非物質的，爲排斥物質或與物質相反的。』

最有信仰的精神論者要建立他的全部建築，亦祇要有這樣的基礎就够了；在這裏我們又可明白看見，單是擴大唯物論的自然觀及其所本的知識，很難望將宗教的及迷信的意見——那是人們所樂好的，其理由所在，比他的理論的自然觀，還更深邃——根絕。勢力與物質不可分離地統一着這句話，參酌可見的可理解的自然而言，已有十分的證明。但若勢力在本質上就是超感覺的，那麼在感官不能把握的世界上，它爲什麼又不能獨自的存在，或與非物質的本體相連結而存在着呢？

比畢希訥見解更眞確更首尾一貫的，是古代唯物論的見解。古代唯物論者，以一切勢力還原爲物質的運動、壓迫與衝突（尤其像托倫德那樣），認物質可以自行運動，靜止實際不過是運動的一種特殊形式。

要貫徹現代物理學（及其絕對不能理解的距離作用）所得的這個概念，固甚困難，但除了這種困難，還有一點，各種唯物論都同樣感到困難，畢希訥亦不過依模糊的將機械勢力及精神混在一處的概念，把這處的困難隱藏。我的意思是，畢希訥在形成其全部哲學及著作其主要著作時，不曾知道勢力保存的法則。迄後他知道了，於是用一專章討論它，但他僅把它看作唯物論世界觀的一個新支點，從不曾參照這最重要的學說透徹地映照他的全部建築。不然，他很容易就能看到，大腦中的過程亦須嚴格遵守勢力保存的法則，從而一切勢力，都可還元爲機械的勢力，卽還元爲運動與彈力。我們可以由此將整個的人（包括一切在精神上有意義的行爲）機械化，認大腦中進行的一切，均是壓迫與運動。但從此至精神或有意識的感覺，殆與從物質至精神一樣，是相隔得很遠的。

在這點，畢希訥的敍述並不明快。他在後此諸版中，旣仍將精神與勢力混淆，但又導入一種極奇特的補充。他發覺了，產出精神（這樣特別的一個結果）的大腦，在一切器官中，是會疲勞而需要睡眠的唯一器官。會疲勞而需要睡眠的『情狀，不僅對這各種器官，劃了一個本質的區別，且在一般心理活動及機械活動之間，劃了一個本質的區別。』此後，他想起了筋肉，便在生理學家不能原諒的淺薄方法下，說：『大腦由神經系統所促動的筋肉——卽隨意筋——亦是這樣。』畢希訥當然沒有想到，當筋肉內蓄的彈力一旦用盡，已感疲乏之際，大腦却尙有一個很長久的時候，可以傳送新的刺激於筋肉。

爲什麼像佯雷叔特和畢希訥這樣能幹而忠實的人，對於他們的物質，亦不能有更深一層的把握呢？這當中的理由，必不專在他們自始就要以通俗的敍述代替哲學；因爲就在通俗敍述的範圍內，亦還可要求更高得多的標準，而通俗的敍述，雖未能盡哲學的任務，但實際仍可有哲學的價值。但在這場合，通俗的敍述，至少須以一定的明白一貫的見解爲根據。我們的唯物論者，却大都沒有這樣的根據。其理，可在謝林及黑格爾的哲學的影響上尋求。

我們以上稱倬雷叔特爲自然哲學的末流，並非無的放矢。他的確如此。但他所以如此，却不是因爲在他青年時曾辛苦研究黑格爾，後來又贊成費爾巴哈；乃因這精神的傾向，在他的表面上很首尾一貫的唯物論中，到處可以窺知；但這在形上學的意義上正是決定點。在畢希訥的場合，還更是這樣。畢希訥不僅屢屢認費爾巴哈（一個有強性刺激力但極不明晰的思想家）爲典據，卽在他的言辭中，亦常常陷入曖昧的汎神論。

這裏特別成爲問題的一點，可以明白指示出來。那是康德以後德意志哲學上的論理墮落中的蘋果——知識上主觀與客觀的關係。

照康德的意思，我們的知識，乃從兩種東西交互作用而起——這是一個非常單純但常常爲人誤解的命題。按照這種見解，我們的現象世界，不僅是我們的表象的結果（萊布尼疵及巴克萊就這樣主張）；亦不僅是現實事物的適當的圖象，而是客觀的影響及主觀的形成之產物。康德所謂『客觀界，』不是個人由其偶然的氣質及易陷謬誤的組織所認識的如斯如斯的事物，而是人類一般由其感性及悟性所必須認識的事物。他祇在經驗的限度內稱之爲客觀的；反之，如果我們把這種認識應用於物自體，換言之，應用於與我們認識絕對無關的存在物，他便稱之為超越的或誤謬的。

但他的後繼者，卻熱烈渴求絕對的認識，完全放棄眞實研究的道路，而依思辨的獨斷，創造另一條道路。於是，主觀與客觀統一的偉大公理成立了，思惟與存在統一的荒唐無稽的臆說成立了，就連畢希訥仍不免受這種公理和臆說的拘束。

照康德的意思，這種統一，祇存在於經驗之中；但這種統一，祇是融合。那既非純粹思惟，亦不給我們以純粹的存在。但照黑格爾的意思，則恰好相反；這絕對的思惟必與絕對的存在相一致。這種概念，因適合時代要求而非常背理的原故，所以站得住足。這是自然哲學的基礎。在黑格爾學派的困難的酵化中，這概念眞正指的什麼，往往無人能予以決定。在前者這可以認為是一個現實的形上學原理，或認為是一個鉅大的限制形上學的絕對命令。在後者，我們卻與勃洛大哥拉斯很相近。我們對於眞、善、現實等概念，應界說為：眞、善、現實，均僅對人為眞為善為現實麼？抑或想像人認為眞為善為現實的事物，對於一切有思惟而存在或能存在者，亦為眞為善為現實呢？

眞正黑格爾哲學所特有的後一種見解，必然會導出泛神論；蓋因這種見解，會認人類精神與萬有精神及一切精靈的統一為公理。但末流的一部分，卻仍和費爾巴哈一樣主張這絕對命令；即所謂現實，祇是對人類的現實；詳言之，因為我們不能知物自體的任何物，故不要知物自體的任何物——事情就是這樣！

古形上學以為可以認識物自體；自然哲學又陷入這種誤謬中。從康德的明白的見地說，則費爾巴哈所忽略的事物，正是我們關於物自體所能認識的唯一事物，那就是，我們必須假定物自體是我們自己的悟性的必然結果；換言之，人類的認識，表明了它自己在一般可能認識的大洋中，祇是一個小島。費爾巴哈及其學徒，因為不曾注意這點，所以不絕地陷入超越的黑格爾學說中。提起費爾巴哈的『感性，』我們很難想到耳目此等感官在精確科學中的使用，更不待言。他的感性，乃是絕對思惟的一種新形式，這種絕對思惟，是與經驗的事實全然沒有關係的。他所以能對某一些科學家發生這樣大的影響，不能從經驗科學的性質說明白，那須從自然哲學對『青年德意志』的影響來說明。

且在倬雷叔特的場合暫一考察伴絕對精神的誕生而起的後痛罷！

在『生命的循環』一書中，這位巧妙的著作家亦曾討論人類認識的源泉。對亞里斯多德非常讚賞，對康德——倬雷叔特曾以一些原理攻擊這個名字的幻影，實則真的康德，即對這些原理讓步，亦不致妨害他的體系——發了一番議論以後，便說了這一段話。那在開始是很明晰的，但漸漸的陷入形上學的霧中，這種霧，即在多霧的我國亦罕有其匹。為我們的目的，我們且把這些最陰暗的霧，用旁點表示出來。

『一花一蟲的觀察，一個世界的發現，一個人的特性的觀察，這種種，除了是對象對我們感官的關係，還是什麼呢？祇有一個角膜眼的蠕蟲所受對象的圖象，和有水晶體及硝子體的蜘蛛所受對象的圖象，是一樣麼？同樣，昆蟲對於昆蟲和它對於外界影響的認識，必定和人的不同。人與神，都祇能認識各種事物對他的理解器官的關係。

『我們祇能就各事物對我們自己的關係，來認識各事物。我們祇知道，在我們看來，太陽是這樣，在我們嗅來，花的味道是這樣，在我們聽來，空氣振動的影響是這樣。這會被稱為有限的知識，受感官限制的人間知識。這種知識，祇看到與我們發生關係的樹木。有人說，這是微乎其微的；我們尚須知道樹木的自體。我們不可認樹木的自體，是和我們所看到的樹木一樣。

『我們所要尋的樹木的自體，究在何處呢？是不是一切知識都豫想有知識者，從而豫想對象與觀察者的關係呢？觀察者，可以是一隻蠕蟲，一隻甲蟲，一個人，或一個天使。如果有兩種事物存在，一為樹，一為人，則對樹而言，對人而言，樹都必然與人發生關係而將這種關係，表現在人的眼的印象上。不和眼——樹的光線就是送入眼內——發生關係，即無樹的存在。樹木所以有自體，即因其有這種關係。

『一切的存在，都依存於其特性。但沒有一種特性的存在，不單純依存於一種關係。

『與軟的牛油相對而言，鋼鐵是堅硬的；與溫暖的手相對而言，冰才是冷的；與健康的眼相對而言，樹木才是綠的。

『綠，不過是光線對我們的眼的一種關係。如果它祇是這樣一種關係，綠色便祇對我們的眼說才是綠色，而正因此故，綠葉並非獨自存在的。

『這樣，我們的事物與事物自體間的分界線，就破壞了。因爲一個對象必須與其他對象發生關係，例如與觀察者發生關係，方始存在，因爲對象的知識可還元爲關係的知識，所以一切我們的知識都是對象的知識。』

我們的知識，既然和對象有關係，則說我們一切的知識都是對象的知識，當然是很眞確的。不，尙有甚於此者；我們還必須假設對象對於我們的感官的關係，爲嚴密的法則所支配。卽因有感性的經驗的知識，所以我們在我們本質所許可的限度內，對於對象，保有完全的關係。在這以上，還需要什麼，才能稱此知識爲對象的知識呢？但是，我們所認識的對象是否對象的自體，卻完全是另外一個問題。

現在我們且祇注意那加了旁點的文句，問我們：現今在哲學原林（Philosophischen Urwalds）中的那一部分？我們是在最極端的觀念論者——他們以爲，在我們之外，沒有任何物，與我們的表象相吻合——間嗎？當我閉着眼睛的時候，樹木就在實際世界消滅嗎？在我們之外，沒有世界存在嗎？又或我們是立在泛神論的狂信者——他們想像人類精神能夠把握絕對——間嗎？綠葉，因對人眼生出了綠的印象，便不問蜘蛛的眼，甲蟲的眼，天使的眼，認它自體是綠的嗎？比唯物論還更不易在那些命題中發現的哲學體系，是很少的。然則，就這神喻之基礎說，又是怎樣呢？

我們稱冰爲冷物，既僅因其與我們的血溫相反，那麼，我們可因此就說，在冰之中，沒有任何與感覺無關的性質——冰卽依之而與其環境（是否有感覺可以不問）發生熱的交換——麼？如果這種交換，本質上卽依存於周圍諸物的溫度與其他特性，那麼，這種交換，不同時又依存於冰麼？在這場合使冰發生一種熱的交換，在別一場合又使冰發生別一種熱的交換的特性，不單是屬於冰自體的特性麼？這種特性，對於我們的感覺常常發生一種冷的印象，我們按照它對我們所生的印象來表示它，稱它爲冷；但我們神經內的生理過程與物自體內的物理過程，是很容易分別的。後者，與前者相關而言，便是物自體。我們可否進一步，將感覺神經及悟性理解置而不論，卻在冰的後面，尋覓那既不存在於空間亦不存在於時間的物自體，是我們這裏不要討論的問題。我們祇要進一步，說明事物的特性與我們的表象可以分別，並說明事物有不經知覺亦可存在的特性。

當有一蠕蟲，一甲蟲，一人，一天使，看見一樹的時候，在那裏有五株樹麼？這一株樹的四個表象，也許彼此間非常不同；但它們所指的，却是同一的對象，關於這對象自體的性質如何，誰也不能知道，因爲任何人亦祇能知道自己的表象，人不過有一種便利，卽以自身的器官比較於動物界的器官，並予以生理學的研究。他能認識他自己的表象，像別種動物的表象一樣是不完全的，片面的。

然則，我們的事物與事物自體間的分界線，是怎樣破裂的呢？如果事物與其他對象發生關係方始存在，則倂雷叔特這個形上學的命題，就祇能合理地解爲：物自體的存在，依存於它對其他對象所發生的一切關係的總和，並非依存於其中的有限的一部分。如果我閉着眼，則由樹木各部分發出而行入網膜的光線，便會落在我的眼簾的表面上。這是發生了的唯一的變化。不能與其他對象交換光線、熱線、音線、電流，化學物質交換，及機械接觸的對象，仍能存在麽，這當然是一個問題。在這範圍內，很用得着自然哲學的詭辯。但是，就使我們同意於倂雷叔特，而將這問題解決，在事物的自體和我們的事物之間，仍有一個很大的差別。這差別之大，幾乎和無限要素的乘積與這乘積的一個要素的差別一樣。〔五九〕

不！事物的自體決不是我們的事物。但我也許可以在沈思熟慮之後，以我們的事物代替事物的自體，例如，以我們的寒熱概念代替物體的溫度狀態。古唯物論素樸地認二者爲同一。但有兩件事情，使這種同一永不可能——那就是波動說的勝利及康德的哲學。我們固可將他們的影響脫去，但這樣仍不能劃出任何時代。我們必須清算康德。自然哲學，就曾在天啓——將絕對思惟揚爲神性——的形式上，這樣做過。但眞誠的解決，必須在別的方法上進行。我們必須承認物自體與現象界的區別，而以改良康德的特有見解爲滿足；或投入定言命令的懷中，而在某程度內，以康德自己的武器，攻擊康德。

這裏，確乎還有一個側門開着。康德爲要建設他的可思惟的世界，會在人類經驗的彼岸，利用一個無限的空間。他在這樣做的時候，他的手段便是一個定言命令：『因須行，故能行。』所以必須有自由。但在我們悟性的現實世界內，却沒有自由。自由祇存在於可思惟的世界。我們不能想像有自由的可能性；但我們能想像，在物自體中有某一些原因，它們，用分析悟性的器官考察，雖祇表現因果的連鎖，但在我們的理性意識的器官中，却表現爲自由。

設若我從別一個定言命令出發，又將如何呢？設若我們以如下的命題——『以所與於你的世界，滿足你自己』——放在一切積極哲學的上頭，又將如何呢？這樣，可思惟的世界的空想，不將依魔術的一擊而打消麼？

康德最先就會說，從內發生的教我們爲善的他的定言命令，是內意識的事實，其必然性與普遍性，與外界自然的法則相同。但費爾巴哈所說的這別一個定言命令，却不一定可在人間發現，那更基於主觀的任意。然在這裏，反對方面亦有他們的愜意的把戲。這是容易說明的，作爲文化史上一種事件，道德法則祇能漸次發展，祇在有意識存在的場合，才有必然性與絕對妥當性的性質。進一步的文化史的發展，會不會把滿足於現世界的命題，當作道德意識的基礎，那是誰也不能解答。它必須說明它自己！

它必須說明它自己；但最重大的困難就在此發生了。康德以爲，就每一個精神發展的個人說，道德法則都會出現爲意識。其內容，在許多方面固可有種種，但形式總是這樣。『內的聲音』總是一種事實。我們可以批評它的普遍性；反之我們又可說高等動物亦有道德法則。但無論如何，主要事實均不因而改變。但就費爾巴哈的命令言，如下的事實却尙待證明，卽，我們實際能否滿足於現象界及其感性的把握。如果這事實是證明了的，我們亦高興相信，在這上面能建設一個倫理的體系。在這裏建設有什麼妨礙呢？

康德的體系若不在當初就顧慮到這種矛盾，它也許會與悟性的認識相矛盾，但同樣，滿足的體系(Des system des Begnügens)亦顯明與理性的統一努力相矛盾，且與藝術、詩歌、宗教——在這諸種上，我們有一種衝動要將自己揚在經驗的限界以上——相矛盾。但這裏仍有一種嘗試，要將這種種矛盾除去。

素樸的唯物論，決不能再在系統的形式上，出現於我們這時代，實際，在康德以後，那亦是不能再現了。對於原子的絕對信仰，已經像其他的信條一樣消滅了。我們已不再假定，世界的性質，完全和我們所瞯所見的一樣；却不過主張，我們和世界自體沒有何等關係。

在近代唯物論者中，祇有一個人曾試要在系統的方法上，把這見地面前的諸種困難，予以解決。但那位思想家，還比這更進一步。他嘗要證明（至少是使它成爲可能的）現實世界與感官世界相一致。

這便是楚爾伯（Czolbe），他在新感覺論中曾這樣嘗試過。

亨利·楚爾伯，丹錫附近一個地主的兒子，在幼年卽專心於神學的及哲學的問題，但其專門研究則爲醫學。在這裏，我們又看見了這種自然哲學——我們今日的唯物論，喜歡把自然哲學看作與自己的努力極端反對，但在唯物論者中，祇有卡爾·佛格特完全不受它的影響——的後半路徑的出發點。在楚爾伯的場合，霍德林（Hölderlin）的『希伯林』（Hyperion）一書，有決定的意義。這本書，在一種奔放的壯大的詩歌上，包含謝林及黑格爾所喚起的泛神論，並讚美精神與自然之希臘的統一，那是與德意志文化相對的。斯托勞斯、布魯諾·鮑愛爾（Bruno Bauer）、費爾巴哈，亦曾幫助這位青年醫士決定走向這個方向。但很奇怪的，給他以最後的衝動以完成唯物論體系的，却是一位哲學家——如果像費爾巴哈所說，當中不含有矛盾，他還是一位哲學教授。

無意的對唯物論有這種貢獻的，是陸宰（Lotze）。卡爾·佛格特有時認他爲哥亭根靈魂本質說的共同製造者，給他以思辨的蓬頭鬼的名稱。他在現代哲學者中，是最聰明而最長於科學批評的一個。他在瓦格訥辭典中生活力一章，以及所著『一般病理學與治療學——一種力學的自然科學』中，曾將生活力的幻想消滅，而在迷信及概念混亂——醫學家稱之爲病理學——中，導入某程度的秩序。他曾踏上正道；因爲批評地使用實證科學的事實，同時又影響到它們，以更廣的見地及更嚴密的論理之結果，交換專門研究之黃金實際亦是哲學的任務。如果不是同時有威考（Virchow）是病理學的實際改革者，如果陸宰不有他自己所特有的形上學——他既有批判的嚴密性，怎樣又會信奉這種形上學，是我們難於理解的——他在這方面，必更為人所認識。

楚爾伯因見他排除生活力這『超感覺的概念』遂嘗試以超感覺性的排除，當作世界觀的原理。一八四四年，他的就職論文——論生理學的原理——就表白了這樣的努力；但十一年之後，楚爾伯才出版『新感覺論』那時正風行唯物論的論爭。

一般說，我們既把哲學的唯物論之概念解在稍稍狹隘的意義上，所以在這裏特別注意一個自稱為『感覺論』的體系，必須先有解說。楚爾伯所以必須選擇這個名辭，是因為感官的直觀性之概念，徹頭徹尾規定着他的思想的進行。但這所謂感官的直觀性，意卽謂一切事物都可還元為物質與運動。因此，感官的直觀性，祇是一個統制的原理。形上學的要素乃是物質。

如果我們要嚴密區別感覺論與唯物論，則堪稱為感覺論的體系，必主張我們的認識的起源，是感官，不看重原子分子（或其他形式的質料）的宇宙構成力。感覺論者必認物質祇是表象（因為我們在知覺中直接所有的，祇是感覺，不是『質料』）。但雖如此，他仍可像洛克一樣，有以精神還元為物質的傾向。只要這是他全體系的必然基礎，我們面前就有了眞正的唯物論了。

在楚爾伯的思想上，我們不能再發現古時的素樸的唯物論。他幾乎到處都在假設的形式上敍述他的見解。使他如此的，不祗是他的謙遜。他處處都像康德一樣知道形上學的信條不盡可信。一般說，他的體系，和他所特別攻擊的康德，保有一種不定的關係，當中所有的類似點，至少和當中所有的差別點一樣多。所以，關於楚爾伯的研究，必更能說明前章所獲得的結果。

楚爾伯以爲，贊成及反對唯物論的雖曾發生熱烈的鬥爭，但尙無人曾使這種思想取得滿意的體系。『費爾巴哈、佛格特、倖雷叔特等人在現代所完成的見解，不過是一種感懷式的斷片的斷言，稍加考察，卽不能使我們滿足。他們不過廣泛的，主張萬事萬物，有從純粹自然方法說明的可能，但未試予以更特殊的證明，所以在根柢上，他們的立場，依然完全是他們所攻擊的宗教與思辨哲學的立場。』〔五九一〕但我們會知道，這個立場就連楚爾伯亦未曾離開。

楚爾伯承認，他的感覺論的原理，超感覺性的排除，可以說是一種偏見或成見。『但沒有這種偏見，則關於現象關係的見解，決無形成的可能。』除了內界及外界的經驗，他又認假設爲形成世界觀所必要的要素。

偏見呢還是神示呢，假設呢還是詩歌呢？那還是未決的問題。但若假設不僅在哲學的過程中出現，且以『偏見』的素裝在門口迎接我們，我們就必定要問然則假設的選擇，又由什麼決定呢？對於這問題，楚爾伯有兩種極不相同的答覆。按照其一，則決定者爲歸納法；按照其他，則全部實證哲學的基礎爲道德（像康德一樣），因爲悟性之正確的使用，決不能得到類似形上學原理的東西。這兩個答覆，就本身說都是正當的。楚爾伯見培根排斥超感覺性的結果，曾使哲學進步；於是問，繼續這個方法，爲什麼不會促成新的進步呢？陸宰曾排除生活力：於是他問，爲什麼不能將一切超越的勢力與本質排除呢？『新感覺論』既非從歸納法進行，而從演繹法進行，我們當然不能說，這體系的本來基礎是歸納法，那祇是它的偶因。它的基礎還是倫理學或不如說是那屢次提到的定言命令：卽，以所與於你的世界，滿足你自己。

祇有唯物論，可以不依任何這樣的命令來建立道德學說。自然哲學却尚不得不依據一個實踐的原則。譬如，伊璧鳩魯的道德學說，依自然衝動爲支持同時，却把靈魂的純潔化——依自然認識，將一切迷信澄除——還元爲道德命令的形式。

楚爾伯由善意——隨着人與人間之交際，這種善意是必然會發展的——引出道德；認排除超感覺性的原理，亦有一定的道德目的。

我們這位哲學家，雖通常祇在最謙虛的方法上，甚至在引經據典的方法上，敍述他自己的見解，但他的見解是很根深蒂固的。我們整個時代，都流行一種期待——那是這時代的根本特色——希望把我們的一切見解與關係，潛默地和平地，發生一種鉅大的根本的改革。當時人有一種感覺，以為中世紀直到現在才算終了，宗教改革與法國革命都不過是新光明的曙光。在德意志，我國諸大詩人的影響，與當時政治上宗教上及社會上的努力連合，促進了這一類的見解和傾向。但在這點，像在其他許多點上一樣，是由黑格爾的哲學提出標語——那就是，統一那在中世紀尖鋒相對的自然與精神。菲希德已經大胆——像耶穌及使徒們解釋舊約書的豫言一樣——按照我們這時代的看法，來解釋新約書所說的聖靈的來臨。自然的識見，祇在我們現代，才得到充分的發展，才表現為眞的聖靈以導我們得到一切眞理。黑格爾予此等思想以更一定的方向。他的世界史觀，會將精神與自然的二元論，認為是由低級統一到高級（更純粹的）統一的過渡階段——這種思想，一方面與宗教教義的最內部的動機保持聯結，他方面又引起一種努力，以排除一切宗教為目的。這種見解的提出，使德意志不得不轉移注意於古典的古代，尤其是希臘，因為我們所要恢復的精神與自然的統一，是在希臘表現得最完全。楚爾伯特別發覺了在斯托勞斯下述那一段話內，會將這一類思辨的結果扼要的記錄下來。

『斯托勞斯論鳩里安說：「鳩里安努力保存的過去事物，在實質上就與將來我們應有的事物有關。希臘精神之自由的調和的人間性，羅馬精神之自恃的英雄性，正是我們努力從長期基督教中世紀求解放的目標，雖然我們亦曾從中世紀取得許多精神上道德上的利益。」我們若問，未來的世界觀是什麼，則感覺論在如下的條件下，可以符合斯托勞斯這種見解，卽，思惟直觀性在我們全意識生活的調和中決定統一，並教我們放棄知識所斷爲不可能或不存在的事物，使靈魂或感情男性化。』

後來，楚爾伯在他論自意識起源的著作上，再提到這一段話，他還更明白的表示了，這一段話對於他的感覺論，有根本的意義。

『唯物論之美學的意義已經說過了，我們尙要說，中庸性旣是希臘藝術品的本質的特長，所以我們在這方面的努力，亦與美學的要求相一致。現代唯物論的最初的主張者大衞·斯托勞斯，就曾以歡悅的確信，把這一類探究之世界史的理想，指示出來。』[20]

在這裏，我們又看見了，斯托勞斯被尊爲今日唯物論的始祖；在事實上，楚爾伯認一切唯物論是從這道德的美學的胚芽生出。楚爾伯的全部性質本質上乃熱心於理想，他的精神的發展，又斷然使他走向這個方向。但他的新感覺論因討究方法特別而得的意義，決不因此失去。讓我們再聽他的別一段話！

『由厭棄地上生活而起的所謂道德需要，正可說是不道德。想像一個超感覺的世界來改良我們所認識的世界，高擡人類，加以超感覺的部分，使其成爲超自然的生物，並不是謙遜的證據，祇是傲慢與虛榮的證據。對現象世界的不滿——那是超感覺思想的最深的基礎——決不是道德的，却祇是一個道德的弱點！機器的運動需要最少的力的應用，（如果我們知道怎樣應用），同樣，眞原理的系統的發展，亦比爲原理的發展，需要更少得多的敏銳性。因爲這樣，所以感覺論不需有更大的敏銳性，祇需有更深的更眞的道德性。』〔六一〕

楚爾伯的體系，有許多不可救藥的弱點，但他一生有深而眞的道德性爲特色。他不絕爲完成他的哲學而努力；在這樣努力的時候，就令他不久就離開了嚴密的唯物論，但他是始終不渝，忠於他自己的原理——即，滿足於所與於我們的世界，而排除一切超感覺的事物。現狀世界是永恆的，即有變化，亦祇有小變化的意見，光波音波（他認它們自體中有光與音）由視覺神經聽覺神經機械地傳入大腦的理論，是他的體系的兩個柱石。因此，他的體系最受熱烈攻擊的方面，亦就是精確研究的方面。在這裏，他表示了他自己是怎樣固執，怎樣把一切科學的反證，認爲祇是只要進一步研究就會消滅的幻想。〔六二〕所以，他雖自信他會將機械的世界觀引到最後的結論，但實際上，他對於機械的要素，並不曾有嚴密的見解。

在他方面，他早就承認，原子及感覺的機械論，是兩個不同的原理；他毫不躊躇將這種認識的結果，加入他的世界觀中，因爲這些並不和他的倫理學說相衝突。在一八六五年，他出版『人類認識的限界與起源』一書，便假定一種『世界靈魂，』這種靈魂，是由感覺構成的，而這種感覺，便依原子的振動常常結在一處，凝縮在人類有機體中，集成靈魂生活的總和。但在這二原理之外，他又加入別一個原理：有機的根本形式由永遠的原子羣構成，並要由這些原子羣在現象機制中的合作，來說明有機體。我們能够明瞭，有這種原則的楚爾伯，決不能利用達爾文的學說。他承認，依據達爾文的原理，雖能巧妙地說明有機體構成上的若干變化，但他決不能採用達爾文的由來說。

他的見地既有這些困難，且又過分有以假設建於假設之上的傾向。〔三〕從倫理的出發點及其對倫理基礎的關係而言，這個哲學的嘗試，本來可以喚起大的興趣，但就因有這些困難與傾向，它的重要性遂不免減損。就連在『自意識的成立』一書中，楚爾伯亦以他所特有的坦白性，說：『我能想像人們將如何判斷。不，就連我自己看來，我自己的原理的必然結果，亦似乎會把我推到一個童話的思想界。』他對自己見地上這些弱點是坦白承認，而對他人的見解則非常寬容。在一八六五年他所發行的一本書上，他說：『强迫我們排斥一切超感覺事物的，是科學事實的勢力，至若唯物論最著名代表的意見，我是從來沒有。我常覺得，外部經驗及內部經驗的事實，有非常多種的意義，卽令在神學的或唯心的方法下，假設有一個其他世界來予以說明，亦有充分的權利，甚至沒有任何論理的謬誤。』又說：『瓦格訥（R. Wagner）曾一度聲明，他假設一個非物質的靈魂，並非依據生理學，却祇因有道德秩序的觀念內在於他自身中，並與他自身不能分離；他又假設，在以神學方法思惟的人的大腦中，有一種信仰的器官，當作這種觀念的必要的條件；同樣，我亦公開聲明，就我而言，我所以否定超感覺的靈魂，亦非依據生理學或依據排除超感覺的悟性原理，却因有一種道德的義務感情，使我趨向自然的世界秩序並以自然的世界秩序爲滿足。』『大腦物質之某種化學的物理的特性，』更與宗教的要求相適合，其他的特性則更與美學的要求相適合。唯物論與非唯物論，均非從知識及悟性生起，乃從信仰及感情生起。[六四]

我們將充分知道，這極端的見解含有多少眞理的成分。但在這裏，我們須記着，這種見解，與楚爾伯的薄弱的不徹底的關於自然科學的見解聯在一起，實徒犧牲了唯物論的强點。這種見解至少像畢希訥以蓋然性混同於實然性一樣，與正當的態度相背。在這些疑問上，悟性決不如楚爾伯所想像，是中性的；事實上它將歸納地認嚴格機械宇宙觀有最高的蓋然性，在其旁，超越的理想性，祇能在『第二世界』存在。在他方面，可思惟世界的假定，亦不能證明經驗之『神學的』或『唯心的』解釋。楚爾伯不過在矛盾之中有一貫。康德的『可思惟界，』事實上，很可以和自然研究的一切結果相調和，楚爾伯因嫌惡康德之故，遂致屢屢非難康德，但同時却又承認，教會正統派的最極端的教義，比較地有其確當處——這種教義雖不以現象界背後的『第二世界』爲滿足，但屢屢以其信條，使與經驗事實的最可靠的結果相衝突。

楚爾伯在烏柏衛形成其唯物世界觀——關於這種世界觀，我們以後要談到——時，曾與烏柏衛發生密切的交誼，間接因此故，楚爾伯在唯物論史上又取得了一種意義。人們現在依然期待楚爾伯有一種遺著，內中曾闡述烏柏衞的哲學。楚爾伯死於一八七三年二月，知道他的，都很尊敬他，即在意見上與他極相反對的人，亦因他有高尚的努力而推重他。[六三]

第一篇註

〔註一〕在這裏，奧托・里布曼(Otto Liebmann)是特別值得注意。他一八六五年出版的『康德及其流派』，曾自認確信『必須回到康德。』——鳩根・波拿・梅爾(Jürgen Bona Meyer)，曾於一八五六年，對於當時盛行的『身心論爭，』貢獻了一種以康德見地爲見地的最優良的著作，他在一八七〇年出版的『康德心理學』中，同樣承認康德對於現代哲學的意義(緒論一至三頁)。但最重要的，是一八七一年柯亨博士(Dr. Hermann Cohen)在柏林出版的『康德的經驗學說』(用一個著作，徹底研究康德術語，從而依最正確的定義，更透徹地瞭解康德的意義，這還是第一次)自托倫德倫堡(Trendelenburg)與古諾・菲謝爾(Kuno Fischer)發生奇異的論爭以來，它的絕對的必然性，已爲每一個人所知道。柯亨博士的研究的徹底，並不是毫無結果。我們現在的敍述——康德哲學對於唯物論的關係的敍述——就很可以把這點說明。自第一版以來，本書頗有改著之處，其所以如此者，乃因對於康德的全部體系，有了一種新的吟味，而引起這種新的吟味的，主要便是柯亨博士的著作。——一本極周密的著作，有準確而特殊的研究，那就是愛彌爾・亞爾諾德博士(Emil Arnoldt)所著的論文：『康德論時間及空間之先驗觀念性：贊成康德，反對托倫德倫堡』(載於古普魯士月報第七卷，後於一八七〇年重印於康尼斯堡)。——卡爾・托威斯坦(Karl Twesten)一八六三年所發表的『席勒對科學之關係』一書，對於康德哲學的要點，有一種徹底的理解。這本書，比較近才刊布的他的遺著(托威斯坦在歷史及哲學方面的遺著，在該書，著者曾自稱爲實證主義者)是更後撰的。如果我們比較托威斯坦席勒論第二頁所說，我們就必須斷言，就托威斯坦而言，是康德征服孔德。［二］參看希萊登博士(Dr. M. J. Schleiden)『論近代德意志自然科學的唯物論，其本質及其歷史』一八六三年萊比錫。對此書有一尖刻但不是不公平的評論，在『希萊登的唯物論』的題名下，一八六四年匿名出版於多爾巴。［三］參看『純粹理性批判』第二版序。康德在那裏確曾主張，在徹底的批判上牛頓很有位置，賴有他的學說，祇當作『假設』提出的哥白尼的意見，遂被證明。但要略略知道康德改革的本質，則使其與哥白尼比較（那亦見於序言中），是更重要。［四］參看純粹理性批判先驗的方法論第四章，哈吞斯坦版第三卷第五六一頁。［五］大衞特·休謨人性論傑考伯譯一七九〇年赫里版論心之非物質性第四八〇頁——參照休謨哲學著作一八二六年愛丁堡版第一卷第三一六頁。［六］人性論傑考伯譯論人格的同一性四八一頁以下。——參照休謨哲學著作第一卷第三一九頁以下。［七］未來形上學的入門一七八三年里加版第一六七頁以下，哈吞斯坦版第四卷第一〇一頁以下。［八］入門一七八三年二〇四頁以下，哈吞斯特版第一二一頁。［九］關於數學先天性，英國哲學家間的論爭，開始於休埃爾的攻擊。休埃爾在『機械的歐幾利特』一書中，曾攻擊杜加爾特·斯帝瓦特(Dugald Stewart)所代表的見解——即幾何學的根本原理建築在假設之上。侯塞爾在愛丁堡評論所草的論文，即辯護斯帝瓦特的見解。休埃爾為答覆起見，曾在『歸納科學的哲學』（一八四〇年倫敦）上『純粹科學的哲學』一章，答覆侯塞爾的責難。一八四一年侯塞爾又在四季評論六月號中批評休埃爾的主要著作（歸納科學的歷史及歸納科學的哲學），繼續這種論爭。對於這種論爭，穆勒是在他的論理學（一八四三年）中參加的，但休埃爾在一種特別的刊物（論歸納法，特別論到穆勒氏的論理學體系）答覆他以後，他又在該書後半繼續這種論爭，我們這裏所參考的，是原本的第三版，及希爾的譯本第三版（依原本第五版翻譯的，一八六八年出版於布隆休）；此外，又參看休埃爾的『歸納科學的哲學』。

【一○】穆勒在這廣泛的論爭中，關於休埃爾的見解，不常正確地用他自己的用語，亦很少在正當的關聯上，予以敍述。他常常在論爭點所由而提出的概念上，輕輕滑過。這實在是一個大缺點。這裏，我們祇要列舉兩個誤解的例，且均依其原文。第二卷第五章第四節（第三版卷一第二五八頁），他說：『不必說，我們稱爲公理的眞理，本來是觀察所暗示的。當然，如果我們從來不曾看見直線，我們亦決不知道二直線不能包成一個空間，這一點，是休埃爾博士所承認的，近頃關於這問題採取他的見解的，亦都承認這種見解。但他們主張，證明公理的，不是經驗；他們以爲，公理的眞理，乃先天的，在命題的意義被瞭解的最初瞬間，依精神的組織而知覺；不必要像由觀察所確定的眞理一樣，須由反覆試驗來證明。』這裏所用的『暗示』及『證明』諸字，在休埃爾的著作上，並不用在這意義與關聯上。暗示與證明的這種對立，說明了經驗論者的淺薄。（在經驗論者看來，『經驗』是最後的事物）。說暗示與證明相反對，有如說人格的存在與受動的精神相反對。照休埃爾的意思，在每一種認識上，都有一種形式的自動的及主觀的要素（他把它叫做觀念，康德把它叫做形式）與物質的被動的及客觀的要素（他叫它做感覺，康德叫它做 Empfindung 或 Das Mannigfaltige 感覺或感覺的多樣性）相協作。像形式與質料在象牙的矛上祇能在概念上分開一樣，這兩個要素在公理的眞理之最初的認識上，亦顯明是協作的。當然不能承認沒有形式要素的經驗也能暗示公理；試一考察，與外界客觀要素相結合的這個形式要素，是自動的，我們就更不能承認這點。同樣，公理的眞理之洞見，亦不能視爲證明要素，而與感性相離。所以，當我們說到『精神的組織』，我們決不可像柏拉圖派一樣，把它解作一種『知的直覺，』我們祇用它指示這感性的形式。我們所以能從外界一般受得印象，並從而獲得經驗，卽經由這種形式。在這點，休埃爾曾明白說（歸納科學的哲學第一卷第九二頁）：『公理所要的，不是容認，祇是看見設有某人，不看見它是眞的，便容認它是眞的，這種容認終於推理無益；何故，蓋因它能在什麼場合應用，他不能知道。』在同章第五節，他又說：『直覺是想像的視（參照歸納科學的哲學第一卷第一三〇頁）；經驗是現實的視；如果我們想像自己視直線，卽知直線的某一性質爲眞理，那麼，我們的信仰的基礎，便不能是感官，不能是經驗，而必定是某種精神的事物。』穆勒在敍述休埃爾的見解，卽憑此一段話，但是柯亨博士在康德經驗學說第九六頁（那裏很明白地敍述了穆勒與康德的關係），以一種與萊布尼疵見解相近的學說——穆勒反對這種學說，是很得當的——誤歸於休埃爾的，亦便是這一段話。事實決非如此。『某種精神的事物』一語，乃由穆勒傳至休埃爾者。再者，『Imaginary looking』決不能譯爲『Imaginäres Sehen』，祇能譯爲幻想上的視。休埃爾在以上那一段話，並沒有意思要特別看重幻想上的視與現實的視二者間之差別。他曾明白說：『如果我們把十五件物品排成五排，每排三件，我們就可由視或想像的視（卽直覺），知道它們亦能排成三排，每排五件。』由此可知，現實的視與幻想上的視，在認識過程上，有相等的意義。所以至少在這點，休埃爾是一個正統的康德學派。在第一版，我爲穆勒所誤導，致不會認識這一點，所以我很高興在這裏把它指出。［一一］參看柯亨『康德的經驗學說』第九五頁。在那裏，關於穆勒的命題——二直線不能包一空間的公理，是『以感覺的證明爲基礎的歸納』——他曾簡截的說，『這全然是康德派的。』［一二］柯亨在康德的經驗學說第九六頁，說：『但我們現在問，我們從何處知道，又如何能知道眞實的線，恰與想像上的線相似呢？穆勒的答覆是，在事實上，捨此，實無任何其他的數學的確實性。他由此撤回了他關於科學證據的見解。』〔一三〕威奈爾學院的報告哲學史學之部第六七卷一八七一年版第七頁以下。〔一四〕萊布尼鋌亦要以原子還元爲空間之一般基本概念。參看萊布尼鋌的論文『歐幾利特的 πρῶτα』格哈特發行的萊布尼鋌數學論文集第二部第一卷。烏柏衞在批評德爾布夫（Delboeuf）『幾何學之哲學的序論』（里加版，一八六〇年）時（見哲學及哲學批判雜誌第三七卷），就曾引用這一篇論文。烏柏衞既在一八五一年（萊比錫言語學及教育報告第七卷第一號）論幾何學原理的一篇論文中說明，數學的起源雖然是由經驗獲得的公理，但數學的必然性，完全與這種起源相調和。在這裏，他再提出這樣的說明。烏柏衞的研究，和德爾布夫諸人的研究一樣，說明了我們也許可以比歐幾利特，在更合理的方法上，展開空間的一般性質。但又說明了，無論如何，我們也不能把這種性質，還元爲沒有直觀亦能理觀的概念。〔一五〕烏柏衞論理學體系第三版第二六七頁。『證明力不存於作圖之上，乃存於已證明的命題或公理定義對於待證明的命題之應用；這種應用，在本質上便是三段論法的手續。作圖祇是學習的方法，不是認識的方法，祇是假的舞臺，不是基礎。』——這種『學習的方法』與『假的舞臺』是否爲科學發展所必要，這種直觀（人們往往與之混同於『經驗』）是否爲可能性的洞見所必要，當然是問題。〔一六〕龔榕曼（同書第一八頁）認爲『根本是分析的』的命題，爲烏柏衞在一八五一年一篇論文（見註一四）中所詳細證明了：避免先天綜合的兩種方法。〔一七〕龔榕曼在說明康德的學說時，曾非難他的淺薄。這種非難是不應當的。下述那一種觀察，可以把這點說明。康德曾極力避免混同七與五之並置及七與五之相加。但這種觀察，却爲龔榕曼所不曾注意。在相加這個概念中，事實上已經包含加五之單位於七之單位之系列中的意思。

自八爲始作五度的相加，抑亦加一於這數的系列，正是學校兒童學加法時所須努力學習的問題。『七與五的結合』在康德心裏，並非指先回溯單位的總額，而重新把它們計算所得的結合，却祇指已計算的數來七與已計算的數來五的結合。在『結合』的概念及『＋』這個記號中，本來不包含這以上的意義。但我們既用此爲加法運算的記號，所以與梅曼所不免的誤解，康德必須明白去避免。參看純粹理性批判原理論第二部第二章卷二第二節、哈吞斯坦版第四卷第一五頁。——如果我們說，康德的命題將由『我們普通都如此做』的事實而被是認，則事實上我們又暗示了，分析的判斷與綜合的判斷之區別，祇是相對的；又暗示了，同一判斷，得按照主觀之特性與表象範圍，而成爲分析的或綜合的。但我們無論怎樣用科學的方法來處理數的概念，亦不能把算術的綜合要素除去。我們祇能將其移至他所，或相當的使其還元。但康德相信算術中有無數這樣的綜合命題（他不稱之爲公理，却稱之爲數的公式），却是錯誤的。其數，乃從數的體系而定；因三十與二十的綜合，和三石與二石的綜合，有恰好相同的機能。——康德曾主張，在大數的場合，綜合的性質尤爲顯明（因爲在這場合，我們可任意處分概念；）沒有直觀爲助，單是分析概念，我們決不能發現其總額。對於這種學說，漢克爾(Hankel)全抱反對態度（複合數講義第一部萊比錫版一八六七年第五三頁）。他以爲，在我們五隻手指上，我們可以表明2·2＝4；但決不能用此方法，證明 1000·1000＝1,000,000。這一種見解，當然是正確的；就康德命題的消極方面說，成爲問題的，是『數的概念』這幾個字作什麼解釋。在事實上，大數的運算既非直接從概念，亦非直接從直觀引出，乃完全以部分運算的分割（那是數的系統的基礎，而在阿剌伯的數的系統中，還有完全相應的文字表現）爲根據。在日常生活中，我們幾乎祇能有依部分運算的繼起而起的記號的直觀。穆勒亦曾說明，這種記號的直觀，能代表事物的直觀（論理學體系卷二第六章第二節，希爾譯本卷一第三〇六頁）。部分運算的繼起，我們常常機械地採用，但這種機械手續的規則，往往依先天的（穆勒稱之爲歸納的）命題——等數加等數，仍爲等數——之助，而科學的予以還元。又依這同一命題之助，科學雖能把算術之綜合的要素，還元至最小限度，但決不能完全把它們除去；在這裏像在幾何學上一樣，我們不僅在初基上，即在科學的進步中，亦不能缺少依直觀而得的綜合命題。——在這裏，我們再說說西格瓦特（Sigwart）。他的論理學（一八七三年出版於杜賓根），因近頃方始出版，故未在本文道及。他主張康德的綜合判斷與分析判斷，祇有相對的區別（一六〇頁以下。）從論理學的見地考察，這全部區別的價值，很是可疑。但即承認這點，這種區別在純粹理性批判中所充的目的，也不致受何等影響。但西格瓦特主張一切個別的知覺判斷——例如『這朵玫瑰花是黃色的，』『這種液體是酸的』——是分析判斷的時候，作爲這見解基礎的『分析的』的定義，比康德的定義，其價值還更可疑。『這種液體是酸的』這個判斷，若與表象的綜合——西格瓦特（一一〇頁）把它當作一種特別的作用，放在前面——相分離，那就會把一切確實的意義失去。『這朵玫瑰花是黃色的』這個判斷，在論理方面，亦會隨說話的情形，而有非常多的意義。就是『被告有罪』這一個判斷，在證人口裏（一〇三頁），亦不能認爲是分析的，因『被告』這一個概念，是法庭給於發言人的，他伸述這個命題，並非因要爲自己分析這個概念，乃因要綜合裁判官的主辭概念與賓辭概念。把同一的文字表現之心理的內容之無限的雜多性，在非僅有相對效力的概念下，予以分類，是毫無益處的。我們如要批判康德的分類及以此爲基礎的結論，這問題是不重要的。康德認經驗判斷的發生，即在知覺的瞬間，惟言表的判斷是以後繼起的。在 7＋5＝12 這個判斷中，關係亦是這樣。按照康德的意思，我們必須認這個判斷，是在單位加成十二的那一瞬間成立的，從而表象的綜合（西格瓦特亦承認其爲必要）的完成，亦就是在那一瞬間成立。但在他方面西格瓦特却把心理的綜合作用放在前行，而以分析的（按照他自己的定義第一〇一頁）判斷（把曾一度獲得的表象綜合，分解爲主辭與賓辭）爲一種特殊作用之續。即令採納西格瓦特的定義，康德的斷言的本質部分依然不喪；惟現已不復指判斷，祇指那使判斷有成立可能的知覺上的心理綜合作用。 ［一八］參看台羅（Tylor）文化的起源斯朋格爾及鮑士克（Spengel und Poske）譯一八七三年版第七章計算術二三八頁至二六八頁。在人們未發明數字以前，人們是以手指計算的。奧林諾科有一個印第安族，以『一隻手』來表示五；以『他手之一』示六，以『二手』示十。十以上的數便用足趾表示。所以，『一隻足』等於十五，『他足之一』等於十六，『一個印第安人』等於二十，『他一印第安人的手指之一』等於二十一；以下類推。參倫尼西文之聖經譯本把三十八（約翰傳五·五，）譯成『一個人，兩邊，五與三』。這些記號與表現，很容易和所計算的事物的表象相融合。這一點，很可依蘇魯語的文法構造來說明。在那裏，『食指』（第二手的食指，那是從拇指算起）二字，有七的意義。因此，有『七匹馬』這個句子，往往表現爲『馬爲食指所示』。後來，發明了與數指無關的數字，數才用對象的性質來表示，例如以『月』或『地』（因僅有一個）表示一，以『眼』，『翼』，『臂』表示二。在勒玆族人之間，還有一種計算的方法，甚爲特別：『他們數蛋及小魚時，每次必投三隻，所以，「Mattens」（一投）這個字，遂代表三的意思；比目魚每三十隻，聚成一串，所以，Kahlis（繩）這個字，遂代表三十的意思。』（同書第二五四頁）。 ［一九］參看穆勒論理學體系卷二第六章第二節；卷三第二四章第五節。希爾譯卷一第三〇八頁以下；卷二第一五五頁至一五九頁。 ［二〇］在這裏我們應當注意數學家完全離開『直觀的限界，』而確立純智的不含直觀的數學之努力。在這種努力僅限於數學專家範圍內，不要解決哲學問題的時候，這就不易知道，我們必須怎樣去迎戰那反對康德哲學的見解或別的表現方法。在一定的意義下，普通的解析幾何學，已離直觀——即以非常單純的代數的算術的量的關係之直觀，代替幾何學的直觀。但近頃那已有大進步；對於疑問點毫無根本瞭解的人，亦常要超過單純技術過程數學過程與哲學斷定間的界限。所以，漢克爾（Hankel）在註一七所引的那一本書中，會幾次公然斷言，他的『一般的形式學說，』是表示一種純粹理智的與一切直觀無關的數學，『在這種數學上相連結的，不是量或其圖象（即數字），乃是知的對象，是思想上的事物。實際的事物及關係，和這種思想上的事物可以是相應的，但不必是相應的。』這種數學的對象——一般的形式的關係——在包含實際關係的可能性的限度內，亦被他認為是『先驗的』或『可能的。』（複合數講義卷一，第八頁以下。）有人說，這種純粹形式的數學，祇是普通算術的普遍化。漢克爾對於這種見解，會提出顯明的反對：他以為，那是『一種全新的科學，』其規則不依普通算術而『證明，』祇依普通算術而『例解。』但這個例解，正是這新科學的綜合基礎之直觀的證明，這種科學能依其思想上的事物，實行演繹的手續，正如代數能依一般的數的記號，算術能依實在的數字，實行演繹的手續一樣。實際上，人們對於漢克爾，像對於『一般形式說』發明者格拉斯曼（Grassmann）——參看他所著的『線的延長論』（萊比錫一八四四年版，那完全是一本哲學的著作，）及『延長論』（柏林一八六二年版，那是一本更大的更屬於數學範圍的著作）——一樣，祇要比較更細密地考察他所使用的任一個一般的概念，便可立即發現當中的直觀要素。例如，我們怎樣知道『結合』『交換』這一類用語的意義呢，那一定因為我們藉助於直觀，藉助於結合物或交換物的直觀。就使祇有ab及ba這樣的字母，亦足成爲我們瞭解之助——純粹形式的數學，實際像近時數學上大多數重要的進步一樣，雖由概括原理成立，但不因此而損失其重要性。要由同一原理按同一方法從數學出發，對論理學投下新的光明，決不能認爲是不可能。——里曼（Riemann）及黑爾謨浩爾茲近於超越（哲學意義上的超越）的研究，我們以下將要敍述。在這裏我們祇要講講，和他們反對的貝克爾（J. C. Becker），曾在康德的意味上，在數學及哲學之限界領域（舒里克一八七〇年），又曾於物理學雜誌第十七號第三一四頁以下揭載『我們關於空間的直觀的最新研究』敍述直觀的重要。〔二二〕初版這裏是用『思惟能力』這一個名詞。那時候，這個名詞是用得很廣泛的，好像康德的靈魂能力一樣，它不指任何特殊的心理學學說，不過指這種機能的可能性。這是經院學派心理學說的遺痕，就連這個遺痕，我們亦寧可除去。此外，我們又可在這裏說，赫爾巴特反對靈魂能力說的有名的論爭，僅僅接觸了一種通俗的傳佈甚廣的這種學說的變形。經院學派的眞正見解不外是，一切心理的行動，都有同一的唯一的靈魂在活動，能力決不是一種特殊的器官，祇是這特殊行動（在客觀方面被思考）的可能性。所以情形必依然和在沃爾夫的場合一樣，如果我們僅固執他的定義，不從肉體器官的比論，採納以通俗的能力說爲根據的說明。——康德在心理學的抽象上，還更進了一步，因爲他不能豫想任何統一的靈魂本體，在他看來，靈魂能力祇是一個未知主體的機能的可能性。他所以固執能力說，祇因他相信，他在此實際關於現象有一個表解與分類可資應用，但這種分類的結果，却屢屢使他遠離他的目的。至若我們爲什麼使用 Organization（組織）或其同義字 Einrichtung（這都不是康德的用語），且待以後再說明罷。〔二三〕古諾·費謝爾及與古諾·費謝爾一部分相一致的龔梅曼（註一三所述『康德在數學上的偏見』那一篇論文二四頁至二八頁），尤其是這樣。——梅爾（J. B. Meyer）在康德心理學一二九頁以下，亦曾細述如何以反省發現先天的要素。又參看柯亨所著『康德的經驗學說』一〇五頁至一〇七頁。梅爾說：『在這點，康德迄未明白敍述他自己，即我們非由經驗獲得先天的形式，乃由對經驗發生反省，才獲得這種所有物的意識。』梅爾這個命題，柯亨曾加以嘲笑。自然哪，以這種形式非難康德，是不得當的。但在他方面，我們仍須斷言，康德未十分說明，對於經驗的反省，亦不外是歸納的手續。數學命題的普遍性與必然性，固然不是從經驗（數學對象的經驗）引出，而是由反省發現；但若沒有經驗——不是數學對象的經驗，祇是數學（作爲一種對象）的經驗——這種反省便不能發生。果如此，則完全發現一切先天事物的要求，便不能支持；康德自己所以支持這種要求，當然不是根據先天要素之先天的演繹，祇是根據論理學心理學上一種似乎不可攻擊的分類。〔二二三〕純粹理性批判的不明白的地方，大都是從這一種事情發生，即康德在研究心理的時候，並沒有任何特殊的心理學前提。在初學者看來，似乎不易瞭解的字句，大都以這樣一種事實爲基礎，即，康德以這樣的普遍性研究一切經驗的必要條件，俾對於各種關於靈魂超越性的豫想是一樣適合，或更正確的說，他關於靈魂本質未有任何豫想，甚至不認靈魂是一種獨立的，與身體毫無關係的本體。〔二二四〕初版（一七八一年）序上，康德曾說：『關於確實性，我是十分相信，在思想這範圍內，意見是完全不許有的，一切稍與假設相似的事物，均在排除之列，認其在此種討論上毫無價值。因爲一切要依先天理由來確立的認識，都以此爲必要條件，應認其爲絕對必要的。設若要規定一切純粹的先天認識，對一切必然的（哲學的）確實性提供一個標準，從而提供一個實例，那就尤其是必要的。』假如我們不在同一篇序言中，看見康德僅把範疇之一般的演繹（作爲一切經驗的豫想）放在心裏，同時又陷在這種偏見中，認『普通論理學』有例可據以說明『一切它的單純的行動，可充分地系統地列舉出來，』所以，在完全範疇表的發現上人們所設想的確實性，不是先天原理演繹上的確實性，却祇是與件（被設想爲已與之件）完全觀察上的確實性，那麼這一段話，就很可用來支持古諾·菲謝爾的本來不可靠的見解了（參看註二二）。——入門一七八三年版一九五頁以下，有一段話，康德雖輕蔑『或然性與臆測的兒戲』並宣稱『先天認識的事物必然是確實的，且必須如此證明，』但這一段話，並未意指這種認識的存在，是由於先天原理的演繹。這種認識的內容，固然是先天確實的，但其存在，照康德說，乃依照矛盾法則，從內的知覺的事實依確實的推論而得。——此外，我們必須在這裏明白說，這種說明，不過是康德現實程序的抽象，我們亦沒有明白的證據，可以證明康德已明瞭他的大企圖之方法論的基礎。這是可能的，康德在這點未充分超脫一七六三年著『形上學學問的基礎』一文時他所抱的見解，雖然這種見解，完全和純粹理性批判的見地不相融合。如果我們在這點，以十分的理由，修正我們第一版關於康德程序所抱的見解，我們仍必須指出上面引述的那幾段話（此外還有許多處是像這樣）確乎加重了對面的重量。

〔二五〕『物心組織』這個名詞，也許是不適當的；但我們所以用這個名詞，乃因要指示一種思想，即作爲現象物理的組織即是心理的組織。這是超越了康德，但其超越程度是可以辯護的，沒有人所猜測的那樣遠。但這一種修正，却提示了一個極易瞭解的概念，來代替康德關於經驗的先驗條件所抱的很難理解的觀念。其全部差別在此：康德排除先天綜合基礎上的存於物自體中的完全不能瞭解的概念，認其爲我們所不能達到，而代以被稱爲範疇的諸種概念，這諸種概念雖至多祇是先天要素的最單純的表現，却被他認爲先天要素的起源。如果我們願意指出先天要素的眞正原因，我們不能說是『物自體』，因爲原因的概念不能達到那裏，（換言之，物自體的判斷，祇是我們的觀念界的完成，捨此別無意義）我們必須以現象代替物自體。概念亦祇是現象；但若我們以此代替原因的概念，或認其爲現象的最後原因，我們便陷於柏拉圖主義，比選用『組織』一辭，是更危險得多地離棄批判的原則。一句話，康德細心考慮後，仍頑固排斥『組織』的概念，不過爲避免唯物論的外觀，但結局卻陷於他曾在他處排斥過的唯心論中。我們如要躲避這個雙關論法，則全部理性批判，必致化爲一種內容的重複敍述，即先天的綜合在先天的綜合內有其原因。反之，如若容納組織的概念，那就不僅這種重複敍述可以消滅（這是理性批判最單純的但最不公平的解釋），即在柏拉圖方法下，把範疇實體化的强制，亦將消滅。但結局卻像我們所說，留下了唯物論的外觀；究其實，康德哲學之首尾一貫的說明，莫不須採取這種外觀。疑惑在那裏呢，組織的概念是怎樣和先驗的研究鄰近呢？對於這些問題，萊因荷爾特（Reinhold）的關於人間表象力的理論（蒲拉格傑拿一七八九年）有最好的說明。這本書，曾要在一個新方法上，解決理性批判的問題。這裏，『表象能力的一般理論，』開頭便依表象的條件，對『表象能力』下一個定義；像這樣避免形上學的及心理學的特殊豫想，像這樣的重複敍述的傾向，全然是康德的。但以下有一長篇議論（第一九五至一九九頁）其主要目的在說明我們不可用組織一辭來說明表象能力，因爲哲學家對於這樣的問題——表象能力究以單純的組織爲基礎（唯物論者），抑以無組織的單純本體爲基礎，抑以此等要素的合作方法爲基礎——尙不能有一致的見解。於是，我們明白看見了，這裏所說的組織，乃是作爲物自體的組織，否則，即不能與純粹超越的單子或其他形上學發明並列。但若我們認組織爲現象，並假定它是未知的物自體之現象，則不僅唯物論會消滅，即以此見解與形上學者諸種發明相並列的一切權利，亦會消滅。這樣，形上學者仍可假定這組織的基礎上不存有任何進一步的事物(唯物論者),或假定其基礎上有單子的活動(萊布尼茲的唯心論),又或假定其基礎上有某種絕對未知的事物(批判論)但作爲一種現象,則組織便是與件其他一切事物都是幻想也就爲了這個理由,我覺得必須使這唯一所與的事物——在我們知道的限度內人間本質的一切特性,都依此而加入因果的關係中——與表象能力相結合,或與先天綜合的原因相結合,但我們不能像奧托·里布曼那樣說『精神的組織』因爲這是超越的,從而與其他超越的假定並列。我們不如把組織或物心組織這個名辭,解作物理組織的部分,那部分對我們的外官而言,似與心理機能有最直接的因果關係,同時我們又可假設地假定這現象的基礎上,有物自體的純粹精神關係或精神本體的活動。要適當地批判康德對這種先天原因說的態度,除須注意許多同樣重要但更不明白的語句以外,尙須注意第一版(一七八一年)第三五九頁以下先驗心理學第二謬論的批判的結論。『在這點,一方面被稱爲「物體的,」同時他方面又是思惟的其思惟,我的雖不能直觀,但其記號作爲一種現象,却爲我們所能直觀。所以,唯靈魂(作爲本體的一種)能思惟這一句話,必須拋棄。我們不如像普通那樣說,人們思惟。換言之,作爲一種外部現象,那雖有廣延,但就內部說(或就其自身說),那却是一個非複合的有思惟的單純的主體。』 〔二六〕要說明形上學者所謂『純粹思惟』——在這點,康德也不能例外——是不存在的,當然還是將來的一個問題。康德認感性爲純然被動的;從而自動的悟性,要在空間生出感覺現象的圖象,必須在多樣之中創造統一。但在這絕對必要的主觀的綜合作用中,却不包含所謂『悟性』祇在這不自然的豫想——卽一切自動性屬於思惟,一切納受性屬於感官——上,事物印象的綜合,才與悟性相結合。但當我們發覺事物印象的綜合,豫想着本體的範疇時,我們却須問,當作範疇麼？答覆祇能是否定的。印象之感能的綜合，才是本體範疇最初由而展開的基礎。要充分證明一切思惟本來都是感性的，這裏當然不能做到。我們祇要說，就連論理學的必然性，亦須完全還元爲表象的感覺圖，而關於論理的圓（或線或角）那麼遺鄙薄的『入門書』決不僅有教授上的意義，且包含論理規則的必然性的基礎。數年來我已在論理學課堂中屢提示這種證明，如我能在這範圍內再繼續工作數年，我希望，我能使其傳佈益廣。　［二七］近頃的研究，固提示人相反的結論，但問題依然待確證。德沃爾（Dewar）及瑪肯德利克（Mckendrick）曾研究光對網膜的影響，對於視神經的傳導力曾引起怎樣的變化。他們研究的結果是，這種變化非比例於光的量，祇比例於其商的對數。他們從從此斷言，費希奈的精神物理法則，非源於意識，乃源於末稍器官之解剖的構造及生理的性質。參看英國自然雜誌一九三號一八七三年七月十日發行，曾由斯凱拉勒博士譯載於自然研究者卷六第三七號一八七三年九月十三日發行。　［二八］在這裏，我並沒有採納托倫德倫堡『間隙說』（Lückentheorie）的意思，蓋因托倫德倫堡不僅認空間是主觀的，同時又是客觀的，他還辯稱二者之間存有因果關係，相信康德因爲忽視了一種可能性，所以認空間與時間的普遍性與必然性，從而，認他的『經驗的實在論』是以此等形式純然是主觀的這一種事實爲基礎。參看愛彌爾·亞爾諾特博士的周密的論文『康德論時間空間的先驗的觀念性』康尼斯堡一八七〇年及柯亨博士的康德的經驗學說第五卷第六十二頁至七十九頁。——爲要避免對於這些命題（在體系的嚴密關聯上那完全是正當的）發生誤會起見，我們必須附言，康德決不要證明物自體的非空間性及非時間性；『批判』的整個見地，使其不可能。他祇要說明，空間與時間（關於它們，我們祇有依賴表象才能有所知悉，）在經驗之外，決不能有任何意義。有時他就簡截地說，『空間是無』但這句話的意義，依然是：『我們的空間，我們不知其他的空間。』我們可以猜想其他的存在物（參看下註）亦有空間表象，但把空間性當作物自體的性質，我們却不能洞察其如何可能。但亦祇能在這程度內否定，決不能再進。如果有人要依猜測（那完全與體系不相容）假定三次元的廣延性是屬於物自體，康德對他，除責備他妄想以外，決不致別有所非難。說這意義上的客觀的空間，已證明爲不可能，是無疑問的；我們祇能主張，把我們所知的空間的性質，移入這假定的空間（例如無限性）是不得當的；實際，這假定的概念，本祇是一個空虛的概念。［二九］純粹理性批判卷二第七二頁先驗的美學的一般註解（三版第七九頁）之末，可以參照。那裏曾說：『再者我們不必就要以空間及時間的直觀方法，限於人間的感性。也許一切有限的思惟的存在者，在這方面都必然與人類相一致，（雖然我們關於此事無從決斷，）但感性不因有此種普遍性，便不成爲感性。』……接着又屢屢提示（那當然又與體系不相適合）別樣的思考方法，即『睿知的直觀』全屬於本體或神。『睿知的直觀』那一個幻想，在他場所亦在體系中佔重要位置，那就是註二五所論的任意的假定：祇有我們的思惟是能動的，我們的感性祇是所動的。——

我們可附帶說，在康德上述那段話中，蓋然的必然性有了一個甚明白的例，但依希林（Schilling）教授（數學史及其批判之貢獻萊比錫一八六七年）的意思，這一個聯合名辭包含着『明白的論理的矛盾。』這可用來說明，論理學的考察很易致於疏忽。［三〇］未來形上學入門里加一七八八年第八頁至一五頁。［三一］就上下文的關聯看，這所謂『經驗的範圍，』乃指這個範圍，祇在這範圍內，先驗的與經驗的之間，『現象的』與『本體的』之間，才有完全的分離。這和康德的用意完全一致，凡讀過康德著作的，都能明此。但我在唯物論史新傾向一書（文德帝爾一八六七年第三一頁至三六頁）中，却不得不對此提出完全的證明。我不否認，我對於已故教授希林的衒學氣，所以如此痛烈地予以駁斥者，其最大原因便是他在這點顯然不理解康德。如果我早就知道了古諾·費謝爾和托倫德倫堡的論爭，我對於希林的批判，必更和緩。〔三二〕一般自然史及天論（一七五五年）序『伊璧鳩魯乃可恥如此，竟認原子所以能相會，除了以自身的運動爲原因以外，別無其他的原因』（哈乔斯坦卷一第二一七頁）〔三三〕穆勒論理學體系希爾譯三版卷二第一〇六頁（第二十一章第一節，原著三版第九六頁）。〔三四〕因果法則是否結局必須化爲這樣單純的形式，使與原因觀念（『必然』『能力』那諸種觀念亦是這樣）相結合的人形的副觀念，完全消滅，或減至無害的最小限呢，那完全是另外一個問題。確乎，在這意義上，即因果的範疇，亦不能要求不可侵犯性；例如，孔德雖完全放棄原因概念，而以事件的不斷連續爲代替，我們亦不能以原因概念有先天性爲理由，來攻擊他這種手續。但在這裏，仍有一個不可缺的要素，可從想像力所附加的成分中引出。知識文化愈進步，這種淨化（例如在『勢力』概念上），將愈感需要。關於因果，則如後所述，徹底把當中混合着的人形概念除去，確非常重要；這個人形概念，把原因看作能動的生產爲要素，使它比結果有更高的價値與意義。〔三五〕當柯亨博士所著『康德的經驗學說』出版時，我已由新的研究，豫備在這點把我的見解改變。柯亨博士的著作，遂使我對於康德的體系，從事一度完全的改訂。結果是，關於康德見解之客觀的敍述，有許多點，我不得不附和柯亨博士的解釋，但仍保留這種意見，即，在我看，康德並不像柯亨博士所看到的那樣沒有矛盾和動搖的地方。我們剛剛有一種康德言語學，也許不久就有模倣者。這種言語學，像托倫德倫堡學派的亞里斯多德言語學一樣，其主要動機，是把它的研究對象看作毫無矛盾的統一。這是很自然的。但此所以不可能的諸點，却再確實沒有地表示出來了。要知道這裏所述的關於物自體的見解，可參看柯亨『康德的經驗學說』三五二頁以下關於現象與本體，關於反省概念的誤謬那數節。〔三六〕哥德（詩，神，心情，與世界之部在『當然，哪，物理學者』的標題下），對於這有名的詩句：『任何創造的精神，亦不透徹自然的內部；幸而，它祇能顯示自然的外殼。』(In's Inn're der Natur dringt kein erschaffner Geist, Glückselig, Wem sie nur die äuss're Schale weist) 曾有六十年『祕密地加以咒罵。』這詩，照萊布尼茲哲學的見地，便可解說。按照這種哲學，凡感能的直感，從而我們對於自然所攝的全部圖象，都不過是神的純粹的思惟（或精神的非感能的直感）之混亂的表象。照康德的意思，自然之內面，若解作現象之超越的基礎，我們固不能理解，亦不要理解，但自然科學所謂自然之內面，仍可開啓無限制的知識進步。〔三七〕參照上註二五。論到柯亨『康德的經驗學說』第二〇七頁，我在這裏且再敍一筆。雖說將個個的範疇除去，或由其他方面，把它們引出，康德的體系依然存立，但這仍不足為康德辯護。這是眞的，這個體系的基礎是範疇之先驗的證明，不是範疇之形上學的證明——換言之，康德的眞證明，乃在於此：這些概念已先天的證明了是綜合知識所以可能的條件。這樣我們儘可假定，如這一個根本概念內的不變要素（那是先天綜合的基礎）依然保持，則這根本概念是否由更精密的分析而被排棄，實不足輕重。在這裏我們必須注意，這樣分析固超越了康德，但同時也許會導向範疇表的縮小（也許是補充）；從而，康德的要求（這對於康德體系的建築，或者說，對於康德範疇表的絕對完成，是極重要的），亦將被破壞。設過分着重先驗的見地，依上所述，必致陷於重複敍述，即由可能經驗一般的條件，說明經驗。如果先驗的證明，不要得重複敍述的結果，而要得綜合的結果，範疇便不祇是經驗的條件，且還是這以上的事物。這在康德，是命名為『純粹理性的根本概念，』我們則代以『組織』的名稱。但就為了這個理由，康德的目的，便必然是發現最後的不變的『根本概念，』不是發現人形的漠然的概念之偶然的網。（關於這些概念，其中有無一二與論理上不可缺少的最後的基本概念相當，是不能決定的。）際此機會，我且進一步觀察，像孔德所說，我們雖不能缺少『原因』概念，但『可能』及『必然』那一些概念卻可完全從哲學的用語中排除。關於此事，我希望待以後再行說明。

［三八］我們必須在此明述，這不僅適用於實踐理性批判的大部分全無根據的構成，這種過失，即在『一切原則之系統觀念』（形上學原理不用說了）中亦常常出現。所以，如果有人願從這點支持十二範疇，則眞誠的批判必不贊成『從一個原理演繹。』

［三九］參看我的論文論裁判心理學，尤其是『哀特勒的裁判心理學教科書，』此文載希耐特爾，休瑪耶，及克諾爾茲的國家醫學雜誌第一卷第一册及第二册（歐蘭根一八五八年）。

［四〇］『人間的自然性向，』是更正確的。我在第一版是用『人間精神的自然性向，』這個名辭是更通俗的試一研究，康德（例如第二版序第六頁）所以不用『精神的自然性向，』或『靈魂的自然性向』這一類用語，正因他要使此種性向不致與物理組織貌似不同，也是不無興味的。但在他方面，他又毫不關心地說到『理性』的性質或衝動，（他所謂理性，祇是人的一種機能，）從不會決定肉體與靈魂的關係。——參看註二五。

［四一］未來的科學的心理學，必不從靈魂的概念出發，祇從心理機能出發，而以生理學為基礎。這是我們以後要說明的。古形上學所謂『肉體與靈魂』的關係，並不必在唯物論的意義上決定。這在討論的範圍外，可能經驗的範圍內的現實研究，決不會導向那裏。前註可供參照。

［四二］第一版，我們說出了康德自由學說的這一方面就滿足了。因為我們以為，『自然概念的客觀實在性』全部學說，不過使眞正的問題更不明白，而康德的自由學說卻至少從理論方面看已包含問題的核心，像實踐理性批判

（哈吞浙坦卷五第一〇五頁）中那樣的話，却祗是根本原理的背離。現在的敍述更完全了，這種更完全的說明，和通俗化簡易化的企圖的放棄有關，但我希望，這種說明，對於一般對科學唯物論史最有興趣的讀者，不致晦澀不可理解。有一點是，自由學說渡入實踐範圍時所取得的神祕特色，不能在經驗心理學上排斥自然法則的支配，並且，即在這範圍內，康德的『先驗的自由』和希萊登，特哀勒 (Idolor)，及其他康德學徒所採納的自由學說，仍有天淵之別。我們大體上祗敍述了康德學說的精神，不會敍述它的用語。我們因此所立下的命題，不必在此一一予以證明，必須成一冊書才可述敍完全。〔四三〕有時，黑格爾對歷史著述的影響，被指爲有害。這種指摘，實以這種傾向爲根據，即曲解事實以順從哲學的構成。關於此點，我們曾在唯物論史（見卷上）中，發現了一個這樣顯著的例證。但黑格爾以前德意志的歷史著作是怎樣貧乏，我們往往容易忘記。宰勒在德意志哲學史第八二四頁說得不錯，『我們今日的歷史著作已不復以傳說之學者的發現及其批評的選擇事實之總括及其實用的說明爲滿足，且要瞭解事變之徹底的關聯，大體上把握歷史的發展及其所由支配的精神力。這是一種進步，這種進步，當有不少應歸於黑格爾歷史哲學的影響。這種影響，雖非屬於黑格爾學派者亦曾受到。』正當的見地，當我們以現時的完全實在論的傾向，反對於歷史上的康德及席勒所創始的觀念論傾向時，不免有點迷失。當漢波特（道麥希克席勒及其與科學之關係第三〇一頁）以觀念論的傾向比於生理學的『生活力』假定時，我們也許可以更正確地明瞭觀念與事實在達爾文學說對自然史研究的影響上，持有怎樣的關係。在這裏我們雖把嚴格從事實出發的傾向和構成的傾向辨離，但仍不要忽視對於個物的理解及批判如此重要的一種見地的重要。〔四四〕參看凱本尼人間肉體及精神的關係及關於第一原因的書簡第八版有拔西的增補註解，巴黎一八四八年。這書的前半曾於一七九五年終朗讀於學士院中，而在一七九八年至一七九九年間印爲學士院論文；其後半則見於一八〇二年全集中。『關於第一原因的書簡，』是他最後諸種作品中的一種，作者死後許久（一八二四年）方才公表。關於書簡中的泛神論哲學，尤其是明顯的活力說（假定在有機力以外，尚有一種本體的活力），是否與其主要著作的唯物論精神相反，曾引起一大論爭。出版者披西（Peiess）曾在一篇論文——論述凱本尼的生平與學說——及其若干註解中，說明我們不要希望凱本尼有嚴格的哲學的一貫性，他的著作雖不無小動搖與矛盾處，但我們不能因此便設想他的見解有所變更，或設想他在主要作品及形上學書簡之間，故意表示一種訂正。例如，凱本尼以前有一本著作，內中就有段話，表示他在未著『人間肉體及精神的關係』以前，已決然附和斯達爾（Sthal）輩的活力說。他的泛神論傾向，很容易從此書的歷史節，尤其是從他對斯多亞學派自然哲學所下的論斷，窺看出來。我們雖在凱本尼那裏幾乎發現了近世唯物論者的一切用語（例如，思想是腦髓的分泌），但這並無何等矛盾之處。〔四五〕參看傳記第八節一四一頁及一四二頁。〔四六〕這裏，我們可舉柏茂爾博士（H. Böhmer）所著的聰明而富有教訓的『德意志自然科學發展史。』著者曾抑康德而揚赫德爾，且信奉一種『實在論，』關於這種實在論的缺點，我們以後再談罷。〔四七〕斯托勞斯雖最近才出現，但與此無關。〔四八〕司理宗教、教育及醫務的大臣，曾於一八二四年八月二十一日布告中說：『科學檢試委員會近已深切注意哲學之根本性及深奧的內容，冀使近來彌漫全哲學研究界的淺薄皮相的思辯，得終被拋棄而入哲學之根本研究，並使真的哲學研究，得再受得尊崇而有價值的位置，使大學學生不爲似而非的哲學所混亂所愚昧，而依哲學精神的根本訓練，導入精神力之明快的正當的根本的應用。』婁訥（Rönne）普魯士的國家教育制度卷二第四二頁。——『似而非的哲學，』也許是指毅奈克（Beneke）的哲學。參看烏柏衞哲學史卷三第三版第三一九頁。此布告的傾向與影響，在當時的影響下，必然是造成黑格爾哲學的獨佔。［四九］關於孔德及其體系，可參看約翰·穆勒所著孔德及實證主義（威斯特明尼斯特評論一八六五年曾將其重印）。孔德所著實證主義的精神一書，曾扼要地敍述實證主義的概念與傾向。孔德的主要著作是六大卷的實證哲學論（一八三〇年至一八四二年），第二版出於一八六四年有利特序。德意志注意孔德，是最近的事情。烏柏衞哲學史（卷三第三六一頁以下），曾依據保羅·傑內（Paul Janet），關於孔德有一個短短的說明，但那是極不公平的，竟認他的三階段說（神學階段，形上學階段，實際學階段，）祇是他的哲學的消極部分，其積極部分，不過是這樣兩種思想；即，『一定的歷史假設』及『一定的科學排列。』實際，他的積極的功績，主要是把『實證』（這是孔德所特有的）這個概念完成，並首尾一貫地使用它。更正確的報告，可參看杜林的批判哲學史柏林一八七三年第四九四頁至五一〇頁。［五〇］未來哲學的原理萊比錫一八四九年第八一頁第五五節。［五一］此一段文章，見未來哲學的原理第三二、三三、三七、三九諸節。［五二］上書第三四節。［五三］上書第四〇節四二節。［五四］未來哲學的原理第四二、六一、六二諸章。這幾段極重要的文章，爲夏勒爾（在費爾巴哈哲學的敍述與批評萊比錫一八四七年）所完全看落了。他因此故，竟把費爾巴哈的倫理學和史迪訥的倫理學看作同一的東西，斷言利己主義與詭辯的『精神在原理上的不道德性，』爲費爾巴哈原理之不可避免的結論。——這裏我們須附言，把費爾巴哈的『對人主義』及孔德的『利他主義』並行，是很動聽的，但即不細加說明，也知道，非過於其實地形容二者的類似點，則要表露二者的共同特色，乃爲不可能之事。費爾巴哈的出發點，是個人，這種個人要在他人之中求自我之完成，他的爲全體的行動，是出於人格的愛。在孔德，出發點卻是社會與人類的社會行動。他的道德律『爲他人而生活』（Vivre pour autrui），不像情緒那樣是由內部自由流出，而必須依對社會的義務思想來維持。

［五五］『勢力與物質』結論中，『假設』這一個名辭，是用得太散漫了（一版第二五九頁以下）。在這裏，宗教的信條亦被稱爲『假設』。反之，在自然與精神八三頁中，『假設』這個名辭是用得更正確。在那裏，原子論被稱爲『科學的假設。』

［五六］佛雷叔特謂事象一般祇相互存在。在這原理，必須認爲是相對論的（即令不認是觀念論的）。他又謂最小是無限的，從而原子概念必然是相對的：這種學說，亦是這樣（勢力與物質一版第二二頁以下，自然與精神第八二頁以下）。但畢希訥認原子爲事實，爲發現，仍不是不可思議的。——『達爾文理論六講』（萊比錫一八六八年第三八三頁以下）中，畢希訥曾明白排斥系統的唯物論，欲稱自己的哲學作『實在論。』

［五七］這裏所指的文章，大都見於自然與精神（夫郎克福一八五七年），作者在其他各方面雖很有技巧，但他這部書的嘗試——試在一種平靜而公平的論究形式下，把自己的哲學介紹於公衆——卻完全不會成功。參看八三頁：『我們的認識不達到自然之內面，物質之眞實的最深的本質，依然是我們所不能解決的問題。』——又一七三頁：『我須向你告白，關於時間及其永遠性，關於空間及其無限性，我們是無知的。』——論到時間空間的無限性（同書一七六頁以下），他自己的見地的代表（奧加斯特，）說空間、時間、及因果對我們概念所置下的限界，『是這樣遠隔，和我關於世界及物質的哲學見解幾乎沒有關係』就滿足了。——下述那一段很可注意的話，是從勢力與物質第一版（以後各版，幾乎把這一段話完全删去了）第二六一頁引用來的：『在我們的感官認識所不能達到的那背後，一切可思惟的事物方能存

在，但這一切都祇是任意的、觀念的、形上學的。排斥經驗的人，亦必排斥人間的一般理解；他不知道，人間的認識與思惟，沒有眞實的對象便沒有任何意義。』這正是康德的意思，所不同者，文字而已。　［五八］這完全適用於畢希納，他在人類在自然界的地位一書（萊比錫一八七〇年）的註八二，因感謝我們認識他的詩的天分，曾對『物自體』作一首讚歌，並冠以一篇冗長的但並不很明晰的駁論。康德認不是我們的概念依對象調節，乃是對象依我們的概念。我們且不談他怎樣完全誤解了康德這個命題。論康德時我們已解釋過這點，在彼處尙不能瞭解此點者，則在此處雖加以新的討論亦不能使其瞭解。——畢希納先曾要將物自體與現象的差別，還元成爲第一性質及第二性質的舊差別，但仍不敢演出唯物論的唯一的正當結論，即運動中的原子，便是『物自體。』對於這問題，感覺器官的生理學是重要的，但這重要性，極皮毛地，不曾深究這問題的科學方面，便由畢希納處置了。這種處置，正和人們以『大體上我們早已知道了這一切』的話處置唯物論一樣。科學現狀，對這早已出現的一般思想，能給予怎樣新的更深的基礎呢？當這問題有利於他的見地時，他是不惜予以非常鄭重的重視，但當其有害於他的見地時，他却完全把它忽視。——再者，康德的物自體是『一個新的思想上的事物，』是『不可表象的，』是『不可知的。』這一切的話，並非倡自畢希納。畢希納曾於其他諸述語之外，用『不能思惟』一語。『不能思惟』的意思，是極不相同的。他說，物自體所以是不可思惟的，『乃因一切事物均互相存在，沒有相互關係，即不復有任何意義。』但若說一物對人的關係，便是我們所知覺的物的性質——（那還能成爲什麼呢？）——請問，這命題不就是對『物自體』有所主張麼？畢希納像獨斷的唯心論一樣，認無任何關係的物爲無意義。也許是這樣。但我們仍可想像，這種物是它對種種其他物的一切現實關係的起源，不祇是對我們的存於我們意識中的關係。後者，即通俗所謂事物，批判哲學則稱其爲『現象』。此外，畢希爾文依以感官知覺主觀性還元爲個個錯覺之方法，說明在這範圍內他未充分明白經驗的結果。他曾表示要在更適當的場所再討論這問題，但若在這場合他有必要的知識，要瞭解它是不難的。〔五九〕新感覺論萊比錫一八五五年緒言第六頁。〔六〇〕自意識的成立萊比錫一八五六年第五二頁以下；新感覺論第五頁。——此外可參看楚爾伯人間認識的限界與起源傑拿及萊比錫一八六五年第二八〇頁以下。〔六一〕新感覺論第一八七頁以下。〔六二〕在『人間認識的限界與起源』（一八六五年）一書中，楚爾伯關於感覺神經的過程，曾更按照合理的心理學來敍述他自己的意見（第二一〇頁以下）。但在他方面世界秩序不變的見解，太陽系統永存的見解等等，依然可在那裏發現（第一二九頁以下），但因其輕視力學之不可否定的結論，致受攻擊。〔六三〕楚爾伯所用方法的危險性，是很容易知道的。好而大的假設，大體僅包含一個在多數場合已被確證的假定；但在這裏，我們却有一長系列的罕能由經驗證明的假設。它們非獨立的，更非像在自然科學上那樣用來說明特殊情形，但每一個假設都是其他諸假設及全體系的必要支持點。如果其中有一個是虛僞的，全體系便都是虛僞的。如果每一個假設的眞理的或然量等於其非眞理的或然量，那便是等於$\frac{1}{2}$，如是，全體系的眞理的或然量即等於$\frac{1}{2n}$，n指假設的數目。依必要補助假設而成的構成，是極不安定的，這種不安定性，取決於這個單純的數學法則，雖然我們覺得這種不安定性尙未有數學的證明。〔六四〕人間認識的限與界起源第五〇頁及五一頁。〔六五〕關於楚爾伯及其見解，可參看古普爵士月報第十卷第四期三三八——三五二頁（一八七三年曾重印於康尼斯堡）約翰生博士（Dr. Ed. Johnson）所撰的有名的傳記。

第二篇　自然科學

第一章　唯物論與科學的研究

唯物論一向是以自然的默察爲基礎；但現在，對於自然過程，它已不能以它的理論之可能的說明爲滿足。它必須以它自身，立於科學研究之上。它亦高興接受這個公論壇，因爲它相信在那裏它必定會勝利。我們的唯物論者，有許多，簡直把他們的世界觀，看作是科學精神的必然結果——是思辨方法被捨棄，事實的精確研究法被採取以來，自然科學非常發展非常進步之自然的結果。所以，當某有名科學家斥責這所謂結果，把唯物論看作祇是事實的曲解，祇是皮毛研究者（即令不說是荒唐的說夢人）的誤謬時，無怪乎反對唯物論者會熱心把這一些談話搜集起來。

利比居就曾有這類談話。在化學書簡內，他稱唯物論者爲『愛玩家。』但是，一般說，最深刻的研究者發現者發明者，特殊範圍內的大師，雖都不爲唯物論說教，畢希訥佛格特楚爾伯這一流人，在嚴密方法的批判前，雖都曾表露許多缺陷，但我們仍不能直接贊成利比居的話。

現在，各種專門家之間已盛行分工，所以，以全部精神力獻於一特殊科學部門的人，沒有意向，亦沒有能力來貫穿自然科學的全領域，冀從各方搜集其他種種研究的最可靠的事實而織成一個綜體觀，本來是很平常的他這樣做，定是徒勞無功的。他的盛名，建立在他的發現上，但他只能在他專研的範圍內希望有所發現。要求每一個自然科學研究者，須有某程度的一般自然科學訓練，尤其是要求他們每一個人，須對於最和自己相近的諸種學問有切實瞭解，固然是不錯的，但這種要求祇可修正分工原則的某種結果，決不能將這個原則廢止。一個專家由獲取一般自然科學教養的努力，關於自然全體的本質及其活動力，可以得到一定的見解，但絕不覺得要强制他人聽信自己的見解，或把自己的見解看作是唯一可能的。這種遠慮，可說是發因於最好的動機。因爲專門家常常覺得，他的專門知識的基礎，和從他人研究成果中所得的知識的主觀基礎，中間有很大的差別。

專門研究使人當心，但亦有時使人偏狹傲慢。當這種研究者對相近的科學宣佈自己的態度而稱自己的研究爲唯一可能的研究時，當他不許任何他人對自己範圍內的題目作任何判斷時，當他完全否定以自然綜合觀爲努力對象的人的必要手續時，更加是這樣。例如，化學家不許生理學家談化學，物理學家不許化學家談原子的力學，否則斥其爲『愛玩家。』其實他這樣干涉別人的時候，他應當考慮，他有沒有任何積極的理由。如果沒有，如果不考驗『愛玩家』的工作，便由行規或警章來制裁他，那就無論加以怎樣嚴厲的批判，亦不爲過分。如若問題不是提出新見解，而是將專門家所教的已被承認的事實，發生一種新關聯，是將這些事實聯合於其他範圍內的事實，是參照現象從最後基礎的發生，予此事實以新解釋，這種傲慢還更有害。承認這種要求，則科學的結果，祇能由發現者自己解釋了。果然如此，則知識的關聯與高尚的全體文化，必顯出至爲黯淡的前途。一雙鞋，在若干點上，固以製鞋家爲最適宜的判斷者，但在若干點上，却以穿者爲最適宜的判斷者，在若干點上，以解剖家畫家及彫刻家爲最適宜的判斷者。工業生產物不僅由製造家批判，且由消費者批判。而購買工具者，且往往比製造工具者，更能使用工具。這些人人熟聞的例，在這裏很有用處。爲得全圖而努力研究自然科學全領域的人，比特殊事實的發現者，往往更能判斷這特殊事實的意義。

再者，我們容易知道，要取得這種綜合自然觀的人的任務，在本質上便是哲學的，所以我們可以問，以哲學的愛玩主義非難唯物論者，是正當的麼？人們是屢屢這樣看的，但這種看法，不能幫助我們對於唯物論下一種公平的批判的評價。適當地說，不曾經嚴格的教養的人，才應稱爲愛玩家；但是，對哲學家而言，什麼教養，可以在事業的理由上，在有資格者與無資格者間劃出一定的界限呢？在實證科學上，在藝術上，我們已能說出何謂教養；但在哲學上，我們尚不能說出。現在即不論這個名辭，在所論爲大藝術家個人技術的傳授時，有怎樣的特殊意義，我們亦充分知道什麼是有教養的歷史學者、言語學者、統計學者；但就『哲學家』而言，這個名辭却往往被人誤用。這個概念的誤用，對於哲學的聲望與意義，還曾引起甚大的損害。如我們頗不問特殊體系應有何種修養，祇爲哲學修養提出一般的概念，這概念將包括一些什麼呢？最緊要的，是一種嚴密的論理的修養，對於形式論理學的規則對於一切近代科學的基礎，對於公算論及歸納理論須有最眞實最努力的研究。但在今日，我們到什麼地方去發現這種教養呢？十個大學教授中，難有一個有這種教養。在一切『學徒』——他們自稱爲黑格爾學徒，赫爾巴特學徒，托倫德倫堡學徒，或任何人的學徒——中，更難發現這種教養。第二個必需的資格便是實證科學之眞實的研究。要詳細精通一切實證科學，固爲不可能且不必要，但要從歷史的發展理解它們現在的進行與狀況，對於它們的相互關係，終須有深切的把握，對於他們的從方法論原理演繹出的方法，亦須有相當的理解。然我們又可問，有這種教養的人，又在什麼地方呢？那在一切『學徒』中，又是最難發現的。比方說，很容易應付第一要求的黑格爾就孜孜努力，依眞實的理智努力，以滿足第二要求。但他的學徒，却不研究黑格爾所研究，祇研究黑格爾。其結果，我們是充分看見了；那就是空洞的文章，陰晦的哲學，而其驕傲，則甚至蔑視對於眞實問題有修養的人。——至若在正當的哲學修養中，哲學史的深切研究，却不過佔第三位或第四位。假如像現在一樣，除取得一定的體系以外，卽以哲學史的研究爲最初的唯一的條件，其必然結果乃是哲學史成爲陰影的遊戲。前輩哲學家理解世界的公式，將與此公式生長所在的科學地盤相離，而失去一切眞實的內容。

且不問愛玩主義的責難，蓋因其中本無可反對，而在哲學範圍內，新的創始又屢屢比學派的傳統更爲人所看重。與精確科學相關而言，如果唯物論者尊重事實，並祇從事實推論，則唯物論者亦可由其作業之哲學傾向而爲人所是認。但若他們爲體系的關聯所驅使，竟敢於憶測，而與經驗科學的事實相背，又若全不顧研究的重要結果，他們便當受專門家的責難，一如同樣情狀下的其他哲學家；但對於這些著作家的努力，這些專門家仍沒有權利可加以侮辱。所須伸言者，就哲學而言，我們雖主張愛玩主義的責難在這裏爲無的放矢，但唯物論者終難爲吾人所十分是認。

最先，完全在自然科學上建立哲學世界觀的企圖，在今日必須認爲是最不好的哲學偏見。經驗的自然哲學家畢希訥曾責難片面的專門家；實則，有多方面修養的哲學家，亦可以同樣的權利，責難畢希訥的偏見，說他的偏見，是他限制視界的必然結果。

哲學的這種要求，引起了兩種非難：第一，是專屬於唯物論的，第二，是許多科學研究者（他們不能稱爲唯物論者）所支持的。

自然以外沒有任何物，這對於哲學應有較廣基礎的要求，是第一種非難。你們的形上學，乃是一種無確實基礎的似而非的科學；你們的心理學，沒有大腦及神經系統的生理學，是不成立的；至於論理學，則我們的成功很可證明，就思惟法則言，我們的地位是比你們的更優良。你們所有的，祇是空洞的學派的法式。倫理學及美學對於世界觀之理論的基礎，不持有任何關係，那固可以建立在其他的基礎上，亦可以建立在唯物論的基礎上。在這情形下，哲學史對於我們有什麼用處呢？自始至終，哲學史不過是人間誤謬的歷史。

在這裏，我們臨近了一個近來非常有名的問題，即自然知識之限界問題。對於這個問題，我們必須加以根本的研究。但我們且先略述第二種非難。

自然科學家方面，常常說哲學家有完全和他們自己不同的思想方法。所以，與哲學相接觸，祇能有害於自然研究。哲學與自然研究是不同的領域，亦須保持不同的領域。

我們且不問，這見解究在什麼程度上恰好表示了它的意思；反過來說，它怎樣愼重說明了哲學全無意味。思考方法全然不同的見解，事實上，依然在自然研究者間流行甚廣。著名植物學者鷪俄·溭·莫爾（Hugo von Mohl）在杜賓根大學自然科學部成立慶祝會的演說上，曾對此予以極靈活的表現。[一]在此，應附帶聲明一句，唯物論者並不承認自己包含在這種『哲學』概念中。他們自認，要以自然科學的思惟，取得他們的世界觀；他們至多祇承認自己所用的假設，略多於專門研究所許可的程度。

自然科學者的這種見解，完全誤解了從笛卡兒到康德的近世哲學的性質，而對於康德以後的哲學，作一種片面的考慮。謝林及黑格爾的學徒的活動，新亞里斯多德學徒的活動，及其他各新學派的活動，很可用來說明科學家爲何厭棄哲學。但在他方面，近世哲學的全部原理——如果我們不把德意志概念的浪漫主義的墮落，包括在這個名辭裏面——却是完全不同的。除了二三不足述的例外以外，我們在這裏，對於感官所與的每種事實都有一種嚴格的自然科學的思考方法；但亦幾乎到處有一種嘗試，要依思辨克服因此而生的世界圖的片面觀。

笛卡兒與其說是一個自然科學家，不如說是一個數學家。他有若干嚴重的弱點，但在他方面，他又曾實際促進科學，誰也不會斷言，他沒有正當的自然科學的思惟方法。但他就在物體世界之傍，假設一個靈魂世界，說在那裏，一切在外界存在的事物都祇是表象。在他體系上，雖有嚴重的缺陷，但他所接觸的點，卽爲一切唯物論不得不停止，最精確的科學研究結局不得不歸到的點——一切現象皆有絕對必然性，一切自然現象皆有統一性的偉大主張者斯賓諾莎，常被算在唯物論裏面，以致我們更須指明的，是他的世界觀和唯物論者的世界觀的異點，不是二者的同點。二者的異點，亦卽在這一點顯出：卽，機械世界觀引導我們所得的世界全圖，祇是事象本質的一面，（那當然與其他一面，精神方面，完全調和的。）自培根以來英吉利哲學家，亦幾無例外的，使用一種方法，與自然科學的思考方法相調和。在德意志時有傳聞的哲學與自然科學間的衝突，在英吉利，是從來沒有的。著名英吉利哲學家，幾乎和我國唯物論者以同一原理，考察現象界，雖然在英吉利哲學家中，像霍布士那樣絕對是唯物論者的，依然很少。但洛克在自然科學上雖像牛頓一樣假定原子學說，卻不以他的哲學建於物質之上，而建於感覺論意味上的主觀性上，我們的悟性能否解決一切提出的問題，他亦抱疑。（這種疑問，是康德批判論的發端，在休謨的場合，有很可注意的進步）。自然界的一切事物都自然進行的思想，他們中沒有一個人不認是自明的。他們如偶然對教會的教義讓步，亦是很易明白的。但除了霍布士是一個例外以外，他們中殆沒有一個人曾把我們悟性及感官所攝的世界圖，認為與事物之絕對本質相一致。而在各種變形的體系中，卻顯出了一點，可資以分別近世的和古代的哲學——那就是這種顧慮：我們的世界圖，本質上就是表象。

在萊布尼疵，表象世界之思想，依其單子表象說(Der Lehre vom Vorstellen der Monaden)，引伸到極點；但同時，萊布尼疵又信奉現象世界由最嚴密機制所支配這種見解；他理解物理學的方法，和其他物理學者的方法沒有兩樣。——最後，哲學對唯物論的關係，在康德手上，終於達到極明白的境地。他展開了天體由散亂物質的吸引而成立的學說，他曾認識達爾文進化說的原理，他在通俗演講中曾公然說人類顯明是從初期動物狀態演進而成，他曾排斥『靈魂居所』的問題，認其不合理性，並常認身體與靈魂是同一的，不過由不同的器官而被知覺。有這種種見解的他，實無多少要就學於唯物論。因為，唯物論的整個世界觀，已包容在康德體系中，但未改變其觀念論的根本性質。說康德曾用自然科學的思考方法來思考自然科學的全部對象，決無何等可疑之處；因為，『自然科學之形上學的原理，』祇包含這種企圖，卽先天的發現公理的基礎，故不落在隨處都以經驗爲基礎並認公理爲已知的經驗研究範圍內。所以康德是以自然科學思想的總體，保持在它的位置與品位上，認其爲偉大的唯一的手段，我們祇有憑這手段才可推廣我們對於感覺世界的經驗，將這種經驗系統化，並在一切現象之因果關係中理解這個世界。假如這樣一個人不停止在自然科學的及機械的世界觀中，假如這樣一個人斷言這不是事物的究竟，斷言我們有理由須顧念到理念的世界，斷言現象世界與理想同樣不能認爲是事物之絕對性質——我們可因無進一步更深一層研究的必要，便毫無疑問地行過，或對於這個主張全不理會麼？

當然，專門研究者因爲怕自己在這種思想的迫害下會遠離自己的對象，故情願在這範圍內以少數曖昧的觀念爲滿足，或將哲學斥爲毫無關係的範圍，誰也不能說多少話來反對他。但像我們的唯物論者那樣，既自稱爲『哲學家』甚至自稱爲劃時代的哲學改革者，他就不能躲避這些問題。唯物論者必須充分說明這些問題，纔能在哲學史上要求永久的位置。沒有這種精神作業，唯物論就不過將舊思想裝在新材料中，究其極，不過是擊破宗教傳統上種種最粗野概念的鐵槌，不過是深奧精神醇化的可注意的徵候。〔三〕

但可驚異的是，機械世界觀的組織者及其使徒所不注意的點——自然知識之限界問題——却在深思的專門研究者間，得到了充分的評價。眞誠的徹底的專門研究與堅實的一般教養相結合，易導人對於自然的本質發生更深刻（比單單在自然研究全範圍內作辭典樣的涉獵更深刻）的洞見。確乎精通一個範圍並在那裏透見一切問題深處的人，對於一切鄰近的研究範圍有一對敏銳的活眼。他到處都容易辨出方向，容易得到一般的哲學的見解。反之，範圍較廣的研究，卻很容易缺乏這種哲學的徹底性。一切躲避認識論問題的哲學者，都不免有這種缺乏。所以我們尙應特別注意的，是闖入哲學領域的現代最上流自然研究者，無論從任何一點出發，幾乎一致逢到了認識論的問題。

我們最先且考察那篇常常爲人所討論的演講，『論自然知識的限界，』那是杜·波以·勒伊蒙（Du Bois-Reymond）一八七二年在萊比錫德意志科學及醫學聯合會的演說辭。這篇演講及對於這篇演講的抗辯，將給我們以充分的機會，最明瞭地表露唯物論批判的要點。

一切自然知識的終極，都在於原子的機械作用。所以杜·波以·勒伊蒙把這種機械作用的完全知識，看作是人類精神所不能達到但能理解的最終目的。他從拉普勒士（Laplace）一句話出發，說：能認知一個非常小時期內宇宙間一切原子的位置與運動的精神，將依照力學的法則，從原子的位置與運動，說明一切過去與未來。只要適當地應用這種精神的世界法式，這種精神便能說出誰是鐵的假面，或『大總統』如何沒落。天文學家預言在許多年之後，有一顆慧星，再從宇宙之深處出現於天空中；

同樣，這種精神，亦將在它的方程式中，說出希臘的十字架將在什麼時候照耀於蘇菲亞的回教寺上，英吉利將在什麼時候燒完它最後一塊石炭。以世界法式寫成 $t=-\infty$，事物的謎一樣的原始狀態，便自行解答了。它將在無限的空間，看見物質在運動中或不平衡的分配中；何故因爲如果分配得其平平衡即可永遠不受擾亂。假設 t 在積極的意味上無限增大便可知卡里諾（Carnot）原則，是在無限的時間以後抑在有限的時間以後，纔會以冰結作用威脅宇宙。——一切性質本來均由感官而生。『摩西的「光」從生理學方面說，是虛僞的。當滴蟲最初的赤眼點第一次區別光與暗時，方始有光。在客觀研究——那不知光與音，祇知無性質的可秤與否亦殊不一定的原質料之振動——所得的力學見解看來，世界本來是無聲無光的，似乎它的一切性質，都從主觀的分析生出。』

拉普勒士所想像的精神，亦有兩處必定覺得躊躇。我們不能理解原子；我們不能從原子及其運動，說明極細微的意識現象。

雖任意曲解或改變物質及其勢力的概念，我們亦像假設勢力會從空虛的空間發生距離的作用一樣，常常得到某最後的不能理解的（即令不是全然矛盾的）事物。要永遠解決這個問題，是沒有希望的；當中的障礙，乃是超越的。因爲，不用感官性質，我們結局必不能表象任何事物，而同時我們的全部知識，却有一種傾向，要把性質還元爲數學的關係。所以，杜·波以·勒伊蒙說我們關於自然的一切知識，事實上都不是知識它所給於我們的，祇是說明的代替物。他這種說法，不是沒有道理的。我們固不可忘記，我們的全部教養是依存於這種代替物，那在許多重要點上，完全可以代替假定的絕對的知識；但若我們追行到這點，並根據與此相同的原則更向前行，謂自然知識祇暴露它自己的不充分，並爲它自己立下了一個限界也是十分正當的。

杜・波以・勒伊蒙不曾在有機體原始的自然知識上發現任何嚴重的困難。生命最初在什麼地方什麼形式上出現，我們雖不知道；但拉普勒士所想像的有世界法式的精神，能告訴我們結晶與有機體的區別，正如建築物與工廠（有機械及種種設備的工廠）的區別。因爲工廠亦是灌注原料進去，排泄製造品分解物及廢物出來。在這裏仍祇是一個『極困難的力學問題。』熱帶森林中的最豐富的自然畫圖，對於分析的科學，不過提供了動的物質。

自然知識的第二限界，不在這裏，祇在意識之最初的出現。這決不是人類精神想像力及思惟力全範圍的問題。『人類或動物的最有力最複雜的筋肉活動，在本質上，既不較個個筋肉纖維的單純收縮，更難理解；個個的分泌細胞，既隱藏分泌的全部祕密；同樣，從物質條件而生的最崇高的心的活動，大體上亦不比感覺最初階段上的意識更難理解。這不可逾越的深淵，是最單純生物在地上初有動物生活時經驗到最初苦樂情緒時成立的；世界從此加倍不能理解。』

杜・波以・勒伊蒙要獨立於一切哲學的理論以外，在自然科學家亦甚明白的方法上，證明這點。爲這個目的，他假設，我們對於大腦的自然過程，有一種完全的『天文學的』知識。這所謂大腦的自然過程，不僅包括意識過程，且包括常與精神過程相一致從而必然與精神過程相結合的種種過程。所以，『如果我們能夠說在特殊的精神過程上，有特殊原子在特殊的神經節中樞及神經管上，發生特殊運動，』實是一種非常的勝利。『精神過程之物質條件的洞察，』比任何科學的成就，都更能給我們以啓發。但精神過程的本身，仍將爲吾人所不能理解。『我們所能達到的最高級知識——大腦之天文學的知識——所啓示於我們的，祇是動的物質。』設想某一些精神過程或意向，例如記憶、聯想等等，可由這種知識而成爲可理解的，亦是妄想；我們祇知精神生活的某一些條件，不知精神生活如何從這些條件成立。

『我大腦中特殊原子的特殊運動，和我所認爲原始的不可進一步定義但又不可否定的諸種事實，卽「我感痛苦，感快樂；我嘗甘味，我嗅玫瑰香，我聽風琴音，我視赤色」及從此直接所得的確實性「故我存在，」究有怎樣的可以思考的關聯呢？……我們不能知道，意識怎樣能由原子的合作而成立。以意識歸因於原子，既不能說明意識的一般，亦不能在任何方法上，幫助我們理解個人的統一的意識。』

自然知識的第二個限界，杜・波以・勒伊蒙亦稱之爲無條件的。任何可想像的自然科學進步，均不能幫助我們越過這個限界。但雖如此，『不爲神話、教條、及因古而被人推崇的哲學體系所迷』的自然科學家，仍有權用歸納法，對於『精神與物質的關係』形成他自己的意見。

『他在多數場合看見物質條件影響於精神生活。在他的無偏見的眼中懷疑感官印象將傳達其自身於所謂靈魂，是沒有理由的。他看見人類精神與大腦共成長。』……『任何神學上的偏見，亦不能阻止他像笛卡兒一樣，承認動物的靈魂較人類的靈魂，發展雖依次更不完全，但和人類的靈魂相離不遠。』他看見，在脊椎動物中，高等精神機能所由而保持（照生理學的說法）的那部分大腦，是與靈魂活動的進步相偕而逐漸發展。『最後，人種由來說與天然淘汰說，又使他認爲，靈魂是特殊物質結合之漸漸的結果；靈魂，也許亦像生存競爭中有利於個人的其他天賦一樣，曾經無數系列的世代，促進並完成它自身。』

我們幾乎必須相信，唯物論很可令人滿足。杜・波以・勒伊蒙亦曾在本分以外，庇護佛格特的名言：思想之於大腦，猶膽汁之於肝臟，尿之於腎臟。[三] 生理學完全不知道美的差別，在生理學上，腎臟的分泌和高尚器官的機能，是同位的對象。『佛格特說靈魂的活動可視爲大腦的物質條件的產物。這句話，無甚可非難之處。』其唯一的缺陷，在分泌可由腺的構造說明，靈魂活動的性質可同樣由大腦的構造說明這種思想如何成立。

但唯物論所反對的，亦卽在此。若仍有某事物是『不可理解的，』唯物論可依然是自然研究的優良的公理（我們的意見亦是這樣），但已不復是哲學。其他的哲學體系，例如懷疑論，可容納不能理解的要素，甚至把事物的不可理解性，看作是它們的根本原理；但唯物論本質上就是一種積極的哲學，它曾以獨斷的確實性，敍述它的根本學說，而它的最重要的一個主張，便是此等學說可以理解全世界。我們近代的唯物論者，雖多有懷疑論的相對主義的傾向，雖常說一切存在之最後基礎不可理解，雖認人間的世界爲研究的世界，雖不要問有無其他方法可以思考事物，但他們決不承認精神要素不可理解。他們覺得，人間及動物的靈魂活動可完全由物質機能說明這種主張，乃是唯物論最大成就之一。

我們在本書第一卷，早已充分說明在這裏包含一個嚴重的誤解。但是，我們在唯物論者對杜·波以·勒伊蒙所發生的論戰中，纔把這種誤解看得最清楚。康德批評休謨反對者所說的話，很可用來批評他的反對者，卽『他們往往把他所疑問的事情，假定是他所承認的事情，反之，他們又熱心地甚至傲慢地證明他所決不懷疑的事情。』

杜·波以·勒伊蒙所著的『自然知識的限界』一書，曾引蘭格威塞爾博士（Langwiesser）的評論。他的評論，發表於一八七三年維也納刊行的小册子內。蘭格威塞爾博士，是一位專門的精神病醫生。他的評論，特別有上述的情形。他曾於一八七一年著『心理狀態的機械論，』那對於未來的大腦機能的理論，有若干貢獻，雖並不怎樣精巧，但頗可注意。著者過分估計他的說明的範圍，這是很自然的；他相信，由他的見地他已由機械的大腦機能之證明，說明意識，這亦是唯物論一般共有的特色。人們或許會想，這樣一位作家，既與杜・波以・勒伊蒙那樣的研究者同時，他至少亦會從『獨斷的睡夢』中覺醒，並認淸問題的所在。但與此完全相反，我們所見的，祇是完全的誤解。不過，假若我們知道這是一切相似的誤解之典型的標本，而在唯物論的批判上這一點又是最重要的一點，我們當不致為一個著者的誤解而滯留許久。

這個誤解是這樣大的，直使蘭格威塞爾（一一〇頁）露骨斷言，杜・波以・勒伊蒙容認拉普勒士從完全世界法式計算未來之原則，係自相矛盾。『要從原子的機械作用計算過去的或未來的事變，則因在這種事變上，人類的精神，是作為一個本質的要素而協同動作或將要協同動作，所以人類的精神，亦須落在可以認識的原子機械作用的範圍內，但這正是杜・波以・伊勒蒙所否定的。』……『但若他答說，拉普勒士所想像的精神，亦可認知一切人類大腦的原子運動，將其計算，以計算人類精神過程對於物質事變的影響，不過，他不許從原子運動說明精神過程，這當中亦含有矛盾。因為，拉普勒士的精神，既能將每一種思想解作原子運動，各有其進一步的結果與作用，他亦就能從它的作用，在精神過程的範圍內，像在其他範圍內一樣，認識事物的本質。因為事物的本質，均祇表現其自身於其作用之上。』

所以在這裏，我們確乎有一個實例爲杜・波以・勒伊蒙所懷疑，但爲其反對派所深信不疑；至若這小冊子其餘各部分所證明的，都是這位有名生理學者所決不懷疑——不，對於這種事情的說明，他還曾提供最有價值的貢獻——的事情。

『自然知識的限界』那篇演講的讀者，如能至正無偏，且有各種必要的知識，他無論如何亦不會懷疑著者不曾在原子之中包括人類的大腦原子，不曾認在自然研究者眼裏有意志活動的人類，祇是宇宙的一部分，在一切方面都和其他的部分相類似。不過杜・波以・勒伊蒙在此際似亦應愼重將事，不談到『精神過程對於物質事變的影響』，因爲嚴格說，從自然科學方面看，這種影響乃是全然不可想像的。設能用『思想』將一個大腦原子，從機械法則所指定的道路，移開一米突的百萬分之一，則整個的『世界法式』必不復能應用，且將喪失其所有的意義。人類的活動——就令是受命往蘇菲亞回教堂安置十字架的兵士，將軍，及外交家等等的活動——無論其結果爲前進、爲拔劍、爲握筆、爲發佈命令，抑爲觀察攻擊點，從自然科學方面考察，均非從『思想』生出，祇從筋肉運動生出。筋肉運動爲神經活動所解放；這是從大腦機能發生的，而大腦機能則又全爲大腦的構造，感覺的傳導器，新陳代謝的原子運動等等，在求心的神經活動之影響下所規定。我們必須明白，勢力保存的法則，決不能在大腦的內部，引起任何的例外，否則，其全部意義必致於喪失。所以我們必須斷言人類（個人與民族）的全部活動，雖無思想或感覺這樣的東西在此等個體中發生，亦可像現在一樣進行。人類的眼可一樣『富於表情，』人類的聲可一樣『使人感動，』不過沒有靈魂與此種語辭相應而已。而且，任何人亦祇能在如下的方法下為人『所感動。』換言之，必須無意識地變化的面貌，取得更溫柔的表現，或大腦原子的機械作用，在脣上引起一種微笑，或在眼中引出一些眼淚，才有人為之感動。——笛卡兒便是這樣思考動物界；這種假定，從自然科學方面說，毫無疑問是許可的。因動物感覺的徵候與我們所觀察的我們自己的感覺頗相類似，我們才推論這種假定是誤謬的。但同樣，我們所以認自身以外的他人有意識，亦祇由於類推。我們發覺了，在我們自己，意識是與身體的過程相聯結，從而斷言在他人亦必是如此。但在自然科學方面說，我們所知的，祇是我們以外的精神要素的徵候與『條件，』決不是這精神要素的自體。如果我們設想有兩個世界，且都有人類及人類的行為，有同樣的歷史，有同樣的以姿勢表示意思的方法，而且對於能聽聲音的人（他們不僅經聽神經導聲的振動至大腦，且能對聲音發生意識）有同樣的音調，則我們對於杜·波以·勒伊蒙從而出發的見解，便可予以最深銳最明瞭最動聽的表現。這兩個世界一切都絕對類似，祇有一種差別：即在一個世界內全機構是像一個自動機一樣進行，既無所感覺，亦無所思考；而他一個世界便是我們的世界。在這場合，這兩個世界的法式必全然相同。從精確研究的見地去看，這兩個世界乃是不可區別的。

我們不信這二世界之一，乃是我們所特有的人格意識——我們每一個人祇在自身知道這個意識，而將它移入外表上與我們自己相類似的事物中——之直接結果。但精神外部徵候的洞察及此種徵候從吾人意識所得的說明，是這樣全相融合，而這種融合又這樣從我們出世以來就深有根柢，是故，要分別這兩個要素，已必須有敏銳的毫無偏見的思想。

關於物質過程及與物質過程相結合的精神狀態之因果關係，這是完全不同的問題。就精神對於物質的影響說，雖主張精神與物質在最充分的程度上相獨立，亦不爲侵犯『自然知識的限界』這是杜·波以·勒伊蒙所明白承認的。在唯物論者祇要祛除超自然的干涉與事變時，他們亦用不着擔心所提出的學說。杜·波以·勒伊蒙至多不過將他們認爲非常確實的事情，認爲是可能的或是或然的。而且，拉普勒士的思想，亦正如蘭格威塞爾所說，不祇包含可能性。精神要素與物理要素的連結方法無論怎樣不可思議，物質要素的性質無論怎樣難於說明，亦祇要一方面說明這兩種現象完全符合，他方面說明物理的過程遵守嚴格的不變的法則——那祇是物質機能的表現——我們就斷言精神要素絕對依存於物理要素。至若更進一步的考察，可怎樣改變這種見解，那是我們以後要說明的。

與唯物論者正相反對的神學者及神學化的哲學者，是和唯物論者一樣理解自然知識的限界學說。他們忽略杜·波以·勒伊蒙所發展的見解的唯物論特徵，但執着一個大事實，即他對於自然研究，曾立置一個絕對的不可超越的限界。勢力與物質是不能說明的，原子論的知識祇是眞知識的『代替物；』從而，唯物論是被排斥了——被我們一個最大的自然科學家所排斥了。對於這被遺棄的原野，爲什麼不許思辨與神學再度開出繁榮的花，而以偉大的權威，教授自然研究所不知道的一切？他們不知道它。那是與問題毫無關係的。這位有名的生理學者既宣稱意識甚至單純的感覺爲自然研究所不可及；爲什麼形上學及古代賢明的概念心理學，不能放出他們的傀儡，任其舞蹈於空虛的原野呢？舊時的妖靈已成過去；不以不知爲知的科學家，曾允許我們唱一次獨脚戲；現在我們對於我們的領域，很快活的再度佔領了！一切事物將和沒有自然研究一樣進行。精神的範圍與自然研究沒有任何的交涉！

這種誤解所以是可能的，一部分的原因是一種根深蒂固的習慣，因爲人們已習慣了不明白地確定知識的概念，習慣了認理解與因果關係的研究爲同一。還有一部分的原因，便是演講者自己的過失，雖然這種過失更無關於他已言者，而更有關於他所未言者。最後，還有一部分的原因，在於他的方法，他把一斷片從知識的批判分開，不充分指明其與進一步問題的關係，便以之投向公衆。作者雖聲明在此點之外他不精通哲學史，但就在這點，著者亦似未有充分的哲學史知識。我們在演講之末，纔發現更深刻的暗示。杜·波以·勒伊蒙在這裏（三二頁）提出了這樣的問題：自然知識的兩種限界，是否是同一的；『換言之，如果我們瞭解了物質與勢力的本質，我們是否亦就瞭解了物質與勢力引爲基礎的實體，在一定條件下何以能感覺、欲求、與思惟。』這又是唯物論的轉向。批判論的學徒却寧可提出這樣的問題：卽，如果我們充分瞭解了意識對於我們思考自然事物之方法的關係，我們是否立卽就明瞭了，爲什麼我們必須在科學的思惟上，把世界的實體表象爲物質與勢力？這兩個問題，很可說是同一的。在結局上，究是以後者還元爲前者，抑以前者還元爲後者，本來是一樣的；但一種還元方法有唯物論的傾向，他一種還元方法却有唯心論的傾向。這所設想的解決法，如果是可能的，就會把唯物論與唯心論的對立揚棄。

這篇沈思熟慮的演講中，有一段話不僅易招誤解，且確實是錯誤的。所以我們對於這一段話，將加以若干批判的解說。在拉普勒士所假設的精神的運動世界中，大腦原子亦『像在默劇中』(二一八頁)一樣運動。於是他說：『它（卽他的精神）視察大腦原子的大羣，它看透它們的錯綜，但它不瞭解它們的姿態；對於它，它們是不思想的，所以它的世界依然是沒有性質的。』

我們最先且回憶，這種精神，是把人類行爲看作是大腦原子運動的必然結果！我們且回憶，必然法則——其鑰乃爲這種精神的所有物——支配一切，卽最微妙最有意義的視聽顏色的運動，聲調的抑揚，都受它支配；又回憶人類在愛與憎，笑談與爭論，苦鬥與勞働之間互相聯合互相影響的方法，至少從外表方面看，是這個精神可以完全理解的。這個精神可以像豫言月全蝕一樣，在人的一瞥中，豫言祕密的嫉妬或沈默的理解之最微細的陰影。我們且再回憶，這個精神是與人相似，從而能有它的計算法式所表現的一切情緒。那麼，它能不將它自己的感覺，移入它在外界所看見的事物中麼？當我們在同儕那裏感知嫉妬、憤怒、感謝、或愛慕時，我們就是這樣做。我們所感知的，祇是一些記號，但從我們的內心解釋它們。這個精神本來祇有它的法式，不像我們有直接的直觀。但我們祇要貸它以少許的想像——很可理解的想像，那是我們自己所有的——它就立即會把它的法式變形而爲直觀。

當然，當初祇有表現外部現象（我們在日常生活中知道的外部現象）的法式，與這個精神對談；但若這個精神完全透視了這外部現象和大腦原子運動的因果關係，它就能在大腦原子運動中，立即讀出它的原因與結果，並從此等原子對於人類外部姿態所生的影響，理解此等原子的姿態，正如富有練習的電報局職員，可從拍音槓杆的音律，直接譯出電信，不必先讀印在紙上的記號。

如果這個精神，除了有其他各種高尚的人類特性以外，又有高度的批判的洞察力，它就會知道，它在日常生活上，在科學上，都不是用客觀知識來感知精神的生活，卻是由它自身的內部經驗，有時把這種生活化成法式，有時把它化成直觀。它又會承認，它不能直接知道外體的感覺，它亦不知道感覺與意識怎樣從物質的運動發生。就這數點說，這個精神頗與杜·波以·勒伊蒙『不可知』一語相合；但同時它又是我們能夠想像的最完全的心理學者；科學的心理學，祇能告訴我們一些知識的斷片，祇有這種精神有這種知識的全體。

但是，假如我們把問題細看一下，則一切科學都是這樣——如果我們所問的，不是似而非的知識。在一定的意義上，每一事物都是自然的知識，因爲我們一切知識，都導向於直觀。我們的知識，祇在客觀界，才能由不變法則的發現，取得它的意義；但以各種形式歸就於精神而解釋之並予以生命，却是主觀的事情。精神要素之直接認識，僅存於我們自己的自意識中；但若有人要祇從此建成一種科學，而不受指導於客觀，他就不可救藥的陷於自欺了。

如果眞是這樣，那麼，自然知識限界的證明，又有何種價値呢？所謂『精神科學』之方法論的性質，無論與自然科學之方法論的性質怎樣不同，但若二者均以現實的知識爲基礎，不以單純的想像爲基礎，則二者均包括於杜·波以·勒伊蒙的自然科學的理想中。〔四〕人們或將設想，這就決定了唯物論的勝利，而唯物論反對派對這位有名生理學者的大膽『告白』所表的謝意，乃絕對是無效果的。但若我們回想起論康德那一章所已說過的話，我們便知道事實並不如此。『自然知識的限界，』理想地說，便是知識一般的限界；然使其更有意義的，亦就是這種情形。這個進行得當的研究，亦就是知識論的批判見地從自然科學方面得到的確證。

實際，知識的限界，並不是嚴密的限界，存在於一定點上，可以絕對阻礙知識之自然的進行。機械的世界觀，在前在後均有無限的任務，但就全體說，它在本質上卻是局限於一個限界內，在進行的某一點，它是不能躲避這個限界的。當一個物理學家說明與赤色光線相應的振動數時，他就說明了赤色光線麼？他不過儘他所能來說明這種現象，其餘一概留給生理學家。生理學家又儘他所能來說明這種現象；但若他相信他的科學是完全的（目下生理學並不是完全的，）結局他就像物理學家一樣，祇有原子運動可供他使用。〔五〕在他，這個弧乃以求心的神經流轉換離心的神經流來完結。其餘的，他不能再進一步說明，因而宣告『自然知識的限界。』但生理學家場合的間隙，和物理學家場合的間隙不相同麼？或者，我們可以保證，物理學家的振動是和生理學家的振動一樣，不一定要與性質全異的過程相結合麼？由類推說，在此等振動的背後隨處均尚藏有某種事物，不是很自然很得當的結論麼？我們自己的感覺藏在大腦的振動後；所以我能在此點定下『自然知識的限界。』但若說這種限界僅存於此處，而非存於知識自身的性質中，則稍一反省，便知道是不確實的。

種種式式的思辨，都從這一點出發，並不是毫無理由的。杜·波以·勒伊蒙曾指明世界的構造與人類大腦的構造，無任何類似之處，以排斥『世界靈魂』的思想。這個論據，很可以駁斥世界靈魂之擬人的概念，但若這種概念取得了更一般的形式，這種概念便不能由他這個論據而駁斥其他的概念，例如叔本華的意志與運動衝動的同一觀，斯比勒爾（Spiller）〔六〕用以反駁杜·波以·勒伊蒙的『世界精氣，』烏柏儒的有感覺能力的物質等等，很容易被斥為超越的思辨；但此等思辨所由而生的地盤，却依然存在，且在消極方面我們尚可堅決的答說，關於這無生命無聲音的沈默的屬於振動的原子之世界，我們什麼亦不知道，但我們如要在科學方面表示現象的因果關係，這個世界却是一個必要的概念。我們曾講過，這必要的概念，不說明所與的事物，換言之，不說明感覺，祇說明其生滅之秩序，所以我們必須知道，這個概念就其全部性質及其必要原理而言，決不能以事物之最後的最內的本質啓示於我們。

如果我們從物質與勢力出發，我們必得到恰好相同的結果。在這裏我們很容易說明，理論的物理學，從任一觀點看，雖有無限更精細且益益精細的說明與數學分析，但與知識相對立的困難，却常常保持原狀。我們只要回想到原子，我們就隨處可以發現機械觀的不足。我們很知道，人們常斥唯物論對於思惟的說明為不可理解，休謨（參看八頁至九頁）為要排除這種駁斥起見，曾公言他在因果關係的其他場合，亦發現了這種不可理解性。就這點說，他得其正；但他這種言論，一方面固是保護唯物論，他方面却又是破壞唯物論。矛盾不能屬於『物自體，』乃種根於我們的思考方法。

如果意識與大腦運動是一致的（雖然我們不能瞭解它們是如何彼此互相影響），我們殆難避免昔時斯賓諾莎的思想（這種思想，在康德那裏，亦有反響），認二者為同一事物投射於不同的理解器官。唯物論既這樣牢牢地主張物質及其運動是現實的，所以這一學派的眞的獨斷家，都決然宣告大腦運動是現實的客觀的事實感覺不過是假現的一種，換言之，祇是客觀性之迷妄的反射。但不僅『假現』是迷妄的，卽假現的概念亦屢屢證明了是迷妄的。特別是古代的哲學家他們很素樸地相信，當他們說明一件事物爲『假現』時，他們就破斥了一件事；好像假現的概念不是一個相對的概念！一線微光，一帶白雲，假現爲一個姿形，但光與雲仍是現實的。例如，如果說運動是假現，我們便有理由認物自體爲永遠靜止的。但現象上的運動，不遵從這個判斷。那像光線與雲帶一樣，是一個單純的與件。

對於感覺之唯物論的考察，我們的判斷必須是這樣——如果大腦運動被揚爲它的眞正的本質。這種見地，曾爲蘭格威塞爾所表述。蘭格威塞爾在與杜·波以·勒伊蒙辯駁時，曾說：『我們的自意識既不知道身體的解剖，至少它不知道大腦的纖維組織，實則根本就沒有自意識這種東西存在於客觀的意義上，所以，我們亦不能從主觀方面知道什麼是我們的感覺。』

在這裏我們又知道了，『客觀的』及『主觀的』這一類近世觀念的導入，如何會加强昔時的素樸的關於感官印象的見解。嚴格照他們的意思，『主觀的』便是無所存的；換言之，主觀的存在，並不是眞實的本來的存在，而科學所研究的，祇是眞實的本來的存在。我們的自意識——這是笛卡兒以來一切哲學思想的出發點——祇是這樣的主觀現象。我們必須知道意識所在的大腦部分及此等部分內運動的流，我們纔知道意識是什麼；我們必須『客觀的』認識意識，然後能合理要求的一切，才算成就。

侮哲學爲『神祕論』的唯物論自然哲學家的這種種見解，有有哲學修養的科學家的意見，在其對方。天文學者佐爾奈（Zöllner），在他那本可注意而且重要的『慧星性質論』中，曾說明我們祇能由感覺，取得對象一般的觀念。感覺是實在的外界所由而組成的材料。我們所能想像的最單純的感覺，當我們思考變化的感覺狀態在一個有機體中的結合時，本已包含時間及因果的概念。所以佐爾奈說：『因此，在我看，感覺的現象比物質的運動，是更根本得多的觀察事實，我們必須認運動是感官變化所以能被理解的最一般的特性及條件，認其爲感官現象的屬性。』〔七〕

事實上，原子及其運動的觀念可說是從感覺導出，但不能說感覺是從原子運動導出。這樣，我們固可從感覺出發，破棄自然知識的限界，似乎把全部自然科學化爲心理學的特殊部門；但我們以後就會知道，這樣一種心理學，不能再成爲精確的科學。我們必須將我們的感覺及抽象的感覺觀念，還元爲空間充實，抵抗，及運動那種種最單純的要素，然後我們才有基礎，從事科學的活動。如果在可感覺物這些最抽象的觀念中，一切人因有先天認識要素之故而必然互相一致，則與更具體的、與苦樂相結合、而被稱爲『主觀的』的感覺相比較，這種觀念可說是『客觀的，』因爲在所謂主觀的感覺中，我們的主觀，不能與其他的有感覺的主觀，發生普遍的必然的調和。但一切事物結局都在主觀內，因『客觀』本來不過指我們表象中的『對象。』感覺與感覺的觀念是普遍的，原子及其振動的觀念是特殊的。感覺是現實的所與的；但在原子之中，除已經謝去的感覺之殘餘（我們卽以此創造原子的觀念）卽不復有任何事物是現實的所與的。說有某種外界的絕對獨立於『主觀』以外的事物，與原子的觀念相對應，固然是很自然的，但並非絕對必然的，不可改變的。不然，像巴克萊那樣的觀念論者，便決不會存在了。

如果在感覺及原子運動這兩個對象之中，必須有一個認爲現實，其他一個認爲假現，則認感覺與意識爲現實，認原子及其運動爲假現，是更有理由得多。我們雖建自然科學於這種假現之上，但這事實不能引起任何差別。這樣說，自然知識便祇是眞知識的類似品，像地圖一樣，祇是我們尋路的手段。地圖雖於我們有用，但與我們思想上正在旅行的地方，相隔甚遠。

但這樣一種區別，既非必要的，亦非有益的。感覺與原子運動，在我們看，作爲現象，乃同樣是現實的，雖然前者是直接的現象，原子運動祇是間接的思考所得的現象。物質及其運動之假定既在我們的觀念中創造了嚴密的關聯，所以那應當稱爲『客觀的』，祇因有它，事物的雜多性，纔成爲統一的鉅大的包括的『事象』。我們是把它看作我們思惟中的不變的『對象』，使與自我之變化的內容相對立。不過，這全部現實性，僅是經驗的實在性，很容易和先驗的觀念性相結合。

批判的哲學是以認識論爲基礎。從這種哲學的見地看察，我們所討論的『自然知識的限界，』已經沒有加以破壞的必要，因爲這種限界，並不是和我們沒有關係的敵對的勢力，却就是我們自己的本質。倘若我們仍要作最後的嘗試，冀以更通俗的方法，破除一種不可和解的二元論的外觀，那還有佐爾奈所提供的方法，即以感覺歸於物質自體，認機械過程與感覺過程保有規則的一般的結合。但我們決不可忘記，上述的說明，並不是自然科學的說明，祇是思辨的說明；且眞正的問題（即現象內的不可理解的要素）並未排除，不過推延下去。——要保存自然科學的意義，這種學說必須嚴格證明人類感覺是從自動分子的感覺過程成立，像證明肉體由細胞組成，機械運動由外界移變爲我們神經系統的狀態一樣。但這兩個問題依然是常常存在的：即勢力與物質的觀念，不能解脫一向存在的困難，但又遭遇了一個新的更大的困難。再者，意識固將依一個紐帶而與物質相結合，但與感覺（構成的感覺）的雜多性相關而言，它的統一性所表示的不可理解處，依然無殊於舊時意識對大腦原子振動的關係。

而且，如果這個理論是可以貫徹的，結局，原子是否會像建築完全後的搭架一樣被拆毀，亦頗有疑問。感覺世界——所與的唯一世界——實際可由其本有之要素來說明，而無需外的支持。但若仍有充分理由將原子觀念保存，物質世界亦依然是表象世界；如是，推測這兩個相應的世界——物質世界與感覺世界——背後有一個未知的第三世界，作它們的共同原因，比單純地視這二世界爲同一，必更能導我們入深處。徹底的自然研究，就這樣由其自身的結論，使我們超越了唯物論。在這點，我們必須把自然研究的全體，看作是現象世界，而其旁的精神生活現象，雖表面上依存於物質，但本質上却是不同的別的東西。但我們亦常祇在這點超過唯物論。從別的前提出發，尤其是從感覺器官的生理學出發，我們可以達到同一的自然知識上的限界；但我們不能發現任何一個不與全部機械世界觀相關聯的點，在那點上，進一步的實質的研究，會證明它們是不恰當的。至於其他的責難，例如從科學徹底性的裁判席責唯物論者爲『愛玩主義者，』都沒有效力，或不會接觸唯物論的本質，它所接觸的，祇是某一些唯物論者偶然的言論。

這一些話，對於利比居『化學書簡』對唯物論者所下的某幾種攻擊，最爲適用。比方，他在第二十三信中說，『精確的研究，會證明在一定時期，地球的溫度，使有機的生活沒有可能；蓋因血液在攝氏七十八度時卽行凝固。那證明了，地球上的有機生物，有其始端。這些都是重要的事實；卽令這些事實是這世紀唯一的業績，哲學對於自然科學，已應有深深感謝之義務。』

精確的自然研究之證明這點，無殊於勒伊爾（Lyell）之證明地球現狀永遠如此！這全範圍，祇容納多少爲所事實所支持的假設。歷史告訴我們，偉大的定理是怎樣代謝，經驗與觀察之個個的事實，才是我們認識之永續的不絕增加的寶庫。哲學如要把精確科學所謂功績全部估爲己有，實未免太過忘恩。康德告訴我們，我們的悟性必然會尋求每一個原因以前的原因，每一個原始以前的原始，而理性之統一的努力，却要求結論。他這種說明，充分暴露了互相鬥爭的各種理論之人類學的起源。在這場合，我們固可追求進一步的證明，但決不叫哲學不要承認她自己的兒女，雖然他們披上了顏色複雜的自然科學的衣裳。

利比居曾以侮蔑的流盼，非難『愛玩者，』說他們要從最單純的細胞有機體引出地上一切生命，且樂意要處分無限的年數。這輕蔑的流盼，和有機生活的始端已有證明的理論，相伴而來。

關於現存自然物體的起源，要成立一種假設時，爲什麼我們不應樂意要處分無限的年數呢？研究一下當中的理由，是很有興味的。漸漸進化的假設，可由其他的理由予以攻擊，但這完全是另外的問題。假若僅以須處分無限年數爲攻擊理由，那便陷入了普通思惟最奇異的一個誤謬中了。數千年我們是聽慣了的；依地質學者的暗示，我們可進行至數百萬年。不，自天文學者教我們思考以數萬億哩計算的空間距離以來，我們還可假定地球成立已有數萬億年，雖然這個數目，因平常計算不常用得着的原故，一看似乎過於誇張。比這些數目還大而爲我們慣用的最大的數目，便是無限或永遠。這裏，依然是我們的得意的境涯；絕對的永遠這個概念，從我們入初等學校以來，便爲我們所熟知，雖然我們老早就知道，適當地說，我們是不能把它表象萬億（或百萬自乘四次）與永遠之間，在我們看，祇是一個空想的領域，祇有那最空想的想像會迷妄在當中。然最嚴密的悟性判斷，必告訴我們，先天的，在經驗未有任何判斷以前，我們爲有機體年齡所得而假定的最大數目，決不比這個數目的任何自乘數，有更大的確實性。

在更大的數目未由經驗的事實而更有確實性以前，假定最小的可能數，實違反了眞正的方法論上的公理。實際不如與此相反因爲，在最巨大最逐漸的變化中，眞正的問題乃在於這一種觀念的獲得，即，自然力必須有多少年數才够使它們實現。我們所假定的數目愈小，我們所須有的證據便愈多，因爲先天的說，時間愈短，其確實性亦愈小。總而言之，我們必須爲最小數增加證據；不像偏見所假定，須爲最大數增加證據。所以，恐怕大的數目，和恐怕大膽的或複多的假設，決不是一回事。從其他方面說，漸漸發展的假設，或不免近於大膽近於不當；但大的數目，決不致使假設成爲更大膽的。

利比居斷然主張『化學要在實驗室中造出一個細胞，一個筋肉纖維，一根神經，簡言之，要造出任一片有生命特性的有機部分，是決不會成功的。』在這樣主張時，他依然保持不批判的態度。爲什麼不會成功呢？因爲唯物論者曾以有機的物質混同於有機的部分麼？這決不是使他這樣斷定的理由。我們可以修正這種混同，但細胞化學製造的問題，依然是未解決的不是全無意義的問題。人們曾有長時期相信，有機化學的物質，祇能在有機體中成立。但這種信仰，久已被放棄。現在我們還相信，有機體祇能從有機體中成立麼？一個信條死去了；其後繼者將永存！我們不寧可斷言，這些信條沒有多大的科學價値麼？

在嚴密的考察下，精確研究不生出唯物論，但亦不排斥唯物論，至少，不像唯物論反對派所希望的那樣排斥唯物論。因爲，『自然知識的限界』在其眞意上，決不能滿足其反對者的大多數。要在此發現問題的解決，且以此解決爲滿足，非有顯著的哲學教養不爲功。

但在現實生活及意見的日常交換中自然研究對唯物論所抱的態度，決不像在一切結論均嚴密進行時那樣，是中立的或消極的。在德意志幾乎每一個自然研究者都有功於唯物論世界觀的復活，決不是偶然的。而在唯物論『攻破』之後，却空前流行一種通俗自然科學的書籍及雜誌論文，以唯物論的見解爲基礎，好像這問題早經解決似的，當亦不是偶然的。根據我們所已經說過了的，這全部現象卽可自行說明。蓋因，如唯物論祇能依認識論的批判來排除，而在積極問題的領域內，唯物論還處處立在正當的地位，則在此種大障礙被人忽視的限度內，我們很容易豫料到，就大多數從事自然科學的人說，唯物論的思想秩序會完全在他們的知識經驗範圍以內。要避免這個結論，除非具有這樣兩個條件。其一在我們之後；那就是哲學的權威，及宗教對於精神的深影響。其他却尙在頗遠的前方；那就是哲學教養普及於一切從事科學研究的人間。〔九〕

歷史的教養須與哲學的教養相伴而來。次於哲學的侮蔑而堪稱爲唯物論特色的，便是常常與精確研究相結合的非歷史感（Ungeschichtlichen Sinn）。現在，『歷史的』見解往往被認爲是保守的見解，這情形，一部分是因爲爲金錢及名譽之故學問往往被濫用來支撐反時代的勢力爲助長掠奪的興味，對於那有害於一般福利的權利，提示過去的光輝與歷史的由來。自然研究却不易濫用到這些目的上來。也許精確研究所引起的不斷的自制要求，對於品性亦有强力的影響。從這方面說，自然科學者的非歷史感，祇能增進他們的光榮。

問題的別一方面是，歷史見解的缺乏，會中斷進步的連索；細微的見地，將支配研究的全體；又因輕視過去之故，對於科學現狀，未免作過分的俗人的評價，致認現行的假設爲公理，盲目的傳統爲研究的結果。

歷史與批判，往往是同一物。認懷胎七個月的兒童比八個月的兒童更易長成的多數醫師，普通把這看作是經驗的事實。但當我們在占星學上發現這種見解的起源，〔九〕而懷疑土星有致死力的時候，我們亦懷疑這個事實——不知歷史的人，將認近代研究所未明白反對的一切普通藥方，爲有效能。但若他曾見過十六世紀十七世紀的藥方，並曾充分考慮卽在如此可怖如此不合理的配合下面，人們亦常克臻全愈，他就會不再置信於卑俗的『經驗』，却祇信任某種藥劑或某種毒藥已爲最愼重最科學的近世研究所確認所嚴密規定的效果。數十年前人們認近世化學的『元素』大體已經確定，其一部分理由，便是不瞭解科學的歷史。現在人們已漸漸明白，新的元素可有發現，其他的元素也許可被分割；且已漸漸明白元素這個槪念，亦祇是暫時的必要。

有許多化學者，仍認化學史始於拉瓦節（Lavoisier）。在兒童歷史中中世紀的黑暗時代，往往以『路德出現』這句話為終結；同樣，對於他們，則拉瓦節的出現，排斥了燃素的迷信。只要這個迷信一經排除，這種科學便會自然而然的從人民常識中生出。當然！我們如此看這件事情，這件事情亦必須如此！看有理性的人，都得如此做。假若人們不設想有一個燃素，正當的途是老早就經達到了！老斯達爾（Stahl）還會如此迷妄麼？

反之，如果一個人在歷史上看見了誤謬與眞理已結成了不可分解的融合，如果一個人知道了，完全知識（一個無限遠的目的）之不絕的接近，怎樣須經歷無數的中間階段，如果一個人看見了，誤謬怎樣會成為多樣的繼續的進步之保持者，他就不會輕易根據現今事實上的進步，斷言我們的假設已無爭論餘地。他如果知道了，誤謬的理論，決非像天才眼前的霧一樣，突然消散之後即會促起進步，他如果知道了，誤謬的理論必須依較高的辛辛苦苦由熟練方法取得的理論來推翻，那他決不會以輕視的微笑看待研究者為證明新而不為人所熟習的理念所費去的許多精力，同時，他又將在一切根本問題上，少信賴傳說，多信賴方法，而全不信賴不合方法的理解。

在德意志，因有費爾巴哈，在法蘭西，因有孔德，遂發生一種意見，認科學的悟性，祇是妨礙的空想被排除後得到了當然效力的常識。但歷史上沒有任何痕跡可尋來說明常識會在妨礙的空想被排除後突然出現；它却到處都說明了，新觀念是不顧反對的偏見仍拓道前進，甚至在它前進的時候，與它所要排除的誤謬互相融合，或與之並道陷於誤謬的方向，所以偏見的全部排除，照例是全部過程的最後完成，其作用頗似已成機械的擦掃。爲簡明起見，我們還可比喩說，從歷史方面看，誤謬是鑄模，眞理的鐘是在裏面鑄成的，祇在鑄造完成後，這個鑄模才會被破壞。化學對鍊金術，天文學對占星學的關係，都可說明這點。最重要的積極的結果，必須在科學基礎完成以後方始獲得，乃是當然之事。關於天體我們現有的知識，祇有極小部分是由哥白尼發現的；在所覓原酸中仍包含鍊金術最後遺跡的拉瓦節，和我們今日的化學比較，亦是非常幼稚的。當一種科學的眞基礎確立以後，即有許多結論可由比較少的精神勞働引出；撞鐘比鑄鐘是更容易的。在原理上有重要進步時，我們常可看見，新理念不顧偏見而發生出來，最初也許還是從偏見中生出。當它發展的時候，它才會破裂那已腐朽的外殼。在沒有這種理念與這種積極努力的地方，偏見的排除必於我們毫無用處。在中世紀，已有許多人不信占星學。在一切時候，都有教會中人與俗間人反對迷信；但天文學不從這些人那裏生出，却是從占星學者那裏生出。

歷史研究最重要的結果，便是學者平心靜氣的，不以敵視之心，亦不以信仰之心，考察我們的假設與理論，把它們看作是無限接近眞理的努力——那似乎是我們精神發展的使命——上一個階段。這當然會立即揚棄唯物論的體系，如果唯物論以信仰物質的先驗存在爲前提。但就精確科學言，最能發現者，當不是侮蔑咋日的理論確信今日的理論的人。最有發現能力的人，必定把一切理論，看作是接近眞理、概觀事實及使用事實的手段。

排斥理論的獨斷，不是排斥理論的利用。如果我們對於與事物相關的一般理念，均在其發生時予以壓抑而牢牢執着個別的能由感覺證明的事實，那亦同樣是乖離正道。人的精神既然祇在理念——那由心情想像的深處產生——中得到最高的超越自然認識範圍的滿足，所以，若不休息於普遍的思想中，並從此引出新的能力，那它雖要以它自身獻於眞誠的嚴密的研究工作，亦必不能成功。分類的概念與法則，雖像黑爾模浩爾兹所說的那樣，作爲一種手段，來幫助我們記憶並概觀非此即不能概觀的對象與過程；但他方面，又有統一的概括，作爲現象雜多性的統一，來應付我們精神中的綜合的根本衝動——這種衝動到處都在哲學的大全體中及在包括多數對象的最單純概念中，努力以追求統一。我們現在雖不要像柏拉圖那樣，把與個別相對的普遍，看作是眞的現實且獨立於吾人的思惟之外；但在我們的主觀性中，在我們看來，這種普遍，實不祇是包括事實於一處的括弧。

我們的這種主觀性，就自然研究者說，亦有其意義，因自然研究者決非發明的機器，而是一個人。人的本質各方面，乃以一種不可分的統一，在他的人格中發生作用。但在這裏我們又發現了唯物論在反對的方面。這種精神趨向，一方面使我們將關於現象基礎的大假設，變爲不變的信條，他方面又表示了，它很怕在自然研究上與理念合作。我們曾講過，在古代，唯物論因固執原子及其運動之信條，無意於新的大膽的理念，所以終久沒有什麼結果。反之，唯心論派，尤其是柏拉圖學派及畢達哥拉斯學派，却給古代以最豐富的自然科學的結果。

近世，就事象之發明與發現說，我們對於唯物論，已能給與比較有利的說明。原子論，一度祇能引導人們去考察現象的可能性，但自迦桑狄以來，已成爲現實之物理研究之基礎！自牛頓以來，機械的世界觀已漸漸支配自然知識的全部。所以，如我們不問『自然知識的限界，』則唯物論已不僅是現今一切自然研究的結果，而且嚴格地說，還是現今一切自然研究的前提。但若對於此事更明白更一般地思考一下，則在原理上揚棄唯物論之批判的認識論的見地，已愈益擴張至自然研究者間，且常常擴張至最著名最有卓見的自然研究者間。對物質之素樸的信仰雖消滅，亦不致妨礙自然研究之勝利的進行，而在自然之背後，反會展開一個新的無限的世界。這個世界，與感官的世界保持最密接的關聯，也許還是從別一方面看察到的同一的事物。這個世界，對於我們的主觀，對於我們的有各種情緒的自我，堪稱爲眞正的故鄉，而爲它們所熟識；同時，原子及其永遠振動的世界，却作爲無關係的冷酷的事物，與它們相對立。

當然，唯物論亦要認原子的世界，爲精神的故鄉。這不能無影響於它的方法。唯物論信賴感官。其形上學乃從經驗世界之比論而成。其原子爲小的小物體。我們固不能將它的小的程度表象出來，因爲這是人間的表象所不能及的；但我們可以用比較方法，像看見到感覺到它們一樣，把它們表象。唯物論的全部世界觀，都以感性及悟性的範疇爲媒介。但我們精神的這些器官，却就大體有現實的性質。它們給我們以事象，雖不給我們以物自體。更深邃的哲學在後面來了，它認此等事象爲我們的表象。但下述的事實，不能爲所改變，即以悟性及感性爲媒介而與事象發生關係的那一類表象，有最大的永續性確實性及合法則性，並因此故，還與外部世界（永遠法則所支配的外部）世界有最嚴密的關聯。

唯物論，在表象現象世界之要素時，是創造的，但衹在感官的指導下，以最素樸的方法創造。它既不絕依賴最有規則的機能的知識要素，所以它有源源不絕的純粹方法，對於誤謬與空想有防禦的工事，且對於事象的言語有更純粹的感情。

然唯物論往往以現象世界而欣然滿足，而任感官印象與理論結成不可分解的全體，這是一個缺點。因此，它既沒有衝動要超越感官現象的表面的客觀性，亦沒有衝動要以奇矯的疑問，由事象誘致新的語言，要以實驗（其目的不僅在整理個點）破壞從前的思考方法，而在科學範圍內導入全新的洞見。一句話，唯物論在科學方面是保守的。怎樣對於人生最重要的範圍，它又會在一定的關係下，成爲革命的酵素呢？那是我們以後就要說明的。

唯心論在本質上亦是形上學的創作，雖然這種創作，在我們看，似乎是一個較高的未知的眞理之熱狂的代表。在我們胸中有一種創作的創造的衝動，在哲學藝術及宗教上，往往與我們的感官及悟性所提出的證言直接矛盾，但其創造品，在最高尙最健全的人看來，仍較單純的認識爲更高尙——這種事情，表示唯心論亦與未知的眞理相關聯，雖其關聯方法，完全與唯物論不同。感官的證言，人皆同意。純粹的悟性判斷，不會動搖，亦不會誤謬。但理念是個個人格之詩的產物，其魔術也許足以支配全時代全民族，却決不是普遍的，更不是不變的。

如果唯心論者常常記住，現象世界雖祇是現象，但仍是一個有關聯的全體，將無關係的成分插入，其結局必有破壞全體的危險，他在實驗科學中就和唯物論者一樣，可以安然進行。然曾一度登入理念世界的人，却常常有一種危險，要以此混同於感覺世界，或變造經驗，或在散文的意味上（在這意味上，『眞』與『正』這一類名辭，祇屬於感官及悟性的認識），稱其詩作爲『眞』的或『正』的。蓋因，捨藝術及宗教所謂『內的眞理』不言（藝術及宗教的標準，祇是靈魂之調和的滿足，與科學的認識全無共通點），則配稱爲眞理的，必須在每個有人類組織的人看來，都是眞的。這種一致，祇能在感官及悟性的知識中發現。

然在理念與這種知識之間，有一種關聯，存在於我們的心中。心的產物，祇在目的及意圖上超越自然，但作爲思想與人類組織的產物，它亦衹是現象世界的部分，須依必然的法則而互相關聯。總而言之，我們的理念，我們的大腦幻想，和我們的感官知覺，我們的悟性判斷，是從同一的自然產出。它們不是偶然地、不規則地、意外地，在精神中生起；嚴格的說，它們是心理過程的產物，在這種心理過程上，我們的感官知覺不是沒有作用。理念與大腦產物的區別，在於其價值，不在於其起源。但什麼是價值呢？那就是對人類本質之關係，對其完全的理想的本質之關係。理念依理念而秤量。精神價值的世界的根柢，像我們的感官表象的根柢一樣，深種於不許我們觀察的最裏奧的人類本質中。從心理方面我們可解理念爲大腦產物；但作爲精神的價值，我們衹能以同樣的價值來秤量它。格爾恩禮拜堂衹能與其他的禮拜堂或其他的藝術品相比較；其石材衹能與其他的石材相比較。

對於科學的進步，理念和事實是同樣不可缺少的。理念雖往往超越經驗，但不必就會導往形上學。理念像結晶物的射出一樣，無意識地迅速地從經驗的要素跳出，但可還元爲經驗，且在經驗中尋求它的確證與非證。悟性不能作出理念，但整頓它，服侍它。科學的理念，是像詩的理念，形上學的理念一樣，從個人精神中各種要素的交互作用而生；但其進程不同，因爲科學的理念須服從研究的判斷，在這種判斷中作爲判官的，衹是感官、悟性、與科學的良心。這個裁判所，不能要求絕對的眞理，否則人類進步將成爲極可疑的。效用，調和（與理念所激起的實驗中的感官證據相調和，）斷然的優越性（對相反的各種見解的優越性）——這些足够使理念在科學範圍內取得市民資格幼稚的科學，始終將理念與事實混同；已經發展且在方法上已經確定的科學，纔依精確研究之助，將理念形成爲假設，最後成爲理論。

最偏見的唯心論者，亦不完全輕視以經驗自身證明經驗不充分的企圖。如果在感官世界的事實上，不能發現任何痕蹟來說明感官所與的，祇是眞事物之着色的也許還很不充分的圖象，唯心論者的確信，便成了不可信的了。然而，就連感官的普通錯覺，亦會予唯心論者的意見以根據。樂音之數的關係之發現，乃從畢達哥拉斯學派的理念出發，那是和原感官的假現相反的。就聲音而言，我們的耳不會給我們以數的關係的意識。然感官自身，成了理念的左證；分開的絃，金屬鎚的大小，可在種種音的關聯上，以感官來知覺。所以，曾一度被排斥的光線振動說的理念，後來因有感官及計算的悟性爲左證，才再被採納；干涉的現象是可以觀察到的。

從這點看，唯心論者亦可成爲研究者，但他的研究，通例會表現革命的性質；唯心論者對於國家，市民生活，傳統道德，往往有革命思想。

但我們決莫忘記，在這裏，乃是多少的程度問題。捨少數有一貫體系者不談，在現實生活上，作爲個人的類型，唯心論者與唯物論者，不會比冷血質者及膽液質者更多。說大體上抱唯物論見解的人，沒有一個能抱有科學理念而完全推翻傳統見解，實未免稚氣。我們的研究家，特別在時代傾向如此的今日，幾乎都充分抱有唯心論的見解，雖然他們大體相信他們所能見所能感覺的事物。

在近世自然研究史中，不能像在古代那樣，確實地分別唯物論與唯心論的影響。在科學進步諸大領袖，尙未有極精細的記述其全部人格的傳記以前，我們所立的地盤還是極不確實的。教會的壓迫，大都會妨礙眞意見的發表；有許多高尙的人，祇因他有所發現而爲我們所知，但究其實，他們也許還有豐富的思想，精神之熱烈的鬥爭，及深邃的理念之財寶。

我們現代大多數自然研究家，極少想到理念、假設、與理論。但反之，利比居在論培根的演講中完全排斥經驗論時，他對於唯物論的怨恨，又過於深入。

『培根在一切研究上，都予實驗以高價值。但關於實驗的意義，他一點也不知道。他把它們看作一種機械，認它們一經推動，便會行其所行。但在自然科學上，一切研究都是演繹的或先天的。實驗祇是思想過程的補助手段，像計算一樣：如果一種實驗是有何等意義的，則在實驗之前，常須有思想。』

『在普通意義上，經驗的自然研究，原是不存在的。沒有理論或理念在前，則實驗之於自然研究，殆如玩器之於音樂。』

話說得多硬！但，事實上經驗論並未陷在這種絕望的狀態中。對於培根的實驗，哲學家與歷史家均須表示感謝，但利比居的精密的分析，却告訴我們，從培根的實驗不僅沒有得到什麼結果，且亦不能得到什麼結果。但我們却以爲，在方法上他既這樣不誠實，這樣輕率，他既然這樣任意取去對象，他既然缺乏集中與忍耐，尤其是他既然有這樣多方法上的感想與策略——這種奇想與策略，沒有任何實際的應用，但排擠了那部分有用的方法，以致屢屢陷於驕縱與疲弱——難怪結果會是這樣。然若培根祇發展歸納法的概念及並非不重要的關於消極事例與特優事例的學說，他自己的方法也許會使他不致這樣反覆無定罷。但他因要能證明他所懷抱的理念，會在這種冷漠的衝動上，發明一種可疑的分類，即移動的事例、單獨的事例、祕密的事例等等，以致陷於驕縱。說他的研究沒有任何理念爲指導，在我們看，似未必然；實際也許恰與此相反。例如，利比居毫不假借地暴露的熱的學說便可說是一種先入之見。

培根會以無用的概念過分裝飾他的證明學說，就這點言，他不免在他所攻擊的煩瑣哲學的餘波面前投降。但他的研究所以不能成功，爲之障者，實非概念的妖靈，祇是一般研究所不可缺的性質他全然缺乏。培根固不宜於從事適當的實驗，亦同樣不宜於在批判方法上編輯古人的著作。[10]

有效果的理念有一特色，即，它祇能在有一定對象之徹底的根本的研究中發展。但這一種研究，即無指導的理論亦可有效果。哥白尼以其終生從事於天體的研究；桑克托里士(Sanctorius)以其終生從事於天秤的探討；前者有早年從哲學及觀察所得的理論作爲指導；但桑克托里士不亦是一位科學家麼？[11]

第二章　勢力與物質

『世界由原子及空虛的空間成立。』就這個命題看，古代的和近代的唯物論體系是一致的，雖然原子概念曾漸漸發展成為種種差別，而關於這豐富的多樣的世界全體如何由這單純的要素成立，亦有了種種不同的理念。

今日唯物論最素樸的言論之一，由畢希訥（Büchner）洩露了。他稱近世原子為『自然研究的發現，』稱古代人的原子為『任意的思辨的表象。』〔三〕實際，今日的原子論依然和德謨克利特士時代的原子論一樣。它依然未喪失形上學的性質。在古代，它亦是當作一種自然科學的假設，用以說明被觀察到的自然過程。但我們的原子論與古代人的原子論的關聯雖是這樣在歷史上確定了；但關於原子之近今的見解，却是從哲學與經驗之交互作用，漸次得到非常的進步，與原子論相結合而生出這富有效果的發展的，實際卽是近代科學的根本原理，卽批判的原理。

『依研究自然的高尙衝動而終生努力的第一個化學家』洛伯特・波以耳，恰於迦桑狄對笛卡兒勃發學問上的論爭時，遊歷大陸，作為青年時代的一種修養。當他於一六五四年定居牛津，決志以其一生獻於學問時，作為一種形上學理論的原子論，已取得了勢力。但波以耳所要專研的那種科學，比任何科學，都更晚才脫離中世神祕主義及亞里斯多德見解的桎梏。導原子論入這種科學的，便是波以耳。自他以後，這種科學應用這種理論的地方亦最多。然他却在一六六一年『化學上的懷疑者』一書，宣稱他曾踏入精確科學的道路，在這種科學上，原子和仙丹一樣不能成爲信條。

波以耳的原子，依然是伊璧鳩魯的原子，依迦桑狄而導入科學者。它仍有種種的形態，而其形態對於結合之强弱有影響。由激烈的運動，凝聚的原子有時互相分離，分離的原子有時互相凝聚。像古代原子論所主張的那樣，它們是以粗面的突出部相互連繫。〔三〕當化學的結合發生變化之際，第三物體的最小分子，卽流入其他二物結合所隔的空隙間。這種最小分子，亦依其表面的構造，而與其一物相結合，不與其他一物相結合。原子之劇動將奪去其他一物的分子。但在下述那一點，波以耳的原子論是和古代人的原子論不同的：卽他和笛卡兒一樣，承認物質將由運動而散亂，他又常不問原子運動的起源，不然，就以此種運動歸於神之直接影響。

原子論的這種形態，在英吉利，只要牛頓的引力法則一旦爲人所承認，便必然會被破壞。我們曾在上卷說明牛頓的純粹數學的假定，如何迅速的，便變形成了一種新的理論，與一切以前的觀念完全反對。有了物質最小分子之吸引，便不必再假說原子有粗的表面和多樣的形式。在接觸之外，現在又有了一個紐帶，那就是吸引。小物體彼此間的衝突，便失去了它的意義；就連對於不可量物——牛頓仍要從它的活動引出引力——亦發現了一個類似的原理，即排斥力的原理。

原子概念之變遷全史，只要看英吉利的情形及物理學家哲學家在該處所發展的觀念，便很明白。霍布士，有這樣大影響的霍布士，曾認原子概念是相對的概念。他像數學家分別無限小的種種序列一樣，說有種種序列的原子。這種理論的一種應用，便是不可量原子之假定，那種原子存於有吸引力的物質之間隙中，且與具體原子相關而言，被認爲無限小。在衝擊之機制依然爲人所信時，一方面由運動產生光的現象，他方面由運動產生第一序列的原子的引力的是第二序列的原子。但距離作用（Action distans）的思想一旦得勢，首尾一貫的，被應用到不可量的原子上來，它們雖沒有任何現實的衝擊，亦會發生排斥作用。像道爾丹（Dalton）所發現的那樣，有了這種思想，物質特性的觀念就在大體上完成。蓋因在道爾丹時代，人們不假定有第二序列的原子，却假定在可量原子之周圍，有光與熱的物質爲連續的被覆，並不是一種本質的改革。就連笛卡兒及霍布士，實際亦假定空間之永久充實，因爲他們覺得，較大分子間的間隙，爲較小的益益小的分子所充滿。無論如何，當道爾丹在十八世紀終末之頃採用一種觀念，卒在科學史中永享盛名時，他是發現了這種意見早經存在。

他考察物體的種種聚合狀態以後，說：『這些考察，默默的引出這似爲一般所採納的結論，即，其大可見的一切物體，無論是流體抑是固體，均由鉅額的非常小的分子或物質的原子，依強弱不一須視情形而定的吸引力而互相結合。這種吸引力因可妨礙分子或原子分離，故極適當地被稱爲「凝集引力」，又因其從散亂狀態中集合各分子（例如從蒸氣集合成爲水），它又被稱爲「集合引力」或更簡單地稱爲「親和力」。無論名稱如何，所指均爲同一的力。……除這種吸引力以某種形態而一般屬於可量物以外，我們又發現了別一種力，那亦是一般的，對於我們所知的一切物質都有作用，卽排斥力。現在一般人都以這種力歸於熱的作用，我想這是正當的。這種微妙的液體的空氣，常包圍着一切物體的原子，使其不致發生直接的接觸。』[一四]

我們如一反省物理學關於吸引的見解，在十八世紀最初十年間，卽依牛頓弟子的影響而爲人所承認，我們就知道差不多有五十年的光景就够把古代人的原子概念完全改造，致令道爾丹發覺這種改造已成爲一般承認的事實。道爾丹的特殊貢獻之一，便是極力主張一切相似的實體的最小分子，有同一性。這種見解是物理學根本見解上同一次大革命的結果。因爲，如果原子不復有彼此間直接的接觸，亦就不復有任何理由假定各種形態是由其突出部分而彼此互相嚙合。

『親和力』在道爾丹看來，卽是有特殊化學表現的普通吸引力。那本是鍊金術者[一五]愛用的工具的一部分，是眞正的煩瑣哲學的一種性質。卽令引力說之超越的轉向不會予以幫助，[一六]那亦會像其他這一類概念一樣，依機械世界觀之流布而被拋棄於一邊。牛頓會假設可量物的最小分子有吸引力，雖然他曾聲明，將來要再從不可量物的運動說明這種吸引。他祇反對化學作用與引力的同一性，因為他假定，在這二場合勢力對距離的從屬關係，乃是彼此相異的。但在十八世紀初，航路便已發現了。蒲豐（Buffon）已認化學的牽引及引力為同一。波爾哈夫（Boerhave）——他在這世紀中有最明晰的頭腦——復返到恩比多立的 *φιλία* （愛）明白主張化學過程不由力學的衝突而生，乃由結合的衝動（這是他說明 Amicitia 一語時的用語）而生。在這種種情形下，煩瑣哲學的親和力一語，亦可再出，不過這個用語之語源上的意義，却被拋棄了。『親和』已祇有其名；因為，當中所包容的，不是以同一為基礎的傾向，却祇是以對立為基礎的合一的努力。

科蒲（Kopp）說：十八世紀之初，還有許多人反對這個用語，尤其是當時的物理學家，他們恐怕這個用語的使用，會承認一個新的『祕密力』。尤其在法國，特別嫌厭『親和力』這個名詞，聖·喬夫羅（St. F. Geoffroy）——他在那時（一七一八年及以後）是化學親和力說的最著名的權威之一——就避免這個名詞的使用。他不說，如果有第三物質，其對於二物質之一的親和力，較這二物質相互間的親和力為大，則這第三物質的加入，就會使這互相結合的二物質分解。他祇說，『如果這第三物質對於二物質之一的關係，較這二物質相互間的關係更多，則這第三物質的加入，就會使它們分解。』〔一七〕不僅在沒有概念的地方，即在概念過多的地方，一個名詞亦是很容易進來的。事實上，這兩個名詞，都不過是一個過程的實體化。無色的表現，比着色的表現，更不易喚起妨害的附隨觀念。如果觀念及名詞對於方法的科學是這樣危險，則爲避免誤謬計，那亦自有其貢獻。但科學史關於親和力這個概念所得的經驗，却說明了，如果事實的研究，能嚴密地依途進行，危險是不會這樣大的。祕密力將因此失其神祕的魔力，而成爲一類現象（精密觀察到，嚴密規定着的現象）之綜合的上位概念。

在此以前，古代人原子概念的變遷，不過是改造力學根本原則所得的一個結果，那種改造是引力法則引起的。親和力的概念，與這個新思想範圍聯成一氣，但關於勢力與物質的本質不會引入任何新的原理。化學的經驗，當道爾丹提出原子量的理論時，才與物質的本質之概念直接發生接觸。

道爾丹採取原子量概念的思想過程，是非常明晰而且單純的。像德意志化學家里希特爾(Richter)[六]一樣，他依他的研究，得到這樣的假定，即化學的結合，乃在一定的非常單純的數的關係上發生。但里希特爾從他的觀察，一躍而至這種思想的最普遍的表現，謂一切自然過程均在量數、及重量的支配下；道爾丹却辛辛苦苦求取直觀的表象，使化合量的單純的數，有所根據；原子論就在這裏和他半途遇見了。所以他有時說，因要說明化學過程，我們所必需的，即是從一般容認的原子論，引出正當的結論。如果原子論是眞確的，我們除了由原子的一致的配置，即無其他方法，可以表象化合量的顯著的規則性。如果我們常常這樣考察化學的結合，說一種實體的一個原子，常常與其他實體的一個原子或二個原子相合，化合量的規則性便完全說明了，可以理解了。但在這場合，化合的物質之量的差異，原因必定是在個個的原子中。如果我們能決定一個原子的絕對量，我們只要以原子數乘原子量，便可得該種物體一定量的重量；反之，我們又可以簡單的除法由原子量及一定物體的重量，決定這物體內所含的原子數。

就方法論及認識論方面，看看道爾丹的感能的表象方法如何能流行於世間，里希特爾的更思辨的思想，却使他的非常重要的發現不能流佈，亦甚有興味。雖然人們屢屢覺得，感能的表象方法，不過是徹底確立因果關係的補助方法，而在此中圖準確瞭解物質構造的一切嘗試，都會在强迫我們根本改造這種思想建築物的新要求下，立卽粉碎，但當作把握現象所不可缺的要件，這種方法却會再三確立它自身，並且幾乎無時不會引向顯著的結果。再沒有什麼地方，還比近世化學史更能把這點說明了。

道爾丹原子說得到決定的勝利以後不久，新的發現與考察，便爲這種長久被人誤解以後纔能重行樹立的見解，安置一個基礎，來進行一種重要的改造。一八〇八年格·盧薩克（Gay-Lussac）的發現——在同壓力同溫度中各種氣體是依單純的容積關係化合，這種化合體的容積，又與其構成部分的容積，保持一種極單純的關係——像化合量有規則性的發現一樣，對於理論家的烱眼成了一種新的要求。然又像道爾丹一樣，阿渥格特羅（Avogadro）因尋求一種感能的直觀的表象方法，以表象這關係的原因，終得到他的重要的分子學說。他發現了（一八一一年）各種氣體在對壓力及溫度的關係上同一，在化學結合上同一，祇能依如下的定假來說明，卽各種氣體（在同壓力同溫度下）在同容積內其最小分子之數是同一的。但因要首尾一貫引伸他這種見解，他不僅須假定複合的氣體是若干原子在其最小物質分子中結合，且須假定單純的氣體之最小物質分子，亦至少有一部分是若干原子的結合。〔一九〕因此，在許多方面，分子可代原子；但分子不是單純的，乃是由原子化合的化學物體的最小部分是分子；物質的最小部分便一般是原子。原子祇在化學的結合與分離上，才獨立顯現，改變位置，配置自身而成爲組織不同的分子。

設當時對於化學事實的知識，未曾給於偉大的衝動，阿渥格特羅的假說，恐亦難如此風行。貝爾澤里亞斯（Berzelius）採用道爾丹的理論，但補充之，認親和力所以各各不同的原故，在於原子之電的關係。這種理論有一長時期爲人認爲滿足；研究者的熱心，均傾向這種分析。這種青年的科學，遂非常迅速地，取得了自然科學者的尊敬及製造家的敬重。在基礎尚未穩固，甚至著名化學家亦懷疑他們的活動範圍能否稱爲科學範圍的時候，它便成了一種權力了。

在原理上甚爲重要的最初的發現，不能打擊電化學理論的獨斷主義。杜朗（Dulong）及配第（Petit）於一八一九年發現，就單純的物體言，特殊的溫度是與原子量成反比例——這種發現的命運，表現了經驗法則（尙不配稱爲眞自然法則的經驗法則）會如何變化。矛盾，偶然所不能說明的過顯著的核心之固執，種種修正及補助假說，皆與這學說相結合，但對於這稀少的有意義的關聯，迄未能充分洞察其內部理由。原子量是在這裏第一次成爲事實問題以上的東西，而與物質的其他特性發生關係。但這種情形，在當時盛行的學說的大缺點未曾被發覺時，不大爲人所注意。——一八一九年密謝利齊（Mitscherlich）的等質結晶（Isomorphismus）的發現，洞見了原子的位置關係；但在大體上，當時人不過認它是一般採用的原子說的好證據。當人們再發現同成分的實體，會在極不相同的結晶形上出現（同質二形 Dimorphismus），而由同量同要素構成的物體，又會在一切化學的及物理的特性上相異，甚至在氣體的特殊量上亦相異（同質異性 Isomerie）的時候，人們遂迫不得已說這是由於原子的置換與集合法的殊異。但對這種種結合，却尙沒有任何一定的原理。有機化學之急速的發展，很快就引出了許多這樣的結合，致使眞誠的研究家極感不安。

電化學理論之不可支持，隨科學之進步而益益明顯。疑惑與動搖的時期，遂不可避免。定型說（Die Typentheorie）在其改善形態上，曾引起原子在分子中的排列的觀念。這種學說，因排斥關於物質構造的一切思辨，認定在一定化合型態的物體中，一要素代替他一要素的過程，可按一定的規則發生，而終於走上確定的道路。利比居一八三八年在『有機酸構造論』一文中宣稱『關於二化合體的要素在化合上如何互相結合的條件，人們尚毫無所知，而人們思考此等要素結合的方法，亦僅依存於一種因襲之見，這種因襲之見已在當時流行的見解下，依習慣而神聖化了。』〔二〇〕蕭恩拜（Schönbein）在『Album von Combe-Varin』一論文中，還更用懷疑的態度說：『在缺乏概念的所在，名辭是因襲地進來；尤其在化學上，自笛卡兒以來，分子及其排置，在一種誤信——誤信想像力的這種遊戲，能說明絕對不明白的現象以欺矇悟性——下，會被人非常濫用。』

事實上，這種『想像力的遊戲』似不會欺矇悟性，祇會支持這個公式：那便是，能保護知識，使不成爲名辭遊戲的，祇是感能直觀性之嚴密的實行。這公式在認識論上有深邃的基礎。嚴密實行的直觀，卽令本身是誤謬的，亦能在許多場合，當作眞的直觀之圖象及暫時代用物，依我們的感性法則——那與現象客觀世界的法則不無關係——而保持在一定限界之內。但若我們使用無明晰概念與之相應的名辭（無直觀與之相應的名辭，更不用說），則一切健全的認識便都完了，所生出的意見，卽作爲達向眞理的前階，亦無任何價值，不如完全排除了好。

利用想像力以整頓我們關於物質過程的思想，卽在化學進步的這個時代，亦不祇是遊戲，雖然在這時代，一般的動搖與摸索會惹起不確實之印象。但在他方面說，卽令這種摸索終止，卽令發現了一條可靠的一般人行走且在現在仍極安全的道路，那亦還不能保證我們的假定是與事實相符合。

克庫勒（Kekulé）以模範的明晰性在一八六一年有機化學教科書中，喚起化學家使明瞭假設與事實的限界。他說明了化合量之比例數有事實的價值，而化學公式的符號，很可說是這種事實之單純的表現。『如果對於化學公式的符號予以別種意義，如果像現在大多數人那樣，認此等符號指示了原子及元素的原子量，問題便發生了：即，原子之相對的大或重，是什麼呢？原子既不能量，又不能秤，我們就分明祇能依反省與思辨，假設地推想那確定的原子量。』

在考察最近世化學如何討論物質（那亦十分信賴地依從一種非常發展的理論）以前，現在且一瞥數學家及物理學家的見解。

近世化學須依存於原子論，那是歷史發展的明白結果。迦桑狄、笛卡兒、霍布士及牛頓，都從物理的世界觀出發。就波以耳及道爾丹說，物理的研究及化學的研究是相伴而行。但物理學及化學的道路，在數學分析得支配物理學，而化學事實卻不能經數學分析的程度內，依然是彼此分開的。

久不爲人所承認的波動說（Underlation Theorie），就幾乎與道爾丹的化學原子說同時，行入光學的範圍內，雖因當時人們尚堅持光感放射說，致其行入尚十分困難。楊格（Young）於一八〇一年證明各種顏色的振動數。夫勒士奈（Fresnel）因研究光線屈折的業績，曾於一八一九年獲得巴黎學士院的獎金。在此以後，光的理論，益益成爲以太原子的力學；但原子的概念，卻不得不忍受因計算必要而起的種種修正。最大的一個修正——雖然結局不過是超越的引力學說之最後結果——便是否定原子的廣延性。早在十八世紀中葉，耶穌社僧人波士科威（Boscovich）已獲得這個概念。[三]他在原子衝擊說中發現了一些矛盾，他以爲要解決這些矛盾，必須假設這種作用，雖通常歸因於物質分子的彈力，但實應歸因於從一定點——那位於空間，但無廣延性——發出的排斥力。這些點很可說是物質之元素成分，但屬於這學派的物理學者，稱之爲『單純原子』。

波士科威雖曾引伸這個理論，但直到我們這世紀，這個理論在從事原子力學研究的法蘭西物理學者間，才獲得更廣的贊同。實際，法蘭西研究家既有嚴密的邏輯感，他們早應發現在現代力學的世界中，當作有廣延性的物質分子，原子實是可有可無。像迦桑狄及波以耳一樣，當原子不復以其物體的質量而彼此發生直接影響，却以吸引力及排斥力——那穿過空虛的空間（例如星辰之間）——而互相影響時，原子本身便成了這兩種力的保持者，因而在這種原子上，除了單純的實體性，便沒有什麼本質的事物不能在這兩種力上完全表現。不是一切影響——甚至對我們感官的影響——都以空虛空間內的非感官的力爲媒介麼？小的小體，已成了一個空空洞洞的傳說了。其所以仍被保持，僅因其與我們所能看所能觸的大物體相似。這種可觸知的性質，對於感能的要素——那存在於現實可感覺物中——提供了一個保證。但明白考察之下，則按照以引力說爲基礎的機械哲學，這種把握——視與聽是不用說的——亦非由直接的物質接觸而生，乃完全以純非感能的勢力爲媒介。我們的唯物論者所以堅信這感能的物質分子，正因爲他們對於非感能的勢力要有一個感能的基體。法蘭西的物理學者，却不問這種精神要求原子的廣延性，在自然科學上似已無任何基礎。爲什麼還要以這無用的概念重來妨礙自己？

格·盧薩克，依微分的極微量之比論，認原子與由原子結成的物體比較爲無限小。安培(Ampére)及科齊（Cauchy），認原子在最嚴密的意味上沒有任何廣延性。西魁（Seguin）曾述相同的意見，謨諾（Moigno）贊成這種意見，但和法拉第（Faraday）一樣，不稱其爲無廣延性的物體，却寧可稱其爲單純的勢力中心。

如是，我們祇要完成原子論，就會導向動的自然觀了。但這並非以思辨哲學，乃以精確科學爲媒介。關於安培、科齊、西魁及謨諾的這種種報告，〔三〕應感謝一位聰明的自然哲學者兼物理學者。看看那位先生對於原子論的態度，爲一個靜默的觀察者計，亦有特別的興味。費希奈（Fechner）曾有一個時期是謝林學徒，是神祕的神話的詹特·阿吠斯達的主編者。他自身就是一個活證據，可以證明熱狂的哲學，不必就有害於眞研究的精神。他曾利用他的原子說，對於哲學投下了戰書。在他之旁，畢希訥的話，尚覺有幾分諂媚。費希奈分明以他自己曾經通過的哲學和哲學一般相混同。費希奈的聰明的敍述方法，他的豐富的獨創的比喩及比較，他的犀利的議論，結果使他在他曾一度來到的爐邊，搜尋各個哲學家。

實際，哲學與物理學的全部鬥爭，依費希奈所見，本來是時代錯誤的。我們現今在何處能望哲學有權在值得注意的方法上，禁止物理學者採用他們的原子論?現在我們且不問，費希奈的『單純原子，』在根柢上已不復是原子；亦不問，由無廣延性的勢力中樞而成的世界，構成嚴密地說，須與動學的見解並列。對於否定空虛空間的這種動力說，費希奈是這樣讓步，以致於覺得在所論爲哲學對物理學的關係時，不能安然締結和平條約的，不是哲學，祇是近視的自負。

費希奈不僅放棄原子的不可分性，結局且放棄原子的廣延性。但他曾確當的說，物理學者不敢斷定『他的原子間的空間，是絕對空虛的；纖細的連續的本質，不會在它們之間有廣延，從而對於他所能判斷的現象，沒有任何進一步的影響。』『物理學者不談到這些於他無關的可能性，祇因它們於他無益。但若它們能在某方法上幫助哲學家，則討論它們，本來是哲學家的事情。如果這些可能性使他能與精確科學締結和平條約，這對於他，便已經是一種頗大的貢獻。物理學家不過在最初使用原子，結局他並不需要原子。如果哲學家最初即以其原子向物理學家讓步，則物理學家結局亦能以其空間充實說向哲學家讓步。這二者並不是矛盾的。』〔三〕

當然不是矛盾的。在人們嚴密區別這兩個範圍的限度內，只有那不可思議的哲學家（雖然我們可以在德意志發現幾個這樣的哲學家），才會與物理學家爭原子論之初步使用權或技術使用權。這種論爭，沒有邏輯的意義，從而亦不能有哲學的意義——除非哲學家自己是物理學家，並由實驗與微分學之專門的運用，說明這於他更有益處。它必須如此因如此，方才合理的斷言，雖然其中含有自負，但亦不致引起原子論最初使用權的爭議。從自己的原理假設一個物理學體系的哲學家，不能否定事物實現的方法，有時可變成別個樣子；而這種方法，亦祇因其成功，所以爲人所是認。人們能改良事物則已，不然，便祇有靜觀事物如何進行；首尾一貫保持費希奈見地的專門家，亦不能否認有一天他的工作也許可以根據其他的原理而同樣適當地（卽使不是更適當）進行。但在他的成功的路上，尚未有任何事變，客觀地强迫他轉入別的道路以前，他決不要過問這種可能。

但是，費希奈在他的原子論上，保持物理學者的見地嗎？決不。上述那一段話，是從他著作的前半部引出，在這半部，他所敍述的物理的原子論，與精確科學所敎導的，完全一致。但在他方面，他自己卻把他的單純原子，歸屬於『哲學的』原子論。他覺得，他這種見地的特長，是物理學家的原子論極端化爲哲學，而其極端結果，遂包含一種哲學的理解，同時他所攻擊的『哲學家』的見解，卻與經驗的研究相矛盾。所以在這場合，像在畢希訥的場合一樣，我們有了一種世界觀，那是在自然研究的地盤上成長的，是對一切『哲學』宣戰的但又自成爲一種哲學。只要我們假定，這是與形上學教授的哲學相反對的物理學教授的哲學，這個謎便解決了。但這種論爭，只要我們不承認形上學教授的哲學家協會，便不復和我們發生關涉。實在說，如果這種形上學哲學家協會要在今日提出什麼主張，我們亦須否認他們在科學上有任何的意義。

哲學家費希奈是在極簡單的方法上，與物理學家費希奈（在這場合，他必須有有廣延性的質點）和解。卽，有廣延性的質點，像化學家的分子一樣，本身仍是複合的物體。實際在物理學上是像在化學上一樣，有其他的經驗的理由，不許我們不經中間條件便以可以目睹的物體，直接還元成爲無廣延性的中樞勢力。勒呑巴哈爾（Redtenbacher），在數學的分子運動論上頗有貢獻的勒呑巴哈爾，就從『動元』（Dynamiden）構成他的分子。所謂『動元』卽是有體的，有引力的，有廣延性的原子，其周圍包有一層具有排斥力的以太分子（Aetherteilchen）。對這種動元而言，物體原子不僅有廣延性，且須認爲是異常大。他所以決定排斥科齊的點原子（Punktuelle Atome），因他必須爲有體原子的種種方向的振動，設想種種的彈力。

『我們既須豫想一個有彈力軸的動元體系，又須認原子爲有一定形態（雖其形態未知）的小的小體；因爲，如果原子有軸的形態，却不單是小點或小球，那在平衡狀態下，能在不同方向上有不同的彈力麼？科齊以物體點所構成的媒質，作為他的研究的基礎，同時却又假設各點周圍的彈力，隨方向的不同而不同。這是一個矛盾，是一個不可能，從而是科齊理論的弱點。』[三四]

但若我們願避免這為我們悟性所不高興的假定——即，有些物體，與其他的（以太分子）相對而言，為無限大但絕對不可分割——我們亦有一個單純的去路，即認物體原子（那是『動元』的中核）祇有相對的不可分性，換言之，它在我們的經驗及我們的計算所要求的限度內，才是不可分割的。在這場合，它是可以有軸的形式，可以由無限多數的無限更小的而形態相似的下位原子構成。這種假定，不必有任何顯著的變化，便可通過勒呑巴哈爾的一切計算。這是一種無害的形上學，雖不能惹起發現，但亦不會妨礙發現。如果為物理學家的方便計，我們同意認相對空虛的空間為絕對空虛，相對不可分的物體為絕對不可分，一切事物會依然。特別是，慣把無限小量的高位自乘數放在計算以外的數學家，沒有任何疑惑的理由。

但普通的常識却說，事物仍須停止在某處。好的，但這仍與無限的討究相同。科學導我們向無限的概念；我們的自然感情却反抗這種概念。這種反抗的基礎是什麼，那是不易說的。康德以之歸因於求統一的理性（與悟性相反的）努力。但這祇是一種不會說明的事實之名目。人沒有兩個相關但相異的器官——悟性與理性——像目與耳一樣。判斷與推論，常導我們由一項到別一項，最後導至無限，但我們却感有得到某種終結的需要這種需要是與無限的推論相衝突的。

畢希訥在論自然與精神這本著作上，使代表哲學的威廉——他當然是一個呆漢——贊成無限的可分性的理念。又使對於自然科學有幾分理解的奧加斯特（August），以如下的獨斷語，來答覆他。

『閣下引以自苦的困難，是思辨的，不是事實的。』（注意，這全然是思辨的談話。）『我們的思想雖不會達到最後點而認物質爲不可再分割，但無論如何，物質的可分性總有一個限界。』這決不是强烈的信仰！『無限可分性的假設是不合理的；這，與不假定無異，結局，必致於懷疑物質一般的存在；究其實，這種存在，任何公平的人也不能適當地否定。』

擁護安培以反對畢希訥，不是我們的任務。特別是因爲畢希訥曾在『勢力與物質』中，公言原子只是一個名辭，而容認最小之無限性。我們寧可提出這樣的疑問，怎樣從今日的物理學看，畢希訥的奧加斯特認爲必要的物質概念，依然能够存在？一個專門物理學者，卽令假定原子有廣延性，亦不易陷於誤謬，而認日常生活上科學上稱爲物質的那種東西的存在，是以有廣延性的最小分子存在爲先決條件。例如勒吞巴哈爾之反對科齊，就祇反對他的彈力軸，不反對物質的現實性。在他方面，我們又不可忽略，畢希訥的奧加斯特，像著者自己所計畫的那樣，表示了一切無科學精神但曾多少研究這些問題的人的見解。但其理由，却也許在這種事實，卽他們對於觸覺及眼目所提供的表面緻密的複合物體之感能的表象，不能完全解脫。專門物理學者，至少數學的物理學者，如不解脫這些表象，便不能在他的科學上有任何進步。對他所現的一切事物，都是勢力的結果，而物質對於這種勢力卻祇是一個自體全然空虛的主體。但勢力不能適切的表象在感能的形式上。人們是以圖象（像圖形的線對於數學定理）爲助，但不混同這種圖象與勢力的概念。但勢力之抽象的精神的見解之不斷的習慣，在專門家的場合，很容易過渡成爲物質的概念。關於這一點，我們可以拿在德意志科學上特別享有盛名的物理學者來作例。

威伯爾（W. Weber）在致費希奈的一封信中〔三五〕曾說：『所必要的，祇是在運動的諸種原因中，減去不變部分，使其餘額實際成爲可變化的，我們可以認爲，這種變化，完全依存於空間與時間的可測定的關係。依這方法，我們得到了物質的概念，但空間廣延性的概念不一定就會和這個概念相結合。所以，在這場合，依原子論的表象方法，原子之量決非依空間廣延性來測定，卻依其質量（Masse），從而依勢力對速度在原子內的常恆關係來測定。質量的概念（像原子的概念一樣），並不比勢力的概念更粗野更唯物，但就精緻及精神的明晰二點說，又完全與之相等。』

洗練質量及原子的本質，使成爲實體化概念的這些思辨，卻與曾得徹底勝利的最近的化學學說，實際立在一種特別反對的地位。但我們對於這些學說，必不能輕蔑置之——如果我們知道這不單是科學時髦的問題，知道化學依其目下流行的見解，已能按照理論的必備條件，以豫言那尚未發現的物體的存在，從而在一定程度內已能演繹地進行。[三六]這種新學說的確實觀念便是原子的原子價(Quantivalenz) 學說。

原型說之發展，及關於元素在氣體狀態下的容積比例化合之觀察，使人們發現有一類元素，其原子僅與別一元素的一個元子相化合(鹽酸型)，有一類元素，其原子常與別一元素的二個原子相化合(水型)，還有一類元素，其原子常與別一元素的三個原子相化合(阿摩尼亞型)。[三七]這些原子，按照這種特性，被稱爲一價元素、二價元素、三價元素。這種分類，對於研究，可提供一種極有價値的支點。因爲這種分類說明了，在一個分子中，一個原子怎樣由他一原子或其他原子化合代置，可以依原子價的原理來決定其可能性一概是前定的。因此，我們能從單純的化合，按照一個規則，推定複合的益益複合的化合；以原子價法則及從此生出的原子連結法則爲樞紐，有許多構造非常複雜的有機物被發現了。

以前人們僅由同質異性的事實，覺得物體的特性，非全依存於物體中元素的數目與性質；但原子排列的差別，亦定有若干影響。現在原子在分子中結合的方法，已成爲研究與事實說明的主要原理。在炭素內發現別一個有四價原子的元素(沼氣型)以後，很快就有人假設有五價或六價的原子。

就方法論及認識論方面而言，在這裏，一察化學家常遊移於原子價之具象的感能的見解和抽象的見解之間，亦是很有興味的。一方面，他們躊躇着是否要以空想的概念移入這不明的範圍，因為這種空想的概念即在疑問的方法上，亦難與現實相一致。同時，他方面，他們又為一種正當的傾向所指導，假設隨便什麼事物亦不能感能地明白表象於一種方法或種種方法上。所以，人們說原子的親和點，說『粘着』自身，說『附着』但仍自由的點時，一若他們曾在有廣延性的結晶的原子物體中，像看見磁力作用的極一樣看見這些點。但同時他們又反對這種感能的表象，稱親和點僅為綜括事實的名辭。不，克庫勒甚至完全犧牲親和點，而以原子價還元為『一個原子，在一個時間單位內，從其他原子所受衝擊的相對次數。』[三八]

這個假設，在今日尚未有人贊同，但原子的確會受到衝擊。在這裏，化學與新的熱學，有驚人的一致。照克洛西亞斯（Clausius）[三九]說，氣體的分子漸漸運動，其活力與溫度為比例。在物體的流動狀態中，分子的運動隨溫度的增加而加速，其運動之強，足以克服相鄰二分子的吸引力，但不足克制總質量的吸引力。最後，在固體狀態下，相鄰諸小分子之吸引力因能制勝熱的衝動，所以分子祇能在狹隘的限界內變換其相對位置。這個理論，是從熱與活力交互轉換的學說生出來的，它已不復要借以太這個概念，以圓滿解決關於熱學的各種問題。它在一種極單純的方法上，說明了聚合狀態在熱的影響下的變化。

但它對於固體狀態完全不能說明，對於液體狀態說得半明，對於完全的氣體狀態，纔毫無遺憾給與了最明瞭的說明。

化學家及物理學家的最近學說，把物質之氣體狀態看作最易理解，而從此出發向前進，那又是化學與物理學互相一致的地方。〔三〇〕但這裏在完全氣體的場合，古時的衝突力學又以新的光輝發展了。物質之萬有引力及在近旁發生作用的其他分子力，會隨直線進行的熱運動而漸漸消失；這是繼續進行的，一直到分子與其他分子相衝擊，或與堅固的障壁相衝擊爲止。在此際，彈性衝擊的法則支配着。爲簡明計，分子雖認爲是球形的；但那對於化學的要求，似不十分容合。

新理論，對於馬利奧特（Mariotte）法則的不規則性，對於阿渥格特羅規則的例外，及其他許多類似的困難，提供了一個自然的解決。對於新理論的諸多特長，我們絲毫未曾述及。我們祇要比較細密地，參照勢力及物質的問題，來考察這新近再出現的分子及原子的機械衝突原理。

自牛頓以來，即從力學消隱的直觀性，是在外表上重行確立了；如果從此得到了什麼，那便是這樣一種大膽的希望，即今日爲理論所贊成的力的距離作用，遲早要消滅，而像在熱作用的場合還元爲感能的直觀的衝擊。能滿足物理學要求的，祇有彈力的衝擊，但這情形亦有其特別困難。當然，古代原子論者，在提出其原子衝擊說時，他們心中，亦一般有彈力的物體之概念。但這些物體相互間如何傳達運動的條件，他們不知道，而有彈力的物體和無彈力的物體的區別，亦爲他們所全不瞭解。他們的原子是絕對不能變化的，亦不能有彈力，因此，更精確的物理學遂在體系的入門處，逢着了一個矛盾。但這矛盾不像我們今日所見的那樣顯明；蓋因就連十七世紀第一流物理學家，亦熱心從事實驗，冀發現一個有彈性的球，在衝擊的場合，是否會成爲扁平，從而受一種壓縮。〔三〕

現在我們知道，部分（Theilchen）在彈性物體中的相對地位不變化，彈性必不可想像。然從此推出的必然結論，是每一個有彈性的物體都不僅是可變化的，且由各別的部分構成。後一命題，至多祇能以駁斥原子論一般的理由來駁斥。當初使我們化物體爲原子的理由，又說明了原子如果自身是有彈性的，便亦由是各別的部分構成，從而是由低位原子構成。這種低位原子呢？它們或化爲勢力中樞；反之，如果它們自身仍有彈性的衝擊在作用，它們亦必是由低位原子構成。這種推演，可至於無限。悟性不能迴避這種推演，亦同樣不能在這推演中得到滿足。

所以，破壞一切物質並切除唯物論根據的原理，早已包含在原子論中，雖然表面上看，原子論曾把唯物論確立。

我們的唯物論者，曾要以勢力概念嚴密隸屬於物質概念，以保證物質的地位與品位。我們祇要比較詳細地考察一下，就知道這種嘗試，對於物質之絕對實體性，無所裨益。

在倅雷叔特的『生命的循環』中，有一長章，標題爲『勢力與物質。』這一章，曾反駁亞里斯多德的勢力概念，曾反駁目的論，曾反駁超感能的生活力之假定，曾反駁其他許多事情，但無一字談到二原子間單純吸引力或排斥力對於原子自身（被認爲是勢力的保存者）的關係。我們聽說勢力不是衝擊的神，但我們不曾聽說要由一個物質部分經過空虛的空間而在他一物質部分中喚起運動，究是怎樣進行。所以在根柢上，我們不過得到一個神話來代替一個神話。

『使運動成爲可能的那種物質特性，我們稱之爲勢力。——根本物質祇在它對其他物質的關係上，表示它的特性。如果它們不在適當情況下，在相當附近的處所，它們便不能生產排斥力，亦不能生產吸引力。在這裏所缺少的，顯明不是勢力，但因缺乏運動的機會，所以它不能反映在我們的感官上。——任何時在有養氣的地方，對於鉀，都有一種親和力。』

這裏，我們看見了倅雷叔特深陷於煩瑣哲學中。他的『親和力，』是我們所能求的最美麗的祕密性質。這種親和力，像一個有手的人一樣，坐於養氣之中。若有鉀行近，卽將其捉住；若無鉀行近，至少有手存在，有將其捉住的希望。

畢希訥最有名的著作，雖題名爲勢力與物質，但比倅雷叔特，還更不曾深究勢力與物質的關係。在此，我們可以舉出如次的命題：『不表現於外的勢力是不存在的。』至少，與倅雷叔特人類抽象的體化比較，這是一個健全的見解。倬雷叔特曾將杜・波以・勒伊蒙『動物電氣研究』一書的序言，作長篇的摘要；這是他關於勢力與物質所給與我們的最良事物，但其中最明晰最重要的一節，却爲倬雷叔特所節略了。

杜・波以・勒伊蒙在進行徹底分析所謂生活力這個不明晰表象的時候，曾問『勢力』二字表象了什麼？他發覺在根柢上勢力與物質均不存在；二者都是事物的抽象，不過是從不同的見地考察到的。

『勢力（在被認爲運動原因的限度內）祇是擬人傾向（那不可抵抗地印銘於我們心中）的隱密的產物，是我們大腦的修辭上的策略，因其缺乏明晰可以直率表現的概念，所以不得不依賴一個比喻的名辭。在勢力與物質的概念中，我們發現了那是二元論的重現。這種二元論曾表現爲神與世界的概念，曾表現爲靈魂與肉體的概念，而其要求，又與驅使人們以想像的產物充實叢林泉水岩石空氣與海洋的要求相同。當二物質部分互相接近時，我們說當中有相互的牽引力，究竟有什麼所獲呢？這是過程本質的洞見麼？連它的黑影，這裏亦沒有呀。但奇怪得很，我們尋覓原因之內在的努力，却依一幅非自意的在我們內眼前描畫出的圖畫——那描畫出了一隻手，靜靜地將不能活動的物質拉引過來，或描畫出了不可見的觸手，使物質互相引誘，互相接近，最後互相結合——而得了滿足。』〔三〕

這幾句話無論包含怎樣多的眞理，總忽略了一種事實。科學的進步，益益使我們以勢力代替物質；考察益益精確，又益益使我們以物質化爲勢力。這兩個概念，非單純地作爲兩個抽象而相並存。其一會由抽象與研究化爲其他。但雖如此，總有若干事物殘留。我們將流星的運動抽象，但自動的物體依然待我們研究。取去其部分的凝集力，固能取去其形式；但在這場合，仍有物質。我們使勢力與勢力對立，固能分析這種物質成爲元素。最後，固能在思想上，把元素的物質化爲原子，但在這場合，原子是唯一的物質，其他一切都是勢力。如果我們像安培一樣，把原子化爲無廣延性的點，其周圍集有勢力，則此『點』或『無』又定是物質。如果在抽象過程中我們不這樣深進，亦仍有某種全體純是物質，否則，這個全體，在我們看便是諸物質部分經無數勢力而生的結合。一句話，在我們分析中那理解不當或不能理解的剩餘，無論我們怎樣前進，終歸是物質。此處我們所理解的物體的性質，稱爲物質的特性，我們又把這種特性還元爲『勢力』。我們不能進一步或不欲進一步還元爲勢力的東西，便是物質。我們的『擬人傾向』或用康德的話，我們的實體的範疇，强迫我們認這二概念之一爲主辭，其他爲賓辭。我們一步一步分析事物，這未分析的剩餘常常是物質，是事物的眞代表。所以我們以我們所發現的特性，歸於物質。所以，『無物質無勢力，亦無勢力無物質』的大眞理，遂祇是『無主辭無賓辭，亦無賓辭無主辭』這樣一個命題的歸結。換言之，我們祇能見我們的眼所許見的，祇能說我們的口所能說的，祇能思考我們的悟性基本概念所限制的。

所以嚴格的說，這種人格化固存於物質概念中，然勢力之不絕的人格化，亦包含在勢力爲物質流出物（認勢力爲物質工具）的概念中。當然，誰也不會在物理研究上，眞正把勢力認作浮於空中的手；比較更適合的比喩，是使一物質部分與他物質部分相結合的觸手。勢力概念中的擬人成分，畢竟都屬於物質概念。我們以自我的一部分移入其中，像移入各種主體中一樣。勒吞巴哈爾說『我們是由勢力所產生的多種結果，尤其是由我們自己的勢力的感情與意識，承認勢力是存在的。』但由我們自己的勢力的感情與意識，我們不過以感情的顏色給於數學的認識，同時却有一種危險，即從勢力之中引出某種不存在的事物，使人們在互相影響的物質以外，把勢力看作一個不可目見的人格，從而把一個荒謬的要素加入計算內。這是『超感能的勢力』之假定。唯物論實不如攻擊這個假定。這不是思考方法過於抽象的結果，祇是思考方法過於感能的結果。數學家之超感能的要素與自然人之超感能的要素正相反對。當自然人想像超感能的勢力時，那便是神、是鬼、是某種有人格的極其感能的存在物。人格化的物質，對於自然人是太抽象了，所以又在此之外想像一個『超感能的』人格。數學家在確立他的方程式以前，亦把勢力表象得像人力一樣，但他不因此而有以背理要素加入計算中的危險。方程式一經成立，感能的表象便不復有任何作用。勢力不復是運動的原因，物質亦不復是勢力的原因；在這場合，祇有動的物體存在，勢力祇是運動的機能。

我們卽不能完全說明物質與勢力是什麼，我們亦至少可以整理此等概念，概觀此等概念。祇要證明我們的範疇在此等概念中有作用，就很够了。誰也不必要看見自己的網膜！

杜·波以·勒伊蒙所以看不破勢力與物質的對立，其理由便可依此解釋。所以我們要在此處，加入倖雷叔特所省却的那一段話，說明這位名研究者從唯物論者的獨斷的自恃心區別出來，是如何有利。

『我們問，如果勢力與物質都沒有現實性，在這場合，殘留的又是什麼呢？在這見地上和我並列的人，便將答說在這些上面超脫最後的矛盾，乃是人類精神所不許可的。我們寧可不在這無結果的思辨圈內徘徊，或以自欺的劍切斷這個紐結，執着事物的本然的直觀，假詩人「何物存在乃一奇謎」這一句話來滿足。我們不能因見這一方面不許有眞的說明，便以第三種說明似不可能爲唯一理由，而閉眼不看別一個說明的缺點。有人說，結局，一切科學所有的目標，都不是瞭解事物的本質，祇是使我們瞭解那是不可瞭解，我們很願意接受這種思想。例如，結局，數學的任務，不是使圓成爲正方形，乃是說明圓不能成爲正方形；力學的任務，不是確立永恆運動，祇是證明這種努力毫無效果。』對此，我們可以加上一句，『哲學的任務，不是集合形上學的知識，祇是說明我們不能超出經驗的範圍。』

隨着科學的進步，對於事物關係，我們的認識是益益確實，而對於此等關係的主體，我們的認識却益益不確實。我們若能保持物體像其直接顯示於我們感官中的那樣，或能依感官所反映者類推，以表象物體之假設的元素，一切事物便都是明晰的、易解的。但理論常使我們進至這以上。用科學方法說明現存的事實時，洞見事物的關聯俾得豫言現象時，我們正踏上一種分析的路，這種分析會像空間與時間的概念一樣，使我們進至無限。

所以，在我們的物理學家化學家看來，分子會益益更被瞭解，同時原子却益益更不確實，是不足奇異的。蓋因分子是假設的原子之複合，那可毫無妨礙的在感能的方法下，予以思考。在此處似將給我們以客觀知識的科學，如能進步，像今日把分子顯示於我們一樣，把分子構成部分，顯示於我們，此等構成部分，便不復是原子，却會像現今人們所屢屢解說的那樣，是複合的、可變的。

氣體分子運動的速度，每二次衝擊間它們所經的平均距離，一秒間它們的衝擊次數，最後，它們的直徑與絕對重量，有一部分已頗確實地爲人們知道，有一部分亦爲人們大約知道。〔三三〕這種種量——雖仍可加以種種修正——並不祇是空中樓閣。這種事實由如下的事實說明了。瑪克斯威爾(Maxwell)曾根據這諸種評價所基的法式，關於各種物體的傳熱能力推出會爲實驗所明白證明的推論。〔三四〕分子是物質的小塊，可依可見物體的類推來表象，對於它們的特性，我們早已由精確研究，知道了一部分。

但這樣，分子就由事物眞元素隱匿所在的不可解的範圍移去了。我們很可說『原子論』是證明了的，如果我們的意思祇是我們的科學的自然觀在事實上，便豫想在空虛的（至少比較地說是空虛的）空間內運動的各個質量分子。但按照這種見地，關於物質構造的一切哲學問題都仍不會解決，不過擱置在一邊。自然科學的這種種勝利，使我們假設這種分析——把物質分析爲各別的質料分子——已經證明，但其實却不會有這樣的證明。在這一切理論中，那是早經豫想了的，所以不過是重現於它們的結果上。原子論在這緩和意味上所得的確證，至多不過和牛頓學說由海王星發現所得的確證同樣。海王星的發現，卽根據於以牛頓原理爲基礎的計算，那很正當地被人認爲是極其重要的事實，在許多方面還被認爲是決定的事實。但任誰也不會主張，體系的這個確證，會決定吸引力是一種距離作用抑是由某種媒介喚起的問題。甚至這樣的問題——牛頓法則是絕對妥當的呢，抑僅在一定限度內是妥當的，換言之，是依質量分子的非常接近而變化呢，抑依質量分子的非常遠離而變化——亦不會因海王星的發現而受影響。近頃，已有人認牛頓法則，祇是更普遍得多的威伯爾電氣吸引公式之特殊事例。海王星在這點不會有什麼說明。引力是立卽發生作用呢，抑必須有一個非常短的時間，才能由一天體傳至他一天體呢，那又是一個問題，這個問題亦不會由這種最光輝的確證所道及。但引力的眞性質，卽繫於這一切問題；而一般容受的假定——卽引力是絕對的無條件的自然法，會在一切距離立卽發生作用——從我們今日的科學看，甚至不敢說是或然的假設。

即在近世化學物理學的氣體理論上，嚴密說，被證明了的，亦祇是關係，不是本來的位置。根據假言的演繹法原理，我們可以和克洛西亞斯瑪克斯威爾一樣說，如果物質是由各別的質量分子構成，它就必定有如下的特質。這理論的必然結果即由經驗確證了，亦不能說這是豫想之論理的證明。在假言肯定判斷上，我們是由條件推論到有條件的，決不是由有條件的推論到條件。設由有條件的推論到條件，則同一結果很有由極不同豫想生出的可能。能正當說明事實或豫言事實的理論，固可得如此大的或然性，以致就我們主觀的確信而言，是十分近於確實；但仍常須豫想，沒有其他理論，有同樣作用。

在所論爲分子問題的限度內，這決不能在力學的熱學上，被認爲自明的。克洛西亞斯在他那篇著名論文的序上，明白說他的數學理論的最本質的特徵，無關於他的分子運動概念時，曾把這點牢記在心裏。

黑爾模浩爾茲在『加斯達夫·瑪格納斯紀念演講』（柏林一八七一年）還更進一步。在那裏，他說（十二頁）『關於理論物理學的原子，湯姆生爵士（Sir W. Thomson）曾深切的說，它們的假定，不能說明物體的特性，因爲這種特性，已豫先歸於原子自身』（這當然亦可適用於分子）。『在對這種見解表示同意時，我並不願意聲明自己不承認原子的存在，我祇反對以關於自然物體的原子構造之純粹假定的臆說，作理論物理學的基礎。我們現今知道，在當時曾博得大衆讚賞的此等假設，有許多是遙在眞理以外。數學物理學在德意志因有格斯（Gauss）諾曼（F. E. Neumann）及其學徒，在英吉利因有與法拉第相與的斯托克斯（Stokes）湯姆生、及瑪克斯威爾諸大數學家，取得了不同的性質。人們從此看見，就連數學的物理學亦是純粹的經驗科學，須與實驗物理學遵循相同的原理。在我們的直接經驗上，我們祇發見有種種形態種種化合的有廣延性的物體。我們祇能在這種物體上觀察、實驗。其結果，乃由其各部分對全體總和所貢獻的結果合成；如果我們關於自然界發現的質量及質料，願研求其最單純最普遍的活動法則，尤其是，如果我們願意使此等法則，從複合物體之形式上、大小上，或位置上的偶然性解放出來，我們便須回到最小容積的活動法則，或像數學家所說，回到容積要素（Volumelemente）的活動法則。但這像原子一樣，不是個別的、異質的，卻是連續的、同質的。』

我們不要問，這種程序——這種程序，按照微積分的原理，對於數學的考察，必比原子論更適宜——捨數學的考察，是否能像原子論一樣，或比原子論更能在現象世界內指導精神。原子論所以有如此成功，乃因其假定有直觀性，我們不要輕視它，卻寧可提出這樣的問題，原子論表象方法的必然性，不可從康德的認識論原理引出麼？當然，這個疑問，不能禁止數學家（現今高與在超越方法上徘徊的數學家）在其他道路覓取他們的幸福。康德被認為動力說——連續說的動力說——之祖。但在此際，因其必然性（且不問其末流如何認連續說爲必然的），由批判哲學見地而見的必然性，既不足資證明，而依我們所已言，我們還可抱更大的成功希望以試行相反的道路，所以康德雖被認爲連續說的首創者，但這事實，不必就有影響於我們。蓋因，當與直觀相融合時，範疇的作用，往往要在孤立的對象——這種對象，在我們表象中，與無限的使其與他物相聯結的關脈相脫離——上進行綜合。設以原子論置於此見地下，質量分子的孤立，雖似是必然的物理的表象，其妥當性可及於現象界全體的關聯，然究其實，却不過是我們的組織的反射。原子是自我的創造，但正因此故，成了一切自然科學的必要基礎。

我們前曾說，在化學的及物理學的考察上，分子愈爲人所理解，原子卽愈爲人所不瞭解。這所謂原子，乃指狹義上的原子，卽想像上最後的物質構成部分。我們的研究益是行近，它們便益是不可理解。例如，羅達・梅爾（Lothar Meyer）就說：包含在分子中的原子數，雖在一定限度內是不確實的，但決不可估計過多：甚至原子的容積，與分子相對而言，亦不可設想是無限小的。原子在分子中進行活潑的運動。以下那一種見解，便是直接建立在這種微光的認識上。卽『原子也許是比分子較爲高級的質量部分，但依然不是最後的最小的質量部分。』

『廣延性較大且更易由感官知覺的質量是由分子構成——分子或第一級質量部分是由原子或第二級質量部分構成——同樣，原子亦是由第三級質量部分結合而成。

『如果原子是不能變化不能分割的量，我們便須假定和化學元素一樣多的全不相同的元素物質。在這種考察下，我們當然會傾向上述的見解。但說有六十或六十餘根本不同的原物質存在，就其本身說已頗不可靠。試一考察原子的若干特性——在其中特別值得注意的，是各元素原子量相互間所示的交互關係——那便更不可靠。』〔三五〕

這第三級的原子雖是統一的原物質的原子，但在更詳細的考察下，那也許還可分解為第四級的原子。但這推算可進至無限的事實，却說明了在這些問題上，我們所不得不處理的，祇是我們的認識的必然條件，不是事物與我們的認識無關時它們的自體是什麼。

如果我們以無廣延性的勢力中樞代替這無限的系列，我們便把直觀性的原理放棄了。〔三六〕這是一個超越的表象，像距離作用一樣。這種表象是可以容認的嗎，在什麼程度內可以容認呢？這些表象既這樣在今日盛行，所以單是引證康德的認識論原理，已不復能將這些問題解決。我們必須任需要這種表象方法的人推演下去，然後觀察它的結果。如果像物理學家馬哈（Mach）〔三七〕一樣，認三度以上的空間的假設，能對於現實的自然現象給予一種極單純的說明，或像佐爾奈〔三八〕一樣，從天的暗黑及其他現實的現象，斷言我們的空間是非歐幾利特的，全部認識理論自須經完全的修正。對此雖尚無何等使人信服的理由；但認識的理論終不可成為獨斷的。怎樣進行，讓各人當心各人自己罷！堅持直觀性的，將陷入無限的過程；放棄直觀性的，將離開科學進步的穩固地盤。在這兩難之間，我們難發現一條安全的路。

在近時非常有意義的勢力保存法則，對於我們關於勢力與物質的關係的判斷，有本質的影響。我們可從種種方面解釋這個法則。我們可以假定化學的元素質料，有若干不變的性質，原子的一般機構，即與此種性質合作，以生起現象。但是，我們又可以豫想，就連元素的性質，亦祇是一般的統一的物質運動形式，那在相同的條件下，會在相同的方法上發生。人們如認元素祇是同質的原物質的變形，則後一種見解便是自明的。當然，勢力保存法則尙不曾在最嚴密最首尾一貫的意義上被證明。這祇是『理性的理想，』不過，作爲經驗研究的最後目的，那是不能缺少的。不，我們在最廣泛的意義上，還可爲它要求公理的妥當性。但在這場合，物質的獨立性與支配性的最後殘餘，便都完了。

勢力保存法則，在這意義上，因何會比物質保存法則——德謨克利特士認其爲公理，當作『物質的不滅性，』對於今日的唯物論者極爲重要——無比地更爲重要呢？

理由是，在自然科學的現狀下，物質隨處都是未知的要素，勢力則是已知的要素。如果不說勢力，却說『物質的特性，』我們便須當心邏輯的循環！我們是由事物的特性，知道一種事物；主辭是由它的賓辭規定的。但事實上，『事物』祇是我們思惟所憧憬着的休止點。我們祇知道特性及其與某未知事物的結合這未知事物的假定，對於我們的組織，雖是必然的、强制的，但祇是我們精神的創作。

杜・波以的有名的『鐵分子』，『無論是在流星中橫斷宇宙，是在蒸汽機關車的車輪上突進，抑是在血細胞中通詩人的顳顬而流行，總歸是同一的事物。』但它在這一切場合是同一的事物，祇因爲我們不把它對其他分子的位置的特色及其所引起的反應，放在眼裏；而在他方面又把其他現象——我們把它們看作鐵分子的勢力——看作是不變的，因爲我們知道，按照固定的法則，我們可以反覆地將它們生出。如果我們要相信不變的事物，我們先須解決勢力平行四邊形的謎。如果一種勢力，以x的强度，沿a——b的方向運動，而其結果，却爲別一種勢力相融合，而成爲强度y沿a——d方向運動的合力，試問，這種勢力依然是這種勢力麼？是的，原來的勢力依然保持在合成力中。即令在力學交互作用的永遠的旋轉中，原來的强度x及原來的方向a——b永不再現，這原來的勢力亦還依然保持。我們仍能從合成力中取出原來的勢力，如果我們以强度相等方向相反的別一個勢力，把第二個和它結合的勢力破壞。在這場合，我們知道了；什麼須稱爲勢力保存，什麼不可稱爲勢力保存。我知道，我亦必須知道，保存（Erhaltung）的概念祇是一個方便的表象方法。一切事物都是保存的，亦可說一切事物都是不保存的，那要看我們對於事實是怎樣看察。現實的事實，祇存於我由計算及觀察而保存的勢力的等價量中。像我們講過的那樣，等價量又是化學上唯一現實的事實，那是由它們的重量，換言之由勢力而表現、而發現、而計算的。

我們現代的唯物論者不喜歡討究勢力保存法則。這個法則，是從唯物論者不大注意的地方來的。當唯物論的論爭勃發時，德意志的公衆雖曾有多年和這重要的理論相熟識，但在最重要的論難攻擊的各種文書中關於這個法則，殆無一字提起。畢希訥後來固曾取用這個法則，而在『勢力與物質』第五版中以一專章討論它。但這種事實，不過重新證明了這位批評家的醱酵性及多方面性。關於這個法則的影響及其對物質不滅說的關係，他仍不十分明瞭。一經有了勢力保存學說，我們現代無處不有、然又無處有的獨斷唯物論者的立足點，就被割去了。

唯物論之眞處——卽，在事物的性質中，排斥那不可思議的隨意的成分——固能依這個法則，比較依他們自己的見地，取得更高的更一般的證明；但其妄處——將物質揚爲一切實在者的原理——亦會依這個法則，完全地確實地被除去。

一個最瞭解勢力保存學說的人，幾乎竟再回到亞里斯多德的物質概念，雖不完全爲人所贊同，但實不足怪異。黑爾模浩爾茲在勢力保存論中，就有這樣一段語，照錄於下：

『科學依兩種抽象來考察外界的對象。其一，是不問其對其他對象或我們感覺器官的作用，而僅憑其單純的存在。科學稱這種存在爲物質。物質自體的存在，是靜止的、無作用的。我們在其中區別空間的分佈及被視爲永遠不變的分量性質的差別，我們必不可歸於物質自體；因爲如果我們談到不同種的物質，我們往往以這種不同，歸於其作用的不同，即歸於其勢力。所以物質自體，除了空間的變化——即運動——以外，即不復許有任何的變化。然自然的對象，並不是無作用的；實際上，我們僅能由其作用——那表現於我們的感覺器官上——得到關於對象的知識，我們是由結果推斷結果的原因。所以，如果我們願以物質概念應用於實際，我們又必須依第二種抽象』（更正確的說，是依必然的想像作用，依心理方面爲我們所必有的人格化）『將我們原要從中抽出的東西，即發生作用的能力，賦加於它，換言之，以勢力賦加於它。在應用於自然時，物質與勢力的概念決不可分離，那是很明白的。純粹物質，對於其餘的自然，是無足輕重的，因其不能決定自然或我們感官上的變化。純粹勢力，將成爲一種存在，然又不存在，因我們已將存在名爲物質。把物質解爲某種現實的事物，把勢力解爲單純的概念，使無任何現實的事物與之相應，亦同樣是不正確的。二者都是現實之抽象，是在同一方法上形成的。我們祇能由物質的勢力，不能由物質的自體知覺物質。』〔三元〕

好以相異的見解在傍註中發表的烏柏衞，在我所見的那篇論文的版本上，反對用『因我們已將存在名爲物質』這一句話。他很正確地說，『「不如說是實體。」』事實上，我們所以不能設想純粹勢力，其理由祇可在心理的必然上尋覓。依照這種必然，我們的觀察，必須在實體的範疇下出現。我們祇知覺勢力，但對於這種種變化的現象我們要求一個不變的保持者，即實體。唯物論者素樸地假定未知的物質爲唯一的實體。黑爾模浩爾茲却意識到了，我們在這裏所不得不處分的，祇是一個假定，那爲我們的思惟的性質所要求，對於眞的現實是沒有效力的。所以，在這種假定上，他用無任何性質的物質來代替實體，決不致引起何等差異。他的見地，本質上便是康德的見地；但所論爲物質之被動的無作用的性質時，我們可採用相對的物質概念，來避免再回到亞里斯多德的定義。這又包括相對的勢力概念在這裏，我們且以相關的三個定義作爲這研究的結束。

事物（Ding）是現象之有關聯的一羣，依更廣的關聯及內部的變化之抽象，被我們認爲統一體。

勢力（Kräfte）是事物的特性，依其對其他事物的一定作用，而爲我們所認識。

物質（Stoff）是事物的要素，我們不能或不欲將其進一步分解爲勢力，但使其現實體，成爲所認識的勢力之基礎與保持者。

這樣，我們這種說明，不採用了一種不當的循環論證麼？勢力不是自存的物質的特性，祇是『事物』的特性，從而是一個抽象的特性。所以，我們不把這抽象的抽象置於最具體中，即物質中嗎？如果我們在嚴格物理學的意味上解釋勢力，則勢力不又是質量（Masse）的機能，從而是物質的機能麼？

對此，我們第一必須這樣答覆：質量的概念在數學物理學上，便是數（Zahl）。如果我們能以呎磅

（Fusspfunden）示一種勢力所能成就的作業，則示高的係數必與示重量的係數相結合。但重量不就是重力的作用麼？我們設想全物體的重量分析爲若干假定點的重量質量卽是此等重量的全額。在這概念中，不包含任何以上的事物，亦不能包含任何以上的事物。我們不過以一定的勢力還元爲假設的勢力之總額。而關於這種假設的勢力之保持者，則我們上面關於原子所述的一切，皆可應用。這個保持者的假定，爲我們所不可缺少，亦爲我們所不能理解。有了這個保持者的假定，上章所討究的自然知識的限界便達到了。

費希奈〔四〇〕嘗要將物質解爲觸感可以觸知的事物，而給物質以一種與勢力無關的意義。他不知道，這種可觸知性僅依存於抵抗的勢力。他曾提出這種事實，卽抵抗乃從觸感對其他感覺的關係推論而得，不是物質概念之經驗的（卽直接經驗所與的）基礎。但在費希奈所由而出發的個別感官感覺之直接經驗中，亦不包含自然科學的物質概念。我們所有的，仍不外是感覺的主觀方面（那祇是我們的狀態的變化）及其客觀方面（那一般是對於對象的關係）。但所謂對象，在自然的心的發展中，本來祇是一個事物；反省同一事物外表上變化着的特性，才會發生物質在一切變化中不變的觀念。但這過程，又必然會引起這物質的勢力的概念。因此，卽在物質概念之心理的成立史上，我們也不能發現任何安全的拋錨處；實際這問題的決定，殊不在此處，卻在這樣一種發現的嘗試中，卽當沿習的概念，依科學思惟的犀利手段被分析時，發現它依然會殘留一些什麼。

費希奈對勢力概念的攻擊，還有更好的理由。他說明了，物理學的惟一對象，是空間的可見的可觸的東西及其運動的法則。『在物理學上，勢力祇是平衡及運動法則的補助用語；對於物理勢力的明晰理解，都可還元於此。我們說勢力法則，但若更精密的考察一下，這些法則便都是平衡及運動的法則，當物質與物質相對時有其效力。』我們在這裏再以物質代替事物，就這點說，是沒有多大可以反對的地方。實際，我們是從來不以勢力代物質來實體化，斷言：因在事物上我們所知道的一切，都以勢力表示，物質却單是分析之矛盾的殘餘，所以我們假定勢力有自體的存在。我們只要知道，勢力是有普遍應用可能性的『補助用語；』對此而言，在我們的分析所及的限度內，物質這個『補助用語』必退入無限或不可理解的境界。

定勢力之義曰『運動之理據，』實祇以一補助用語代他一補助用語。在活力及張力的等量以外，沒有運動的『理由，』而這種等量又祇指示現象的關係。據費希奈的意見，運動的理由，存於法則中；但這種法則，結局不又是一羣現象的關係總和的『補助用語』麼？

物質概念，卽當作不可理解的殘餘，亦不僅可還元爲勢力概念，且是綜合的由這些要素構成。這一點，曾由佐爾奈這個有趣的例說明了。成爲問題的是，牛頓運動法則的修正，在威伯爾電氣法則的意味下，能否從這樣的假定——即作用不是立即由一點傳至他點，其中須費相當的時間——演繹而得。格斯（Gauss）曾試尋覓勢力由空間傳播的『可構成的觀念，』但未達到目的。近頃數學家諸曼（C. Neumann），使電位價值從而使純粹勢力量的數學表現經由空間而傳播。他即要由此解決這個問題。觀念是否『可以構成』的難題便一刀兩斷了。我們有了一種追加的勢力，其保持者不復是物質，祇是『運動是在空間自行運動』的勢力公式。佐爾奈說得很對，這自行運動的電位價值的實體化，和物質分子由一物體至他一物體的運動，完全是一樣的實際。我們所要做的，祇是以獨立的存在賦於勢力與運動的抽象概念，並立即將它們化成實體。在這場合，自然科學所謂實體，便與物質完全一致。[四二]

以上，我們再明白沒有的證明了勢力與物質的全部問題，結局即是認識論的問題；自然科學祇能在關係中發現確實的地盤，惟可假定有關係的保持者（例如原子），認其為現實的實在。當然，我們不將此等『實在』化為信條，我們要以思辨的未決諸問題，留在它們應在的地方，是什麼，便看作它們是什麼。明白地說出來，便是把它們當作認識論的問題。

第三章　自然科學的宇宙開闢論

古代唯物論最重要的問題之一，便是自然的宇宙開闢論。有一種頗被嘲笑的學說，認原子經無限空間而發生無限際的平行運動，並漸次抱合及結合而成為固體及液體，成為生物及無生物。這學說，雖甚奇異，但仍有偉大的任務要成就。無疑的，這些觀念對於近代大有影響，雖然我們的自然宇宙開闢論和伊壁鳩魯的自然宇宙開闢論的關聯，不像原子論的歷史那樣明白。無寧說就在這一點，古代觀念須受最初的斷然的改造，有假設性質但仍非常重要的宇宙成立觀，亦就從這一點發展。在這裏，我們且聽黑爾模浩爾茲的話！

『對於地球及宇宙之物理的記述極感有興味，且辛勤研究牛頓的著作，深入牛頓的根本觀念，認一切有重量物質皆有的現仍支持行星運動的吸引力，有時能從宇宙間散亂的物質形成行星系統的，便是康德。此後，有拉普勒士（天體力學的偉大著者），獨立於康德之外，但抱持同樣的思想，並以此種思想導入天文學內。』〔四三〕

漸次凝結的理論，有容許一種計算的利益。那種計算，已由熱的力學等量說（Des mechanischen Aequivalentes der Wärme），達到頗高度的理論上的完全。據計算，要從無限小的密度變到現有天體的密度，必須由質料分子的機械引力所生出的熱，與全行星系統質量化爲三千五百倍純粹石炭燃燒所生出的熱，似乎相當。從此推定，在行星系統能成就現形態以前，這種熱的最大部分，必在空間喪失。又發現了，在原始引力之機械力的莫大貯藏中，僅約有四百五十四分之一，作爲天體運動的機械勢力而保存。據計算，使地球突然停止進行的衝擊所發出的熱，是與地球十四倍純粹石炭燃燒所生出的熱相當，而在這熱度中，地球的質量必全溶解，至少有最大部分會被蒸發。

黑爾模浩爾茲曾說，在此假定中，除豫想我們這太陽系統的質量當初是作爲星雲而分散空間以外，沒有包含假定的成分。說這種分散與引力合作所生的熱及機械運動的總和，可以大約計算，是不錯的。但要生出現太陽系統，我們關於星雲質量在空間的分配方法，仍須有進一步的豫想。全質量的迴轉一度發生，便必然會隨收縮及凝結的進步而益益迅速。其原始的存在可從許多方法引出，但那是更專門的假定，頗有假設的活動餘地。最單純的解釋方法，不是承認星雲質量直截地同樣地收縮成爲一個大球，却是承認有許多質量集於其自身的重心，然後依非中心的衝擊而崩壞。在這裏參酌以後要講的烏柏衛的見解，且插入這種觀察，即這全過程得建築於固體的衝擊上，——這種固體，因衝擊之故先分解爲蒸氣的集團，而在不可測量的時間經過中再組成新體系。

凝結說近頃曾因分光景分析得一重要的支持。這種分析，告訴我們，構成地球的質料，可在全太陽系統中發現，且有一部分可在恆星中發現。這種分析，又使我們認為，散佈天空的星雲，決非如前人所假設，是全由遠方的星的集團所成。不，這種星的集團，大多數是現實的星雲的質量，故此種質量，可將太陽系統初期狀態的圖示於我們。

在別方面，就此等確證而言，新地質學之放棄地球變革說，並儘可能由我們現在隨處可以看見的勢力，說明我們這個行星的表面的形成，並不怎樣重要。這地質學傾向所支持的安定說，至多祇能要求相對意義上的重要性。我們可認地殼的狀態及其變化的進行，與地球激變的理論（前章所說的對大數的嫌忌，屢屢與此說相結合）相對而言，是比較安定的。反之，如果我們假定十分長的時期，則變化生滅不僅是可能的，且可從極堅固的科學根據來證明。

人們也許會問，為什麼我們不喜處分非常長的時期，而絕對安定的思想却比較更與我們接近，而不為我們所納罕？我們祇有在永遠概念的鈍昧慣習中，探求這可驚現象的理由。這概念從幼便為我們所熟聞，一般說，我們對此是從不加思考。我們的思惟能力的組織——那與感性有這樣密切的關係——就是這樣。要對絕對永遠性這個概念予以幾分直觀性，似乎必須在表象上減少絕對永遠性，使其成為相對的。此殆如吾人因要使九十度的正切有幾分直觀性，往往使其變成，換言之，往往在想像的眼前，使其非常大且益益更大——雖然絕對的看，這其中不能有變成。神學家的通俗觀念就是這樣考察永遠性，那在表象上以一時期積於他一時期，而以想像所能達到的極點，成爲『永遠的秒』——絕對永遠性的概念包含這樣久的時間，空想所能想出的一切，與之比較，都不過是最短的一個時間。但這概念既這樣爲我們所熟習，所以地球及人類永遠存在，這句話的誇大性，似尚不及以一百萬乘冲積層人至現代人的過渡時期，而從最單純的細胞探索人類的起源。在這裏，感性是處處與邏輯鬥爭。我們祇能在某程度內直觀的東西，容易被我們認爲空想的不可能的；同時，極壯大的概念一經安入完全抽象的概念形式中，便亦成了慣常的。我們弄慣了，以六千年置於一方，以永遠置於他一方。在其間的，最初似乎是顯著的，其次似乎是大膽的，再其次似乎是宏大的，再其次便似乎是空想的。但這一切賓辭，實際均屬於感情的範圍；冷靜的邏輯，於此毫無關係。

以前人們根據拉普勒士的計算，相信自希拔可斯時代到現在，地球迴轉時間不曾有一秒的三百分之一的變化；楚爾伯並曾利用這種計算，來支持他的安定說。但很明白，從此種事實所能引出的，祇是這點：即迴轉速度的遲延——根據物理學的理論，那必須認爲是必然的——至多不過六十萬年的十分之一秒。就假設一萬萬年僅一秒罷；則在數萬萬年之後，地球上的晝夜關係，亦就會完全改變，使地面上一切現存的生命消滅，使軸的迴轉完全停止。但關於此種遲延對於潮汐的影響，我們有了一個徹底的物理學原理，數學推論之無比的犀利，在此處可以應用了。祇在地球絕對堅固的假設下，阻止迴轉的吸引力的結果，纔能完全抵消加速迴轉的結果。然既有若干部分可以遲延，地球自必受取橢圓的膨脹。其遲延必在地表上發生一種摩擦，雖然是甚小的摩擦。這個推論的效力，不會因這種事實而稍有動搖，卽，按照近代的觀察，我們在海岸所見的潮汐現象，與其說由漸進的膨脹而生，不如說是發因於一種顯著的隆起。這種隆起，是在最大海面的中央正與月或日相向時發生的。由這種隆起所引起的環狀的波，因在各方向是同樣進行，對於迴轉的速度雖無阻止的影響，但潮的阻止的影響，必同樣呈現，不過更不易於認知。這過程，無論如何，亦不能像假設地球會逆轉且在潮波形成的位置上每次都有幾秒鐘停止不動的場合一樣。如果物理學不全然是騙人的，那就必定有前進的潮波。現實的潮，很可說是由一個靜止的潮波和一個前進的潮波二者的結果所合成。卽令後者的結果，外表上可在無限複雜的潮汐現象中消滅，然其阻止的結果仍不會喪失。這常常作用的原因無論怎樣小，我們仍只要把考慮的時期放到十分長，其結果終是不可避免。行星運動的活力的一部分，會由潮汐而絕對破壞。黑爾模浩爾茲曾在自然力交互作用的論文中說：『我們從此得到的必然結果是：每一次潮汐，無論怎樣徐緩，仍將以確實性，減少系統中的機械勢力的貯藏；結局，行星的軸迴轉，必因此而更遲，而益益更接近於太陽或益益更接近於它們的衛星。』

要避免地球迴轉終於停止的結論，其唯一手段，便是發現相反的作用，以加速為潮汐所遲延的迴轉速度。這種相反的作用，瑪耶（J. R. Mayer）——熱等量的有名的發現者——以前相信他曾發現，因他假設地球的凝固過程尚未完成。地球——他以地震的說明與此相連結——仍繼續在收縮中，從而，其大益減，其軸迴轉必益加速。但瑪耶說得很對，就連在這假定上，永遠安定說仍無保障，因爲這兩個相反的影響，不能常常採取同一的步調。所以他假定三個時期：在第一個時期內，因收縮之故，加速佔優勢；在第二個時期內，加速與遲延互相平衡；在第三個時期內，潮汐的遲延佔優勢。瑪耶最初相信我們是在平衡的中間期。但他曾把這種見解放棄。『十年前，英吉利天文學家亞當斯（Adams）在倫敦依潮汐遲延影響的發現，證明拉普勒士關於恆星不易的計算，不絕對正確，地球迴轉速度，確已減少，從而，恆星日已經延長。當然，在數千年的過程中，這不過延長一秒的一小部分，滿一千年，不過增加一秒的百分之一！我們不能不驚嘆人類的聰明，他居然能證明這樣無限小量。』〔四三〕

『天體運動所在的空間絕對空虛，至少充實空間的以太全無抵抗，像天體絕對堅固一樣是行星運動永遠不變的一個條件。然這條件，似乎亦未曾具備。安克慧星在我們眼前描畫了太陽周圍那益益小的橢圓，但此事最簡便的解釋方法，便是假定一個有抵抗的媒質。當然，這裏沒有必然的演繹之强制；但有一種觀察强迫我們假定有一個有抵抗的媒質。一經假定以太的抵抗性（雖其抵抗性甚小），我們就用不着再說什麼了。』〔四四〕

太陽熱不能永遠繼續的結論，是絕對可信的。雖否定太陽之灼熱狀態，假定太陽與其外被（或爲以太或爲同類的任何物）間的永遠摩擦是熱的源泉，亦不能避免這個結論。而況這假定，已由近頃對於太陽的熱烈研究，大體被認爲不可能。更合理的假設，是太陽熱因流星及小星的不斷落入而保持；但這理論亦不能引出安定。我們認爲最眞的黑爾模浩爾茲的見解——卽太陽熱保存的主要源泉，應在引力中尋覓〔四七〕——還更是這樣。太陽收縮，其大減少，機械勢力將化爲熱。但這種過程終必停止，乃是自明的事實。不消耗其他勢力而產生熱的運動，是不可想像的。所以，關於太陽的熱，無論我們採用怎樣的理論，結論都當如此：卽，這種熱的源泉是有限的，但其使用却是無限的。我們總歸會達到這樣的結論：卽，在永遠的時間經過中，表面上似乎無限的太陽的光與熱的持續，終有一日完結，甚至完全消滅。

最後，根據熱的力學理論，全宇宙一切生命終歸沒落的結論，似乎是很單純的。就我們的地球而言，這種沒落似與太陽的消滅相一致。機械勢力常能轉化爲熱，但熱必從較暖的物體流向較冷的物體，纔能轉化爲工作。在任何系統中，只要溫度平均，便不能有進一步的變化，從而亦不能有任何種類的生命。變化內容，或如克洛西亞斯所說，『熱力學函數』（Entropie），已達最高點。〔四八〕這個結論，雖以確實的數學推論爲基礎，但能否在最嚴密的意味上應用於宇宙，宇宙本質上還須取決於關於宇宙無限性，我們究有怎樣的觀念。在這裏我們又行入了超越的範圍。這就是說，我們儘可在觀念上隨意增加這樣凝固的世界系統，假設它們會由無限的距離互相吸引，然後由它們的衝突，以較大規模重新生出宇宙開闢的作用。但我們必須問，因爲不能想像創造的終極，我們便有權豫想世界系統的實質的無限性是現實存在的麼？

唯物論曾在古代說明我們的宇宙的轉成及消滅，但在他方面又以世界無限的學說——那以存在物不變的單純信仰爲基礎——來與心情以滿足。我們近代的唯物論者，尤其是楚爾伯，不能以此爲滿足，乃從心情滿足的見地，要求世間生活的永存。費爾巴哈的定言命令『以所與於你的世界滿足你自己』在楚爾伯看來，是不能實行的，除非這所與世界的永續，不爲數學家所倡導的毀滅說所威脅。但按照心情平靜的見地，在體系的基礎尚極不穩固的時候，徹底貫徹自己的體系更好呢，抑斷然承認知識與意見有一個限界，在這限界之外，一切疑問皆不可解決更好呢，這還是一個頗大的疑問。實際，參酌我們所引的動人的推論，楚爾伯的滿足體系乃是砂上的樓閣，究局的說，決不比通俗的獨斷論——那不放棄事物的初與終，換言之，不放棄創造及世界末日審判——更能達到目的。如果我們超出這個見地，而要在所與世界尋求心的靜止點，我們很容易就會知道，要尋得這種心的平靜，在物質狀態的永遠持續性中是不行的。我們祇能在自然法則的永遠性中，和現存事物，使我們不會想到滅亡的存續性中，尋得這種心的平靜。理性之構成傾向，將覺滿足，如果我們對理性啓示，這無感能支持點亦不需有感能支持點（因把絕對擱在一邊）的世界觀，有這樣的魔力。須記着，全關係世界，受制約於我們認識能力的性質。我們雖屢屢講，我們認識所示的，不是事物自體，祇是事物對我們感官的關係。但這關係愈純粹，它便愈完全。不，它越是和任意的混合物分離，它便越是和絕對之正當的創作相近。

幾乎比宇宙的生成，還更費思想家研究的，是有機體的發生。這問題，對於唯物論史是重要的，因為這是到人類學問題——唯物論的論爭，常常會轉到這一個問題——的過渡。唯物論者要求一個可以說明的世界：如果關於現象可以想像化合是由單純生出，大是由小生出，多樣的運動是由單純的力學生出，他就滿足了。其餘的，他是毫不關心；或不如說，一種困難，如其在可說明的世界已在理論上確立，因果法則沒有進一步犧牲可以要求的時候，才始顯現，便不為他所注意。唯物論就連在這範圍內，亦會從合理見解所承認的事物，獲得營養料。但直到最近，有機體的發生，還是唯物論反對派所充分利用的一點。特別是人們都相信有機體的起源，必然會導我們到一個超越的創造力；而在有機界的組織與維持上，人們總相信，可以不絕為目的論發現新的支柱。實際，對唯物論見解的反對論，是屢屢與『有機的』『生命的』這一些名辭相關聯，似乎在這範圍內，有較高級的精神活動力和死的自然機械力保持具體化的對立。

在中世，尤其是在近世之初，帕勒西爾索士（Paracelsus）及文·黑爾曼特（Van Helmont）諸人影響所及的限度內，已不復像以前諸世紀那樣，認有機界與無機界之間有不可逾越的間隙。一切自然都有生命的概念，非常廣佈。亞里斯多德認蛙及蛇生於泥土的概念，在鍊金術流行的時代，成了當然的。認金屬中亦有精氣而認其混和為醱酵過程的人們，並不覺得在生命起源上有任何特別的困難。一般雖相信物種不可變——這種信條，是直接從諾亞的箱舟出來——但這非嚴格被人遵從，因為在當時，下等動物常被認為是從無機物質發展而成。這兩種信條，都一直維持到現在——前者維持於教授之間，後者則維持於農民車夫之間。前者相信物種的不可變，甚至以二十年研究蝸牛的齒，圖證明他們的信仰；後者卻不絕由他們自己的經驗，以確證他們的信仰，因為他們見鋸屑及其他材料可以生蚤。科學在這範圍內，比在任何其他範圍內，都更遲纔以信條放在假設之下，纔以實驗及觀察堰止意見的大流。

最初與我們相遇的疑問——即自然發生（Generatio aequivoca）——依然是激烈鬥爭的對象。卡爾·佛格特（Carl Vogt）對於巴黎科學論戰——這次論戰一方是拔斯杜（Pasteur），他方是鮑采（Pouchet）約勒（Joly）及慕塞（Musset）——曾給我們一個幽默的說明，說這次論戰，有神學家的憤激，有一種戲劇的作用，使我們想起十五世紀學士位授與的典禮。拔斯杜方面是學士院及羅馬法王黨。否定自然發生的可能，是保守主義的科學上古時的權威，一致認為沒有卵或種子，決不能發生有機物。一切生物由於卵，是科學上一個信條。但是，正統派爲什麼站在這方面呢？也許衹因要確立某種絕對不能說明的事物，固執純然神祕的創造，以傷害悟性與感性。——更古的正統派，在聖·奧古斯丁的指導下，却採取一種全然不同的見地——在某程度內，採取一種中間的見地。這種使事物儘可能成爲直觀的的思想，頗近中庸。奧古斯丁曾說：自世界初頭，就有兩種生物的種子存在。其一爲可見的，創造者置於動物及植物之中，使其依種繁殖。其一爲不可見的，那隱於一切要素之中，須在一定化合條件及溫度條件之下方能活動。這不可見的自始卽隱於要素中的種子，不與任何現存的有機體相合作，亦會大量生出植物和動物。

這種見地，對於正統派學說，很相適合。不大費力，便可修正，俾在科學現狀下，同這兩個相爭的信條一樣維持。但在科學論爭的全過程中，像在鬥爭熱中一樣，相爭者往往半强制半無意地更換他們的見地。前世紀的唯物論，在這裏有其作用。在努力從無生命說明生命，從物質說明靈魂時，在唯物論者眼裏，昆蟲起源於腐敗物質的假定，和死蠅依鹽而復活，斷頭鳥能隨意運動那種種情形，是同類的。目的論及自然神學的贊成者，精神自然二元論的支持者，否定昆蟲及滴蟲無生殖作用的發生，並以此爲戰術。在科學史上，思想的鬥爭往往導向有效果的巧妙的實驗，而唯物論者在實驗方面却是落後的。博學多能的賓納（Bennet），在自然的考察駁斥自然發生說以來，一切生物由於卵的主張，已被認爲唯靈論。在這點，正統派的學說和精確科學研究的結果，處處可以調和。在我們現在看來，似乎研究越是精確越是細心，這命題便越是不可侵犯地被確立。

形上學看着這種新發現，是喜極欲狂。其結論是，在自發的生殖中，一切未來的世代，都已包含在卵或精蟲之中；哈里的麥耶教授（Meier）既這樣素樸地直觀地陳述他的『豫造說，』倘不在這裏提示一個樣式，實覺有點對不起我們的讀者。這位教授說：『亞當已在他的腰間攜帶來了一切的人類；譬如，阿伯拉罕便是從他的精蟲生出的。一切猶太人都作為精蟲而存在於這個精蟲之中。阿伯拉罕生伊薩克，伊薩克從他父親身體中出來，並作為自己的部分，生出他的子孫的一切世代。』[四七]其餘未被利用的精蟲（那當然亦被認有若干靈魂），亦曾引起非常廣泛的空想，但在此處和我們沒有關係。

近頃特別可舉述的，是希文（Schwann）。他一方證明細胞中一切有機形成的真要素，一方又由許多實驗，說明外表上有機體雖有時似是自然發生，但其中常須豫想有卵或胚種細胞存在。他的證明方法被一般認為優良，但在這舊問題再在法蘭西爆發以前許久，已明白懷疑這方法是否適當的，卻是我們本國一個唯物論者卡爾·佛格特。他的聰明的徹底的批評，可於動物生活圖（一八五二年）中見其大意。

滴蟲由空氣、水、及有機物質的合併而生。希文要在此等成分中破壞一切有機的胚種。他以為，在有機胚種已經隔絕的場合，若仍能有滴蟲發生，自然發生才算有證明。他的方法，是以枯草及水共煮於大壜中，一直到全體水液及壜首空氣均已達到沸點。大家知道在無口的大壜中滴蟲是不會發生的。在有普通空氣流入壜內的場合，滴蟲雖仍可在前經煮沸的壜內發生；但若所流入的空氣，都經過一個灼熱的管，經過硫酸，或經過苛性鉀，則滴蟲又不能發生。但在這裏，我們假設空氣的成分不因此種手段而發生變化。所以這仍不過有近似的眞確性。空氣不僅含有養氣及淡氣，『它還包含一定量的炭酸、水蒸氣、阿摩尼亞，也許還含有極小量的許多其他物質。這些都由所採用的手段，多少被分解了，被吸收了。炭酸是由苛性鉀吸收的，阿摩尼亞是由硫酸吸收的。空氣加熱，對於空氣分子的排列也有一部分的影響。……在化學上，我們有很多例，可以說明，要引起化合或分解，祇須有極不關重要的條件。……也許，要樹立並完成有機體新形成的過程，這一定量阿摩尼亞，一定量炭酸，和空氣分子的一定的排列或張力，就是必需的。這兩個壜所在的條件，當然不是完全相同的，所以這實驗沒有十分的結斷力。』佛格特這個論證，實際說明了希文的實驗不甚充分。這疑問依然是未決的，尤其因爲有許多重大的考慮，與這種假定——在實驗場合出現的那無數滴蟲的胚種，乃在可生活的條件下流動於空氣中——相反對。歐倫堡（Ehrenberg）假定滴蟲的分裂會以幾何級數率進行，因而在幾點鐘內，就會充塞於水中；反之，佛格特却認此假設爲不可能。〔四〇〕近時有一種方法，在實驗開始以前，系統地將浮游於空氣中的塵分子蒐集，拔斯杜把他所蒐集的胚種與卵，投入供實驗用的液體中，就自認已把滴蟲及菌蒔下；鮑采則先考察這種蒐集。『他以數百立方米突的空氣通過水中，而把水取來考察。他發明了一種機械，吹空氣到玻璃板上，使胚子粉能附着在上面；然後分析上面附着的粉。他曾在各處反覆作這種試驗，在皮倫尼山脈的馬拉特達的冰河中，又在德伯斯的塚窖中，在大陸又在海上，在埃及的金字塔上，又在盧昂的大禮拜堂頂上。他因此搜集許多空氣的標本，在此等標本中，各種可想像的事物都出現了，但很少黴菌的胞子，更少滴蟲的死屍。』

無論人們怎樣費神去證明自然發生，自然發生終不曾有證明。希文的實驗曾在種種方法上修正和改良，但當人們覺得有自然發生的時候，更精確的實驗就說明胚種傳達的可能性未全除去。最近，巴斯吞（Bastian）及胡金加（Huizinga）的實驗，曾引起極大的印象。後者尤惹人注目，因為在密閉的大壜中，將水液煮沸十分鐘，仍有黴菌，但亦祇有黴菌；所以，假設至少這最單純的有機體能自然發生，似乎是不致錯誤的。但在夫里格爾（Pflüger）的實驗室中在同樣密閉下的同一液體，經數小時的煮沸之後，迄其冷却，却沒有黴菌發生。所以在這種液體中也許有些胚種，雖不能經受長期的熱煮，〔四九〕但十分鐘的熱煮，不能使其死滅。

於是，須承認，繼續的熱煮，或將破壞黴菌生存的其他未知條件。水液中的胚種在前一場合發展在後一場合被破壞的證明，不足使人信服。這一切實驗的結果依然是，自然發生未曾被證明，但亦不曾被說明爲不可能。

有機體發生的新的可能性，依『曼熱拉』(Moneren)的發現而開放了。『曼熱拉』是一種原形質的小塊，那是沒有形式的，在我們研究手段所及的限度內，它還是沒有組織的，它沒有任何特殊的器官以生存，以營養，以生殖。認自然發生爲未證實但爲必要假設的赫克爾(Haeckel)，在這點仍確信在大海靜悄悄的深處，有這種軟體動物生活：『卽在今日所知的曼熱拉中，亦似可有一個物種，常常由自然發生而生。這便是不可思議的爲赫胥黎(Huxley)所發現所記述的巴台比亞斯・赫克伊(Bathybius Haeckelii)』『這種曼熱拉，發現於海的最深處，其深在一萬二千呎至二萬四千呎之間，在那裏，它一部分在網形原形質索及組索的形態下，一部分在不規則的大小不一的原形質塊的形態下，將海底被覆着』——『這種同質的尚未分化的其結合與無機結晶相等的有機體，能由自然發生而生，且能成爲其他一切有機體的祖先。』〔三〇〕

『不容認自然發生的假設，我們就必致在進化史的這點，依賴超自然的創造之奇蹟。果如此，則一切其他有機體所從而生出的最初那個有機體或少數有機體，便必然是由創造者創造的了。最單純的曼熱拉或原細胞質是由他創造，而此後按機械方法向前發展的能力，亦是由他給與了。』赫克爾很正當地發覺了，這一種思考方法，不能使『科學的悟性滿足，亦同樣不能使敬虔的精神滿足。』但人們可進一步斷言這個選言命題，在論理學上是不可容納的。對科學的研究而言，這世界的可理解性，必定是一個公理；如果我們認自然發生為不確，有機體的發生便依然是一個未決的問題。自然科學決不能在任何時設想『超自然的』創造作用。這樣的解釋，常常會把科學的立場放棄，決不可在科學研究上容納，甚至不能認為是待考察的問題。但對於認創造作用為心情要求的人，則尙待考慮的問題是，到底願在科學光明所不及的黑隅取一避難所呢？願反對一切科學，不問悟性規律，而相信他們認為優良的事物呢？抑願立在理想的立場上，尊科學所謂自然事變為神力神智的流出物？當然，我們用不着在這裏指出，最初一種見地雖是最普通的，但在各方面都是最薄弱的，祇有最後一種見地適合於高上的文化。

當然，不承認世間的自然發生，並非不承認自然界有發生徹底因果關聯的可能性。

在這裏我們第一須考察近頃英吉利物理學家湯姆生（William Thomson）〔五二〕的假設。這種假設，從宇宙引出我們地球上各種有機體的起源，而以流星為其持送者。『當火山島出現於海中，數年後卽見其上被有植物時，我們是毫不躊躇，假定種子是由空氣吹送或依流木送到那裏。這不是可能的麼？如果這是可能的，我們不又可同樣說明地上植物生命的起源麼？』

湯姆生認流星為曾一度有生物的已毀世界的破片。這種破片，在衝突之際，雖有一大部分被溶解，但總有一部大約沒有損毀。如果我們設想，現今仍有許多有生物的世界，從不可考的時代起，就存在於我們這個世界以外，我們假設有無數持送種子的流星在空間運動，亦極是可能的。卽令現今地球上沒有任何生物，有一塊這樣的流星落在地球上，亦就可依某種所謂自然原因使地球生有植物。

佐爾奈會指摘此假設爲非科學的；第一是在形式方面，因爲它祇把問題延遲，從而把問題弄得更複雜。我們必須問，爲什麽這已破壞的世界會生有植物而我們這世界却不生有植物？其次，說流星是種子的持送者，在他看，亦實際是非科學的，因這種流星與我們的雰圍氣摩擦，將成爲灼熱的。

黑爾模浩爾茲反對這種非難，却告訴我們說，大流星祇外層灼熱，其內部仍寒冷，種子可藏在其內部的裂縫中。就連表面上的種子，亦會在達到灼熱的滅絕度以前，在加入大氣外層之際，向內吹入。——比湯姆生更早，卽在一次科學演講中認這假設可以承認的黑爾模浩爾茲，却準備任何人認此種假設爲不可能。他說：『由無生物質引出有機體的種種努力皆告失敗之後，提出這樣的問題，在我看亦充分合於科學的程度。生命果有起源麽，生命是和物質一樣古舊麽，其種子不能由一世界運至他一世界，祇能發展於它偶然發現的適於發展的地方麽？』〔三二〕

對於佐爾奈的『形式的』反對，是很容易答覆的。我們必須假設，我們的地球因是從灼熱的液體狀態變至能生植物的狀態，所以原來是沒有植物的。如果我們假設其他世界曾經由同一過程，不過其時期較早，我們自然須從第三世界追溯生物的起源，依此類推。這固然是把問題延遲，但並不會把問題弄得更複雜。在任一場合，有機體說明所遇到的大暗礁，都可以在康德凝結說上避去。我們雖不免因此陷於無限過程中，但這種遲延至少有使未解決困難不發生麻煩的便利。像世界一般的成立一樣，生命的成立是可說明的，同時又是不可說明的。那成了超越的問題範圍。把它轉到這個範圍去，在論理學上並沒有什麼不適當，因爲自然科學在它的知識範圍內，有很好的理由，認這種傳達說比較的最爲可靠。

佐爾奈認爲，祇能由先天的理由，違反因果法則，才能將自然發生否定。這一點，佐爾奈和赫克爾是一致的。但佐爾奈不承認超自然的創造作用的可能，却認此問題，依演繹法考察，爲已經決定，甚至認科學家依然這樣重視自然發生的歸納證明，爲缺乏認識論的教養。他曾以形式上的正確性，說：任實驗怎樣完全，亦不能絕對避免胚種說，何故，因任何人皆可主張『就大小說，原始的有機胚種，是與以太原子屬同一階級，且和以太原子共同經由物質分子（那是我們的器官的邊界）間的間隙而進行。』但這種批評，至多只能譏諷地用來嘲笑拔斯杜那一輩獨斷家的確信——他們確信，他們的實驗已斷然反駁了自然發生，當密閉的液體經長期間，我們仍不能在當中發現生物痕跡時，任何人亦不能當眞提出這樣一個假設。

在這裏，歸納的研究，在可用種種方法獲得種種結果而與以比較時，決不是這樣不可辯護。佐爾奈雖提倡默認世界可理解性的公理，但他這種提倡仍不免引起眞誠的疑問。佐爾奈認起源不可理解的假設爲不足道，雖較赫克爾更爲合理，但赫克爾仍有其正當的一面。他曾在一個大膽的假設的基礎上，對於事物發生的方法，形成一個直觀的表象。黑爾模浩爾茲很正當地指示了，佐爾奈在這裏陷入了形上學的路，那對於自然研究者是十分危險的。他還指出了，適當的選言命題必須是：『有機的生命，或是在某一定時間起始，或是永遠存在。』

不問絕對永遠性概念會引起怎樣的批判的反對，這問題的提出，是適當的。但因要使這問題在宇宙間的更順手的推移，不致於以形上學的構造，妨礙經驗知識的進步起見，孜孜努力證明有機體在此世間如何發生，依然是適當的研究格言。

最後，我們且在這裏一述費希奈的見解，他在一篇富有思想亦富有假設的著作中，認有機的分子較古於無機的分子，且按照『安定增加的原理』認無機的分子從有機的分子發展，不是有機的分子從無機的分子發展。這假定全部，乃以分子中原子運動狀態的豫想爲基礎。這種豫想，即令能確證，亦尙待確證。〔三〕

在這一切範圍內，自然研究大體只能循一條路走，如果這條路被稱爲唯物論的，我們必不可忘記前數章所指出的唯物論世界觀的限界。在這裏祇有一點，使我們想起那種限界及認識論之批判的限界。那就是無限的概念。那不僅應用於並存世界及世界構成質料上，且在有始或無始及一假設或他假設如何在思惟中表現的問題上，應用於時間序列上。我們不要在此討論此等概念之主觀的起源，亦不要說明怎樣此等概念祇能在『表象世界』上，取得十分的說明。我們將有更好的機會，使唯心論的見地與唯物論的見地相對立。我們在這裏祇要說明眞正的唯心論，在自然說明的全範圍內，如所論爲現象間的關係，至少是完全和唯物論一樣可以和自然科學攜手並進。

第四章　達爾文主義與目的論

當唯物論史初版印行之時，達爾文主義依然是新出的；諸黨派尚剛好決定他們的態度，或更正當的說，所謂『德意志達爾文派』那一個迅速發展的黨派尚在形成中；反動，視進化論最可威脅古世界觀的反動，亦尙未正式武裝，因它對於這大問題的範圍及這新學說的內部力，均尚未有適當的理解。

但自此以後，贊否兩方的興味，已如此集中於這一點，因此，不僅有許多著作論述達爾文及達爾文主義，而且我們還看見了一個關於達爾文主義的論爭，像往日一般唯物論的論爭一樣。畢希納尚爲他的『勢力與物質』尋求新的讀者，但當其新版出現時，已不復聞文學上的憤怒聲。倖雷叔特，唯物論運動的眞正創始者，已經差不多爲大衆所忘了；甚至佛格特，除了在特殊人類學問題上還參考到他，或有時有人引述他一兩句不朽的非常幽默的言辭以外，亦很少有人提到。現在每一種雜誌都討論達爾文主義，或加以贊成，或加以反對了。幾乎每一天都有一本或大或小的著作出版，來論述遺傳論，自然淘汰論，尤其是人種由來說，因爲，這種屬系圖的眞純性一經發生疑問，這種屬的多數個人，自必徬徨於迷路。

但是，雖有這樣一個大運動，我們依然可以保持八年前關於達爾文主義我們所曾說的一切，幾乎用不着改變。但我們不復能任其像前一樣。卽令科學材料的增加，不曾按照印刷紙增加的比例，但材料是的確增加了。這問題已經特殊化了。從前，祇有達爾文是遺傳說之有力的代表者，祇有他是有機形態一般的自然說明之有力的代表者。現在，認自然淘汰說得脫離達爾文其他一切主張而獨立存在，因而株守自然淘汰說的人們，亦對達爾文及達爾文主義下劇烈的攻擊。當時尚在萌芽中的見解，已堅決地顯著地表示出多樣的差別性，從而引起新的支點和新的疑問。我們當時關於這問題所說的話，現在，已經祇好當作一般的導論，尚須作更徹底的討論。但我們當時的言論，有許多是表示贊成或反對的，我們仍不將其更改，印在這裏，僅在註解及增訂處，加以必要的修正。——在近世科學的全體中，恐怕沒有什麼，還比關於物種（Species）的迷信，更無根據，更無理由；而在近世科學的全體中，教人們以這樣無根據的議論陷入獨斷夢〔囈〕中的點，恐亦不多。怎樣，一個以二十年光陰專心研究物種概念，以生殖力為物種新標準的自然研究家，會畢生不對這問題行一種實驗，却像一個眞正的自然史家，僅僅批判地鑑賞偶然的傳統的說法，殆近於不可理解。在自然研究的領域內，實驗與實驗之批判的總括間，舉行分工固然是許可的，且其分工程度還可較一般所想像的更廣。但物種形成的研究領域，還是這樣全未開墾。健全的理性及自然科學的方法，在這裏給我們的最初的批判的格言，便是：在這範圍內，像在其他範圍內一樣，祇有實驗能有效果。但安德利亞・瓦格訥（Andreas Wagner）却這樣遠離自然研究的路，當他對所謂雜種形成（Bastard-bildungen）要求一種法律證據，認他的信條在未提出以前便已確立

〔三五〕的時候，他竟自信這是一個大貢獻。如我們認可愛的偏見爲個人所有物，而以法律上的權利，對抗我們的偏見的剝奪，這確乎是一種很就手的手續；但這全部見地，終與自然研究相差太遠。一個特徵就可標出這個方法的特色，用心去研究它的結果委實是浪費時間。

我們曾聞有一系列的明白的雜種形成，那是由好事者的冗談或由偶然而生，多少被人信任地由一個人的口傳至他一個人的口。雜種（甲）相互間及（乙）與本幹系統的受胎關係如何這問題，就根據這些材料來決定。關於（甲）項，是無例或少例可以引證。其理由甚爲明白，或因祇有一雜種，致不能與別一個雜種交配，或因系統不同的雜種遠離，無人想到要做一種實驗來考察新種的形成。關於（乙）項，却得到了一個大眞理，即，因每一代均與同系統的一個相交配，所以雜種會漸漸復歸於本來的種族。由此得到的最後結論，是：雜種或不能生子，如要生子，便須與本幹系統交配。凡與此相反的斷言，都『缺乏法律上的證據』反對者必定敗訴；偏見的財產目錄遂被保護住了。

一個以二十年工夫研究物種問題的人，是應該以發現眞理爲目的罷。如果我們的目的，不是保護偏見，祇是發現眞理，則任一個人亦知道我們在這裏應如何進行。顯明地，他應該用近世科學在其他部門成功所賴的謹愼心，先產出一長系列的雜種形成——例如在金絲雀和紅雀之間，爲除去偶然，確保眞的平均數，固須有長的系列，而按照這問題的眞正性質，亦須有長的系列。這本來是程度的問題。試取若干二者皆爲雜種的配偶，並取若干雜種與父系及母系相配的配偶，使其配偶數相等，並使此等配偶，儘可能在相對的及絕對的年齡上，在養育及環境上，保持同一的關係，或使此等關係依方法變化，我們會得到一個結果。我們必須根據這結果來發表某種或然的原則。這結果，比瓦格訥二十年檢討狩獵家故事是否合法，顯明地會有更大的功績。

達爾文在自然哲學的世界觀的完成上，曾向前進一大步。其世界觀建築於事實的基礎上，大規模描寫世界的統一，卽與細目亦毫無矛盾。因此故，他又可同樣滿足悟性與心情。他對於物種原始的描寫，作爲一種自然科學的假設，其確證固要求實驗；而且，如果他曾以方法研究的精神，灌入那須有最大犧牲最大忍耐但可望有最大報酬的領域，他固會有偉大的成就；但爲此所需的實驗，大都非個人研究力所能及，且亦非個人活動期間所能及。現代開始的工作，祇能由未來世代收穫其結果。但就在這情形下，人們對於科學任務的高尙的理解，才有新的進步；而對於科學任務的適當的理解，才必定會加强人類休戚相關及目標一致的感情。

達爾文理論對於研究所以能發生這樣的影響，不僅因其根本思想十分單純十分圓熟。這種根本思想，在我們今日的經驗及方法要求上，是已經準備好了，且亦易由時代的種種思想偶然結合而生成。他的更高尙得多的功績，無疑是因爲他曾百折不撓，探究一個對象。這個對象早在一八三七年就在科學航海的歸途中，牢牢放在這位自然科學家的心裏。他以後的生活，是完全爲這個對象而努力。達爾文所搜集的豐富的材料，大部分都是落後的；他的斷言，尚缺乏更精確的證據。人們都希望他會再出一部更大的著作，充分表述他的偉大事業。〔五六〕有許多人願意把達爾文理論的批判，延遲到這材料出現的時候。這種考慮，是不能反對的，蓋因在永久的要素未曾與可滅的主觀的要素分離以前，人們雖對於人類努力及聰明的事業，亦必有許多話批評。但我們必須完全瞭解，這偉大假設之充分的檢討，決非僅僅取決於材料；要依人爲淘汰確證自然淘汰，必須有許多人的獨立活動和數世代的實驗工作；（雖然自然淘汰數千年方才能够實現的工作，在比較短的期間，便可依人爲淘汰而實行。）在他方面，達爾文理論卽在其現形態下，亦確有一種重要性，爲偶然提出的疑問所不及。他雖把種種觀察搜集，但他的搜集，極不同於瓦格訥關於獵人故事是否合法所作的拙劣的記錄。達爾文知道怎樣巧妙地結合已經確證的觀察，使植物及動物的全部自然史，和他的理論發生關聯。一切光線都集中於一個焦點，而理論之豐富的發展，又指導那外表上漠無關係的有機生活現象，加入證明之流。但若人們仍要指示他的事業的最優良方面，我們就仍須指出，這根本思想的組織，及其由許多學說與補助假設所得的支持，幾乎沒有一點是任意的背理的；不，其中許多，不僅比主要思想更明白，並且，卽使在自然科學上沒有更高的，亦至少有一樣高的意義。這裏，我們所指的，特別是物種的生存競爭說及這學說和目的論的深切的關係。

物種原始的理論，導我們向一個太古時代。這理論，因神話的空想僅由一系列的可能性——其數甚大，因而非常減弱了各個可能性的可靠性——來反對，致獲得神祕的性質。反之，生存競爭却在我們眼前發生，但有數世紀，不爲探求眞理的時代所注意。勸登浩生的『伊細士』(Radenhausens Isis)——一個近出的很優良的却不甚徹底的自然體系〔三七〕——有一個批評者，便覺得他自己應當告訴我們，至正無偏的觀察者，要在這時候看定這些問題的地位必甚困難，因要瞭解它，必須先有明確的結果。勸登浩生應用達爾文學說所得到的結論，使我們回想古代恩比多立對於目的論之非常的反對，雖然他承認達爾文學說完全的證明，尙在未來。他的批評者在『文學中央報紙』中有兩句話，可作爲考察的題目，因爲這種考察無論如何是不能避免的，所以我們覺得還是在這裏考察好。這位匿名記者曾說：『人們寧願以僥倖（Glückliche Zufälle）的可能性，代替作用準確但頗神祕的世外的因果律，並在僥倖所創始的事物之前進發展中，爲這種事實——一切現象畢竟皆無目的，皆無意義，而美與善不存於當初，祇存於結末，至少祇存於現象進行中——尋得一種代價。……在此等發現尙未實現時，我們可以向自己提出這樣的問題，這種自然主義認爲正當的假說，比目的論的世界觀的豫想更不大膽，更不冒險麼？』

這批評家便是一個標本。雖有近世自然科學，但仍堅持目的論的人，執着科學知識的缺陷，不知道一向來的目的論的形式，換言之，人形的目的論，已全爲事實所排除，且亦不問自然主義的見解曾否充分確立。一切的目的論，都以這樣一種見解爲根柢，即，宇宙創造者是這樣活動，所以根據人類理性的比論，人們必須稱其行動含有目的。這本質上就是亞里斯多德的見解。泛神論的內在目的說，雖否認有世間以外的人，依人類方式，先思考目的，而後使此目的實現，但仍固執與人類理想相應的合目的性這個理念。現在大家都相信，自然進行的方法，沒有任何點，與人類的合目的性相似。現在大家都相信，自然的最本質的手段，依人類悟性的標準來測量，是祇能和最盲目的偶然相比較。就這一點，我們不必等候任何未來的證明。事實是這樣明白，而在各自然部門內又如此一致，所以，與此等事實及其必然涵義相矛盾的世界觀，均不復能成立。

如果有一個人，因要射一隻兎，便用幾千根鎗，向一切可能的方向，在大原野中射擊；如果有一個人，因要開一個鎖好的房間，便購買一萬把鑰匙，一一的嘗試；如果有一個人因要有一所房屋，便建築一個市鎮，而使其餘的房屋風吹日曬——那，誰也不能稱他這種手續是有目的的，誰也不能猜想在此等手續的背後，有一個更高的智慧，有一個未現的理由，有一個高等的神。[五九]曾研究近世科學的物種保存及繁殖法則的（即令所研究的物種，其目的爲我們所不能見，例如蛔蟲，）隨處都可發現生命胚種的大浪費。自植物的花粉到受胎的種子，從種子到發芽的植物，從這種植物到成熟的結實的植物，我們隨時都可看到一種機制，那是以千倍的生產供卽時的滅亡，而由偶然，獲得適宜環境以維持生存的現狀。生命萌芽的消滅，已開始的生命過程的失敗，乃是通則；「自然的」發展，乃是數千個中的一個；那是例外，而這例外，便是自然——目的論者却近視地、贊賞她的有目的的自我保存性——的結果。達爾文說：「我們看見自然的表面帶有喜色；我們常常看見食物過剩；我們不見，或者說，我們遺忘了，嬾惰地在我們周圍唱歌的鳥，大都以昆蟲及種子爲食料，從而不絕地毀壞生命；我們忘記了，這些歌鳥，或它們的卵，或它們的子，又爲肉食的鳥或其他動物所毀；我們不常想到，食物在現在雖是過剩，但並非每年每季都是如此。」一片土地的競爭，其他生物的迫害或破壞之成功失敗，決定植物動物的種類的傳播。精蟲，卵，幼年動物，有數百萬，是在生死之間發展其各個的個體。人類理性的唯一理想，是維持並完成已開始且有生死限制的生命。但在自然本身，則洋溢的生產和痛苦的毀滅，祇是兩個相反但求平衡的活動力。——就連對於『開明的』世界經濟學，亦曾闡明一個悲慘的法則、卽貧窮與饑饉，是人口增加的大調節。不，就連在精神的範圍內，自然的方法亦似乎是把一千個有同等秉賦且皆要向上的精神，擲於煩悶失望中，俾在適當環境中形成一個天才。同情心，地上有機體的最美麗的花，祇在孤立的點上湧現；就連在人類生活上，那亦更不是普通的動機，更是一個理想。

在物種發展中稱爲偶然的，從憑其有力活動而喚起這一切結果的一般自然法則的意義說，當然不是偶然。但若我們認偶然與人類打算的睿知的結果相對立，則此處所謂偶然，便有了最嚴密的意味。在動物或植物器官合於目的的地方，我們可假定在弱者的屠殺中，有無數的更不合目的的形式會被破滅，從而在這裏能維持其自身的，祇是在生死大洋中的適宜的特殊事物。然事實上，這又是屢被侮蔑的恩比多立世界觀的一片。這種世界觀，已由最近數十年才爲精確研究所闡明的無窮材料所確證。

但這問題還有別一方面。像勒登浩生的批評家所想像的那樣，我們是以僥倖的『可能』代替那有不可思議作用的因果律。我們所見的，不是可能，祇是現實。個別事物在我們看似乎祇是可能的，在我們看似乎祇是『偶然的，』因其受支配於自然法則的安排，而這種法則，依我們人間的理解，却與其交互作用所生的這個特殊結果，沒有關係。但在大全體中，我們却能看見必然性。在無數的事物中，必然有適宜者，因爲這種適宜者是現實存在的。一切現實事物均爲宇宙永遠法則所喚起。實則，這與其說駁斥了目的論，不如說洞見了現象界合目的的性的客觀性質。我們明白看見了，就個物而言，這合目的性乃非人間的；不，不在我們所觀察到的限度內，這種個物非更高的智慧所生，其由來，就其論理的內容說，在我們所知道的事物中，分明是最低級的。但高低的評價，亦祇以人間性質爲根據，所以，在說明上超越此等限界之形上學的世界觀，宗教的世界觀，雖仍有建立的餘地，但這種目的論，仍必須從自然研究及批評的自然哲學，單純地斷然地排除出去。

數十年間，尤其是自從斯丁士脫魯蒲（Steenstrup）關於世代交替有所發現以來，低等動物的研究曾有大進步。這種研究，不僅把古時的物種概念排除掉了，且對於一個極不相同的問題——在唯物論史上非常有關係的問題，那就是有機個體的性質的問題〔五九〕——投下顯著的光明。與細胞說相關而言，新發現在此處亦在我們的自然科學及哲學的見解上，引出了這樣深切的見解，似乎古時關於存在的問題，現在始在明瞭的形式下，對研究者及思想家提出。我們曾經看見，怎樣古時的唯物論，因認原子為唯一的存在者，但非高級統一的保持者（因無壓迫及衝突，則彼此間沒有任何接觸），而陷於絕對的矛盾中。我們又看見了，多與一的這種矛盾，乃為一切人類思想所特有，雖然它在原子論的場合最為顯明。在這裏，唯一的救濟，便是把多與一的對立，認為是我們的組織的結果，假設這種對立在物自體的世界，將由某種我們所不知的方法來解決，或不存在於物自體的世界。用這種方法，我們避免了矛盾之最內的基礎。這是絕對統一的假定，但究其實，這種絕對統一是從未與於我們。如果我們認一切統一為相對的，如果在統一中我們祇看見我們的思惟的總括，我們固未曾把握事物之最內的本質，但我們却因此確乎使科學考察的一貫性，成為可能的。對於自意識的絕對統一，這雖不甚適合，但它把幾千年來人們所愛的觀念排除掉了，決不是一種惡害。在這一節，我們且先述有機自然之更一般的現象。

哥德（Goethe）的形態學，可說是自然哲學甚陰鬱時期中最健全最多效果的業績之一。關於動植物界有雜多形式及變化的研究，那是一種有思想的研究，他就由這種研究，獲得了我們近世一切發現所必採的見地。他說：『每一個生物，都不是一單個的事物，那是一個多數；其外表雖似一個體，但依然爲有生命的獨立諸事物之集合，這諸事物在素質上雖被認爲同一，但在現象上却可以是同一的相似的，也可以是不同的不相似的。這諸事物雖有一部分在起源上便是互相關聯的，但仍有一部分是互相搜尋然後才結合。它們會和它們自己離開，再互相搜尋，因而依一切方法一切方向，形成無限的生產。——生物愈不完全，其部分愈爲同一，愈爲相似，且愈與全體相類似。在一場合，全體是多少與其部分相同，但在他場合，全體則與其部分不同。諸部分彼此間越是相似，彼此間的從屬關係便越是少。部分的從屬關係，指示了更完全的生物。』

威考（Virchow），曾在原子及個體論〔六九〕那篇優美的演講中，引用哥德這一段話。『個體』由諸種存在物的內部共同關係而形成。關於這些存在物的關係，他曾以實證的研究及精密的理論來說明。病理學，一向祇是迷信的偏見的荒野。他却依細胞生活，把它說明了。細胞生活，在正常現象上，會產生健全個體之總體生活。照他的說明，個體祇是一個『統一的結合，在這結合內，一切部分是向同一的目的合作，或者說，是依一定的計劃動作。』威考又宣稱這目的是內部的，內在的。『但這內部的目的，同時卽是一個外部的標準，生物的發展是不能越出這個標準以外的。』自身有其目標與標準的個體，卽是一個實現的統一，而與原子之概念上的統一相反對。

在這裏承認內在的目的時，我們又有了非常古的形式要素，這是我們的自然見解所決不能缺少的，所以我們發覺了，就連佛格特亦承認它。他以特別的思想明晰性，在動物生活圖中描寫胚種的最初可認識的形式如何由卵黃的細胞羣生出以後，便說：『所以在這裏，作爲個體的有機體，祇在授有形式時方始出現，在此以前，却祇是沒有形態的質料。』〔六二〕這一句話頗與亞里斯多德相近。形式成了個體的本質，如果是這樣，我們便可認其爲實體，雖形式必然要從質料的特性生出。這種特性，在明晰考察之下，便又祇是結合成爲更高形式的形式。我們一旦從此概念，闢除强制的擬人的暴力這個荒謬的附隨觀念，形式且又是勢力之眞的論理的核心。我們感到勢力，故看見形式。如我們注意一事物的形式，那便是統一；如不把形式放在眼中，那便是雜多或質料。關於這點，我們已在論經院哲學那一章說明過了。

佛格特，在理論上是更純粹的，他着重統一之形上學的概念；威考却執着生理的概念，執着生活目的之共同性。這個概念，對我們說明了，一與多的對立是相對的。在植物界，許多人不僅認細胞及全植物是單位，且認枝、嫩枝、葉及芽都是單位。爲實際的理由，我們可以把可以單獨生存的幼芽，看作是一個體。我們可視單個細胞爲個體部分，全植物爲羣體。但這種區別，祇是相對的。如果高等植物的個別細胞，不能引出一個獨立的存在，而必須留在其他細胞的環境中，則不生根在植物上或地上的嫩枝，亦不能有獨立的生存。一切生命，都須在自然環境的關聯中，方有可能。獨立生命的概念，對全棚樹言，對小葉的最小片言，一樣是抽象。我們近世的亞里斯多德學派，很看重這點，卽、有機部分祇能在有機體中成立，亦祇能在有機體中生活。但這無關於全體對於部分之神祕的支配。取出的植物細胞，比取出的蛙的心臟的鼓動，雖能度更久的細胞的生活，但沒有新的液汁供給，細胞會像全樹一樣死亡。時間之長短，乃依存於條件，非依存於事物的本質。我們寧可着重這點，卽、植物非外來地從細胞集成，單個的細胞亦非直接由營養素形成而加於全體，它們常常是由其他細胞的分裂而成。事實上，亞里斯多德的全體先於部分的原理，儘我們所知道的，大都可適用於有機界；但自然一般如此進行的情形，使我們不能認此原理有絕對的普遍性。接木的事實，已足使這個原理局限於普通經驗命題的狹限中。前世紀，從一動物移血至他一動物的實驗，甚爲流行，且至少有了一部分的成功。[六二]更近時，從一個物體將有機部分移至他一個物體的事情，曾實行過（雖然關於生活條件這方面的實驗，還剛剛開始。）不，在下等植物中，我們不僅發現了細胞分裂，且發現了二細胞的融合；在下等動物中，二個體融合亦已被認爲可能。鈞鐘蟲的後裔『放射羣』，便常常互相接近，互相擁抱，而在接觸點上，先成平面，後卽完全融合。這種結合過程，在簇蟲亦可發現；西波特（Siebold）且曾發現蠕蟲『底蒲羅蟲』（Diplozoon），是由兩個底蒲羅蟲的幼形蟲結合而成。[六三]

在下等動物中，有共同的幹的水螅，就很顯著地表現着相對的統一。在這個幹上，依發芽作用，現出了多數的生物，那在某種意義上，固可認為是獨立的，但在他種意義上，亦可說是全幹的器官。我們可因此假設，這種生物的隨意活動，有一部分有一般的性質，有一部分有特殊的性質；而這些半獨立幹的感覺，雖互有關係，但仍有其特殊作用。佛格特稱此等生物個性的論爭為無意義的論爭，是很正當的。『那祇是漸漸的轉變。個性化是次第增加的。』〔六四〕

第一版所說的話就是這樣。現在我們要回來討論物種的概念。但在此以前，我們必須下若干註解。這種註解，不是以近代的發現及觀察為基礎，乃以全範圍之精密的考察，及生存競爭的原理為基礎。第一個註解是，在更精確的考察之下，物種的概念，乃是某一個時代的產物，在這個時代，人們大體祇注意大而有高度組織的生物。微生物及無限充滿的下等動植物界，尚未為人所知。我們試一思考，就連在林訥時代，種之外，再有類，綱，門，似乎就可完全把全動物界包括在內，我們就更明瞭這點。現在，這全網已祇能包括動物系列的上層，人們愈向下進，便愈覺迷惑。但就連在最狹範圍內，許多互相一致或互相交叉的新屬性出現，亦要求有多樣的類與亞類。有了這些，動物界的上極，例如脊椎動物全類，是很可包括了。但在一方面，往下降去，形式既這樣衆多，任何邏輯的概念網，亦不夠將其包括，而在他方面，關於共同起源的舊標準，在這裏又全然成了不可想像的。所以，當赫克爾在海綿哲學〔六五〕中，從物種概念之較狹的和較廣的見解成立十二種相異的一部分屬於自然一部分屬於人爲的系統時，我們須認淸這種說法，旣非不忠實地以特徵爲玩弄，亦非單獨的變則。如從下等動物開始自然物的研究，則人們認爲神聖的物種概念，恐決不會成立。我們現今已不復把有機體全系列，看作是由最下等至最高等之規則的可概觀的連續階段。那不絕變動的全系統，有一個巨大的基礎工事，從此向上，才發生高等動植物的益益有更確定的特徵、益益有更明顯差別的形式。

與此相連的，有第二個註解，那大體上是就高等動物而言的。那就是，如果我們豫想此等有機物，經過極長的時間才如此形成，才像我們現在所見的那樣彼此互相區別，從此推論，它們必一般有高度的安定性，而在物種的相對生存條件不與氣候培養及其他關係同變化時，變種與雜種，便不容易在自由的自然中出現。因爲，如果我們從變化性的狀態出發，且假定有非常長時期的生存競爭，則最合目的之形式，自必得到勝利，但在互相競爭中得維持生命最大限的，不僅是自身最合目的之形式，而且是此等物種的最合目的之結合。例如，在動物中，獅可謂貪食而有力了，羚羊可謂敏捷了，但前者的貪食性及有力性，卽與後者的敏捷性相平衡，而這二者又與一切其他生存競爭者同時適應。這種關係，和費希奈的『變化性漸減原理』相一致。但依我們所解，這是遺傳說及生存競爭原則的單純結論，費希奈却是先天的展開這個宇宙原理。〔六六〕

這個非常明白的註解究有怎樣的結果，人們常常是不十分注意的。否則，遺傳說所假設的過渡形態，不致引起這樣多的困難。人的影響，可認爲是自然生存條件的一種變形。有一些形態在自由的自然中也許會在較舊的適於生存競爭的形態面前馬上滅亡，但若在人的影響下，便會有生存的可能。人們看見了，在鴿與犬的場合，只要經少數代，便可得到新形式，這種新形式，如保持在同樣的保護條件下，很快就會取得純粹性與排他性而成爲獨立的物種，僅僅在理論上被稱爲『變種』。〔六七〕但這種現象，不僅可發生於求某種模範的『人爲』淘汰的場合；即在『無意』淘汰（Unbewusste Züchtung）——這種淘汰，依單純的保持種族純粹性並進一步完成其特性之努力，使變種益益成爲更完全更固定的新型——的場合，亦會發生。好像，自然亦可自由追求一定的及目的所在的模範而這種模範一經達到，就可在最長期間內保持其自身於不變。

同樣，我們又可假定，任其自行變化的有機體的變化，決非不可知覺地徐徐發生（雖然按照達爾文的見解，似乎必須這樣徐徐發生。）生存條件的顯著的變化，結果會引起某種形式之急速的發展及他種形式之退化。我們還可假定，自然平衡的動搖，亦會生出變種的傾向，提供新形式——在條件適宜時，那會迅速確立並完成它自身——成立的機會。近世研究者因要補充自然淘汰原理而導入遺傳說中的各種原理，例如物種的移棲，物種的孤立等等，都祇是這個決定原理——平衡動搖的原理——之特殊事例，已多少爲人所理解者。平衡，在生存條件長久不變的場合，必然會使物種安定。

我們很容易瞭解，對變種學說所提出的許多疑問，可以依變種學說的這種見解，立即排除，但同時，達爾文的意見亦在一個非常根本的點上被修正了。

在此限度內，達爾文的見解和勒伊爾（Lyell）的地質學完全平行。在勒伊爾地質學上，最着重的，是靜默的，繼續的，但爲普通觀察所不能知覺的變化。這種變化繼續不絕的進行，但其結果，必須經長時期始能表示分明。達爾文和這種見解相一致。他設想物種的變化，本來是偶然發生的，其中有大多數像普通的變形一樣，會不留痕跡的再行消滅，其中少數因在生存競爭中享有若干利益，才由自然淘汰及遺傳，而保存，而確立。

當然，就令按照我們的意見，我們亦須承認，形式之非常漸漸的變化，可以發生。如果生存條件發生了非常漸漸的變化，例如全地面之漸漸的隆起或陷落，則形式之漸漸的變化，尤有發生的可能。但甚至在這場合，在我們看，有機體對於生活條件的變化，亦會發生幾分抵抗力，它們將維持其狀態不變，直到擾亂的影響達到這樣的高度，至擾亂的危機勃發爲止。但是，這並不排斥徐徐的變化，我們亦不要把平衡狀態的達到，看作是絕對不變的狀態。反之，如果變化的主要動力依然存在，則新特性雖由純粹偶然而成立，亦無疑可以引起新種的成立。

我們必須討究長期間，而變種傾向最大的時候，便在這期間之初。這樣，我們很容易就能看見，在一定的時點，變化的全系列，已經一一試行，在期初不會引起新種的變化，即永不能引起新種，因各種形式，都在不變的生存條件下，徐徐成爲更確定更有區別的。但若我們寧可認各種關係的順應期間，至少就其自身說，是完全受支配於有用的偶有性予以保存的法則（Gesetz der Erhaltung nützlicher Zufälligkeiten），則又可引出各種的反對。

第一，我們且假設順應時期繼平衡的動搖而生，並即因此故，包含進一步變化的傾向。現在我們爲什麼把生存條件的變化和形式的變化的直接因果關係，完全排除呢？拉馬克從與遺傳相結合的直接動因引出一切形式的變化，並謂器官所以日益肥大，日益强固，日益發展，是由於日益使用。這樣，我們恢復拉馬克的名譽，便是很正當的了。但在此，仍可有許多未知的勢力在作用，所以我們不必以目的論原理的神祕干涉，來作躲避。費希奈甚至加入心理的影響，但心理現象同時即是物理現象，故仍不會離開機械自然觀的範圍。

他說：『雄鷄有蹴爪，有羽鬣，有鷄冠。前二者可依生存競爭的原理來說明。偶有這二種東西的雄鷄，在戰鬥時，是以蹴爪克服它們的敵，並以羽鬣保護自身，使不易爲敵所咬，因而能在鬥爭場中戰勝。但這種偶然組織，無疑要等候許久才會發生；而且，如果我們對於一切其他動物，因要說明其目的構造，亦須假定這一類的偶然，我們的頭腦必不勝其煩。我寧可這樣想，當組織比現今更易發生變化時，對敵作猛烈鬥爭及防敵襲擊與壓迫的心理努力，與至今仍能使蹴爪活動羽鬣逆立鷄冠腫脹的憤怒狀態，卽令不能使現存雄鷄的這幾部分，依營養過程的相應變化而發達，亦能以此素質種於胚種中，從而種於後裔身上。當然在這場合，我祇把心理努力及心理狀態，看作是物理有機狀態——其變化卽依存於此——的內面，並認爲，按照安定傾向的一般原理，心理衝動的全部活動，卽與其物理基礎相結合。關於這點，我們且不要加以特殊的說明。』〔六九〕

我們且不要決定這種思想的價值；祇要觀察，沒有考察便予以拒絕，和沒有證據便予以承認，是一樣沒有理由。在不易從淘汰說明的其他現象中，有一種非常盛行的現象，似必須在形式與生存條件之間，要求一種直接的積極的因果關係。那就是『擬態』（Minicry），就是動物形狀與顏色對於環境甚至對於其他有機物的順應。那是很普通的，在昆蟲界尤爲普通，並會引起許多顯著的錯覺。〔七〇〕

在一般原理上，這種以欺矇爲目的之擬態，似與自然淘汰很相適合，因爲這可保護某種動物，使不爲敵所害。所以我們很可假定，會偶然發生這種有保護意義的變化的個體，可比其他個體保持更長的時期，並在種的繁殖上，發生更大的影響。如果我們承認這點，則形式與顏色之保護的順應，必然會益益進行。但在這場合，要說明這保護意義的最初的變化，是很困難的。達爾文的反對者之一賓納氏（Herr

Bennet)〔七二〕曾指出許多昆蟲所以像似它們生活所在的地面，像似枯樹皮或落葉的顏色，像似其通常生活所在的花的麗色，乃依一大系列的特徵及色彩而成；我們不能承認這種變化是突然發生的，因為關係最近的物種，常有完全相異的外貌。賓納且進而辯說，新色彩一部的偶然出現，必無濟於事，因該生物不能以此欺矇迫害者。要依偶然的及方向不定的變化，發生顏色及形態的變化，以完成此種欺矇，自非達到偶然的最高點，使其蓋然性非常大不可。人們須假定，這種種變形要發生一度的一致，須有很長的期間。在討論宇宙開闢問題時，我們曾攻擊對於大數之盲目的恐怖；但在這裏，情形是全然不同的。『擬態』祇能在氣候狀況大體相同的時期內，在同一迫害者同一植物的面前形成；此期間，一般說，必不可假定得過大。

達爾文假定動物和它的周圍本來有某種成分略略有點類似，所以自然淘汰不過一方面更確鑿地標出這種保護的類似處，一方面又以生活習慣順應於此種保護的利用，便已可以完成這重要的開端。他是根據這種假定，說明這種保護的擬態。實際，亦祇有這種說明，可以和淘汰原理的運用相一致。這樣，我們所有的，便不是一定量細線條與色染發生偶然的集合，却是一個原始的粗雜的全體，那至少在若干情形下已能欺矇迫害者，從而對於自然淘汰的已知過程，提供一種刺激。但須註明，對於某一些情形，這種說明是不能應用。例如，如果保護的形態與顏色，竟極顯極著地和關係最近的物種的形態與顏色不同，我們便不能應用這個說明。但與此相類的情形，還是非常之多的。賓納曾舉一例，說有一種蝴蝶，和它的近親（那幾乎是純白色的）相差極遠，而模倣一種完全不同類蝴蝶的顏色。後一種蝴蝶是有毒的，得不爲鳥所迫害。擬態的蝴蝶，雖對於鳥類無毒，但以類似有毒，故亦能保護其自身。

這些及與此相類的情形，必然使我們假設有別一些未知的因素，在此處產生模倣的現象。但雖有這些困難，合理的研究顯仍不能求援於目的論的有神秘作用的勢力。世界可理解的公理，在此處顯然可以應用。在這裏有一種事實可以作我們的幫助，那就是環境以眼及神經系統爲媒介而在動物色彩上所發生的影響，非如此即不爲人所知。在這裏特別可以作參考的，是鮑采（Pouchet）關於鰈及鰨的色變的實驗。〔吉〕魚的顏色常常與所在河川的地盤的顏色相似，這是老早就知道了的；無疑，在這種單純的『擬態』上，自然淘汰往往是主要的原因。但在鮑采的實驗上，這一些魚，在數小時內，就會按其所在地底的顏色，改變它們自己的顏色。魚的易變的色素細胞中，雖有一種機制，難在昆蟲的翅翼上發現，從而使顏色的這種迅速變化，有理解的可能，但在這兩場合，主要點仍是十分類似的，即、外物的顏色，得以神經系統爲媒介，而在動物身上生出類似的顏色。這種神經過程，是否與慾望之內部的昂奮有關，在這場合是沒有關係的問題的解決，或待解決的問題的核心，在於一種依然未曾發現的機械作用，這種作用，很可說是『調整的反射』——如果我們認爲在立即發生作用的反射過程以外，尚有一種遲遲發生作用致其結果須經歷若干世代方始表現的反射過程。這種反射作用，（例如脊椎動物脊髓之已知的規則的反射作用，）是合目的的但這又可還元爲古恩比多立的原理，即、祇有合目的的，能維持其自身，發展其自身，同時就自身說是一樣可能一樣常見的畸形，則將沒落而消滅得毫無痕跡。

在這裏被認爲最自然最有可能性的見解，決不會把自然淘汰及生存競爭放棄。反之我們認這兩個強有力的發展動力，在經驗方面及理性方面，同樣是被證明了的。它們在一切情形下，都會和形態發生上更積極的影響共同動作，以致一切形式之完成與彫琢，不完全的中間的形式之除去，以及有機體間平衡之完全維持，本質上依存於這個鉅大的要因。這是由達爾文導入自然科學去的。

當然，我們決不可忽視這種事實，即、在有機體的完成與發展上，尚有其他更積極的要素在共同動作。自然淘汰及生存競爭，祇作爲促進完全者破滅不完全者的大調節器，而與此種要素相結合。第一，我們且述達爾文自己所述的『生長相關』的原理。〔十三〕按照這個原理，本來與生存競爭無關的形態變化，可說是第二次的變化，爲自然淘汰所限制的變化，才是最初的變化，這樣發生的第二次變化，顯然是最初的變化之必然的結果，但其關聯，有時是很容易看見的，有時却非常不明白。例如，有一種兎，有極重的垂直的耳，那對於頭蓋骨所發生的變形的壓迫，很容易依照力學原理來洞察；前足非常發達時，後足有益益縮小的趨勢，亦似同樣可以理解；但是，爲什麼有青眼的白貓，往往是聾的，爲什麼深紅色的天竺牡丹，有鋸齒一般的花瓣，我們現在便還完全不能理解。這種關聯旣有這樣多數，所以我們總覺得有機體組織中的形成法則，不僅其作用範圍不爲我們所知，卽其作用方法亦不爲我們所知。當然，在這場合，我們不必要考慮我們所不知的勢力；諸種已知自然勢力之特殊的結合，已足說明這種種顯著的結果。我們可以和達爾文一樣，把這種種結果概括如下：卽，形式的其他一切特性保持不變時，一部分的變化決不能發生。

於此所述之一般形成法則，在這場合也許就是純粹『形態學的種，』那在生存競爭上，沒有任何可以指明的效用。這種『種』的起源，最初爲納格利（Nägeli）所强力主張。他又以爲，在有機體上，有一種生得的前進發展的傾向。達爾文在其所著書以後諸次新版上，曾承認這種形態學性質之存在，但不採納這種學說，因爲這種學說承認有天生的前進發展的傾向，一看似乎和達爾文主義全部正相矛盾。〔七四〕庫利克爾（Kölliker）亦這樣考察有機體的發展法則，他假定，這個法則和達爾文的假設不相調和。〔七五〕他發覺，達爾文假設的根本謬誤，在於他把效用原理當作全體的基礎，這個基礎是『毫無意義的。』庫利克爾說發展之積極的原因，必不在效用原理，而在於有機體之內部性向，在這限度內，我們是完全和庫利克爾一致的；但在此等積極原因之外，就生存競爭法則言，效用原理却有一種意義。生存競爭法則，將在消極方面控制轉成與生長之盲目的衝動，並區別現實的形式和『進化法則』上的可能的形式。

庫利克爾曾說，達爾文及其學徒在說明變化時，亦曾想到內部原因；「但在這樣思考時，他放棄了他的假設的根據和假定進化法則認變形原因內存於有機體本身的人，站在一邊了。」

光輝的且曾屢屢成功的偏，在英人中是常見的。達爾文亦曾以這種偏引伸他的原理，似乎他必須完全從此演繹一切事物，像我們所豫想的那樣，這原理既隨處都在現實的生產上有決定的影響，所以這手續亦可推行甚遠。隨處合作的原因，被認為唯一的原因。但此為唯一原因這種武斷的主張，並非這系統的必要成分。當達爾文自己覺得須導入內部原因來合作時，他是毫不躊躇把這種合作加入自然形式的說明中，所以我們寧可假定，他是把這種合作看作是自明的。他儘可能不從這來源推演，却儘可能從自然淘汰推演，在他，（當作新科學原理的代表）乃是一個完全正確的方法。自然淘汰的結果，依人為淘汰來說明，完全是可以理解的——至少，就其消極的及統制的方面（我們曾屢視其為主要點）說，是可以理解的。對於我們，生存競爭完全是明白的。以現象還元為創造中這個大的要素，是事實之現實的說明；但依賴進化法則，却不過使我們歸於未來，因為在未來，我們對於進化法則的本質，也許可以洞見。

納格利及庫利克爾指示積極的內部的形成原因，其貢獻是非常大的。全進化問題之哲學的批判的考察，對於這二見地，將主持正義，認他們的貢獻，與現象的理解，有適當的關聯。

進化法則的作用，可由有鰓的 Axolotl （北美產的一種雙棲類）變形為無鰓的蠑螈，取得一個極顯明的例。由墨西哥將此種動物數百隻攜往巴黎，其中大多數停止在低階段中，少數則爬上陸地，以肺呼吸，成為空氣中棲息的動物。它們當初的形態，與它們所達到的形態相對而言，僅當作幼蟲形或進化的前階段而發生關係，這全過程遂直接與一系列已知的過程相結合了。照規則，一種動物，如須經歷若干進化階段，它在能够生殖以前，必須已經達到最高階級。但對於這規則，現今有了許多已知的例外。不，我們還可人為地使蠑螈不能達到它進化的最後階段。把它們裝置在密閉的水盤內，它的鰓便不會失去，而停止在水棲蠑螈的階段中，但待性機能成熟，它即行繁殖。在同一情狀下，動物的特殊生存條件，即無人的合作，亦往往會生出相同的變化；例如，有一種蛙，即在卵中通過蝌蚪狀態，從卵一躍而為現成的蛙。在這一切場合，內部形成原因是與生存條件相合作，那是很明白的。就其中若干而言，自然淘汰無疑佔着決定的位置，雖然在 Axolotl 的變化（突然從水棲動物變為陸棲動物）中，自然淘汰或生存競爭是毫無關係。從偏的達爾文主義的見地看，我們要說明這事情，衹有把這全部變形放在變化的概念中，並認移入不同的氣候中，為變化的機緣。在自由的自然中，新形式必須經生存競爭，而在物種形成的過程尚未完成之前，依生殖，以固定其自身。——但我們很容易看見變化概念這樣擴大，實已包括主張進化法則者所能要求的一切；任何人亦不相信這種變化是偶然的，在此之外，有某其他可想像的變化，是同樣可以發生。我們看見了，在這裏運動是在前定的路途上進行。〔七六〕

諒解的困難，在於進化法則這個概念之正當的瞭解。這一個名辭，在多數自然研究者看來，也許有若干可疑。他們也許會疑心，這是說『創造計劃』暗示超自然力反覆干涉的順序。但我們沒有任何理由在我們這裏所講的『內的原因』內，爲自然力的通常進行，假設神秘的補助。所以有機體在一定階次上發展的『進化法則』不過是一般自然法則爲產生進化現象而起的統一的合作。庫利克爾的『進化法則』和赫克爾所提出的形成法則，從論理方面考察，本來祇是所謂『經驗法則』，卽由經驗，關於最後原因尙不爲我們知道的自然現象的規則所做的概括。我們可試對我們自己關於進化法則的眞自然原因作出一個概念；就令它所指示的祇是，我們沒有絲毫理由要躱避在神秘的思考方法中。

赫克爾曾表示他的成形說（Plastiden-Theorie）得還元爲炭素說（Kohlenstoff-Theorie）。他以爲，原生質內所特有的運動，可被視爲一切生命現象的要素，而這種特殊運動的原因，便可從炭素尋覓，雖其尋覓方法尙未爲吾人所知。這種思想，和我們沒有頂大的關係，但我們在這裏要把它看作個結合點，以說明我們關於進化法則的性質所抱的見解。

我們稍詳細地考察炭素化合物的化學，便知道，關於有機酸的形成，已有完全的理論，可以和進化法則相比較。這全部進化的『計劃，』已如前所示，在於原子價原理之上；按照代位的確定原理，任一種有機酸都能發展成爲別一種有機酸，所以我們似乎有一個無限的可能性，即、益益複雜益益多樣的形成，雖是非常多，但仍按照有限的前定的路途進行。什麼能什麼不能成立，已豫先爲分子的假定的特性所規定。〔七七〕

在此我們可把議論中止，祇比較一切可能的有機物之已知（由其主要特徵而知）的計劃和一切可能的動物形式之未知的計劃。但我們可進一步，一考結晶物的形式與結晶物質的化合方法之關聯。說有機體質料與形式間有和這關聯相似的關聯，不是新思想。其類似甚爲明白，且曾爲種種目的而爲人所利用。這情形結局會使我們歸溯於分子特性，是當然的。爲我們的目的，是否使這形式與一定的動物的質料（那在質料的系統中占有一定的位置）相結合，是否認這形式是動物體內所存一切質料共同合作的結果，全然沒有關係；無論如何，結局是相同的。我們承認形式與質料之間有某種關聯就够了。有機體的進化法則和炭素結合的代位法則，是一樣具體的在我們面前。

無論是否如此，這說明均已表示我們不必認進化法則是超自然的或神祕的；如是，承認其重要性時，主要的障礙便除去了。進化法則給與可能的諸種形式；自然淘汰却在這異常的豐富中，選出現實的諸種形式；有機體計劃中所不包含的事物是不能召起的；如果效用所要求的動物變形是與進化法則相反，則雖有效用原理，亦無能爲力。達爾文雖不受此說的影響，（他祇在自然發生的諸種變化中，選擇有效用的）但他的學說必在如下的限度內方爲完成，即、可能變化的範圍，受限制於一般的進化法則。

人們也許會以爲，這種進化法則的假定，將使自然淘汰的理論成爲不必要的，因爲在這種假定下，繁雜的形式，在時間進程中，即無淘汰亦可發生。但這種見解，未免忽視了生存競爭的重大意義。生存競爭，不是理論，祇是一個已經證明的事實。同時不問我們想像在進化法則背後隱藏着些什麽，我們均須主張進化法則不是一個絕對的魔力，可無條件地適應需要而將純粹的形式生出。結晶過程的狀態是這樣單純的，但就連在結晶過程上，我們亦發現非常多樣的不規則性，所以理論上的結晶，本來就祇是一個理想。如果我們發現了這點，我們便很容易瞭解，在有機體的場合，進化法則雖對於所成立的一切形式都有影響，但仍在純粹形之旁，防止各種動搖、畸形及混合形，亦不能在完全形之旁，防止不完全形。就使純粹形按照進化法則是無限的，而可能的數又可由變形而遥爲增大，那依然祇是可想像的形的一部分。任一物不能從任一物生出，那是古代唯物論者所已瞭解的。在這非常多的形式中，於是發生生存競爭，整理之，篩落之，並建立平衡，定立同時可能的生命之最高限。最後，因有自然淘汰而固定化的這些形式，按照進化法則，是否同時即是最純粹的形式，我們可以不必解決；但無論如何，我們可假定物種愈固定，則二者愈爲一致。

在此有一個更嚴重的問題提出了。進化法則的作用是機械的，一切生活形式是從外表上相同的有機體諸原形引出的。然則按照進化法則的假定，這諸原形的眞正性質，是完全一樣麼？在提出這問題時，我們不要搖動遺傳說最重要代表者認爲非常重要的法則——即赫克爾所謂『個體發生』與『種屬發達』相一致的法則，照這種學說，每一種生物的前史階段，將概括地，重演於該種每個生物的進化史上，尤其是重演於胎兒生活上。第一，我們祇要說這個法則，對於遺傳說的理論家，確有探究法上的意義。但其必然性，從純粹達爾文主義的見地却是難於理解。爲生存競爭計，通過這一些階段，無疑是有利益的，但遺傳原理沒有絕對妥當性可以保證這種一致。這當中必定有化學的物理學的原因，使其必須通過這一些階段；這樣，我們已經承認了我們所謂進化法則。

如果我們問，似同一或在最初發展階段上相似的諸種形式，是否眞有相同的性質，我們就可根據如下的事實，作反對方面的推定。卽、它們會發展成爲相異的結果。例如，雖然犬的胎兒在第四週上，和人的胎兒顯然相似，但其一發展成爲犬，其他將發展成爲人類。我們或將設想，這非不重要的差別，乃是逐漸由營養的不同而發展，蓋其一將不絕依犬的液汁來營養，其他則不絕依人的液汁來營養；但這樣粗雜的考察方法，比方在鳥卵的場合，便不可通。如果我們想到達爾文所證明的獲得性遺傳原理，我們不久就會發覺，我們必須在更巧妙得多的方法上表象眞的事態。比方，我們取兩個鴿子蛋，其中所包含的個體，除了其一有其他無在空中翻飛的遺傳性質以外，其餘一切點都相類似。試問，差別在那裏呢？那決不是自外來的；那必蘊存於卵中。但怎樣，我們却還不知道。我們所知的，祇是外表上的類似和本質上的同一，有天壤之別。對初階段同一性非常重視（因他要在這裏發現證據來證明有機體的原始本質是統一的）的赫克爾同時又承認有假設內部差別的必要。他說：『種種哺乳動物的卵和人類的卵的差別，不在於形式，乃在於化學的混和，在於卵白的炭素結合（那就是卵的本質）的分子構成。在卵之中，這種微細的個別的差別，乃依存於間接的可能的順應，尤其是依存於個別順應的法則。這種差別，爲非常不完全的人類感官所不能直接知覺，那祇能當作一切個體差別的第一原因，由間接的推論而認識。』〔七八〕

但是，化學的本質是本質上的區別；所以，相似的卵，雖依一般的未知的法則，須成爲外表相似的形式，但仍可在它們之中發現本質上極不相同的事物。構造的差別是否共同動作，我們不知道。當我們說原形質無構造，我們所指的究是什麼呢？祇是，用我們的粗雜的觀察手段，尚不能認識任何的構造。在原形質的運動現象尚不能用機械學來說明的限度內，原形質的構造問題〔七九〕依然是未決的問題。實則，究局的說，分子之化學的構造，亦是構造！

我們設想，哥帝克式禮拜堂的現成細石及浪漫式禮拜堂的現成細石，在同形且極狹的二基地上，用所有的空間堆成，以致兩堆石塊的外形恰好相同，我們很容易想像，在遠處看，這兩個建築材料的堆積，會像是恰好相同的建築物。但若把這些石塊一一取出，適當地組合起來，則其一將成爲哥帝克式的禮拜堂，其他則成爲浪漫式的。

這一點一經認識，我們又須一方面承認化學關係有其規則及其發展計劃，他方面批判形態學對有機體發生所抱的整個態度，從而推出如下的結論。卽、我們必須承認這個問題：質料之未知的特質，（那多分是化學的特質）對於存在物之發展，對於其未來形態及其生活方法，有決定的影響，雖然這種特質在未引起任何爲我們所能認識的性質的情狀下，早已存在於最初的要素形態中。

對個體爲妥當的，對歷史發展上有機體的總和亦爲妥當的：卽、一切生物都須通過的單純的原形，不必是同質的。在形態學上類似的生物，在微細的我們不能認識的構造上，或在其化學的結合上，依然可以是不同的。所以，赫克爾的囊胚說（Gastrula-theorie），作爲全部遺傳說之假設的補充，無論對於形態學的完成是怎樣重要，我們總不能從此發現一個證據來證明『單系的』遺傳，卽一切有機體均從同一種原生物生出。[20]

也許，在生命之最初就有更多得多的胚種，不是完全相同，且亦沒有同樣的發展能力。且不問此等胚種是否來自宇宙間的流星塵，生命是否從海底的曼熱拉發展。如果我們特別着重有機體之『多系的『起源，因其可提供一種手段來分別人和其餘的動物，那麼，我們就將在次一章，獲有機會來說明，任何更深的哲學興趣也不能完全依存於這種可能性。意見的鬥爭，得在這裏，在事實之理解與批判上，自由進行。原理，祇在進化法則成爲疑問的時候，才和我們有關；但這疑問的解決，不在此處。如果極端的達爾文主義是如此解釋單系的系統，致否定有機的原形在內部特質上有任何差別，並將這一切差別，全歸於自然淘汰，不承認有任何內部的發展原因與之合作，那當然是一種極首尾一貫的形上學，但却是一種極不可靠的自然科學理論。在他方面，赫克爾却宣稱至少就動物界說，尤其是就高等動物說，單系的系統是更有或然性的。他在這樣宣稱的時候，他是緩和的，深思熟慮的。他這種態度深值得稱許。[六二]人們爲這個目的所根據的，主要是各種及各類之『創造中心點』(Schöpfungsmittelunkt) 說。這學說是經驗地爲這樣一種註解所支持，卽物種傳播有一定範圍的現象，只要假定一個特殊的起源點，並參照地球的或然的初期狀態，考察物種從此點移住的可能性，便能好好地說明。

在這全學說中，有許多假設及可疑處，但此不足影響其價值，因我們所討究的，是有機體歷史之最初的根據。或然性之更精確的檢討，更嚴密的秤量，在這裏，當然亦與科學的進步俱來。但我們必須記得，統一的創造中心點說，卽不獲得形上學的或神祕的性質，亦祇能成爲研究的格言，祇能成爲大概妥當的經驗的觀察。這決不能成爲歸納的結論，因我們不能想像任何自然的原因，使新種不能在同時但不同地由極廣擴的系統形生出。爲同一理由，創造中心點說對單系理論所提供的支點，我們亦必不可估價過高。創造中心點說十之九可由經驗證明爲正當但最單純有機體之最初的起源，不必因此就是從統一的中心點生出。

當然，如果全然以形態學的見地爲限，這問題全部當會示我們以別一方面。至少在這場合，可以想像某種原因，使一切有機體經過一定系列的形式，不問其內部性質——所謂內部性質，卽是它們的化學結合——是否同一。但在這場合，差別仍將顯露：卽、此等有機體中，有些必須永遠留在最低階段上，同時有別一些，在自然淘汰及內在的進化法則之影響下，却將進至較高的形態。

達爾文主義及其反對者所提出的在形式上在實質上饒有興味的許多問題，我們不能在此盡行討論。對於我們，最緊要的事情，是說明怎樣達爾文學說的一切修正與限制，無論已發生或未發生，都須在同一的基礎——卽合理的自然研究，那祇容許可理解的原因——上提出。排斥一切單從概念導出的不明白的關於勢力的假定，嚴格應用因果原理，這種種，在自然科學全範圍內，依然是指導的見地。機械世界觀之首尾一貫的實行，對於我們的感情，雖將引起不滿足與厭惡心，但像我們以後所說明的那樣，這將在別一個範圍取得賠償。

如果對達爾文的反對，一方是公然一方是半無意識地從古代目的論世界觀的夙好出發，則健全的批判，必須從這個限界線引出，卽對達爾文主義提出的反對，設不和達爾文主義一樣從世界可理解（以因果原理的徹底應用來理解）原理出發，必不能在自然科學方面爲人所是認。所以，如果取『創造計劃』那一類的概念幫助，如果以爲可從這些源泉導一個異種的要素入自然勢力的正常進程中，那我們便不復在自然研究的基礎上而在自然科學及形上學或神學之混合的基礎上了。任一神祕力的干涉——那種干涉，使一羣分子離開常道，不依一般自然法則運動，以便照計劃來安排整理——都會在自然科學的考察上生出結果，那可依同值而測量，但會把同值的系列破壞，好比在正當的方程式中，一筆誤，卽可使全部結果汚損。我們所認識的全『創造計劃』，舊來科學發現的全部結果，及包括一切的統一的法則，將會像紙糊的玩物一樣被破壞。爲什麼呢？因爲人們會不要不完全但頗現實的理解，却補入目的論世界觀的碎片。在這種世界觀中，有可能性的，祇是與理解略略相似的事物，祇是依空虛概念及人形幻想所得的現象的分類。

對於因果系列這一切不可容認的侵犯，都可歸因於荒謬的目的論的性質。關於這種目的論，我們尙有幾段話要說。但同時，還有一種目的論，不僅與達爾文主義相調和，且幾乎與達爾文主義相同一。正當的目的論，在超越的範圍內，但卽因此故，不與自然科學衝突。這種正當的目的論，仍可有理想的完成和思辨的發展。

與人形的目的論比較，達爾文主義雖像似一種偶然說（Zufallslehre），但這祇是它的消極方面，是完全正當的合目的性，乃由相對的偶然形成之保存而生。但一種形成，在如下的限度內，纔被稱爲偶然的。即、關於這特殊形式何以在此刹那現出，我們不能舉示任何的理由。實則，在大全體中，每一事物都是必然的，爲永恆的法則所規定；從而，依順應與遺傳而成爲新創造基礎的那種形成之出現，亦是必然的，爲永恆的法則所規定的。此等法則，雖不直接產生適於目的者，但它們可以產生許多變化，許多胚種。在這許多變化許多胚種之中，合目的的存續的，也許祇是少數的特殊事物。我們會說明合目的的性的這種形成方法，依人間的合目的性來批判，乃是非常低級的。在我們所知道的無數有機體中，人是最複雜的，且備有無限複雜的器官，俾在最特殊最特有的方法上，滿足特別的需要。但實現這個的機械作用，依然不爲他自己的意識所知，所以，人類的或似人類的活動，在粗雜的非科學的考察見地下，似乎是思想對其對象直接所生的勢力作用，而實際却祇是最微妙地間接所生的勢力作用。設除去從此來源所生的錯謬，自然據以達成目的之機械作用，因有普遍性，至少和論階位被認爲最完全事例的人間合目的性，是同樣高尙。很容易證明，就連在人間最高尙的行爲上，最合目的的者保存的原理，依然有其作用，而隨處與一種特殊反應的最微妙的器官相協作。大發明與發現，是高尙文化及精神進步的基礎。固然大發明與發現，一方面須依科學及藝術的最微妙的方法來吟味，但他方面仍要服從最強者保存的一般法則。

正當的目的論之全部問題，很可還元為這個問題，即、我們要研究，可以怎樣在與進化法則（其作用是機械的）相結合的自然配列中發現可以和『世界計劃』相比擬的事物。如果我們細心將人們所想像的『世界建築者』除去，則這問題的理論的核心便是：這世界在同樣可以想像的但將永遠混沌或永遠凝固的無數世界中是一個特殊事例（Specialfall）麼？或者，必須斷言，無論按照達爾文原理事物太初的特質本如何，結局終會像我們所觀察到的那樣，生出秩序美、和完善麼？我們還可把這問題推廣，因而懷疑：一個有秩序的自行發展的世界，對於必須有某種某類事物作為嚮導之人類精神，是必然可以理解麼？或者，形式與過程之雜多性是不可思議的，所以，對於有人樣組織的生物這個有秩序的自行發展的世界，必然是不可理解的麼？

無疑，我們要在這意義上，稱我們的世界為一個特殊事例，因為我們雖可從若干單純的假定，數學地演繹一切的存在，但終須有這些積極的假定，認我們這世界有發展可能的假定。沒有這一種考慮，它們必完全成為另一個模樣。在這方面，就連恩比多立亦含有目的論的要素，因為他雖首尾一貫地認個體的合目的性，是從一切可能的結合一一嘗試而成，但大體說來結合及分離的作用，仍須從四要素及二動力的特性生成。設將後者省略，那必陷於永遠的凝固或永遠的混沌中。原子論的體系亦是這樣。在原子論的場合，因要使我們的世界這個特殊事例成爲相對地偶然的，我們固可用世界無限說，但在原子特性及其運動方法的根本假定中，我們仍可見可理解的世界之必然基礎。比方說，如果我們設想一個世界僅有圓平的原子，我們四周所見的事物的固定秩序，卽不能形成。實則，我們在這場合，因要使世界成爲一個特殊事例，已在原子形式之種類有限那一種極微細極深思的學說中，有意應用了世界可理解的原理。

康德的哲學，比任何哲學，都更深徹地探究了這一些問題。在他的哲學上，目的論之最初的階段，與世界可理解的原理正相同一，達爾文主義在更廣的意義上，換言之，種原得依自然科學來理解的學說，不僅不與目的論相矛盾，反之，那還是它的必然的豫想。世界之『形式的』合目的性，祇是世界對於我們的悟性的適應。這種適應，一方豫想事物因安排在一定的形式上，故可概觀，〔六二〕同時他方又認因果法則有絕對支配力，而把各種神秘的干涉排除。

康德曾說到目的論的第二階段，卽『客觀的』目的論；康德在這裏，像在自由意志學說上一樣，不曾保持批判所認可的眞方向。但就連這種學說，亦不與自然研究之科學的任務相衝突。按照這種目的論，我們把有機體看作是各部分均受其他各部分規定的存在物。如是，我們或將爲宇宙各部分絕對互相規定的理性概念所動，而認其爲睿智的產物。康德雖認這概念爲不可證明，且不能證明何物，但他錯謬地認這種見解爲我們理性組織的必然結果。但在自然科學看來，這種『客觀的』目的論，祇是一個啓發原理（Heuristisches Princip）；由此不能說明任何物。自然科學祇能得到事物之機械的因果說明。如果康德相信，在有機體的場合，這說明決不充分，這種見解——這決不是他的體系的必要部分——也只能這樣解釋；卽自然之機械的說明，將接觸一個有定的限界，超出這限界，便須有目的論的說明；不，我們不如這樣解釋：卽康德認有機體之機械的說明，是一個無限的過程，像宇宙之機械的說明一樣，無論如何，都會有一個不可解決的剩餘。但這種見解，不與自然研究的原理相衝突，雖然科學家大都願在超越經驗的這點，形成其他的觀念。

爲同樣的理由，費希奈的目的論，亦不會在自然科學方面招致攻擊。他以『安定傾向』的原理，媒介於因果性與目的論之間，因他假定，自然的一般法則，必會逐漸生出更大的完全性。他在此發現了宇宙之目的論的性向，且進一步使與創造的睿智相結合。安定傾向的原理，是一個自然科學的假設，同時又是一個形上學的思想，但在兩方面都須受批評。此外則概爲信條，祇在經驗範圍以外有其基礎。

反之，誤謬的目的論，却在哈特曼（Hartmann）的無意識哲學中，表現最爲明白。這種目的論，要從無創造機械的作業，從而把自然的因果關聯破棄。有人說，哈特曼的『究竟性』（Finalität）是『與因果性並存或雖有因果性亦能存在的事物』；哈特曼雖對此種見解提出異議，但他在應用『究竟性』

一辭時，尤其是依所謂公算論（Wahrscheinlichkeitsrechnung）而明白確立這種『究竟性』時，表明了他全部哲學的基礎，正是自然因果關聯的破壞，他的哲學完全轉向迷信的野蠻自然民族的見地。〔八三〕

這外表上的矛盾，很容易由哈特曼區別精神與物質，精神原因與物質原因的方法來說明。關於他的目的論，他說：『這，不但不否定因果法則的絕對妥當性，寧可豫想它，且又不僅在物質相互間，而且在精神與物質間，精神與精神間豫想它。』他旋卽安靜地發展這種假設：卽各種事變的活動原因，（稱之爲M，）並非完全以同發時生作用的諸種物質條件爲基礎；我們必須『進一步』在精神範圍內尋覓M的充足原因。

要完全分析同時的諸種物質條件，是困難的，但這種困難，不會稍使哈特曼困難。『過程的本質條件在狹隘周圍以外』的場合，是極稀少的，『而一切非本質的條件又可以不必顧慮。』所以，我們要用我們所有的知慧與自然知識，來視察這狹隘的周圍；用顯微鏡寒暑表或同類工具仍不能發現的東西，便是不存在的或非本質的。設在此之後，我們仍不能完全說明這個M，那就一定有『魔』（Devil-Devil）在作用。〔八四〕

我們決不假定，有無限的屬於物質的勢力與組織，活動在這『狹隘的周圍』內，否則，『無意識哲學』決不會成立。在一個自然科學家看來，這場合所要說的，不過是：M之物理原因未曾發現，但在他的決無止境的全部科學史中，他會常常發現新研究的衝動，使他更進一步，接近他的目標。澳地利亞的黑人和無意識哲學者，都將在他們說明自然的能力終止處終止，而以其餘一切歸因於一個新原理，只要一句話，便可把其餘一切說得明明白白。物理說明終止而代以超自然的妖怪之限界，在這二場合，固然是不同的；但其研究方法則相同。例如在澳地利亞的黑人看來，勒登瓶的火花，也許是魔，但哈特曼却能根據自然科學來說明它；不過，他們由一原理到他原理的過渡方法，是全相同的。葉向太陽的事實之於哈特曼，有如勒登瓶之於澳地利亞黑人。當這部門的研究家孜孜不息每日從事新發現，指示這一切現象均有力學的原因時，無意識哲學者，却就在此終止他的植物學的研究，使全部祕密依然，然亦就在這裏，無知之空想的反省，換言之『精神的原因』進來了，它毫不感困難地，將依然不能說明的事物說明了。〔六三〕

哈特曼的精神原因，和澳地利亞黑人的『魔』，是相同的。這幾乎用不着證明。科學祇知精神的一種，那就是人類的精神；當我們在科學的意味上說到『精神原因』時，那都是以人體為媒介。我們所能假設的任何其他的『精神』，都是超越的，屬於理念的範圍。如果我們必須通過唯物論前進至唯心論，我們便有權利，認一種事物有精神的性質，如果它本來是我們的表象，但在我們依然區別精神與物質的限度內，我們却沒有權利，發明那未與於我們的精神與精神原因。

關於人間的精神我們且暫假設這種見解——認機械作業可在大腦中消失而轉化爲精神，反之，又認一定量的作業可由『精神』而成立——是可以辯護的。我曾充分說明爲什麼不抱這見解，却寧可假定物質過程有連續的因果系列；但我們在此處且仍假設，至少有一個例，可以說明『精神原因』可生出物質過程。但因自然過程和人間過程沒有任何類似點，把這假定的原因一般化，仍是毫無理由的。在此我們很可回想起杜・波以・勒伊蒙的要求——即要他容認世界靈魂，須先向他證明世界靈魂的大腦在何處存於宇宙中。爲什麼這種要求會像似奇怪呢？僅僅因爲，在人形見解最易提示的自然界諸種事物中，我們不慣思考到大腦，亦不慣思考到大腦的分子運動。我們往往以人的手，認爲是神的手；往往認干涉事物進行的，是與人類行爲相似的想像存在物的生活表現，不是人類的大腦運動。有信仰者，在事變的經過中，僅見『神的手』不見世界靈魂的大腦的分子運動。自然民族，想像隨處都有超人間的人間妖怪。非物質原因的概念，是由這種觀念引出，非由大腦理論引出。結果之『精神範圍』這個假定，是從這種種信仰及迷信的創造物借來的。科學既不知這樣的『精神範圍』，故不能從此借得任何原因。她不能按照機械世界觀原則自然地說明的事物，她便全然不說明，任其成爲未決的問題。迷信及似而非的哲學，才同意以這一些字句，說明那不能說明的，在這一些字句背後，所有的，不過是在粗雜地或細巧地想像出來的空想範圍，那祇是我們無知之空想的反射。

有一種非常有趣的公算論，其可能，即基於這種原理。要確立這種計算，必須有一個完全的選言命題(Disjunction)。在『精神的原因』之下，如果我們要想像某種一定的事物，例如人間的或擬人的神的活動，這個選言命題便是不大確實的。那也許還有第三種的原因，例如魔術，魔的影響，降神術等等。這一切，從這見地看，都值得當眞去考察。但若我們在『精神的』這個名辭下面僅僅包括現今尙未證明有物質性的一切事物，這選言命題便是完全的。尙未發現的物質原因除去了，剩餘的一切都是魔。

由此說明了，魔的作用的蓋然性，在一切自然現象上，都與確實性相等。哈特曼不用此於自然過程一般，僅把它用在屬於無意識哲學的部分。但其方法是單純的，其一般應用力是明白的。M有物質原因的蓋然性，我們稱之爲 $1-x$，如是，『精神原因』的蓋然性，便是 $1-\frac{1}{x}$。如果我們現今不能發現物質原因，則 $1-x$ 成爲無限小，其反面便成爲確實性，可由1表示之。

試一考察一個特殊的自然過程，則此命題將顯出更美麗的形態。即在此處我們有一種利益，可將每種自然過程化爲各種局部過程的系列。我們懷疑這各種局部過程是否有純粹物理的基礎，是很正當的。在這場合，設以公算論的根本原則爲依賴，我們即可大膽無憂。人們即認各各局部過程由物質原因成立的蓋然性是很高的；但其一致之蓋然性，作爲各各蓋然性之成果，仍是非常小的。例如，假設我們有十五個局部過程，而以物理原因的蓋然性爲 0.9；自然科學家固然會直截地把它寫作 1；但這祇因爲他把那未曾觀察到的自然原因亦算在裏面，因爲他根據自然研究以前的進行，得到了這樣的歸納的結論，即、研究十分擴張時，一切物結局均將由普通的自然法則說明。在這種豫想下，無意識哲學的出發，已不復可能。但若我們固執 0.9 的蓋然性，則複合過程的蓋然性，按上所假定，便等於其十五次自乘，這是非常小的小數，而其矛盾的對當『精神原因』就有非常大的蓋然性了。

人們可用同方法證明沒有福神或家神幫助，決不能連勝十盆骰子。唯第一步費若干。我們且以素樸的信仰敍述這個選言命題，即在每一次僥倖上，或有福神協作，或無。假設在無福神時每一次勝利的蓋然性爲 $\frac{1}{2}$，連勝十次的蓋然性，便是這分數的十次自乘。這樣，福神的協作，便近於確實性了。

對於公算論有更徹底知識的人，就知道，每一個系列，如其可能的事變是相等的，則各自的或然性亦是同樣的大；所以要第一局勝，第二局第三局第四局敗，第五局第六局再勝，第七局敗，第八局第九局勝，第十局再敗，其或然性，幾乎和要連勝十次的或然性一樣。〔八六〕這種現實，因其依存於許多個別事情，或僅爲許多可能中的特殊事例，所以在先天的考察之下，幾乎常常像似絕無蓋然性，雖然這種絕無蓋然性，不會影響它的現實性。對於這種事情，我們有一個單純的說明：即、蓋然性學說全部，不過是抽去我們所不知道的活動原因，而僅以我們所知的一般條件作爲計算的基礎。當骰子受衝擊而在空中旋轉的時候何面居上已由力學法則決定但對於我們的先天判斷這一面的蓋然性是和其他各面同樣爲 1/6。

在一甕中設有一百萬個球伸手入取出其一每一球的蓋然性僅爲百萬分之一但終有一個一定有一個會被取出在這裏蓋然性的分數不過表示我們關於此事的主觀的無知的程度；哈特曼從有機的自然所借來的例正是這樣。例如在視的自然原因中有若干可以感光的神經索從腦中出發而散佈網膜中這是一種事實但這種事實的條件既如此複雜而爲我們所不知所以說這裏的『蓋然性』爲 0.9 或 0.25 亦覺可笑。其偶然出現的蓋然性直可說是等於零但這事實終是現實的並且如果拿自然研究家的話來說則按照自然的一般法則那還是必然的。在此處因有這種『無蓋然性』(Unwahrsheinlichkeit)——那祇是我們的主觀的無知之數學的表現——便依賴自然研究彼岸的原理實無異放棄科學而以健全的方法犧牲於空想。

『無意識哲學』的更詳細的論究不在我們的計劃中。從我們所放棄的那一點依『無意識』的干涉到荒謬的目的論的路徑是很明白的；我們祇要考察這新形上學的建築我們曾充分說明照我們的見解形上學體系的價值不由全以空想爲根據的所舉示的基礎而定。如果『無意識哲學』在我們現代人的藝術與文學上曾與以這樣大的影響並且像謝林黑格爾一樣成爲主要精神潮流的表現，則其基礎無論怎樣有害，總應稱爲第一流的國民哲學。它所代表的時代，是精神衰微的時代；但衰微時代亦可有它的大哲學家，例如希臘哲學末期的柏羅提挪。但無論如何，這總是一件顯著的事實。即、我們的唯物論者對全體哲學發生鬥爭以後不久，就有一個體系，能博得人們這樣的喝采，雖然它比以前任何體系都更堅決地反對實證科學，[八七]而在這方面在更粗野更明白的形態下，複演謝林及黑格爾的一切誤謬。

第二篇註

〔一〕關於自然科學專門學部的成立，第一版曾有這樣一段話，記載其事實。但因要更嚴密地遂行思想的進行，並加入新材料起見，所以在本文被割愛了。『古式的學部，在巴黎大學成立後不久就形成了，而巴黎大學的制度，恰成了德意志的模範。這種學部，各和特殊實際的職業有最密切的關係；哲學部在其他三部獨立之後，才成爲一個特別的全體。與這三專門學部相對而言，那依然是一般的學部，一方面成爲專門研究之共同的準備，一方面則從事於自由的科學。一切新興的科學，如不與某專門研究發生密切關係，當然都設在哲學部。如果大學本來的教育原理，依然是活的原理，那也許老早就成立了若干新的學部，像國家學，教育學，農學和幾個已有的學部一樣。按照新原理成立新學部，其本身無可反對；我們祇須確定這是如此，然後對於新原理加以比較精密的考察。我們曾目擊一次模範的學部鬥爭，不過在這種鬥爭上，哲學家扮着最不良的角色。醫學家最先提議建立自然科學部。自然研究者要從學藝部的慈腕中分立。但他們的同僚，卻不願讓他們走。因此，發生了模範的獨立鬥爭。我們能看見學派的言語學者，因顧慮未來教師的教育上的統一，往往過於深入；但實際的哲學者因墨守現存的狀態，卻從來不感有這種分離的必要。他們，要求分立的排斥力以什麼做基礎；他要以他的業績使他自己對於他所要挽留的人，成爲不可缺少的。如果一個大學沒有人能在這場合超越爭端，進而研究問題的內面，那就全然沒有哲學家了。當費爾巴哈斷言，哲學家的特別長處便是成爲哲學教授時，這未免言之過甚；但在現在，獨立自由的思想家在德意志，卻確實不易坐到公教授的椅子。我們抗議忽視自然科學；我們更可抗議把哲學壓制。當杜賓根自然研究者要脫離一個死團體時，我們固不可認其爲不良；但我們終須否認這種分離是爲自然研究及哲學的性質所決定。自然科學，在其明晰的分明的方法上，在其實驗及證明的說服力上，有一個有力的防禦，可以使它的學說，不爲工作與科學研究原理正相反對的人所僞造。但若哲學全被壓制，擱在一邊，那就會弄到，在自然科學部內，有萊欣巴哈（Reichenbach）這樣的人倡奧特學說（Odlehre），有里希特爾這樣的人反駁牛頓法則。在哲學上，思維的放縱，是更容易犯事，亦更容易受蔽。在自然科學上，對於健全性與眞確性，有在感能方面最明白在論理方面最確實的標準。同時我們將提出一個治療法。如果自然科學家自動回到哲學，不絲毫改變方法的嚴密，如果我們承認學部的一切區別都是無足輕重的，如果哲學不陷於極端，却寧可在種種科學之間形成一個連結點，並使積極的結果實行有效果的交換，這樣我們就要承認，哲學將再一度對時代揭起批判的炬火，集認識的光於一個焦點，促進並和緩歷史上的革命。德意志忽略自然科學，即因一種保守的傾向，例如哲學的壓制與墮落。那裏缺少金錢；在這方面，我們要追附英吉利法蘭西，不幸還須有一個長期間。（但現在情形已經不是這樣，尤其是就法蘭西而言。）灣·莫爾在德意志一個大學物理學教室中，曾看見一個擬爲抽氣機的可怕的器械。物理學教授購入機械，均須受命於大學委員或須爲大學委員所承認。這種大學委員，因要使工作不入外國機械製造人手中，乃下令抽氣機須向救火機製造人定購。這種事情使我們惋惜物理學教授受鉗制於學部同僚的監督。但物理學教授要自由處分購入預算，非與學部分離不可麼？在現狀下，熟習科學方法及其應用的先決條件的哲學家，不就是物理學教授的本來的同僚麼？但不！有一個障礙。笛卡兒，斯賓諾莎，萊布尼兹，康德，固然是這樣的人；但就目下多數的哲學家而言——灣·莫爾的話却是不錯的。但若這種合作在今日很少希望，他是不應該責備哲學甚至不應該責備哲學思想的性質。』〔二〕畢希鼐當『勢力與物質』第十二版發行之際，曾著『自我批判』一書（自然與科學第三版萊比錫一八七四年。）在這書中，他以爲他的主要功績，是幫助哲學在自然科學範圍內取得要求權。他承認，還有其他事情曾在這方面有貢獻，但『這樣開闢道路，惹起論爭的，是「勢力與物質」一書，那曾使學問界與非學問界一般同情，非得一確定結果不可。在這意義上，勢力與物質可稱爲「劃時代」的，甚至必須稱爲「劃時代」的。在有科學史的時候，人們必須在科學史上顧到這一本書。』但畢希鼐當可要求一般文化史永遠記載他的名字，因爲他曾在適當的瞬間，把許多人所思考的事情，且在哲學及自然科學方面皆確有許多人更有資格做的事情，做得非常成功。但是否更成功，是另一問題。他的成功，是由他沒有科學的精密性，由他對現象作皮毛的觀察。畢希鼐認自己的理論有科學的意義，實屬於自欺，因爲就一般說，就細目說，他都不曾貢獻什麼堪在本質上稱爲新的，他往往缺乏他克盡任務——陳述機械世界觀的總體觀——的必備條件。例如，他在他的『自我批判』中，便認勢力保存說對於他的見地，可說是後加的證明的補充，因爲他很素樸地在他的著作的第五版把這種學說加入；雖然在勢力與物質初版的一八五五年，一切深思的科學家哲學家都已熟識這重要的學說。例如，瑪耶是在一八四二年敍述這法則；黑爾模浩爾茲的勢力保存論出版於一八四七年；一八五四年，這位物理學家『論自然力的交互作用』這篇通俗的論文正在再版中。〔三〕於此可附言者，那曾引起許多討論的『佛格特的用語』，大體已在凱本尼手上使用過了。大腦生出『思想的分泌：』人間之物心關係巴黎一八四四年第一三八頁出版者拔西（L. Peisse）曾註云『這是名言。』〔四〕『自然科學』與『精神科學』的區別，穆勒在其『名學』中曾鄭重言之。他以爲精神科學與自然科學的研究方法本質上原是一致的，但他太過看重主觀的觀察之源泉（這是英國聯想心理學的見地，）又太過看輕這諸種科學由相應現象的幫助（生理的方法）所得的進步。黑爾模浩爾茲在『自然科學對一般科學的關係』那篇演講（通俗演講第一七六頁以下）中更正確地理解了這種區別，因此由主題，方法，證明手段不同而生的不同，遂顯著化了。黑爾模浩爾茲曾謂歷史家言語學家法律家等『對於人類行爲的動源須有細密的充分完成的見解，』而這見解又依存於同情心的熱度及觀察他人精神活動的興趣。我們對於這種要求，必須表示讓步。我們如要更適當，更迅速，更正確地，以語言，文字，姿勢，及各種痕跡及紀念物來瞭解可容外部觀察的記號，我們便須依照這樣的方法。拉普勒士所假設的精神，只要能够依從他的感情來考究，他要在精神科學方面有完全的洞察，所需要的並不是特別的人類能力，祇是普通的人類能力。因爲他在外部事實的知識上，有一種手段可以左右並改善記號說明的原則，而且因爲他同時瞭解各種言語，（因爲他的世界公式包含一切有意義的音的發展與變化，）他還知道人類精神（從最能幹的到最可憐的）怎樣理解精神事實的記號。不過，他的知識雖無限，但若無詩人的素質他終不得成爲詩人。［五］克齊曼，楚爾伯，斯比勒爾等人曾認爲，自洛克以來或者說自德謨克利特士以來，被視爲『第二次的』或『主觀的』性質，必然有一個客觀的實在。這個要求的根據，是一種不充分的認識論。在此限度內，說『紅，』『酸，』『鐘鳴』這等等，祇是主觀中的現象，乃是不可動搖的說法。若自然科學就連在大腦中亦祇給我以原子運動來當作相應的事實，而感覺却無疑的是存在的（有其經驗的實在性，）我很容易就能想像在振動的絃上，有某種其他的事物，那就使不與我的音的表象——着了色的對象——相似，也比波動的原子，更與這些對象有關係。［六］斯比勒爾自然認識之外見上的及現實上的限界，一八七三年柏林。此書反對杜・波以・勒伊蒙，內亦充滿本文所述的那一類誤解。〔七〕佐爾奈論彗星的性質：認識論之歷史與理論之貢獻第二版萊比錫一八七二年第三二〇頁以下。〔八〕論到植物學家潑・莫爾上述那篇演講時，本書第一版有幾段特別討論自然科學家如何必須有哲學的修養。茲附錄如下：『我們祇要求近世自然科學家須有更多的哲學教養，不是要求他們須有更多的自行創作體系的傾向。反之，就這一點說，自然哲學時代的弊害，我們依然不會避免。在這時代，每一個植物學者或生理學者，都自認必須以一體系向世界祝福。唯物論乃是這時代的最後的產物。但是，誰要奧鏗，尼士・潑・愛生，貝克，斯帝芬士，及其他自然研究者，以哲學代替研究呢？就連在最發狂的時代，亦沒有哲學家當眞提議以他自己的體系代替精確的研究。在近世諸哲學者中，最傲慢的，莫過於黑格爾，他亦不把他的體系看作是科學知識之決定的終結（雖然依照我們所反駁的意見，它是必須這樣被看待）他承認，充分承認任何哲學亦不能超出當時精神內容的總和以上。他固然盲目地忽視各科學對思想家所給與的豐富的哲學寶藏，固然過於輕視精確科學之精神的內容，但在他方面，自然研究者在當時，亦拜倒於思辨之前，像拜倒於偶像之前一樣。如果在德意志，自然科學家的學問有更強固的學問基礎，則對於思辨的暴風雨，科學必更有抵抗能力。』此外，關於莫爾認自然研究與哲學相互理解為不可能的主張，曾說：『這樣，自然研究家從事象研究，哲學家却從自身研究一切，難怪兩者不能互相理解。不過，必須兩者談到同一事物但依不同方法予以不同說明時，這種誤解方始存在。他們有時承認他們是依不同的方法進行，有時又不。例如，一個哲學教授會向一個醫士說各種形上學的虛僞，都「合科學方法。」在這時候，這位哲學教授亦祇有這位教授須負誤解之罪。眞的哲學家，會像自然研究家一樣，甚至比較更厲害地，排斥這樣的人，因為知道這兩種手續的人比較更能看破方法上的錯誤。數年前，洛辛在駁小菲希特人性學的論難文（一八五七年）中，曾提供了這樣一個科學警察的例。他祗犯了一種錯誤，即他在科學方面擊破他以後，就像荷馬的英雄一樣，提議締和並交換贈物。但荷馬的英雄，對於他們所殺害的人，是不贈予任何物的！如果自然研究者犯同樣的錯誤，換言之，如果自然研究者在事實的外裝下通過他的形上學的夢想，結果也是這樣。在這場合，更嚴密的自然研究者，將行最迅速的檢察，因他對於這所謂事實的成立史有更正確的知識。這正是我們的唯物論者所常常遭遇的情形。但若哲學家與自然研究者意識到他們方法的不同，即前者的方法是思辨的，後者的方法是經驗的，他們的學說即不會互相矛盾，雖然後者單以悟性的認識，談論經驗的對象，前者卻以心情的要求及創造的自然衝動來滿足。例如，黑格爾學徒認感覺爲「全自然（精神之無感覺的動作）的表現所在，」而生理學者卻認感覺爲「神經過程在大腦上的反應」或「神經過程在意識上的反應，」在此點，兩者皆無怒目相對的理由。哲學家必須理解生理學家；但生理學者是否還要傾聽於形上學者，卻是一個有趣味的問題，或者說是一個必要的問題。我們望自然研究者有更高的哲學修養，我們所切望的，決不是思辨，祗是哲學的批判。這是自然研究家所決不可少的，因爲他在思惟上，即令有特殊研究的正確性，亦不能完全把形上學的思辨抑止。因要更正確地認識他自己的超越的觀念，更確實地分別經驗條件及超越觀念，他都須先有概念的批判。雖在這點給哲學以裁判官職務，但這決不是監護人的職務。知道怎樣把握普遍思惟法則的人，雖都可在這意味上成爲哲學家，但即捨此不論，這種判決亦決不與經驗的要素相關，而祗有關於其下所存的形上學，或者說，祗有關於推論及概念形成之論理方面。比較自然科學對哲學的關係和哲學對神學家信條的態度，有什麼意義呢？如其意義在於暗示解放的要求，我們便有了一個大的時代錯誤。哲學已不復向神學的信條要求獨立。這是十分明白的，現已不復有任何人要她依從神學的信條。反之，她常常要討論這些信條，把它們當作研究的對象。在哲學家看來，信條決不是自然科學的法則，祇是歷史上一個時代的信仰與思辨活動的表現。他必須參照人類文化史的發展，來理解這種信條的成立與消滅——如果他要在這範圍內擔任他的作業。精確研究，必然是每一個哲學家日常的麵包。經驗論者的自負雖寧可退入自己的範圍內，但他決不能妨礙哲學者隨入。在現代的見地上，離開精確研究，任何哲學均不可想像，同時，精確研究亦同樣必須不絕地說明哲學的批判。哲學家熟知自然科學的最重要的結果與研究方法，決不是衒學，因爲自然科學的研究，乃是他一切工作的必要基礎。反之，如果科學家關於人類的思惟過程，爲自己形成一個確定的在歷史上在批判上爲人所是認的見解，亦不是衒學，因爲他的研究與結論雖有外表上的容觀性，但終不可以和這種思惟過程相離。若哲學家，在培根的方法上，以無訓練的感官與無練習的手，從事實驗，又若自然科學者，不顧他前輩的思想與言論，任意處分傳統的概念，補綴他自己的形上學體系，我們便必須認其爲可厭的愛玩主義——雖然我們仍不否認有些優秀份子，實際是包括着這兩個範圍。哲學者與自然研究者，如能在二者共同的且必須是二者共同的園地內相遇，無疑會互相發生直接的影響——那就是參照可能的推論，來批判精確研究的材料。設兩方都使用嚴密而眞純的論理學，則傳來的偏見當受有力的攻擊，從而兩方面都受惠益。然則，兩者互相和解爲不可能而須各行其是的見解，又有什麼意義呢？在我們看，我們似乎就在這原理上，表示了唯物論的非常的偏。這原理一般應用的結果，是一切皆陷於利己主義的循環中。哲學將爲學部的行會精神所支配。宗教——這亦屬於倫理的唯物論——將在頑固的正統主義的形式下，以教會的財產與政治權利爲基礎。工業將卑劣地追求一時的利益。科學將成爲獨佔社會的標榜語。國家將傾向於專政主義。』〔九〕按照占星學的規則，第七月爲可禍可福的月所支配，第八月爲引起禍害的土星所支配，第九月爲木星所支配，木星即爲幸福與完成的星。所以，一個人如在土星支配下出世，往往被認爲比在月支配下出世，更多危險。〔十〕關於培根在科學上及人格上的性格，可參看上卷第二篇註六十。〔一一〕第一版在此處尙有一種方法論的說明，爲本書計，嫌過於瑣碎，但其中有數段，因尙爲人所注意，故附錄於下：『近世自然科學的特色之一，是與精確研究的嚴密性相反對。這種反對，當然不以理念的自由主義爲基礎，乃因過於看重直接的感能的確信而生。我們說這個特色，是唯物論的，大概不致有誤罷。茲不要墮入曖昧的一般論，且就近數年德意志發生一個最顯著的例——這種反對的例——來考察罷。這就是若干生理學者對數學家拉底克（Radicke）一篇論文——論算術中數的意義與價值——所起的反動。拉底克一八五八年在生理治療學記錄中，公表一篇詳細的著作，其目的即在對於生理化學的發現上那非常多的材料，予以批判的淘汰。爲這個目標，他曾用一種巧妙的獨立的而且正確的手續，俾在論理方面，估計算術中數（由一系列的實驗而得）對於個個實驗（和這個中數）的差異，有怎樣的關係。他把已經發展的原則，應用於許多一向極被重視的研究上，知道了這種研究上雖已有許多實驗，但不曾生出何等科學的結果，因爲個個的觀察，表示了過大的差異，使我們不能把算術的中數，看作是研究下的影響的產物。對於這篇極有價值且在數學方面不可攻擊的論文，有若干著名的醫士，揭起反對的論調。這種反對，既然生出了這樣不可思議的判斷，所以我們覺得，我們有在此講講的義務。費奧爾特（Vierordt）大體雖贊成這篇論文，但他又說「除了有數學嚴密性的純粹的形式的公算論的論理學，在許多場合還有一種事實的論理學，如應用正當，對於專門家，雖其證明力更小，但依然甚大。」事實的論理學一語，雖甚動聽，但在根柢上總是一個選擇不良的用語。但有許多人，因不慣於數學方法之決定的嚴密性，却對它很表示贊同。烏柏衞教授，一位著名的很適於討究此等問題的論理學家，卽在生理治療學記錄第十六卷內，證明它有甚適度的被是認的理由。烏柏衞使人確信地證明了，所謂「事實的論理學」在許多場合，作爲更嚴密的研究之前階，有「數學計量不可能時目測」那樣的價值；但當計算適當地進行後，則以事實論理學爲媒介所得的不一致的結果，便毫不成問題。事實上，專門家由實驗所得的直接的意識，像其他的偏見一樣，可以是錯誤的。我們沒有理由懷疑這種確信不是在實驗的頃間形成；我們亦沒有理由假設這種確信，比非科學方法上的確信的形成，有更多的價值。在精確科學中，實際求證的要素，不是物質過程，不是物質過程對感官所生的直接影響的實驗，而是結果之理想的概括。當然，在許多研究者間，尤其是在生理學者間，有一種傾向，要認研究之本質部分爲實驗，非其論理的數學的說明。從此出發，很容易發生隨便定立理論及假設的弊病；蓋因對象與我們感官間有不可擾亂的交通，這種唯物論見解，亦與人的性質不相容——那隨處都會把偏見的影響導入，甚至導入外表上最直接的感官活動中。把這種影響除去，乃是精確科學上一切方法的祕密。至於我們須處理的情形，是用平均價值，抑是主要須用個個的實驗，那是完全不成問題。平均價值本來的用處，便是除去客觀的變動；但因爲還要避免主觀的誤謬，第一個條件便是決定這中數價值內的或然的誤謬，因爲不當說明的限界，可恰好由此指示。必須或然的誤謬甚小，得認其結果爲可靠，然後觀察系列全體，才和單個的實驗在客觀變動不必用確實的中數價值來除去的範圍內一樣，有論理的基礎。例如，如果實驗的目的，是試驗一種新發現的金屬對於磁石的態度，此外倘能有普通的留心，有良好的機械，則單個的實驗亦甚充足，因這成爲問題的現象，得規則地按照同一的强度，反覆實現出來。佛伊特（Voit）在「食鹽，咖啡，及筋肉運動的影響的研究」（明生一八六〇年）一書中曾反對拉底克。他這篇論駁文，雖比較寫得仔細，但亦可依此種種考慮，來決定我們的判斷。他常常在他自己的研究中，發現單個的觀察之差別，這不能認爲是偶然的變動，寧可說這種變動是爲有機體的性質所決定，且按規則出現。例如，實驗中的犬，食完全相同的肉類，但所排泄的尿量却有時大有時小，而在斷食的情形下，則相反。但這裏雖有理由假設這種差別是存於事物的性質中，但很明白，這無關於中數價值，我們亦難瞭解這個情形如何可用來反對拉底克。但在這場合，是否像佛伊特所要求的那樣，必須給每一個實驗以一個實驗的價值，那完全取決於它在同一事情下能否重復發現。必須經反覆的觀察，我們才能看見我們所確立者，是否可依一個實驗來充分說明，我們是否必須依結合方法完全不同的實驗系列，來演繹中數價值。『如果在最初的實驗系列中，我們有 $a\ b\ c\ d$……的價值，這不僅表示單純的變動，且表示一種一定的進步；然後因要證明這最初的系列，我們必須有第二個系列，有 $a_1\ b_1\ c_1\ d_1$……的價值，如果其中的進步亦十分明瞭，而我們的目的却就在確立這種進步，問題便解決了。但若我們要在數字方面取得正確的結果，而其一致又尙不完全，我們便須進行第三系列 $a_2\ b_2\ c_2\ d_2$……依此類推，至 $a_n\ b_n\ c_n\ d_n$……直到最後，我們必須將 $a_1\ a_2\ a_3$……a_n 諸種價值結合在一處，$b_1\ b_2\ b_3$……b_n 諸種價值結合在一處。但對於這種結合，拉底克所提出的方法必有充分的應用力。』

〔一二〕畢希訥自然與精神第一〇二頁：『古代人的原子是哲學的範疇或發明；近代人的原子是自然研究的發現。』

〔一三〕科浦化學史卷二第三〇七頁以下，曾不適當地把原子『吸引』說的創立，歸於波以耳。他說：『這位化學家，早就主張一切物體係由最小部分構成，而結合現象與分離現象亦卽依存於這種最小部分相互間的吸引。二物體相互間的親和力愈强，其最小部分亦愈相吸引，愈加要結合成爲一體。』這敍述祇有最後一句話是正確的，就連在科蒲所引的例中亦毫無關於『親和』與『吸引』，『合同』，『結合』等辭，常指接觸時的關聯。波以耳的眞見解，從『發生腐敗變化論』那一節（見性質及形式的起源日內瓦一六八八年第二一頁至三〇頁）看似乎是極明瞭的。他到處都說原子的粘着與分離；變化的原因，卽是『到處成爲發生原因』的運動（第四節，）卽是古代人所假設的原子之繼續的急速的運動，而這種運動的起源，古代人又從一般的永遠的向下運動演繹。波以耳固不是這樣演繹，但他亦不曾以吸引及排斥來代替。吸引及排斥這兩個概念，數十年後才因牛頓引力說而成立。波以耳在思辨時，實以原子運動的起源歸於神的活動；但在普通的科學考察中，他却置之不問，假定這種運動的存在，便已滿足。〔一四〕道爾丹化學新體系第一卷第二版倫敦一八四二年第一四一頁以下及一四三頁以下。——參看科蒲德意志科學史化學的發展明生一八七三年第二八六頁。但此書未充分注意關於這一長段文字中間一部分（那裏曾斷言，同質諸物體中的原子有同一性）批評這假設已爲一般所採納，殊不適當。——淮里希（Weihrich）新化學的見解第七頁說，同物體中原子有同一性，異物體中原子有異性質的見解，似乎是何爾巴哈男爵傳下的，雖溯源上古，仍可追溯至安納撒哥拉斯；但事實上，何爾巴哈與安納撒哥拉斯間，或道爾丹與何爾巴哈間，並無充分的一致，可讓我們在這裏尋出這傳統的線索。〔一五〕科蒲化學史卷二第二八六頁之下，曾反駁這種見解，卽『親和力』一辭，一六九六年才由巴朱生(Barchusen)導入化學內。但他又曾說明，一八四八年（格洛伯爾（Grauber）以來，各個著者都曾使用這個名詞，且阿爾伯特·瑪格那斯（Albertus Magnus）在一五一八年印行的金屬物論中，亦使用過這個名詞。再者我們又發覺『親和』(Affinis)一辭，在阿爾斯特(Alsted)的百科辭典(一六三〇年)第二二七六頁，已被用在化學的意義上，所以至少是這位編纂者所利用的參考資料。這概念起源於鍊金術上，殆無可疑。

〔一六〕在此我們可擧出波以耳的例。他在他的較早的著作中，像在『懷疑的化學家』一書一樣，利用『親和力』這個概念。(參看科蒲化學史第二卷第二八八頁。)但在上述那個著作中(見註十三，論性質與形式起源的著作)他利用迦桑狄的理論(參看唯物論史卷上第三篇第一章及註)時，他卻避用這個名辭。〔一七〕化學史卷二第二九〇頁。〔一八〕科蒲在德意志科學史化學的發展(明生一八七三年第二五二頁以下)中，曾詳述里希特爾的生平與發現。〔一九〕對於阿渥格特羅的假設，可參看羅達·梅爾(Lothar Meyer)所著『近世化學理論及其對化學靜學的意義』二版布勒斯勞一八七二年第二〇頁以下。此外又有淮利希的新化學的見解(梅因茲一八七二年)第八頁以下可以參看。〔二〇〕科蒲化學的發展第五九七頁。〔二一〕費希奈原子論二版第二二九頁以下，萊比錫一八六四年。〔二二〕費希奈原子論第二三一頁以下。〔二三〕原子論第七六頁七七頁。〔二四〕勒吞巴哈爾機械物理學原理曼痕一八五七年第九五頁以下。〔二五〕費希奈原子論第八八頁以下。〔二六〕科爾伯(Kolbe)是根據昧替爾(Methyl)原子替換氫素原子的原理，推論尚未發現的結合之存在與化學關係。他的豫想，為以後的研究所是認了。(淮利希新化學的見解第四四頁)這時科爾伯仍反對類型說甚烈，但在這場合，是沒有關係的。他的替換原理後來終久和改良的類型說融合了。——羅達·梅爾近代化學理論(二版一八七二年)曾在第一八一節一八二節討論未發現的要素之存在與特性，並在第二版結論(特別是三六〇頁以下)中討論化學上演繹方法的可能及其難點。［二七］霍夫曼（Hofmann）近代化學序論（五版布隆休一八七一年）曾把我們在此祇能略述的見解予以非常明快又爲一般所能理解的展開。［二八］淮利希新化學的見解第三八頁以下可參照。［二九］克洛西亞斯論機械的熱學理論（原見於卜根德年報）布隆休一八五四年及（第二部）一八六七年論文十四（卷二第二二九頁）以下；論我們所謂熱的那一類運動。在那裏，克洛西亞斯會舉克隆尼格（Krönig），認其爲直接前驅。克隆尼格在氣體理論綱要中，是從本質上相似的見解出發。但克隆尼格在一個註解中，以氣體分子運動進行的一般觀念，由貝爾諾伊（Dan. Bernoulli）及勒·薩格（Le Sage），追溯到波以耳，迦桑狄，及魯克理底斯。克洛西亞斯自己得到這種觀念，不會受到歷史的影響，但在其他場合，這系列中的傳統的影響，却是很明白的。［三〇］這樣把化學改造成爲原子力學的企圖，最值得注意的，莫過於諾曼（Naumann）熱化學原理（布隆休一八六九年）。在這一篇非常明快的論著中，克洛西亞斯理論之最本質的命題，表現在一種單純化的不應用高等數學的形式上。［三一］浩賁斯（Huyghens）在光論（一七二八年第一卷第十頁以下）中，曾論有彈力性的物體，要以其運動傳至他物體，必須有一定的時間。玆錄其原文如下：『Nam inveni, quod ubi impuleram globum ex vitro vel achate in frustum aliquod densum et grande ejusdem materiae, cujus superficies plana esset et halitu meo aut alio modo obscurata paululum, quaedam maculae rotundae superesant, Majores aut minores, prout major aut minor ictus fuerat, unde manifestum est, corpora illa pauxillum cedere deindeque se restituere, cui tempus impendant necesse est.』光論一書出版於一六九〇年，但他在一六六八年即已發現關於彈力衝動法則的諸種原理。（參看杜林力學原理第一六三頁。）所以，說浩貫斯在進行此處所述的實驗以前，即已由一般的動學原理演繹他的衝突法則，並不是不可能的。這種說法，亦完全和衝突法則的成立方法相符合，因爲這個法則，非基於實驗，乃基於一般的考察。〔三二〕杜·波以·勒伊蒙動物電氣的研究柏林一八四八年卷一序文四〇頁以下。〔三三〕參照英吉利物理學者瑪克斯威爾在自然研究一八七三年第四十五期的演講報告。關於四種不同的氣體，在該論文四二一頁，有一數字表。〔三四〕參照瑪克斯威爾上述那篇演講及克萊茵(Klein)自然科學進步季刊第二卷科林及萊比錫一八七四年第一一九頁以下。〔三五〕羅達·梅爾近世化學理論二版一五四及一五五節。〔三六〕畢希訥的奧加斯特的攻擊——說，要瞭解怎樣由無廣延性的非物體的要素，能形成那充滿空間的物質與物體，換言之，要瞭解物質怎樣能由勢力形成，是絕不可能的——是全無效果的。勢力在我們感官上或在勢力中心（那結局會受納我們感官的印象）上，即令會生出那會生出物體表象的印象，物質的成立亦不必就是必然的。原子論者亦承認，這種表象和這種表象的原因稍有不同，我們祇在這表象上有有廣延性的同質的物體，雖然原子論者是把物體還元作心象中全無所有的原子。費希奈在原子論二版第一五三頁，嘗要說明，物體的與表象無關的自體，是由單純的原子構成。在費希奈的全思想中，甚至在德謨克利特士的思想中，都有一個新原理，認事物及其性質，由原子，由在一全體中集合的原子構成，但更深邃的批判，却須認這原理，完全以主觀爲基礎。〔三七〕參看馬哈工作維持原則的歷史與根據（蒲拉格一八七二年）在三〇頁，他說：『爲什麼一向沒有人能關於電氣確立一個滿意的理論呢，其中的理由，也許在這種事實，即一切人都要由三度空間的分子過程來說明電的現象。』在五五頁又說：要由力學說明化學要素的

『斯配克脫』(Spectra)的嘗試，及這理論與經驗相背的事實，更使我相信化學要素不能在三度空間內表象。』〔三八〕佐爾奈慧星的性質二版來比錫一八七二年第二九九頁以下。〔三九〕黑爾模浩爾茲論勢力的保存一八四七年八月二十三日柏林物理學會的物理學論文。這嚴密科學的論文，在瑪耶的著作以後，是德意志出版最早的論勢力保存原理的論文，那決不可與他的通俗演講第二冊同名的通俗論文相混。這一段話，是從該論文第三頁第四頁引錄的。〔四〇〕參看原子論第二版第十五章第十六章，尤其是一〇五頁以下。關於勢力概念，則參看一二〇頁。〔四一〕佐爾奈慧星的性質二版第三三四頁至三三七頁。〔四二〕黑爾模浩爾茲論自然勢力的交互作用康尼斯堡一八五〇年第二七頁。那會重印於他的通俗演講（布隆休一八七一年）中。下述關於熱與機械力的關係的註解，見同一演講內。〔四三〕瑪耶自然科學演講，斯杜特加一八七一年第二八頁。這一段話，見一八七〇年七月『論地震』那篇演講中。我們用不着討論那裏提倡的地震說是不可靠的。——要較詳知亞當斯的計算，可參看佐爾奈慧星的性質第四六九頁以下。——佐爾奈在該書四七二頁說明了，康德早在一七五四年已證明潮汐必致遲延地球的迴轉。〔四四〕關於安克慧星的軌道的變化，這裏所假定的說明，近頃已極爲人所懷疑，因爲按照最精密的考察，我們在若干其他的慧星上，不會發現同樣的變化。反之，佐爾奈卻以爲，全宇宙的空間均充滿種種天體的空氣樣的氣體，因沒有這種假定，空氣在空虛的空間決不能保持平衡。即令應該像許多科學家那樣把以太放棄，我們仍須假定設有某種極稀薄的氣體，會在上述的意味上生出影響，縱然是小的影響。〔四五〕『如果我們採取這極可能的見解（認這大質量的密度所以非常小，乃因它的溫度甚高，而且它的密度遲早亦就會增大）那就可以計算，如果太陽的直徑，僅減少其現長度萬分之一，亦會引起充分的熱，足供二千一百年放射。但這樣小的一種變化，雖最精密的天文學上的觀察，亦難於認識。』黑爾模浩爾茲自然勢力的交互作用四二頁。——『流星說』最初爲瑪耶所提倡，後由若干英吉利物理學家所提倡。關於這種學說，可參看丁戴爾(Tyndall)的熱是一種運動，一八六三年。德譯本是黑爾模浩爾茲及威特曼合譯的，一八六七年出版於布隆休。〔四六〕克洛西亞斯論機械的熱論卷二第四四頁曾提出兩個命題：（一）世界的力是不變的。（二）世界的熱力學函數趨向最高限度。關於熱力學函數(Entropie)這個概念，可參看上書第三四頁以下。——但這全部證明，必豫想物質世界在無限空間內的有限性。黑爾模浩爾茲曾在關於自然力的通俗演講中（第二四及二五頁），論述這種推論。〔四七〕麥耶形上學第三部第七八五節；漢寧士人間及動物的精神史，哈里一七七四年第五〇四頁註。〔四八〕按照近頃的研究，對於最下級的有機體（例如細菌）必須假定這樣的繁殖方法。〔四九〕按照夫里格爾生理學雜誌第七卷第五四九頁及第八卷第二二七頁，關於這些實驗，曾有一篇評論，登載於一八七三年斯凱拉勒克(Sklarek)博士的自然研究者第六年第三三期及四九期。關於巴斯呑實驗的攻擊，參看自然研究者第六年第二十六期（第二〇九頁以下，）第四十八期（第四五三頁以下。）〔五〇〕赫克爾『自然的創造史』四版柏林一八七三年三〇六頁及三〇九頁以下。——參看赫克爾在傑拿雜誌第五卷第四期（四五三頁以下）所發表的『無核曼熱拉說之貢獻』一文。在這論文——其對象爲細胞說的修正（由近世研究而起者）及新見解的結論——內，有這樣一段的話（第五〇〇頁。）『赫胥黎最細密的「巴台比亞斯」的研究，得到了一個非常重要的事實，即在太洋海底非常深處（五千呎以外）被有纖小的生活的原形質之非常的積集，這種原形質是在最單純最原始的形態下，留存在那裏，換言之，它還未有一定的形式，殆未個別化。對於這非常可注意的事實，我們在考察時定會引起非常的詫異，不禁要想起奧鏗的『元粘液』（U7schleim）古博物學上這種一般的元粘液被假定在海中發生，而成為一切生命的源泉，一切有機體的生產質。這種元粘液的重要性，已隱約地由瑪克斯·蘇爾茲（Max Schultze）的原形質說所證明，現又由赫胥黎的巴台比亞斯的發現成了完全正確的。』 〔五一〕湯姆生在一八七一年英國自然學會開會之際，論自然科學的最近的發現，會把這個假說展開在一篇內容豐富的演說辭內。這一段話，曾引在佐爾奈慧星的性質緒言第二四頁以下。 〔五二〕參看佐爾奈慧星的性質緒言第二五頁以下，及黑爾模浩爾茲在湯姆生及特脫（Tait）理論物理學入門譯本第一卷第二部的緒言內的答辯（第十一頁以下）。〔五三〕費希奈有機體創造史及發展史概說萊比錫一八七三年。在這有價值的書物中，尤其是論到達爾文所提出的諸種問題時，費希奈提倡一種這樣的假設，即有機分子的部分和無機分子的部分，是在不同的運動狀態中。在無機分子中各部分在平均的確定位置之周圍運動，故對 a 點言，b 點的移動決不會達到一八〇度以上（以從 a 中心點到 b 的動徑的運動為尺度。）其相對位置的徵候的變化在這場合是不發生的。在他方面，費希奈又假設有機分子各部分彼此間的運動，像『各部分彼此間的週轉運動及其他複雜運動』一樣，使它們的相對位置的記號在不絕變化中。這種運動狀態，被設想是由分子的『內的』勢力維持住。費希奈又假設，物質的這種狀態是原始的；反之，無機的狀態倒是後來發展的。有機分子和無機分子可以彼此發生最密切的關係，此事使有機與無機的區別成為相對的區別。這二者之間，不能指出絕對明白的界限。 〔五四〕此處所攻擊的絕對的物種概念有兩重根源，其一是柏拉圖亞里斯多德的 εἶδος（觀念）的形上學意義，其一是諾亞（Noah）箱舟的傳說。當然，有機形式依物種而分的分類法，不僅有益於外觀的實際目的，且可要求實質上的意義，那不包含物種不變或物種有先天基礎的信條。以安定性日益增加的原理爲助，則從達爾文主義出發，我們亦可推論，在非常長的期間內，有機體會取得集合成爲物種並互相區別的傾向。但這種見解，和絕對的物種概念——這種概念，在對佛格特輩唯物論發生反動之際，曾牴觸一切自然科學原理而表現出來——完全不同。〔五五〕安德利亞·瓦格訥自然科學與聖書斯杜特加一八五五年。例如，在二九頁曾說：『這是以農業家及旅行家的話爲根據，但畢竟缺少嚴密的證明，豫斷判事在此定要求事實之嚴格的證明。』在三一頁又說：『但這種說法正是誤謬的，不然，就缺乏法律的證明力。』〔五六〕沒有出版一本大著作，却出版了一套特別的刊物，其中『飼養栽培狀態中動物及植物的變化』那二卷（一八六八年）材料特別豐富。〔五七〕對於勒登浩生的『伊細士』，我的判斷現在並不像這樣抱贊成態度。關於歷史的及歷史心理的展開，尤其如此，因當中常有危險與不正確處。但就目的論方面而言，那是不會影響到我們的論證。此外，批評家在文學中央新聞（一八六三年附錄第四八六頁）中曾說：『此書作法，平淡冷靜而自信，使人回憶斯賓諾莎。』本文所述對於我們所謂恩比多立見地的攻擊，見文學中央新聞一八六四年附錄第八四三頁以下。〔五八〕衞甘特（Wigand）達爾文主義及牛頓古菲爾的自然研究（布隆休一八七四年卷一第四二一頁，）完全誤解了這一段話。他假設，『最大的非目的性與偶然性，被描寫爲自然的性質。』我在這裏主要地祇要深刻表現自然追求目的的方法和人類追求目的的方法，截然不同。以自然的類推爲基礎的人類行動方法，必須認爲毫無目的；這證明了自然的行動方法（爲簡明計，才使用此語），在任何場合，在原理上都與人類的行動方法不同；因而，人形的目的論——在這場合，我們祇說這種目的論——乃是全然沒有根據的。我並不以爲『最高的節約』是自然的目的。我所做的，祇是比較自然追求目的的行動方法和人類追求目的的行動方法。衞甘特認自然在事實上達到了她的目的，表面上看，雖似與我的見解相反，殊不知我的全部研究都以自然達到目的的事實爲先決要件。不過，當衞甘特又說『這無礙於其他目的』時，這種話，不過像他的全部見解那樣是一種樂觀的形上學，根據事實至少可以有同樣的權利，提出一種悲觀的形上學來反對。——此外，本文關於這題目的最後一段話（即『但這問題還有別一方面』爲起句的那一段）亦可參看。〔五九〕這一段雖不直接指達爾文主義，但我仍照第一版那樣，不將其修改。『個體』與『種』，至少在認識論的關聯上，有相關的關係。使現象上的雜多，歸在此等概念中之一或其他，乃是同一的綜合過程。全體或部分孰先的問題，在根柢上，仍不過是柏拉圖理念先個體而存的問題的別一種形式。〔六〇〕威考生命與疾病四講柏林一八六二年三七頁至七六頁尤其是五八頁及五九頁可以參照。〔六一〕佛格特動物生活圖佛郎克福特一八五二年第二三三頁。——關於這問題，近頃發現的『曼熱拉』尤其是『巴台比亞斯』似與此相反。但這種有生命的粘液塊究有多少個性，至今仍是一個困難的問題。當然不能因爲不能認識其中的組織，便斷言原形質的構造無組織。必須先說明最單純生命現象的機制，我們對此問題才能說明，但我們尙離此甚遠。〔六二〕大家知道，這種實驗近來曾再被採納，並曾反覆得到良好的結果。〔六三〕參看佛格特動物生活圖第一二四頁至一四二頁。近頃關於這題目的新發現，曾摘要敍述於格根包爾（Gegenbaur）比較解剖學原理萊比錫一八七〇年第一一〇頁以下。——我們在此處僅要注意這種事實，卽『阿克丁諾士費利洪』（Actinosphaerium）的三個體能這樣結合（一一二頁）此外，關於這全部問題，可參看赫克爾一般形態學中的個性理論，卷一第二六五頁以下。〔六四〕這裏屬於這問題的最顯著的事實之一，是布里奧佐亞(Bryozoa)的羣體的神經系統。參看格根包爾比較解剖學原理一九〇頁以下。〔六五〕赫克爾生灰石綿，形態學卷二本文及圖卷一，柏林一八七二年第四節，生灰海綿的哲學四七六頁以下。〔六六〕費希奈的安定傾向原理和佐爾奈（以叔本華哲學及最小强制的力學原理爲助）認各種原子振動系統在一定空間內有使衝突次數（從而痛苦感覺的次數）減至最小限度的傾向的見解，頗有類似處。——費希奈同時又在安定傾向的原理中，發現因果律與目的論有調和處，蓋因按照這個原理，地球必近於這樣一種狀況，從而『使一切物均儘可能互相調和』（有機體的創造及發展史大綱）——費希奈的觀念和佐爾奈的觀念，現在都祇是大膽的形上學思想，還全然沒有證據和證明。反之，如僅顧到有機體對長時期生活條件之相對的適應，則安定傾向便可立即從生存競爭的原理生出。〔六七〕參看達爾文飼養栽培狀態下動植物的變化，卡魯士譯，斯杜特加一八七三年第一卷第一七五頁。那裏說明了，家養鴿雖皆從一種野生鴿養成，但已有一百五十種以上，如以野生鴿分類的原理加以分類，那亦至少可分成五個新類。〔六八〕達爾文動植物的變化卷　第二四二頁。〔六九〕費希奈創造史及發展史綱要。〔七〇〕參照沃勒士自然淘汰說的貢獻，梅爾譯，歐爾根一八七〇年。〔七一〕我們依照賓納氏在利物浦自然科學協會的一篇演說，載於自然研究第四卷第十五號一八七二年一一八頁以下，據說那會爲『專門研究家所贊成』。〔七二〕自然研究者第四卷第三十八期一八七一年第三〇一頁以下此等實驗的報告可以參照。〔七三〕達爾文物種原始六版原書第一一四頁及一一八頁；此外可參看達爾文動植物的變化二版一八七三年第三六四頁以下。〔七四〕物種原始二三二頁以下。——參照納格利博物學上的物種的成立與概念明生一八六五年；及奧士加・斯米特（Oscar Schmidt）遺傳學說及達爾文主義萊比錫一八七二年（國際叢書卷二）一四六頁以下。〔七五〕庫利克爾「本那杜里登斯吞姆」的形體學與發達史附進化論概述佛郎克福特一八七二年；尤其是二六頁以下可以參照。〔七六〕赫克爾創造史四版第二一五頁以下。〔七七〕淮利希新化學的見解（梅因茲一八七二年第四十三頁以下，提到科爾伯的理論，按照這種理論，氫素原子可爲『昧替爾』C_2H_3 所替換。但『昧替爾』(Methyl) 本身亦包含氫素。但一昧替爾原子，仍可替換一個氫素原子。這種替換的結果，是把蟻酸變爲醋酸，醋酸變爲普洛酸，普洛酸變爲牛酪酸等等。當然，本文所述的一般思想，無關於這種特殊理論；但一經有了這種理論，我們認較複雜的形成是依次由較單純的形成生出，何謂進化法則便很明白了。〔七八〕赫克爾自然的創造史四版二六四頁以下。——又，二九六頁他的話亦非常正確。他說：『有機體形成過程的一切生命現象和無機結晶的生活現象一樣，直接受制約於化學的結合及有機物質之物理的勢力，換言之，其生長，其特殊形式的形成過程，均爲其化學結合及其物理狀態的直接結果。』——一般形體學卷一第一九八頁，赫克爾又說：『我們知道，一切有機個體的遺樣的最單純的始源，並非同一的。其物質構成稍有差異，其卵白結合的組織稍有不同，便會使胎的發展，發生後獲的差別。蓋因個別的父母性質，所以能依生殖細胞的最小卵白量而傳於子孫者，就由於這種非常微小的差別。』——按照這種正確的見解，發展的『內的原因』的意義，是極明白的，我們不應根據這種正確的見解，推出進一步的結論麼？我們既已發覺生物的最重要的區別，早已在胚胎中形成（雖然用我們的觀察手段，我們尙不能認爲有直接表示這種區別的可能，）則在這事實下，單純形體上的類似，豈不要失去它的誇張的意義麼？詑特和全不瞭解音樂的人是有差別的，哥德和狂人亦是有差別的，人們決不致因這種差別的最初基礎是與無限小的物質量相關，便認其爲不重要。是的，迄至現今，這無限小量尙爲我們所不可估量。這種事實使科學家雖不專門研究這無限小量以從事於無效果的研究，亦不爲過。而在純粹形體的研究上，這不可估量的量亦儘可置而不問；但若我們對於發展的本質，願成立一個見解，則因形體的見解不充分，忽視這極小量，才犯嚴重的錯誤，致把一個最重要的因素，因其未知，而被我們所看落。在這場合，我們所問的，不復是物質量的本身，却祇是這物質量存在的結果的重要性。［七九］參看普勒耶（Preyer）論生命的研究傑拿一八七三年第二二頁『藉穀種小胚胎內原形質的運動，環境中的土地，空氣，水，會在熱的影響下，變爲巨大的樹木。藉溫卵內原形質的運動，其內容將變爲有生命的生物。什麼東西作雛因呢？什麼東西使物質如此安排而從此生出生命來呢？化學雖對此要求一答覆，但未成功。』［八〇］一般形態學卷一第一九八頁，赫克爾說：『照我們的見解，就有機物發展的根本原理而言，是在自然發生最初起時，就已在深海的各地發生了多數原不相同的曼熱拉，抑是原來發生許多同種的曼熱拉，到後來才（由卵白的原子結合的僅小變化）開始分化，是沒有多大關係的。』赫克爾所以後來益益傾向單一起源的斷定——因爲他把生灰石綿有原腸形態的證明，看得非常重要——就因爲他過於重視純粹的形態學見解。當說到個體說（一般形態學卷一第二六五頁以下）時，赫克爾曾明白區分形態的個性和生理的個性。如果我們把這種區別，應用到進化學說上來，則照我們的見解，形態的單一起源說雖無大可反駁處，但我們仍認爲更重要的問題是內部性質及其對未來必然發展的關係。［八一］自然的創造史四版三七三頁。那裏曾有這命題：一般說，單系起源的假設，要比多系起源的假設有更大的內部或然性。這命題，並非單純轉換本文所述的命題。後者，在人們能批判生命最初起源的條件及推論事實的經過時，是祇論到生命的最初的起源。反之，赫克爾注意現存物種或假設物種形式的起源時，却顧到這樣的問題，卽，這形式原來是在不同的地點形成，並與之相應而有種種變化呢，抑僅在一地點同形式下形成，從而物種的複雜變化，祇有歸因於遷徙，不得謂變化的原因，是同時在不同地點起源呢？參看前註。［八二］這裏對於康德目的論的解釋，並不是普通的。那一方面是我們自己研究的結果，一方面又依照奥加斯特·斯達特勒(August Stadler)近頃公佈的光輝的研究：康德的目的論及其認識論的意義，柏林一八七四年。斯達特勒雖有時過於深進，致認康德及自然科學原則是徹底調和的，而把康德的實際弱點看得太輕，但斯達特勒確曾充分證明，祇有這解釋，與先驗哲學的原理相應，而將康德的矛盾，減至最小限度。在這裏我們既不能詳述其各點，故祇舉其名於此。［八三］參看無意識哲學卷二序文『我們怎樣進到自然的目的觀』［八四］推慈(Waitz)自然民族的人類學，傑蘭德(Gerland)增補，萊比錫一八七二年第七九七頁。此外，可參看斯米特遺傳論與達爾文主義，萊比錫一八七三年第二八〇頁。——澳地利亞的土人，把我們所不能說明的一切事物，歸於魔(Devil-devil)；『這所謂魔，顯明祇與英語Devil同名，英語上這個名辭的神性，他們是全不具有。』有些人要證明以前曾有更發展的宗教觀念，但現已忘却。斯米特嘲笑這種證明的淺薄，是很對的。把一切不可說明的事物歸於魔，實不如說是一種哲學——那不需要個別的神——端緒。對於澳地利亞的黑人，魔或許是全知全能的，所以不是一個人格，那完全和『無意識』一樣。［八五］比較哈特曼在植物界內關於『本能』之非科學的研究方法，和最近關於植物成長、向光性、花的開閉、蔓的捲曲那種種現象之科學的研究，不是沒有興昧的，薩克士(Sacks)，荷夫麥斯特(Hofmeister)，費肥爾(Pfeffer)，法朗克(Frank)，巴台林(Batalin)，法明辛(Fa-

，mintzin）蒲利利（Prillieux）等人的非常顯著的發現，無例外地都豫想植物生活上此等過程有緻密機械的基礎。這種豫想，在許多場合，亦曾顯然得到證明。我們祇要扼要敍述下數點：向日性的原因是光線所引起的生長的遲延，從而是光線所引起的；凹曲卷鬚攀附的原因是生長更不強的方面的敏感性；酢漿草葉的晝夜位置不同的原因，是光線對一定傾斜點所生的結果；無意識雖是全知的，但若我們特別對於植物的傾斜點專一地加以特殊的光線，植物亦必受我們之欺。——耐伊特（Knight）曾在一個急速迴轉的輪的輻射之側，栽種植物，發現其主根在遠心力的方向發展；薩克士實驗地面潮氣對於根的方向的影響。在此耐伊特的觀察與薩克士的實驗，均可供參考。（參看薩克士植物生理學原理萊比錫一八七三年；荷夫麥斯特植物的一般形體萊比錫一八六八年；費肥爾生理研究萊比錫一八七三年；自然研究者一八七一年第四九期植物學雜誌一八七一年第十一及十二期；自然研究者一八七二年第四期等等。）假使這各個研究者竟以此現象歸因於『無意識』或任何其他妖怪之合目的的干涉，這一切有價值的研究又將如何呢？

［八六］在此可參看拉普勒士關於或然量之哲學的研究第六原則。德文譯本出版者（蘭格斯多夫 Langsdorf 黑特爾堡一八一九年）在此點提出反對（二〇頁註），指摘不應將可能分為通常的與非通常的，（因後者等於更少或然性的。）他誤解了這種極微妙的心理見解的眞髓，不知其目的在說明這一點：即在同樣非或然的事例中（從抽象方面考察，還是同樣非通常的事例中，）我們立即會覺得有一些，似乎在一百萬次中才會出現一次，而被認為非通常的，其餘那些，雖其或然性一樣少，但却在心理方面不列在這長系列中而被認為是通常的。本文所舉的賭博的例——他在一場合連贏十次，在他場合，却按一定順序而一勝一負——便是這樣。此外，拉普勒士又使這種區別，和由現象溯推原因

的研究發生關聯，據序中所言，這正是哈特曼研究所從而出發的公算論上的點，他不要在拙劣的迷亂的方法上拘泥於拉普勒士的第三原則，因為根據這個原則，在這裏所能得到的結果不過是複雜的事例，實際就是複雜的事例一語。但在第六原則下的事例中，顯著的非通常的事例，往往在某程度內具有人間合目的性的型式，雖究其實不過純然是外部的均齊；例如六六六六六六這個數在百萬個數中。在此我們在一瞥中看落了或然性分數中分子與分母的全體關係，同時使我們覺得似有某人故意將此數排成此式。當這特殊的結果有特殊的意義時，這後一種的印象尤為有力。例如，Europa 這幾個字母在這次序上的排列，至少，不比任何其他無意義的結合，更少或然性。但在這裏，或然性分數的分子為一，而其分母則為這六個字母的可能結合的次數，如果我們假設此等字母是盲目地從箱中取出來排列，則這分數的分母比分子不知要大多少。在這裏我們最須注意，這種種偶然之現實性及其一般可能性，是全然和公算論無關。第德羅在哲學思想第二十一章，說明 Iliad 或 Henriade 這兩個字由字母之偶然結合而成，不僅是可能的，並且，如果我們增加實驗的次數至於無限，那還實際會有非常大的或然性時，他所着重的，便是這點。——實際我們且在這諸場合以偶然形成的異常小的或然性，比較於故意形成的非常大的或然性，在此處，有一個極大的誘惑，使我們和哈特曼一樣為相信妖怪的人假設一個妖怪。不甚至聰明的數學家鮑伊生 (Poisson) 在公算論教科書第四十一節亦說：『如果我們觀察就自身說僅有極小或然性，但表現得像似均齊顯著的事實，我們很自然地會覺得，那不是偶然的結果，或更一般的說，非由這樣的使其有僅小或然性的原因生出，乃由一更有力的原因（例如有一定目的的某存在物的意志）生出。』這裏是以這樣的數學一般性來考察，以致相信妖怪的野蠻人的謬誤推論和有科學教育者的正當推論，被包括在同一的用語下。但有科學教育的人，雖有各種誘惑，亦不會依類推，而將未與於他的存在物加入計算中。所與於他的，祇是向目的行動的人類與高等動物。他可超越於此，而反省到宇宙全體的合目的的設計，但任何結合，無論它先天的是怎樣顯著，亦不能引誘他，使他假設有一個他全無概念的『存在物，』從中發生神祕的干涉。　〔八七〕有一種錯覺，認『無意識哲學』包含『歸納的自然科學方法之思辨的結果。』我爲我的讀者計，已無需再把這種錯覺破除。現在，再沒有別一部書，會這樣把自然科學的材料搐集，使與自然科學的根本原理顯然反對。

第三篇　人與心（自然科學之續）

第一章　人類在動物界之位置

通唯物論全史有一個顯著的特徵，即宇宙問題的興味漸漸喪失，人類學問題益益惹起論爭的熱心。唯物論之人類學的趨向，似在前世紀達到最高點。化學物理學地質學及天文學範圍內近代大規模的發現，會引起一系列的問題，唯物論對之須採取一定的態度，但要這樣做，它不需有本質上新的原理或驚人的惹起論爭的見地。在他方，人類學亦有最可驚的進步，其進步固有一部分，起於與唯物論問題很少關係的範圍，但我們已排除疾病的魔已開始振撼醫學上的僧職，並已由比較的實驗的生理學，關於最重要的內部器官的機能，得到了驚人的說明。在這些與唯物論問題有最密切關係的範圍內，新的研究，雖說明了以往的見解不充分，但亦不會提出新的理論，可以作爲唯物論的基礎。在我們看，活動的神經系統，已不像十八世紀唯物論者所想像的那樣神祕；關於大腦，在某一些點上，現在已比以往更能瞭解，而會在大努力下被解剖，被測度，被秤量，被分析，被放在顯微鏡下考察，在病形上研究，和其他動物的腦髓比較，並以動物實驗；但關於腦髓各部分的生理關聯及活動方法，却終未能提出一個綜括的假設。所有的都是空談。就這點說，唯物論者當然未曾落後於他們比較有利的，是物質新陳代謝的範圍，

（那是物理學化學應用於生活有機體的機能上。）在這範圍內，所謂正確研究的結果，固有許多須受是非曲直的批判，但大體說，認我們從外表所看到的活人，像一切有機物無機物一樣，是自然力作用的產物，仍可說是一個成功的企圖。但在他方，一個非常重要的範圍，卽感官生理學，却曾引出斷然的排斥唯物論的理由。一向這範圍所以未爲人所討論者，一部分因爲唯物論的反對者，不能爲他們的目的來利用這種論駁，一部分亦因爲他們缺少必要的知識。此外，人們又在此際，試以自然科學的研究方法，甚至以數學的力學的研究方法，來研究心理學。在精神物理學及人事統計上，曾有科學成立以支持這種努力。近時，唯物論的論爭既屢被稱爲關於心的鬥爭，所以我們在這一篇將考察這一切範圍。

但最先我們須考察人類起源及年齡的問題，須考察人類對動物界的關係的問題。這樣的問題，在畢希訥及佛格特提出論爭的當時，曾引起最熱烈的討論，但從那個時候以後，因爲研究者異常努力，這問題已在某程度內脫離了主觀意見及隨意假設之恣縱情形。這些問題的研究，通常與達爾文的一般有機體起源說，有最密切的關係，實際這亦幾乎是他學說上最有趣味的點，嚴格說，還是他學說的最主要的結果。這是很明白的，人類由來說之自然科學的興味，與一般有機體起源說的完成，是互相一致的。從自然科學的見地考察，說人類在這起源的大連鎖中是一個部分，全然是自明的。但在人類文化與人類精神生活的成立須有特別說明的限度內，其研究卽在特殊科學上，亦當然與人類學問題的全部研究工作，發生最密切的關聯。就令不把世界史當作自然史的一部分；但很明白，我們仍可認，生存競爭的原理，在世界史上亦有作用。

精神與自然的二元論，可以批判的予以分解或思辨的予以『克服；』人們可以從自然科學的見地，提出這樣的公理，即精神生活，結局亦能分解為一般自然法則的產物。但若我們對於自然與精神這兩個範圍的認識，仍有不同的出發點，對於這兩個範圍內的現象，仍有不同的評價標準，則在自然與精神之間，要不加以區別，亦屬不可能。人類從動物的前存在（Vorexistenz）由內部發展而成立的見解，康德曾認為是自明的。但他認自我思想的出現，為人類創造的實在瞬間。〔一〕所以，就連現今，主要問題依然是精神及文化的原史的問題。蓋因，從自然科學方面考察，說人類是從動物系列中出來，是自明的；但是，即承認人類由來說的一切結論，人類精神生活亦依然成為問題。同時，要使真的哲學見解能為更多數的人所理解，啟蒙的解放的豫備工作，依然是必要的。在地質學及古生物學的範圍內，這種豫備工作，尤其是必要的。

地球變革，被創物物漸次出現，而後人類出現的教義，自始就與唯物論對立，尤其是與汎神論對立。蒲豐，德·拉·麥托里及以哥德為領導的較後的德意志自然哲學者都，很熱烈地把握被創造物統一的思想，並要由下等的形式發展高等的形式，然於細目上有深刻研究的專門家古菲爾（Cuvier），却反對這種統一的努力。他畏懼汎神論。但哥德却是這種汎神論統一哲學的最完全的代表。他很早就因外表上區別人與猿的中間骨（Zwischenknochens）的問題，而與康培爾（Camper）及布魯門巴哈（Blumenbeah）不和。他一直到死，都十分注意一切有機體統一的論爭。他曾把古菲爾一段討厭的言論，轉告我們：『我很知道，在某一些人看來，在這相似論之後，至少總可在混亂的方法上，隱含別一種非常古舊的理論，這是老早就被推翻了的，但近又爲若干德意志人提出，以庇護他們自稱爲自然哲學的泛神論體系。』〔三〕——實證知識對全體概觀知識所顯示的這種驕傲，研究家對概括思想家所顯示的這種熱心，使古菲爾不能看見，在缺乏證明的事件與缺乏事件的證明之間，有論理上的大差別。他不知道化石的人，便武斷的說，不能有化石的人。

因消極命題在自然史上一般僅有從屬的價值，所以這種言說更使我們注意。試考察當時已被考察的地球表面上那非常小的部分，這個一般的斷定，如何會爲人所是認，是很不容易說明的——除非它與漸次創造說的關聯，能提供一個說明。但漸次創造說，是聖經創世日說的變形。創世日說，雖已由事實證明爲不能支持，但在今日仍有許多信奉者。佛格特，在他的活潑的論駁上，對於當時的理論及現代的發現，予以這樣有意義而一目瞭然的概括，所以雖近冗煩，但我仍不禁要把他的描寫，轉錄在下面：

『三十年前，古菲爾說，沒有化石的猿，亦不能有化石的人。現在化石的猿，在我們是司空見慣了；現今雖仍有若干頑固的人認古菲爾的話爲天才的言論，不能推翻，但我們已不僅在冲積層發現化石的人，且在最新第三層發現化石的人。二十年前，我曾聽見亞加西士（Agassiz）說：過渡的層古生代層，是魚的世界，在這時期，沒有爬蟲類，且不能有任何爬蟲類，因此與創造計劃相反對。第二期層（三疊紀層，侏羅系紀層，白堊層，）是爬蟲類的世界，在這時期，沒有哺乳動物，亦不能有哺乳動物，理由與上相同。第三期層是哺乳動物的世界，沒有人，亦不能有人。今日的創造是人類的世界。這有獨佔性的創造計劃，是怎樣的呢？泥盆紀層的爬蟲類，石炭層的爬蟲類，三疊紀層的爬蟲類，在魚的世界內是沒有的。侏羅系紀層的哺乳動物，最下的白堊層的哺乳動物，在爬蟲類的世界內是沒有的。最高的第三期層的人類，冲積層的人類，在哺乳動物的世界是沒有的！』〔三〕

這是很可注意的，古菲爾及哥德死之次年，就有一種發現，倘非權威的熱狂與盲目的成見，比事實印象之單純的感受性，更爲擴佈，單有這種發現，已足使古菲爾的理論，成爲不可支持的。這就是希墨林博士（Dr. Schemerling）在利居附近安居斯及安居浩爾骨洞中的發現。若干年後，波希爾·德·培爾特（Boucher de Perthes）又不竭努力研究洪積層的人類遺跡，經長期研究，他才在桑謀溪谷中有所發現。這些結果，都經長時期的論爭，才爲人所承認。從這個時候起，研究的方向才漸漸改變。在亞利格納克，在勒爾模，在底謝爾附近的尼安德台，有一系列極有興趣的發現，與勒伊爾地殼形成說的漸次的勝利，及達爾文的物種原始新說同時。隨專門家見解的變化，有許多古記錄被引出，使與新發現相結合。其結合的結果是：人類的遺跡是很顯著的，其特性與其居所，證明了人類是和古種的熊，鬣狗，及其他哺乳動物（其名稱依其遺跡所常在的洞穴而定）一同發生。

關於此遺跡究有若干年齡的問題，曾有種種不同的推定，我們能從此得到的，祇是各種計算方法均甚不確實的結論。十年前，一般的傾向是假定其有數十萬年的年齡；但現今已發生強大的反動。關於洪積期的人類，材料已有顯著的增加。且不僅如此。人類在第三期層已經存在的痕跡，亦經發現了。[四]

在克羅·馬格隆[五]洞穴內，發現了（一八六八年）五個人的遺跡，其旁尙有大熊，馴鹿，及洪積期其他動物的骨骼，這些人類骸骨的特性，指示了體力強大，野性難馴，但同時腦髓亦甚發展的人種。在該洞穴的更深層，尙發現石器及人類活動的其他痕跡，其中有一部分必屬於更古得多的人種。在布洛伯根附近的浩倫費爾斯[六]，法拉斯教授（Frass）曾於一八七〇年發現一個人類的古居所，他們獵食三種不同的熊，其一便是穴熊。在該洞穴中，還發現許多馴鹿的遺跡，這種馴鹿的角，曾依燧石小刀，製成種種工具。軀體遠較今日非洲獅爲大的獅，亦曾在這種洞穴住民的粗陋的武器下倒斃。犀與象是與他們同時的。

這種種過去遺留物的發現者，却就是短期間學說（Kurzen Zeiträume）的主要代表者。法拉斯仍要以其烱眼在古代及中世的傳說上，冀關於這洞穴時代的文化狀態及其與當時動物的關係，尋得一種朦朧的回憶。實際爲巨象，穴熊，及馴鹿各劃一特別的數千年的時期，已成爲不可支持的見解。這一切動物，曾共住於中央歐羅巴，不過消滅的遲早不同。其骸骨是保存抑是破壞，殆完全取決於所處地位的濕度，其狀態殊不足成爲年齡的標識。在此際，法拉斯在一種特殊的方法上，兼容地質學的批評及神話的或語源的傳說，致落於聖經創造史六千年的數目之內。如有良好理由，我們是不要多言以反對的。自然科學對於這種傳說的完全獨立，指示我們在事實證明的限度內，我們不僅須在天文學及地質學的理論上，承認所必需的無論怎樣短的期間，且須不顧自由科學反對者的勝利的微笑，而滿意於數千年的期間。自由研究不依此受到實際的損害，正如基督教不依此而在內面受到存續所必要的支持。不過，我們必須想到，認大數爲不可信，既爲論理學上所不許可；而且在有疑惑的場合，較大的數目，還有較大的或然性。假定最小量必須有證據；法拉斯由言語的傳說與故事所得的考察，還與這樣的證據相差甚遠。

這問題的結論，恐須依天文學來敍述。冰河時代的痕跡，早已在兩種不同的方法上，與天文學的事實相結合。卽(一)與黃道的斜角之週期的變化相結合；(二)與地球軌道之偏心性的變化相結合。後一說明，認冰河時代隔現代，卽不說有八十萬年，亦至少有二十萬年；前一說明，却提示在二萬一千年的時期內，北半球或南半球有其冰河時代。〔七〕關於這問題的種種見解，終有一日須解決上述兩種變化，對於地球的氣候狀況，是否有這樣深的影響。結果將是否定的嗎？

如果真是這樣，則能當作說明的，便祇是大陸及海洋高度上的地形變化，祇是寒流與熱流的進路等等，而在這場合，正確斷定這變化年代的希望必甚稀薄。再者，我們又須知道，冰河時代這兩個天文學上的原因，不僅可以並存，且可以和地形變化發生共同的動作。例如，我們且假設，北半球約在一萬一千年前有最高度的寒冷，並假設在由此狀態到現在狀態的過渡時期間，尤其是在大約八千年前至大約四千年前的時期間，在地形原因的影響下，冰河時代曾數度消滅，數度恢復，直到最後，益益增加的溫度，才爲冰河劃出更確定的限界。

按照這種見解，第三期層人類出現的痕跡，不能證明人類的存在已有數十萬年。

從科學的眼光看，所謂『人類的年齡』，究指什麼呢？人，既然像其他一切有機體一樣，是從地球上有機生命的最初源，引出他的物理的起源，所以問題祇能是：在組織上與我們相似的動物，最初究竟在什麼時候發生，從而從什麼時候起，它的外形與組織才不復有本質上的發展？這問題，一方面與人類過渡形式及初期階段的問題相關聯，他方面又與人類文化開始的問題相關聯。

人類過渡形式，恐不能在今日歐洲的地位上尋覓。今日的歐洲人種，乃在已達到完全組織後，才作爲移住民，而踐踏於此土。『在人類及其最近族類的有機體鏈鎖中有一個大的間隔。這個間隔，不能依任何已滅亡或尚存在的物種來作架橋。因此，反對人類由下等形式生出的人，往往以這種間隔，當作嚴重的反證。但這種反證，在從一般理由相信一般進化原理的人看來，是沒有多少重量。這種間隔，在系列的各點上，常常發現，有些是很廣闊很尖銳很明確的，然其程度有種種不同。例如，在猩猩與其最近族類之間——在擬猿類與其他狐猴類之間——在象（尤其是鴨嘴獸或針土鼠）與其他哺乳動物之間，都有這種間隔。但此等間隔有多大，祇取決於已滅亡的近似形態有多少。在不久的將來，（以百年計算，離現今並不頂遠的將來，）開化的人種，就幾乎必定會把全世界的未開化人種，完全消滅或代替。同時又如夏胡浩生（Schaaffhausen）教授所示，人形的猿亦無疑會致於滅絕。在這場合，人類與其最近族類的間隔，將更廣闊，因爲這時我們所須考察的間隔，一方是比高加索人還更開化的人類，他方是猩猩。不像現在這樣，一方是黑人或澳洲土人，他方是大猩猩。』〔八〕

輓近，關於歐洲原住民的文化狀態，已益益獲得光明；不由洪積層人類到歷史時代之間，我們似已發覺確定的連鎖。關於文化進步各時代人間的生活方法，提供證據的，便是他的工具，手工的用器及手工的產物。在勒爾模的洞穴中，曾在厚的鐘乳洞層以下，發現人類的遺跡與穴熊及穴狼的骨與齒，混在一處。『在人類的遺跡之旁，發現了他的產業的證據，一個三角的硅石小刀，一個已變爲切器的穴熊管狀骨，三個穴熊的下顎骨，其上枝曾穿有一孔以備懸掛，還有一個鹿角製成的尖底的角笛。但最重要的武器，是二十個穴熊的半分顎骨，這種顎骨的上枝已被折去，下顎骨的體却削成適當的形式，以便持握。突出的犬齒便這樣成了大耙，那既可當作武器，又同樣可當作耕田的犂。』著者〔在托勞斯公佈報告的著者勒昧士（Rames），加里角（Garrigou），費爾浩（Filhol）〕說『如果發現這種種奇妙工具之一，反對者可以說這是偶然發現的，但我們發現了二十個顎骨依同一方法製成，那還能說是偶然麼？再者，原始人把顎骨製成這形式所做的工作，我們亦可追索出來。在這二十個顎骨中每一個顎骨，都有缺刻與鋸痕可以計數，那是由不甚尖利的硅石小刀鑿開的。』〔九〕在桑謀溪谷中，亦大量發現了石器，但因波希爾·德·培爾特對於這許多樣片的說明過不自然了，他的發現的價值，因此受了不少損失。該地的白堊地區，富有燧石塊，那祇要互相擊觸，至一破碎，便可在碎片中取得若干石塊，稍稍加工，卽成爲洪積層時代人類所用的斧與小刀。現在猿猴還有時使用石塊當作槌，所以一看，不免驚覺這時期的人類尙與動物發展很相近。但其差別仍甚巨大，蓋因不使用自然的石或石片，而耗精費神以製造工具，已表示了一種能力。這時期的人類，已能節制生活上的直接需要與享樂，而集中注意於達到目的的手段。這就哺乳動物甚至猿猴說，是不易發見的。動物有時也建築非常巧妙的居所，但我們尙未發現它們曾使用人爲的工具來建築。大家知道，經濟學曾要以資本蓄積的本質，溯源於最初工具的製造。是的，人類發展的這個開端，至少已見於洪積層時代的人類間。我們今日所見的猩猩或長手猿，從經濟方面考察，與人類比較，祇是無骨者，浮浪者。如果我們假定人類是從最不可目見的有機體形式，經無窮的階段，才發展到現在的時期，則從組織健全的人以適當的手強壯的臂來操作的時候，到他以辛苦製成的硅石小刀或穴熊顎骨來幫助此等器官的時候，亦確乎經歷了一個相當的時期。

除了此等粗劣的工具，我們還發現火的明白痕跡。就連在最古的時代，歐羅巴的原住民，似亦已經知道並已經使用這最重要的人生補助手段。〔一〇〕佛格特說『動物歡喜在火偶然發生的地方並在該處取煖；人却知保存火，引火，以火充種種用途。』主張人類與動物有絕對差別的人，實不能發現比這更好的原理，對着最近的諸種發現，來辯護自己的見地。使人類一步一步進到較高文明的，便是這種豫見，換言之，便是對後來需要的顧慮。我們發覺，卽在人類最古的歷史上，亦能發現這種豫見。但在平靜的考慮之下，又很明白，我們決不知有這種絕對的差別，而在科學範圍內，亦無絲毫理由作這樣的假定。關於動物界的這以上的發展能力，〔一一〕關於人類能引火用火以前所須經歷的階段，我們沒有一點知識。

人們曾以非常的炯眼，結合這種種遺跡發現的結果，在此推論那是饗宴的遺跡，在彼推論那是埋葬儀式。我們且略去這有興味的嘗試，俾略考關於洪積層人類組織的結論，那是以已發現的遺骨的特性爲根據的。在此，不幸應知材料還極不充分。亞利格納克的發現，也許是最有趣味的，但這次發現，却成了醫家無智的紀念碑。這個醫家，曾發現十七副年齡不同性別不同的洪積期骸骨，埋葬在墓場中，但這墓場究在何所，也許因狂信之故，以後竟沒有一個人能夠指出。八年後，一切研究者及傍觀者，均忘記了它們的所在！也許以後他們還會想起。但現在我們祇知道，這一切骸骨，都屬於非常小的體格。〔二二〕尼安德台的骸骨，據推論，是屬於體格中平但筋肉非常發達的人。頭蓋骨最與猿相近，據推論，這洪積層人種的狀態，即是非常野蠻的狀態。此外，我們又從利居附近的安居斯洞穴中發現一個頭蓋骨，這已充分組成，不能表示它是屬於低的發展階段。克羅·馬格隆的骸骨，已有高度發展的頭蓋骨構造，但面部的形像甚不好看，顎骨的發展，使人想到他的殘忍性，但這骸骨的特性，不僅證明筋肉力非常發展，且表示許多猿猴一樣的特徵。〔二三〕

我們由此知洪積期的人類，決不屬於統一的人種，又知在我們所知的最古時代，腦髓仍可非常發達，這種發達，決不與粗野及蠻力的狀態相衝突。在這場合，我們是否必須認尼安德台的頭蓋骨是病態的變形，抑是程度特別低的種族，姑不在這裏決定。但無論如何，我們必須假設，原始時代歐羅巴的住民，不祇屬於一個種族而屬於若干不同的種族。即在我們所知的最古時期，在那一些種族中，亦沒有一個種族，比現代最不開化的野蠻人，是在本質上落在後面。就令我們認尼安德台的頭蓋骨，是一個種族的樣式，我們仍不可認這種族，是由猿到人中間的一個階段。在這種新的驚人的現象上，研究甚易流於輕率，而在此等現象貌似流行觀念的確證時，尤其如此。性急的我們，總希望用一個新發現，把我們悟性的因果法則所要求的發展鏈鎖補得完全。這種性急，正是對悟性不信任的遺跡。似乎，如果不是有積極的證據，立卽證明自然與合理的思考相一致，悟性的動作卽將再變爲於獨斷主義有利。實則，我們越是完全脫離各種獨斷的霧，這種不信任便越是完全消滅。在伊壁鳩魯的場合，說明一切事物均在某種可理解的方法上起源，仍是最重要的一點，但在我們，一切事物皆可理解的原理，却已經充分確立；無論是從充分的經驗推出，抑是先天的演繹，這個原理總歸是已經確立了的。然則，爲什麼要這樣性急呢？因爲有這種性質：卽不絕努力要依消極命題，救出那不能依積極命題來確證的妄想。古菲爾斷言沒有化石人，是這種性質的表現；沒有過渡階段的信言，亦是這種性質的表現。那麼，我們就以這種知識爲滿足罷，卽洪積期的人類狀態，不與今日澳地利亞黑人的狀態，有本質上的差別。〔一四〕

關於洪積期人類及歷史時代間的中間階段，結果更爲圓滿。過去數年前，關於這階段，人們已取得一個園地只要熱心研究，便可得到一部完全的人類太古史。那會引起許多評判的『廚房殘物』(Küchenabfälle)（卽空牡蠣及貝殼的古代堆積，是在丹麥海岸發現的，那伴有人間活動的無可疑的痕跡，）便屬於這個園地。瑞士及歐洲其他諸湖上的棧工建築物，尤其是屬於這個園地。其初，那無疑是避難所或堆物所，後來也許成了岸邊居住者交易貨物的集散所。這些非常惹人注目的建築物，自一八五三年至一八五四年冬克勒爾博士（Dr. Keller）在舒里克湖附近的梅倫最初有所發現，並認識其意義以來，曾接二連三的大量發現出來。現今，我們已能在這多數發現的物品上，尤其是在棧工建築物有火災痕跡的地方分別三個時代，其最後時代便是鐵器時代，現今還在這個時代。比這較早的時代，却不像古代神話所傳說是金銀的時代，而是各種族均祇有青銅用具的時代。再上去，是石器時代，這時代的黎明，我們已在洪積期人類中發現。

但依研究的進步所示，此等時代，亦祇有比較的意義。在這裏，人民是住在石器時代的生活狀態中，但同時在他處，却可已經發展較高的文明。被人熟用以後的石器，在有好材料好手藝尚可為許多目的擔任良好工作的時候，會長遠留供使用，且與金屬器具並為人所使用。此正如我們今日，仍在未開化部落，發現各種石器與貝器，同時又發現由歐洲輸入的製造的金屬器具。——棧工建築物，對先史時代民族的太古手工藝，生活方法，及漸漸發達的文化史，提供了很豐富的說明，這是我們可引以為慶的。但什麼事情最先在人類與動物之間，提示最堅決的差別呢？人類的存在，眞始於何時呢？關於這些問題，我們却不能在此處得到任何的說明。

但有件事實，是值得在此鄭重言之。這與人類存在的發端，有本質上的關聯。那就是，美感與原始藝術的出現。在人類尚與大肉食獸作野蠻鬥爭而在各種恐怖與轉變中艱苦地維持生存的時候，美感與原始藝術便已出現了。就這關係說，我們必須敘述法蘭西南部洞穴中初次發現的石與骨上所看到的動物形態輪廓圖。近頃這種石與骨又在台仁艮附近的夏佛浩森發現。須附言者，卽在最古最粗的陶器遺跡上，我們亦幾乎常常可以看到，那時的陶器，已相當注意形式的美感。在武器及用器的生產上裝飾的要素，與任一種便利的要素比較，都不會出現得更晚。〔一五〕對於席勒在藝術家中所述的思想，這裏有了一個可注意的確證；我們一考原始人的野蠻情熱，除了社會與美感，我們殆沒有任何資源，可以敎育觀念，提高觀念，使與這種情熱相對立。因此我們不自覺地要提出這大衆知道的問題，卽，最先唱歌最先說話的是人類麼？在這範圍內，古生物學沒有意見提出；但我們有解剖學的生理學的考察。按照葉格爾（Jäger）的聰明的說明，呼吸運動之微妙的操縱，尤其是呼氣之隨意的自由的控制，乃是說話的先決條件，但要完全具備這個條件，直立的姿勢乃是必要的。唱歌亦是這樣，有胸腔自由的鳥，便是天生的歌手，同時亦比較更容易學說話。達爾文便認唱歌在先。他說：『當我們討究性的淘汰時，我們看見，原始人或人類非常古的祖先，也許是先使用他的聲音，像今日的長手猿一樣，生出眞的樂調。根據一種廣的比論，我們可以推定，在兩性求愛的時候，這種能力特別表得顯著，卽表現爲各種情緒（例如愛，妬，勝利，）並用以對競爭者挑戰。以有節的音模倣音樂的叫聲，也許便是表示各種複雜情緒的言語的原始。』

〔一六〕

在言語的起源上，如達爾文所假設，動物聲的模倣，會有一部分的貢獻。這種說法是頗有或然性的，因爲，由模倣衝動而起的音，很容易取得意義。例如，模倣犬吠與鷄啼的烏鴉，當然會把此等聲音，聯結於該動物的種類觀念，因爲它知道，這種聲音屬於何種動物，不屬於何種動物。烏鴉便在這種發明上，有了概念形成的基礎。這種概念形成的初端，決非一般動物所不知而驚異，驚愕那種種反射的自然音，即無此，亦能爲一切組織相同的存在者所理解，因在動物，那種種反射的自然音，亦是顯明的理解手段。於是，我們有了語言形成的主觀要素，又有了語言形成的客觀要素。這兩個要素的結合，必給主觀要素以更嚴密的形式，給客觀要素以更多的內容。〔一七〕

如果在最近研究的光明下，考察人類文化的歷史，我們就會依其結果的進行，想起一個雙曲線，其縱線代表文化的發展，最初，那是在代表時間的橫線上，無限徐徐的向上提高，然後益益加快，直到最後，才在短時間進程中，有大進步。我們用這個譬喻，因要完全說明我們認爲重要的一種思想。這種發展，與物理的及心理的民族特性的發展，極不相同。個人及國民的天賦的進步，似甚遲遲，且漸漸而行。文化發展的進行所以如此，無疑是由於這種事實，即有同一能力的人，生長在最進步的環境中，比生長在最粗野的傳統下，當能達到遙較爲高的目的。譬如，現在，一個人只要有相當的天賦，便可以在二十年幼兒生活及青年生活中，熟習最發達的文化關係，並在文化關係中，發生自動的獨立的作用。我們只要想到，在古代，能由一代傳至一代的，祇是事實與個個的經驗或手段，而在現代，却還有一切發現與發明所賴的方法可以傳授，我們便很容易看見現代文化所以能急速進步的理由，不必假設現代人類有一種突然的飛躍，從此有更高的精神存在與肉體存在。不，個人既往往在腦力已經衰頹時得最重要的精神產物，所以說我們現在的飛躍的基礎，不像普通所假設是人類的彈性的青年力，亦決非不可想像。在這關係上，我們不要立下任何積極的但對任何人亦不能有力量的見解。但我們至少須指出，人類不絕進步的教義，沒有很深的客觀基礎。在未這樣指出以前，我們決不能擱置人類發展的問題。歷史的短期間，當然尙未給我們充分材料，來容許或然的經驗法則，更談不到容許嚴格所謂『法則，』但這種短時期却不祇一次向我們說明了，在一個民族內，外部發展與內部死滅，得攜手而進。民衆與『知識分子』均祇顧物質幸福而寧忍受專制政治的傾向，在古代，在若干開化的東方國家，便是內部死滅的徵候。我們提議在最末一篇從極不同見地來考察的疑問，便這樣顯示出來了它的理論的位置。

人類年齡的問題，當作不明白的神學觀念之最明白最顯然的反對，才與唯物論相關；對於特殊唯物論最內的基礎，那是沒有多少關係的。人種統一的問題亦是這樣。古菲爾的地球變革說是創世日說的變形，物種不變說是諾亞箱舟說的演化。同樣，人種統一問題，亦祇是同父母起源說的另一形式。不漸漸脫離這些傳說自認毫無成見的科學，決不會這樣熱心討究這些問題。大誤謬與小誤謬的鬥爭，在這場合，成了許多有益知識的源泉。要決定任何人均沒有明確觀念的問題，明白點說，要決定人類是否統一的問題，須量計頭蓋骨研究骨骼比較比例；人種學須已豐富，生理學見地須已擴大，歷史與人類學的無數事實須已蒐集，不使散失。但關於主要點，這一切努力仍不曾有任何解決。這一切討論的根本動機，不是純粹的科學與趣，祇是有力的黨派問題。除了所謂宗敎與趣外，北美奴隸問題又在這論爭中發生了有力的影響，因而問題更顯得複雜。在這諸場合，人們很容易以最廉價最古臭的理由爲滿足，此等理由已依博識的華美及科學形式的外觀而爲人所重視了。所以，諾特（Nott）及格利登（Glidden）的著作（人類的典型一八五四年）就充滿美國人的傾向，認黑人爲最低劣的人種，其組織殆與野獸相似。但因在此等問題的考究上，反對傾向早已佔得優勢，這本書倒使人們更能評定人種的特徵。淮慈的著作自然民族的人類學，就許多點說，都是優良的，惜爲科學界忘記得太早。這本書的吃虧處，是過分誇張人類『統一』的理由。因他過分誇張人類統一的理由，遂致屢屢求訴於極不可靠極不科學的蒲里嘉特（Prichard）；遂致認布魯門巴哈（一七九五年）爲物種及人種差別問題的第一個權威者；遂致尊重瓦格訥（R. Wagner）關於雜種的蒐集，認其爲『用意周到。』結局並說：『實際，自然界特有的差別，能有怎樣的意義？如果這種差別能依不絕的雜種生殖而消除，這種差別的確定又有什麼意義！』不待證明，就令這見地的解決是可能的，從這見地，終不能在主要點上希望什麼成就。當人們要依艱苦的迂說證明那可由經驗駁斥的事物時，情形怎樣，可由這一個例來說明。淮慈認野兔與家兔爲不同的物種，以反對交配的實驗時，盧氏（Roux）却在安哥林花了八年工夫發明了一種八分之三的野兔（Dreiachtelhausen）——一個動物新種或一個變種（Rasse）。〔18〕

人類統一的觀念現在已不復需在共同起源說上尋覓支點；且亞當伊娃的神話，恐亦不會緩和西班牙人對印第安人，克里奧人對黑奴的關係。卽不主張各種族能力絕對平等，我們仍可把主要諸點確立起來：卽，我們應推廣人道要求至於一切人種，應在共同國家團體內維持權利的平等，應在鄰國的交際上應用國際法的原則。從一個共同原始種族起源的事實，不能保證能力的平等，蓋因數千年發展上的落後，卽可導出劣等。共同的起源，祗能保證這點：卽發達較遲的種族，甚至其最低特質已經硬化而墮落的種族，亦可由環境（我們不能在此考察這一些環境）而導向較高的發展。根據進化論的原則，我們不僅須承認落後的種族能够如此，且須承認動物能够如此。

不能依精神內部價値而超越存在的感覺基礎的人，最反對『起源於猿』說。這種學說，在嚴密的意味上，當然不是達爾文學說的歸結。它所指示的，寧可說是，人類先史某時期有共同根苗，〔19〕從這共同根苗，一方向上而分枝成爲人類，他方則保留動物形而成爲猿。所以，我們固須承認，人的祖先，是像猿一樣，但我們仍須承認，人的祖先已有向上發展的素質。康德的意見便有點像這樣，以多祖進化說的假定爲根據的人類系統圖似較爲適合。人類在發展能力上所以居優越地位，仍可追溯至有機生活的開始。但這種優越反析到底，仍不過是思想與感情的整理上的便利，那顯然不能在秤上，投下絲毫的重量，來祖護多祖的理論。否則，自然科學的理由，將依主觀的倫理的動機之混合，而陷於淆雜。在更精密的考察下，表面認人與動物異源，不足增加人的榮譽，而且圖得這種榮譽，亦太不值得，因爲這祇是不正當地反抗一切爲一的思想，反抗全有機生活（我們祇是這個大全體的一部）的形成原理爲一的思想。我們且排除這種非哲學的反抗罷。我們將會發覺，與其從非有機的土塊起源，尙不如從已有高度組織的動物（思想的光輝，亦曾創造地表現於這種動物中）起源，更爲適意。

根據自然科學的理由，我們無論可以怎樣分別人與猿，我們仍不禁要把我們最厭惡的一系列的猿的特性，列入人類的先史中。斯累爾（Snell）曾於一八六三年著『人類的創造』（傑拿）一書，是一本精心的著作。他這著作的目的，是將科學之最嚴密的要求，結合於道德觀念宗敎觀念的保存。就這層說，他是幾乎成功了。但他相信，人類卽在他們先前的動物形態上，亦依其容貌姿勢所生的感動與豫感，而與其他動物不同。這種信念，無論如何是不當的。完全化的條件，不可與其結果的最初表現相混同。我們今日認爲最高貴最高尙的事物，也許祇能當作平靜生活——依各種造形印象而充分飽和了的生活——之最後的花而發展出來，然這種生活的可能性，却須依極不同的特質來取得。

人類文化可能的第一步，也許就是淩駕一切其他動物，他們爲達到這目的所使用的手段，與今日人們支配同胞所使用的手段，不見得會有本質上的不同。權謀與慘忍，野蠻的暴力與隱默的詐謀，在這種鬥爭上，必定曾有重要的作用。不，在今日，人們稍用理性卽可用遙較爲良的方法來達成的目的，有時仍不免流於刼掠與壓迫。這種事實，也許還是他們數千年間對獅熊、對類人猿鬥爭的餘波。但雖有這種情形，眞的德性仍可在智慧之旁，在部落及家族社會的範圍中同時發展。我們且想想，在古代文化上，個別國家及都市的內部生活是怎樣，對被征服的敵所施的待遇，又是怎樣罷，這當中的差別是非常大的。

所以我們亦不能根據心理學的理由，來排斥人與猿的種族關係，雖然猩猩與黑猩猩似乎太過和平了，不配從它們這一類，有征服太古大獅，擊破其腦蓋，貪吸其腦髓的洞穴居住者演生出來。

第二章　腦與心

我們要檢起唯物論得意的舊題目，這題目已不像在前世紀那樣容易排除了。物理學數學的大發現之最初的興奮已經過去；當一個謎團取得了新的說明時，世界會提示新的謎團，且世界又顯然益益加大益益擴張，所以前人未經想到未經考察的關聯之深淵，又會在有機生活上自行表現。眞信德羅茲(Droz)及沃康生（Vaucanson)[110]機械作品會發現生命祕密的時代，不能看見心理過程的機械說明上那愈積愈多的困難。因此，一種兒戲的素樸的見解，仍得自命爲科學的假設而被提出，卽每一個觀念都在腦髓中有一定的纖維，其纖維的振動，便構成意識。

唯物論的反對者，更容易說明，在意識與外部運動之間，有不可踰越的間隔；但自然的感情，不把這種間隔當作一件大事，因爲我們很容易看見，這是不可避免的。主觀與客觀的對立，常在某種形式上重現；不過，在其他體系上，更容易用一句話來作架橋。

如果在前世紀，我們不用形上學的反對，而以我們現今所可自由使用的物理經驗，唯物論也許已經爲它自己的武器所擊敗了。但也許不如此；蓋因關於腦髓活動性質當時人的見解所賴以排除的事實，也許將以同一的重量，打擊形上學得意的觀念。實際，以前所發表的關於腦與心的命題，也許沒有一個，不曾爲事實所駁斥成爲例外的一部分是攏攏統統的一般命題，例如腦是心活動的最重要的器官；還有一部分是討究腦某部分與某神經活動的關係的命題。但腦研究的無結果，祇有一部分可歸因於材料的困難。主要的理由，似乎是關於腦活動的性質，完全沒有可用的假設，甚至連近似的觀念也沒有。所以，就是有知識者，亦往往因失望而再落於久已爲事實所駁斥的理論，謂腦活動按智慧及心情的種種機能而部位化（Localisation）。有人說，舊觀念的存續，是科學非常大的妨礙：對於這種見解，我們曾屢次表示反對。但在這裏，確像似，心的幽靈出現於煩瑣哲學的廢墟上，曾與全部問題不絕發生混淆。我們很容易說明這幽靈（如果我們可以這樣指示經院心理學舊教義的影響）對於自認已完全脫離這種空想的人們，換言之，對於唯物論的首唱者，有很大的作用；不，我們還很容易說明，關於腦活動的考察法，他們的全部見解，在本質上便爲通俗見解（關於心之神話的能力，人們以前是抱此見解）所支配。但我們相信，關於腦機能的眞像，一旦得到合理的積極的理念，則此等見解在今日固易於頑强的自持，在彼時亦必同樣易於消滅。

在此我們不禁想起部位化理論的最粗野的形式，卽骨相學（Phrenologie）。對於我們的歷史的考察，骨相學固然是不可缺少的一點，但同時又因其結果可以直觀，故對於批判原則（以下當可發現更廣的應用）的發展，那亦是適當的論題。

蓋爾（Gall）的學說，謂腦由一系列經營特殊精神活動的特殊器官構成，此時，他從完全正確的見解出發，認普通為心的根本能力的注意力，判斷力，意志力，記憶力等等，祇是抽象，並認腦這種種活動方法的分類，不像人們所設想的那樣，具備着要素的意義。他根據種種觀察，假設腦有一系列的本原器官，其顯著發展，將給個人以不變的特性，其全體作用，即將決定個人的全部性格。蓋爾作此種發現並予以證明時，他的方法是搜集各種特性的著例。在犯人，狂人，天才家，或非常人那裏，這種例是很容易發現的。於是，他便在各該個人的腦蓋骨上，尋覓特別顯著的部位。如果這種部位發現了，這種器官便亦認為已被發現，然後印證以『經驗』，比較解剖學，動物心理學，及其他源泉。有許多器官僅在動物界觀察得，但即據此認人亦有。在蓋爾的研究方法上，嚴密科學方法的痕跡很難發現；但這情形，不會不利於他的學說的傳佈。任誰也能評量這一類的研究。其結果既常常是有趣的，『經驗』又通常會確證以這理論為基礎的學說。但這種經驗，與確證占星學的經驗，確證大多數醫術（不僅指類似治療法）效力的經驗，表白聖徒或神在驚人場合有顯著助力的經驗，屬於同一種類。所以，骨相學並不是獨立無偶；它非躍入荒唐的空想，却祇是似而非科學（這在今日，仍然是法律家醫家神學家及哲學家引為誇示的學問的大部分）領域上的果實。它被歸在精確科學的範圍，但其進行，却對科學方法的要件毫不顧慮，所以它的位置是很不確實的；但這點至少與類似治療法是共通的。

今日的骨相學，爲辯護自己的意見，曾猛烈攻擊對於似而非科學所加的種種非難。因爲人們都不要認眞考慮似而非科學，所以對於這種科學所加的非難，亦多不經深思。不過，骨相學雖如此辯護自己，但在他方面要在骨相學近頃的著作上，尋覓有任何積極證明之嘗試，亦必爲無益。蓋爾及斯白爾慈漢(Spurzheim)進行研究時，此問題的研究方法尙不十分發展；我們今日的骨相學者，又不稍以公平心對待科學的非常進步，却去參加這種無結果的論爭。在今日，仍像約翰·密勒爾(Johannes Müller)在所著『生理學』上所說的那樣：『說到原理，其可能性雖不能先天的加以否定；但經驗說明了，蓋爾的器官說，全無經驗的基礎，頭部傷害的故事，和特別精神活動由腦髓特別部位經營的學說，恰好相反。』〔三〕

且舉數例以明之。加斯特爾(Castle)在所著骨相學中，從斯白爾慈漢，列舉若干喪失大部分腦髓但精神能力不受何等障礙的例。他曾抱怨說，在這一切場合，傷害的部位，均未確實指明。假如傷害是小腦，則『骨相學者能不現難色，承認思惟能力可不受損害。』〔三〕辯解的理由，在此甚爲明白。但因反對方面的可能性是同樣正當的，所以我們覺得，骨相學者必不輕輕把這樣的事例放過；我們期望，在他所觀察到的事例中，他將努力十分準確地，確定受傷的器官及受傷的程度，並十分小心，十分精密地，把各該個人的精神活動，當作眞正的實例，而加以觀察與確證。但加斯特爾不爲此，却心無片疑的，給我們這樣一段話：

『我自己亦有機會看到同樣的情形。有一個阿美利加人，曾在後腦受若干彈丸，結果把頭蓋骨削去一部分，據他說，且曾流出幾匙腦髓。但據說他的智力未受損傷。據他自己說明，他所感到的缺陷，是從神經來的。他的地位使他不得不在公衆前常常說話；但他前此所有的特徵——强壯與膂力——是已經喪失。這種事實，曾有人用作反骨相學的證據，然很容易看見，這事實完全與這科學的原則相一致。腦受傷處所，不是理智力的部位，祇是動物力的部位，故受傷的唯一事物，亦祇是動物力。』

實際就是這樣。關於受傷的器官，關於傷處或瘢痕的大小，未有任何記載！試考察腦器官的『二重性，』對於這不可支持的理論，有怎樣大的辯護作用，我們至少可以知道，削去『頭蓋骨一部分』及『幾匙腦髓』的後腦的傷，是否僅在這部位，從而有半腦的器官，可認爲毫未受傷。如果彈丸射入後腦中央至這程度，那很容易完全把『愛兒心』的器官破壞。但就這器官說如何呢？就『統一性』及『習慣力』說又如何呢？就『聯接力』說又如何呢？關於這一切，一個字也未曾提起！這一切器官都在後腦呀；設局部破壞是可能的，熱心於科學研究的人——且假定這樣的人可以成爲一個骨相學者——必認此有無限價值。『動物力』受損害了。這固可表明位於後腦一面的『鬥爭衝動；』但我們却須猜測，如果彈丸正中這種器官，加斯特爾或不致略而不言。實際，這個人，『前此所有的特徵，强壯與膂力，是已經喪失了』呀！

雖然孔比德（Combette）已於一八三一年看到一個人全無小腦但仍有極强性慾，扶洛倫斯（Flourens）看到一個小腦切去大部分但繼續活了八個月的牡鷄仍有性慾，[三三]骨相學家仍認小腦爲性慾器官，這樣看來，便毫不足怪了。

大腦前葉因有許多這樣重要的器官，所以其一部分如因受重傷而破壞，必易於認識。智慧技能等等，均與此有關，而智慧技能的喪失，又比性格的變化，更易於確認。但就頭前部的大多數腦傷害說，在嚴密的科學觀察下，不與這種主張極端違背的事件，是沒有的。於此，祇有依賴器官二重性。但頭蓋骨的突或陷，已足說明全精神性質的大別，爲什麼一種器官減了一半，尚不能顯然改變性格呢？但我們不要因這種說明，便把我們的批評減弱，因爲對於這種說明，至少可以發明一種假設來反對。大腦兩方前葉雖均受重傷而破壞但理智仍不因此而生絲毫障礙的例，並不是沒有的。郎克（Longet）在神經系統的解剖學與生理學上，曾報告兩個經充分觀察過的這樣的例。只要有一個這樣的例，骨相學的全部系統便可以推翻。[三四]

尚不祇骨相學而已；解剖學者雖不以這樣狹隘的範圍爲基礎，但亦有許多解剖學者，認大腦前葉爲智慧所在的部位。較大羣精神特性的部位亦較大的學說，亦空洞無據。雖有人任意選擇了許多偉人的頭蓋骨，照例前額總是很高很寬的，但忘記了，就令前額大發展照例與大智慧相一致，此種事實仍不足證明智慧的活動是局處於腦這一部分。以前所觀察到的事實，令人斷言大腦各部分在本質上具有同一的使命。也許，全體的特別適合的組織，亦與其特殊形式相關聯。

骨相學必導向唯物論。這種議論，曾爲現代一部分骨相學者所猛烈攻擊。但這種攻擊，和它的一般命題，處於同樣的境遇；明白說，那顯然是誤謬的。是的，骨相學如果在科學方面是有基礎的，就不僅可以得康德體系的支持，且可以和那一些古舊觀念——按照這些觀念，腦與『心』的關係，有如頗完全的機械與使用機械的人的關係——相調和。但這是很可注意的，現代唯物論者及人們全不信賴的此等人，對於骨相學，會作驚人的有利判斷。科達（B. Cotta）是這樣，佛格特尤其是這樣，他曾在『動物生活圖』中說出這樣特別性急的話：『骨相學，卽在其最小應用上，不亦是眞確的嗎？機能的每一種變化，不都須有器官的物質變化在先頭發生或在同時發生嗎？我衹有說，眞是如此。』

這種同情的理由，是很容易知道的。思惟是腦髓活動這個一般命題，卽不是非常有效的，一般說亦是極有或然性的。但我們必須特別研究這種活動，把它分解爲要素，而在這些要素上證明『物理的』與『精神的』互相一致，然後才可採納這種思考方法，才可認它對於綜合世界觀的形成，甚爲重要。再者，必須我們可依這種知識構成人類的性質，像天文學依運動法則豫定天體的位置一樣，人們的精神，對於產生這種結果的理論，才不會抵抗。我們的唯物論者，當然不會幻想到這程度，以致相信現在這樣的骨相學及其種種手續。佛格特便曾在其他著作上再三明白表示這個理論的非科學性。畢希納雖十分重視骨相學但亦承認『最重要的科學思想，尙與之反對。』但他曾追究不愜意的『生得觀念』到僅僅可能的骨相學的隱匿處。因要否定那與近世哲學毫無關係而僅存於通俗著作與演講上的生得觀念，他以爲，他對於從骨相學引出來袒護生得觀念的結論，必須予以論駁。他在論戰熱中忽略了，從腦部構造組織必然會生出來的生得觀念，與最一貫的唯物論，完全調和；不，這種假定，比較洛克的白板的見地，還更與他的其他命題相一致。但近世著名哲學家，都不相信無外界影響亦能展開，也許在胎兒體中卽已存意識中的觀念，同樣，骨相學者亦不能假設，沒有音與色，音的感覺與色的感覺亦能發展而活動。論爭的一面，是洛克的全精神內容來自感官的一面觀，（這種見解，曾在難於瞭解的程度上，支配前世紀，）別一面是認腦或心有一定形式，感官印象之成爲概念與觀念，均爲這種形式所前定的見解。人們屢屢把這種形式，比作鑄字金屬的鑄模，或盛泉水一樣的感官印象的瓦壺。這些碎片無論怎樣散漫，但說有某種物質條件在一切觀念的形成上發生最本質的影響，仍是眞理。因要參照僅僅可能的骨相學，來反對這種影響，畢希納曾提出這樣的假設，卽骨相學器官與外部印象的關係，可以倒轉來，因爲『當腦髓成長及形成時，該骨相學器官得依連續的反覆的某種方向的外界印象及心理活動，而在實質上發展，此正如筋肉得依運動而益强壯。——但骨相學者將說：『好的！但筋肉依然是生得的；它們從出生以來便有差別，我們不能否定在同情狀下，筋肉强的兒童，將比筋肉弱的兒童，更會使用筋肉。否定生得的腦，亦將否定精神活動的生得傾向！』但畢希訥未這樣深進。他嘆說：『自然不知意圖，不知目的，亦不知有外來的從上面給她强制的精神條件或物質條件。』如果沒有這以上的意義，如果從內而外的由自然本身起的觀念形成條件被承認，爲什麼又要這樣譁然呢？

這裏，我們又導入了全部唯物論論爭的中心，爲什麼這樣譁然呢？也許因爲要對付我們今日科學之虛僞的尊大。特權社會的思想與多數民衆間的間隙，從來不比今日更大，這特權社會亦從來不像現在那樣完全與現存事物的不合理，締結利己的單獨的和平條件。曾提供類似狀況的時代，祇是古代文化沒落前的時代；但今日半意識半不意識地反對貴族主義哲學的唯物論的民主主義，那時代還未曾有。由貴族主義的哲學見地看，在理論方面把唯物論駁斥是容易的，但難於把它排除。在實際的討論上，唯物論游戲一樣將一切祕傳的微妙觀念破壞，而祕傳的微妙觀念所與以締結虛僞聯絡之粗雜通俗觀念，亦被破壞。科學嚇着起來說：『我們決沒有這種意思。』但她得到的答覆是：『平易的向每一個人說，不然就是滅亡！』唯物論之歷史的意義，乃屹然高聳在論理的批評之後，而因此故，唯物論亦祇能在歷史的研究中，得到完全的評價。

因要批判精神機能部位化的全部觀念，我們且像畢希訥一樣，暫假設骨相學是存在的，在這場合，我們把反面的病理解剖的事實暫置不論。為便利起見，我們又認這學說，是由斯白爾慈漢，孔伯（Combe）諸人所發展而在德國已頗為流佈。在這場合，對於這具體思惟的假定也許會引出這樣一幅圖畫。

每一個器官都有其獨立活動，但一切器官的活動，又合流而成總體的作用。每一個器官，都獨立地自行思考，自行感覺，自行意志；而人的思惟，人的感情，人的意志，便是此等活動的總和的結果。在每一種器官上，精神活動都有多樣的階段。感覺，按照器官的思惟與奮的強弱，而升為觀念，最後升為想像。情緒可成為熱情；衝動可成為欲望，最後成為情欲。這種種活動，都祇有關於各器官天賦的質料。有一位最聰明的骨相學者曾說：『每一個精神器官，都說它自己的話，瞭解它對自己所說的話；良心祇說正與不正；博愛心祇說同喜同憂，其他依此類推。』它們結合成為一體，於是生出更一般的現象，例如『悟性，』如三十六種思惟能力全體的活動；但在人的特殊個別活動上，它們的合作，一部分是互相反對，一部分是互相支持，互相變形，像四肢運動上的筋肉集合一樣。

在最初的瞥見上，我們就覺得，這全部思考方法，是在最幻影的抽象中移動。蓋爾願以心理學之自然的具體的基礎，代替普通的精神能力。在這方面，因有所謂器官的假定，外表上他是成功了；但我們一經論到這器官的活動，古時的幻影游戲又開始了。蓋爾自己與這種發展很少關係，即其弟子大多數，亦不知道我們對於這些器官的活動方法，必能形成一種觀念。骨相學，在認頭蓋骨形式與精神特性相一致的限度內可以是正當的。但由此，關於腦的活動方法，我們不能得到任何說明。如果慈善家的腦及腦蓋骨，在頭的頂點突出向前，我們決不能因此便認這部位的縐壁專司同憂同喜這一類的情緒。

然則，『同憂』的意義又如何呢？當我聞一小兒慘哭於街頭，我除了感覺音波以外，還感到一系列的感覺，尤其是在呼吸器的筋肉上（因此故，古人遂認感情的部位在於胸）。此外，則這個人可以感到心跳的加速，別一個人感到胃部起一種奇怪的感覺，第三個人可以發生一種亦要哭的感覺。同時，又起救助的觀念。某一些運動筋肉將起輕微的神經活動，即走到那小兒那裏去，問他究竟是什麼事情。觀念的聯合，使我想到如果自己的孩子在這情形下將會怎樣，使我想到哭的孩子亦有父母，他們可以安慰他，但不在這裏。我會想起種種原因，是迷路了罷，是餓罷，是寒罷，以及其他種種。最後，我們才決心或隨意救助這哭的小兒。我有同情心，致使我自己或依無益的同情而遭物笑，或在適當的時機伸手援救。但無論如何，我的組織是這樣的，所以特別比別人更易發生上述那樣的徵候，像某些人比別些人更易在壓草刺激下噴嚏一樣。道德的判斷，稱前一種特性爲善的，稱後一種特性爲無關係的；但從物理方面說，這現象，却與貝多汶（Beethoven）交響樂的一行及供養樂的一節（兩者都由音的連續而成）頗有相似之處。——然則何爲同情呢？兒童的哭聲是送入慈善的器官，祇瞭解這種語言的器官麼？在這器官上，最先發生感覺感動衝動，最後才發生意志與考慮麼？然後，這援助的意志，再從這器官送入運動中樞，送入在這場合任慈善器官使用的長脊髓麼？這種思考方法，不過使困難後向在這場合，人們認一器官的活動像全人的活動一樣，而以最無思慮的人形說，應用於人的個個部分。在慈善的器官上，一切物皆須合流；不僅思想感情與意欲，卽視與聽亦須合流。如果我把這種人形說放棄，把這種不解決問題祇延遲問題的人形說放棄，則在我看，最有或然性的一件事，便是：在這假定的過程中，我的全腦都參加了，不過參加的程度各有不同。

在此，骨相學者又向我攻擊，說我完全不懂骨相學。骨相學者亦假定全腦的活動，至少假定器官大集合的活動，不過假定慈善心在這場合居指導位置。同情的對象是什麼呢？是兒童麼？果如是，則『兒童之愛』亦有作用了！這兒童又如何被救呢？指示他的道路麼？果如是，則『地方感覺』加入了；『希望』與『誠意』發現了；『推論力』在過程中亦曾參與。但這些器官是獨自思想，獨自感覺，獨自意志的各自聞哭聲，各自見兒童，因爲這各種器官有各自的想像，所以還各自想像原因與結果。唯一的差別，是在這場合，『慈善心』發出支配的音調，而抱有『這裏有人陷於困苦，必須與以援助』的思想。『誠意』說：『當然，援助同胞是義務，義務是必須服從的。』『希望』說：『要安慰這小人是很容易的。』同時，後腦方面却提出反對。於是『賞讚愛』說：『祇求不受非難。』『謹愼心』說：我的鄰居（賞讚愛）是很對的，這事必須愼重考慮。但『音感』提出某種利己的理由，教我去援救；最後，『活動的衝動』才把辯論結束而提出決議。我們就這樣召集了一個小人會議，像在實際會議上一樣，各小人祇有一個理念，而不絕求其實現。

骨相學破棄了一個心，但給了我們將近四十個心，就其本身說，每一個心都像一般的心生活一樣，是神祕的。骨相學不把心分解爲現實的要素，却把它分解爲有種種性格的人格。人與動物，是機械中最複雜者，亦爲我們所最習見者。我們忘記了其中有某種事物尙待說明，不然，就祇覺得，只要反覆想像『小人』來作全部活動的支持者，問題就經『明白』。當牧師花費幾點鐘工夫說明蒸汽機關的本質時，百姓某却高喊『是的，先生，這裏面有一匹馬。』這一匹馬雖須是不可思議的馬，但說有一匹馬在裏面，一切便都明白了。馬的本身，不需有進一步的說明。

骨相學因要超越心的鬼魅見地，會跑了一步，但其結果却使全頭蓋骨充滿鬼魅。它於是再陷入素樸的見地，認在身體這架巧妙的機械旁邊，必定有一個指導全體的技師，必定有一個使用工具的老練家。畢生驚嘆蒸汽機關而對之毫無理解的人，也許會想在汽筒中有一個小蒸汽機關，使活塞一上一下運動。

花費工夫，這樣詳細論述全然不科學的骨相學，而其結果祇不過得到一個新例，說明那『不可抗拒的人格化的傾向』（生出這一羣能動的精神能力的，便是這種傾向），值得嗎？雖有若干唯物論的代表者，過於其分地與這種見解相接近但對於近世神經生理學的全體的發現這種見解的影響是很小的。

關於腦對心能的關係，我們的說明，何以一向毫無進步，似與骨相學的失敗，同其原因，即在可能範圍內，以抽象觀念的人格化，代替現實之單純的理解。導往腦髓的路，究是什麼？神經呀！在神經中，這混亂的集團的一部，在我們面前展開了。神經在我們面前既然是個個的事物，所以是能够實驗的。在神經中，我們可以發現傳導、電流，可以發現筋肉收縮，及腺分泌的影響；可以發現中樞器官的反動。我們發現反射運動的現象。這種運動，會被認爲一切心理活動的根本要素，頗具有一種極有希望的傾向，使問題能得到進一步的說明。[三五] 設要知道，人格化會怎樣發生阻礙正當的思想（即，從非人格的引出人格的）怎樣難於從習慣的觀念生起，可由夫里格爾（Pflüger）的實驗（試驗脊髓中樞在心理上有怎樣的意義）史，得到一個最可注意的例。夫里格爾會以非常的炯眼及實驗的才能，說明已失頭的蛙及其他動物，甚至切成段的蜥蜴的尾，其在長期間內所作的運動，仍不能否認地含有合目的性。最有興味的一個實例，是：一個已失頭的蛙，背脊上沾到某種酸液，仍能以最便使用的足，冀把酸液揩除。把這隻足切去，它便試以殘肢來揩拭。幾經努力不能成功以後，它才以反對方面的足來揩拭。這決不祇是反射運動。蛙似乎亦有思慮。蛙的推理似乎是，既不能以這個足達到目的，所以試用別一隻足。脊髓的心，尾的心，似已證明是存在的。祇有一個心是能思惟的！這是否唯物論的心，不成爲爭點。但全蛙已代表於其脊髓中。其思惟與決斷，無異全蛙。——一個尊重科學的反對者，曾取一蛙，將其頭切去，徐徐放在鍋上煮。但要使實驗更完全，却應該把一個有頭的蛙，和這個無頭的蛙一道放在鍋上煮，再把別一個沒有頭的標本，放在鍋的旁邊，俾作正確的比較。結果是，切去了頭的蛙，靜待煮熟，不像有頭但陷在同命運中的同伴那樣，與命運抗爭。所以結論：脊髓的心是沒有的；如果有它就會注意到熱度漸增的危險，而想要逃避。〔二六〕

兩方的結論是同樣有力。但夫里格爾的實驗是更有價値的，更根本的。莫人格化；莫在蛙的各部，尋覓思考的感情的與行動的蛙，亦莫從全體（卽從未曾說明的心）而從更單純的現象（卽從反射運動）說明這現象。這樣，我們將易發現感覺與運動的這些已經如此複雜的結果，對於最複雜的心理活動，提示了說明的初基。這便是我們的道路。

然則，又爲什麼不如此做呢？對這最困難的實驗，沒有烱眼與卓識麼？當然不是。其原因乃在於缺乏如下的見解，卽要說明心理生活，須將其還元爲個個的過程，這個個的過程，是活動所不可缺的部分，但與完全有機體的活動方法，全然不同。

但反射運動的發生是無意識的；所以這一類最複合的活動亦不能說明意識。

這種最粗雜的成見，還提示一種反對論！倂雷叔特因要證明意識祇存於大腦中，曾引雅伯特・德・蘭堡（Jobert de Lamballes）有名的觀察作爲證據。按照這種觀察，有一女郎，在脊髓最上部受了傷，雖全體（除了頭）均陷麻木狀態中，但在半小時內，意識依然不失。『所以脊髓卽全部不能活動，亦不致影響意識。』好！但是，當從此實例推論已失頭的動物沒有感覺與意識時，倂雷叔特忽略了，與脊髓分開了的頭，可在我們能瞭解的方法上表示意識，軀幹却不能。已與頭分離的脊髓中樞，可否有感覺與意識，我們不能知道。我們所能假定的，祇是這點：卽，這意識所能做的，都須以遠心及求心神經傳導及中樞組織之機械條件爲基礎。

我們亦不能推論：脊髓中樞有感覺，所以能遂行機械作用以上的事物。反之，事物完全機械地發生，不僅先天的說是確實的，且由逐漸加熱的反對實驗，可予以以上的證明。對於一類刺激，蛙的脊髓有一種機械作用，可以發生合目的的反射運動；對於別一類刺激，情形又可不然。在後一場合是缺少感覺，抑僅缺少以反射運動爲感覺的反應之能力，我們不知道。在此我們雖祇有類推可引爲支持，我們仍可推論，在感覺發生的地方，都有對感覺發生反應的設備。反之，我們又可假定，每一種反射設備，亦至少含有感覺（卽令是非常徵弱的感覺）的可能性。但雖如此，在一個健全的動物，下級中樞的這種感覺，有沒有任何部分會明白地通入意識內，[三七]還是一個極有疑問的問題。

我們知道，這正是使唯物論首尾一貫的方法，要使腦與心的關係的研究成功，這是必要條件，但唯物論決不因此而在形上學意味上爲人是認。——如果腦髓能生出全人的精神生活，我們亦可信單純的感覺是出於脊髓中樞。我們須記着，人們常以切去了頭的動物，來反對笛卡兒一切動物皆爲單純機械的主張。它們的感覺的自體，我們是不能看見的。我們祇由痛苦，快樂，畏懼，憤怒等等（這種種，與相應的人類姿勢相一致）表徵，來推論。但在切去了頭的動物身上，我們亦可部分地發現這種種表徵。我們應該推論，它們同樣與感覺相關聯。大腦被取去了的動物，如受壓迫，依然會呼叫或震顫。扶洛倫斯見失腦的雄鷄，陷於嗜眠狀態中，故推論其無感覺。但這動物是能行與立的。如受推，即會醒覺，如使其仰臥，即蹶起。所以，約翰·密勒爾很正當地得到完全不同的結論說：『扶洛倫斯從他的實驗，斷言大腦半球是感覺的中樞器官。但他的有趣的觀察，正如古菲爾所云，恰好證明了與此相反的事情，他的推論，殊不能謂爲適當。大腦半球已被除去的動物，雖在鈍感狀態中，但仍有明白的感覺的徵候，不祇有反射（反射活動）。』〔三八〕

密勒爾自己的缺點，在於他主張大腦被除去的動物的感覺是和健全動物的感覺一樣。他所以會陷於這種謬誤，就因爲他主張部位化的理論。他認延髓爲意志影響的中樞；大腦是觀念以及思惟的座位。所以，關於大腦半球的無感覺性，他曾說：『腦髓的這一部分，是感覺轉化爲觀念，及儲存觀念，使其當作感覺的影而再現之所在，但其本身沒有感覺可能性。』關於這些不可思議的過程，我們什麼也不知道。而且，我們所謂『觀念，』是否即是甚細微的感覺的複合，亦還是疑問。密勒爾認延髓專司意志與感覺，認腦底的器官特別與官能的感覺有關係，並認思惟起於大腦。結果又是抽象的指定種種部位。抽象的人格化，在這裏雖不如骨相學之烈，但依然存在。研究家的考慮，如完全注意於思惟感情意志那諸種現象，他的最初的思考，將觀察與奮狀態由腦的一部到別一部的漲溢(überströmen)，觀察緊張力之前進的解放，視其為心理作用的客觀要素，不尋覓種種勢力的座位，祇尋覓這種種流通的通路，其關係，及其結合。

密勒爾求助於比較解剖學，以支持他的大腦理論。比較解剖學，至今仍是這種思想的最重要的基礎，甚至可說是唯一的基礎。病理解剖學還是常常作梗。實際，我們必須承認，動物界大腦半球的漸漸發展，使我們可用最大的或然性來推論：人類精神優越最本質的基礎，必須在這重要的器官上尋覓。但不能因此便說，這必然是更高級精神活動之座位。我們在此必須有顯著的飛躍，那在論理上是很明白的。但我們必須把問題說明。在同一的不很大的水流中有大池的水車，必比僅有小池或全無池的水車，更能照常在夏季工作。有大池的水車在需要的場合，即特別努力，亦不致立即乾涸，它的位置更適宜，故它的工作亦更有利益。這利益的由來，便是這個大池。但工作不從池而起，乃由水流及其推動而起。——在此我們的目的旣祇在指明論理上的缺陷，不在自立一個假設，所以我們再加上一個比喻。顧騰堡的單純的印刷機，與最複雜的速印刷機比較作用是遜劣得多的。後者的優越，不存於其形式，祇存於其精巧的車輪聯動機。但我們可說，實行印刷的，是這個車輪聯動機麼？我們實際還可用我們的感官，作一個例。構造較完全的目，是良視的條件，但視不生於目，祇生於腦。——所以，較高精神機能的座位問題，卽令不是不應提出，亦至少尙未解決；但大腦半球對於這種機能，有決然的意義，却是我們不得不立時承認的。

密勒爾實際亦信扶洛倫斯曾以小刀，對於較高精神機能位於大腦的見解，提示直接的證明。畢希訥有句很有名的話，說扶洛倫斯曾從雄鷄一片一片把『心』切去。但就令雄鷄的較高精神機能（這樣難於定義的機能）果在這種生體解剖中被切去，這豫想還是不能成立，因大腦在此等活動的成立上雖爲不可缺少的要素，但決非此等活動的座位。我們須進一步觀察在有機體中，大腦那樣的器官的切除，必陷動物於病態中，必陷其鄰近各部分的機能於混亂中。例如，赫爾特威茲（Hertwig）的實驗（見密勒爾生理學），就把這點證明了。照這個實驗，有一鴿，其半球上部被除去了，在十五日內它雖失去了聽力，但最後終把聽力恢復了，繼續活了兩個半月。在扶洛倫斯的實驗中，動物的視力往往與其聽力一道喪失，這情形，使這位硏究家相信動物已不復有意識。反之，郞克却依一個非常惹人注意的實驗，證明了，如果視神經床及腦其他部分（大腦以外的部分）小心不予以破壞，鴿的視力便有一部分可以保存。設取去第一流聰明著作家的目，破壞其聽力，痲痺其舌，並給其以輕微的熱或永續的興奮。他的大腦雖未喪失，但我們相信，他的較高精神機能的痕跡，將不能表現。如是，對於殘廢的雄鷄，我們又怎樣能這樣期待？

我們以下將述最近的腦研究。最近的腦研究，在完全不同的方法上，保證大腦的主要意義。按照這種研究，大腦既非『心』亦非在某不可思議方法上產生『智慧』及『意志』的器官，而祇是使感覺及運動發生最複雜結合的器官。在那裏不是產生『意志』自身，它所產生的作用，與反射活動相似，但更爲複合，且依更多樣的傳導（由腦髓其他部分來的傳導）而受制約。腦髓不產生仍須化爲具體行動之心理學的抽象；但在那裏，亦像在反射中一樣，有具體的行動，當作腦髓狀態及各通道興奮狀態的直接結果。所以不是我們一片一片將雄鷄的『心』切去，却是由意義各不相同但各有一定意義的單純部分而構成的結合裝置，被小刀所破壞。動物的個體性質，其動物特性，在生命的最後殘跡消滅以前，依然存續。但意識是否與這裝置的機能完全結合，却還極可疑（參看註二七）。

我們再舉卡魯斯（Carus）及胡希克（Huschke）的見解，來例解片面的隨意的腦學。他們的見解，在稍稍變形之後，曾廣行於世，惟其所根據的原理，完全是抽象人格化的傳統原理。這種見解，雖不致與現在的科學見地相遠離，但將使我們行入自然哲學的範圍。因爲，在腦研究上，即在最近時，我們亦迄未超出自然哲學的範圍。

胡希克在一八二一年所著的論文中曾說腦的三個主要部分，與頭蓋骨的三個椎骨相當，所以我們亦須假設三種主要精神機能——這是一種奇妙的因果關聯，但與當時的思考方法完全符合。即，延髓與小腦司意志，顱頂骨司感情，前額腦司思惟。當然，『兩極性』在這一切作用上都有作用。小腦與大腦保持兩極的反對；前者司運動，後者司感覺與思惟；前者有能動的活動，後者有受容的活動。就這關係說，腦底的部分，全與大腦相接；但在這集塊中，亦有兩極的對立。因要幫助我們瞭解科學觀念的成立，試一考察，胡希克曾認扶洛倫斯數年後公佈的有名的實驗，對於他的理論，是一種實驗的證明，[三九]亦未嘗不是一件有趣的事。

卡魯斯後來提倡一種完全類似的三分法，但胡希克認心情的本來座位，在視丘（Sehhügel）大腦後葉（die hinterer Lappen des Grossen Hirns）及其他部分，卡魯斯卻認心情的本來座位，在四疊體（Vierhügeln）。胡希克認四疊體不足經營心情生活機能那樣重要的機能，而且，在人類發展史中，在動物的向上系列中，這種四疊體將更失去意義。但這情形，不能妨礙卡魯斯，因為他是從本來素質出發，他覺得認知情意在發展的人體中如此位置，『各被拘束於腦髓三個部分中的一個部分，』是很不合理的。但『若我們說的是這些構造物的本來素質，則因在此時，傳導纖維尚全未發展或未全發展，在此時，精神生活的微妙差異尙不成問題，』情形就大不相同。在這場合，祇認精神的三個根本傾向位於素質中，這種素質後來才發展爲精神力。卡魯斯因認部位化不過是特殊精神發展的象徵，故在這限度內，他的見地是自陷於形上學的曖昧，以避免駁斥。

這兩位生理學者的見解是很相近的。我們試一檢討他們的證明手段，我們就逢見了比較解剖學的推廣的使用。在比較解剖學上，自然哲學的見地，自始卽這樣顯著地與實證科學的見地相融合。因爲比較解剖學的根基是個物之最精密的理解，因爲比較解剖學必須以最正確的手續（在神經系統的解剖上尤其如此）爲基礎，所以研究家很容易認他們的結論亦有正確性。他們以爲，從相應形式之比較，必須引出這樣的結論。但關於腦髓形成對精神活動的關係，人們要得任何推論，其手續都不是單純的。我們比較可目見的人身有機體與動物有機體。這比較，許用正確的方法。我們能稱量魚的四疊體；我們能計算鳥的小腦與全腦的比例。我們能以這比例，比較於我們在人身上所發現的比例。這以上，道路都很平坦。但我必須在同一方法上，知道各種動物的精神機能，而互相比較，並以與人的精神機能比較。困難的工作，便在此開始了。我必須將一範圍內的顯著的同點與異點，和別一範圍內的顯著的同點與異點，互相調整，從而比較所觀察的現象的程度與合法則性，漸漸發現這種對應的網，並由此確斷個個的事物。在這種手續上，我必須避免多產的想像力所大量贋造的錯覺。

然而，與其將困難加重，實不如指示這手續的不可能。其不可能，存於比較心理學的缺陷。在心理學上，我們一般不能解剖，不能秤量，不能測定，不能提示任何的標本。思惟感情意志那樣的名稱，都祇是名稱。誰能正確指示與此等名稱相應的事物？下定義麼？這是一個不可靠的要素！那是沒有用處的，至少在正確的比較上，沒有用處。我們又用什麼來結合我們的觀察呢？用什麼尺度來尺度呢？這樣暗中摸索，認由此一定可以發現某種事物的信心，祇是兒童的素樸的成見或形上學者的豫言的靈感。悟性祇有一條路：卽它祇能以動物界的實證的有證明的可以目睹的行動，比較於它們的器官。悟性須將這問題還元爲運動方法與運動原因的問題。但這條路還祇能行於未來。因爲，謝特林(Scheitling)布賴謨(Brehm)諸人及動物界的其他親近者，雖有種種功績，但仍不能認爲是這一條路的開拓者。我們在進行此等比較時，如要有幾分確信，却必須先開拓這一條路。

然則，如果認鳥類及哺乳動物類小腦較大的原因，是與人類受容性相反的運動性，我們又將說什麼呢？很明白我們不能按照這個方法學到什麼。——解剖學者曾觀察，就羊說，四疊體的前一對大，後一對小；就犬說，則前一對小，後一對大。他由此認爲，前一對是感覺的，後一對是運動的。這種觀念至多祇能當作進一步研究的指針。但這所謂進一步的研究，決不是集積相似的觀察及同樣任意的說明。那必須行入確定的能以實驗來克服的範圍。尤要者，我們必須拋棄一般心理學的煩瑣概念！如果有人指示我，腦某部分受輕傷，將使其他各方面皆甚健全的貓不能捕鼠，我會相信這是心理學的發現的正道。但就在這場合，我亦不假定捕鼠觀念的所在點已被發現。一面鐘因一個齒輪受傷，會誤報時刻，但我們決不能因此便說，報時刻的，是這個齒輪。

最要者，我們必須明白，我們期望在腦機能要素中再發見的事物，在舊經院心理學任一節內，亦未有敍述。舊經院心理學比方說，是認蒸汽機關的可從外表觀察的種種活動，位居於個別的汽罐管或機械的一定部分。這裏是排煙的能力，這裏是放汽的能力，這裏是迴轉力，這裏是定緩速的能力，這裏是負重的能力。在我們全部的傳統心理學上，人的活動，是按照其對生活及生活目的之關係，而被分類，未曾顧及其起原要素。單純的心理分析，往往會明白說明由同一名辭指示的東西，不形成眞的統一。例如，暴風雨中的水手，是勇敢的；對於所謂幽靈現象，亦有所謂勇敢，然則所謂『勇敢，』究是什麼呢？就影響的種種形式與範圍而言，所謂『記憶，』所謂『推論力』又是什麼呢？這一切心理學概念，都給我們一個名辭，教我們極不完全地給人類生活現象的一部分，以一個類別。關於此等現象之共同的實質的基礎之形上學的幻想，是和這種分類相偕而來的。這種幻想，必須破除。

精神能力部位化的成見，如何根深蒂固，可由這範圍內最初研究者中一個人的生平和活動，得到一個使人感動的例。扶洛倫斯，在二十年代之初，就依有名的生體解剖，在歐羅巴獲得名譽。他在四十年後，再回來研究腦的機能，而應用那新鮮精妙從而值得驚嘆的方法。他用一金屬小球入動物的腦的表面，任其徐徐沈下。在各場合，球都在長時間的經過中，一直沈到腦底，不致生出機能的障礙。惟若球恰好落於呼吸中樞，則完全沈下之後，立即發生死的結果。扶洛倫斯在論腦傷可以治愈的一篇論文中，曾報告這種實驗（報告第六十二頁）。此外，這篇論文又說明了，這種受傷不使整個人受傷的例，很多很多，而腦傷實際亦非常容易治愈。但扶洛倫斯在同論文內依然說，按照腦器官來區分精神能力乃是科學的目的！

直到近時，我們才走上更適當的道路，積極的結果雖仍不多，但研究的堅固基礎及確實出發點，總算有了。

在此我們必須特別伸說梅奈爾特（Meynert）關於腦構造的解剖研究及理論。〔一〇〕梅奈爾特最先拋開一切心理學的見解，徹底的企圖關於腦的構造及其部分的排列，取得一般的見解，並由此參照生理過程的可能方法，詳細決定腦髓機能的一般過程。關於後一層，他曾利用穿通腦髓的脊髓神經索之半感覺半運動的性質，作為確定的出發點。他追尋此等神經索的路徑，一直到各範圍各有一定性質的大腦皮質部（Grosshirnrinde），並由大腦皮質部，經解剖學所與的一定的步驟，回到脊髓及末梢神經。

由這考察方法所生的一般圖象，儘與此有關的，可略述於下。神經通路，向上入大腦皮質部時多樣化，下向時則單純化。多樣化的場所，即是傳導纖維的白質所貫通的灰白質，即是結節細胞的集合處。傳導路，在同器官內發生非常多樣的結合。引起這種結合與分枝的灰白質，從組織的見地說，可分成三級：最上級是大腦皮質部，即第一序列的灰白質；其次是腦底的大核，當作第二序列的灰白質；最後，是『中樞的洞窟灰白質』（Centrale Höhlengrau），當作第三序列。此外，小腦當然亦有灰白質，當作一種器官，使感覺路及運動路發生特別豐富特別多樣的結合。爲簡單起見，梅奈爾特認此爲灰白質的第四序列，但不屬於上述分類的順序，論其位置，則與第二序列的器官最近。

梅奈爾特概括的把傳導纖維（白質），分爲聯合系統與投射系統。前者的纖維，使大腦皮質部各部分聯合；後者的纖維，保持大腦皮質部和外界（那以神經爲媒介，而投射於大腦皮質部的半球）的交通。外界投射於大腦皮質部的見解，很可說是邪魔的心理附加物，但一般人都以爲，這種見解，和這表面上似有必然性的結論（意識是大腦皮質部的機能），實際是可以分開的。大體我們可以說，外界會投射於各神經中樞；那以最粗雜最單純的形式，投射於脊髓及腦髓的洞窟的灰白質上；以更完全的形式，投射於大核上；最後，以最完全而特屬於人間的方法，投射於大腦皮質部。在這一切場合，都可看見階段的特徵。第三序列的灰白質，爲反射活動的媒介，這可由第二序列的一定點，受到阻止；所容受的印象，非直接向外發生作用，却祇織入複雜的心理創造物中，有時或被儲存，以生出緊張狀態。但第二序列的器官，至少有一部分是屬於反射的性質。那是更複合的反射行爲，而導向此處形成的生活目的。到來此處的刺激會按照它自己的性質與中樞的狀態，有時全不引起運動，有時引起全系列的同時運動或連續運動。

但第二序列的反射行爲，又可依最高系列的干涉，而受阻止受修正。這最高系列，便是大腦皮質部。據說，起來干涉的，是有意識的意志。但其設備，其機能的連續，是和第二系列同樣，更多樣更發展罷了。有意識的意志，在生理方面看，不過是最高級的反射行爲。惟其意識性與『意志』的倫理價值，均不因此稍受影響。我們的心理機能，就令在生理現象上祇是非常完全（其複雜性非我們的數學理解力所能理解）的機械作用，可仍不失爲心理機能。

我們曾稍離梅奈爾特的理論的敍述。他嚴格的祇要描寫腦的形態學組織；但直接使我們窺見機能，正是明快有序的形態學之最大的特色。試一追尋神經過程的經過，那會更加明白。

投射系統，具有兩重道路。其一，是由大腦皮質部，通腦脚基址，導向脊髓；其他，則通腦脚上膜，導向脊髓。在前一道路上，第二序列主要是由尾狀核及水晶體核代表；在後一道路上，則主要由視神經床，水晶體，及內膝狀突起代表；前者純是運動的，後者却是混合的。腦脚基址的道路，與其內所包的核共生長，而在動物的系列中我們愈上進，則其發展與大腦半球的發展成比例。就人類言，腦脚基址及水晶體核，發達最有力，腦脚基址的高度與上膜的高度相等；但在小鹿，則成一與五之比。我們由此須斷言，爲動物生活所最不可缺的運動形式與感覺印象，都依上膜的路而傳導而集合。此處埋藏的大核，亦顯然是複合反射行爲（其阻止，其加强，其支配，均由於大腦皮質部）形成的所在地。反之，在大腦皮質部相結合的運動，則似由腦脚基址的道路傳導。

高度發達與半球的增大相平行而在人類達到頂點的，便是運動路（Motorische Bähn）。這似乎是不可思議的。不是有許多動物，在運動的强力與速度上，都勝於人類麼？在樹枝上游玩的長手猿，不勝過人類的體操演技麼？我們的科學知覺，不需使用動物所不知的感官麼？不因爲一切意識結局都由感覺組成，我們不應希望，伴着精神生活的發展，感覺路（Sensorischen Bähn）亦應有比較高度的發展麼？

反之，我們第一須考察言語及手在精神生活上的意義。關於言語，我們已知大腦皮質部那一部分，是音與有義字相結合的所在。在各種精神病中，現今最爲我們所瞭解的，便是失語症。但言語及手的巧妙，都告訴我們，最重要的點，不是運動的强力與速度，而是多樣性與正確估量的合目的性。但要如此，又必須有一種廣大的調節設備，並具有種種聯結，而從一系統的各點，通到別系統的多樣的點。在言語的場合，不僅須正確測量說b或p時須有怎樣的唇的壓迫，或使發音困難的字語的言語器官運動，能流暢的連續下去。字語尙須意指某種事物；所以在字語結合的處所，尙須有多樣的結合，通到感官印象結合處。若非一定感覺或筋肉運動的一定衝動，除各有特殊的結合以外，尙在大腦皮質部的細胞全系列中，自行表現，則此種結合，殊無想像可能。在蝸牛殼的考爾特（Corti）氏器官上，本有一全系列的神經，豫備接受印象，然其中，爲傳導一定的音所必要者，却居少數。同樣，我們必須想像，在神經中樞內，尤其是在高級的神經中樞內，達到的刺激，是由許多細胞所接受，但興奮過程祇在其中少數細胞內，取得直接的心理意義。同樣，打算喚起一團筋肉來運動的運動衝動，亦可從許多腦細胞生出，但這衝動實際是否給與，却取決於這些細胞與腦的其他範圍的結合。基礎膜的振動，規定蝸牛殼聽神經的活動，手續是很簡單的；要在腦內尋覓這樣簡單支配行爲選擇的器官，必徒勞無功。但我們一經假設，神經過程傳導與否，祇依纖維及細胞內既存且受附隨傳導所限制的興奮狀態而定，我們就不必再尋覓進一步的機制，當作傳導路的分軌處。調節的原理已經取得。

說到人手的作用，因其非常能動且對各種最巧妙工作有用的緣故，我們不僅須爲腦的運動區域，假定結合的設備甚爲發達。比方說，我們還須考察與語言極接近的書寫。在此以上，如還想到洋琴彈奏者，畫家，外科醫士等的工作，那就更明白，有爲人類活動大大擴張腦髓運動設備的必要，因爲在這些工作上，運動衡動的最微妙的適調，須與最多樣的結合合作。此外，我們還須加入容貌的可動性及眼的運動的非常重要性，這在視覺觀念的形成上，在其關係的理解上，有重要的作用。視覺與眼的筋肉活動，有最密接的關係；觸覺與手的筋肉感，有最密接的關係。但是在一般的身體運動上，雖猿猴亦能有種種操作，但就態度與運動的多樣性與微妙性說，人類總遠勝於動物。跳舞家，日本奇術師，默劇家的作業，且不必說。就是步行，直立，腕的自由運動，亦會導出許多運動，使我們認此為精神的表現，而最笨拙的人，亦會依十分適應的姿態，在這許多運動上，表示他的性格。——無論筋肉感的位置是否直接在運動設備上，無論筋肉感是否受限制於運動設備的活動，我們只要想起言語，容貌，及眼的運動，我們就會知道，在各種感覺中，最重要的也許便是筋肉感。

然生理學不是毫無意見，它曾告訴我們，一切神經中的過程，在興奮狀態中，本質上全是同一的。〔三二〕並非在感覺的神經過程之外，還有運動的神經過程。生理的過程，在神經興奮的一切場合，本質上都是同一的，不過有强弱速緩等等的區別。又每一個纖維，在其進程中任一處受到刺激，會發生離心的傳導，亦會發生求心的傳導。不過，感覺纖維的離心傳導，及運動纖維的求心傳導，不會發生結果。方向不祇一個的傳導祇在一條路上獲得結果的原理，在此有了一個完全確實的例；我們很有理由，在最廣義上，把這原理應用於腦機能上。〔三三〕

最後，直接的實驗亦有其地位。希特居（Hitzig）及諾特拿格爾（Nothnagel）在德意志所做的實驗，弗里亞（Ferrier）在英吉利所做的實驗，都說明前大腦葉的皮質會影響及於特殊的運動。例如，因腦皮質部一定小部分被破壞而致前足受影響的兔，並不一定眞就會跛足；它尙可遂行結合的運動，因這種運動可在下等中樞形成；但足將斜立，任受影響的部分無抵抗的，放在其他位置，似對此不持有任何顯然的確定的意識。就令這動物終因腦傷而死，但若該動物能活到六日或十日以上，這運動障礙，仍可再除去。這又當如何說明呢？此種實驗的創始者諾特拿格爾，相信在這場合『筋肉感祇局部痲痺』受傷的，不是最後的中樞，不是眞的『終站，』而祇是路線中的一站。所以，一條路線壞了，會有別的路線再生以經營同一的機能。〔三〕鄰近部分受傷，『筋肉感』不表示其自身已受影響；僅足的位置顯出一種異常處。但這障礙亦會漸次消滅。諾特拿格爾在此爲興奮的意志衝動假設一個停站，但認此非終站。『原狀的恢復，使我們推論，在這裏，祇一條道路斷絕；以意志衝動移入神經纖維的腦部分，換言之，意志衝動形成的腦部分，是不能除去的。如果復元是可能的，則其他道路必代行其事，至少產生意志衝動的能力，必附着於他處。』但若兩半球的相應的部分，均被破壞，則實驗不成功。所以，機能的漸漸恢復，是由於他一半球的干涉，抑由同一半球新道的發生，還是疑問。無論如何，報告者總相信他有權斷言：『就令心理機能發生的有限場所被除去後，得由他一場所來補充，我們仍必須斷言，精神機能決非嚴格部位

於大腦皮質部的一定的中樞。』〔二四〕

次請論這個前提，即唯媒介的傳達處被破壞後可以補替，如果心理機能的眞原機關被破壞，則補替爲不可想像。這是一個常常被人提起的公理。

爲什麼呢？因爲心理機能破壞，其自行表現的衝動，其新形成的機會，亦隨着消滅麼？這樣，結果一定是不能與勢力保存原理相調和的二元論。是因爲心理機能祇是本原的，不能依其與鄰接部分的相應（或附屬）機能之有機關聯而再生麼？這樣，便會引起一個新原則，而以從未曾見且實際與每一個生理學原則相矛盾的生理影響，歸於過程的精神階段。所以我們在報告者的躊躇中，祇看到舊精神能力學說的餘波，然使腦研究長遠沒有效果的，亦就是這種學說。如果『筋肉感』或『意志衝動』竟在舊心理學的意味上實在化而爲『能力』，爲腦髓一定部分所經營的能力，則按照唯物論的見解，『心的能力』將與腦髓的相應部分，一共被破壞；而按照二元論的見解，則其不可缺的工具被破壞了，如是，我們將不能知道，代起的衝動將從何發生。反之，如果我們牢牢認定，按照生理學的見地，即在意識的意志衝動之生起上，我們亦須處理與其他一切有機過程相似的有機過程，所以心理學上的『能力』，祇是過程可能性在外表上揚爲特殊事物的一個名稱，故機能之精神階段的考察，實與生理學無關；這樣，心道的『終站』或『能力』的本域，爲什麼不能像腦其他部分一樣，在活動上爲新道所補替，我們就不能知道了。

在舊心理學的基礎上，還可以發生別一種疑問。這是很奇怪的，但因我們對於這一類的成見必須追踪到底，所以很値得考慮。卽人們或可疑問，使身體一定部分運動的意志衝動被破壞了，但意志對其他諸部分的支配依然存在。意志是統一的。這樣看，意志便祇是部分機能的總額了！爲什麼不是呢？我們在此必須再問。因爲，我們祇知道，在腦的一定部分受傷時，動物的某種行動消失了，但會再生起來。這些行動，就其因果關係說，是最複雜的，我們以之歸於『意志。』但關於意志，我們知道什麼呢？除了心理學家的發明，我們祇知道事實及生活表現中所包含的事物。如果我們說意志統一，在某種意味上是正當的，那亦祇指形式的統一，卽性格的統一，方法與態度的統一。但這形式的統一，屬於個個生活表現的總和，亦祇能屬於它。我們在這場合談『意志，』不過對生活現象的集團，加上一個綜括的名辭。爲名辭想定事物，乃超過所與於我們的事實，所以在科學上無價値。

現在我們能够知道，是否『精神機能，嚴密部位於大腦皮質部的一定中樞。』諸特拿格爾在這點是完全正確的；他的實驗，卽反對這種嚴密的部位化，——就令機能的恢復得由第二半球的干涉來說明。蓋因意志衝動的發生，不在這種恢復過程之前，而在其後。但意志衝動，甚至使一定肢體運動的意志衝動，仍不過是一個名稱，代表那有一定外形結果的機能的總和。單個細胞及纖維的本原機能，固可嚴密部位在一定的場所，但在特殊情況下同一結果由不同道路達到，仍然是可想像的。我們一經看見相同的結果，按照普通心理學概念就說『意志衝動恢復了。』究其實，被破壞了的，決不會恢復；所恢復的，不過是全然不同的要素之同一的產物。

這點的瞭解，是極重要的。因爲，這一種最多樣的替代，也許祇發生於人間精神最高機能的場合。例如，更慣以概念更不慣以直觀思考的人，在未直觀地由前提移到結論，達到他從前由『默語』達到的目的以前，他的思惟也許會受阻礙於失語症的襲擊。也許，腦各部分在思惟上的作用，在健全人之間亦甚不相同，雖其結果（思想）是相同的。

諾特拿格爾由他的實驗，斷言腦的心理機能非部位化，反之，希特居却斷言，『一定的個個的心理機能，也許在初入物質或初成立時，已被歸屬於大腦皮質部有限的中樞。』[三]這兩位研究家的見解，初看似乎很相反對，實際，反對的程度並不像初看時那樣厲害。希特居已脫離舊心理學的思考方法，他所謂『心理機能，』不是實在化的名辭，却祇是實際單純的心理過程，（因爲我們必須討究最單純的腦各部分的機能，）而這所謂單純性，又祇要與相應的生理過程最嚴密地結合着，便可發現。屈曲或伸直一定肢體的意志，很單純而自然地會由電氣的興奮傳到大腦皮質部內被喚起來運動的點。就這關係說，希特居的破天荒的實驗是這樣巧妙，所以他能把生理過程，分解爲更細微的要素，在一定意義上，比心理過程的要素還更細微的要素。例如，從大腦皮質部的一定點，可以使一個耳朵發生激烈的振動，且祇有一個耳朵發生激烈的振動，在這時候，我們可正當地問，意志常能喚起這樣一定的部分作用麽？這就不一定是如此，因其無助於任何的生活目的。心理機能的微妙，還存於其他的尙不能實行任何生理實驗的點上。那就是，各種興奮已非常嚴密確定的强度及相應運動的精確的尺度。還有是，種種筋肉活動合成爲合目的總體運動之結合。在此我們祇要想起，人手的活動，舌的活動，面部筋肉表情上的活動，我們就很容易看見精神要素存於何所。我們在數量上，在形式上，在物理機能合作的關係上，處處都可發現這種精神要素，而在這種種處所，最小的特徵，都有最高的意義，而從藝術的眼光看，尤其是如此。但從過程之物理方面考察，種種最複合衝動之要素，能孤立地向我們顯示，意志則不可能。

弗里亞〔三〇〕曾粗雜地方法不正確地複演希特居的實驗。但弗里亞却比希特居更常常論到完全合目的的運動如何成立，他以爲，這種運動的成立，是由於腦的一定部分受了刺激。强流的使用，可刺激相鄰諸部分。例如，使肢體屈，使肢體伸，使肢體內轉，使肢體迴轉的諸中樞，彼此既是相離很近的，所以，在總體作用上，例如在跑的運動上或在貓的搔引運動上，可以若干中樞同時受到刺激。希特居的孤立的實驗，在生理學上價值是更多得多的；但在心理學上，我們却特別想要知道，合目的的運動，怎樣可人爲地依個個衝動之更正確的計算而成立。也許，在腦皮質部的深層有一些細胞，刺激這些細胞，即有一系列表面上的點，可同時在第二義且甚有規律的方法上被刺激起來。但使原始作用集團結合而成目的活動之調節機制，無論由何構成，我們總有良好理由，認這目的活動的觀念及喚起這活動的意志，祇位於大腦皮質部一定部分，這活動所由而起的部分。

如果我們自己的筋肉活動，有直接的與最廣義感覺相等的意識，我們的態度即須改變。在這場合，我們必須假設，該行動的觀念是在感覺中樞某處形成，從其處，尙有一種傳導，通至運動系統的機制。爲滿足合理的心理學之要求，也許這兩種『觀念』須同時並予認容。行動（例如跑）的觀念，可在感覺中樞中形成，但從對象的圖像而生的行動觀念，與從活動而生的觀念，也許決不是同一的。但在思惟的進行上，二者可以經營同一的職務。例如，在聽講故事的時候，我們可以在我們自身，靜靜的客觀的把圖象展開。但若我們受感動甚深，我們便如身臨其境，任誰也能在他自身觀察，怎樣打的觀念，往往與臂的伸屈感覺相連結，跳躍的觀念，往往與跳的傾向相連結。就人而言，還有語言作爲觀念最重要的發生地。語言的觀念，位於語言產生的所在，這是沒有疑惝的。人們常說，我們的思惟即是細微的內部的聲音。但嚴密的注意，却很容易就向我們說明了，常常有言語器官的現實衝動，與『內部』語言相結合。在發生大興奮時，尤其是如此。

這一切都可說是『聯合』的作用，但聯合很難與生理學的事實相調和，除非一方面認有最多樣的傳導，別方面認興奮範圍有局部的同一。

記憶術的事實證明了由『城』的概念很容易移到『城壁』或『塔』，但亦同樣容易移到『山』『貴族』『中世』『領地』及『萊因河』等同音字還更容易移渡。例如由 Schloss（可居住的城）到門的 Schloss（鑰）Schlüssel（鎖）Schlosser（造鎖匠）等等。——按照十八世紀的聯合說，被認為觀念保持者的個個纖維，必須彼此位於近旁，使振動可由一纖維移至其他的纖維。但在此我們遇到了一個最明白的不可能。我們試想到記憶術者的單純而容易反復的技藝——那由一個結語或兩個結語的插入，即可將性質最不相同的觀念結合起來——就尤其是這樣。但若我們為觀念假定延長的興奮範圍，並假定由客觀的觀念圖到與此相關的運動興奮中心，再假定由客觀的觀念圖，到相應的言語的言語中樞，其中有相當的連結，我們就很容易為相似的觀念假定興奮範圍有局部的同一。

為要避免舊心理學觀念的復出，幫助正當思想的出現，如能說明複雜的心理構成物，能由單純的初端——正確的研究，現今即以此為對象——來說明，總是有益的。此外，我們又須贊許希特居的謙虛，因謙虛故，他覺得他自己關於腦與精神的活動，不敢作深入的思辨。曾一度踏上正道的研究家，是更受指導於有限但有意義的研究結果，更不受指導於未充分形成的理論；同時他又將以研究的先例，予專門家以最確最強的影響。希特居曾引用費希奈一句話說：一般見解的確實性，多產性，及深遠性，非依存於其一般，乃依存於其根本。〔三七〕問題在於我們對於根本有怎樣確實的把握。設能一般認識，心理機能的根本不外是生理的根本，我們在腦與心理機能的研究上，便有了一個非常的進步。是以，唯物論在這範圍內已十分首尾一貫，從而亦甚近於末日。其首尾一貫即其沒落。

馮德（Wundt）的有名著作『生理的心理學原理』一書，曾使新的有結果的見解，成爲心理學範圍內綜合討究之基礎。我們且聽馮德對於決定點是怎樣討究。

『我們能想像，一定的神經纖維或一定的神經節細胞，祇在光的感覺或運動衝動的形式上發生作用，但不能想像，怎樣某中樞要素有助於構想，他中樞要素有助於悟性。矛盾顯然在此，即，我們認複合的機能附屬於單純的形式。我們必須假定，要素的形式亦祇能行要素的動作；這種要素的動作，在中樞機能的範圍內，是感覺，是運動衝動，但不是構想，不是記憶等等。』馮德往下還說：『稱爲意志與智能的一切事物，只要一追溯生理的要素現象，便祇可分解爲化爲運動的感覺印象。』〔三八〕

如果單純的觀念都是非常複合的，則『思想的統一』又將如何呢？那與人工建築物（當我們從個個的石塊考察其結合時）的統一，恰好相同。明白說，那是形式的統一，那很可以和質料（形式卽在其上實現）的複合相並存。但關於這種質料及其要素——感覺及運動衝動的意識——我們必須最嚴密地完成勢力保存的法則，直接導向『自然認識限界』的首尾一貫的唯物論，便是這樣引導出來的。

我們且在一個特殊的例上，應用這首尾一貫的唯物論。〔三九〕

一個商人很安樂的坐在他的安樂椅上，不知道他自己是大部分在喫煙，睡眠，閱報，抑是消化。僕人進來，帶來一分電報『安特維布約納公司破產。』——『叫傑考布招呼馬車罷。』僕人飛去了。主人跳起來，非常沈默的，在室內行數十步——下到帳房，吩咐些事情，叫寫信，拍電報，然後上車。馬喘；他到了銀行，立於匯兌處和他的商業朋友在一塊；不到一點鐘，他回到家，嘆口氣再坐在安樂椅上。『謝天謝地，最惡的情形總算有了準備。我必須再想想看！』

對於心理的繪畫，這是一個很好的機會！驚愕，希望，感覺，打算——沒落與勝利，在一瞬間集合了，全由一個觀念所激起！人類的意識什麼不包括呢？

且慢！我們且把人當作物體世界的事物來考察一下。他跳起來。他爲什麼跳起來呢？他的筋肉，亦相應的收縮。爲什麼這樣呢？因爲受了神經活動的衝動，從而將蓄存的緊張力弛放。這衝動從何處來呢？從神經系統的中樞。在那裏是怎樣發生呢？由於『心。』幕下了：由科學到神學之致命的飛躍，完成了。

但我們欲一個首尾一貫的唯物論。心卽是腦。於是，從腦出發。如果我們就停在此處，問題必和先前一樣是神祕的，那毫無濟於事。我們須全不問所謂意識，而經由腦，追索物理的因果系列，以發現全部突然運動的最初原因。否則，我們就由相反的道路進——問什麼行入人身中？白地上幾條藍線的圖。有幾條光線，射入網膜上，在其振動上，並不比其他的光線，展開更多的活力。傳導過程的活力，已在神經上準備好了，很像筋肉收縮的活力，已在筋肉內準備好了一樣。但這種活力，祇能由無限弱的光波衝動解放，正如火藥的緊張力，祇能由引火線解放。但是，這幾條線怎樣會在這個人身上發生這樣的結果呢？訴於『觀念』或訴於同類事物的答覆，都不是答覆。我欲看見傳導，要看見活力的路，要看見它們的範圍，要看見那使腰筋，直大腿筋，大股筋，及全體補助筋活動的神經衝動所由而來的物理過程化學過程，是怎樣傳播怎樣發生。我欲看見那非常更重要的神經流，如何傳播入言語器官，呼吸筋肉，而發生命令，發生語言，發生呼聲，又由音波及他人的聽神經，復演同一的作用至於十遍一句話，我現在要以所謂心理作用贈呈於煩瑣哲學的衒學者，而以我所見的物理作用依物理原因來說明。

讀者不要以爲，我所以要提出這種不可能，僅因要激怒機械的神。我是從人類完全可以理解的原則出發，雖我們不能立時理解全體，我亦覺得滿足。對於古生物學研究家，桑謀谿谷所出現的個個的顎骨，可以代表原始各代人類的全體。同樣，光波的最初印象與隨文字正確誦讀而來的運動衝動間之關聯，祇要能像蛙股痙攣時的反射運動一樣，爲我所明白，我就滿足。但人們不要爲此，却要在腦髓中摸索『思惟』『感情』與『意志。』此殆如要在洋琴彈奏者的腕筋肉中，發現銳音，低音，急調，緩調，最强調，認其各在腕的一隅。

當然，剛剛有個端緒的腦生理學的合理研究，尙須經長期間，方才能够解答這些問題。不，我們在某意義上還是剛剛開始看見這裏出現的問題的無限。古唯物論及古形上學的唯心論，都僅以語句隨便解決這一些謎。無論是假定一個非物質的心，說明現象時需要多少『能力，』便與它以多少能力，或認這些『能力』是物質的能力，對於我們有空名詞抑有眞洞見的問題，是全無差別。在這兩場合，都以不說明過程祇隱蔽過程的名辭，代替物理問題。所以，我們可以近視地隨意嘲笑機械的世界觀；但機械的世界觀仍有大的貢獻，即它給我們一個最初的小勝利，擔保我們已走上正道，同時，它又教我們洞見問題是無限的。

有人說，『你那位商人的恐怖，希望，與熱心，亦確實是某種事物；那個人確實感覺某種事物。這沒有原因麼？』實際我們幾乎忘記了交感神經，忘記了迷走神經對於心臟運動的影響，忘記了這樣小衝動從外界投入人身上使人作最活潑運動時，有許多影響發生於腦部而擴播於激烈的全身。在我們自認滿足以前，先須研究這種流。我們須儘可能精密知道怎樣有許多或强或弱的感覺，或起於舌，或起於胃部，或起於腓，或起於背；須知道，那是單單在中樞部分，抑尙須經過求心與遠心的傳導循環。無數的現象，顯然說明了，這種循環在感覺上有重要作用。

楚爾伯因認自意識的成立，必須有神經液（他認這種液在個個的結節球上進行）的運動，特別受反對派的批評。我常常覺得，在感覺上有如此重要作用的神經活動之現實循環，一向幾完全為人所忽視。在腦活動異常興奮的場合，有一種積極的或消極的活動之流，依營養神經及運動神經而流於全身；我們由感覺神經，從我們有機體內所生的變化受得反應時，我們才感覺我們自己的心情運動。名為感覺的主觀狀態，是與這全循環相連結呢，與循環完成後即在中樞器官興起的緊張狀態相連結呢，抑與其他同時在中樞器官成立的運動及緊張狀態相連結呢，我們且不要加以解決。我們所能證明的，祇是這種緊張狀態所能提示的，祇是這種循環及其無窮結合之規則。

有人反對說，祇考察徵候，將失問題之自身。是的，假使有人能對我們說明，在這一切徵候除去以後，尚一般有問題殘留！我們且看清楚，在神經流及感覺作用的緊張狀態之後，還有什麼待要觀察。這或是感覺者的主觀狀態，或是感覺內容的精神價值。關於前者，除了自己誰也不會知覺。關於佛格特的有名的尿的比喻，已有許多議論，據這些議論，我們顯然不能認『思想』為物質過程以外的特別產物。感覺者的主觀狀態，同時從外面觀察，亦是一個客觀狀態，一個分子運動。這客觀的狀態，依照勢力保存的法則，必須合入無缺的因果系列內。完全描出這個系列來罷。不問主觀的狀態，這必定是可能的，因為這在有機過程的連鎖中，不是一個特殊的環，不過是若干有機過程從別方面的考察。我們在此固然逢着了唯物論的限界，但要如此，我們必須以最嚴密的首尾一貫性來貫徹實際我們是以爲，在感覺內，我們不能在上述神經過程之傍，再尋求別的什麼；不過這些過程，還有一個完全不同的表現方法，即被個人稱爲感覺的表現方法。有一天，我們也許能更正確地確定在時間上與個人感覺成立相一致的，是物理過程的那一部分。如果能把神經過程循環的一定部分，稱爲『感覺，』我們決不能反對。反之，要在主觀的感覺過程與客觀觀察的神經過程之間，更正確地確立它們的關係，乃爲不可能之事。

感覺內容之精神價值，不能完全與物理現象分離。一個著名的彫刻和一個粗率的模造，會在觀察者的網膜上，呈現多數同樣的光的刺激；但眼隨線而行，眼的筋肉却發生全然不同的運動感覺。只要我們省察一下數的關係，在感官感覺的最初形成上，佔有怎樣的位置，則說此等感覺的繼續作用，非依從運動之絕對量，乃依從各個運動衝動間的最微妙的數的關係，亦無不當。眞的，這一點是最後的亦是最困難的自然之謎。但我們沒有一點點理由，要在普通的感覺過程之外，尋求那在精神上有意義的巧成的感覺或精巧的思想。不過，我們亦不要像某人一樣，在個個的吹管上，尋覓風琴所奏出的音律。

非常多（個別考察）非常弱的神經衝動的合作，是我們從生理方面瞭解思惟的鑰匙；這種合作的形式，亦便是各個機能的特色。至於在此尙未說明的點——即，外界的自然的過程，對於思惟主體，即是內界的過程——却本來在自然認識的限界以外。

第三章　自然科學的心理學

不說人類本質之內的主觀的方面，心理學又將要說什麼呢？在十九世紀，我們不僅有了自然科學的心理學，且有了數學的心理學；還有許多理解力强而成就亦宏的人們，相信赫爾巴特（Herbart）曾以微分方程式，像哥白尼及克蒲勒認識天體世界一樣，根本認識了觀念世界。但實際那却像肯相學一樣，完全是自欺；自然科學的心理學，既然以這個美名犯了許多過失，所以很容易發生嬰孩浴盆一道被拋棄的危險。不過，對於心理問題之自然科學的最初的考究，甚至於就一部分說，對於心理問題之數學的最初的討究，我們就與以十分的價值，亦不必就要放棄我們已經提出的見地。

第一，我們必須指出，心理學的概念，在煩瑣哲學家及無智術學者看來，才是嚴密規定的完全明白的概念。這是眞的，就連聰明的人，亦以『心的本質論』一章，當作所謂自然科學研究之開始；他們雖想像他們的研究，能有確實的基礎，但在這場合，那仍不過是空洞的煩瑣形上學的餘波。須除外的，不過是從歷史方面或批判方面考察的心的概念。但以心的積極命題——如心有單純性，有無延長性等等命題——開始的人，或覺得在開始建築以前必須小心限制心研究的範圍的人，要給我們以這學科的自然科學的考察，却是很少希望的。設有一個自然研究家，他一開始便說明自然的本質，覺得他必須先究明何謂自然，然後他的研究才不致徒勞無功，我們將說什麼呢？試一考察特殊範圍事情還會更明白。居伯特（Gilbert）在明瞭電氣的本質以前，設不摩擦琥珀片他也許永遠不會在電氣本質的認識上，取得這一個大進步。現在的研究家，怎樣能正確定磁氣之義呢？概念已在研究家手中變了形。磁石吸鐵的力，已變爲更一般的力。地球亦被認爲是一塊磁石。其與電氣的關聯，已被發現。磁氣已由許多最驚人的現象被人探究。但若奧爾斯特，法拉第，蒲里克爾，首先要依形上學的方法，揭出磁氣的概念，然後開始自然科學的研究，他們那裏能有這樣光輝的發現？

這是德意志哲學醱酵作用的可注意的紀念碑，像赫爾巴特那樣巧妙而又有批評力及數學教養的思想家，亦竟取得這樣冒險的思想，要以思辨發現觀念靜學及力學的原理。還有更可驚者，這樣開明而又有實際生活哲學傾向的人，竟會陷自身於徒勞無益的工作，要從自己的原理創造精神靜學及力學的全體系，不問其在經驗上有無保證。在此我們發現了人的天分與人的成績，持有怎樣特異的關係。蓋爾雖有大經驗，有廣泛而專門的知識，但仍不免陷於骨相學的思考。但這是不足怪的，因爲他本來有想像的熱心創造的性質。論赫爾巴特的優越性質，他亦不應該幻想數學的心理學，但他却竟不免陷於這種道路。這是一個極可注意的證據，可以證明形上學的渦捲力。在我們德意志那個時候，力抗此渦捲力者，亦不免受其影響，致陷入幻想的精神軌道中。

然對於赫爾巴特的有力的努力，單是蔑視是不行的，那還值得反駁。對於數學的心理學，以往所作種種有價值的批判的排除，都是零零碎碎的，或全未指出根本法式的演繹有怎樣論理的要素的誤謬，或不曾充分正確地把它指出。我曾在一篇獨立的論文〔20〕上，填補我們哲學文獻上這個缺陷；對於數學的心理學，我們的非難，不應毫無證據。但若在這裏擔任這種煩難的證明工作，却將擾亂前後的關聯，使我們對於唯物論的批判，不能十分明瞭。如果數學的心理學成立了，我們就是依據這個理由——那對於一切心理過程皆有合法則性的唯物論主張，是最確實的證據，但同時那對於一切存在皆可還元爲物質的主張，又是最完全的反駁——亦應加以考察。赫爾巴特的數學的心理學，既不能與其形上學相分離，所以同時我們又應修改我們前此關於腦與心的關係的記述。但在我們看，數學的心理學是不成立的，而在我們，如果數學的心理學是不成立的，我們亦沒有理由，要像康德那樣，再詳細討論心理學之形上學的基礎。如在後來一般都承認，我們完全不能知道事物的最後基礎；如果一般都同意，以思辨之建築衝動列於藝術衝動內；如果我們一致承認——在這點我們是超越了康德——我們理性中的統一衝動，常常導向祇能間接促進科學的詩歌；我們卽再提出赫爾巴特的形上學，亦不致有混亂概念的危險，並將在此發現一點，與今日數學物理學者的自然科學的形上學原理相似。照赫爾巴特的意思，眞實存在的，是多樣的單純本質，但與萊布尼玆的單子是極不相同的。萊布尼玆的單子，產生全世界，把它當作它們的表象而產生之。反之，赫爾巴特的『實在，』單獨說，卻是全沒有表象的；它們會相互影響，卻努力要避免這種影響。心便是這樣單純的本質，是與其他單純本質相衝突的一個『實在。』其自我保存的活動，便是表象。沒有壓力卽不能有反壓，所以沒有攪亂亦不能有表象。心活動的本質由對外界影響反動而成的見解，是新的——爲使將來形上學習用起見，那還是值得注意的。我們必須以此種見解，比於近頃分子理論家的見解——卽，勢力的概念全不屬於個個的原子，乃存於若干原子的交互關係中。赫爾巴特不知道，如求首尾一貫，他必須說一切表象不存於心這單純本質中，卻像物理勢力存於原子間一樣，祇是個個實在間的相互關係。如果他的根本見解有這種首尾一貫性，這事實——心是單純的不能變化的毫無內部狀態的，但同時可以獨自保有表象——所引起的無數矛盾，他就可以避免了。但他卻拿出心不滅性，那很像永遠的死，如果沒有其他的單純本質，像肉體諸構成部分一樣，與它發生如此密切的交互作用。爲一個空概念，付這樣高的代價！

自然科學的心理學之建設，既然大體上是由赫爾巴特的學派出發，所以，暴露心絕對單純但得保有表象這個假定內隱含的矛盾，亦常常是有興味的。絕對單純的，亦是不能有內部變化的，因爲內部變化，必須在部分排列法變化的形式上始可思考。所以赫爾巴特亦不說『實在』互相影響，祇說如果『實在』不依自我保存的作用來抵抗相互作用，便會互相影響。似乎這個假定，比單純交互作用的假定，還有別樣的意義。淮慈在他的心理學（八一頁）中，很重視狀態傾向與現實狀態之差別，而於是進入形上學。心不能有狀態，否則，將失去絕對的統一。但能有傾向，這與狀態是完全不同的；能有『努力』爲什麼不呢？這炯眼非常的形上學者，反駁一切可能的其他見解；但他展開自己的意見時，他却翻了一個普通的論理學上的觔斗。任人知道，狀態的傾向亦是狀態，抵抗有威脅影響之自我保存，設無現實的（卽令很微小的）影響，必不能想像。形上學者不能見此。他的辯證法，使他臨到深淵的旁邊。他曾一百度在概念上徘徊，引用，放棄，結局當然會知道一點點。於此，他遂閉着眼，大膽從最尖銳的批評之高處，以致命的飛躍，投入名辭與概念的最普通的混淆中！這成功了，他就愉然前進。最初基礎上所包含的矛盾愈大，我們推出結論愈自由；這好比，我們往往可從隱含零的因數的數學命題，推出最顯著的事物。

赫爾巴特曾說，我們更不需要像卡魯斯那樣的心理學史，而更需要心理學批判。〔四二〕我們擔憂，若在現今寫這一部書，這全部所謂科學，能有多少殘留下來，怕會成問題。

然我們尙僅僅有自然科學的心理學的端緒；實際，赫爾巴特學派，在科學剛剛開始奮鬥圖與形上學脫離的德意志，尙是過渡期的一個重要鏈鎖。淮慈是一位精明的思想家，他與私講師助教授一樣著書得太早，從而不免在發展中凝結，並與赫爾巴特相離，而非難數學的心理學，將赫爾巴特心理學的形上學基礎全體，轉變爲心本質的假設。實際這僅少有所得，以明瞭的假設代替曖昧的不合理的信條，固是前進的一大步，但是假若關於個別現象（任一精密研究者，都以此為第一件要考察的事情）我們還是很少正確的知識，則在這限度內，心本質的假說，心存在的假說，又有什麼益處呢？在以前已容許更精密觀察的少數現象中，我們沒有任何理由，可在極確定的意義上假定心。為什麼要這樣假定呢？其祕密理由是永在傳說中，在反對毒唯物論之心理衝動中。然由此引起了兩方面的不幸。科學的心理學被輕蔑被敗壞了，然人們相信已受唯物論威脅的理想，却不因此而得救濟，而得加強。心本質的舊傳說，一旦取得一線的證明，人們就以為奇蹟完成了。

『然心理學就是心學麼？有無對象都還成疑問的科學，怎樣是可想像的呢？』是的，在此，我們又有了一個可驚的例，可以說明名稱與事物的混淆。對於一羣甚多但不曾嚴密規定的現象，我們有一個傳習的名稱。在這名稱發生的時候，現時嚴密科學的必備條件，還未為人所知。因為科學的對象已經改變，便否認這個名稱麼？這是不切實際的拘泥。在這場合，且平心靜氣假定一個沒有心的心理學！若仍有某事物的研究，不完全屬於其他任一科學，則在這限度內，這名稱仍是有用的。它與生理學的界限，是不易劃分的。但這於彼此均無傷。如果同一發現能在兩不同的方法上發現，這發現的價值還會更大。但我們在能明白瞭解這關係以前，必須考慮心理學的方法問題，在此際，還須批評自我觀察這個概念。〔四二〕

關於『自我觀察』，康德說，這是自我知覺之方法的總匯，予自我觀察者以日記的材料，『但很容易導向妄想與狂熱。』他警告我們不要『專心去探究或編纂思想與感情的不隨意過程之內部歷史』；『因爲所謂高等靈感與那種不知從何處來的力——那，雖在我們不陷入啓蒙主義或恐怖主義中時亦會影響我們，——的精神混亂，都是從此引出。』『因爲，在不知覺中我們會由親自導入精神中的事物，像布里格隆（Bourignon）或拔斯克爾（Pascal），甚至像赫勒爾（Albrecht Haller）——在其他各點，他是一個可稱讚的有識者，他曾由精神狀態之長續的但有時停頓的日記，最後向他的大學同事（一個有名的神學家）勒士博士（Dr. Less），問他能否在神學大財貨中爲他的受苦的靈魂發現慰安——一樣，成就所謂發現。』又說：『人由內部經驗所得的知識，是極重要的，因他往往根據這種知識來批判他人，但認識自我比較正當地批判他人，也許更難，因研究自我，不單要觀察，且還要把許多東西導入自我意識中。因此，從觀察到的現象本身出發，然後進而關於人的本質肯定一定的命題，換言之，進向內部的經驗，不僅是較適當的，而且是必要的。』

所以，康德不以其經驗心理學建於自我觀察上，却根本建於對他人的觀察上。但他曾在他的『批判』上，予『內官』以特別的範圍，其必然結果遂爲形上學氣的濫用。[三三] 妄想與熱狂，本爲十八世紀所有當時人的興奮的性格，較宜於此；但空想的恣縱及無限制的思辨衝動，當以隨意的發明導入所謂內官觀察範圍時，是儘量大膽地表現出來了。在這方面，伏特拉格（Fortlage）給了我們一個很好的模範。他任傑拿大學助教授（一八五五年）時，曾著書二大厚册，名爲『心理學大系，』下並附題云：『一種由內官觀察而生的經驗科學』第一他說明何謂內官，並以通常歸於外官的一系列的機能，轉歸以內官，然後限定範圍來觀察。但雖懸賞教人在這二厚册中尋出一個現實的觀察，亦必無益。全書祇討論一般命題，其名詞概由他自己發明，但沒有描寫一件確定的現象，可以告訴我們，他曾在什麼時候什麼地方觀察過這種現象，或我們觀察必須先怎樣準備。他告訴我們，例如，在考察一片樹葉時，我們一經看到它的形式，這形式便會成爲注意的焦點，其必然結果是，依類同法則，與樹葉形態相融合的形態階段，在意識中明晰起來。他告訴我們，樹葉於是『在想像的空間，在形態階段中消滅；』但這在何時，依何法，在何地發生，這經驗的認識根據何種經驗，以及觀察者如何應用內官，有何證據證明他確曾使用內官，證明他非止將臆說與發明偶然結晶成爲一個系統，却都還是不明不白的。

依我們看，要在內部觀察與外部觀察之間，劃出確定的限界，是全然不可能的。天文學者觀察一顆星，叫做外部觀察，他在最初的瞥見上，認識這是金星；但照伏特拉格的意見，他這樣認識時，同時還須使用內官；因目僅能視光點；天文學家不經思考立即知道這是金星，因爲他知道它。但因此，他就比僅見星的人或僅見光點再不知其他的兒童，使用了別一種精神器官麼？伏特拉格說：『有音樂研究，能聽優美音樂，自命有高尙音樂理解力的人，以內官配合於外官。以後，遇有音曲，他便能立即在感情上，辨別美與缺陷，特性與平泛直接運動與反對運動，長音階與短音階，這辨別能力，在這場合，正如在外國語（我們必須先學，才能聽懂）的場合，是由內官所生起，由內官所附加。』照我們的見解，則研究聲音感覺與其他腦活動間之後獲關聯怎樣後來可以立卽表示它的結果，乃是未來心理學生理學上極有興味的問題。若我們對於這問題——由於感覺抑由於某他器官的問題——沒有方法解決，則在這限度內，我們就可以相信，或許在這兩場合，我們都是用我們的耳聽。

健全的眼的直接視覺，不經特別訓練，有時亦能立卽除去，補足，或變更機械生成的圖象。對於這一類的情形，我們又將如何考慮呢？我們是以內官作立體鏡的視察呢，抑以外官呢？我們是以內官補充那與視神經末梢相一致的視野部位麼？我們是以外官聽諧和的音麼？——然我們可進問，當我們以兩脚規在皮膚上接觸神經末梢，有時覺得那是一點，有時覺得那是兩點時，那是外部觀察麼？當我們移注意於痛的肉刺時，這是自我觀察麼？當我們通電流於腦，而知覺主觀的色或音時，那是內的呢，外的呢？『內』『外』這一類字眼，不能表示任何意義。就令我果眞可以把所知覺的對象轉置於外，我仍不能在我自身以外有觀念。視與思，同樣是內的，又同樣是外的，如我願再思考我的思考，我會在言語器官上，把我們以前稱爲『思想體』的諸種感覺喚起來。我感覺它們；這種感覺和任何其他的感覺一樣是外部的。這種最微妙感覺複合物之精神內容，與意義，與圖畫之美的價值相同。這種價值雖與圖畫的線不同，但不能與之分開。在感覺的形式與質料之間，亦有一種相似的反對，會在無數程度上不絕再現。關於某種感覺，我決不能說，這裏是內之始，外之終。

伏特拉格正直地說，生理學的觀察範圍，在以外官知覺的限度內，是人，但心理學的觀察範圍，在以內官知覺的限度內，亦是人。如果我們觀察兒童的最初語言，冀關於精神發展過程，取得結論，人們大抵說這是心理學；反之，如果我們以針刺或呵癢新生嬰孩，冀觀察反射運動如何過渡成爲意志，人們大抵這說是生理學。在這兩場合，我們都是用普通的感官觀察，然按照伏特拉格的意思，却都還要用內官，因爲在這兩場合，我們所視所聞，均須先有釋明。——總之，我們不難知道，各種觀察有同一性質，其主要差別僅在是否他人（在同時或在此後）亦有這種觀察，或是否避免這種控制與確證。外部的觀察，決不會導出經驗的精密的科學，除非它經得起檢考。除去先入的見解與傾向之影響，對於精密方法是最重要的。但這手續，在以自己的思惟感情及衝動爲對象的觀察上，便不能應用；在這種觀察上，我們須以文字或其他手段，十分公平地，把我們自己的思想固定起來，然後，把這種思想當作是別人的思想，而考察其觀念結果。不過，老實說，這種自我觀察，卽因其比較可信賴，故不爲人所喜，而虛誇的自我觀察，卽因其有缺點，故爲人所樂用。像康德所恐懼的那樣，那雖不致引起妄想與熱狂，但形上學的最無根據的構想，常因此取得經驗的推論之外觀。〔四〕

近世心理學家以普通的嚴密方法論的觀察方法——那在自然科學上曾有這樣良好的成就——應用於心理學上是當然的。就這關係說，陸宰（Lotze）的『醫學的心理學』（一八五二年），雖在卷首，仍不免在經驗的批判的研究之前，冠以一百七十頁的形上學，（因此故，醫學家本可從此取得的利益，不能取到，）但仍有可稱讚的功績。後來，小菲希德又以其所著『人類學』（一八五六年），當作哲學的家庭醫師及精神指導者，而推薦於自然科學家及醫學家之前。他的書，因有論理上的缺陷，且往往裝腔做勢，複述那陳舊的誤謬，不免在自然科學者中傷害哲學的名聲，但在其他範圍內，那卻大有貢獻，而使一般人感到心理學與生理學有密切的關聯。實際，在這時代，黑格爾哲學的末流，竟有一部分會轉過來對於心理學作眞誠的近於科學的考察，實亦是一個奇蹟。喬治（George）關於五官，曾寫一本很好的小書。夏勒（Schaller）覺得自己因反唯物論之故，不得不深深顧慮生理的要素。後來，這兩位都出版了一本心理學書；在這兩本書上，時代的性質都很顯明。他們能充分感到，在本質上他們仍立在思辨的立場，（所謂自然科學的心理學之創立者，亦一樣是如此），這是很可稱讚的。但我們在他方面又必須力言，認思辨知識較經驗知識更高級更可信賴，一居高級一居低級的主張，爲毫無理由。任我們的讀者在此感到不快，剛剛開始的新人道時代的中心眞理，雖不是像孔德那樣放棄思辨，但我們總應認定它的位置，總應知道對於知識它能做什麼，它不能做什麼。

對於這關係，夏勒是這樣表示：『自然科學如果觀察現象以發現現象的法則，並確定此等法則中所直接包含的數量關係，便算滿足，它不妨自誇爲正確的智識。當然，每個人亦有以這種正確智識來滿足自己的自由；但在這場合，他對於哲學自始所考察的一切問題，必不許作任何解答。』〔四三〕大家知道，對於種種哲學問題，哲學的解答非常紛歧。反之，自然科學界所以如此一致，其原因不在於這諸種科學以一切事物皆甚明白的範圍爲限，乃在於它們應用一種方法，其適合自然而又精巧製成的原理，均經長期間努力後才向人類暴露，而其應用可能性的限界，又尚不爲人所知。這方法有許多愼重的尺度，這一切尺度的要點，是恰好把研究者主觀性的影響中和。而思辨之特殊形成，却恰好起因於個人的這種主觀性。在此，我們須假定，個別現象在一切人的相似組織中及在人類的共同發展中，有其客觀的基礎，正如不同的各別的民族，在建築或音樂上，有相似的基本原理。在人類的神祕的建築衝動之支配下，設有人建築了一個概念的殿堂，只要它不與實證科學的現狀發生嚴重的衝突，那就令將爲合法的進步所推翻，爲後來的建築家所拆毀所重建，也應覺得滿足。不過，他用這莊嚴的完全的藝術品來驕誇，固是不妨，但同時他必定不能希望在任一部門促進眞的永久的智識，一步也不能够。究竟選擇何者，須由各人自己。照例，一個人總認他自己所做的，是最高尙的。

自然科學的方法，能在怎樣的範圍內應用於心理學上，必須依其結果來說明。我們且先說，許精密考察的，不祇是神經生理學的限界。無論心理學的限界怎樣不確定，我們須承認，在心理學的限界內，不僅包含感覺生活的事實，且包含人類行爲與語言的研究，並還包含一切生活表現的研究，（在我們可由此推論人的性質與性格的限度內）對此，最明白的證據，是動物心理學的存在。動物心理學的材料，決難依『內官』的觀察而獲得。外部觀察本祇給我們以運動，姿勢，與行動，其解釋易陷於誤謬，但我們仍可實行比較極正確的方法，因我們容易用動物實驗，把動物放在適當的位置上，而對於新起的情緒，作最精密的觀察，並可隨意重覆或停止對心理活動的刺激。因此，正確性的根本條件，殆無不具備；固然誤謬不是絕對可以避免，但至少，誤謬可因方法而不致引起妨害。對於正確敍述的動物，正確敍述的方法可反覆使用；由此方法及易變的附帶條件，我們的解釋既然立時可以改正過來，故至少可以除去個人成見——這在所謂自我觀察上，會有非常大的影響——的影響。就令現在我們還未有動物心理學的體系，但我們所有的初步的觀察，論正確，論效果，都使我們遠過萊馬魯斯及謝特林的見地。動物園數不絕增加，促動了這種研究。森林曠野中動物的自由生活，和它們的囚居狀態，無論怎樣不同，但以後一狀態爲根據的正確觀察，在一般命題的確立上，並不會更無價值。對於唯物論或唯心論的問題，最有興味的材料也許以後（現在尚很少）會在下等動物感官知覺的觀察上發現。倅甯叔特已指出，眼有角膜的輪蟲類，比有水晶體及硝子體的蜘蛛，會從同一的對象取得不同的圖象。我們在批評這段話時，

（參看下卷第一篇第二章論倅雷叔特處）對於客觀與主觀的關係，雖未說出明白的觀念，但這種批評仍是重要的。實際關於與我們自己組織非常不同的諸種動物的感官活動，一經有正確觀察，廣義上的最顯著的事物，也許會在此顯露。依物理學而知的各種振動的影響，在此須與它們是否在我們器官上引起一定的感官知覺的問題分開來討究。例如，如有動物，是以類似我們嗅覺器官或味覺器官的器官，嗅出或味出光線，或依我們不能看見什麼的熱源，受得視覺影像，感覺世界由主觀形成的學說，即可獲得新的支點。反之，如果說明了，在動物界的一切多樣性中，竟沒有一種感覺，和我們的感覺根本不同，則唯物論亦可由此得到支持。〔四六〕

對於未來心理學的基礎，還有一個重要貢獻，那無疑是初生兒的實驗。這種實驗，直到近時才有系統的組織。我們如要瞭解心理過程的機構，首須觀察這機構的最初而又最單純的要素。這是很奇怪的，我們的好哲學家，竟會這樣鈍感，再不覺得關於意識的起源如要形成一種學說，必須行入嬰兒室，正確觀察與這問題有關的各種現象。在言語辛苦組成一個體系，學者辛苦寫下這個體系，出版者把它印刷出來，公衆認這書物的內容非常重要的時候，哲學者竟不容易發現再進一步的機會。最後還是生理學者〔四七〕給初生兒以砂糖或金幾納教他嘗，以光線放在他面前，或在他耳朶邊高聲噪起來，而在最正確的方法上，描寫他所觀察到的運動，筋肉偏歪等等。他綜合對未足月及已足月嬰兒所得的觀察，細心注意其差別，並比較解剖學與病理學的經驗。最後，他還把他的觀察排列起來，從單純的反射運動排到確實的意識徵象，於是書齋中哲學家所絕不知道但爲解決重要問題所絕不可少的事物，才爲他所知道。就令這種經驗研究祇告訴我們，自純粹的反射運動到意識的目的活動之間的過渡絕不可感知，後者的端始可回溯至生前的生命，那在現實科學看來，亦就比全卷思辨的『研究』告訴了我們更多得多的事物。

與這問題有關的新研究之又一對象，是『民族心理學』（Völkerpsychologie），但這尚未有充分確定的形式與方法需要批判，尤其是因爲唯物論問題和這範圍的關係，比較更不密切。但這是值得注意的，語言學（很可說是民族心理學最重要的源泉之一）會以語言引入自然科學研究的範圍，從而在一個新而重要的點上，填滿以前精神科學與自然科學間的隔閡。就這點說，十九世紀前半亦是劃時代的。漢波特的有名的加威言語論及波白（Bopp）的梵語文法學及比較文法學，亦出現於在其他方面均甚充實的時代（從一八二〇年至一八三五年）。在此以後，語言學的研究在各方向都有驚人的進步。斯丹達爾（Steinthal）特別會在一長系列的重要著述上明白表示語言之心理學的本質，使論理的思惟不致於與概念的形成（其形成與語言相並而來）常常混同。

科學的旅行及其結果在人類學上人種學上的比較，對於心理學的疑問，有一個長時期，非常沒有效果。我們如要知道，無數誤解，是從報告者的宗教成見出發，從人種的驕傲出發，從他們不能瞭解低級文化的思想方法出發，則蒲里嘉德(Prichard)關於人類自然史那會一時享如此盛名的著作，可作例解。近頃事態已有改良。特別是，巴斯吞(Bastian)的旅行記，富有心理學的特徵；他的概括的著作，[四八]其指導見地雖在堆集材料，但其主要興趣仍在於比較心理學。在淮慈的自然民族的人類學上，我們可以一頁一頁地追尋心理學理解的進步。但淮慈的最後著作，由吉蘭特(Gerland)編纂的，在這方面尤有貢獻。如果我們現在把魯波克(Lubbock)的顯著的比較（比較現代野蠻人的狀態與古生物學的結果），台羅(Tylor)的『原始文化』及『人類原史』加進去，則我們所有的事實與關聯，已足使我們立在完全新的基礎上，以建立『系統的民族心理學』及『實用的人類學』。但若我們問什麼是已經非常明瞭的結果，誰也不能否認，按照一切新近的較良的觀察，綜合人的各種文化狀態來考察，人是一種自然物，其全部行動莫不受決定於他的組織。在膚淺的考察中，我們以前僅認那些地方有未開化的無邪的自然兒童；現在我們却在那些地方發現歷史的證據，發現古代高尚文化的證據，亦常常發現退化與墮落的痕跡。我們看見，就令在其他諸點見地像小兒一樣未臻成熟的民族的社會，亦到處有特別的頗爲奇怪的制度，那雖非常多樣，但均從若干常見的心理學基本特徵發展而成。專制，貴族支配，階級制度，迷信，僧侶詭術，及禮儀，乃從人類本質的共同根柢生出，而在這些非常普及的畸形物之原理上，又常常可以看見，僅有衣服小屋的種族，與已有宮殿已有大城已有許多工具與奢侈品的民族，有非常顯著的類似處。自然狀態的喪失，曾為盧騷及席勒所嘆息，但這種狀態隨處亦不能看見。也許一切都是自然，但這種自然，像想像中猿一樣的祖先，不符合於佛底亞斯（Pheidias）或勒法爾（Raphael）的理想一樣，不符合於我們的理想。似乎，已離動物限界而當作個人且已依社會而發展而高尚化的人，在形成綜合的民族心理學時，必須再度經歷類人猿那樣不愉快的醜惡的狀態，然後才得到那確為人所有但蘊藏甚深且為一向人們所未有的高尚性質。希臘文化是以奴隸制度的腐敗地盤為基礎；十八世紀的高尚的人道主義，亦祇是與羣衆分隔的少數人的所有物。

對於人類之心理學的理解，達爾文亦曾貢獻許多材料，他還為心理學全範圍，開闢了一條取得豐富材料的新路。他所著『情緒的表現』一書，因其晦澀而有偏見之故，一向不為人所重視，但他這篇論文，在這方面尤有貢獻。笛卡兒論情緒的著作，亦很少有人提到，但他在這著作上，早已依情緒之身體的徵候，確定情緒的意義，並把它說明。按照他的學說，所謂情緒，在靈魂思考在腦中所知覺的身體過程時，才會發生。特別是，比較近代的多模厲希（Domrich）曾充分討究心理狀態所隨伴的身體現象。但他的研究，罕為心理學者所利用。〔四九〕如果洞見了，我們自己的情緒的意識，是在怎樣高程度上，為其身體反應的感覺所限制所媒介，情形必不致於如此。然此恰與身體運動的意識，處於完全同樣的關係，已起的衝動之直接的認識實際是存在的，但關於這過程我們如要十分明瞭，却非經由運動所惹起的感覺之反流不可。

但對於表情運動的心理過程，身體徵候是特別重要的。我們祇要觀察語言在表現情緒的根本意義上，常常與身體徵候發生關係，尤其常常與表情運動發生關係，我們立卽就會知道，我們應怎樣爲這些徵候所指導，怎樣一切內部過程均須由此與其他相關的過程分別。不切實研究這種徵候，我們決不能希望在情緒學說上，獲得顯著的結果。

於此，我們又得到一種心理學方法，可稱爲唯物論的，（就令這個名辭，與這裏不必論到的全世界觀的基礎，沒有關係。）我們或不如說這是『身體的方法』(Somatischen Methode)，在心理學各範圍內，大都祇有這個方法，有成功的希望。這個方法，使我們在心理學的研究上，儘可能注意於與心理現象相關聯的身體過程，因此二者依照法則卽有不可分解的關聯。但在應用這方法時，我們並不一定要像唯物論一樣，把這身體過程看作是心理要素之最後基礎，也不必把它看作是唯一的實在。當然若因見尚有少數部門不許用身體的方法，便誤認有一些心理現象沒有生理基礎，那是沒有理由的。對於表象繼起(Vorstellungswechsel)的學說——謂已存的表象或方在意識中與起的表象將影響於後續的表象——我們不僅可以在理論方面予以展開，不再考究其生理基礎，卽依實驗與觀察，亦可比以前，予以更大得多的支持。所以，比方說，記憶術家的手藝——以某些連接字插入思想中，卽可保持一定的字語連續——就可認爲是一種有價値的心理學實驗，其效果，像一切適當的實驗的效果一樣，無待於我們說明。[五〇] 我們可依經驗的方法，建立書法錯誤的完全理論，或像特羅比希（Drobisch）一樣，把詩人的傾向，（傾向於更輕易的或更重難的詩形，）還元成爲一定的數的關係；[五一] 無庸顧慮到腦及神經。在這場合，批評家或許會覺得，在此必須承認過程與生理要素無關，不然，這方法既不歸溯於現象之豫想的基礎，自非嚴密地是科學的。但這選言命題是不當的，因爲經驗所確定的事實，甚至於『經驗的法則，』不溯及全現象的基礎，亦有其不可否定之權利。不然，我們亦可以同樣的權利，認神經生理學爲不充分，因爲一切自然現象的說明，都以原子的力學爲基礎，但這種生理學却至今仍未還元作原子的力學。

在英吉利，心理學恰好在杜加特・斯台瓦(Dugald Stewart)及道瑪士・布羅(Thomas Brown)的時代，成爲表象繼起的經驗科學（聯想心理學）。尤其是後者，他曾以機敏的炯眼，通心理活動的各種範圍，以追尋聯想的原理。自這時以後，心理學常爲英吉利人所愛好的學問，誰也不能否認他們的著作的研究，對於政治家藝術家敎育家醫家，曾有許多貢獻，使他們能夠由此瞭解人性。這是德意志心理學文獻所望塵莫及的。但這種心理學，在原理之批判的確實性上，在嚴密的科學形式上，却甚薄弱。在這方面，自布羅及斯台琵以來，沒有本質上的進步。斯賓塞及培因（Bain）〔三三〕的新著作能引爲特色的，是他們曾細心考慮新的生理學與解剖學，曾努力試在聯想心理學與神經系統及其作用的知識間，形成一種調和。這種努力的傾向無論怎樣健全，但其理論之大膽的假定及其大建築，終缺少確實的實驗基礎。我們曾在上面聲明，關於腦的機能，一勞永逸，以精巧的假設，說明事物如何可以關聯在一起，雖不是精確研究的職務，却是準備說明的職務。斯賓塞及培因的工作，非常與這種要求相應，所以在這點，他們的著作，成了德意志文獻上的很適當的補充，而德意志的嚴格的頗無內容的批判，却可以把他們的學說的基礎搖動。英吉利心理學及德意志心理學的方法上的差別，實際可還元爲此：卽，德意志方面的學者，用其全心力，以獲取確實的正當的原理，而英吉利人的主要事業，却是根據自己的原理，能引出什麼，便引出什麼。就聯想心理學言，就其生理基礎言，都是如此。新近的著述家，不要改善那基礎上非常多缺點的聯想學說，不要更嚴密地確定研究的方法，却僅給我們以廣大的演繹及分析，故其基礎，與前輩之基礎無異。這基礎的一部分，近已在德意志受種種方面的攻擊；英吉利流行的從聯想原理演繹空間觀念的方法，受到了完全正當的批評。〔三三〕但這種批評所攻擊的點，對於知識論固甚重要，但對於經驗心理學之特殊基礎，却僅屬於次要。空間觀念的這種說明雖被拋棄，聯想心理學在本質上仍不受損傷。但在此還有一點，那不僅可以決定這科學的命運，而且對於心身關係的根本問題亦有最高的意義，那就是，在表象的繼起上，一般有徹底的內在的因果律否。

我們祇要回顧萊布尼疵或笛卡兒，這有重要意義的問題，便很容易理解。所謂內在的因果，即不必有外部連接物的因果。一定瞬間的表象狀態，須全由前此的表象狀態來說明。在笛卡兒及萊布尼疵看，心的表象內容，是一個離物體世界其自身亦完全的世界。即與新感官印象相應的表象，亦須精神自行展開。但靈魂狀態究依隨何種法則而變化，則依然不會說明白。笛卡兒及萊布尼疵，對物體世界均贊成嚴密的機械論。但機械論不能適用於表象世界，因爲在表象世界內，沒有可以測定可以秤量的東西。然則，在這裏，結合變化狀態的因果關係，究屬於何種呢？關於這問題，笛卡兒沒有任何答覆；萊布尼疵的答覆雖甚巧妙，但仍不充分。他以表象的因果，歸於單子對宇宙的關係，歸於豫定調和。所以，單子雖無『窗』，然單子中所生起的一切，非受支配於內在原理，而受支配於其對宇宙的關係（那祇可思辨，不可觀察。）因此，經驗的心理學乃是不可能的；是聯想法則抑是其他的徹底法則，在根柢上不成問題。

所以，聯想心理學努力確立合法則的表象變化，結局不過造出一個例外。最廣義的感官知覺，是從外向內的，不問這如何才可能。它們，從心的觀點考察，似乎是生於無，是不絕出現的新要素，那可嚴重改變表象世界的整個狀態。然這種要素，自進入的瞬間起，就須依從聯想法則。這假說所包含的困難，在英吉利，很容易依哈特勒蒲里斯提勒以來的傳統的唯物論所隱蔽。他們的後繼者雖排斥唯物論的結論，但仍捨不得唯物論的說明方法的便利，記不得新見地會引出新問題。

斯杜亞特·穆勒在他的論理學體系（卷六第四章）上，曾詳論這個問題。他反對孔德。孔德積極主張，精神狀態沒有內在的法則性，但由身體的狀態喚起。法則性是屬於身體的狀態；精神狀態的現象連續雖似有一致性，但這種一致性祇是派生的，不是本原的，所以不成爲科學研究的對象。總之，心理學當作生理學的一部分，才是可理解的。

穆勒反對這種嚴密唯物論的見解，主張心理學的權利。他以爲，放棄感官知覺的全範圍，即可救出思惟及情緒的學問的自律性。關於感官知覺，他以之歸於生理學。關於其餘的心理現象，生理學尚不能給我們多少解釋，甚至不能給我們任何解釋；但聯想心理學却使我們能依方法的經驗，認識一系列的法則。我們且執着這些法則，問表象繼起的現象，能否在某日，解決成爲腦髓活動的產物罷！在這場合，形上學的問題被推延了，至少，聯想心理學得因此有暫時的權利。這更深進的需有批判研究的問題，無論我們在更細密的考察下，是否在聯想心理學上，發現一些記號，表明它所謂法則，沒有徹底妥當性，（因爲這些法則所代表的，祇是更深藏的生理法則之局部的結果）總歸是未曾解決的。

赫巴特·斯賓塞，頗與我們的見地一致，而信奉現象的唯物論，這種唯物論在自然科學上有相對的權利，但在不可知的絕對之思想上，却是有限制的。所以，在可認識的範圍內，他是心平氣和容認孔德的見地；但他主張，心理學是一種全然獨立的科學，不附屬於任何其他的科學。〔三四〕他所以這樣斷定，是因為這種事實：即直接所與於我們的，祇是心理的，至於物理的，却不過是豫想的，故在一定意義上可還元為心理的。實際，我們關於物質及其運動之表象，祇是表象的一種。直接呈現於我們精神上的色與音，像我們的情緒一樣，其給與，是在色與音起源於振動與腦髓過程的理論以前。所以，在這限度內，說心理現象的範圍，有斯賓塞賜於心理學的獨立性，是得當的。但問題正在於此，即，心理現象的範圍，不溯及物理科學的理論，亦有因果的關聯麼？

亞力山大·培因信奉『顧慮周到的緩和的唯物論，』仍承認精神與物質的對立。他像斯賓塞一樣，認為，從客觀方面考察是身體，從主觀方面就個人的直接意識考察便是心。這種思想可溯源於斯賓諾莎，即康德亦認此為妥當的臆說。但培因却為這種思想所誤導，致容認精神活動與神經活動完全平行的學說。按照他的見解，任一神經刺激，都有『感覺的等價物。』〔三五〕如果真是這樣，心理方面的關聯，必與物理方面的關聯同樣完全；但事實決不是這樣。就連培因所承認的相對性法則——按照這法則，我們的意識的感覺與其說生於刺激之絕對的強度，毋寧說生於刺激狀態變化的事實〔三六〕——決不與『感覺的等值物』相調和；很明白，同一的神經刺激，在現今可引起極活躍的感覺，在別個時候，會全不能引起感覺。不過，如果『感覺等值物』可說是屬於過程之內部的主觀的方面，非本來所謂的感覺，我們就得到了無意識的表象了。關於此，我們現今要再加以說明。

然聯想法則的嚴密妥當性，在此亦非常可疑。斯賓塞爲求安全起見，曾使用『其他一切事情相等』這個咒語。當然，如果一切其他事情完全相等，更活躍的印象將更堅固地附在記憶中這一句話，幾乎可說是公理；但在這方法下，這命題的效力殆已還元爲零。如果我們說，在相等的事情下，行駛較速的船舶，達到目的地亦較速，更猛烈的火，將發出更多的熱，我們的意思是，船的速度，火的熱度，在一切事情下，會發出不變的影響，但達到目的地，房屋溫暖那樣的外果是否達到，却還須取決於別的事情。由此，我們表現了一個很有普遍性並有廣泛意義的命題。但在心理學的場合，情形却完全不同。也許，回想的能力，有一部分受限制於神經過程的絕對强度，或受限制於與此相關的永續的有機變化，但相應的表象之活潑性，却祇依存於興奮的相對强度。所以我們在夢中往往有最活躍最明晰的表象，但我們要像原來那樣活躍的把它想起，是很困難的，甚至全然不能。但在夢中，表象的保持者，祇是極弱的神經流。如果照字面解釋『一切其他事情相等』這個條件，換言之，如果我們祇以夢的表象比於夢的表象，祇比較特殊的興奮狀態，聯想心理學的原理固是正當的，但其意義顯然極有限制。就上述的物理的例來說，結果（卽達到目的地或使房間溫暖）不過是說明的手段。由此可以說明，速度與溫度有不變的效力。但在心理學的例上，所缺少的，正是一個要素的不變的效力。表象雖較活躍，但這種較大的活躍性，並非在一切場合，對於目的的達到，將發生同樣的貢獻，這貢獻在此場合可以是極大的，在彼場合可等於零。我們可在夢中有非常活躍的表象，但我們在任何情形下亦不能照樣把它想起，除非同一的夢境可以恢復。

一個例，可以把這種關係說得更明白。經濟學上的價值，無疑是起於一系列的物理條件，在這當中，勞動的作用尤爲顯著。但價值非比例於勞動。其他的事情，例如需要，不僅像風與氣候可以影響船的速度一樣，可以決定其結果，而且對於價值的成立，還是必要的。同樣，一個刺激要引起感覺，亦須有意識的總合狀態。正因此故，與勞動保存法則（這是物理法則）相應的『價值保存』法則，是沒有的。同樣，意識保存』法則亦是沒有的。表象內容的全體，可由最大的活潑性降而至於零，雖然在相應的腦髓機能中，勢力保存的法則仍有效力。然則，精確的聯想心理學，又在那裏有可能性呢？

但穆勒這種主張是正確的，卽，如表象繼起的學說眞有經驗的基礎，則無論表象的基礎如何，亦無論表象如何從屬於腦髓機能，這學說都可要求列爲科學。但一向所用的方法，幾乎不能保障我們不致於自欺。我們有若干極普遍的命題以極不完全的歸納爲基礎。我們卻就用這些命題，在廣行的分析上，遍歷心理現象的原野，冀發現何者可還元爲聯想法則。但若我們不僅分析心理現象的一般概念，而轉向人生，試在一定場合理解表象的繼起（如精神病醫者刑法學者或教育家所看到的表象的繼起），那我們隨處要更進一步，都會爲『無意識的表象』所絆倒。這種表象，嚴格說，雖本來全然不是表象，祇是腦髓機能，與包含意識的腦髓機能完全相同的腦髓機能〔三七〕，但會依照聯想法則闖入表象的過程中。

在表象繼起的學說之外，經驗心理學尚有一個範圍，可以作嚴密的方法的研究。這就是以人事統計爲核心的人類學統計。這正是康德所謂『實用人類學』的範圍，即，我們須把人類當作『自由行動的存在者』而就其精神方面研究之，雖其中不要顧慮心身的區別。這種統計，記載人類行動與人類運命。把這種記載結合起來，我們固可洞見社會生活的作用，且亦可洞見在行爲上指導個人的動機的作用。

實則，幾乎一切統計，都可應用於正確的人類學上；假設祇能由這些報告——關於犯罪及訴訟的次數與方法，關於自殺或私生子或教育，創作，文學等的普及，我們所有的種種報告——引出心理學的結論，是一個錯誤。設能巧妙地將所比較的次數結合起來，則由商業航海的統計，由鐵路的運輸統計（乘客與貨物均包括在內）由收穫及家畜的平均價值，由析產及聚產的結果，以及其他不可勝數的報告，亦像人事統計的得意文章一樣，可引出心理學的結論。但人們往往因不顧關係與動機的多樣性，或因過從古心理學的觀點考察人類，以致根據人事統計的數字，不加熟慮，便引出結論。很多功績的魁特萊（Quételet）常用『犯罪的傾向』（Penchant vers le crime）那個不當的名辭。在他，這名辭，祇是一個數學概念的無關重要的名稱，就其本身說，是無可責備的。但他就因用這名辭，致傳佈許多誤謬的思想。以抽象為媒介而得到的或然性，對於被抽象的物類，不能認為是個物之客觀存在的性質；同樣，我們亦不能希望以公算論之單純的媒介發現犯罪的傾向。這種傾向，當作人類行為之實在要素，頗有心理學的意義。但犯罪的傾向，自殺的傾向，結婚的衝動，過被從字面解釋，並因逐年重現的數字有顯著的規則性，致導出了一種宿命論。這種宿命論，至少像魁特勒要同時救一般法則性與意志自由的企圖一樣，是奇特的。魁特勒認自由意志——這所謂自由意志當然是按照法蘭西比利時學派的傳統——在合法則性的大範圍中可當作偶然原因，其結果，有時消極發生，有時積極發生，而為大數法則(Gesetz der Grossen Zahlen)所中和。有些個人的意志衝動，有時可加一單位於意欲行動的豫算內，有時可減一單位，但結局，其平均數較任何國家財政計算，都更能平衡。不過，如果近似代表一切個人意志衝動的平均意志在物理方面是受限制於年齡性別氣候食品職業等等的影響，我們不應斷言在任何其他範圍，個人的衝動均受物理條件的限制麼？我們不應斷言，個人衝動對平均結果和五月一日或某日的雨量對一年平均雨量，持有相似的關係麼？實際，捨經院派哲學的成見不論外，眞沒有絲毫理由要為這些個別的變動，在許多可由物理方面探索的偶然原因之外，再假定別一個原因，認這原因僅限於結果非常狹小的範圍內，且在這諸範圍內，與事物之一般因果關係獨立無關。這全然是不必要的無用的邪魔的假設，有理性的人決不會像魁特勒那樣陷於這種假設中，除非他是在現代經院哲學的傳統偏見中教養起來的。

在德意志，我們早已熟習精神與自然統一的觀念，所以我國的哲學家，不甚受統計結果與舊自由意志學說間的矛盾的影響。瓦格訥（A. Wagner）在外觀上任意的人類行爲之合法則性那本有名的著作上（一八六四年漢堡），以爲我國的哲學家這樣不注意魁特勒及其研究，是必須非難的。但這種非難，未十分中的。淮慈，特羅比希，陸宰諸人——瓦格訥儘可在他們諸人那裏，發現他們已相當注意到魁特勒——既這樣超越了自由與必然的矛盾，所以要他們仍認在此有眞實問題存在，是很不容易的。在此請參看我們在論康德那一章關於意志自由問題所已說的話。把自由當作主觀意識的形式，把必然當作客觀研究的事實，則在自由與必然之間，像在顏色與聲音之間一樣，不能有矛盾。絃之相同的振動，對目提供振動運動的圖象，對計算力提供每秒的振動次數，對耳提供統一的音。但這種統一性與那種多樣性並不互相矛盾，如果普通的意識，對振動數，給予音以上的現實性，亦無多大可反對之處。魁特勒的獨創的研究，是有興趣有益處的，但對於更開明的德國哲學家，這種研究所以有興趣，與其說因其與自由意志有關係，無寧說因一切人類行爲之經驗的條件性與嚴密的因果性（那是魁特勒所不敢完全斷定的），自康德以來，已被認爲確實的事實，在某程度內，且被認爲人共知的已經解決的事實。

反對唯物論的定命論而支持自由的意義，亦完全是正當的；在道德範圍內尤其是如此。因爲在這範圍內，主張自由的意識是一種現實，還是不够的；包括自由及責任的意識之觀念進程，對於我們的行爲，和促起某種行爲的誘惑衝動，或自然刺激所由而直接行入意識中的觀念，有同樣根本的意義。兎格訥說，忽視人事統計的理由，在於厭惡數字與圖表，這種說法，顯然是誤謬的。特羅比希既不惜爲他的數學心理學之假設的價值，構成種種圖表，他既不僅看見過魁特勒的研究，且完全瞭解並能予以批評，他爲什麼又會厭惡數字與圖表呢？然這位德意志哲學家是這樣難於理解的，就連精通科學的讀者，亦須了然於各種體系及其歷史後，才能瞭解他。例如，特羅比希在一篇精美的短文批評人事統計的結論時（見實驗哲學雜誌第四卷第三二九頁）就說：『在這一切事實上，沒有反映人類必須忍受（像忍受命運一樣）的純粹的自然法則，但反映了社會的道德生活，這種生活是由家庭生活，學校，教會，法律之强大影響決定的，所以能依人類意志改良。』除非對於赫爾巴特的心理學及形上學有正確的知識，否則，誰不會在此，像在法蘭西教授那裏一樣，發現辯護古意志自由的辭句呢？然而，就連按照特羅比希自己所附和的體系，人的意志亦祇是靈魂狀態在最嚴密因果性中所引起的結果，而靈魂狀態在最後結果上，仍不外依其與其他實在之交互作用而生。自他在一八六七年出版『人事統計及人類意志自由』那篇論文以來，他曾充分的並在一切人均可理解的方法上，討論自由與自然的必然之關係，同時對於人事統計的方法論，提供了些極有價值的貢獻。

瓦格訥曾屢從巴克爾明聰明的研究，受到刺激。實際他曾依巴克爾的指示，認德意志哲學在意志自由學說上，佔有一長所，因而能以冷靜的眼光，視這種種新研究。巴克爾根據康德。康德對人類行爲的經驗必然性所提出的證明，他採納了，而先驗的自由學說則被割棄。（參看他所著書的第一章結尾的註解）——唯物論從人事統計所能引出的一切，雖都爲康德所容認，其餘一切則早已被排斥，〔五八〕但對於反唯心論的唯物論時代傾向的實際效力，人事統計及一切統計是否位置在人類學研究的前景中，仍不是毫無關係的問題。因人事統計，使我們的眼向外，注意於眞正可以計量的生活事實；而德意志的哲學雖甚明瞭舊自由說毫無價值，但仍要使我們的眼內向，注意於意識的事實。科學如要漸次獲得有永久價值的結果，那祇有用前一個方法。

這是確實的，我們的方法須比魁特勒的更精細得多，我們的結論須比魁特勒的更細心得多，而就這方面說，我們仍可認人事統計是無偏見的思惟之最優良的試金石。例如，一國內逐年發生的犯罪數，可認爲是該國道德的標準。人們仍常認此爲公理。但若我們所有的道德概念，是超在巧避刑罰的原理以上，那就沒有什麼還比這更差誤。至少，如果我們要發現與道德比例的數字，我們須先以犯罪機會或犯罪誘惑的次數，除犯罪的次數。很明白，假造期票的次數雖爲同一，但其意義，在期票甚通行的區域就和在期票通行僅及前區之半而面積與前區相等的區域，是不同的。但犯罪統計衹計算案件的絕對次數，當其進而求比較數字時，其所注意者，亦至多衹是人口（卽以人口爲尺度），不是濫用卽足以引起犯罪行爲的業務量。再者，對於許多種的犯罪行爲，決定正確比例所必要的分母依然未有，而在待比較的住民集團間的全部道德發展上，亦仍有差異。這就不許我們假設犯罪對人口數的比例，在兩場合，有同一的倫理的意義和心理的意義。這一點既爲人事統計者所未充分注意，我可在此簡單指出倫理進化的重要現象，這現象我初曾在波恩大學（一八五七年至一八五八年冬）關於人事統計的講義上敍述，這篇講義我雖沒有時機將它公佈，但自此以後，我對此常有所印證。如果我們比較生活單調的牧畜人狀況（這種人的狀態，我們在法蘭西內地若干縣可以看見）與受工業上文學上政治上種種運動（在這些運動中，日常生活自會喚起豐富的觀念，促起行動與決心，激起懷疑，引起思想，而在這些運動中，對個人言，對社會言，幸與不幸的轉變都更大，異常的危機亦更多）而在精神上受感動的人的狀態，我們就容易知道，在後一種居民間，像顏面姿態衣裝及風俗所表示的那樣，個人間的差別，是無限較大的，而各個人亦受着各種影響的遙較爲强的變化。就倫理方面考察，這種進化，既促進高尙的特性，亦同樣促進不高尙的特性，既喚起異常的自我犧牲及博愛的行動，爲全體幸福的英雄的奮鬥行動，亦同樣喚起貪慾自利，及情慾無限的現象，因此我們正可爲這些住民的行動，虛構一個倫理的重心，假定個個的行爲，可離此重心，有時向善，有時向惡，有時向在道德上無所可否的離心性。在進化過程沒有這樣深進的居民間，一切行動較集近於重心，即，離心的特別高尚的行爲，與非常邪惡的行爲，比例的說，都比較稀少。現在的法律，對於大多數行爲既概不過問，却不過在一定方向上，給利己心與情慾以限界，逾這限界才會究問及處罰，所以進化已至較高階段的居民，雖有相同的倫理重心，但有較多的不道德行爲，乃是當然之事。其一部分原因是以人頭計算，有更多顯著的個別的意志行爲，還有一部分原因是，個人的較大的離心性，在好的方面，在不好的方面，都益益更加離開中心，雖然不好的行動，祇記錄下了一部分。水量低時的强波，較水量高時的弱波，更易泛過堤岸；可處罰的行爲正與此同。

在這裏，再進一步討論這問題，是不適當的。我們祇要說明，人事統計尚未能突入心理學的內面。但更重要的，是外壘；我們決不要忘記，如果祇有犀利的批評，會爲穩固的基礎擔心，則取得永久價值的，是最小的細目；整個的思辨體系，則在暫時放射迷惑人眼的光以後，將永沒於歷史中。

第四章　感官生理學及表象世界

我們在各範圍內都發現了，祇有現象之科學的物理的考究，能以眞知識的光明（雖在當初祇是些散漫的光線），投射於人及其精神性質上。現在我們要講到一個範圍，在這範圍內，經驗方法已取得最高的勝利，但同時却導往知識的限界，使我們相信這個方法是存在的，但同時又使我們相信，在此以外，尙有一個領域。這個範圍就是感官生理學。

一般神經生理學愈進步，愈認生命爲機械過程的產物，同時，感官過程與感官作用的性質及方法之更精確的研究，却立即告訴我們，表象——肇因於外界，但其特殊性質是由我們的組織受得——怎樣會依一切其他事物進行所按的機械必然性，而在我們之中產生。物自體及現象世界的全部問題，均繫於此種觀察的結論的效力。感官生理學發展了康德主義或修正了康德主義。康德體系很可說是這範圍內的新發現的秩序單。最成功的研究者之一黑爾模浩爾茲，曾用康德見解當作啓發原理，當如此進行時他所意識地首尾一貫地循由的路，凡曾將感覺機械作用說得更明白的人，都曾走過。

這種機械作用的暴露，一看似於唯物論的理論，無不利之處。以母音還元爲共震動的倍音的作用，是音學的擴展，同時，又是自然說明的機械原理之補足。當作一羣音感覺的產物，調和音依然是物質運動的結果。認某種音樂的聽，取決於考爾特氏器官（Corti'schen Organs）的共鳴器，或認視覺對象在空間的位置，取決於目運動器官的筋肉感情（Muskelgefühl），並非要離開這個地盤。但還有立體鏡，它會把視覺中的具體物的感覺，分解爲平面上二感覺的合作。也許，觸覺器官中的熱感或壓感，都是複合的感覺，以感覺要素的集合爲特徵。我們知道，色的感覺，對象大小及運動的表象，不，甚至單純直線的外觀，均非不變地取決於一定的對象。感覺相互的關係，決定個個的性質；不，經驗與習慣不僅會影響感官感覺的說明，且會影響於現象自身。事實從各方面集合起來；歸納的結論，不可避免的是：外表上看最單純的我們的感覺，非僅由其本身完全與感覺不同的自然過程惹起，那還是無限複合的產物，其性質非僅由外部的刺激及器官的固定組織所決定，且須受決於集合着發生的感覺之集合。實際，如果我們的注意集中，我們就發現，一種感覺可爲性質不同的其他感覺所代替。[五九]

現在考察唯物論可以怎樣支持。

對感覺界有素樸信仰的古唯物論，是被破棄了；甚至十八世紀人們所贊成的思惟的唯物論見解，亦不能立足。如果我們爲各一定的感覺假定一定的纖維在腦中振動，即不把思想部位化，感覺亦不復能有相對性與連帶性，不復能還元爲未知的要素作用。能與事實調和的假設是，單純感覺集合的一切結果，均依存於機械的條件，這種條件，當生理學有充分進步時，是可以發現的。感覺及全精神存在，可以是要素作用共同動作之不絕變化的結果，這種要素作用，其數是無限的，其結合方法亦是無限的，那可以像風琴的管一樣部位在一定的場所，但其旋律不能如此。

我們可貫徹這種唯物論的結論說，產生一切感覺的機械作用，亦產生我們關於物質的概念。在此處，不能保證有特別程度的客觀性。物質一般，像顏色或對比現象所生的色的變形一樣，可說是我的組織的產物——實際亦必定如此。

於此我們知道，爲什麼說精神的組織或說物理的組織，會幾乎沒有差別，[六〇]爲什麼我們常用中性的名辭。蓋因一切物理的組織，就令我們可以用顯微鏡或小刀來證明，結局仍不過是我的表象，就其本質說，仍與精神的組織不能區別。

在康德的時代，我們的世界依存於我們的器官這種認識，一般尚毫無根據。巴克萊主教的唯心論，從來不曾克服；更重要的更有勢力的，是科學家及數學家的唯心論。達蘭堡斷然懷疑認識眞事物的可能；利希吞堡雖反對康德的體系，但因其性質反對獨斷論，所以比康德任何後繼者，都更明瞭我們須在此討究的這一點，他在他所有的思辨上，都不會忘記他是一個物理學者，但宣稱唯心論無被否認之可能。認識外界對象，乃是一個矛盾；人不能行至他自身之外。『當我們相信我們看見對象時，我們祇看見我們自己。實在說，在這世界中，我們除了認識自己以外，再不能認識什麼。』『當某物影響及於我們時，

這影響非依存於活動的事物，乃依存於受影響者。』〔六二〕

無疑，在思辨的思想與普通物理的理論之間，利希吞堡恰好是一個關節，但他對此，正如對其他許多事一樣，覺得沒有時間，亦沒有意趣。就這關係說，在德意志，是在康德以後許久，才出現最初一步。在此，雖眞理顯然存於一方，謬誤則存於他方，但甚至在今日，魯鈍的傳說，仍能以經驗的餘輝，變形爲最微小的誤謬，而像哥倫布的蛋一樣單純一樣有意義的眞正主張，反被誤解爲無益的思辨。此所指，乃與直視問題（Aufrechtsehen）有關的事物向外投射（Versetzung der Objectse nach Aussen）的理論。

約翰·密勒爾（Johannes Müller）指出，我們自己的身體的圖象，與外界事物的圖象，是在完全相同的條件下，爲我們所知覺。他由此對這問題提出了一個眞的解決。他雖不十分貫徹，但在這方面總應推他居一先着。

對於我們所立的堅固的地球——靜止與安定之典型——人們既曾一度覺得，絕難於想像其在運動中，同樣，對於他們自己的身體——一切現實之典型——人們更難認識其僅爲表象的系統，爲我們的視官的產物，必須與惹起此等圖象的對象區別。

身體祇是視覺上的圖象麼？人們已不復答說，『我們實際看見它，』却祇答說，『我們對於我們的現實性有直接的感覺！』『除去無益的思辨！誰否認這是我的手，其運動將依我所欲，其感覺又直接傳入我意識中呢?』

這種自然偏見的披露，可自由發生。決定的答覆是不須遠求的。即，我們的感覺，在每一場合，都須先與視覺圖象相融合，固無論我們是否承認身體的圖象不卽是身體，亦無論圖象與對象同一的素樸觀念我們是否堅持。天生盲目的人，在用手摸時，必先學習視覺與觸覺是同種的。我們在此所需要的，祇是觀念聯合；關於表象上的身體之現實性，無論我們如何思考，其結果總歸是這樣的。

我們講過，密勒爾自己未曾十分貫徹；據彼所言，我們也許覺得，這是自然哲學，主觀與客觀，自我與外界之概念的游戲，在此依然可以發現。爲報復之故，正當的主張，因有巨大的奇拔性，遂被認爲哲學之幻想。現在我們常聽到一種意見，認密勒爾關於視官生理學的著作（一八二六年），是一位有名生理學家的未成熟的處女作品，尙未脫離自然哲學的理念。我們且從生理學綱要（一八四〇年）引用一段關於直視的重要文章。

『按照光學的法則，事物之圖像是倒立在網膜中……於是我們可問，我們實際所見的圖像是倒立的呢，抑是像對象一樣直立的呢?因爲圖像與網膜受刺激的部分是同一的，所以在生理學上，這問題的形式是：在視的時候，網膜的這些部分，是在它們對身體的自然關係上被感覺麼?

『關於這問題我所採的見解，已表白在拙著視官生理學中。我的見解是，卽使我們是倒視，我們所能有的唯一證據也是由光學法則研究而得；如果一切事物都是倒視的，事物之相對關係當然不變。此與全地球公轉所引起諸種物象每日的倒轉相同，那祗能由觀察星辰而知；在二十四小時內，星辰相對而言，曾居下者，却確乎會居於上。因此，視官所視雖為倒立的，觸官所觸雖為直立的，但在視官的感覺與觸官的感覺之中，不會發生任何不調和。因為，一切對象，甚至我們的身體部分，在網膜中都是倒立的，故得維持相同的相對位置。甚至用以觸物的手的圖像，亦是倒視的。所以，我們就名我們所見的對象為直立的。在鏡中右手居圖像左邊的方向轉換，就是人所不注意的；在觸覺（這種感覺是依鏡中圖像調節我們的運動之際由接觸而取得的）與視覺之間，亦不覺有多少矛盾，例如對鏡打領結』等等。

這種說明，在明晰與精確兩方面，總算是毫無遺憾。我們所着重的，是在這全段話中自然哲學引為特色的概念游戲，是一點痕跡也沒有。如果這種見解是以自然哲學為基礎，則在這場合，我們應稱揚自然哲學的影響。在此場合，抽象哲學的流行，或曾幫助密勒爾解脫那無思慮的傳統。但其結論何在呢？

他既承認直視不成問題，因為我們的身體的圖像，與其他一切圖像，恰好立在同一的關係上；所以對於承認這種真理的，他圖像向外投射云云，應不復成任何問題。為什麼其他一切圖像，都存在於身體這一個圖像中呢？與我們的表象相對而言，現實的身體亦祗是外界，外界的對象是不存於現實的身體中的。所以圖像的表象的問題，是不成問題的。這將成為一切假設中最奇異的假設。像投射那樣神祕的現象，怎樣使被表象的外界事物，在同樣祇是被表象的頭腦之外出現呢？設有人要在此尋求任何說明原理，他一定不明瞭全體的關係。而密勒爾，雖在『直視與倒視』那一章斷然要解決這個謎，却亦在次章，回來討論投射說，以爲在視覺行爲中所受得的表象『可認爲是網膜全視野向前投射。』在此，被表象的被抽象（即從鏡中的映像，從他人的現象從解剖學的研究被抽象）的網膜，再與現實的網膜相混合。如果密勒爾不陷於主觀與客觀的自然哲學概念中，他決不會陷於這種混淆。事實上，他曾在前面某一章說，視覺對象之向外投射，不過是『從主觀區別視覺對象，從有感覺的自我區別感覺。』

烏柏衞把密勒爾關於直視問題的不應被人忽視的言論再度提出，而且把身體圖象對外界其他圖象的關係予以完全的說明，這是他的非常的功績（漢勒及福費爾 Henle u. Pfeuffer 卷三第五篇第二六八頁以下）。烏柏衞曾爲此目的使用一個有趣的例解。攝影器暗箱的平板，像康狄亞克的立像一樣，被賜與了生命與意識；其圖象，即其表象。這種暗箱不能在其平板上接受它自身的圖象，正如眼不能以其自身的圖象投於其網膜中。但暗箱仍可有凸出的部分，可有部分的突起，那是可以在平板上描繪出來而成爲表象的。它又可反映其他的相似的存在；可比較，抽象，以形成關於自身的表象。這表象將在平板某處發生。突起的部分常在該處起反映，或者這些部分似從該處生起。烏柏衞曾非常明瞭的說明，向外投射是不成問題的，因爲此等圖象在此圖象之外，正如我們必須想像惹起圖象的對象，是在我們的客觀身體之外。

烏柏衛見解的一個結論是，我們所知覺的一切空間，祇是我們的意識的空間，至若網膜是視覺圖象的感覺中樞，抑尚須在腦髓中尋覓它們的感覺中樞，却尚是一個待解決的問題。

如果我們暫時假設，我們的感性，除了我們從網膜圖象的觀察所能引出的變化以外，不會惹起事物的任何變化，則關於事物的現實性，我們將生出一種異樣的奇怪的觀念。即，事物（把我們自己包括在內）在向我們表現時，都會顚倒一下；我所見的全世界，都在我腦髓中。但現實事物，會按照相當的比例，延長至腦髓之彼方。

非因要使問題脫離危險的外觀（因此無關於論理的蓋然性），僅因要使說明更進一步，所以我們開始要說，以最遠的星座距離，當作我們的感覺中樞的測定標準未免輕率。這些距離的計算，動輒數萬萬英里，那不是感性之產物，祇是計算的悟性之產物。那又祇是觀念聯合的作用，即，此等距離的觀念，與星辰的感覺圖象相融合。對於天生盲目而以手當目的人，視覺對象似乎非常迫近。兒童伸手要摘月，甚至在成年人看來，月或日的圖象，亦不比持銀幣掩月的手的圖象更遠。他不過在不同的方法上予圖象以說明。這說明，對於視覺對象的直接印象，當然是有影響的。以視覺爲根據的空間表象的構成，和味覺及感情與視覺圖象融合一樣，是聯合過程。要進一步說明此點，我們且在烏柏衛的說明之外，再加上一個說明。

在一幅優良的透視畫上，關於圖象遠近的錯覺，總算達到了極點。我在我面前看見日內瓦的湖，看見烏浮格柏居的巨嶺與高峯，這壯大的景色之遠與大儼然在我面前，雖我明白知道，我此時在科倫沃爾夫街五號，在那裏不容有這樣大的距離。有時鐘聲響於寺院，我會以這鐘聲及畫圖與我常在自然中享受的莊嚴和平的印象相統一。

現在假設自我或意識或某其他虛構的存在，位於頭蓋骨之內，且不問媒質如何，認網膜的圖象，是一個遠近法非常優良的透視畫的圖象，同時又像暗箱中的圖象一樣是在活動中。我這虛構的存在，完全受支配於其直觀。在此圖象之外，這存在不能有任何視覺的知覺。它不能看見關於自身的什麼，甚至不能看見關於媒質（視的媒質）的什麼。但這虛構的存在，還有別種印象，它聽，它感等等——將如何呢？——音極易與視覺圖象相融合。如果鐘在圖象中與相對應的音相調和而活動起來，聯合立卽就完成了。而關於其自己，關於當作旁觀者及聽者的自己，我們這虛構的存在，顯然不能經驗任何物。

我們更前進。我們這虛構的存在亦感覺，但這種感覺祇給它以外圍的表象，關於它自己在腦中的位置及其最近環境，這種感覺不能提示任何物。然於此，它在它的透視畫中，將見一個形象，其運動完全與其感覺相調和，當其感覺痛苦時，四肢便收縮，當其感覺需要時，四肢便外伸。這形象，全在舞臺的前景中。它的奇特的然關聯不甚完全的部分，往往像大雲一樣在視野中通過。

其他的形象與這前景中的與苦樂感覺有不可分關係的大形象比較，在遠近法上顯見是較小的，相似的，但比較是更完全更密集的。我們這虛構的存在，將行結合與抽象。關於它自己，它祇知它的感覺；它的感覺又與視野前景中那大而不完全的形象相合。因比較於其他，此形象得依回想而在表象中成爲完全的。現在，我們有自我，身體，外界，遠近，及每一種從一種靈魂見地看全然適合的事物。那可由觀念聯合，得到自我的概念，雖關於眞我是毫無所知。又因自我的概念本來是人間的，所以自我的概念完全不能與身體的概念分離。這身體，乃是透視畫的身體，網膜圖的身體，與觸感及苦樂感覺的身體之融合。

除非思想進行的道路時時記在心中，否則，人們或許會覺得，我們突然在此改宗陸宰所謂『點的心』(Punktueller Sede)。但須記住，我們在此僅係虛構。我們使一個過程人格化，而這過程不過是感官知覺自相融合。中間的人格，是可有可無的。全心生活（按照這字慣用的意義），可由有無限等級，無限多樣，無限關聯的感覺建起，這是我們已經講過的。在此我們祇要說，在感覺中樞不祇一個的場合，要使一切感覺中樞的機能互相融合，假若有任何結合，則統一的結合點在我們看就不是必要的。

如果在腦髓中個個的感覺中樞是沒有結合的，我們就不僅在我們面前有一個形上學的謎；而且，認人爲自然物（如前章所述）的機械理論，亦將成爲不可能。但若假定已有結合，不必在腦髓中有統一的中樞點或完全的圖象，則所遺留的，祇是這個形上學的謎，即由原子運動的多樣性，如何能成立心理圖象的統一性。我嘗屢次說，這個謎是不能解決的，但我儘上所述，很容易知道，無論我們是否假定刺激會在物質的中樞機械地統一成爲一個圖象，這個謎總歸是這樣大。從物的多樣性到心的統一性之過渡作用，如命名爲綜合，則無論這綜合所指的，是完全圖象的多數個別點的結合，抑是圖象在空間散亂着的條件，這綜合都是同樣不能說明。腦髓圖象由於心的笛卡兒派及斯賓諾莎派的見解，即不是使偏見傳於人人的詭計，亦像心理圖象直接由其物理條件成立一樣，全然是不可說明的。

當然，與其立在織機前，試由其機制及絲經伸直的方法，判別織物的模型，尙不如直接就織物覺察模型來得容易。這種覺察，祇從分解爲個個神經多數印象的織物表面發生，但要使其在腦髓中，儘可能與其他感官印象發生最多樣的結合，這種分解又是必要的，所以，再在腦髓中從這些個個印象生出織物之物理圖象，全無益於我們；因爲，這圖象如要加入聯想的機制，就必須再行分解。因此，我們容易，並益益容易將主觀所意識到的直觀的心理圖象，還元爲個個印象（即令它們散亂於腦中）的直接綜合。這種綜合如何可能，還是一個謎；實際，我們有理由認爲，統一的心理圖象起源於多數個個的刺激之假定，祇是一個不充分但我們不得不滿意的思考方法。但據以上所言種種，則在任一場合要在原子過程與意識之間，建立一個結帶這樣的綜合總歸是必要的。但即因此故，再在腦中複演事物一遍是無意義的；說得更正確一點，爲綜合的產物，爲一事物的表象，再將縮小的圖象移入被表象的腦髓中，是無意義可言的。

烏柏衞與此不同。他反對原子論，物質的連續性在他看是表象統一之充分的連帶。他不要在人之內想像一個人，以直觀腦髓的圖象。他以『意識』與於這種圖象，表象遂以此完成。當然，這當中包含了一個豫想，是解剖學所不能適合的。他不得不在腦髓中假設一個『無構造的本質，』認其爲表象圖的所在，而表象圖所以能與其他一切感覺相結合，亦就賴這個本質有各方面的傳導力。按照這假設，這還可在其他許多點上受攻擊的理論，便全部失敗了。烏柏衞爲忠於其原理之故，曾假定物自體的世界，這世界有三次元的空間，有可感覺的物質在其中完全充滿，我們必須認其中事物，祇與我們的表象的事物，稍有不同。他這樣假設的時候，我是不能同意的。但在這一點，我們必須與烏柏衞表示同意（雖然形上學者表示反對）：即，如果我們不在『純粹作用』（Actus purus）的意味上，解釋我們所謂表象，則表象亦有廣延，因爲現象界的事物亦正是我們的表象。我們不能說這些事物便是物質的，因爲現象才是直接與於我們的；無論我們認物質爲原子，抑爲連續，物質總歸是一個虛構的補助原理，其作用在將現象加入一般的因果關聯中。

如果我們對烏柏衞的世界圖，應用形上學的批判，這巨大的異樣的物自體世界，就會像雲景一樣消滅。因爲，如果空間祇是我們的直觀形式，則此等物自體是且依然是絕對不能認識的。但我們一回到唯物論思考外物的方法，烏柏衛的巨大世界，便又以其所有的一切權利回來了。唯物論的最大特色，在現今，是相信物質這自存的事物（即不是相信，亦是常慣把這種事物豫先假定），所以，烏柏衛的奇拔的理論，除有形上學的價值，還有教訓的價值。形上學的價值，限對烏柏衛的體系而言；教訓的價值，則在物質爲自存的事物界之假設，至少被承認爲瞭解現象的補助概念的限度內，任何其他體系均得其益。在這場合，荒謬的投射說是從根斬斷了。

黑爾模浩爾茲說，關於直視的解釋之爭論，不過在心理學上『說明了科學能力頗强的人，亦難於眞正認識我們感官知覺中的主觀要素，難於在其中看見對象的作用，不看見對象之不變的模寫。後一概念全然是矛盾的。』黑爾模浩爾茲拒斥密勒爾及烏柏衛的理論，但不攻擊其一貫性及相對正確性。[六二] 我們一經認現象爲事物（未知的物自體！）對於我們的感性之作用，我們就不復需要他們這個理論；但現在的物理學家生理學家既有最大多數不僅不能進到這種見地，且依然深沈於謬誤的投射說（這學說的根柢，是要將我們自己的身體擡高成爲物自體）中。要根絕這種謬誤，最好的手段是密勒爾·烏柏衛的理論，當然這個理論又將爲批判認識論的更高的見地所拋棄。[六三]

舊投射說之排除，根本搖動了對於物質的事物之信仰；關於物質——我們的感官即從此建設此等事物的世界——的研究，亦根本使這種信仰動搖。與楚爾伯不同而不要在現象世界的信仰中引出極端結論的人，很容易承認顏色，聲音，嗅味等等，不屬於物之自體，而祇是我們的感性與奮的特有形式，這些形式乃由外界相應的但性質極不相同的過程所喚起。回想印證這學說的無數事實是太深入了；我們祇要舉出比大多數物理觀察生理觀察更能放射光明的少數事實。

第一，我們述，我們的感官（尤其是耳與目）的根本原理，存於這一點：從各種震動與運動之混沌中（此外我們必須假設我們周圍的媒質是充滿的），按一定數學關係反覆的某種形式的運動，將被選出而相對地被加強，成爲知覺的對象，其餘一切形式的運動，則毫無印象於我們的感覺，匆匆過去。所以我們不僅須宣言，色聲等等祇是主觀的過程，而且須宣言，那當作因緣的外界運動，決沒有它在它對感官發生作用時對我們必定會有的位置。

非常微細的高音與不可聞的空氣振動之間，在對象上，並沒有可聞與不可聞那樣的間隔。紫外線對於我們祇有非常微細的意義；我們僅間接知道的物質中的無數過程，如電氣，磁氣，重力，親和力的緊張，凝合力等等，是和直接知覺的振動同樣影響物質的關係。如我們思考原子，則原子不僅不能發光，不能發音等等，而且在事實上還沒有與聲色（我們所知覺的聲色）相當的運動形式。但它們必然有其他的非常複雜的運動形式，由無數其他的運動形式所引起。我們的感覺器是抽象器；它們向我們提示一種運動形式的重要作用，那決非事物自體所有。

如果說，抽象在思惟上亦導向眞理的認識，我們便須說，這話祇有相對的眞確性，卽，如果所說的認識，是必然會由我們的組織而生，故決不會自相矛盾的認識，則在這限度內，這話是眞確的。我們換一局面，按照唯物論的方法，從感能的說明所謂超感能的（思惟）。如果我們的感覺器，以其桿狀體，圓錐狀體，圓狀體，考爾特氏纖維等所引起的抽象，可說是一種活動，這種活動，依大多數影響的除去而創造一個全然片面的以器官構造爲根據的世界圖，則思惟中的抽象，恐亦須如此說。

近時的觀察，發現了表象與像似直接的的感官知覺之間，有極有興味的關係，而關於觀察得的事實應由生理方面說明抑由心理方面說明，有時亦曾引起頗無效果的論爭。實體鏡的視覺的現象，可爲一例。對於我們必須在此討究的根本問題，我們可以不必問，網膜同一位置的學說（只是一例），在現象的說明上是否有地位。在有純物理的（卽不說是唯物的）傾向的研究者看來，把像似直接的的感官知覺，還元爲『表象』這樣曖昧的事物，是不愜意的。他們要以這種種理論留給哲學家，自己則要發現必然會生出事物的機械作用。但就假設他們已發現這種機械作用，他們亦不能用此證明事物無關於表象。那寧可說是從力學方面說明表象作用的一個重要步驟。這種說明，是否須上溯一步，且暫不置論；這待發現的機械作用，是天生抑是由經驗發展而與經驗共變，亦可暫不置論。但在他方面，非常重要的，是將感性的基礎（如肉體的視，光輝的現象，音的調和與不調和等等）分析為它們的條件，說明它們是種種事情的產物。如此，關於肉體的及感能的，從前的見解，便須漸漸修正。同時，感覺界的現象究還元為表象抑還元為器官的機械作用，亦全然不成問題——如果我們說明了，那祇是我們的組織（就其最廣義言）的產物。一經這樣說明，則不僅關於個個的現象，即關於一般，我們也可得到這一系列的結論：

(一)感覺世界是我們的組織的產物。

(二)我們的可見的（肉體的）器官，與現象界一切其他部分一樣，祇是一個未知的對象之圖象。

(三)我們的組織之超越的基礎，像對它發生影響的事物一樣，為我們所不知。我們在我們面前，常常祇有這二者的產物。

我們馬上還要得到別一系列的結論；但先略述感官印象與表象的關聯。——在實體鏡的視覺中，我們不會解決各種現象的機械作用，究在何處發現。但我們有一羣極可注意的現象，在這現象上，曾以推論，甚至實際謬誤的推論加入視覺中，似乎是很明白的。大家知道，視神經入眼之處，對於光是沒有感覺的，這是網膜上的盲點，但關於這個盲點，我們是無意識的。不僅一個眼會補足別一個眼所缺少的——否則每個盲一目的人，都必定會感知這個盲點——在此之外，還有一種本質上不同的補足。

在一塊顏色一致的面上着上一點別的顏色，如果我們適當地調合眼的軸，使這點恰好落在網膜的盲點上，則底面的顏色會照原樣出現。「面的補足」的習慣，在這場合，便直接表現爲顏色的感覺。如果底面的顏色是紅的，則在盲點上我們所見（如果這個「見」字解釋得當）的，亦是紅的。這感覺，不能還元爲這一點與底面其餘各處無區別的抽象假定，亦不能還元爲想像圖的容易區別的性質。但我們像慣於以遠距黃點的網膜部位爲視一樣，明白視見這種顏色若單憑外部器官該部位的組織，這種顏色無論如何亦不能視見。

這實驗會在多種情形下進行。試在白的底面上加一條黑線，使其中央恰好落於盲點上。無論這根線是完全的抑在盲點上中斷，它總像是完全的。目，似將行一或然的推論，即經驗的推論或不完全的歸納。我們說：目行這種推論。我們故意使這句話不甚確切，因爲我們故意要由此簡略地指出，由中樞器官到網膜那全部的組織與過程。我們即以視覺的活動歸於這種組織與過程。我們認爲，就方法論的觀點說，要在這場合把推論與視覺分開，認爲是兩個各別的作用，乃是不得當的。我們祇能在抽象上如此做。如果我們不要給現實的過程以不自然的說明，則在這場合，視覺便是推論，而推論亦依視覺表象的形式實行，好像在其他場合，推論是依語言表象的形式來實行一樣。

我們以概念爲媒介，得以十分的確實性，立即推知直接感覺現象所與事項之對方。只要有這種考量，我們就知視覺與推論爲一。如果這種感覺僅屬於視官，一切推論均起於不同的思惟器官，那就不僅無意識的思惟將難於解釋，即推論與推論間之矛盾，我們亦難說明。惟關於無意識的思惟，只要我們假定，在條件及結果上均與推論相同之操作，能與單純的感官活動相合爲一，就已較近於一般的解決。

要知道在這些現象上推論與視覺如何相統一，可由這實驗的一個變形——即豫先使目注意於其前提的不完全——的結果來說明。以不同的顏色，畫一十字形，而以兩線交叉之處即交叉點，落於盲點上。二者既有相同的要求權，表象究將完成那一條線呢？據普通的設想，則在這場合，引起最活潑心理印象的顏色，行將確立，不然就是時而這線完全，時而那線完全，互爲替換。這些現象當然會發生，但這些現象，都比由單純的實驗所見者，較不明顯，而在實驗之頻頻的反覆與變更上，這一點的視覺終歸會消滅的。我們不見這線完全，亦不見那線完全。目將認爲，在這一點沒有事物可以視見，並把原來謬誤的推論修正。

我在此還要附註一筆，在長久從事這種實驗之後，我發覺，被完成的色與形所原有的活躍性將消失；就連在更簡單的實驗上，目亦似乎成了不可信賴。必須在實驗停止一個時間以後，這種完成，才會再現出原有的確實性。

特羅比希（實驗哲學雜誌卷四第三三四頁以下），對於黑爾模浩爾茲從心理活動演繹感官知覺，頗爲重視。他以爲，黑爾模浩爾茲這種手續，包含了『唯物論的否定。』然若黑爾模浩爾茲認知覺由推論而形成，以下二命題便是可以應用的：

(一)我們一向爲知覺的特性尋出物理的條件。我們又須認爲，推論的類推，亦以物理的條件爲基礎。

(二)如果在純感覺的範圍（在這範圍內，我們必須爲一切現象假定有機的條件）內，有與悟性推論根本相似的過程，這過程也許還更以物理的機械作用爲基礎。

這命題，設若不是還有一個全然不同的方面，唯物論必將在這問題的研究上發現一個新支點。認思想爲腦髓特殊部分的分泌物，或認其爲一定纖維的振動的時代，已成過去。我們現今覺得，不同的思想，乃是相同的多方共同動作的器官之不同的活動形式。現時唯物論所最歡迎的證據，不就是身體上的感官知覺，將毫無意識的引起結果與推論完全符合的過程麼？這種證明，不將使理性的最高機能，更易接受物質的（至少一部分是物質的）說明麼？我們以無意識的思惟對唯物論者說，他們不僅有健全的常識，可以反對『心』的無意識的機能，他們還可立卽推定：凡是無意識的，都必然有身體的性質，因心的全部假定，是建築在意識之上。如果身體無意識亦能擔任論理的作用（這種作用，一向我們都以爲全是意識的作用），則身體亦能擔任心所須擔任的最困難的工作了。如是，我們儘有各種理由，認意識爲身體的一個特性。

然超越唯物論片面性的唯一途徑，正是這種研究的結果。試假設身體中有一種物理的機械作用，會生出悟性與感官的推論，我們便逢着了這些問題：身體是什麼？物質是什麼？物理的是什麼？近世生理學和哲學一樣必須答說，它們都是我們的觀念，必然的觀念，從自然法則而生的觀念，決非事物之自體。

於是，一貫的唯物論的考察，兜了一個圈子，再還元做一貫的唯心論的考察。我們不能假設我們的存在有任何罅隙。我們必不以我們的存在的某種機能，歸於物的性質，我們的存在的他種機能，歸於心的性質。我們如要爲一切事物，甚至爲思惟的機制，豫想物理條件，並努力不息以求這種條件的發現，那是我們的權利。同樣，我們如要認外界如其所表現，而認我們把握外界所用的器官，祇是實在之圖象，那也是我們的權利。我們相信我們視時所用的眼，原祇是我們的觀念的產物，當我們覺得我們的視覺圖象是由眼的組織產生時，我們決不要忘記，眼及其組織，視神經及腦髓及當作思惟原因而被我們發現的一切構造，都祇是觀念，這種觀念固形成一個自相關聯的世界，但這世界却指示一些超越其自身的事物。但雖有此，我們仍須研究，現象世界在怎樣的限度內，完全與其肇因之事物世界不同。認空間與時間祇是人類的直觀形式的康德，便假定這兩個世界是完全不同的。又，我們仍須研究，我們可否假設有運動的物質是客觀的存在，並且是一切其他現象（雖然這些現象與事物之現實形式相差甚遠）的基礎。如果空間與時間沒有客觀性，我們即不能想像物質及運動那樣的事物。所以，肯定空間與時間的秩序屬於物自體，乃是唯物論最後的逃所。

對於現象世界的現實性，從道德方面予以證明的，是楚爾伯，此外，沒有一個唯物論者曾試要供給這方面的證明。但在他方面，我們却在烏柏衛的論理學（三八節至四四節），發現了一種可注意但據我看却是經不起檢討的嘗試。對於康德認空間與時間為知覺形式使其與知覺材料區別的方法，烏柏衛提出抗議。在這場合，他從這樣的命題出發，卽內的知覺能以物質的眞理，把握其對象之自體。他以非常的明白性，從喚起感覺的事物的本質，分別感覺的本質。照烏柏衛的意思，祇有我們意識中的心理形成物的本質，能恰如其分的，為我們所認識。我們的內的經驗，既祇在時間上經過，所以他認時間的現實性已被證明。時間秩序豫想數學的法則，數學的法則又豫想三度的空間。證明的進程遂於此告終。

卽不說就再生產方面說，這根本原則須受正當的反對，在我看，以我們之內的時間的現實性，移歸我們之外的時間的現實性，也分明包含一個確定的謬誤。在我們之內，不僅時間有現實性，卽空間亦有，儘可不必以數學的法則為媒介。當然，我們由我們之內的事物的關聯，必須推定我們之外亦有相應的事物的關聯，但這種關聯不必就是一致。我們所完全不能理解的事物的秩序，與我們之內的時間與空間的秩序，其關係，有如被計算的現象世界的振動與直接目睹的世界的顏色。[六四]

日，月，星及其規則的運動，及全宇宙，按照烏柏衛的巧妙的解釋，實際不是向外反射的圖象，祇是我們內部的要素或部分。當烏柏衞說它們是我們腦髓中的圖象時，我們不要忘記，我們的腦髓亦祇是圖象或圖象的抽象，其發生，須依從支配表象之法則。爲要使科學的反省單純化，而停止在這圖象上，完全是合法的；但我們必不可忘記，在這場合我們所有的，祇是其他觀念與腦髓觀念之關係，在這主觀範圍之外，我們決沒有任何確定的點。要超越這範圍，唯一的方法是臆測，而臆測必須依從普通論理學的蓋然性規則。

於是我們知道，直接所見的對象與依物理學原理被思考的對象間，存有怎樣大的差別。在一現象能修正補足其他現象的狹隘領域內，我們已經知道，當對象及其作用由一媒質過渡至別一媒質時，對象須經受怎樣大的變化；我們不應推論，物自體的作用，渡入我們的存在的媒質中時，或亦包含重要的無比重要的變形麼？

數學的法則，在此不能引起任何變化。

因要明瞭這點，我們且暫設想，有一種存在者，祇能以二度表象空間。這很可按照烏柏衞的活動暗箱平板的比喻來考察。這存在者雖決不能理解立體幾何學的見解，但就這存在者言，不亦有現象之數學的關聯麼？更現實的空間（卽我們的三度空間），與這存在者的現象世界比較，很可說是『物自體』。如是，喚起表象的世界與這存在者的現象世界之數學的關聯，全不受擾亂，但關於喚起表象的事物的性質，我們亦不能從這存在者意識中的平面圖，推得任何結論。

我們很容易知道，我們還可想像有一種存在者，有三度以上的空間的直觀，雖然我們不能有這樣的表象。〔八五〕——計算這樣的可能性，是多事；我們祇要說，這種可能性的數目是無限的，所以，對物自體言，我們的空間與時間的直觀，即有妥當性，這妥當性亦非常可疑。這就是說，任何種類的唯物論，都不復能夠維持。因爲，就令我們對於感覺直觀的研究，依照首尾一貫性，結果必須證明每一個精神活動都有物質過程與之相應，這物質及其所形成的一切物，仍祇是我們觀念圖的一個抽象，身體與精神間的論爭，結局有利於後者，必須如此，才能保證一切存在之眞的統一。要說明意識的感覺如何能由物質的運動生成，始終是唯物論所不能克服的困難。但要想像，我們關於物質及其運動的全部觀念，是純精神的感覺素質（Empfindungs-anlagen）的組織的結果，却決不困難。

因此，黑爾模浩爾茲將感官的活動還元爲推論的一種，是很正當的。

但說感覺及思惟之物理機械作用之研究，決不因此成爲多事的或不當的，在我們看，亦是正當的。

〔八六〕

最後，我們又知道，這種機械作用，像其他一切被表象的機械作用一樣，本身也不過是一種未知事態的必致發生的圖象。

『我們雖不能以我們的身體器官直觀我們的原子世界的組織，但我們能在直觀的表象型式下，思考它，並在直觀的方法下構造它的過程；當我們以必然確立的原子，移入時間與空間中，依其平衡狀態及其種種運動，以說明質量（Masse）的關係時，試問這種原子還是別的什麼？

『物質一般及構成物質的原子，都是現象，是表象。原子除了是現象，是表象，還是什麼呢？它們自身是什麼呢？自始即表現在它們之中的，是什麼呢？這些問題，對直觀的物質是適當的，對原子亦同樣是適當的。』

說這幾句話的洛幾丹斯基（Rokitansky），〔六七〕開了一條道路，說明了支持唯心論的世界觀的，正是原子論的理論；我們可附帶言者，以心理活動還元為腦髓及神經的機械作用，乃是獲得這種認識——在此，我們的認識的弧，未觸到精神自體的問題，便閉幕了——的最確實的道路。如黑爾模浩爾茲所說，感官所與於我們的，是事物的作用，不是真實的圖象，亦不是事物的自體。但感官自身及腦髓及其中我們所假設的分子運動，亦祇是作用。所以無論超越的世界秩序，是以『物自體』為根據，抑因物自體亦不過是我們的直觀思惟的最後應用，因不能想像絕對在認識的精神中的適當現象，而僅以關係——當作感能要素的各種類各階段而在各種精神中表現的關係——為根據，我們終須承認越超的世界秩序是存在的。

第三篇註

〔一〕特別可參看人性論第一節下述這一段話：『人能在其表象中有自我，故能無限地超越世間一切其他生物。因此，人有人格，又因他在一切能影響及他的變化中尙能保持意識的統一，故有同一的人格，那在等級與價值上，是完全與事物（例如我們可隨意使用的無理性的動物）不同的』。此外還可參看『人類史的臆測的起源』那篇論文（哈吞斯坦一七八六年第四版三二一頁）：『最初人類史的考察使我們得到這樣的結果，即理性認樂園爲人類的最初住所，但人類離開樂園，即是由動物野蠻狀態過渡至人類，由本能的指導過渡至理性的指導，總而言之，由自然的監護到自由的狀態。』在批評莫士加底（Moscati）著作時，康德承認意大利解剖學者爲人類四足狀態所指定的理由批評的結論謂：『我們從此知自然的最初的注意是人和動物一樣，應保存其自身及其種族，爲這目的，最適於內部構造，胚胎狀態，危險避免之態度便是四足。但在人身之內已存有理性的萌芽，當這萌芽發展時，他遂注意於社會，因此，他採取對此最爲適合的態度，即兩足，他由此得到了一種較勝於動物的無限的長所，但如此昂然升頭在舊伴侶之上，亦有種種的不便。』關於四足狀態，還有一段不甚確切的話，見人性論卷二（哈吞斯坦第七篇第六四七頁）『論種的性質』，在那裏，康德論人類由動物狀態傳得的『技術的素質』，最後並提出這樣的問題：『依自然，他是社交的動物呢，抑是孤立的厭惡鄰者的動物呢，在這二者中，後者最有或然性。』 〔二〕哥德小論文『一般自然科學論』，聖·希勒爾（Geoffroy de St. Hilaire）著動物哲學原理第一章末。 〔三〕佛格特關於人類的講義居生一八六三年卷二第二六九頁。［四］克萊因博士（Dr. H. Klein）編輯的自然科學之進步（季刊）第一卷一八七三年七七頁以下：『德諾伊爾在桑謀谷第四期層中所發現的愛里法斯南歐人的骨骼，有顯明的特徵，但祇能要求可疑的意義，因勒伊爾曾斷然說明同樣的特徵曾由齧齒動物造成，積在該地的地層中。但德諾納所證明的關於新第四期層海牛二肋骨的特徵，却不能認爲是屬於以後的時期，而顯明須歸於骨未化石的時代。長老布爾喬亞在旁勒洛近旁波士海泥石的石灰下，見出一層小石，這分明是人手堆積成的（物質的死滅性第二叢書第五卷第二九七頁。）大家知道，要決定那是自然的抑是人爲的產物，有時頗爲困難。但在我們當前的場合，拉特（Lartet），謨爾底（Mortillet），沃爾塞（Worsae）及其他有經驗的研究者，都一致認爲旁勒洛近旁台納的燧石，是由人手造成的，其所從出的地層，分明是屬於第四期的中期。』參看同書第八一頁，關於達德（Tardy）的可注意的發現，曾說：『他在奧利拉克附近，發現第三期中新層時代造成的粗石刀與巨象化石遺物。』［五］科學的進步（季刊）卷一第九九頁以下。［六］同書第一卷第一〇二頁以下。［七］參看盧波克（Lubbock）先史時代。該書四一三頁以下記載了阿特黑馬爾（Adhémar）的理論。按照這種理論，北半球南半球從太陽受取等量的熱，但不保持同量的熱，因南半球晚間的時光較長。一經承認這種差別，約在二一、〇〇〇年間，兩半球狀態的變化，遂於以發生。——關於地球軌道的偏心變化所生的氣候影響，參看一一六頁的表。該表遠溯至一百萬年，在這一百萬年內，有兩個非常寒冷的時期，當中有一期（爲勒伊爾所採用）約在八十萬年以前發生，還有一期約在二十萬年以前發生。［八］達爾文『人類的起源與性質的淘汰』斯杜加特一八七一年第一卷第一七五頁。［九］法拉斯教授在浩倫費爾斯發現一種很相似的工具，是從（熊）下顎骨造成的；其踝狀突起及鳥嘴狀突起，被毀去了，使其易於把握，這種工具因其端有尖銳的犬齒故可當作切肉的斧用。這樣製成的下顎骨如只發現一片，當然是不重要的；但這樣製成的東西既掘發了這許多，故人們皆承認這種加工是故意的。』『仔細考察可在熊骨上看見的一切切痕，我十分相信，這種人民通常會用熊的顎骨，從他們獵獲品的肉中把骨抽出。』『我曾試以一千年老的熊的顎骨，擊新的鹿骨，在新的硬的鹿骨上鑿成的眼，和我們在熊骨上所見的眼，恰好一樣。』（人類學年誌第五卷第二號第一八四頁，四季評論第一卷第一〇四頁以下。）［一〇］我們可在極古代發現痕跡的一切種族，是否都知道火，還極有疑問，因爲即在現代，亦還有些種族，不知有火。（參看盧波克先史時代第二卷第二五六頁以下。）但在歐羅巴，我們不僅在極古的湖上找工住屋上，在丹麥的貝塚（那名爲 Kjökkenmöddings）上，而且在若干洞穴（例如在奧利格納克，參看勒伊爾的人類年齡，在那裏，除了發現炭及灰以外，並發現爲熱所赤的砂岩像在窯中造成的一樣）內，發現火的痕跡。在巴斯勒科爾特（Colland）曾考察一塊極古的冲積層，在那裏，除了有炭與灰以外，還有巨象穴熊大鹿等等的遺骨甚多。（參照四季評論卷一第九四頁；參照同書第九九頁以下，那裏曾論及克洛·瑪格隆洞穴的炭片。）［一一］庚德在人性論卷二論類的性質時，曾說：除了今日的人類以外，沒有一種動物在出生時有呼叫的習慣，他相信，就連在人類，這種誘惑的吸引敵人的呼叫，亦不是原來就有的，那是家庭生活時代才有的，但我們不知道，這發展藉有什麼共同作用的原因。以下康德還說：『這種記述，導我們前進至這種思想，即：假藉偉大的自然革命，第二期不會有第三期繼續發生，使猩猩或黑猩猩亦形成走路的器官，持物的器官，說話的器官，從而有人身構造，內部尚含有悟性器官，並依社會文化而漸次發展麼?』［一二］勒伊爾人類年齡畢希爾譯一三二頁及一四二頁以下。［一三］盧波克先史時代卷二第四七頁以下。四季評論第一卷一〇一頁以下。〔一四〕這問題可以發生：在這樣低的文化狀態上，充分發展的人類腦髓有什麼用處呢？對於澳地利亞人及費爾蘭特人，充分發展的人類腦髓有什麼用處呢？沃拉斯會用這觀念說明，要使人類發展而與全數動物有別，也許須有特殊的條件。他明白主張野蠻人的大腦髓遠遠超越他的處境實際所必要；然大腦髓究竟如何能由生存競爭及自然淘汰而形成，乃是不可理解的。（參看對自然淘汰學說的貢獻，一八七一年版第三三九頁以下。德譯本爲梅爾所譯，出版於一八七〇年。見該書『自然淘汰對於人類的應用』一章。）但沃拉斯一方面把野蠻人與動物比較，而把他安置在太低的位置，他方面他關於腦髓性質所抱的見解又不正確。大的腦髓，決非如某時人所想像，完全用來經營較高級的精神機能，因爲它還是最複雜運動的調節器。我們試想想單爲說話一項，爲使說話的聲音與最紛歧的感情相聯合，已須有怎樣多的調節器官及結合路線！這複雜的器官一經給與，哲學家或詩人的最高的理性機能與野蠻人的思惟機能間之差別，即可用非常纖細的差異爲基礎，這種差異一部分是不能在腦髓中證明的，因爲這種差異，與其說存於實體的性質上，無寧說存於機能的性質上。（參看『腦與心』一章。）且不說野蠻人與原始人貧而無教育的農民與其有天才有科學教育的兒子比較，腦髓構造上的最一般的特性，仍是相似的。對於這種相似，我們將如何說明呢？再則，我們今日大多數人，是否比野蠻人使用更複雜得多的精神機能，亦極有疑問。不發明任何物，不改良任何物，祇限於經營所業，模倣着在大潮流中游泳的人，亦祇瞭解近代文明複雜機構的一小部分。機關車，電報，日蝕之豫定，有幾百萬圖書的大圖書館的存在，爲他們所承認，但他們再不會進一步去思考。在嚴密分工制度下益益趨向較高社會地位的近世社會中被動份子之機能，是否比澳地利亞土人的機能更高尚得多，還極可疑問，雖然澳洲土人不僅為沃拉斯所貶視，且為一般歐洲人所貶視。達謨打（Tamunda）的『澳地利亞德意志新聞』（曾轉載於科尼新聞，）批評彼德門東南澳地利亞最新地圖時，曾說：『澳地利亞的非常良好的氣候，使野蠻人中最幸福的澳地利亞人，可不必擔心於雨露的侵凌而建築堅固的住所；地理的形勢，及風景的繁多與變化，亦不許他們建築固定的住所。土地的性質，强迫他們度不斷的彷徨生活。他們隨處可居，隨處可以開食棹。但他們必須十分努力，十分聰明，才能覓得食物。他們很正確地知道，在鄰近，這種麥；這種果，這種根，是在什麼時候什麼地方成熟，野鴨或龜將在什麼時候出現，某種候鳥將在什麼時候出現於這裏或那裏，某種幼蟲或蛹形蟲在什麼時候什麼地方可食，袋鼠在什麼時候什麼地方最肥，某種魚在什麼時候集在這裏或那裏，康加盧及愛敏飲泉在什麼地方，諸如此類。他們不得不度此生活，但他們愛慕的，成為第二天性的，使他們在某意義上比任何野蠻民族都更聰明的，亦就是這種生活。這種野蠻人的兒女，如送入學校受良好的教育，並不較歐洲人的兒女，更為低劣。他們在若干學科上，還勝過歐洲人的兒女。認澳地利亞黑人為最劣等民族，不見得正確。就某一意義言，比他們更聰明的民族是沒有的。』〔一五〕關於這問題，貝亞（Baer）在先史時代的人類一書第一三三頁以下，曾搜集許多事實；此外，可參看自然研究一八七四年十七號台仁根的發掘（在夏夫浩生・康斯坦鐵線。）這次發掘的大鹿角上，刻有一個大鹿圖，據說，『就形式的美觀與品格言，就工作的細處言，都遠勝於南部法蘭西洞穴所發現的圖。發掘的報告者（赫模 A. Heim，舒里克古物學會報告第十八卷第一二五頁）指出這些動物圖，當與未磨光的燧石工具一道發現；他假設，那比瑞士最古的棧工住屋（在那裏從不曾發現這一類東西）要更古得多。所以在此有一個較古的種族，雖文化階級更低得多，但在藝術製作方面，已頗為榮盛，不過以後又淪喪了。〔一六〕達爾文人類的由來卡魯斯譯卷一第四七頁。〔一七〕言語起源的問題，近來頗引起辯論。在此討論這問題未免太深入了。我們祇要說，要在語言的任何要素（例如有意義的語根的形成）中，發現人與動物的「絕對」差別，會和絕對差別的其他證據一樣完全失敗。人類生活與文化的個別要素，都屬於一般的種類；但若眞正的特徵在其持續上，果有某種事物是絕對的，則在此限度內，我們亦可以說人與動物的絕對差別，乃存於一切相對差別因要生出特殊形式而共同動作的特殊方法。形式之絕對的特徵，在這意義下，當然亦爲動物所有，且這特徵決不包含不變性。人類所以得有較高的意義，非由於博物學的考察，乃由於倫理學的考察；在此確立『精神的』與『動物的』的差別，是很適當的。〔一八〕曾有人要以成功的物種交配的這個例，當作物種不變的證據，斷言盧君（Roux）八分之三的兎引續交配下去，會回復母性的兎形。（靈界評論一八六九年卷二第四一二頁以下可供參考。）但這並非否定交配物種的不變性，但誰也不能說，新兎與原母族在本質上將永遠毫無區別，否則，飼養之目的將何在。關於主要點，不必浪費一辭，因爲這些動物及相似的產物現已成爲顯著的商品。但說中間的形式有一種傾向，要回復經歷了數千年且確定了數千年的兩種形式之一，與達爾文主義及目的論那一章的說話，很相調和。〔一九〕『從猿起源』一句話，常爲通俗反對進化論者所憎惡，其所以然者，僅因以人與現存的猿比較，而普通人所知道的猿的性質，亦皆以現存的猿爲根據。所以，這久已忘失的古形，在動物學的意味上是否被稱爲猿，毫無關係，因其與現存的猿比較，有絕不相同的性質。奧斯加·斯米特（遺傳論及進化論二七二頁以下，）關於這點，曾說：『類人猿的發展，在最近的人類祖先之傍進行，人不能變爲大腥腥，正如栗鼠不能變爲鼠。』……『這種猿的骨質的頭蓋骨，已達到極端，與家牛相彷彿。但這極端是在生長過程中逐漸形成，小牛是不知道的，它只有羊樣的祖先的頭蓋骨。』……『類人猿青年時的頭蓋骨，雖以不可否定的顯明性，表示祖先（那有較優良但仍可塑的頭蓋骨，及與人類相近的齒）的進化，但這些部分及腦的變形（因為逐漸變小）却打出一條不幸的路。同時在他方面人類却在淘汰作用上，更能使頭蓋骨的性質保存。』參看同著者的講演『進化論在人類之應用，』萊比錫一八七三年第一六頁至一八頁。——赫克爾自然的創造史第四版五七七頁。〔二〇〕上卷第四篇第二章及該篇末註七二可參照。〔二一〕密勒爾人類生理學原理卷一第三版一八三七年八五五頁。〔二二〕加斯特爾骨相學斯杜特加一八四五年第二七頁以下。〔二三〕郎克神經系統之解剖學與生理學赫恩博士譯卷一，萊比錫一八四七年六一七頁以下至六二〇頁。〔二四〕前書卷一第五二二頁以下。〔二五〕庇特里（Piderit）腦與精神，生理的心理學案。萊比錫，黑特爾堡，一八六三年。在此，以精神活動還原為反射活動的思想，仍分別『表象器官』與『感覺器官。』這種分別，其實是不能支持的。——馮德（Wundt）他不僅計劃了『生理的心理學，』且完成了『生理的心理學，』他在三二八頁以下，就明白說，『複雜的腦髓反射，』與脊髓反射是完全相似的。——文可參看浩維居（Horwicz）心理的分析，哈里一八七二年第二〇二頁。〔二六〕參看夫里格爾（Pflüger）哺乳動物脊髓的感覺機能，柏林一八五三年；關於反對方面的實驗，可參看康尼斯堡醫學年報卷二（一八六〇年）蛙的神經中樞的機能。——要知詳細，尤其是關於後一種實驗，可參看馮德人類與動物的精神論一八六三年卷二第四二七頁以下。——此外可參看馮德的生理的心理學八二四頁至八二七頁。〔二七〕所以我決不要認反射與（主觀的）感覺是客觀的相應着：這寧可說是反射必須在中樞機關克服的抵抗，故反射愈不受阻止，則感覺愈少。當反射為上位的中樞所阻止時，我們須假定，感覺發生的地方亦移至上位的中樞就腦髓已發展的充分長成的動物而言也許確定的明顯的感覺祇發生於腦髓，而下級中樞的感覺過程，僅助成一般感情的氣分。這當中包含非常困難的意識問題，因爲我們不能明示中樞機關某一部分，達到一定程度的物理興奮狀態，即與意識相關聯。且必然與意識相關聯。興奮狀況是否移入意識中，似常取決於同時存在於感覺範圍內的各種興奮的强度之關係。有相等反射結果的相同的物理過程，有時是意識地發生，有時又是無意識地發生。關於『潛在的』或『無意識的』表象學說，這是應當緊記在心的。關於這種表象學說，直到現在，還未十分明確。在此我們當然不要討究『無意識的意識』，而祇要討究同一機構（那在總體狀態的其他情形中，即與特定表象之主觀結果相關聯）之無意識的活動。一切經驗心理學的初步，均承認這種潛在的意識；在仔細的考究以下，我們知道，不僅有目的的意識的活動，即各種聯合過程，亦由這種機構的這種作用而生，雖然這種機構，在腦髓的別種總體狀態下，是與表象相聯結。有機結合的全體的總體狀態，既有這種顯明的影響，所以關於這點，我們又與馮德的意見相同，即，對於意識的問題，我們的脊髓是與腦髓相連抑與腦髓相離，並不是沒有關係。（參看生理的心理學第七一四頁以下。）我們亦覺得，我們必須假定因組織如此而全無腦髓的動物之脊髓，比較組織較高的動物之分離的脊髓，有更明瞭的意識。再者，假定第二級第三級的分離的中樞有意識，毫無疑問是不能幫助我們說明意識（同書八二九頁。）反之，在如下一點，我們却不能與馮德表示同意。馮德以爲，切去了頭的蛙，既缺少回憶及自發運動（第八二五頁以下，）故可用以反證意識之現實的存在。依照馮德的假定，一切意識均爲綜合；但這不必經長期間，不必在統一中將各種感覺結合，即在新興狀態與原先狀態之單純的關聯上，亦有一種綜合，使意識在論理上成爲可以理解的。感覺必與變化有關；這就夠了。——此外，我們且在此複述，問題決不是如何從假設的部分意識，說明運動。恰好相反：即，須從更單純更可理解而有部分意識的機械作用，說明怎樣全體能在更複雜得多的方法上，遵從嚴密生理的機械作用，同時又是雜多的表象內容之基體。我們必須從機械的各個齒輪說明機械，認有許多其他特性的各個齒輪，當作機械的一部分，尚含有一種祕密的能力。 [二八]密勒爾生理學綱要卷一，第三版，八四五頁。 [二九]胡希克頭蓋骨，腦及心傑拿一八五四年第一七七頁以下。 [三〇]參看椋奈爾特論哺乳動物的腦（見斯蒂克爾組織學綱要）萊比錫一八七一年第六九四頁以下。 [三一]參看候曼生理學綱要第四版三一六頁以下——馮德生理的心理學第一〇四頁。 [三二]在此場合，這極重要的原理可以窺見：即，已存於一神經內的微弱的興奮狀態，同時會依新刺激，增加神經的興奮性。參看候曼生理學第四版第三二三頁。這關聯，對於表象的聯合，多有說明。 [三三]諾特拿格爾在威考病理的生理學解剖年報中，卷五七，一九六頁以下。 [三四]諾特拿格爾在前書第二〇一頁及二〇五頁。 [三五]希特居腦研究柏林一八七四年三一頁及五六頁。 [三六]弗里亞在韋斯勒丁隆納蒂克瘋狂院一八七三年報告中，曾記述他的研究；大學雜誌一八七三年十一月一日號，曾簡單地把它轉載。參看希特居腦研究中的報告與批評，第六三頁至一一三頁。 [三七]希特居前書等五二頁。參看費希奈精神物理學原理卷一第七頁。 [三八]馮德生理的心理學原理萊比錫一八七三年二二六頁及二二八頁。 [三九]倘非有非常特別的誤解，說明這種例解不僅對多數讀者爲必要，而且如果可能，還應再加一個註解，才能希望這些人有更好的理解，那麽，這個例解也許在第二版已被抽出了。謝特爾 (R. Seydel) 教授在『唯物論與機械世界觀的論駁』（一八七三年）那篇講演中，曾詳論我們的例，並以非常的素樸，認這主要點（我們所以舉這個例，就只爲此）爲顯明的『謬誤』他在第十七頁說：『在此，朗格犯了一個謬誤，這決不可歸於機械觀本身。這當然是很明白的，當作一個物理的對象，電報（紙，鉛筆，及光波）是不能安置在這因果系列中。使商人立起的因素，顯然祇是通信的內容，換言之，不是電報，祇是電報的含義。這全然是自明的』云云。在此我不禁要表示一種願望，希望『哲學者』間，在討論一件事以前，先研究一下這件事。不說勢力保存的法則，即對物理因果系列關係祇有皮毛觀念的人，亦定知道，在此『紙，鉛筆，及光波』實際不屬於因果系列。曾注意我的說明的過程的人，亦必定知道，我所以選擇這個例，僅因其有奇妙的外觀。我要求有思惟的讀者明瞭機械的世界觀及其充分結果。在有許多物理知識，知『內容』與『意義』不是由電信傳給我的勢力，並認這種勢力在我的自身中成立的人看來，這亦是事實。入我自身中的，光波之外，別無他物；現在的問題，祇是人們會不會引出機械世界觀的結果。對於侯曼（生理學四版四五九頁）以模範明晰性提出的問題，『同一有機體中的求心印象之同一連結，是否常常有同一結果（同一的外表上隨意的運動）』我們必須知道，我們的答覆是『是』抑是『否』。我們必須知道，是否像黑爾模浩爾茲（通俗科學講演第二册二〇〇頁）一樣，認勢力保存法則應用於有生物亦有效力，實際有許多隨便的唯物論者，他們從不認識這些論理結果，就我們所舉的例說，他們亦決不要在『內容』及『意義』這樣的辭句上逃避，但不適當瞭解一件事情的，亦就是他們。然憂懼這極端，而在人類的場合，混視勢力保存法則的妥當性的人，亦有些是徹底的研究者和有聰明頭腦的人。所以，唯物論之通俗的論駁，似乎以下面那樣的例為根據，亦甚聳動聽聞：『如果機械世界觀是真確的，則在此引起的結果全部，必須從透入眼中的光波及腦中已有的緊張力生出。但這是不可信的，所以……』——然若我們考慮一下生理心理學的原理，這不可信的程度並沒有這樣大。

我們不僅有『光波』一般在我們面前，且有字母的特殊形式與排置在我們面前。這樣的印象系列在讀之際一部分經視神經，但一部分經眼筋肉的運動中樞（依聯想系統的纖維）而作用及於言語中樞。此處，喚起了有『意義』的字句從生理學方面說，這有什麼意思呢？不外是一羣細胞與神經被刺激起來了，那有非常多的傳導傳到大腦皮質部的其他部分。很活潑的聯想過程擴佈了，使全腦處於活潑的興奮狀態中。同時，『無意義』的字句（這種字句，沒有或僅稍有確而强固的傳導交通，可通到腦髓的其他部分）卻不能這麼辦。跳起來那等等結果，就是從這『目的論的』機構生出來的了。我們知道，切去了頭的蛙，亦有這種機構在作用。我們當然不要在此說明物理的過程，祇要對那些讀者（與謝特爾同樣認此事『分明』不是這樣的讀者）暗示，還有說明的可能。勢力保存原理的眞基礎，是按照一個隨處被人一貫應用的見解，作爲現象界的關聯原則，它有公理的性質。但『唯物論的論駁』一部分是由更深的認識論的源泉引出，一部分關於我們的例解，卻是由我們對杜·波以·勒伊蒙自然知識限界所已說的議論造出。參看下卷第二篇第一章。［四〇］『數學心理學的基礎，赫爾巴特與特羅比希的根本謬誤的證明，』杜以斯堡一八六五年。科納利亞斯（Cornelius）曾在實驗哲學雜誌卷六第三期，試作論駁，其言雖近於武斷，但實無須乎再抗議。理由與反對理由的平靜的比較，很可說明數學心理學的不能支持。——維特斯坦（Wittstein）曾試以數學心理學建設在一個新基礎，把我所指摘的赫爾巴特的基礎謬誤避免了，但同時卻引出了與赫爾巴特完全不同的結果。我們很易知道，嚴密地形上學地演繹原理之要求，一旦放棄，則按方法論說，決不會有提出這樣一種理論的機會。［四一］赫爾巴特科學的心理學卷一第四四頁。『近頃我們得見卡魯斯的心理學史，那無疑是一本有益的書物，然在精神上以詩萊爾馬哈道德學批判爲根據的心理學批判，還更爲我們所希望。〔四二〕布綠塔諾（Brentano）經驗觀的心理學，萊比錫一八七四年卷一第十三頁可以參照。〔四三〕『內官』的學說，是以亞里斯多德（心論卷三第二章）關於知覺之知覺的議論爲根據。那由格倫發展了格倫分別三種內官想像（φανταστικόν）認識（διανοητικόν）及記憶（μνημονευτικόν）。它們的任務在於瞭解外官所供給的材料，以意識認識之（格倫的想像與經院學者的共同感官 Sensus Communis 相應），依結合與分離，而從此得到其他的認識（認識）並保存這種認識，依回憶再與於意識（記憶）。此三器官被認爲存於前頭中頭後頭的特殊大腦器官中。在此三者之上爲理性，其性質根本是不同的。這種學說一直支配到笛卡兒的時候（參看梅倫克登心理學『論內部感官』章）。笛卡兒才拋棄格倫的基礎，建立一種全新的區別，但這種區別，後來往往與內官外官的傳說相混同。按照笛卡兒，感官祇以純物體的事物模寫與於大腦，而知覺這種模本的，乃是心。這種不可信的素樸的擬人說，不過以人寄於人之中，而以這樣素樸的一種抽象相連結——大腦中事物之有體的圖象是有廣延性的；但心中事物的知覺却是廣義的思惟（Cogitare）的一種作用，即無廣延性的存在者之無廣延性的作用。如是，本來充滿我們意識中的表象對象，遂在任意的不合理的方法上與表象作用相分離。但以此，近世哲學上的絕對非感能的非空間的思惟，遂第一次成了可能的（對於這空想，巴克萊曾作最尖銳的反對），而心的『表象』亦隨便爲人所談論，似乎其中亦有內容——唯一的本質的事物，但心的非空間性一經肯定，表象遂又再被認爲是表象作用，即當與表象對象相分離時，被認爲是純粹的虛無。於是，萊布尼疵分別感能的知覺（在笛卡兒 Perceptio 是指心的知覺）與統覺（Apperception）——心對於對象之意識的把握。雖然萊布尼疵在此並不關心到內官學說，但這種區別，却傳統地與內官外官相融合。但在沃爾夫，比爾遙格(Bilfinger)及他的有名的繼承者，這學說卻不曾被討究。沃爾夫祇在『合理的心理學』中，談到感官之內的及外的『銳敏』(Acumen)，其意謂，感能的知覺能力，依內的及外的原因而銳敏；因而，這種區別完全屬於不同的種類。——退吞斯(Tetens)在一七七七年出版的人性哲學觀第一卷四五頁，嘆息沃爾夫不應用內官的概念。他，很像洛克分別感覺與反省一樣，稱『我們自己所有的，我們內部變化所生的，我們的活動與能力所生的』表象，爲『內官的表象。』康德所以應用『內官』一辭的理由，與傳統心理學傳統論理學得如此廣如此深影響於他的體系的理由，是相同的；即，他相信，舊的且在某點已經證明的概念網，可以爲他所不得不考究的現象的完全性，提出一種保障。在他，主要的事情，不是傳統的理論，祇是傳統的區分。這情形，可從他的定義的自由，一部分亦可從他的定義的謹愼而見。他的定義，隨處均儘可能不爲傳統的概念所束縛，其目的祇在準確地區劃事情，決不是不必要地加以豫斷。——按照柯亨康德經驗學說第十章第一六四頁以下，康德所以採納內官一辭，乃因要駁斥『實質的觀念論』(Materialen Idealismus)，因要在這種學說取得主要支點的範圍內，駁斥『實質的觀念論，』並使靈魂實質的武斷，失去最主要的根據。康德明白說，只有兩條路。不是不假定任何內官，便是主觀(內官對象)亦像外官對象一樣是現象。康德究會如何進向健全的心理學而以『能力』還元爲過程，我們不要在此決定。無論如何，『內官』假定的直接結果，總是不利的，容易誤會的。在此我們又須指出，時間之先驗的演繹，(那與『內官』說有關，)並沒有空間之先驗的演繹那樣有明證；那很容易教人發生非常的疑問。

[四四]在此我們很高興承認，所謂『內的』現象的觀察，最近已有大進步，而在這範圍內，不僅生理學者，即努力復興經驗心理學的人，亦會有頗好的成就。例如斯東夫(Stumpf)

關於面的表象之精細研究（論空間表象之心理起源萊比錫一八七三年第一章；比較更少成就的是第二章關於深的表象之研究。）但很容易知道，抽象地說，這手續是和外的觀察一樣。這種『自我觀察』亦含有想像作用，而想像作用却與外的知覺的作用有極密切的關係。——布霖塔諾經驗觀的心理學卷一萊比錫一八七四年，對於我們對伏特拉格式自我觀察所下的批判，完全同意。但他以爲（第四一頁）我爲這範圍的混亂所誘，致不當地否定內的知覺，即內官（參看前註）我們決不能直接向心理過程注意，故亦不能觀察它們。但我們可以『知覺』它們；這種知覺又可依記憶之助，而受較正確的研究。按照布霖塔諾的意思，與外的知覺相反對的『內的知覺』的對象，乃是『心理的現象，』而心理的現象與物理的現象之區別，乃以『志向的內在』——即對某種作爲對象的事物之關係——爲標準（第一二七頁。）因此，布霖塔諾不僅把感官所與於我們的現象，列在物理現象中，即構想的圖象，亦被列在物理現象中。反之，當作表象作用的表象，便是心理的（第一〇三頁以下。）他於是像笛卡兒一樣（參看前註，）在物理的與心理的之間，獲得了一種確實的區別，但亦即在此包含一種危險，弄得不好，就會把錯覺當作全體系的基礎。我們不能從表象的內容，分開表象的作用，這一點我們已在前註說明了。但關於情緒又如何呢？例如，照布霖塔諾的意思，怒是一種心理現象，因其與一個對象有關係。但在怒中我們能知覺什麼，以記憶爲助又可觀察什麼呢？祇是感覺的徵候。而在此，知覺又與普通的外的知覺完全類似。怒之精神要素存於此等徵候之方法、度量、連合、與秩序中，非存於可以特別知覺可以引離的過程中。

[四五]夏勒心理學淮瑪爾一八六〇年第十七頁。

[四六]再在這範圍內，自第一版以來，亦獲得了若干極可贊成的見解。一方面，我們有貝特（Bert）的實驗，實驗水蚤的光的感覺，那似乎證明了，惹起光的感覺的光線，在這種動物的場合，是同

在人的場合一樣，（巴黎學士院一六六九年八月二日報告；）他方面，愛牟爾（Eimer）及謝布爾（Schöbl）（顯微鏡的解剖記錄卷七第三册，自然研究卷二第二六號）又曾研究土龍的鼻及二十日鼠的內耳之觸覺器官，在此處，觸覺器官旣異常豐富，所以我們必須假設，所謂觸覺的動作與感覺的種類皆不相同。精密的實驗依然缺少，而在他方面，對於我們久已知道（按照斯巴倫詹尼 Spallanzani 的實驗）的『半盲感官』（Fledermaussinnes），我們依然須有生理學的解剖學的說明。因音之振動而動的蟹甲表面的毛（漢生十脚類聽覺論萊比錫一八六三年，黑爾模浩爾兹音覺論第三版一八七〇年二三四頁以下）及小魚與無殼的雙棲動物表皮的神經毛（按照蘇爾兹，見密勒爾的記錄，一八六一年七五九頁，）其所起感覺，也許和我們的全然不同。——參看馮德生理的心理學第一版三四二頁註一。〔四七〕參看古士茅（Kussmaul）關於初生兒心理生活的研究萊比錫一八五九年。〔四八〕巴斯呑歷史上的人類萊比錫一八六〇年第三卷；比較心理學的貢獻柏林一八六八年；人類學的研究傑拿一八七一年。——巴斯呑主要的是在他所著『人類的常識』（柏林一八六八年）一書中，對達爾文主義，提出一種粗疏的誇張的反對論，但這並不影響及他的主要思想的價值，其說曰：要說明各民族精神狀態，尤其是他們的神話傳說之類似，與其說他們是由共同的原始民族引出，不如說他們有相同的心理素質，那必然會引出相同的迷信與傳說。〔四九〕參模厲希心理狀態；其對身體疾病之有機媒介與影響傑拿一八四九年。〔五〇〕在我的心理學講義上，我常常介紹這種實驗，因而益益相信這種實驗是確實可信的，是有教訓價值的。〔五一〕參看薩克森王立科學會的報告論文及哲學歷史部一八六六年五月二十六日刊行論文七六頁以下，一八七一年七月一日刊行論文一頁以下。特羅比希在這些先鋒的研究上，不僅提供了一個優良的例，說明數學的方法如何可應用於言語學，且提供了心理學上重要的證明，證明在言語及詩上有一種規則性，至若這種規則性如何產生，作者個人是毫無意識的。主觀方面的技量，感情，趣味，從客觀方面看，似乎是依從一定法則的創造衝動。因此，對於許多韻律上的『法則』投下了一點全新的光明，但這些法則，是自里希爾研究蒲洛達士以來，就已經在拉丁詩人之中發現了。向被認為意識的規則者，現已自行表明，不過是無意識地作用着的自然法則。〔五二〕參看斯賓塞心理學原理第二版，倫敦一八七〇年至一八七二年。——培因感官與知力第二版倫敦一八六四年——情緒與意志第二版倫敦一八六五年；國際文庫第二卷，精神與肉體：其相互關係之理論萊比錫一八七四年。〔五三〕約翰生博士現代英國心理學者空間表象的導出、哲學月報第九卷一八七三年一月一日四三頁以下。——斯東夫論空間表象之心理的起源萊比錫一八七三年。〔五四〕斯賓塞心理學原理第二版卷一第一四四頁第五六章，『就其主觀方面說，心理學是一完全獨異的科學，不依存於任何其他科學，亦與一切其他科學全相反。』〔五五〕培因精神與肉體第四六頁。『溫度增十度，增二十度，或增三十度，感情隨之將生一定的變化，快適或苦痛亦一樣向上增加。所以，對每一類關係，都有酒、香、音、光之感覺的等價物。』〔五六〕前書第五八頁以下。〔五七〕近頃已有人（例如斯東夫，布霖塔諾等人）試要從心理學將『無意識的』或『潛在的』表象除去。如果為此目的而採用踰宰的言論，那是沒有了不起的反對處，因他會明白假定，表象與腦髓的機能相結合，即不惹起意識，亦會干預思想的經過。（醫學的心理學第四〇九頁第四一〇頁。）踰宰不以聯合歸於生理學，而以之歸於『形上學的心理學』，是不合理的，但一經仔細考察，這種不合理很容易就可揭去。反之，如果布霖塔諾要以意識中的但已忘記了的表象來說明一切，則布霖塔諾亦確乎有實質上的誤謬。布霖塔諾反駁莫德士勒(Maudsley)關於無意識精神作業之見解時，他所使用的不充分的方法，特別可資參考（經驗觀的心理學第一三八頁以下。）哥德曾說，異常的才能與尋常的才能祗有少許的差異。布霖塔諾就用哥德這句話來反駁天才之無意識的作業。但哥德却屢次明白說，藝術的創作是由無意識的過程而出。所以我們必須認他的證明，極為重要。關於天才思想家的稀有，沒有什麼可說，因為創作的天才不一定是稀少的。在每一個藝術家中，多少都可見出。——關於這問題，菲謝爾所著意識一書（萊比錫一八七四年第六章，）曾將各作家各藝術家的議論搜集。

[五八]倫理的唯物論因人事統計與意志自由學說相反對，故認其為特別的唯物論的科學。這是不確當的。要說明這點，可應用這種有意味的事實，即我們對於這問題所以有最良好的討究，尚須歸功於一個路德派的神學家，他要由這種經驗的基礎支持他的基督教倫理。此即歐亭根(Oettingen)的人事統計，人類有機體道德生活運動合法則性之歸納的證明（歐蘭根一八六八年，第二版出於一八七四年。）——當然，人事統計，不是唯物論的，亦不是正統派的，路德派的。

[五九]要使讀者不必再依賴其他補助手段，則此處所提議的諸點，有特別詳說的必要。但因在生理學綱要及黑爾模浩爾茲等的大論文外，我們還有黑爾模浩爾茲的通俗演講（一八六四年至一八七一年）及馮德的生理的心理學（在那裏這裏發生的一切問題，均有詳盡的說明，）故這種特別的詳說，覺得更不需要。此外，參看菲克(Fick)的表象世界（吳爾玆堡一八七〇年）及勃勒爾(Preyer)的人的五官（萊比錫一八七〇年。）

[六〇]初版說，這是完全沒有差別，現在我相信，並不是完全沒有差別。使我所以如此相信的，特別是因為新康德派常說精神的組織，好像那是喚起表象的個別事物。我覺得，認此精神的組織僅為現象的物理的組織之超越的方面，即烏柏衛所常說的『大腦的物自體，』不

僅就其自身說是較正確的，且亦較與康德的見解相合。此外，參看第一篇註二五。〔六一〕利希吞堡雜集，克里士發行卷二第三一頁四四頁。〔六二〕黑爾模浩爾茲生理的視學原理二九章六〇六頁以下及五九四頁。〔六三〕對於密勒爾，烏柏衞的理論，此處給與這樣的比較的教訓的價值。這種價值，並不因斯東夫（空間表象之心理起源）對投射說的最近轉向，而受影響。斯東夫似乎認我無條件贊成烏柏衞的理論，這是不對的；我在初版對於這諸種見地的差異已有充分說明（不過沒有現在這樣充分罷了，）而且，那又是我的見地在認識論上的必然結果。關於烏柏衞，斯東夫開始即假設他不曾觀察到『表象某事物存於一個距離』和『在這距離有某事物的表象』或『表象某事物存於這距離，』是有差別的。但烏柏衞決不能這樣隨便被考察，他的世界觀其全體雖覺奇異，但各部分都曾經深切考慮。『表象某事物存於一個距離，』有什麼意義呢？這問題正可說是他的心理學之出發點。因爲烏柏衞覺得，這一句話是沒有意義的，除非距離亦是感官直觀到的。所以按照他的見解，祇有第二個命題是明晰的適當的；第一個命題乃以經院學派笛卡兒學派的錯覺（表象可與其內容分離）爲根據。斯東夫處理烏柏衞暗箱平板圖的方法，以完全的誤解爲其礎。平板的圖像，當然祇包括它的外部現象，而不包括被描繪的事物，正如我們從外部知覺一個人，決不能看見他的大腦。對於烏柏衞見解作公平解釋的人，不能認圖像與平板的眞的『自我』完全合一。斯東夫的聰明大膽的演繹法（認視覺表象原來是三度的，）我們不要考察。他因要把深的知覺的問題簡單化，不說『我們之外』而說『視事物於一個距離』。此非要對於投射問題的核心作一個解決。他往往在二種距離間徘徊，其一是事物到我們的肉體之距離，其一是被表象的事物到被表象的肉體之距離。〔六四〕烏柏衞對於這種批判，曾於論理學以後諸版及哲學史綱要卷三第二七節，提出答覆。關於時間的實在性，他說（參看梅爾刊行的論理學第四版第四四節八五頁註，）如果時間祇是直觀的形式，則以之移於其他事物上，便是不得當的，但時間乃是一種『心的實在，』因為像我們第四〇節所證明的那樣，我們必須恰如其原相，來理解直接對我們呈現的心的影像。但『理解』已經是一個新的心理過程，在這過程上，被理解的事物，不能保持不變。時間表象，似祇在這第二次心理構成上出現。在單純的全然自動的直觀上，那怕直觀的對象是行雲流水一樣自動的對象，我們亦不能見出少許時間的表象。但若我們執持這單純事實，（即我們既常常表象時間，所以時間表象實在我們之中，）則就這關係說，時間殆和空間一樣，故類比於其他事物，是不能取得結論的，要取得結論，便須像康德一樣，以其比於這樣的事物，即知識設備與我們自己的知識設備相似的事物。——烏柏衞曾證明三度空間的超越的現實性，但他的證明，完全以這種斷言為根據，即對象之數學的知識，必須在自存世界度數與現象世界度數相同的限度內，才能在我們能用的尺度上（例如在天文學，）成為可能的。烏柏衞亦不否認，就令這條件不會具備，現象之數學的秩序，仍有些是可能的。但在什麼尺度上，世界對於我們才是可理解的呢？天文學祇是一特殊場合，在其他條件下，有其他事物可為其代替。此外，就世界的可理解性言，什麼是我們可以要求的，我們並無絕對的標準；為此故，烏柏衞的見地，實隱含不當假定的謬誤。

［六五］三度以上或三度以下的空間的表象是可想像的這一些話，是沿用初版的字樣，未有更改；從那時起曾惹人大大注意的黑爾模浩爾茲及里曼（Riemann）的數學哲學的思辨，乃出現在這段話出現之後。為避免見解的混淆起見，我們必須指出，本文祇說三度以下或三度以上的空間或似空間的直覺有思惟的可能，尤其是後者，雖然三度以上的空間的直覺，實與我們所謂空間，毫無類似之處。所以陸宰近頃在論理學（萊比錫一八七四年第

二一七頁）上，為反對濫用空間概念，以指示四度或五度的『論理遊戲』而發之激昂的非難，我們必須否認。陸季會嘆說，『我們必須提防這一切嘗試；那是科學的青面孔，以完全無用的遊說來威脅普通的意識，並在概念的制限中，騙取權利。』他這樣說，實未免過甚。普通的意識，沒有這樣反對科學的權利；早就慣用最大膽的概括以求最好結果的數學家，倘更沒有這種權利。參看負數，不可公約數，虛數，及複合數，分數及負數的指數等等。——杜林（Dühring）力學原理四四八頁以下的非難，雖依據著作者的明敏的實驗（自然辨證法柏林一八六五年）最先在『時間，空間，因果及無限小解析之論理分析』（柏林一八六一年）那篇可注意的論文，依概念之批評，得從數學除去『神祕的』要素，但其根據仍不充分。『神祕的』要素在近世數學上是如此增加了，所以，批評二三概念，已經不夠。一切直觀與實在可能性的限界之綜括的破棄，能引出用在現實上依然完全正確的最單純公式這問題，必須在數學哲學上，當作一個全體來討究。杜林自然辨證法一六二頁一六三頁所說，未曾接觸眞正的問題。——反之，像里布曼（哲學月報卷七第八冊三三七頁以下論空間的現象性）那樣應用這些數學思辨，當作空間現象性的積極證明，又似近於輕率。因為這些思辨，仍不過是一般空間概念（當中包括歐幾利德的空間，把它當作一個特殊形式）可思惟性之數學的發展。

[六六]布霖塔諸心理學卷一第一四四頁，關於上面所講的盲點現象對於限的干涉說，我未充分明白表示，我是否眞要承認與意識干涉相似的『媒介過程。』但在我看，這事情是很明白的。這裏的問題是，歸納的大前提，是否是包攝的意識的手續將說：若我常常有部分的現象X_1，X_2，X_3……則在我前，必定有一個一致的面。X_1，X_2，X_3諸種現象是與件；所以這一致的面是存在的。相應的生理過程祇是，在習慣（依存於後獲的傳導路程）上，因X_1，X_2，X_3而在腦髓一定部分引起的興奮結

果往往是面的表象（即機械的條件，引出一種綜合，而成爲面的表象。）X_1，X_2，X_3等現象出現了，立即會隨着發生具體情形下的面的表象。這就是說，『媒介』祇在於此，即特殊的小前提與已發展的大前提機構相接觸，從而結論——面的視見——自行出來。在我看，決不會在任何其他的推理過程中，發生任何其他的『媒介』——除非我們把中名辭即大前提的探求，包括在推理過程中。但在我們面前的場合，當然用不着探求中名辭。在這場合，兩個前提立依自然的必然，而逢在一起。對於黑爾模浩爾茲、佐爾奈等，亦會有人下這種非難。即從無意識的推理所作的說明是否是唯一可能的說明，我們不確實知道，而且依聯想法則說明現象的嘗試，我們亦不應省去。對於這種非難之答覆是：『聯想之極便易極明白的說明，與無意識的推理之說明，並非全相矛盾。此方說用上面的例，如果有X_1，X_2，X_3諸種現象，面的影像必定會依聯想法則而成，即可知此種影像必常常與此諸種現象相結合，且與歸納的大前提（那包攝新的特殊場合）的存在爲同一。且首尾一貫的聯想心理學，甚至以聯想說明普通的意識的推論！更精確的自然研究，不願用這種說明方法，是很自然的，因爲老實說，那全然不是說明，祇是必要的說明之補替。〔六七〕

參看洛幾丹斯基知識之獨立價値維因一八六九年第三五頁。

第四篇　倫理的唯物論與宗教

第一章　經濟學與利己主義的信條

像檢討自然科學一樣，我們還要深切地檢討經濟學及有關的諸種學科；但在這場合，我們是不自覺的，移入了實踐問題的範圍了，這種問題的解決，乃是我們的批判研究之結果。我們檢討一種科學，在它的學說上，我們僅發現了社會狀態的反映。我們正想知道，在現代，倫理的唯物論存於何處；我們發覺，那已發展成爲一個信條，連亞里士提卜斯及伊璧鳩魯亦不知道的信條。現代已以利己主義代替快樂；當哲學的唯物論者在倫理學上覺得動搖的時候，隨着經濟學，却發展了一種特別的利己主義理論，那比近時任何其他的要素，都更有唯物論的性質。

這種現象的根柢，溯源於康德及法蘭西革命前的時代。在意大利，在荷蘭，在法蘭西，新世紀的研究精神，早已把商業，國民交通，賦稅及支出的影響，全國民幸福或貧困的根源，放在理論的檢討之下；但祇在英吉利，經濟學說才隨工業及世界貿易的繁榮，發展成爲一種科學。亞當斯密（Adam Smith），著道德理論，僅獲得相當的讚賞，他是由國富論博得最大的名譽。在他看，同情與利害是人類行爲的兩大動機。他由同情引出個人的一切德性和社會的一切福利。但他由某種技巧的方法發現正義以後，他就認此爲國家及社會之眞基礎。社會各成員間的好意相互幸福的友誼的關切，是美事，但是，就令缺少這些，國家亦不會滅亡。正義却不能缺少；共同團體是與正義共存亡的。在不犯正義的限度內，道德理論允許每一個人在追求財富與榮譽的努力上，竭全力以壓倒自己的競爭者。而在國富論中，他又充分確立這樣的公理，即，各個人追求自身利益同時即是促進全體利益。政府所要行的，祗是維持利益競爭的可能的自由。〔二〕從這些原理出發，他把利害的作用，供求的關係，還元作若干規則，那在今日仍不失爲重要的規則。但在亞當斯密，這利害的市場，決不是生活的全體，祗是生活上一個重要的方面。他的後繼者，却忘記了別一方面，而以市場規則混同於生活規則，甚至混同於人性的根本法則。這個缺陷，固然把交易的全部問題非常單純化，從而使經濟學取得嚴密的科學性，但這種單純化，不過認人純然是自利的，能完全認識一己的利害關係，不爲任何其他的感覺所妨礙。

如果這些假定，其目的在想像一個最單純的可能事例，冀使社會交通的理論，有精確的形式，而公然明白地敍述出來，那實際是無可反對。其他科學，亦正賴這種抽象，從全部的有多樣關聯的現實抽象，來取得精確的性質。我們決不能擁抱自然影響的無限。我們使它精確，它方對我們爲精確。一切絕對的眞理都是錯誤的；反之，關係却可以是正確的。實則，在知識的進步上，最重要的便是相對的眞理。這種命題，固祇在任意假定的基礎上是眞的，且在一種仔細規定的意義上，與全體的現實相異。但這種命題，比要以一擊儘可能攻破事物本質的命題，當更能永續的促進我們的識見，因爲後一類的命題，必定會引起許多不可避免的、其影響尚未被知道的謬誤。

幾何學的線與面，在自然之中雖不存在，現實事物的量雖幾乎常常不能測度，但幾何學即以其單純的線，面，體，助我們前進。同樣，抽象的經濟學亦幫助我們前進，雖然在實際上，沒有人全然依從打算的利己主義衝動，而不爲其他特性所引出的感情與影響所阻礙。當然，利己主義經濟學上的抽象，比在任何其他科學上，都更剛强，因爲惰性與習慣的反對習慣，同情與協同精神的反對影響，都是極重要的。但若意識中記着這是抽象，則抽象儘可大膽進行。因爲，我們如果知道，我們所假定的利己主義社會內的活潑原子，怎樣必須根據我們的假定來活動，我們就不僅有了一幅毫不自相矛盾的虛構圖，且對於人間本質及要素的一面，有了精確的知識，而這一面，在社會，尤其在商業貿易上，是有極重要的作用的。至少我們可以知道，在活動條件恰與假設相符合（雖然實際情形決不會完全是這樣）〔三〕的限度內，人們將會怎樣自處。

經濟學範圍內的唯物論，即是將這種抽象混同於現實。這種混同，是在物質利害關係非常支配的影響下發生的。英吉利經濟學擁護者，大都從完全實踐的見地出發。這所謂『實踐的』並不是古時希臘人所說的意思。在古時希臘人看來，特別值得這個尊稱的，是熱烈的以道德動機及政治動機爲動機的行爲。此等時代的性質，使人們在個人利害上，尋覓行爲的眞目的。經濟學上的『實踐的』見地，乃是這樣一種人的見地，這種人把自己的利害關係置於第一位，從而豫想其他各人亦是這樣。但這時期的大興味，已不復像古代一樣是直接的享樂，而是資本蓄積。

非難我們這時代的，常以享樂欲爲口實。實則，在文明史的比較研究下，最足爲我們這時代的特徵的，乃是現代工業主人的勞動欲及現代工業奴隸的勞動必要。在輕躁的快樂中，那喧噪的無意義的喜歡，祇是過度的慘酷的野獸般的工作之結果，蓋因精神在賺錢事業的不絕追逐中，將失去更純潔更高尙更平靜的享樂能力。因此，在享樂的場合，亦像在賺錢的場合那樣，不自覺地陷於焦忙。快樂由其費用來測量，似乎是義務一樣，在指定的時日進行。這種事態顯然不是健全的，且不能永久存在；但現工作時代，顯然完成了非常的功績，那在未來，或可用以使更高尙的文化的成果，普及於最廣的範圍。伊壁鳩魯、亞里士提卜斯的開化的精神的享樂，有其黑暗面，即，自足的局限於狹隘的友人範圍，甚至自足的局限於自我一個人。但這種情形，在我們今日，即在最有資產的利己主義者間，亦不常見，以這種情形爲基礎的哲學，亦決不能獲得一般的意義。積集享樂的手段，不以此手段用於享樂，而以大部分用於賺錢，這正是我們這時代的主要的性質。如果已獲有相當錢財資產的人，即從營業的生活隱退，而以其餘暇獻於公事，獻於藝術與生活，獻於文化的人生享樂，不徒事花費，不僅這一些人將可度更美的更有價値的生活，且亦將取得充分的物質基礎，以永遠維持更高尙的文化及其一切要求，並使我們現代的歷史時代，比古典的古代有更高尙的內容。是的，這樣從商業取出的資本部分，必較最無意義的奢侈所取出的資本部分更大；也許，這種文化亦祇眞有利於一小部分民衆。但現在大多數民衆亦就够苦。設機械的鉅大勢力及人手由分工而無限完成的業績，掃數用以使每一個人都有適當生活所必需的資料，每一個人都有進一步發展精神所必需的閑暇與手段，那就在現今也似乎可以把文化的幸福，分佈於一切階級，不致妨害人類的精神任務；但迄至今日，這還不是時代的傾向。勢力依勢力而生出，新機械不絕設計了，新交通機關不絕發明了，這是眞的；有資財的資本家，不息活動在創造，而非在尊貴的閑暇中享用勞苦的結果，這亦是眞的；但這種不絕增加的活動，其直接目的，不在公共幸福的增進，而在精神享樂能力缺少的地方，却發覺了一種欲望，其增加，常較其滿足手段的增加，更爲迅速。

我們這時代的倫理的唯物論，有一個得意的命題，即在有滿足此等欲望的充分手段時，人愈多欲望，便愈是幸福。一切古代的見解，恰與此相反。狄奧格奈斯(Diogenes)固不必說，即伊璧鳩魯亦要在欲望的解脫上尋求幸福，雖然前者以欲望解脫爲主點，後者以幸福爲主點。當然，現在民衆生活的更精確的認識，尤其是死亡疾病的統計，曾攻破貧者安樂康健，富者憂鬱衰弱的古寓言。我們以死亡表的大小，測量世間貨物的價值。我們又發覺了，帝王的懸念，決不像饑寒及窒息的住所那樣有害於健康。但在他方面，科學的進步又許我們全然違反這唯物論的命題，作一種蓋然的推論。文明史告訴我們，在古代，國王睡於泥壁的宮殿中，騎馬旅行於遠方，而以燻製的豚肉、麵包、麥酒爲朝食，而在現代，他們却坐美麗的特別花車飛巡於歐羅巴，在各處都有各處的產物供他們使用。但古代君王在古時人眼裏的幸福，正不下於現代君王在現代人眼裏的幸福。依照精神物理學的比論，個人幸福的感覺也許和感官的感覺同樣是相對的。被知覺的，祇是差別；被感覺的，祇是增加，這是以既存的標準來測量的。〔三〕實際，任何有理性的人，亦不相信布魯悉的名劍的物理構造，會比能悅目的但比較價値更小的其他裝飾品，更能增加佩帶者的幸福。但這種名劍的所有，依然是一種欲望；其不可能，依然可生出非常的煩惱；其突遭遺失，且可使人流淚。在這裏，有最重要作用的，分明是比較，是欲望上求勝的鬥爭。由此，可知至少有一種欲望，卽勝於他人的欲望，可增至無限；在這場合，一個人幸福，必致於使他人覺得損失。由此，又可知貨物生產及貨物生產手段的不絕增加，儘可不在本質上提高任何人的享樂，儘可不使勞動羣衆多取得一點有價値生活所最必需的物品。因缺乏公同感情及貪欲過度之故，一切能滿足此種欲望者的此種欲望，會非常增加。這種情形，實際已成爲我們現代的特徵。大多數國家商工業的統計，都無可駁斥地說明了，權力與財富正有非常的增加，勞動階級的狀況未嘗表示任何斷然的進步，但有產階級獲利的焦心與熱望，仍不稍稍和緩。實際，我們不是爲享樂而生活，乃爲勞動及欲望而生活；而在此等欲望中，貪欲既佔如此優勢，所以一切眞實的永續的進步，一切有利於人民大衆的進步，都消滅了，或僅偶然發生。

如果我們想到，遲早會依某種方法，自然發生一種變革的精神趨向，而貨物生產力却大抵會依然不受損害，我們便可把這本身極不討人喜歡的事實，放在一種可以寬宥的見地下。古典文化引爲基礎的見解——卽有一個標準在一切事物上都是最健全的；享樂不依存於滿足的欲望之數額，亦不依存於滿足欲望的困難，乃依存於欲望所由而生起所由而滿足的形式，此殆如物體的美，不受制約於質料的多寡，而受制約於數學的線是否合式——將再行確立。這種思想革命，將由倫理的唯物論導向形式主義或理想主義。但過盛的貪欲不除去，這種變革必不可想像。共同感情不非常振興，這種變革亦必不能發生。

迄至今日，經濟學尙不曾努力把貨物的分配，還元爲正當的原則。在這方面，經濟學寧可把勞資關係所生的結果，看作是與件，僅要硏究最大可能量貨物如何生產的問題。這種唯物論的見解，與利己主義的承認，貪欲的辯護或曲飾，完全融合。嘗有人要說明，利己主義的不息的努力，會引起一種進步，而在某程度內，這種進步往往會改良最受壓迫的民衆階級的狀況；彼此比較（這在富人之間，有非常大的作用）的重要，是被忘記了。不問是怎樣不適合，人們仍夢想一種豫定的調和，卽每一個人毫無顧忌的追求自身利益，卽可生出於人民全體最適合的結果。這，在今日，辯護者雖大體含有罪過意識，但在經濟學最初形成的時候，人們都坦白承認是如此。要由利己努力之協合而引出全體之幸福，乃前世紀之一般行為。要駁斥孟德維爾（Mandeville）密蜂寓言（一七二三年）中的誇張，是很容易的，但惡害有助於一般幸福的原理，在某程度內是一個祕密的啓蒙信條，這雖不常被人明白敍述，但決不被人遺忘，〔四〕而這原理，在經濟學內，又比在任何範圍內更有眞理的外觀。愛爾法修（Helvelius）的詭辯，雖蒙有修辭學的光澤的外衣，仍易於看破；以自愛的原理，說明愛祖國，為隣人犧牲，及勇敢那諸種德，必歸失敗，因自然悟性與科學批判，一致反對這樣的說明。但在經濟學上，情形却是不同。自始以來，其趨勢卽要促進民衆的物質幸福。全體進步祇是一切個人進步的總和的假設，似乎是很自然的。個人——一切時代商人的經驗，似乎都明白證明了這點——祇有不顧一切去追求自己的利益，才能得到物質的繁榮；財力所及，在其他範圍行德好了！

如果經濟學自始祇因要暫時由其他動機抽象，以獲得一種假設的精確的（在假設的範圍內）科學，作為充分認識的前階，則可非難的唯物論是否存在於這範圍，便不成問題。但情形並不如此。日常生活上商人牟利的實際格言，整批移入國家了。國家物質進步的問題與倫理的問題，早已在市民的商賈關係上，彼此分離了，現在又在經濟學上分離。人們不復顧慮財產關係的形式，祇顧慮貨物的數量與商業價值。人們不問，如果人祇是利己的，他將會怎樣行為；却問，在利己主義單獨支配的範圍，他會怎樣行爲。前一問題是精確理論家的問題；後一問題，是通俗實行的問題，那在經濟學的範圍，比在任何其他範圍，都更窒息眞的學問。

一個特別生活範圍供我們追求利益，別一個生活範圍供我們行德的思想，依然是皮毛的自由主義所寵愛的一種思想。有一些流傳甚廣的通俗著作，例如舒爾茲（Schulze）的勞動者問答，還公然宣講這種思想。〔㈢〕這已轉化成爲一種本務論，那在日常生活上，比在文學上，更常有敍述。不以法律的嚴峻（如果必要）向債務人索欠者，必定是在此種事件上可以厤厤糊糊的富人，不然，必致受最激烈的非難。這種非難，不僅以他的智力，他的性格上的弱點，他的過度的慈悲心爲對象，而且以他的道德爲對象。不適當照顧自身利益的人，是輕躁的不識事的人；如果他有妻兒，那末，即令妻兒不缺什麼，他亦會成爲沒有良心的父親。損害私人財產以能力獻於公衆福利的人，亦是這樣被人看待。固然，設此種舉動能特別成功，則無論成功之理由是偶然或是自己的能力，他都會博得一般的讚賞；但在民衆及宿命論者未敍述這種神的判斷以前，通俗的判斷依然成立。那非難科學研究者，非難政治家，亦非難詩人與藝術家。並且，宗教上的煽動者，亦須有如下的條件，才會被人承認；例如建立一個教堂，或設立一個會而身任董事，或取得教會的尊稱。若徒犧牲位置於自己的確信而無報酬可望，他決不會爲人所恭維。

在此，我們分明衹要標出大多數有產階級的心意，但這種心意，因會發展成爲日常生活上的信條，所以人格上有更高尙的衝動的人，亦不免受其影響。在我們能更精密地決定這利己主義信條的價値以前，我們必須依前篇所得的根本見解，來考察自然的利己主義之根源，及相反的衝動之起源。

如果我們自己的身體，果然像其他一切一樣，祇是我們的表象圖之一，從而，如果我們所見的我們的同胞，果然像我們周圍的全部自然一樣，在一定的意義上，祇是我們自己的存在之部分，利己主義究從何處發生呢？顯明地，第一，是從這種事實生出，卽，苦痛與快樂的表象，我們的衝動與欲望，大部分都與我們的身體及其運動的圖象相融合。身體於是成了現象界的中心點；這一種關係，亦在彼岸的事物性質上有其基礎，這是我們可以斷然假定的。

我們不要再就這點尋根究底，我們須先指出，快與不快的一切表象，都不和我們的身體發生直接關係。更纖細的感能快樂，尤其是美的快感，都不與身體的表象圖融合，僅與事物的表象圖融合。祇有閉着眺望美景的眼，我們才意識到這些對象和我們的身體的關係。關於直觀之沈潛與冥想之埋頭，詩人的說話，是在生理學心理學方面，比所謂科學考察的普通的投射說（Projectionslehre），更正確得多。所以，屢致過度的感能快樂，對於自我的沈潛（Aufgehen in Ich）恰好形成了一種自然的均勢，那必須以反省爲媒介，才能再對利己主義提供滋養。

依人間世界的考察及其現象與問題的沈潛而生的道德發展，遙爲重要。事物是作爲我們自身的存在的一部分，依感官而示於我們。在這種事物內的沈潛，乃道德上不可滅且有保存價值的一切事物之自然萌芽。亞當斯密認道德以同情爲基礎，卽朦朧的有這樣的見解。但他的命題太狹隘了。在根本上，他常常要按照我們自己所感覺的由痛苦或快樂的記憶或想像圖，來說明我們的同胞的姿態與運動。但在這裏他仍隱隱說到了利己的動機（那不過第二義的間接的在合作。）然若默默地連續地以我們的意識，移入人類現象界的對象中，道德高上的眞源便形成了，利己主義的優勢便除去了。

讀者根據以上的暗示，自然會明瞭同樣的文明進步，怎樣會在成熟時期生出道德與藝術，促成利己性的制馭，人類同情心的發展，及共同目的的優勢一句話在此有自然的道德進步。

巴克爾（Buckle）在其名著英國文明史中，曾運用一種不準確的見地，證明道德的現實進步，和文明一般的進步一樣，在本質上依存於理智的發展。如果自印度吠陀經著作的時期到現在，道德的基本原則，果然是始終未曾發生本質的變化，我們可同樣說，論理的基本原則亦同樣未曾變化。但我們儘可說，自不可知的太古以來，認識的根本原則是始終未有變化，而其在現代所以能有更完全的應用，則當歸因於本質上的道德的理由。古代人所以自由地獨立地思考，而以一定量的知識爲滿足，更不着重知識一方面的進步，更着重人格的完成，就以道德上的性質爲原由。中世紀所以立權威，從權威，而以傳統的公式限制自由的研究，亦以道德上的性質爲原由。近代之初，哥白尼，居伯特（Gilbert），哈威（Harvey），克蒲勒，及威塞里亞士（Vesalius），所以這樣自制這樣剛氣地追求自己的目標，亦由道德的性質。不，甚至在基督教的道德原則與研究者的方法之間，亦表示了一種類似。科學家所懇切要求的便是去所好惡，解脫周圍的意見，專心致志於對象。我們可說，最偉大的科學家，爲要創造一種新生活而與自然之表白的聲音相交通，雖犧牲生命，犧牲世界，亦所不惜。但在此處我們不要再進一步敍述這種思想。對於巴克爾的片面的見解，已敍述一個對照。實際，知識進步本質上既不是道德進步的結果，道德進步亦不是知識進步的結果。二者由同一的根源生出，即對象之內的沈潛（Der vertiefung in das object），全現象世界之愛的把握，調和地形成現象世界之自然的傾向。

我們的世界圖的調和，漸漸對混亂無章之衝動及更激烈的快與不快之感覺，取得優勢。我們的道德進步，即以這種事實爲基礎。同樣，道德理想的進步，亦以這種事實爲基礎。人們即按道德理想，以形成他們的世界。巴克爾從一個可變的——知識的——要素和一個不變的——道德的——要素，引出文明的進步，是再錯誤也沒有的。康德固曾說，自古代以來，道德哲學未有進步；但關於論理學，他還更是這樣說。而且這種議論，對於影響全時代的道德理想的進步，亦沒有多少關係。古代人的德的概念，和基督教的德的概念，有天淵之別！避不正與忍不正，尊敬美與輕蔑美，服務於社會與逃避社會，不僅是同一道德原理的相反傾向的偶然特徵，而且是從絕不相同且根本不相同的道德原理所生出的反對。自古代人的見地看，基督教完全是不道德的，倘非當這些新奇原則出現時，古代的道德理想已在崩潰，那就更是如此。現在，似乎有一種同樣的道德理想的潰崩正在進行，而為一種新的更高尚的見地準備。這情形，使我們更難說明，經濟學及市民交際原則上的利己主義的信條，究有怎樣的位置；但同時又覺得這種說明更加有意義。

一看，這利己主義的信條，似乎註定了是代替基督教根本原則的新道德原理。前世紀的啓蒙，本祇以物理的唯物論來賣俏，今又採納倫理的唯物論。物質利益的發展，與古時教會勢力的瓦解，攜手而至。自然科學的發展，在此處有破壞作用，在彼處有建設作用；但偕着物質利益的建設，一步一步地，經濟學的學說發展了，而隨着經濟學的發展，利己主義的信條亦在發展。似乎，對基督教傳統形式有破壞作用，對現代物質繁榮有積極作用的，本是一個原理；似乎，利己主義的原理，是分解的酵母，同時又是新創造的酵母。

我們已於上講過，在經濟學範圍內，利己主義外表上似有更高的權利。如果沒有無聊的詭辯，即不能從這原理建立愛祖國及自我犧牲那諸種德，則放棄這諸種德也許完全是可能的。我們且暫同意於這種思想，即，個人利益的追求，在將來也許會成為人類行為的唯一動機；（但福祿特爾及愛爾法修宣稱早已如此，並否認在自愛心以外沒有人類行為的動機，無論如何都是錯誤的。）說這種原理——和孟德維爾原理極不同的原理！——可不從墮落，而從道德的理智的進步生出，至少不是先天便是不可思考的。這一點，必須有最正確最公平的檢討，決不能依照先入的成見來解決。爲要避免誤解起見，我們立卽要以問題的最奇警的方面，投在正當的光明面前。我們可以承認，理智的進步，可使利己主義成爲更一般更無害，甚至更有用；但是在道德進步的全本質是使我們超越自我而趨向一般時，如何道德進步，（我們論巴克爾時所着重的那種意義的道德進步，）亦可助利己主義成爲一般原理呢？

這問題的答覆，一舉將經濟學最流行理論的結果，提示在我們面前了。對全體的有意的照顧最少，個人追求自身利益的行爲最不受干涉，卽於全體的利益最爲合宜；如果眞是這樣，則在實際生活上專門追求自身利益，便是

（一）熟慮的結果；或是

（二）德，一種主要的德了。

爲隣人而犧牲的諸種衝動之壓制，將成爲自制心的最本質的部分。試一考察大全體的機構的調和，卽因我們有曾一度被譽爲高尙、適宜、利他、及義俠的心情而被擾亂，這種自制心的作用，實很明白。因專心於對象而生的同情心，將因專心於較大的對象，專心於全人類世界的爲調和的利己主義所喚起的機構，而被廢止。

當問題一經明白提出，就會知道，問題的解決並不是這樣容易。誰不記得，因爲他知道，施食於乞丐等於滋長貧困，譬如油可增加火焰，故常自制，不願施食於人？誰不記得，有許多使人幸福的嘗試，結果使世界蒙受災禍，而在各人照料自己的國家，財富與幸福將自行發展？同情和利己一樣可以引起誤謬，這是我們必須承認的。我們又須承認，對大全體的顧慮，會壓止許多爲小全體或爲個人犧牲而起的行動。我們固可反駁說，對大全體的顧慮，非利己主義，祇是利己主義的反面。但這種反駁，是很容易反駁的。

如果個人利益的調和說是眞的；如果每個人祇爲自己照料，社會就可得到最良結果；那麼，說追求自身利益時毫不浪費或損失時間於無益的反省，將於各個人最有利益，亦必然是眞的。素樸的利己主義者，將在一種無罪的狀態中，不知不覺地行得其正；同情是道德的墮落；須想到大全體機構才能回到這素樸思想家坦然履行的德的人，祇是繞道——這又必然以人性爲基礎——回到人類當初的出發處。利己主義固可依這方法，成爲純淨的，溫和的，開明的；它固可由此習得更正當的獲取自身幸福的手段，但其原理，其本質，依然和初時相同。

利己主義信條所教的是否眞理，經濟學片面發展自由貿易學說是否正當，這兩個問題，都由這問題來解決，卽利益自然調和的觀念，是否祇是空想。極端的自由貿易論者，毫不躊躇地以其學說建築在放任（Laissez-faire）的最高原則上。但他們不僅把這原則當作防衞的公理以反對不當的政治，且把它當作這一個信條——各自照顧自己，一切利益的總和亦受得最優良的照顧——的必然結果。當這信條根深蒂固足壓倒一切反對的考慮時，『國家』(Nation) 一辭會被解作文法上的空概念，一方面非難以軍艦保護海上貿易（古伯爾 Cooper 一八二六年），他方面認冒險者的流血掠奪祇是一種特別困難特別有利的工作（瑪克斯・威爾茲 Max Wirth）[六]，實無可怪。這兩種見解，是從同一的源泉引出，卽純粹原子論的社會觀。按照這種社會觀，通常稱爲道德的一切動機，都被除去，其恢復必致於自相矛盾。

我們曾講過，純粹原子論的社會觀，因可使我們漸漸接近眞理，確有其可辯護處，不過當作一個信條，那却是誤謬的。在這裏我們又須再聲明，利己主義的理論及一切利益自然調和的理論，其實際應用，曾在文明上引起大進步。開明的利己主義，不可否定地，像許多其他既存的原理一樣，是社會的一個調整原理（Ordnendes Princip）。我們卽不認其有更高的意義，但至少在某過渡時期內，那也許是最健全的。自由貿易系統，對於文明民族的生產，曾給與驚人的衝動。投機，卽令第一步是追求自身利益，但其結果却確有大貢獻，而供歐羅巴以交通工具，支配商業，給商業以更穩固更眞實的性質，壓下利息率，擴張並鞏固信用，限制高利，使欺騙更不常常見。中世封建制度對個人自由活動的障礙，漸漸除去了。任何國王，任何大臣，任何哲學家，任何慈善家，亦不能由犧牲的活動，好意的敎訓，賢明的立法，那種種原理，生出這樣的影響。自救貧稅設立——其設立，確乎是別一個原理的結果——以來，更慈善的制度及更徹底的改良，是從救貧稅率不致過高的願望出發，非從同情及較高義務的認識出發。不，我們甚至可以推測，與其用公共利益的熱心及愛的原理，來制止富者有力者的貪慾，反不如在數世紀間，以五次或六次流血的大革命，以恐怖制止他們，來得有效。

第一我們須說明，近時大進步的原由，不是利己主義本身，祇是任個人自由追求自身利益，反對以少數人的更强烈的利己主義，壓迫多數人的利己主義。自由競爭今日所代替的，不是昔時嚴父樣的干涉，祇是特權，剝削，主人與奴僕的對立。古時社會制度，任高尙的統治者發揮他們的好意，任著名的人民愛護者發揮睿智，亦曾有少數場合生出非常美麗的結果。我們祇要想起科爾伯特（Colbert）。（保護論者卡勒 Carey 追繼他的成功活動，不是沒有理由。）我們常須記着，我們直到現在，還祇知道統治君王的利益與自由私人的利益的對立，不知道私己原理與共同原理的對立。但若回溯中世及古代共和國興盛的時代，我們即可在那裏看見興盛的共同感情，但要在這狹隘範圍內與現今比較，則似不可能。但就連這種不完全的比較，亦表示了現今流行的深切的不平聲，在各個人顧全公益而抑制利己主義的共同團體中，是聽不見的。

我們如要直接檢討利益調和說是否正當，則因要使問題簡單化起見，我們且先假設一個共和國，在這共和國內各個人有同等能力且在同一關係下活動，一切人都盡他們的全力儘可能來生產財富。當然，他們的勢力的一部分，將爲全體生產財物，但仍有別一部分，將彼此互相阻礙。這種互相阻礙的廢除，在以下兩種方法下，才可想像。其一，是全體祇爲全體謀利益；其二，是各個人有各個人的謀利範圍，彼此間毫無競爭。如果可以有兩個以上的人爭求或爭用同一的利益，彼此間的阻礙便會發生。

這種抽象應用到人類的關係上來，我們便看見了兩種思想的萌芽，即共產主義與私產主義。

但人決不是這樣單純的。我們可想像，這兩種思想中任一種思想，都不能完全實行。在財產共有的狀態下，純粹利己的努力，將使財物一部分爲人所私用，反之，在私有財產制度下，這種努力，却使人欺壓他人，以增大自己的財產。我們假定在我們的共和國內，有一些財產爲私人所有，一些財物爲公共所有，並假定，掠奪與欺壓，有一般所承認的限界。但終歸有一些正當的手段，使個人可以在公共財產的享受上受優遇，並能增大自己的私有財產。在這些正當的手段中，最重要的便是：規定對共同團體服務較多者，所得報酬亦較多。

這樣，我們有了利益調和的觀念了。這就是說，我們的本性如此，當祇想到自己時，便可發揮最大量的勢力；我們共和國的法律又如此，倘非對共同團體服許多勞務，誰也不能爲自己獲得大利益。利己主義解放所得的勢力上的增益，比較相互阻止所引起的消耗，可以是更大的；如果眞是這樣，利益調和便被證明了。但一方面，要決定在人類社會內，這種種豫想，會在什麼程度上實現，是很困難的；同時在他方面，要感知與我們的豫想相牴觸的事情，却很容易。例如，有用勞作所得的財產，同時即是新利益的源泉，因所有者可用此以使役他人。這雖有利於共同團體，但同時即是一種病源。關於這種病，我們以下就要說到。在這裏我們祇願表露問題的這一面，即曾一度較同胞居於優勢的人，能應用他的資財，安然滿足他的貪慾。他愈進步，愈有再進步的能力，而競爭者的抵抗，甚至法律的抵抗，即將愈弱。這種現象的基礎，不僅是資本增加的法則，而且是一個向來不大被人注意的個人與社會的發展的要素。這就說，就大多數人的精神力言，人所能擔任的任務，比社會現狀交付於人的任務，是更大得多。拙著『勞動問題』第二章，曾更詳細說明這種見解。在這裏我們祇要指出，大多數人，倘有適當的初基，將自己擡高到一定程度，不必再以肉體勞動謀取生活必需品，他們便完全能够依投機，依發明，甚至依某種確定的營業，來使役其他許多人的勞動。於此，利益調和說的誤謬，常常與一個命題的優勢相結合。這命題，亦是一個幾乎普及於一般人的偏見。那就是，在人類生活上，每一個有才幹有能力的人，經許多障礙之後，結局都能得到與其才能相當的位置。前世紀目的論的合理論的熱中，曾大大擴佈這個命題。這命題，如此與經驗相反，故若僧侶的自負心，在天國宿命的觀念中得到高度的享樂，幸福者，有教養者，及居高位者的自愛心，却不在地上宿命的觀念中，得到高的享樂，那它何以如此盲目地被人執着，就難於理解了。〔七〕在人生中，我們確乎看見了，從貧苦境遇迅速地光輝地高昇，如何照例祇能在適合的境遇與稀有的性質相合一的地方發生；充任領導位置的能力，如何祇常在具備這位置的物質條件的地方發現。譬如植物的胚種浮於空中，各依其式，在它們所發覺的發展條件中發芽。人因要發現比較更高的利益而利用適合環境的能力，亦是這樣。但這命題，與資本增加的法則結合起來，推翻了利益調和的全部理論。我們可以反覆說明，隨着投機業者大企業者的成功，其餘一切人的狀態將逐步改善；但若在改善的每一步中，個人位置上的差別，再進步的財產上的差別，仍會生長起來，則這種運動的每一步，均會導向一個轉點，在這點上，個人的財富與權力，將突破道德法律的一切制限，在這點上，國家形式將成爲無本質的假現，將有一個無產階級受少數有產者所驅使，直到最後，一切事情，盡都在吞滅這幻建築物（那以一面的利己的利害關係爲基礎）的社會大地震中消滅。這崩潰時代以前的時代，在歷史上是常常出現的，且常常有相同的性質，所以關於這種時代的性質，再也用不着自欺欺人。國家成了可以賣買的。『無希望的貧民，很容易怨恨法律，過富的人，很容易輕視法律。』（羅雪爾 Roscher）。全國土地概屬於一百個家族的時候，斯巴達滅亡了；百萬無產者與數千有產者對立的時候，（這種有產者的資產非常大，所以克拉蘇斯（Crassus）竟認他們每個都能出資維持一個軍隊，）羅馬滅亡了。『近世意大利的民衆自由，亦由富人政治與無產階級之消滅。』『這是很顯著的，在佛洛倫斯，最富的銀行家成了有無限權力者，而同時

在熱諾亞，聖喬治銀行且在某程度內吞滅了國家。』（羅雪爾）〔八〕

所以，在人間利益祇是個人利益的限度內在一般利益的增進，祇被認爲個人努力結果的限度內，常常會有這種危險，卽位置最優越的個人的利益，將漸次地過分增加，而將其他一切壓倒。這樣的國家的社會平衡，是不安定的；一度紊亂，必愈趨愈亂。而在他方面，我們却可設想，在各人均以共同利益爲主要着眼點的共和國內，安定的平衡狀態卽可永續。這要求，現今雖尚未在任何處實現；但一般的利己主義之要求，亦同樣尚未在任何處實現。二者均是抽象；當然，如我們考察，個人大多數在這兩個原理中主要是依從那一個，利己主義當然在現實上比共同感情更有力得多；但若問，歷史地考察，就一定時代說，二者中究以何者較重要較富有結果，却純然是別一個問題。物質利益的非常發展，固似是我們這時代的主要性質；這種發展的理論，固曾斷然將利己主義原理推進到一般意識的前方；但同時，國家統一，社會合作，一向分離的要素互相聯合，那種種要求，亦已加强；這個發酵的時代，大體究決定以怎樣一個要素，作爲未來的性質，我們還祇能推測。現在我們祇要主張，以利己主義佔優勢的時期，不能給我們以形成世界的新原理，却祇給我們以益形緊張的崩潰過程。利益調和說既是誤謬的，利己主義原理既足破壞社會平衡並破壞一切道德基礎，所以經濟學亦祇有暫時的意義，它的時代也許現在已成過去。教會信條的缺點，可依僧職僧庵的捐款來掩蔽，利益調和說的皮毛，在某時亦可依利益的不調和，依有產階級的祕密的貪欲而隱蔽住；但決不能持久。大體說，經濟學會怎樣盲目地搞集論證，以證明利益的經濟理論，可由下述一例而見。

我們且考察歐洲一個大都市，其中百萬人民，每天早晨醒來，卽有種種的需要。在大多數人尚在最深的睡夢中時，全體人的需要便已供給得好好的。這裏有一乘重車，從郊外駛來，滿載蔬菜；那裏，有肥牛牽往屠場；麵包師站在熱烘烘的鍋旁，牛乳作挨戶送牛乳。這裏，有馬軛上馬車，送不相識的人從這裏到那裏；那裏，有商人開店，雖不知有沒有一個顧客上門，但仍將一日的算盤打好。漸漸地，街道上有人通行了；白日的雜沓於以開始了。什麼支配這非常的活動？『利益！』誰當心使一切需要都滿足，誰當心使一切饑者渴者，能在適當的時光有他們的麵包，有他們的肉，有他們的乳，有他們的蔬菜，有他們的香料，有他們的葡萄酒啤酒，以及各個人所需要所能支付的一切物呢？『祇是營業利益！』對於這百萬種需要，致一個管理者或倉庫總經理，按預定計劃，規則地予以滿足，可能麼？『決不可能！』

他們便由這種考察，斷言供給人民幸福的任務，必須歸於利益的經濟。但他們在這樣主張的時候，至少有下述數點被忽視了。

一、這全部考察，祇是一個抽象，單表現了現實的一方面。一切正當的需要決不曾滿足，如果那滿足了，在無數場合，其滿足方法決不單是利己主義，且有同情，友愛，感謝，好意及其他與利己主義相反的動機，作爲幫助。

二、需要供給的全部機構，乃是無限注意無限犧牲的結果。這種注意與犧牲，從外面考察雖不可認知，但有數世代的歷史便隱藏在當中。有許多制度，現今是爲利益而經營，但在當初，却是從人道心，從知識要求，從同情心生出。沒有這種種人間性質，它們決不會存在；如果這種種性質，不知修正它們使適合於新時代，或以其他手段作爲補充，它們也許亦老早就消滅了。

三、歷史成立的根據，像適合於利己主義一樣，適合於任何其他的原理。任一種體系，無論是共產主義的抑是個人主義的，只要它不與現存的事態相結合，便是烏托邦一原理或他原理的確立，實際不過指示進一步發展所取的方向。問題不是，在現存的供求制度上，利害關係的影響抑是大是小。問題是，按照現在的情形，應使其比較更大抑應使其比較更小。

利己主義能否成爲將來的道德原理的問題，在最後一點，顯出了它的全部意義。那在將來，確乎會像在過去一樣有大作用，是毫無問題的。但是，依照我們的說明，個人主義的更進的發展，又確乎不是我們的文明的新興，祇是它的沒落。歷史上有積極進步的時候，我們常可看見相反的原理有更高的作用，而個人主義的優勢，却祇能將已經無用的形式崩壞。所以，在我們這時代，進步的本流，亦在共同感情那一方面。實際有一種自然的或物理的理由，要逐漸排除利己主義，而代以現象界秩序調和的快感，尤其是人間的共同利益。亞當斯密的『同情，』費爾巴哈的愛的原理，孔德的爲隣人工作的原理，都不過在特殊形式上表示客觀思想（那是我們的本質的部分）對自我表象（有快與不快的自我）佔着優勢。這種優勢，將隨文明進步而進步。快樂痛苦的變化，將因生活關係有一定的秩序而不這樣激烈，欲望將因生活關係有一定的秩序而較和緩；反之我們對外界的知識增加了，我們對他人的理解增加了，這種優勢就會生出，並顯出自然的結果。因此，像約翰·穆勒那樣傾向懷疑論的著作家，亦把這種和孔德極相接近的根本見解，看作是他的倫理系統的基礎，不過在功利主義論中誤認了這個理想的形式的要素，不知道這個要素，對於道德世界調和的努力及藝術的努力言，乃是基礎。實際我們已看見，由野蠻到人類道德的這種進步曾屢屢發生，且在種種不同的情形下，有這種本質的一致，所以，對全現象的自然必然性，單純歸納的推理，亦不是毫無價值；但我們既在我們自己的感性中發現這過程的基礎，所以在一定時間一定人民或人民團體中，這個衝動原理，是否比其他的亦極有力的勢力（這些勢力，或依其自身，或依其特殊結合，可提供全然相反的結果）更強固，可成爲疑問，但無論如何，不能懷疑這個衝動原理的存在。

歷史的每一頁都告訴我們，人類的進步不是連續的。不，我們就懷疑這種進步是否一般存在，亦是可能的，因爲我們在某點看見這種進步，旋又看見它消滅。我雖覺得，除了歷史上可以明白看見的文化興衰以外，在現代還有一種不絕的進步，其結果所以不爲人所察，僅因其有這種波動，但這種認識，當然沒有進步偶爾發生的認識那樣確實；而且我們還發覺有若干有力的精通自然與歷史的思想家，例如瓦爾格（Volger），否認這種進步。但是，就令它在我們所考察的歷史這一章內完全是確實的，這亦依然祇是較大的波，像潮波一樣，每遇有山或谷的阻礙，即行高漲，惟其高漲，終將達到最高度，而像不息的大浪一樣減退。所以，在這裏，一個信條或一個一般承認的眞理，決不能幫助我們。我們必須詳察，文化由共同感情到利己主義的後退，究竟由於怎樣的原因。

實際，我們發覺了，古代文化沒落的最重要的原因，早已爲歷史研究者所認識。作用最單純的理由是，文化大體局限於狹隘範圍內，而這狹隘範圍，經一個時期以後，便會失去它們的孤立的存在，而爲見地較低的較廣的範圍所吞併。我們又常常發覺，人類社會的上層部分，無論是一個國家抑是一個特權階級，都祇能在其狹隘範圍內部分地把利己主義征服，但對外而言，例如希臘人與野蠻人，主人與奴隸間的對立，却會加强。放棄個人利己主義的共同團體，却以利己主義的一切特徵，對外人勵行封鎖，因此，在狹隘的範圍內，它所以有較高道德文化，卽因有這個原理，但又因這原理不能澈底實行，故遂招致自身的沒落。還有第二個原理，我們是已經講過的，卽在全體進步的社會內，形成了諸種差別，這種種差別是日益加大，同時，接觸點消滅，相互關係減少，同情的最重要的源泉又喪失。特權的諸階級，遂在原爲同質的團體中發生了；然在此等階級間，亦不能有正當的關聯。財富的增加旣引出一向所不知道的享樂，於是有一種新的洗鍊過的利己主義發生了。這種利己主義，比以前的利己主義更壞。古羅馬的大土地私有時代，曾以富翁公園驅逐農業，以致全州之半，屬於幾個人。在這大土地私有時代，情形便是這樣。

這種狀態本非任何人的意圖，在差別不甚顯著的時候，甚至非富者强者的意圖。那是在法律保護的影響下發生的，雖然法律本來的目的，在於維持平等與正義，並依私有財產的原理保護每一個人的所有。再者，那又是在市民關係的無障礙的進行下發生的，雖然社會關係，與粗野的利己主義之約束，共同發展。卽不以利己主義奉爲原則，亦須知道，一切時代的社會秩序，在不以勢力的傳說或主奴的對立爲基礎（此事我們不要在此處說明）的限度內，最先須是由財產及其承繼制度引出。但不幸，財產，法律，承繼權等等制度，雖從慣習的緩和而生，本要用以使國民繁榮者，但同時却成了財產不平等這種罪惡的保護。這種不平等，達到一定的程度以後，將較任何反勢力爲更有力，以致不可避免地，使國家沒落。這過程，曾以種種形式重復演出。道德衰微的國家，往往稍有此弊，便瓦解下來；祇有道德方面較强的國家，換言之，構造較適當的國家，例如現代英吉利，纔能久經此弊，不致瓦解。

快要沒落的國家所表現的貧富不均，在全未開化的狀態下，是全然不能發現的。那時，在狩獵品的分配上，强者固會分取最大部分，弱者固須忍受最大的不公平。但現今貧民的狀態，隨利得關係的進步而益益與富人的狀態相異，若彼時的弱者，即陷爲奴隸，其狀態亦不致迴與强者狀況不同。

且再說一遍，這種不平等本來不是任何人的意圖；否則，人類在最早的太古時期，必已意識地贊成利己主義的信條。但在那時期，人的心情全然不是這樣。荷勒士關於古羅馬的人，曾說：

『個人的顧慮不足道，

祇有共同的顧慮是偉大的。』

這位詩人，再眞實沒有，再尖銳沒有的，把共同感情活躍的時代和利己心盛旺的時代，對照起來。然今日歐洲仍賞贊仍採用的法律制度的基礎，便是古羅馬人所創建的。所以，如果法律的保護，財產的神聖，竟使雜草與小麥共同生長，那就必定有某種不會注意到或無論如何不可避免的事情，違反立法者的意志，致生出這種結果來。如果我們想到，有秩序的合法則的狀態，實際雖必須將同情的共同感情喚醒，將粗野的利己動機減少纔能發生，而利己主義，在古羅馬那樣的共同團體中，仍有非常顯著的作用，不過限制着使不超出正當的範圍，我們便可以問爲什麼不同樣限制貧富懸隔的狀態，使利己主義與共同感情，得維持健全的平衡呢？在這場合，我們發現了古羅馬最高貴最良善的人民，曾試要把這問題解決，但未成功。非大公無私的有產階級中人，即令不是利己主義的信徒，亦往往視限制利得的嘗試，是對財產的攻擊。這是很自然的。他們的利益既與現狀有這樣密切的關聯，他們會誇大地描寫社會基礎的動搖，亦是很自然的。如果能向羅馬貴族政黨，映述農業鬥爭時代以次諸世紀的歷史證明沒落與財富蓄積的因果關係，也許，台伯里亞士及凱魯·格拉朱士不致以生命名譽犧牲於他們的高超的識見。

認限制利得爲不當的主張，是沒有根據的。這種指摘，不是多事。問題是，什麼是權利。最初的權利——一切自然所承認的權利——是强者的權利，有力者的權利。祗在高尙的權利被承認以後，强者的權利方才成爲不正當的。但必須俟高尙的權利實際對社會提供高尙的貢獻，它方才會如此。權利之構成原理喪失，强者的權利往往會復活。從純道德方面看，强者權利的一種形式，決不較其他形式更優良。我絞縊同胞的頸，無論因爲我是强者，抑因爲我對於職業與法律有更優的知識，我總歸是陷害同胞，使其陷於貧困。奪取他的勞動的利益，卽令是『合法的』，總歸是實行强者的權利。一方面惡用資本的勢力，以對抗他方面的饑餓，雖其傾向不過使無產者益益成爲隸屬者，但總歸是一種新的强者權利。法律當初所不曾豫料到的，是資本所有權與法律知識有這樣被使用的可能——這種使用，言其有害影響，實勝於古時的强者權利。這種可能，一部分包含在有產者剝奪僱工的能力中，一部分包含在人口法則與資本蓄積的關係上。有產者剝奪僱工的能力，我們已經在前面講過了。人口法則與資本蓄積的關係，亦已爲前世紀的經濟學所發見，但其性質與作用，却尙未有人完全瞭解，雖然穆勒在這點的說明上，有偉大的貢獻。在拙著『穆勒關於社會問題的見解及社會科學由卡勒所引起的變革』中，我曾努力於這

個問題的批判的解決。如其合用，我們在這裏是祇要應用它的終果。[九]

前世紀有許外名人例如佛蘭克林（Benjamin Franklin），認爲人類的自然增加，像動植物的自然增加一樣，如不受阻礙，很快就會把地上充滿。[10]這不可反駁的明白的但在此以前尙無人注意的眞理，在這時候，必定會惹起觀察者的注意。這種人曾以北美人口的迅速增加比於歐洲諸國的狀況。他們發覺了，人口的增加不依存於結婚的多產，乃依存於所產的食物量。這種單純的見解，由馬爾薩斯（Malthus）而非常有名但亦由他引起了若干我們不要在此提起的謬誤的增補——自此以後，已由統計的完成，證明是正當的。

幾乎同時又出現了別一種學說，其本來形式亦確乎是誤謬的。那就是地租學說。按照這種學說，土地所有者，在資本利息及勞動報酬以外，尙可由土地的不可滅力，取得別一種利益，那是由此種自然力使用上的獨佔而生。後來才說明這種學說，祇在土地量有限或土地量因某種事情（例如畏懼移出，缺乏資本以開墾豐沃的平原，不自由等等）須認爲有限的限度內，才是眞的。當地球可耕的地面，全已成爲私有財產時，這必須絕對存在的關係，乃會在相對意義上發生。地租學說雖祇有相對的妥當性，但在每一個國家內，都有一個時期，可在某程度內應用這種學說。

最後，又發覺了，有資本的企業家，對無土地亦無其他財產從而必須依自身勞動謀生的人所支給的工資額，像其他一切物價一樣，是取決於供給與需要。在供給超過需要的程度內，勞動工資必低至最低限。在這裏旣祇求小額差異的連續，利己主義的理論會非常近於現實，自是當然的；但從現法律權利的見地注意自身利益的僱主，對於這種關係的結果，當初却祇有不明晰的概念。

在未開化時代，人口一方面因氣候不宜，食物缺乏，一方面因戰爭侵奪，被征服者受野蠻待遇，而不絕減少。資本的蓄積不能無間斷的進行，勞動過剩之後，發生土地的不足，土地不足之後，少許勤勞又可獲得廣大的土地。然最劣的欲望一經克制，共同感情與法律秩序一經開始工作，上述的那幾種情形，又會像小麥中的雜草一樣發生作用。

人口增加，可耕作的土地開始不足；地租騰貴，工資減落。地主與農民，農民與僱工地位上的差別，日益加大。繁榮的工業狀態，雖給勞動者以較高的工資；但勞動者羣入此道以後，又將重演同一的關係。現在，抑制人口發展的唯一要素，是貧困；非常貧困的唯一救濟，便是任怎樣的工資亦代人勞動。幸福的企業家發覺有無限的財富歸於自己；勞動者所得的，祇是貧苦的生活。卽無利己主義的信條，這種種事情依然會到這地步。

現在無產者的貧困，觸動了同情者的心；但要由這狀態，回到古代的單純習慣，是不可能的。資產階級已漸漸習慣豐富的多樣的人生享樂。藝術與科學在發展。無產者的奴隸勞動，使許多有爲的頭腦，有閑暇，有手段，以從事研究發明，與創造。這是人類的高尙財貨，保存這種財貨，似已成爲義務。人們儘可以用這樣的思想來安慰自己，即有一天，這種財貨會成爲一切人共有的財貨；同時，財富之迅速的增加，又會使許多內心全未開化的人，得有種種享受。其他的人，却在享樂的範圍之外不注意亦不同情任何物，他們在道德方面是墮落了。更幸運者專心致志於單調的享樂，對痛苦再不會發生活潑的同情。他們自認爲天之驕子。他們的從僕，祇是他們的機械。他們視不幸者爲不可少的附屬品。他們對於他們的命運，不復有任何的理解。道德關係的破棄，伴着消滅了人們的羞惡心，於是，一向人所不敢享受者，他們亦敢於享受他們的精神力，爲奢侈的生活所窒息了。祇有無產階級雖然是粗鄙的，被壓迫的，但有淸新的精神。

古代世界，當基督教及人民遷徙使其全盛期終了時，便在這情形中。它已經臨到沒落時期。

第二章　基督教與啓蒙

人們曾屢屢以現代的狀態，比於崩潰前古代世界的狀態。它們之間有顯著的類似，那是不能否認的。我們有財富的過度增加，有無產者，有道德與宗教的崩潰。現代國家形式的存在，已感受威脅；將發生大革命的信念，佈得甚廣，種得甚深。不過，我們現代尚有有力的救治。設過渡危機的風波不壓倒我們的一切觀念，人類或不致像在墨洛文加（Merowinger）時期一樣，必須從頭再開始他們的精神作業。無疑，最重要的救治之一，便是基督教（其道德影響，屢被人誇張，亦屢被人貶在它的眞價以下）的觀念。

這是眞的，市民交通早已與新約原則締結單獨的和平。高等政治及教會政治是這樣，商業貿易亦是這樣。穆勒在其名著自由論中曾說：『一切基督教徒都相信：被祝福者是貧困者微賤者不合時宜者；駱駝穿過針眼較易富人昇入天國更難；人們不應審判，否則，將被審判；宣誓是一種罪過；……人不應想到明日；如要成完人，應將其所有物悉數售賣，而施於貧民。當他們說他們是這樣相信的時候，他們非不誠實。他們相信這些，因爲這些是熟聞而不爲人所疑的。但活的可以影響行爲的信仰，必須能影響行爲。……不能影響信仰者的教義，在心情中不能成爲一種力量，他們傳統地尊重它的條文，但沒有任何感情貫注於條文與所指事物之間，將所指事物移入精神內，使其與公式相應。』

但數世紀來，這些公式重複被人提出，這些話被人承認，這些思想反覆爲人所提起，若說這對於人類毫無影響，想來也是不能夠的。在一切時代，都有許多更易受感動的心情。雖然在一千八百年後，教會形式及信條已開始衰落的時候，組織的貧民救濟，才在基督教國家成立，但這種組織會在基督教國家最初成立，決不是偶然的。有了這種組織，人們遂認爲，多數民衆的貧困，是人類的恥辱，人類必須用種種手段，將其根本除絕。在教會全支配時代，因要舉行救貧儀式，固往往人爲的助長貧困；在牧師的鉗制下，人民所受的痛苦，固較在任何人的鉗制下，都更爲苛重；但我們必不可爲此事所誤。人們以爲，顯明的敬虔者，很容易以道德來滿足，祇有自由思想家，現教會的敵人，才以全部思惟與行動獻於被壓迫的人類，而教會的僕役却坐在富人的食桌上，演說貧民的服從。這議論是對的，但我們不可爲這種議論所惑。是的，我們承認，新約書的道德，對於基督教世界的民族曾有深影響，但我們並不假定，這種影響，現今在教義字眼絕不離口的人間中最易發現。我們和穆勒一樣，覺得這種字眼對於個人通常很少直接的影響；而對於自幼卽熟聞這種字眼，願以尊嚴的感情付於這種字眼，但從來不要考察其充分意味，從來不感到當中原有的勢力的人，那還更加沒有直接的影響。傳統的觀念，當爲懷疑心，爲部分的反對，爲新奇思想系列的出現所中斷時，是否會發出較大的影響，我們不欲在此成立心理的研究。我所欲證明的，是：正因爲這些字眼在基督教世界到處爲人所倡揚，由一代傳至一代，所以它們的眞意義及感激力，對於專心致志於古時觀念聯合的精神和對於已得新地盤而要在此發芽的精神，至少可以發生同樣的影響。所以，大體說來，這世紀改革社會形態以救濟被壓迫民衆的有力的革命的努力，或與新約書的觀念非常接近，雖然這種努力的戰士，常常在其他方面覺得必須反對今日所謂基督教，對於宗教觀念與共產主義觀念的融合，歷史曾給我們一個證據，即十六世紀宗教改革運動的極左黨，引爲遺憾者，這種努力的更純粹的形態至今尚未爲人所充分瞭解，而在顯著色彩上傳於我們的個個的漫畫，又和一種有力的廣佈的時代思想之背景，不發生關係，就連舊教派中有高尚教養的人，在當時亦不能不受這種種觀念的影響。道瑪斯·摩亞（Thomas Morus）曾著作烏托邦一書，那有共產主義的傾向。他著此書，決非當作一種戲談，他所描寫的狀態，嚴格說，雖是不可能的，但其本意，仍在影響他的同時人。他以爲，烏托邦祇是傳佈思想的手段，因爲遠超時代的思想，任誰亦不敢在其他形式上把它發表。宗教寬容的主張，在今日已爲一般所承認了，但在那時他却必須以烏托邦來發表。他的朋友及同志維夫斯（L. Vives），雖曾在一篇穩健的著述上，反對農民戰爭的共產主義的暴力；但他曾首先公然宣稱貧民救濟事業不應委於偶然的慈善，認建立公共制度以充分地不絕地救濟貧民〔二〕，乃是基督教徒的責任。不久以後，便在英吉利最先建立了公共的貧民救濟制度。這種制度，自法蘭西革命以來，雖然像法律上的結婚，法律上的洗禮，及其他同類的施設一樣，成了宗教設施的反對，但明明是從基督教的原理生出觀念上的這種變形，在文化史上並不稀罕；我們雖不像黑格爾那樣，把每一事物轉換爲它的反對，我們終須承認，大思想的影響，往往因與時代其他要素發生新結合，而取得幾乎正相反對的傾向。孔德的道德原理和基督教的道德原理，亦有顯著的類似點。宗教的熱情，在孔德，是明白認識了的。英法共產主義的多數現象，亦有相同的特色。最值得注意的，是可敬的歐文（Owen）。他以他的財富捐於貧民，因他認現在的基督教不能救民衆於困窮中，遂爲多餘的驕傲的教徒所咒駡。在利己主義全盛而傳統宗教已與物質利益相和解的時期，這種種性質，爲宗教原始精神生活的呼吸所感動的這種種性質，會隨現存的形式而消滅，乃事之當然。所以，在現代與古代世界沒落的比論中，會再出現某種創造的結合的特色，從古秩序的廢墟，生出新信仰的社會，亦未嘗是不可能的。但在這裏我們逢着了一種斷言，即，自然科學破壞信條，社會科學表示它比宗教原理更能指導人民的生活以來，宗教一般已成過去。是的，我們知道社會科學還不會生出這樣的影響。但它們曾向我們說明，有力的野心勃勃的教會，常常可以在經濟方面，知識方面，道德方面，給人民以妨害；照例，啓蒙與教育，隨牧師相對人數及勢力的減少而來；迷信與文字禮拜有不可分的關聯，犯罪的減少與迷信的減少又是一致的。我們知道，信與不信，對於人類的態度一般，在其外部行動可以觀察的限度內，不會引起任何顯著的差別。信者和不信者一樣可以做不道德的行爲，甚至可以犯罪，其行爲原因，似乎和他的原則，很少顯著的關係；即有關係，亦不如說是聯想的結果。所不同的，祇是心理過程的方法。其一，屈從於惡魔的誘惑，或（在其他諸點保持健全的思慮）依從所謂高尙的靈感；其他便在冷靜中或在熱情的興奮中犯罪。認信教的犯人爲僞君子，是很不正當的。以宗教爲外被的例，今日已經很少。反之，最無恥的行爲往往與眞的深的宗教感情生活相結合；當然，這裏所指的感情生活，和無可責備的信徒的感情生活一樣，有穆勒所描述的那種種弱點。說宗教上的不絕的感情，往往會使道德減弱，是不錯的。但情形並不常常是這樣，且信仰常使品性的勢力加强。否則，路德（Luther）或克隆威爾（Uromwell）那樣的人物，如何能夠說明呢？從科學方面說，信與不信究有怎樣的道德影響，我們還不知道；受束縛於文字信仰的區域所以在道德方面更爲粗野，可以是一種間接的結果，不能證明任何事物。在這種區域，脫離宗教固往往與道德墮落相結合，但在更開化的區域，最放縱的就往往是信徒。統計學告訴我們，在其他條件相同的情形下，德意志的新教區域表示了更多的欺騙，舊教區域表示了更多的暴行。但這一切事實，對於內界，不許有任何說明。蓋因多數欺騙的事件，正確的說，乃從商業較多而起；暴行亦非由聖女懷胎的信仰而起，乃由於教育的缺少，而教育的缺少，又原來與教會政治的外部壓迫及從此發生的貧困，保有一種關聯。從人事統計引出結論的困難，我們已經講過了；我們在這裏對於有興味的若干點，不要加以特殊的批評，因就我們當前的問題來考察，最後的結果必然是消極的。以上所說如果是確實的，不信卽不道德的僧徒理論，既不爲經驗所確證，信仰於道德不利的說法，亦同樣沒有證明。我們試一檢查歷史全過程，則以道德進步，甚至知識進步，大部分歸因於靜默的繼續的基督教觀念的影響，在我看是很少可疑之處。但這種觀念，一向包在教會的信條的形式中，例如樹木的種子，包含在堅殼內一樣。說這種觀念必須將教會的信條的形式破壞，才能表現它的充分活動，在我看亦很少可疑之處。

基督教這種有利影響的反面，亦正要在這種教義及制度上面尋找。由這種教義及制度，信條及教會便在人心情中建立起了永續的絕對的支配。尤其是，人類全體都有罪，墮地獄將受永遠刑罰那種種教義，很早就吸入了基督教信條中，而壓迫人類心情，提高僧徒傲慢，從而貽近世國家以大害的，亦就是這種教義。教會有拘捕釋放之權利，且這種權利便是宗教政治的礎石。宗教政治無論其形式如何，階段如何，總歸是現代國家的禍害。但這種政治在外表上破碎的時候，支配慾依然是僧侶這個特殊階級的最顯著的性質。他們會以非常的成功，利用宗教觀念及教會傳說作豐富的手段來束縛人類精神，使人們對於大思想的直接影響，麻木得不能有任何感覺。歷史上的基督教，便這樣在少數中選的眞正自由的精神與多數被愚被壓迫的民衆之間，引起了非常的隔閡。精神範圍內的這種現象，和工業主義在物質範圍內所引起的現象，恰是一樣。國民生活上這種裂痕，在這範圍內，亦和在那範圍內一樣，是今日最根本的惡害。

在道德方面，宗教的特色不在其道德教義的本身，寧可說在其道德教義所由確立的形式。唯物論的倫理學，不顧這種教義所由確立的形式；它固執材料，固執個個的內容，不顧教義如何形成爲有某種倫理性質的全體。在利益道德上，尤其是如此，因爲從最有利的方面考察這種道德學說，乃教我們重視永久利益甚於一時利益，重視大利益甚於小利益。從自愛引出一切德的嘗試，不僅是詭辯的，而且是冷酷可厭的。但由自然的隣人愛的原理引出來的道德，却如上述，不僅與物理的唯物論很相調和，且因其缺少理想，教人們如何決定同胞關係而在現象界生出調和，故其自身還有唯物論的性質。如果道德的內容，便是說我們應着重同情的感情，應爲同胞照料，爲同胞工作，那麼，就令它教我們着重自我犧牲以代自我享樂，那依然有本質上的唯物論的特色。必須建立一個原理作爲我們一切努力的中心，我們才取得了形式主義的傾向。康德的倫理學，實質上與孔德及穆勒的倫理學幾乎一致，但他的倫理學所以和功利主義說截然不同，乃因在康德，道德法則——很眞誠地指示以我們爲部分的全體之調和——被視爲先天所與。這種學說的正確性，和範疇說的正確性，恰好一樣。原理的證明是不完全的，原理自身是可以改良的。但這全體考察的萌芽，必在一切經驗之前已與於我們的組織。否則，倫理經驗的起源必全不可想像。倫理學的原理是先天的，但並非當作現成的已完成的良心，却祇當作我們原始素質上的構造。這種素質的性質與作用，像我們的身體的性質一樣，我們祇能逐漸的後天的一部分一部分認識。

一定的原理雖祇包含眞理的一面，但這種認識，絕不因其表示而受妨礙。我們至少應在理論方面，像在物理研究上一樣，在這裏，承認理念和經驗對於進步是同樣重要。且若我們的任務不是認識最正當的道德哲學，祇是動向高尙善良的行爲，則理念——那在知識範圍內，也是經驗大工作的眞的動機——的意義還更高。當然，在這裏我們可以再提起這樣的問題：即，指導的理念，會不會常常誤導我們呢？尤其是關於宗敎體系，我們可以問，豫言家的話既常常導向最可厭的狂信，那麼，任自然的同情發生高尙的作用，漸漸地安全地向前進行，是不是更適當呢？

宗敎本來沒有道德的目的。所謂自然民族的宗敎，乃對大自然事變的恐怖，幻想，及野蠻的傾向與觀念之產物。這種宗敎所引起的暴行與愚昧，雖最粗野的利益鬥爭，亦不能引起。但這種不適當的要素，依然附在開化民族的宗敎上。我們可由伊璧鳩魯及魯克理底斯的判斷，知道這點。我們往往爲古代神話之崇高方面所惑，不易直接思考古代人的宗敎的本質。但是，超感能的有力支配者之信仰，對於倫理觀念之自然發展，必會直接提供重要的結合點。人類社會全體與個人之對立，自然人是不易瞭解的；這種對立之最早的代替物，是人間以外有一個復讎者的思想；實際，我們亦在觀念非常粗野，宗敎習慣一部分甚可憎厭的民族間，發現當作人類惡行的復讎者的神。隨着文化的進步，神的觀念亦進步，我們發覺了，神，原來祇是某種恐懼的或仁愛的自然力之人格化，現在才漸漸取得了更確實的倫理意義。因此，在古希臘的古典時代，我們可以發現神的倫理意義，同時又可發現它的古自然意義的痕跡。而在這二者之旁，我們還可發現粗野的民衆迷信之墮落。我們如僅憑希臘詩歌及彫刻之莊嚴的遺物，我們必不能想像，這種墮落，竟會在日常生活的宗教行爲上，發生這樣大的作用。因此，宗教既可促進倫理的進步，使恐怖神聖化，同時又可按照民族的性質，在特殊形式上，發展觀念界的雜多的構成物。

在人間觀念的構成物中，全體對部分的關係的老問題，曾反復表演。唯物論把物體界還元爲原子，又要將宗教之精神構成物，分析成爲要素。在唯物論看來，幻想，恐怖，與虛謬，便是宗教所由成的要素。宗教不外是這種種各別影響的產物。如唯物論給宗教以倫理作用，它便認爲，那是自然道德到超自然概念的推移。我們發覺，宗教往往在善或惡的方面對人類發生有力的影響；宗教曾在中世紀驅無數兒童從十字軍，在現代使摩門教徒在鬥爭與憔悴之下，逃往鹽湖的荒野；回教曾以烈焰般的迅速，滅人國家，而陷大陸於混亂；宗教改革曾在歷史上建立一個時代。但這種種，在唯物論者看來，不過是感性，熱情，誤謬，或認識不完全那諸種要素之特別有力的結合。但是，我們應記着，作爲一種外物，對象的價值及本質，不存於這種種要素共同動作的事實而存於這種共同動作的形式。在我們看，這種形式，是實際上最重要的。但這種形式，只能在具體的全體中認識，決不能在抽象的要素中認識。亞里斯多得所以重形式而輕質料，重全體而輕部分，乃因他有根深蒂固的實踐性質和倫理感。在精確科學上我們雖必須反對它，更加更加要由部分說明全體，並儘可能，由質料說明形式，但自康德以來，我們已知道這方法的全部必然性，祇是分析的悟性的組織的反映，這過程，是無限的，永遠不會達到它的目的地，雖然就他方面說，它亦永遠不會對悟性當前的問題，表示畏縮。我們知道，全體之完成的特有的性質，和從部分對全體所予的大概的說明，其間常存有大矛盾。我們知道，我們的組織的性質，便反映在這種矛盾上。這種性質，會在詩的方法上，給我們以全體的，完全的，周圓的；而在知的方法上，却僅給我們以部分的，近似的，相對的。一切大誤解，一切世界史上的誤謬，實際都由於這兩種觀念方法的混同：我們或以詩的產物，內聲的命令，宗教的啓示，看作是與知識眞理相衝突的絕對眞理，不然，就認它們在民族意識中全無位置。這是的確的，詩的產物與啓示，將使我們的意識，有絕對的直接的性質；因爲，這些觀念構成物所由而起的條件，非與意識相並而來。這也是的確的，一切詩與啓示都是虛妄的，如果我們以精確知識的標準，來檢討它們的實質的內容。這絕對，祇當作我們全不能認識的別一個絕對之比喩或象徵，才有價值；反過來說，這誤謬，這樣有意和現實相離，亦祇當作實質的認識，才有害處。所以，宗教在有相當教養與敬虔心的時代，往往與藝術相結合，但若它的敎義竟與眞誠的知識相混同，它便會成爲衰落或停滯的徵候。在彼，觀念的眞價值，是存於形式中，像存於觀念建築的樣式，存於觀念建築在心情中的印象中一樣；而在此，則一切觀念，個別的說，或就其關聯說，都應實質上是正確的。

但宗教無論如何均須一度包含眞理。宗教如非從人的認識生出，亦須由較高的識見——神所啓示於人的關於事物本質的智識——生出。我們已充分敍述，我們無論如何不能以宗教智識與方法科學的結果並列，或屬於其下。我們儘可假定，在不久以後的時代，人們便會容認宗教藝術與形上學三者並列的命題。不，在我們看，似乎最堅定的信徒亦承認，至少亦猜想，容認這命題的人，比普通所假設的，要更多得多。當然，一切宗教的信徒大都仍像似聽神話的兒童。對於現實性及可試驗的精確性，十分男性的感官，仍未發育，只有使這種感官發育，這種種神話的信徵，才會消失。何故，因所用的眞理標準不同。但就令如此，對於人生各階段上的善男善女，詩的感官依然是眞的。

古人認詩人爲有靈感的觀察者，他全充着對象，但全與對象相分離，且在精神上離開俗流的現實。這種思想在宗教上亦有它的是處麼？如果竟有心情在這種種興奮中如此深沈，致在此種心情之前，事物之俗流的現實必須退却，那麼，除了用『眞理』這個名辭，我們還有什麼方法，可以標示他們的精神體驗的活躍性，持久性，及自動性呢？當然，這個名辭在這裏祇有比喩的意味，但這比喩，比僅從這比喩受得全部價值的現實，反更爲人所推揚。對於名義的基督徒，你可依論理學，從他心中，把他讀宗教問答時卽已留在記憶中的諸種概念除去，但你不能對一個信仰者，駁除他的內生命的價值。你雖向他證明一百遍這純然是主觀的感覺，但任你怎樣說主觀客觀，他總歸覺得你這種素樸的嘗試，是以凡人的呼吸，圖推倒基督教堂的牆他以爲基督教堂的尖頂，有羔羊的光輝及神的永光在照耀。在論理學上貧乏在信仰上亦貧乏的民衆認豫言家的確信力和算術的證明一樣，是眞理的標準；語言既爲民衆的所有物，所以『眞理』這個名辭，同時許有兩重的用法。

在這裏不必說『複式簿記！』這可從兩方面反對的概念，第一，有一個荒謬的名稱，那是由某一些教授發明的，發明這個名稱的教授也許從來不曾見過商業的帳簿，這個名辭所表示的事物，和他所指的事物極不相同；其次，這個概念在實質上又屬於我剛才描寫的兒童神話世界。這個概念相應於這一種民族的見地。他們依後獲的科學活動的結果，在專究的範圍內，已能以方法及良心區別眞僞，但尙不能以眞理的眞標準，移入其他範圍內，因而在這範圍內，最適合於他們的感情的，都被他們認爲是眞的。哲學家可以把『眞理』一辭用在第二種意味上，但決不能忘記，這祇是比喩的意味。哲學者如果相信，宗教之理想的內容，對民衆仍有價値，而這種價値因無遠慮地攻擊形式所受的損害，比從啓蒙所得的利益是更多，他固可警告我們，不要以盲目的熱心，反對宗教的『眞理。』但他決不能再進一步，他亦決不能承認，性質可與時代性質變化同變化的教義，應記入那記載永久人間知識的財寶的帳簿中。在科學的關係中，我們祇有眞理的斷片，那是不絕增加的，但終歸是斷片。在哲學及宗教的觀念中，我們有眞理的比喩，那是當作一個全體而給予我們，其形式將隨我們見解變化一同變化，且始終是一個比喩。

理性宗教又如何呢?合理論者,康德,或現代自由組合(Frei Gemeinde),均要建立一種在最嚴密意味上宣教純粹眞理而將一切迷信殘滓删除的宗教,或如康德所說,將一切迷信的背理,熱狂的狂氣澄淸,祇滿足宗教的倫理目的。他們這種努力成功了麼?

如果『眞理』二字解在普通的意味上,不解在比喩的意味上,則對這問題,必作堅決的否定的答覆。一切信條皆能證明的理性宗教,現在還是沒有。但若我們像康德一樣把理性看作是理念的能力,而以倫理的確證代替證明,則在倫理方面已有確證的一切,必同樣爲人所承認。康德所謂最小限的神,自由與不死,是可以省却的;自由組合已經把這種假定拋棄,但他們所固執的原則,實際亦是可以省却的。

總之,這一切教義在原理上都是可以省却的——設非從人間的一般性質或其他理由,說明沒有這種種教義,社會必陷於不道德。但若我們祇討論一定的社會,即現時德意志的社會,則倫理方面最有價値的概念結合,所要求的理念,必比康德理性宗教所要求的理念更多得多。坦白的說,這是趣味的問題,但本質上的定素,不是個人的主觀趣味,祇是民族的全文化狀態,是觀念聯合的主要方式,是無數要素釀成的精神的根本氣性。

前世紀的合理論者,亦分得了當時文化的一般特色,即精神的貴族主義的傾向。他們雖比正統派,一般更關心人民的幸福,但他們仍從知識階級之需要及氣度出發。在這階級中,眞的宗教,仍被認爲可能，因爲他們仍未充分相信，批判的悟性所懷疑的一切均被除去以後，決無任何物殘留下來。當然，他們已從康德處知道了這一點，但康德之宗敎的純倫理基礎，是很少人贊成，所以就在這世紀，依然有人認爲，可以有澄除一切誤謬的宗敎。烏利希（Uhlich）在一本小册子『一個公開狀的答覆』（一八六〇年）中，對於眞理透徹着最高尙的感情。他曾描寫由合理主義的敎會主義推移到完全脫離新敎的思想，怎樣會使自由組合(Freien Gemeinden)的建設者，再大進一步。『我們的意見是，如果在敎會中，把我們的理性及良心老早就反對的一切事物排除出去，則其殘餘，在敎義上及形式上，皆能予我們以滿足，而對於我們，成爲眞的幸福的宗敎。我們漸漸知道了，宗敎的自由思想，一經被認爲權利，同時又被認爲義務，我們便須嚴密檢討一切傳統的觀念（甚至從來不曾觸犯我們的觀念）看看它們的基礎，是不是永久的眞理。』自由組合的宗敎在設想中所根據的永久眞理，究是什麼呢？那就是科學，尤其是自然科學。烏利希稱宗敎爲『科學的科學；』一切僅以或然性或猜測爲基礎的信條，例如意識的世界靈魂之假定，均爲他所排斥。他認眞理爲『現實（即有事象與勢力有法則與事變的現實世界）在人類精神中的反映。』科學研究彼岸的事物，不能屬於宗敎。同時，在倫理方面考察，在他看來，宗敎乃是『人類對永遠秩序的關係的認識，或者說是人類對神力（自身所從的神力）的關係的認識。』『必要的一件事』是建立眞善美的王國。所以，這全部學說的基礎，必然存於倫理部分和知識部分的結合點，必然存於這種原理，卽嚴密的科學知識，會生出道德的結果。這原理是眞善美的統一。眞理的得到，從這原理，將隨着得到更完全更高尙的人間性，反之，更完全更高尙的人間性的得到，從這原理亦將隨着得到眞理；這二者聯合起來會生出最高的美，最純粹的喜悅與幸福。在這裏，我們是在最嚴密的意味上有了一個信條，那不僅不會證明，而且從悟性方面考察，實際還是不正當的，雖然當作一個理念，那會像任一宗敎理念一樣，可以敎化人類，使高超在感性的制限以上。現實性意味上的眞理，不僅不與美一致，且與其截然反對。一切的美都是詩的，卽令那是感官的直接對象，因爲，像我們在上篇所述的那樣，最原始的感官活動，亦包含有我們的精神的貢獻。藝術家，卽以直接的觀照，亦比缺乏感受性的俗人，更能在他的對象上發現美。繪畫上的寫實派，僅在這點和理想派不同，卽，他們把更多的現實性質取入作品中，任對象之純粹根本觀念，爲其狀態觀念所交叉而表現出來。如果全然不理想化，他們決當不起藝術家的稱呼。愛的眼詩化，心情的憧憬詩化，痛苦的記憶，快樂的會遇，一切感情與感能活動皆詩化。這種詩意若能完全廢去，人生是否有生的價値，便成了疑問。這樣，烏利希關於自然的全部見解——他的宗敎的不可缺的部分——就也不過是一首詩。烏利希說『當我俯首凝視着一朵花的時候，神卽從我的眞的現實的感覺，俯視着我，使我嗅着一股芬香。』好罷，信徒祈禱時感覺神在，知神在聽聞，亦是眞的現實的感覺呀。我們可以把感覺之外界源泉除去，但感覺自身是不能除去的。如果我因要敎化自己，而在自然默想美的與比較完全的，我便把自然自體，化成為我關於善與美的理念。我會把花瓣上的枯點，葉上的蟲害看過；如果我庭園中生長一朵花有惡味，我不會把它用來禮拜惡魔，却會把它拔除，投到自然的別一部分去，這一部分，對於我，更無補於我的教化的默想。

在自然界居主要地位的，是完全抑是不完全？我是否以我的美的觀念，移入自然，而受千倍的美？我是否到處所見的，全是淘汰，掠奪，與死亡競爭的痕跡？這都取決於我。如果我把生死的變化，盛衰的變化放在眼中，我就發覺了我在酒神崇拜（Dionysus-cultus）的起點；我一經看見最高理想與一切生物的對比，我便立卽感到救濟的需要。

這個暗示，當然不是說，自由組合的所謂教化，是完全可以排斥。那祇說，與其他的教化形式相比較，自由組合的教化，不能要求絕對眞理的特色。這是程度的問題，是眞理的成分居多，抑是詩的成分居多。自由組合的建設者不承認這點，這事實使他們的宗教見解，在知的方面，落在康德和菲希特的後面。但這事實，却使他們的宗教見解，取得了非正統派非此卽不能有的素樸性。

有人曾從哲學方面考察，說在進步的認識上，我們必須認未來宗教的基礎，是像自由組合一樣，容認眞實的公平的信仰，庶幾批判思想的結果與宗教的感覺之差別，得在我們面前消滅。（就令它以後還會再生。）但這除了以宗教信仰建立於形上學信仰之上，還有別的意義麼？如果後者可由詩而存，為什麼宗教沒有形上學作媒介，便不能由詩而存呢？倘若思辨能有這種貢獻，致使未來的宗教理念，非由少數有力人物之主觀傾向而定——宗教改革時代的情形便是這樣——倘若思辨能有這種貢獻，致使未來的宗教理念，正從我們一切文化發展的中心取得，不祇從教會論難的表面上取得，他們的工作是很可歡迎的。不過，關於他們，我們已不復能這樣素樸地信賴了。

進步的改革派神學的代表者，溫厚能辯的牧師郎革（Lang），在基督教信條論〔三〕中，曾反對我們的見地，說宗教『沒有人信仰』便會消滅，至於詩，却只要能給與美的滿足，便永遠有價值。形上學思辨幾乎和宗教一樣——那直到現在尚要求絕對真理，它的信奉者亦曾形成一個信徒社會。但是，就連最著名的體系，殆亦不曾發現絕對的信奉者；即偶有之（例如赫爾巴特學派）亦不過是全思想圈內貧乏脆弱的證據。試問，有嚴格信仰的康德學徒，有多少呢？曾增加這體系榮譽從而使這體系發生重要影響的大人物，幾乎沒有一個，是有嚴格信仰的康德學徒。黑格爾體系的影響，不遠遠超越了信奉者的範圍，而生長最良結果於研究完全自由的地方麼？柏拉圖的概念詩，在數千年後的今日，依然有强大影響，但自從他的最初的繼承者以來，就從沒有一個人相信他的證明（果如所要求）有嚴密的妥當性。

再講宗教！即在古代，不亦有斯多亞學派，數百年間，認民衆信仰為倫理觀念之詩的外衣，從而比一切僧徒，都更傳播了宗教生活麼？依郎革說，鳩比特（Jupiter）必須讓位於耶和華（Johoval），奧林普士

（Olympus）必須讓位於基督敎的天堂，蓋因多神敎的感能的神的觀念，已不復能滿足進步知識的需要，基督敎的完全的一神敎已現出更高的眞理。但自蘇格拉底及勃洛大哥拉斯的時代以來，在羅馬帝國時代，知識不曾如此進步麼？還有民衆比在基督敎擴展的時代更迷信，還有上流社會比在基督敎擴展的時代更希望奇蹟，還有哲學者比在基督敎擴展的時代更神祕麼？當時已瀕於沒落的鳩比特及聯合的奧林普士的宗敎是何時成立的呢？這種宗敎，與剛剛開始的啓蒙運動同時，且攜着手，堅苦地反對以國民信仰分裂爲數千種地方的禮拜。完成宗敎及形成宗敎之詩的權利，固不能爲人所周知，但那是存在的。希臘文化的全盛時期，告訴我們，詩人與哲學家均從事於宗敎敎義及見解的完成。地方的禮拜，固要求絕對的信仰；但這種信仰，除了敬虔地以靈魂獻於本市的神聖故事以外，還有什麼別的意義麼？當信仰各市不同各村不同的時候，當每個有敎育者均認爲必須容認本地信仰尊敬本地信仰的時候，這又還能有什麼別的意義麼？在基督敎擴展的時代，最先信新信仰的，是最開明的頭腦，哲學的思想家麼？在著名人物的改宗史上，是知識或思惟居主要作用麼？當人民大衆發覺他們必須採納新宗敎時，他們對於舊神果已失信仰麼？歷史對我們所啓示的過程，不是進步的啓蒙過程：一般的社會分解，一切社會階層的鬥爭與艱難，世間苦及超度此世間的不可形容的渴望，才是大革命的眞源泉。鳩比特及奧林普士仍可有啓蒙作用；他們比我們今日的要將基督敎改造爲純理性宗敎的改革神學者，還更覺得容易與啓蒙相合。

郎革問：『在宗教改革時代，舊教的天國及其聖者，因何會沒落，而讓位於更無色彩得多更無詩意得多的天國？』他的解答又在知識的進步上見出。但在他方面，我們却問，爲什麼在法蘭西意大利那樣開化的國家，舊國的天堂又不沒落呢？德意志所以實行宗教改革，是因爲它的科學知識，比一切其他國家都更進步呢？還是因爲宗教政治與絕對的信仰統一的束縛，已由完全不同的理由，破棄了呢？當人們問新教世界因何益益離開正統派，而以科學發現的影響爲其答覆時，我們必須在其他方面說明這些發現，對於改革神學者仍要在基督教財產目錄中保留的東西，會發生極猛烈的衝突同時，對於其他教義（例如，神子代人犧牲的教義，）却抱無所可否的態度。改革神學，要在一個四面爲波浪所盪的小地帶上，抵抗突入的唯物論的波浪，如仍有少數信條必須維持，則在這裏所需要的概念詩，比在任何他處都更多。郎革在批判我們以後，立即就認神的父名（Vaternamen Gottes）爲宗教上的必要。但他所謂神，祇是『一切存在的基礎，那永遠是內在完全的，超越着世界過程的一切變化。』他所謂神，沒有奇蹟，沒有人間的心情，亦不關心被創造者的幸與不幸；他的存在僅依存於這事實，即與唯物論相反對，郎革會在一切存在的總體以外，假設一個特別的基礎，並由一切存在的這個基礎，想像一個『父。』爲什麼呢？因爲心情不禁要想像一個存在者，他像人一樣愛護我們，當我們陷於困苦時且伸强腕來拯救我們。

宗教上的詩的原理，不由此得到了再強固沒有的證據麼？

荷馬不常維持他的價值，但知道怎樣欣賞他的時代一經來到，他就會重行獲得他的價值。希臘的神，亦將與荷馬共復活。席勒關於希臘的神的世界曾說，『呀！在詩歌中不死者，在生活中必定會消滅。』他在這樣說的時候，他很知道，像對蘇格拉底柏拉圖發生影響一樣對我們發生影響的，是希臘神學之本質的要素，精神的核心。

第三章　理論的唯物論及其與倫理的唯物論及宗教之關係

古代唯物論，在其最成熟的形式上，是直接地公然地反對宗教，魯克理底斯且認宗教的完全消滅，爲人類最重要的任務。前世紀的唯物論，亦有這種傾向，但不常公然表示反對，即公然反對，它所反對的，通常也是基督教，不是宗教自體。從一切迷信要素逐漸將民衆信仰淨化的思想，已如此根深蒂固，所以，迷信的攻擊者，雖其本有的原理更深進得多，但大多數仍有這種特徵。自福祿特爾（他雖渴望保持神的信仰）以不能和解的忿怨，追害教會及教會的信仰以來，主要是對正統派，對傳統教會的條文，施以突擊。但一切信仰的基礎，皈依超世間力的感情，却很少受攻擊，且常明白爲人所承認。從『一切存在基礎』引出一個愛父之哲學改造與新解釋，繙繹術與轉寫術，在青年宗教家的發展史上，有極大的作用，在民衆信仰與有知識者思考方法間的關聯的維持上，有稍較爲小的作用，在唯物論者及無信仰者對宗教所施的攻擊上，殆毫無作用。科學的神學與信條融洽的方法，往往被人忽視。更自由的中間見地，教會傳統之精神化的見解，概被看落；迷信的粗野，極端意見的萌芽，概無憐惜的，歸咎於基督教。但雖如此，人們仍常認『脫離一切迷信的基督教，』『純粹的神學說，』甚至『無信條的宗教，』是人類不可缺少的生活要素。

這種駁論的影響，是很易看見的。開明的神學家，大多數都不感到自己曾受這種攻擊的影響，輕蔑的認此輩反對者爲『無知』。信徒們認爲神聖的事物，概不許人嘲笑，其嘲笑，似有傷於信徒，因此，在沒有此等攻擊時他們自己也許尙會提出的批評，由此輩人提出，他們必誓死反對。正在動搖，早已背叛信仰，而爲新使徒信念所感動的精神，是勝利了，而一切已經屬於唯物論派或極端啓蒙派的人，不過更加固執，更加激烈地反對信徒。結果是，破壞民衆生活的對立益益尖銳，未來問題和平解決的困難益益深刻。

別一個駁論——嚴密的決然的懷疑宗敎是否存續——會得到全不相同的影響。這是眞的，在我們這時代，魯克理底斯『宗敎永遠是惡害』的話，仍有許多實證費一些時間，對於樹果與樹根的關係，作一度更精密的硏究，亦是値得的。如果像里嘉特・羅台（Richard Rothe）〔三〕那樣聰明敬虔的神學家，能瞭解敎會必漸次吸入國家內的思想，則自由思想家對於政治生活與宗敎組合的二元論，亦須加嚴密的批評，不應盲目地以舊形式移入全不相同的內容中。我們近頃曾在『自由組合』中發現一個派別，不僅將古信仰條文的一切遺物盡行抛棄，且認廢棄某一些行爲（以個人對宗敎團體的關係爲基礎的行爲）之莊嚴的實行，爲進步的特別徵象。例如洗禮。洗禮從來就附有一種莊嚴的警告，提醒父母去敎育兒童，同時並推薦兒童，使爲組合中一切人員所照顧。但就因這種儀式包含一種不必要的牧師的干涉，包含牧師權力的殘餘，故爲他們所排斥。但鑾格（Ronge）巴爾孳（Baltzer）以及這運動其他的前期領導者——他們固執一般的確定的原則，固執單純的禮拜儀式——便常被這一派人，看作傲慢的僧侶，幾與無過的敎皇相並列。〔一四〕同時，組合且續有成立，牧師且續有任命，敎化且仍在否定之單純的反覆上發現一部分，因國家仍對自由協會制度加以大妨礙，但又許僅有極少宗敎成分的宗敎團體成立之故，組合與協會之間的界限，依然常常極不明白。有時，在明目嫌惡各種宗敎形式的組合內，仍有人自認爲牧師。我們一考察他們的著述，便知道他們依然信奉極端的正統主義與敬虔主義，而祇在嘲笑諷刺中表現他們的急進主義，他們從來不對宗敎的權利，施以原理上的包含自由見地的批評。我們發覺了這一輩人對於宗敎生活之理想方面全無所感，他們以爲，排斥常識認爲不眞的一切，乃是當然之事。〔一五〕

『自然主義者』建立『知者』宗敎團體的計劃，表示悟性原理是片面的佔着優勢。但就在這計劃上，亦有一個新要素，是對倫理的唯物論提出堅決的抗議。婁文台博士（Dr. Löwenthal）的知者組合，原就是社會的博愛者的『禮拜團體』，這種社會一方面以思惟與知識爲禮拜的對象，一方面又以人間品位與人間愛的修養爲基礎。〔一六〕愛德華·萊希（Eduard Reich）博士還更着重禮拜與儀式。這位作家，在許多著作上，均信奉唯物論的世界觀，但在一本特殊的小冊上，却敍述『人道敎會』的計劃。萊希提議，須顧到人間心情與詩情的需要，所以他並不反對祭禮，祭禮歌，合奏，儀仗，象徵的動作，祭禮的裝飾，聖約會式使『永遠光明』的宗教，有現存宗教所不能比擬的莊嚴。大鼓，喇叭，鐃鈸，與大風琴及鐘樂器相合可以提高禮拜者羣衆的宗教感情。〔一七〕

孔德的人道禮拜的觀念最爲深進，宗教在他的體系中，比在以前任何時代，都將在個人及國民的生活上，佔更大得多的位置。每日均有二小時專用於禮拜，這種禮拜乃是感情的流露，期在我們自身，在母妻女的比喻下，喚起敬，愛，與惜的觀念。公共禮拜每年要求八十四個紀念日，規定有九回以上的聖禮。但在許多無害的奇聞之旁，最顯著的一個特色，是決然贊成宗教政治的民衆指導。〔一八〕在萊希的場合，亦有宗教政治組織下的僧侶制度；『知者』宗教亦有『禮拜師』擁有一定的職務上的權威。

『殘存』基督教的一個要素，在這裏被採納了。這要素無疑是最危險最可疑的一個——卽，組織的僧侶與職務上的權威。我們可以眞正提出這樣的問題：如果我們在下二者之間——其一爲保持那不能支持的教義與神祕的曖昧的信仰條文，從而將宗教政治破壞，其一爲取得教義的完全說明，從而再受宗教政治的束縛——必須選擇其一，我們的決定會不會完全與此不同？

使各種宗教政治，各種超民衆身分的僧侶制度發生支配慾，引起嫉妬心以維持自身權威之心理法則，不是以人性爲基礎，毫無關於信仰的內容麼？實際，這不可避免的結果，不僅可以在西藏，基督教中世，在古埃及的宗教政治的模範形式中看見，且據近頃人種學研究所示，即在最遼隔地方民族的最小宗教團體間，在最墮落的黑人種族間，在太平洋最小島上，亦可發現。

就設想理論範圍內的完全的啓蒙，將對於這種現象提供一種保護，我們亦還必須說明，對於這不自覺的可厭的支配慾，何處有這樣大的權力，來形成這樣强的均勢。這是不易從純理論的研究推論到的。眞理的純化力無論如何，終不適於這種任務。宗教改革者，亦相信他們曾把握全部眞理，曾排除全部誤謬；但在路德派僧徒未受制馭於近代國家的無上權力以前，他們又曾表示怎樣的支配慾，不寬容，與迫害呢！且假設絕對的啓蒙之教會教義，不復提供何等材料，教人們從事大的激烈的鬥爭與迫害罷，我們且費片刻，來考察鑾格青年宗教讀本〔一九〕認爲重要不可改變的自然科學原則，是怎樣貧弱。在那裏，我們可發現許多斷言，一部分已由科學進步被認爲誤謬，一部分已由科學進步被認爲不可靠。但這些誤謬，却就不斷的羼入學校教科書中，或依通俗的科學文獻而非常流佈。它們往往以驚人的保存力，維持着它們的位置。關於中央太陽的存在，關於在星雲中不絕反覆的完全的銀河系統，關於大多數世界均有『人類一樣的理性存在者』居住，關於慧星爲世界形成過渡形式那種種見解以及許多類似的見解，早就這樣漂流在人們的意見中，但未有多大的損害。但若這些命題持有宗教的神聖意味，但若這種宗教是由有權勢慾的僧徒保護維持，則其遺害必遙較爲深，而在這場合，要預言純粹的自然科學能否長久存在，亦是不可能的。像達爾文主義那樣的大原理的新出現，會引起怎樣的鬥爭！就連像現今這樣，那亦還會伴起鬥爭呀。但與任一種宗教上的鬥爭比較，這樣的鬥爭，都應算沒有害處；設若在鬥爭進行的時候，沒有宗教問題使其鬥爭如此激烈，那還會更無害處。

國家決定一般小學校均須教授自然科學，乃是它的當然的任務。當它這樣決定的時候，它遂行了一個大進步。民衆思考方法與有教育者思考方法間的差別，得以減少；各市民的獨立性，對各種幻想與迷信的抵抗力，得以增加；科學對宗教的關係，在一般民衆間，在有教育者間，將漸漸採取同樣的形態，不致激起見解上的衝突。這種教授，不具任何攻擊的副目的，益是公平地積極地分授於民衆，舊見解與新見解的調節過程，就益是進行順利。但教會或任何種宗教組合，均不能這樣順利這樣公平處理這問題。教會或宗教組合，會對於不需有神聖意味與重量的原則，給以神聖意味與重量。對於部分它益是深感，對於全體的精神它便益是毀壞。

理論見識與啓蒙之流布，一般不需有心情的高揚。這種心情的高揚，對此決不是有益的。祇有儘力埋頭於沈默的規則的研究，才能最迅速最容易地發現正當的知識。眞理不需有大的國際組織；眞理將自形成，而將一切社會的地理的制限破棄。

論到道德，論到慾望的淨化，論到求全體幸福的本能指導，情形就不是這樣了。喇叭音及讚美歌所能喚起的氣分，單有道德的教訓，是難於生出的。一切宗教，都像詩歌一樣，與人間以喜悅憂愁與恐懼憧憬及希望相連結；人們雖屢屢說宗教是由恐怖及欲求而生，認此爲宗教的缺點，但宗教就爲這個理由，所以是適於使恐怖與欲求純潔化高尚化的手段。而人生的自然機會，如生與死，結婚與不幸，是否適於爲此，尙極有疑問。如果情緒的對象從近而移於遠，我們的衝動從有限移至無限，神話卽將主張其權利。有一種材料，一方面是眞正人間的，他方面却指示神的與永遠的，以激動我們的心情。這材料，便是宗教的倫理傾向所不能分離的基礎。受難的神子之悲劇，自古代希臘人的神祕戲到基督教的末流新教主義，也許，比任何其他的教義與傳統，都更是眞宗教生活的本質要素。但這種材料，是不能製造的。那必須是生長的。如果我們不復需要這個，我們是否還需要宗教，亦就極有疑問了。

人道的禮拜，今日已經開始，但幸其中未包含教會制度（有一定形式與特殊僧侶階級的教會制度）的萌芽。偉人文化大中心的建設，慈善施設及協會的建設之紀念祭，科學藝術的陶冶或重要原理的承認之全國會議或國際會議，比孔德順手編成的聖徒日曆，及萊希提議以代基督教紀念日的『和合』節『偉人』節等等，乃是更健全得多的人道時代的開始。但在這裏我們雖看出了人道禮拜的發端，但未曾包含宗教的本質。那裏沒有特殊的僧侶階級，這是我們已經講過了的。從內面看，提高心情，統一勢力以爭求人類高尚目標的這些新制度的精神，亦與我們通常所謂宗教，完全不同。我們紀念偉人，不是敬重我們所依賴的神鬼，祇是尊敬我們所屬的同一株樹的繁花碩果。我們的思惟與感情，無疑是依存於過去偉人所造作的形式，但這種依存，不包含宗教束縛的意味，那祇是愉悅的承認我們所從出的生命源泉，這源泉繼續湧出並允繼續湧出新鮮的生命。[三〇]

是則，理論的唯物論全然排除宗教，而以道德及人道的責任一部分留於國家，一部分由個人努力去擔負，就似不僅是首尾一貫，且爲人類之精神的將來，獲取比較最適宜的結果了。現今屬於教會的職能，將有大部分移歸學校。但須注意，學校決不是指導人類的唯一設施，以補遞教會所遺下的缺分。如果是這樣，那便會生出一種新僧侶。學校必須當作國家的一個機關，當作有自意識的社會範圍的自由事業，然後才能發展，以保證眞文化及眞道德的進步，庶幾不致伴起宗教政治的職務權威，和有支配慾的組合政治。

但我們必須進一步問，理論的唯物論之最後的結果，會不會更推進一步，排斥國家的倫理目的，而進到社會的原子論（Socialen Atomismus），任各個社會原子僅僅追求個人自身的利益？

在解答這問題時，我們不可僅依賴原子論與極端個人主義的類似，但若單單指出唯物論者對此結果所提出的抗議，亦不充分。即不說這種類似當作一個原理，是如何不充分，亦須知道，它不能指引我們多遠，因唯物論者亦承認由原子構成的事物，作爲一個全體，得依其形式，而影響到部分的運動。爲什麼他不承認社會的形成當作一個全體將決定個人的進路呢？不過，唯物論者的抗議，亦不能決定這問題，因這不是人的問題，祇是原理的問題。當有些唯物論者要以唯物論爲手段而將一切宗敎基礎破壞時，既不妨有些唯物論者要與現存的宗敎相妥協或建立新宗敎，所以，卽令以後的學派會採納倫理的唯物論，把它當作必然的正當的結果，我們今日的唯物論者，仍不是不能反對倫理的唯物論。歷史的倫理的唯物論，發展於從事商工業的階級中間；理論的唯物論發展於自然研究者中間。前者曾與敎會的正統派發生和好的關係，後者却幾乎常常有啓蒙作用。但同時，當中仍可有更深的關聯。這兩種現象，當作同一文化狀態的結果，在本質上本是從同一的源泉生出。最初是殊途而起，然後漸漸啓示它們的內的關聯，結局乃完全統一。

有一種見解，認唯物論祇是『感能的滿足之追求。』對這種見解，唯物論者所提出的抗議，是不錯的。感能的慾望之毫無限制，是氣質與敎養的問題；那在原理上，是不能與任何哲學的見地結合，雖然在事實上非盡如此。卽令像亞里士提卜斯或拉麥托里那樣認個個的感能的快樂爲原理，但如要使享樂能力繼續保存，則克己依然是哲學的要求；反之，卽令哲學的原理是禁慾的原理，在信奉者間，感能的慾望仍將出現，惟其出現或與其本來原理相牴觸，或陷於自欺的曲折的迷路。

我們在本篇第一章已經講過，快樂的追求不能認爲我們這時代的顯著特色；我們這時代的特色，寧可說是對於自身利益的毫無顧忌的顧慮。在金錢賺取的範圍內，尤其如此。祇顧自身利益的原理，我們講過，是倫理的唯物論之本質。這原理，實際亦常與理論的唯物論相結合；例如畢希訥勢力與物質第一版。在無所著作的唯物論者間，更常常如此。〔三一〕

但這個關聯的問題，旣不取決於歷史的考察，亦不取決於現代意見的蒐集，乃取決於這一種研究。卽，按照理論的唯物論的見解，可建立倫理的原理麼？反而言之，理論的唯物論，能與一定的倫理原理相結合麼？我們曾看見，從嚴密的唯物論世界觀，不僅可引出利己主義的原理，且可引出與此相反的同情。這兩個原理，卽無超越的觀念或迷信的假定之影響，亦可從人間感能的性質引出，而贊成這二原理的人，亦仍可成爲十足的唯物論者。康德的道德原理，如要與唯物論相調和，自須從其先天妥當性的高所向下，而建立在純粹心理學的基礎上。反而言之，如相信這道德法則的先天性，那就不能保持理論的唯物論之限界。道德法則起原的問題，常常導他超越經驗的限界；他不能認單以經驗爲基礎的世界圖爲完全的，絕對正確的。

就連唯物論者的同情，亦與理想論者的同情不是同一事物。畢希訥曾說，在根柢上，同情不過是『美化的利己主義。』至少就他的唯物論見解說，這是說得通的。〔三二〕所以同情自然先在最狹隘的利益相同的範圍內生起，卽在家族中生起。有這種同情的人，對於這範圍以外的一切人，仍可抱最深的利己主義。反之，理想論者却一躍而入於一般人與友人相結合的結帶，不過是無限連鎖——那包括一切人，誠如席勒所云『自粗野的蒙古人到與最後天使相接的希臘豫言家，』——中的最近一環。在狹隘範圍內喚起的自然感情，被還元爲一般的原因，並與要求絕對妥當性的觀念相結合。理想完全性的圖象，在心情中生起；這理想之直觀，成爲他一切行爲之導星。不陷於矛盾，理論的唯物論不能提高到這種見地；因爲在他看來，從全體，從一切經驗之前的一般原理出發，就是一個誤謬。唯物論者不能聽從席勒的話：『勇於誤謬，勇於夢想。』因爲他的最高法則，是使世界觀恰好與悟性及感性的結果相一致。

所以，唯物論雖可從其原理引出社會存立所必要的一切德，但這個心理學法則仍將成立，即，在我們的原理的應用上，最初的出發點，因其反覆的次數最多而在心情中的印象又最深，所以往往會得到一定的優勢。依這理由，唯物論世界觀的流佈，是必然會促進倫理的唯物論；反之，信奉利己主義爲道德原理者，雖本來抱持全然不同的見解，仍會漸漸引向唯物論。

實際我們亦早已觀察到了，祇知尋求利潤信奉實際利己主義的那種人的世界觀，是益益傾向唯物論。理論的唯物論者，對於與現代營利生活精神恰相反對的基督敎的特色，亦特別喜歡攻擊。近頃對基督敎的神話傳說及其道德所提出的種種攻擊中，有一種認基督敎是貧民反對有產者的嫉妬怨恨的宗敎，就是很流行的。

如我們再考察兩個人的世界觀，這一切交互關係與關聯，必更明瞭。這兩個人，既富有哲學的教養，在思惟之首尾一貫性及明快性上，又出人一頭地。他們都達相當年齡後，才斷然傾向唯物論的世界觀。因爲這兩個體系，至少有一個曾在輓近引起世人注意，其他一個却祇由一封信的沈寂，才爲世人所知，所以我們把這兩個體系作爲唯物論史的補充，是很適合的。那就是烏柏衞（Friedrich Ueberweg）的體系與斯托勞斯（David Friedrich Strauss）的體系。

在烏柏衞的場合，是和在斯托勞斯的場合一樣，唯物論祇是長期發展的最後的結果。這似乎是很奇怪的，蓋因唯物論是最初最粗的哲學形態，很容易從唯物論渡到感覺論與唯心論，反之，任何首尾一貫的見地，亦不能依經驗範圍的擴大或論理的加工，而還元爲唯物論。雖然達爾文主義對於這兩人都有顯著的決定的影響，但這種進程，終究不是發展的進程。烏柏衞與斯托勞斯在思辨開始的時候，都曾經過傳統，並發覺他們自己的研究過程，在急下的地盤上；他們所行入的世界觀，既在客觀方面是不可支持的，又不與他們的主觀的素質傾向相符合。所以，他們由一階段到他一階段的進行，本質上即是一個崩解過程，結局乃不得不休息於唯物論外表上像似堅固的立場上。

烏柏衞自始即反對康德，着手建立他自己的體系。這種反感，[三]似乎註定了他終須歸到唯物論。他是般奈克（Beneke）的弟子。般奈克從英國的哲學出發，認心理學爲基礎科學。作爲般奈克的弟子，烏伯衛在學生時代，即與其師反對，而辯護心理學之自然主義傾向。但同時他又受亞里斯多德學派的托倫德倫堡（Trendelenburg）的有力影響，而使他與唯物論分離的本質上亦便是亞里斯多德哲學的要素，這要素的漸次克服，決定了他的思考方法的變化。在這運動中，我們可以區別三個階段：第一，目的論原理對於他仍十分有力；第二，目的論原理與其自然主義相衝突；最後，目的論原理完全破壞。

在第一階段上，烏柏衛尚怎樣遠離於唯物論，可由拉辛博士（Dr. Lasson）——他是烏柏衛親密的朋友，常常通信〔三四〕以下那一段話，是在烏柏衛著作論理學（一八五五年）時記述下來的——關於氏之形上學思想所說的一段話而知。他說：『他的形上學，包括合理的本體論，神學，及宇宙論。序說爲現象學及論理學。本體論考究經驗所與的形式，自最抽象的形式起，並檢討它們的實在性與意義。那分爲實在一般（時間，空間，本體，那與知覺相應）之學，自存（個體，種屬，本質，現象，那與直觀及概念相應）之學，及結合（關係，因果，目的，那與判斷推論及體系相應）之學。神學（一般的合理的神學）以本體論的議論爲根據，考察神的存在及神的本質之證明。宇宙論則從神的本質及創造的目的，以說明世界及其形式。世界被認爲神的顯現，被認爲永遠的不可分的神的完全性之時間的空間的表現。』〔三五〕

由這種結構，我們幾乎會想起黑格爾。我們當可由這種結構，察知烏柏衛當時的見解的大概。但考察形上學時我們全然不能看見的唯物論特徵，在他的心理學（他很願意在寫完論理學以後，立即着手研究心理學）的計劃中却非常展開了。我與烏柏衞認識於一八五五年秋，我們幾乎每日都討論。關於這個心理學，我曾聽他說過許多，但關於形上學，我却是毫無所聞。這時候，他的形上學見解及神學見解是否已有幾分動搖，我不得而知。但無論如何，這種動搖，以後不久就發生了，同時，他的心理學的根本見解，却很少動搖之處。

這個心理學雖以一大系列的推論爲基礎，但頗爲奇特。在這裏我們須儘可能，簡單的複述於下。

在我們爲現象世界的事物，皆是我們的表象。那是有廣延性的；所以我們的表象亦有廣延性。表象是在心中，所以心亦有廣延性；再者，有廣延性的心，按照物質爲有廣延性的本體的概念，亦是物質的。在心之外我們不能有表象，所以我們的心得伸及我們所知覺的事象（包括日月星）的總體，甚至於達到這總體以上。依照有力的比論，我們亦未嘗不可說，這些世界沒有外界原因，即不能在心中引起。這引起原因（烏柏衞的『物自體』）雖不與現象相等，但至少與其非常相似。暗箱的比喩，使我們得到那前曾說過的假說，即有一個比較巨大的也許轉倒的本原世界反映在個人的相應的世界圖上。如果當作『物自體』，心原是物質的，我們便須豫想，物自體亦一般是物質的。我們有一個有物質大腦的物質身體。我們的表象形成所在的空間，佔這大腦的某小部分，且當作單純的沒有組織的本體，擁抱着我們的

現象事物之世界。〔三六〕

我們曾說烏柏衞相信他能以數學的嚴密性，證明物自體的世界必然是空間的，並且像我們的現象世界一樣有三度的空間。尙待說明的，是他關於物質，關於物質對意識的關係所抱的見解。

烏柏衞不假定原子，祇假定空間不絕由物質而充實。他認這物質的各部分，均有依機械力而運動且得到『內部狀態』（那是由機械運動而起，但亦影響機械運動）的能力。我們的大腦物質的內部狀態，便是我們的表象；下等有機物及無機物的內部狀態對於我們的意識，和萊布尼疵的下等單子的『表象』對於高等單子的表象，有相似的關係；不過在萊布尼疵看，無機物的夢一樣或夢也不如的表象，是宇宙的不完全的表象；在他看，却祇是某種單純的要素的事物；是單純的感覺，或像似感覺的劣等事物；但若有更完全的物質組織，則更完全的心理構成物，亦可由此構成。

烏柏衞當時的見解，仍與唯物論不同。其不同點，在這裏仍可明白指示出來。如果假設物質的『內部狀態』完全依存於外部運動，我們便有了決定的唯物論，卽不比原子論更優越，至少也與其相等。這種假設雖不必要以內部狀態的反動，歸於物質運動，但這種反動，終須依以前諸結果之力學的等價而成；換言之，勢力保存法則不僅須應用於無機界，且須應用於有機界。一切物體的運動，有內部狀態亦好，無內部狀態亦好，結果總是一樣。但這見解，決然不是烏柏衞當時的見解。他當時仍假定，勢力保存法則

將爲心理過程所中斷。〔三七〕

他所以這樣思考，是因爲他固執亞里斯多德的目的論。烏柏衞一經把這點放棄，他的體系就必然會移入唯物論中。這就說，在有機體會從它們的理念引出勢力來決定它們的形式的限度內，這形式當然不能完全是物理的化學的勢力之結果。而且，在人間的思惟上，表象織起，還完全與生理的基礎解離。思惟在一定意義上，固是大腦物質的特性，但它是依從純粹論理的法則，它所生出的最後結果，有時完全不能由物質運動的力學條件來說明。如果依亞里斯多德，目的卽是一切其他論理要素所必須服從的指導思想，則在這限度內，這個假設亦是目的論的。如果人是履行其宿命的，則合理生活目的之思想，可佔取優勢，而無須顧到物質。

根據目的論，他假定有一個神，意識地支配着世界。但他就在這點，開始動搖。在一冊匿名的『眞理愛好者的使書』中，他第一步就要努力反對神從世界全體形式引出的議論，以救濟神的存在的可能性，第二步才要從目的論，證明神的存在的現實性。這種攻擊，就多數人看來，也許祇有僅少的重量，但對於烏柏衞自己，這種攻擊却可以壓倒一切。動物世界的，尤其是人間的內部狀態的比論，必然地使他設想一個神的思惟，將散布宇宙間的意識要素集中起來。但要這樣假定，他又須像杜·波以·勒伊蒙一樣，要求一個世界大腦與世界神經系統。他雖仍堅決辯護目的論的體系，但這體系的缺點，他並不是不知道。所以一八六〇年十一月十八日他給我的信上曾說：『我很知道，目的概念之純粹主觀的意味，常常為人所反對；但這頗有疑問。在這點站在斯賓諾莎一面的人，必須說明，我們很容易依這概念來說明的有機生活現象，雖沒有這概念，亦是可想像的。至少，「因果性」普通是解在客觀的意義上；但原子之堆積，無論如何，也不能幫助我們把困難解除。黑格爾的「內在的合目的性，」「創造的概念，」是原子論與神學之間的不明晰的中間，惟其所指示，却在其自身之上。康德的理論，與康德主義一般不能分離，但如三批判中所說的康德主義，就全體說，乃是不能支持的；在菲希德手上，那還更顯得荒唐。我幾乎與赫爾巴特立在同一的窮境；一方面，假設是必要的；他方面假設又是不實用的（按照赫爾巴特的形上學，）至少亦是難實用的（按照費希奈和我的見地。）你能從這窮境救我出來，我是非常感謝；但你若單證明我自己也認為很少或然性的事情絕無或然性，則我還嫌不足。你必須指示別一條我稍稍覺得滿意的路。我不知有這樣的路。』

關於神的存在，他在同一書信中說：『但你不要以為，我的唯一目的或主要目的，是不顧代價，必須救出人格的神。有知識的人，都信禮拜形式包含神人同形說的成分，故祇有詩的妥當性。但若神人同形說要有宗教上的是處，那就一定有某種事物，有神人同形說所表象的現實性；這詩的表象所潤飾的是什麼呢？這個問題，對於哲學家及以哲學為基礎的一切宗教團體，都是重要的問題。是世界全體的統一？

——但又在什麼形式上，有這客觀的存在？——是在人間精神中麼？——一般的精神對個人的精神有怎樣的關係呢？』以下他還說，他（在眞理愛好者的使書中）所關心的，與其說是討論的結果，無寧說就是討論。同時他又要對那欲自由但嫌忌『無神論者』的人們說明：無可反駁的考察，既使神的假定成爲可以說明的，但同時，對於這個假定，難點又像高山一樣高積，必須與以自由討論的餘地。

我一八七一年在柏林發行的回想錄中，關於烏柏衞哲學的記載，是以他的發展的第二階段，即動搖於唯物論及目的論之間的階段爲根據。他在給我的信中，雖有若干處決然贊成唯物論，但若認此爲他的哲學的最後結果，認我所描寫的烏柏衞爲公衆皆知的烏柏衞（一個作家，他著作了這樣廣謫的教科書，一個思想家，他在各方面都有影響，有嚴密的批評，但對各方面都這樣寬容）我自己亦認爲不當。在我這本小冊子出現以後不久，我就從有名唯物論者楚爾伯博士處接到幾封信。楚爾伯博士是烏柏衞在康尼斯堡時最親密的朋友，一直到他死，都與他有親密的交誼，天天在一處討論哲學。在這些信上，楚爾伯說烏柏衞並不信奉亞里斯多德的目的論；說哈特曼的『無意識哲學』不曾在他那裏惹起任何的同情；並說烏柏衞已成爲斷然的達爾文主義者。在一八七一年八月十七日的信上，他又說：『在教授的任務上，他雖認他的主要任務是教授學生以哲學史的知識及論理學的熟練，但他在各方面都斷然是一個無神論者與唯物論者。在根柢上，他便是尊著唯物論史上的人物，在我看，他很可用來說明某一些神學家哲學家的意見——他們以爲，無知，愚昧，平凡，是唯物論的基礎——是如何不合理。你把他列在唯物論者中，我想，他一定是完全同意的。』〔二八〕

其證據，是烏柏衞給楚爾伯四封信〔二九〕。當時，楚爾伯居於萊比錫，信上記着一八六九年一月四日，二月十七日，二月二十一日及三月十六日。——在一月四日那封信上，烏柏衞說：『在我看，倘非在腦髓內在最有力的最集中的方法發生出來的過程，會十分普遍的同樣地不過在遙較爲小的過程上發生出來，則在我們腦髓中所發出的一切，皆是不可能的。一對小鼠和一個粉桶——你知道，我常常使用這個比喻。如果營養豐富，小鼠必行繁殖，隨着小鼠的增加，感覺與感情亦增加；但第一對小鼠所能的少數感覺與感情，決不致冲淡，否則，它們的後裔的感覺，必定會減弱；所以，粉之中亦必有感覺與感情，不過甚淡薄淺弱，不像在腦中那樣集中：腦的作用，像蒸溜機的作用一樣。但若動物大腦中的感覺與感情，可依振動而刺激起來，那麼，如果這種性質非在最初便屬於它們，換言之，如果這種性質非在其輕微程度上早已存在於粉的形式中，（即當它們尙是粉或尙在粉中的時候即已存在，）我們必不能知道，它們如何能取得這種性質。』——在同一信中，他又說：『在某種意義上，你說得很對，我是全然不講物質。我的見解，一方面是「顯明的唯物論」，他方面又純然是唯心論的。我們稱作物質的一切事物，均由感覺與感情而成，（但非像巴克萊學派所信，祇由我們自己的感覺與感情而成，）在這意義上，一切都是心理的；但這心理的乃是有廣延性的，所以是「物質的，」因按照定義物質便是有廣延性的實質。」

其餘三封信，包含烏柏衞的宇宙創成論，對於康德及拉普勒士的見解加上了一個特有的特徵，爲其特色。烏柏衞（從康德一個用語出發）認兩個相隣的天體或太陽系統或還較爲大的宇宙單位，在時間的進行中，必致互相衝突。結果常常是這樣：物質在空間灼熱而分散，由勢力的作用，續形成新的世界。在世界漸次冷却時，生命消滅了，但衝突遲早會生出熱來，爲什麼生命不應從其當初發生的原因再度發生呢？不過，我們不知道生命是怎樣再發生罷了。所以，康德及拉普勒士的最初狀態，只是比較的最初狀態。那還豫想以前的世界的衝突。我們既無理由懷疑物質與空間的無限性，所以那會無限的復生出來。

這種學說，意味深雋，是可以辯護的。有這種學說的烏柏衞，又進而倡別一種他所看重的見解。這種見解以達爾文主義爲豫想。照烏柏衞的意思，世界連續衝突的結果，必然會形成益益大的世界。如果生命在其上發展，生存競爭的範圍亦必益益大，從而生出益益完全的形式。

我們把這些新特徵，結合於烏柏衞上述的世界觀的基礎，結果是生出一個首尾一貫的唯物論體系。那在別一種意義上是否可同時稱爲『唯心論的，』却是疑問；因爲眞正的唯心論，常常不承認世界全體有嚴密的機械的因果關聯。烏柏衞不常着重他的世界觀的這一方面，而在書信上往往認自己是一個唯物論者。當他尚未充分決定改變態度時，眞正首尾一貫的唯物論未嘗不可以他的理論爲基礎，這種思想，曾使他高興。所以他在康尼斯堡有一次（一八六二年十二月十四日）給我的信，便從『德意志唯物論的天堂』（一八六一年明斯特）引用了兩行嘲笑楚爾伯的詩句：

『無限的世界尙不能充滿你的腦殼，

所以你的理性亦尙未完全達到究竟。』

於此，他曾附註云『這詩人如果知道我的論文「視覺方向的理論，」他也許會再寫兩行詩來反對我，因爲我的結論實際便是這樣。我很想知道，他在這場合是否固執「唯物論是不能有效果的」這個表題（關於楚爾伯等人）；他如用「未有效果」這幾個字眼，我是應該對他同意的。』

烏柏衞有一個包括的獨創的唯物論體系之思想，這是不能懷疑的。但楚爾伯認烏柏衞爲『無神論者及唯物論者』是否得當，却尙有疑問。最先，我們必須問，如果烏柏衞的命長一些，他會不會把這見地克服，再以新的轉向給於他的決定的體系。在我看，他的精神決未充分完成。就連在他最後一封信上，亦還表示若有更多的時間與餘暇，他對於他的世界觀這更重要的要素，將與以一度修補。關於無神論，與烏柏衞有親密友誼的楚爾伯，仍不能當作完全可靠的證人。楚爾伯雖信唯物論，但仍熱中於敎皇主義，所以在這範圍內，他與烏柏衞並無接觸之點。所以，在烏柏衞致楚爾伯的信中，亦未曾討論過宗敎問題。烏柏衛的唯物論，不完全排斥世界靈魂的假定；爲要達到神的禮拜，他所要求的，亦不過是一種本體的存在，適於在神人同形的見解上變爲神的本體的存在。

如果我們現在要在大體上，提出烏柏衛世界觀之倫理結論之問題，第一便可指出，他的政治見解，本質上便是保守的。當然的，長時期當作『保守主義』而在德意志繼續的有毒的復古慾，他是不贊成的；他與溫和自由主義的大流共進退。不過他自己仍贊成君主的國家制度，贊成根據現在的法律關係，對於各問題儘可能施以最正當的解決。這原理，直使他成爲合法主義的辯護者，這合法主義，在他看來，便是政治上的論理。當作一個哲學家，他雖不能排斥與古傳統相反的觀念的權利，不能排斥革命的權利，但他很願意將這種權利，制限在最稀少最無疑惑的有內部必然性的場合。一八六六年所起的變化，並不使他不安，因爲大體說，德意志一八五八年以來的情形，他是非常滿意的。

關於社會問題，他承認因缺少專門研究之故，故『本能的同情於舒爾茲・德里希』（Schulze-Delitzsch）。在極不同意義下著述的我的著作，他亦注意閱讀，有許多思想，尤其在純理論的討論上，對我表示同意；不過在一切實際的結論上，他却儘可能爲現存的關係辯護。[三〇]

對於宗教的傳統，烏柏衛益益趨於極端。在他哲學發展的第二階段之初，他已抱有一種思想，即，加入自由組合，是不是他的義務。他所以不加入者，僅因他覺得他祇適於教授的生活，他的自然性向的這種限定，使他在不失為公平正直的限度內，〔三二〕維持他的位置。他覺得，在他的講義與書稿上，他固未曾說假話，但亦不能說出完全的眞理。為這種意識所壓迫的他，祇在書翰中，益益激烈地反對那已成的宗教。一八六二年十二月二十六日，他有一封非常刺激的信給我，說了許多事情。他以為，宗教改革的承認，必須經三十年以上的流血鬥爭。他不相信，以唯物論理論為基礎的社會要得承認，要得保障，『須待有狂信的唯物論者出現，像古時的淸教徒那樣，奮起以生命為孤注一擲，如果必需，還以三十年長久的期間，來射倒舊基督教，新基督教，及古時的合理論者。祇在此以後，勝利，流血的勝利，才會獲得，然後，導入人道的及慈愛的原則，才會成為可喜的美的任務。和君士坦丁戰爭及三十年戰爭一樣，純粹宗教戰爭，是不會來到的；我十分相信，在不遠的將來，宗教的要素，世界觀的反對命題，即將與政治的反對及戰爭發生極密接的關係。』〔三三〕

三年後，他的第三階段的世界觀已經確立了。這時候，他關於宗教問題（見他一八六五年十二月三十一日給我的信中，他對於宗教問題，比對於社會問題，是更關心的，）曾說：『在信條上毫無科學誤謬的宗教，我以為（一）是可能的，（二）還是必要的。但是，我的親愛的朋友，「為了神寵」你不要把這命題當作與別一個命題——宗教必須過渡為科學——相等。科學與詩，在純粹宗教中，必須相伴而現。這二者是顯然分離的，但非常密接。這種分離與合作，必須代替原始的統一。這種統一是不可忍的，且按照科學的時代意識的超越，使人們在癡鈍與卑劣的僞善之間，引出一種可怕的雙關論法。……我並不以爲，爲宗教起見，我們必須繼續留滯在兒童狀態中。再沒有別的「信條，」再沒有別的「宗教問答，」還比自然學說及歷史學說，能如此綜括的，使人注意於全體，注意於世界秩序，以完成學校教育。但這種學說，像教會信條不屬於基督教教壇一樣，不屬於教壇(Kanzel)這種學說，祇是教義之理論基礎，祇是唱歌與大風琴，或繪畫與儀式的聯合點。伴着最明晰的分離，亦必然有密切的結合。』他要由新理論進一步說明，必定會有一種新宗教的藝術發生。

在這裏，指示了一種禮拜，恰與基督教的禮拜相類似。這種進化理論，會稍稍不同的，敍述於一八六九年四月二十八日的信中。在這封信裏，烏柏衞認爲，知情意這三種機能，隨文化進步而更分開，因而相並的發生科學，藝術，與道德，卽理論的，美學的，與論理的。『原來它們之間存有一種萌芽的結合，（或用謝林的話，有一種「無差別，」）這種原始的結合，本質上便是宗教的階段。……將原與宗教相結合之事物，分離爲這三個形式，（不僅把宗教的觀念，解作美的構成物，）乃人們所要求的進步，這與歌德的話很相合：『有科學與藝術者，亦有宗教；讓沒有此二者的人，亦有宗教！』在此我們正可問，關於宗教，烏柏衞會否與斯托勞斯全然得到相同的見地。關於斯托勞斯的見解，我們馬上就要討論。

這進化理論有一個顯著的困難。由宗教之『萌芽的結合』而發展之理論的要素，美學的要素，與倫理的要素，同時又曾發生性質的變化，幾成為宗教萌芽中所含的要素的對立物。關於理論的要素，我們已不必再費言辭；但烏柏衞對未來宗教所安置的美學的倫理的要求，亦與基督教的原理相隔甚遠。關於宗教的將來，我們的種種談話是極明晰的。我屢要說明，第一，基督教在民衆生活中仍有有力的根柢，第二，基督教某幾個根本特徵，根據心理的社會的原因，乃是不能代替的。有哲學教養而真正推進民衆的人，必須與民衆有親密的結合，理解他們的心臟如何鼓動。但要如此，康德黑格爾所倡導的宗教哲學的媒介，乃是必要的。換言之，必須有一種術，將宗教形式繙譯成為哲學觀念。如果這是真的，則禮拜的心情過程，哲學家必和信徒在本質上完全是一樣的。在哲學家，離開教會，不僅不是義務，且必須强自策勉不離開教會，因為一旦離開教會，則在性質上可促進進步的一個要素，便從宗教的民衆生活離去了，民衆且將無可奈何，陷於盲目迷信者的精神支配下。

哲學家及素樸信仰者的心情過程，是『異種同形』的。但烏柏衞不大承認這點；其主要原因，無疑是因為他在原理上，非難基督教所要求的宗教的心情過程。論到宗教生活之美的方面，我們當然同意，將來的宗教，本質上便是和睦與喜悅的宗教，其明白傾向，為完成基督教所放棄的現世生活。根據這個原則，烏柏衞排斥基督教的苦惱的悲歎的歌，並排斥當中所含的一切動人心情的旋律，排斥我十分愛慕的中世紀的崇高建築。他指斥我說我願在哥蒂克的風格上，建築人道的新殿堂；他要一種新而愉快的建築樣式。我曾指示，無論如何，我們不能將社會的貧乏和個人的苦惱除去；我曾指示，在一切人的罪業上，甚至在最正直的人們的罪業上，存有一種深刻的意味；我曾指示，輕躁地求訴於個人意志，是一種非常的誤謬與不正。所以我在未來宗教之愉快的新的建築之傍，至少尚爲苦惱的心情，要求哥蒂克式的禮拜堂，而在國民的禮拜上要求一定的祭式，使幸福的人們，亦插入不幸的深洞中，與不幸福的人們，甚至與惡人們，同感着有救濟的需要。一句話，在我們現在的基督教內，悲歎與悔恨是通則，愉快的高揚與勝利的喜悅是例外；我固要將此關係倒轉，但不要忽視我們人生上的黑暗的陰影。

我還記得很淸楚，有一天我說，像讚美歌被採入基督教禮拜中一樣，我們須以我們的最善的讚美歌，採入新禮拜中。烏柏衞問我，從新教的讚美歌集中，我將採錄那一類的詩歌；我十分意識到我們之間的差別，所以我立卽答說：『O Haupt voll Blut und Wunden』。（啊，主流血重傷。）烏柏衞却顧而言他，使我們關於未來敎會的宗敎詩，不能有意見一致的希望。

烏柏衞對於基督敎的倫理，幾乎是同樣反對的。他雖承認愛的原理，準備給它以不變的意義，但對於當作恩寵的愛，他是非常銳厲地予以攻擊。我的勞動問題一書，是他明白發表他關於這問題的見解的機會，（見一八六五年二月十二日的書翰。）他所希望的重要的社會改良，非從基督敎原理的實行而得，反之，乃從基督教原理的變更而得。『富人與貧拉宰魯士（Lazarus），對貧民的施物，現世的忍耐，愛貧民的神以永遠地獄苦對於富者所實行的彼世的復讐——這種神是救世主世界的建設者的根本思想；當撒迦士（Zacchaeus）允以財產之半捐送於耶穌時，他知道耶穌所喜歡的是什麼。這是最顯明的倫理二元論；財神是不正的，因爲不正是他的性質；不侍奉財神，但由神及人望施物，才是正當的。惡人吝於施捨（或希望你工作，更不希望你乞食）非因他們認勞動爲積極的榮譽；但在這場合，須在救世主世界幸福的觀念的麻醉中，在彼世幸福的觀念的麻醉中，忍耐貧苦，忘記貧苦。保羅雖如此受教育，如此慣於勞動，但他關於勞動與乞食的見解，是和耶穌一樣粗雜，而在他，因基督教的乞食原理向內襲擊，故其結果還更有害。神的恩寵，代替自意識的倫理行爲，啓示的原理，代替研究工作的原理。對於野蠻人的初次馴服，這種精神的麻醉劑是有效果的；但現在它的結果却是妨害。』一八六九年六月二十九日信上，他又在同一意味上，講到韋利士（Valliss），〔三〕人間本務論對於基督教道德的批評，兼帶敍述自己的意見：『當作者指摘基督教倫理的缺點時，尤其是指摘他們輕視勞動（最廣義的勞動）而比較看重「愛敵」（但同時對於反對派及可嫉妒者，又以永遠的地獄苦，爲其責罰）那一類的道德標語，勸人犧牲獨立與個人榮譽而順從主（名爲救世主，且被認爲神之獨子）的時候，我是十分同情。』

從此，烏柏衞把科學的倫理學放在純粹自然主義的人類學基礎上，是很明白的。魯篤爾夫·萊克（Rudolph Reicke）從烏柏衞遺稿中所刊布的倫理學體系綱要（一八七二年康尼斯堡，）頗與以先天道德原理為基礎的體系相近，因烏柏衞以種種心理機能的價值差別為倫理學基礎。他把心理機能分成二大類，即『有益者與有害者之間的區別，依快樂與痛苦而見；較低機能與較高機能之間的區別，依自重心與羞恥心而見。』但若對於較低機能與較高機能的差別有這樣的原始感情，則自然的良心亦是存在的。於是，我們須研究，在這良心的主觀基礎與一個客觀原理之間，是否不能指示出一種關聯。

烏柏衞在進行他的工作與計劃時，便逝世了。斯托勞斯却幸能享其天年。照他自己所說，在他最後的著作上，關於世界他已說出他不得不說的最後的話。這最後的話，便是唯物論世界觀的告白。他引證叔本華及『唯物論史的作者』說唯物論與唯心論有互相共通處，歸根結蒂，祇是二元論的共同之反對；但若說因有這種關係，所以我們從任一點出發，結局都是一樣，或者說因有這種關係，所以唯物論與唯心論得任意混同，却又不然。實際，唯物論祇是最初的最近便的但却是最低級的世界觀；伸入唯心論，當作思辨的體系，它便毫無效力。唯心論者在自然研究上，能隨處運用亦須隨處運用唯物論者所運用的見解與方法；但唯物論者所承認的決定的眞理，在唯心論者看來，祇是我們的組織的必然結果。但單是這樣承認，還是不足。如果我們認為，我們的組織的這種結果，是與我們有關的唯一事物，我們的見地便在本質上依然是唯物論的，除非我們要像近來畢希訥那樣，發明一個特別的名稱，眞的唯心論往往在現象世界之傍，樹立一個理想的世界，因為這個世界對於我們精神生活的需要持有一種關係，所以眞的唯心論即認這世界爲迷想，但仍承認它由這種關係所生的種種權利。因此，眞的唯心論往往喜歡歸到唯物論世界觀所不能說明的諸點。在斯托勞斯的場合，我們既不能指示唯心論之積極的特徵，亦不能指示唯心論之批評的特徵，他論逃杜·波以·勒伊蒙的自然知識限界所用的方法，又明白說明了他是怎樣堅決的立在唯物論那邊。[三四]斯托勞斯曾非常敏銳的，指出許多點來，說明杜·波以·勒伊蒙在考察自然知識『限界』時，不能懷疑自然知識之本質，即不能懷疑首尾一貫的機械的世界觀，或不能容古信條移入這限界之後。但斯托勞斯雖討論認識論問題的眞的核心，但幾乎全然不瞭解它，好像這是無足輕重的事件。斯托勞斯以爲，腦髓原子運動與感覺之間的絕對的間隙，是可懷疑的，即捨此不論，這種間隙亦不能成爲他改變主張的理由；至少，在此二種現象間可有一種因果關係時，[三五]那不能成爲他改變主張的理由。這正是唯物論的見地，唯物論正要把不能解決的問題延遲，而牢牢執着那有限的因果法則的範圍，冀從此與宗教發生論爭。

烏柏衞一經把亞里斯多德學派的目的論破除，便幾乎必然會導向唯物論。同樣，斯托勞斯一經脫去黑格爾哲學的樊籬，便亦幾乎會導向唯物論。在現代再沒有什麼哲學，像黑格爾的思惟與實在同一說那樣根本的隱蔽哲學批評的主要點，並以其狂信的概念，使其生長過大。眞黑格爾學派的全部精神，是毫不躊躇的越過唯物論與唯心論的分界點。在斯托勞斯的場合，這傾向或這傾向的萌芽，在他在神學上大有成就之後不久就發生了；把這過程依各個階段的次序敍述出來，〔三六〕是很難的，我在此處雖不許做此嘗試，但替他作傳記的，却不得不如此做。他的唯物論的遺產『舊信仰與新信仰』（萊比錫一八七二年）乃是經許多年方才成熟的結果的表現，他此後再沒有超越這見地的意念。

曾這樣引起注意引起人們反對的這本小書，包含了我們這裏所要知道的一切。它的神學的傾向，使作者在前二章尋求這兩個內容豐富的問題的答覆，即，我們仍是基督敎徒嗎？我們仍有宗敎嗎？以下一章是什麼是我們的世界觀？在這一章，作者第一次告白他的唯物論的信仰。最後一章，我們怎樣調節我們的生活？那屬於倫理學的範圍，我們得從此充分窺知作者關於國家與社會的見解。我們先考察後二章，然後再略觀前二章的內容。

什麼是我們的世界觀這個問題的答覆，是一篇傑作，簡要地活躍地敍述了一個完全的世界觀。斯托勞斯在那裏不費論爭，不費贅辭，照敍述之自然次序，把他自己的體系說得明明白白。自感官印象開始，他以迅速而安穩的步調，進到我們關於宇宙所得的表象。他明白說，宇宙是無限的。他的世界創成論，幾全以康德爲根據，但曾細心參照自然科學的現狀。像烏柏衞一樣，他假定，物質之原始的散佈狀態，祇是以前的世界系統崩潰的結果。但烏柏衞從這假定，倣傚達爾文主義，推演世界進步益益趨於完成。斯托勞斯却寧可看重無限全體之永遠性與本質的同形性。在宇宙（絕對意味上的宇宙）間，有一些繼繼冷却而消滅的世界系統，還有別一些世界系統却不絕從崩壞中重新形成其自身生命是永遠的。在這裏消滅，在那裏開始，復在他處達於十分的繁榮。這永遠的過程，誠如康德所信，殆不能有終，亦同樣不能有始。因此，創造者的假定，實無任何理由。

以下續討論其他天體有無生物的問題。在這種巧妙的議論上，按照我們所知道的自然條件，限界也許應該更嚴密一點；但在這裏仍沒有顯著的過失。嚴密依從當時專門家見解的斯托勞斯，對於地球形成的時代，僅略略敍述，但對於機有體（包括人類在內）的起與源發展的問題，他却曾詳細論述。在這問題上，他隨處都遵從達爾文及德意志著名進化論者的見解，幾乎隨處（在他必須有所選擇的地方）都以確實的技術選擇那最確實最自然的。這全章所給與我們的印象，是對於這些問題，曾有眞誠的有價值的研究，不過讀者祇能在容易的優美的文體上，看到細密而廣博的檢討之最後結果。許多反對者，曾要向斯托勞斯證明自然科學的誤謬，尤其是證明他的進化論，祇是不加思慮地採用自然科學的信條。在這裏再明白沒有表示了他們的弱點。神學上的哲學上的反對者，因要論破斯托勞斯起見，曾在自然研究家的論爭中，搜集種種極可疑的材料，但在這範圍有正確知識的人，都相信斯托勞斯很知道這種非難。但他既這樣瞭解了他的目的，又這樣瞭解他對此等事物所能提供的篇幅，所以他覺得沒有敍述這種非難，亦沒有答覆這種非難的機會。

在各細目上雖幾乎都是斯托勞斯是他的反對者不是，但他所描寫的仍不過是正確的唯物論，而這種世界觀的弱點與缺點，近代一般唯物論所不能免的，他同樣不能免。以下我們對此將可發現若于例證，現在我們且轉而論述他的倫理的政治的見解。

在此我們有一幅完全不同的圖畫。斯托勞斯在研究一般的自然主義的倫理問題時，才以科學的研究及透徹的反省爲根據；但就連在這場合，亦殆未有任何一定的原理，曾經嚴密的實行過。他一經論到政治制度及社會制度，我們就看見他特別看重的，是主觀的印象與見解，那並沒有怎樣深的基礎。斯托勞斯首尾一貫的，從社會性及秩序社會生活的需要，引出根本的德，然後加上同情的原理。但在他看來，這尚不能充分說明道德範圍。他從自然主義的原理跳到理想主義的原理，卽在道德的行爲上，人類是依種類的理念來規定。人類怎樣得到種類的理念，人類怎樣得到人類『使命』的觀念，他沒有研究；以下的議論，是客觀地說明什麼是人類，人類怎樣認識他的使命。其次，卽從此證明人的本務。

我們不必在此詳述這種證明，但其結果是頗饒興味。斯托勞斯隨處都比烏柏衞更保守，烏柏衞至少曾理解各種不同的見解，斯托勞斯在這範圍內却是近視的，皮毛的，同時又是固執己見的，獨斷的。這樣一個聰明的人，如何會迷妄於這種種見解上，我們祗有拿先時德意志俗人生活的狹隘性，與以幾分的說明。

斯托勞斯竭力反對社會主義。他和烏柏衛一樣，極讚賞近代的產業主義，極非難基督教反對勞動的傾向。他又極非難富人應受地獄諸苦，有產青年須傳去自己所有以救濟貧民之說。『和佛教一樣，基督教亦禮拜貧困與乞食。中世的乞食僧侶和今日仍在羅馬盛行的乞食制度，是眞正的基督教制度。在新教國家，這種制度被限制了，但限制它的文化，完全是從別一方面起來的。』巴克爾讚揚財富，產業活動，及金錢的愛，斯托勞斯採用了他的讚辭，又附註說：『這並非說，營利的衝動，不應像一切其他衝動一樣，制限在合理的限界以內，使其從屬於更高尚的目的；但在耶蘇的教義，這種衝動自始就不被承認，其促進文化與人道主義傾向的影響被誤解了，就這方面說，基督教乃是與文化正相反對的原理。這種衝動所以能在今日文明民族及產業民族間持續，固然因為世間的理性的教養，會與以一種修正；但若這世間的理性的教養所引起的修正，不被歸功於其自身，却歸功於與此種修正全然相反的基督教，却是太隨便，不然，便是太示弱，太僞善。』〔三七〕

斯托勞斯非難基督教的自苦原理，狂氣的禁慾主義，世界蔑視，及其他的特徵。在他不絕對基督教制度發生的論爭中，可以見出他的倫理學。他這種倫理學，完全以這種思想為基礎，即以勞動及社會秩序，在這世界適當地整理我們自身，以藝術及科學，使其本質益益高尚，並得到更優美的精神享樂，乃是人類的使命。我們仍是基督教徒麼？對於這問題，他是毫無保留的答說，不；我們仍有宗教麼？對於這問題，他是具有條件的說有。這就說，那要看我們對宇宙及其法則的依存感情，是否亦被認爲宗教。我們將不以禮拜建於此種感情之上，但那仍有道德的影響，而與某種敬虔心相結合。如果這種敬虔心，爲人所忽視，例如叔本華的悲觀說，我們會感到自己受傷。個人決不能優於宇宙；宇宙，因充有合法則的生存與理性，所以是我們的最高理念；因此，一切眞的哲學，都必然是樂觀主義的。〔三六〕

關於自由組合的宗教事業，斯托勞斯作不利的判斷。自由組合將獨斷的傳統放棄，而以自然科學及歷史爲地盤，固然是首尾一貫的，但這決不是宗教社會的地盤。『我曾參加自由組合的幾次禮拜，我覺得，那是乾燥無味得可怕。我渴望聖書一樣的故事或基督教那樣的祭式曆，期對構想與心情，獲得某種事物。但我不能從此取得任何慰藉。不，這簡直不是路道。在禮拜堂被拆毀後，在一個空的坦平的場所舉行禮拜，不過使人覺得戰慄。』所以，如果國家竟寬洪大量以古教會的一切權利，予以『理性教會』，斯托勞斯自己必不肯加入『理性教會』。他和他的同志可以沒有教會。以精神獻於人類的更高尙的利益，尤其是獻於國民生活，卽可使他們自己喜悅。他們要由歷史的研究，扶起他們的國民感情，同時並要擴大他們的自然知識；『最後，在我們大詩人的著作中，在我們大音樂家的作品的奏演上，我們可爲精神與心情，爲構想與奇想，尋得一個刺激。此外，再無所求。「我們這樣生活，亦就這樣取得幸福。」』

我們能够這樣。我們的手段，許我們如此。因斯托勞斯所說的『我們，』按照他自身的說明，就『不完全是學者或藝術家，卻還是官吏，軍人，職業家，及土地所有者。『民衆不過稍稍被觸到。如果民衆暫時不能有演奏的一致，他們仍能有國民詩人，勒新的『奈登』，歌德的『侯爾曼與多羅特亞』亦含有天啓的眞理，且比現今仍沒有許多神學家能够理解的神經，更易於理解。他關於民衆依傳說由父傳子而記入聖經中的天啓眞理，關於民衆自信已有的對於這種眞理的見解，未曾進一步再說什麽。因爲那統是誤謬，沒有存在的權利——卽令聖經對貧者弱者慰藉心靈的最高價值，是存於這傳統的觀念上。設若學校不這樣浪費時間於教授猶太歷史，我們的大詩人必更爲一般所理解。其次，在現在這樣的國家內，究從何處發生一個衝動，來引出這樣多有結果的變化，他亦未曾討論。但這種討論是不必要的。在根本上，這全部見地的正當結果，便是：民衆儘可依宇宙的神聖法則，停止在他們曾一度停止的處所，只要『我們』有教育者及有財產者，結局不爲基督教徒，不被稱爲基督教徒就行。

這見地〔三九〕一經述出，便無詳細批判的必要；而况，次章亦卽最後一章，將再一度明白敍述我們對於這幾個問題的態度。這兩位有如此天才而又如此高尙但性質彼此間又如此全然不同的人，斯托勞斯與烏柏衞，會以唯物論結合於近世產業主義的是認，並要以特權貴族的宗教（這種宗教對於人民大衆，沒有任何的教會共同關係，）代替貧困者被壓迫者的宗教，決非事之偶然。有一種唯物論的潮流，貫注在我們近世文化中，使一切不能發現『安全停泊所』的人，沒有立足的餘地。哲學家與經濟學家，政治家與營業家一致讚揚現代及現代的成就。讚揚現代，遂連帶發生對於現實的禮拜。誰也不愛理想；民衆安慰所繫的事物，若不能在自然科學方面歷史方面得到是認，必致於沒落。

在他的『當作序言的跋文』中，斯托勞斯曾指出，他因以唯物論結合於政治上的保守原則，故爲各黨各派所不同情。在這場合，他忘記了他自己的隊伍，忘記了他所說的『我們』。讀跋文中這段話以後，我曾暫將此書放下，無意將桌上一本圖畫雜誌翻開。我最先看見一個『共產主義者』的漫畫；其次看見費爾巴哈的書齋圖，中有費爾巴哈傳略，對於他備極推崇。雜誌的編輯者，很瞭解大多數讀者的所好；似乎他的讀者的中心，和斯托勞斯告白時所代表的社會，非常相似。

社會主義者亦信奉唯物論的事實，與我們剛才所說的話，沒有矛盾。社會主義者及現社會關係尊敬者，在下一點是相同的，卽他們都排斥宗敎關於來世的敎訓，要在現世生活上建立人間的幸福。在這方面有所暗示的社會主義領袖，固大都是知識分子，至少在德意志，曾受費爾巴哈思想的陶養。但他們的信徒大部分在這方面，幾乎是無所可否的。他們爲困窮所迫，渴望境遇上的改良，故見有以此種改良相許，或以堅決的鬥爭及復讐的希望相許的人，卽不暇問他在其他方面是贊成敎皇無過說抑是贊成無神論，便投到他懷裏去了。有許多年數，社會主義者認敎會爲國家同盟者而極憎厭敎會；但敎會與國家的矛盾一經顯明，於是，又有一部分社會主義者——非常不當，但非常自然——開始與敎會吊膀子。

在這一派極端領袖眼裏，革命是唯一的目的；按照事物的自然，亦祇有極端的領袖才是可能的，因爲祇有極端的傾向，可以推動民衆。如果社會主義其能達到這直接的純然消極的目的，並在一般混亂之中，進而予其觀念以積極的形式，抽象悟性之冷靜的支配，當難於保持它的優勢。如其結果是我們現代文化的崩潰，則現存教會固將難於持續，唯物論還更難於持續。但將從某角落，發生出財神書或降神術那樣的大荒唐，與被人是認的時代思想相混合，而建立一般思想的新中心，經數千年不會消滅。

要防止這種顚覆或陰鬱的沈滯狀態，祇有一種手段；但這手段，不像斯托勞斯所想像是反社會主義反民主主義的大砲，却祇是適合時機，將唯物論克服，並救治因知識分子與民衆及其精神要求分離而在民族生活上所起的裂痕。祇有理念與犧牲，能救出我們的文化，能消弭破壞的革命，使化爲結果良好的改良。

第四章　理想之見地

唯物論是哲學上最初的最低的但比較最堅固的階段。直接從自然認識出發，它成了一個體系；但它得成爲一個體系就因爲它把這種認識的限界看落了。自然科學範圍內的必然性，使最直接以自然科學爲基礎的體系之個個部分，有顯著的一致性與確實性。這確實性與必然性有一個反射，投於這體系上，但這反射是虛妄的。使唯物論成爲一個體系的根本假定，是依共同的結帶可將個個的自然認識提高成爲一個全體。但這根本假定，不僅是唯物論的最不確實的部分，實際，在深入的批判之前，那還是不能支持。但在唯物論所根據的個個科學上，從而，在這體系的個個部分上，不絕反覆的，正是這種關係。此等部分的確實性，在正當考察下，不外是科學事實的確實性，而這確實性，就直接所與的個件言，才常常是最大的。使事實成爲科學，使科學成爲體系的統一，乃是自由綜合的結果，那與理想的創造，是從同一的源泉生出的。但理想的創造得自由處分材料，自然科學範圍內的綜合，却僅有從詩的人間精神生起的自由。有一種任務把它束縛住，即它須在與意志無關的諸種必要的認識要素之間，建立最可能的調和。譬如，技術家在發明時須爲發明的目的所束縛，但其觀念却是自由從他的精神生出；一切眞的科學的歸納，是一定的任務的完成，但同時又是詩的精神的產物。

唯物論比任何其他體系，都更與現實——依感官强制而與於吾人的必然現象的總體——保有關係。但人間所想像的現實，這想像搖動後人間所仰慕的現實，即與我們離但爲我們所認識的絕對不動的存在，是不存在的，亦是不能存在的，因我們認識上的綜合的創造的要素，實際會伸入我們最初的感官印象及論理要素中。〔20〕世界不單是表象，而且是我們的表象；它在一般的必然的經驗原理上，是人類的組織的產物，在自由處分對象的綜合上，是個人的組織的產物。我們還可說，『現實』是對種類而言的現象；『假現』是對個人而言的現象，設認其爲現實，爲種類的存在，那就不過是一個誤謬。

但這種任務——在現象中創造調和，並聯結所與於我們的雜多，使成爲統一——不僅屬於經驗的綜合要素，且屬於思辨的要素。人類的結合組織，將在窮境中遺棄我們。個人將從他自己的規範思辨；但思辨者個人，必須有豐富的正常的天分，有可爲模式的思想方法，有堪稱爲領袖人才的精神力，然後思辨的結果，對於人類，或不如說對於國民與同時人，才有它的意義。

但這思辨的概念詩，並不是這樣完全自由的；像經驗的研究一樣，那仍要在關聯上，對於與件，與以統一的敍述，但缺少經驗原理之指導的强制。現實的地盤，祇在狹義的詩上，才意識的被拋棄。在思辨上，形式僅較質料爲重；在詩上，形式才完全支配質料。詩人依精神的自由作用，隨意創生一個世界，冀在更活躍的方法上，以形式——離開認識問題，它還有它的內在的價値與意義——刻印在易變的質料上。

從綜合的最低階段——在這階段上，個人依然完全爲人類的特徵所束縛——到綜合之詩的創造，綜合作用的本質往往是傾向於統一，調和，及完全形式之創生。這個在美的範圍內（在藝術與詩之上）有絕對支配力的原理，在行爲範圍內，是眞的倫理規範而爲其他一切道德原理的基礎，同時在知識範圍內，在我們的世界圖上，那又是形成的定形的要素。

雖然感官所與於我們的世界圖，是不自覺的按照我們的理想而形成，但現實的全世界，與藝術的自由創作比較而言，仍然會顯出不調和和十分可厭的模樣。一切樂觀與悲觀的起源，均在於此。沒有比較，我們對於世界的性質，不能下任何判斷。從某高點眺望風景，我們的全部本質是如此調節，致認其爲美，爲完全。設要記起在山麓安立的小屋中，住有貧苦人；要記起在這稍有蔭蔽的窗後，也許有某個病人在忍耐最可怕的苦惱；要記起在遠方颯颯的林梢上，有肉食鳥在撕裂所獲的動物；要記起在河流的銀波中，有許多小動物奄奄待斃，最先，我們便須依分析，而將這圖畫的有力的統一破壞。在我們的一瞥中，枯的樹枝，荒的穀田，乾的牧場，不過是悅我目愉我心的圖畫上的色彩。

在樂觀的哲學家看來，世界便是這樣。他自己將調和移入世界中，然後諮讚這種調和。與他比較而言，悲觀論者有許多地方是正當的；但若我們不在我們之中畫出世界的自然理想圖，則悲觀論亦無存在的可能。與理想圖比較，現實才見得是醜惡的。

綜合的機能越是自由地發生作用，世界圖便越是美的，它對我們在世界上的活動的影響，便越是倫理的。思辨雖在外表單以認識爲本旨，但和詩一樣，有本質上的美的意圖，並由美的教育力發生倫理的意圖。在這意味上，我們儘可像斯托勞斯那樣，說一切眞哲學都必然是樂觀的。但哲學不僅是詩的思辨；它還包含論理，批判，與認識論。

我們可以說，感官與結合的悟性的這諸種機能（那在我們之中生出現實），在個別上，與自由創造的藝術上的精神高揚相比而言，是很低微的；但在全體上，在其關聯上，它們却不必隸屬於任何其他的精神活動。我們的現實，雖不是我們心情所願望的現實，但無論如何，它總歸是我們全精神存在之鞏固基礎。個人是從種類的地盤生出，而一般的必然的認識，又是提高個人，使能在美的意味上，瞭解世界的唯一確實的基礎。如果這基礎被忽視，思辨便不復是典型的，不復是有意義的，却將陷於空想中，陷於主觀的恣意與空虛的游戲中。而且，關於現實儘可能最正當的見解，還是日常生活的全部基礎，還是人間交通的必然條件。認識上的種類的共同性，同時即是一切思想交換的法則。但尙不祇此：這還是支配自然及自然力的唯一方法。

心理綜合，對於我們關於事象及關於對象的最原始的表象無論有怎樣大的變形影響，我們仍確信，對於這種表象與從此生起的世界，仍有某種不從我們自身中生出的事物作爲基礎。這種確信，在本質上乃依存於這種事實，卽，我們在事象之間，不僅可以發現一種關聯，成爲我們思考事象所依照的計劃，且又可以發現一種合作，其進行不但無關於我們的思惟，且將影響我們，使我們服從於其法則。這異樣的要素，這『非我，』固在種類的一般的必然的認識形式上，被各個人把握的時候，才成爲我們的思惟的『對象。』但由此可知，它決非單純由這些認識形式構成。我們在自然法則上，不僅有我們的認識法則在我們面前，且還有別一些事物——那是有時强制我們又有時爲我們所支配的一種勢力——的證據在我們面前。在我們對這種勢力的交通上，我們完全依賴經驗與我們的現實；任何思辨，亦不能以純粹思想的魔術，發現干涉事物世界的手段。

使我們認識自然同樣又使我們支配自然的方法，要求我們繼續將綜合形式（我們所由而認識世界的綜合形式）破壞，並將一切主觀要素除去。在這場合，更與事實調和的新知識，固祇能依綜合的方法得到其形式與耐久性；但科學總覺得有單純化益益單純化的必要，直到最後，不得不停止機械世界觀的原則上。

現實之贋造，侵害我們的精神存在的基礎。當作均衡力，以對抗形上學的空想，——那要進入自然的本質，並要由純粹概念，決定唯經驗能敎給我們的事物——唯物論有其眞實的效果。而且，僅顧及現實的一切哲學學說，都必然傾向於唯物論。但在他方面，唯物論對於自由人類精神的最高機能，却沒有關係。且不說唯物論在理論上的缺陷，我們亦應該說，唯物論缺少興奮力，對於科學與藝術沒有效果，不問人與人間的關係，不然便是傾向利己主義。不求借於理想主義，唯物論體系的環，殆不能完成。

試一考察斯托勞斯因要尊崇他的宇宙，曾如何把它裝飾，我們就會覺得，實際他尚不怎樣與理神論（Deismus）遠離。是尊敬男性的『神』，是尊敬女性的『自然』，還是尊敬中性的『宇宙』，那幾乎是趣味的問題。感情是一樣的；甚至思考這感情對象的表象方法，亦沒有本質上的差別。實在說，在理論上，神固不復是人格的；但在心情的昂奮中，即『宇宙』亦未嘗不當作一個人格來考察。

自然科學不能導向這點。一切自然科學都是分析的，都固執於特殊。特殊的發現使我們喜悅；方法使我們驚嘆。依不絕的發現，我們的眼界，或將導向一個無窮的境界，而得到益益完全的識見。但在這場合，我們已經離開嚴密的科學地盤。自然科學所理解的宇宙，和一字一字綴成的『伊利亞特』（Iliad）一樣，不能使我們興奮。但若我們把全體解作一個統一，那我們就在綜合作用中，把我們自身移入事物之中了。此有如，在景物之中，無論在特殊點上含有怎樣的不調和，但我們仍直觀到它的調和。一切綜括，都有美的原理繼起；向於全體，即是向於理想。

同樣執着全體的悲觀說，是反省的產物。生活上許多的不快，自然界的冷酷，一切被創造物的苦痛與不完全，在它們的個個的特徵上，被集合起來；此等觀察的總和，當作世界全體的可怕的不幸，而與樂觀說的理想圖相對照。但完全的世界圖決不能由此達到。由此不過將樂觀的世界圖打破。如果樂觀說要成爲獨斷的自認爲眞的現實的代表，則這種打破，亦自有非常的貢獻。個別的不調和已化爲全體的調和，在世界之神的俯瞰中一切謎解決、一切困難消滅這種種美的思想爲悲觀說所破壞了；但這種破壞，僅及於信條，不會及於理想。這種事實——即，我們的精神組織永遠要重新生出調和的世界圖；在這裏，像在一切處一樣，我們的精神組織要以理想放在現實之旁及現實之上，並要在思想上自揚到一切皆完全的世界，俾在人生的鬥爭與艱苦中自慰——依然不能除去。

人類精神這種理想的努力，由這種認識——現實非絕對的現實，祇是假現，那對個別而言，是強制的，是他的偶然結合的修正，但對種類而言，却祇是他的素質與某未知要素合作所生的必然產物——取得了新力。我們認這未知要素，獨立存在於我們之外，並有我們認爲不可能的絕對現實性。但不可能性，依然存在。蓋因在實在的無限關聯中當作一個統一的「事物」的概念，仍存有這個主觀要素。這個主觀要素，當作我們的人類現實性之構成部分，固得其所，但在人類現實性之彼岸，則其唯一作用，便是依我們的現實性之比論充滿這絕對不能把握，但同時又必須假定的罅隙。

康德曾放棄一切實在之眞基礎之形上學研究，因其不能得到確定的解決；他曾限制形上學的任務，認其任務僅在發現經驗之先天所與的要素。但這新任務是可解決的麼，這還是疑問啊。人類依憑康德所主張的形上學的自然衝動，會不會衝破認識的限界，而在空中，重新建立一個關於事物絕對本質之想像的知識體系，亦還是疑問。此事所由而可能的詭辯確實是無窮無盡的；但在詭辯巧避批評的陣地時，天才的無知很容易就以益益顯明的成功，把這一切制限都衝破了。

有一件事情是確實的：卽人要以自己所創造的理想世界補充現實；他的精神的最高尙的機能，在這種創造上，有合作的作用。但精神的這種自由活動，必須常常採取證明科學的虛妄形態麼？在這場合，唯物論將反覆出現試在最不違現實最不違證明的方法上，滿足理性的統一衝動，而將更大膽的思辨破壞。

我們在席勒的哲學詩上，既發現他要以思想之最高尙的嚴密，結合於現實之最高度的超越，並公然的毫不躊躇的將理想移入構想的範圍，給理想以壓倒的力，所以在德意志，關於這問題的別一種解決法，我們是不要懷疑的。這並非說，一切思辨，都須採取詩的形式。席勒的哲學詩，不單是思辨的自然衝動的產物。我們的心情，有一種眞正宗教的高揚，冀達到純粹澄淸的源泉，人類敬爲神聖敬爲超世間的一切事物的源泉。他的哲學詩，還是這種宗教的高揚之結果。形上學永遠奮力去解決它的不能解決的問題罷！它越是成爲理論的，越要與現實科學爭確實性，它越不能取得一般的意義。反之，它越是把實在世界結合於價值世界，越要由現象的理解歸到倫理的影響，它便越使形式支配質料，而不違背事實在它的理念的建築上建立一個殿堂，來禮拜永遠的與神的。但自由的詩，仍可完全離開現實的地盤，利用神話，以辭達那不能以辭達者。

在此，關於較近的未來及較遠的未來之宗教問題，我們又有了一個完全滿意的解決。我們說明啓蒙主義將陷於淺薄的砂漠中，始終不能離開不能支持的信條以後，眞正值得考慮的，便祇有兩條路了。其一是完全壓制一切宗教，排斥一切宗教，以其任務移歸國家，科學，與藝術。其他是行入宗教的核心意識的超越現實，並斷然的排斥一切於知識無益的神話所僞造的現實，而將一切迷信與狂信克制。

第一條路，必然伴着精神貧弱的危險；第二條路，却必須解決這大問題，即在這時候，宗教的核心，是否會發生變化，以致難於確實把握。但後一種疑問是較小的疑問，因宗教精神化的原理，必定會使進步時代的文化要求所必要的每一種過渡，更容易，且在更平和的方法上形成。

廢止一切宗教，雖在許多有思慮的人們看來，甚是滿意，但是否一般可能，仍是一疑問。任何有理性的人，都不承認有突然的或激進的步驟。他寧可在斯托勞斯（他的宗教遺物，且不置問）的意味上，在這原理中，爲有更高尙教養的人的態度，發現一個公律。然後，努力利用國家與學校，俾漸漸在民衆生活上取去宗教的地盤，並作系統的準備，俾將其消滅。在這手續的豫想之下，雖有學校的啓蒙，但是否還必然會在民衆之間喚起一種反動，以擁護十分狂信的偏狹的宗教見解，是否還會從殘留下來的根，伸出常新的粗野的同時又蓬勃的芽，也還是疑問。人求現實的眞理；在感到自由的限度內，還歡迎知識的擴大。但若把他束縛在感官及悟性所能達到的境界中，他將起反抗，並在比已破壞的形式還更粗野的形式上，表現他的想像與心情的自由。

當人們從神的學說，人心的學說，創造及其秩序的學說，尋求宗教的核心時，按照論理原則以分別眞僞的一切批評，結果都必然是完全的否定。篩的過程，一直到無物殘留之時爲止。

反之，如果我們在心情超越現實的高揚上，在靈魂故鄉的創造上，尋覓宗教的核心，則最進步的形式喚起的心理過程，將與無教養的多數民衆的迷信在本質上相同，理念之哲學的美化，亦決不致等於零。席勒在『陰影的王國』中將基督教的贖罪論普遍化爲美的贖罪論的方法，是一個最顯著的模範。信仰上的精神高揚，將在此遁入美的理念國，在這國度內，一切勞動都靜止，一切鬥爭與一切艱難，都得到和平與調解。在任何人所不能抗拒的法則之可怕的權力下被威脅的心情，亦將接受神的意志，認神的意志爲它的意志的眞正本質，並認它本來與神相調和。這種高揚的瞬間即令祇是一時的，它對於心情仍有解放的淨化的影響，並在將來，在赫拉克士昇天圖的描寫下，現出任誰也不能從我們奪去的完全性。——這一篇詩所從出的時代與教養範圍，對於基督教的事物，當然沒有過分容認的傾向。『希臘的神』這篇詩的作者，亦不要隱匿他自己。在那裏，在某種意義上，幾乎一切事物都是異教的，但在那裏，席勒與其說更接近於開明的獨斷論（固執神的概念，但認贖罪說爲不合理，）無寧說更接近於基督教的傳統的信仰生活。

對於創造的理念之原理，我們常要不問其是否與歷史的及自然科學的認識相一致，亦不曲解此等認識，而給此種原理以比從來更高的價值。我們常要認理念的世界，當作完全眞理之譬喻的代表，是像悟性的認識一樣，是人間進步所不可缺，因理念的或大或小的意義，將由此化爲倫理的及美學的原理。在多數有古信仰或新信仰的人看來，這種要求似乎是要剗去他們足下的根據，要他們像無事一樣立住。但問題是，什麼是理念的根據。是理念在全理念界從倫理的考察而生之配列呢，抑是理念所由而表的表象對於經驗的現實之關係呢？當地球迴轉說被證明時，每一個俗人都相信，這危險的學說不被駁斥，他將不知要墜落於何所；當佛格特證明人無靈魂時，亦有許多人擔憂自己會變成木片。——如果宗教有價值，其永久價值又不存於其論理的內容，却依存於其倫理的內容，那就無論我們怎樣樂於認文字信仰爲不可缺少，其價值亦早就存在於其倫理的內容中。

如果這種情形不明白爲賢人所意識到，並朦朧的爲民衆所意識到，怎樣希臘及羅馬的詩人與彫刻家，敢大膽形成活潑的神話，並以新的形式與於神的理想？外表上如此頑固的舊教，結局亦認信條爲一個有力的鏈，俾將教會的大建築置於統一中，同時，聖徒傳上的詩人深奧大膽的經院哲學思辨上的哲學家，亦隨其所好，來處理宗教的材料。自有世界以來，就沒有一種宗教的教義，見地高於最粗野最迷信的人所固執的宗教的教義，被認爲與感能的認識，與計算或單純悟性推理的結果，有同樣的眞確性；雖然到最近時人們方才完全明白，這種『永遠眞理』對於感官及悟性的不變機能，有怎樣的關係。我們常能在最正統的熱心家的演說與著作上，發現這樣的點，在這樣的點上，他們是露骨地象徵化，以這樣的表現，這樣的强語氣，（設他們以這樣的表現，這樣的强語氣，來表現那比較客觀的爲較大社會所採納且被個人認爲不可侵犯的學說，他們必能非常感能地具體地把它們表現）對於宗教思想之主觀的完成予以彫塑的直觀化。即使承認一般的教會教義，比其他的知識，甚至比九九表的知識，有『更高尙的』眞理，而賞之於一切其他知識的上位，至少人們亦會常常猜想，這上位非以較大的確實性爲基礎，而以較大的評價爲基礎。對於這種評價，論理學及手目之見均無所用，因對於這種評價，那作爲心情組織的形式與本質之理念，與其說是最現實的質料，不如說是更有力的目的。但就令宗教眞理之較大的確實性，較高的堅實性與可靠性，竟明白誇示出來，那亦不過是高揚的精神之紆曲的表現或混淆，其結果是袒護心情中那歸向教化、强化、及活氣化的活源泉（那是從神的理念世界流出的）的自然衝動，而抑下那縱非常小變化即可使悟性豐富的冷靜知識。路德自己雖以確信的異議，破壞那曾經千年的建築，但他亦自拔到這情調的頂點，而咒咀與新時代理念（他曾以灼熱的精神力把握這種理念）相反對的理性。有敬虔心者往往認內的經驗及體驗有當作信仰證據的價值，這價值亦是這樣出來的。有許多信仰者認他們的心的平和，是由祈禱的熱烈奮鬥而得，認對基督的精神交際是和對人的精神交際一樣。他們在理論上就很知道，這心情過程在完全不同的信仰教義上，不在完全不同的宗教的信徒間，可用同樣效果同樣確證來發現。當中的反對及可同樣支持矛盾概念的證據的曖昧，通常不爲他們所意識到，因爲激動他們的心情的，甯可說是信仰對不信仰的共同反對。事的本質，不明白存於精神過程的形式，而非存於特殊見解及教義之論理的歷史的內容麼？也許，像物體世界的物質化合與結晶形式相聯結一樣，此等見解與教義亦與過程的形式相聯結。但誰爲我們證明這種聯結呢？在這裏，異質同形（Isomorphismus）的現象，又有什麼是已知的呢？

在信仰上，形式爲重。形式爲重的情形，在這顯著的特徵上表示出來了，即，宗派雖有種種不同甚至互相反對，但各宗派的信徒間，比在信徒與不關心宗教問題的人們間，往往表示更大的一致，表示更大的同情。宗教形式主義最特有的現象，存於宗教哲學，這種哲學，自康德以來，已在德意志出現，正式把宗教上的教義，譯爲形上學上的教義。詩萊爾馬哈（Schleiermacher），雖和唯物論者一樣，不迷信於非歷史的傳統與自然史上的不可能，但就因着重宗教之倫理的理想的內容，所以引起了教會革新的巨流。有力的菲希德，曾宣稱聖靈降於一切肉上，爲新時代的黎明，聖約書豫言將導基督信徒得到一切眞理之聖靈，卽是在我們這時代顯現的科學精神。基督以比喻向世界告知，人的存在與神的存在是絕對統一的。科學的精神亦在明白的認識上，認識這種絕對的統一。神的王國的啓示，是基督敎的本質，而這王國便是自由的王國，要取得這王國，祇有以我們的意志沒入神的意志中——卽死與復活。在物的意味上，死人復活的敎義，祇是天國敎義的誤解。實際，天國敎義卽是新世界構成的原理。菲希德反對以個人沒入自意志中懇切要求依完全的人道原理，來改造人類。因此，德意志最極端的哲學家，其思想與感情，是恰好與經濟學的利益公律及利己主義信條，形成一個最深刻的對比。菲希德會在德意志首先提出社會問題，決不是無理由的。如果自利是人類行爲的唯一衝動，如果抽象的說，那在經濟學上堪稱爲完全正確的規則，當作唯一的支配的自然法則，不必有更高尙的理念（幾千年來有許多最高貴的人，是爲這種理念的確立而苦惱而奮鬥）已可永遠不變地指導人類的勞動與競爭活動，社會問題是決不會存在的。

『不呀，人類的神聖的守護神呀，不要放棄我們這種安慰的思想。從我們每一種勞動，我們每一種苦惱，都能爲我們的同胞，取得一種新的完全與新的愉快；我們爲他們勞動，決不是無益的；在我們過勞而倒下的場所，不在我們大錯而失敗的場所，會在將來生出一個時代，在這時代，人們可隨心所好而行，因爲他們將祇好善；我們將由這更高的層，看着我們的子孫感到愉悅，發覺在他們的德行中，我們在他們身上播下的每一粒芽都發展了，並認識這都是由我們萌芽的展望着這種人而鼓舞我們的價值感情能，在我們的現狀下，那固與我們相矛盾，但至少在我們的素質中，對我們指示這種價值能。在我們的事業上放出勝利與熱情來，如果我們在事業上挫折了，我們固須以我已盡我的義務的思想來自持，但我們還應以別一種思想來鼓舞：我所播下的每一粒種子，在道德世界中都不會白費；在收穫的時候，我將看見它的結果，並由這些爲我編成一個不朽的花冠。』〔四〕

菲希德寫這段話所用的詩的高揚，不僅在朦朧的宗教冥想中，且在關於康德及法國革命的反省中，把他捉住。在他生活與學說有非常密切的融合；當生活一語爲教會傭人所曲解，以供死，無知，及現世帝王御用的時候，却在他身上，引起了一種破壞一切桎梏的精神，明白壯膽說法國社會的顛覆，至少，比以人類墮落爲目的的專制政府，生出了較好的結果。

在更親密的考察之下，人們的見解與努力怎樣會極異於普通所表現者，而自行集合起來，那是很可注意的。兩極端將自行接觸的命題是一個陳腐的命題；但這命題，常常與事實相差極遠。極端的自由思想家，決決不會對頑固的教會政治及死的文字信仰表示同情；但他對敬虔的豫言家的熱情，（在這種熱情上，文字將取得活氣，並證明其中含有精神，）却可以感到同情。聰明的利己主義的獨斷家，對於居陋室屈膝以求彼岸王國的靜居者，亦決不會表示同情；但他對於富有的牧師們——他們勇敢地辯護自己的信仰，主張自己的價值，小心管理自己的財產，在貴族兒童洗禮的盛筵席上或在新鐵道落成的典禮上，與他同飲香檳——却可表示同情。

決定人間內部本質的，既是精神生活的本質，所以他們對異己者的態度，乃是他們是否屬於眞理之適當的精神試金石。當上帝在雲中出現以審判生者死者時，上帝可以把菲希德這樣的無神論者放在自己的右邊，把恭恭敬敬呼『主啊，』『主啊』的人，放在自己的左邊。一個基督徒設不能想像此事，則在最嚴密的敬虔者意味上，他必是一個不良的基督徒。同樣，一個人若覺認佛朗克（A. H. Frank）這樣的人爲狂信者，認路德的祈禱爲錯覺，他對於眞理及正義，亦必定是一個不良的朋友。實際，在內部的本質上，宗敎便是倫理的唯物論之反對。在這限度內，宗敎往往是最開化最有自由精神的人的朋友；成爲疑問的，祇是在宗敎自身，倫理的唯物論的原理，或神學家所謂『世俗化』的原理，是否亦取得優勢，以致我們的更良的意識，必須把他以前的形式放棄，而開拓新的道路。現存宗敎將起變化抑將照樣維持的全部祕密，卽存於此點，換言之，就看現存宗敎對現代全部文化的任務有怎樣的關係。批判的悟性所提出的一切攻擊，無論外表上是怎樣正當，怎樣不可反對，但這種種攻擊，與其說是現存宗敎崩潰的原因，不如說祇是現存宗敎崩潰的徵候，與其說是信仰者全部文化生活大醱酵的原因，亦無寧說是信仰者全部文化生活大醱酵的徵候。是故，在黑格爾，宗敎哲學雖有保守的傾向，並伴着一種與菲希德解釋相似的新解釋，但這保守的傾向，於教會，於哲學，均未生出永久的結果，祇爲哲學家保留赤裸裸的眞理的知識，使民衆依然陷於古象徵的薄光中，在現今已不可行。在政治界，現實的都是合理的的教義，對於專制政治，已有一種不幸的推進，同樣，主要由黑格爾及詩萊爾馬哈提倡的哲學，又曾促進以否定之否定營救宗教的傾向。（這傾向，曾爲古神祕主義的粗樸的天眞所棄。）在禮拜堂建起，禮拜音樂悠揚的時候，在批評的攻擊下保護宗教信條的不是聰明宗教學者的反批評，祇是心情受神祕時那種恭謙的恐懼，及信者內心避近眞理與詩的分界線時那種神聖的畏敬。這神聖的畏敬，不是誤謬——使人迷信的誤謬——的歸結，寧可說是它的原因，也許，這種因果關係，還遠溯於文化未發展宗教未發達的最古時代。就連伊壁鳩魯，亦在畏怖之外，認崇高的神像夢想爲宗教起源之一！

在一切敬虔心消亡，宗教生活的最深感動已不爲人所知或爲人感覺陳腐轉而他求的時候，宗教的眞實性又如何呢？青年人將克服一切祕密，而以自足的輕蔑，視仍相信這單純證據的人。但在宗教仍十分有力時，最先被懷疑的，決不是它的最奇拔的原理。神學的批評家，用最大的聰明與最廣的學問，遠離信仰核心，對傳統予以修正；自然學者，覺有理由須以個個的奇蹟，還元爲可以從物理學方面說明的現象。在這些點上，穿索的過程將繼續發生，一直到一切攻擊術及辯護術都已用盡的時候，照規則，包裹宗教傳統的神聖不可侵犯性的後光，亦會消滅。祇在這時候，人們才會得到這些更單純得多的疑問：神的全能與善，怎樣能與世界的惡相調和；其他民族的宗教爲什麼不和我們自己的宗教一樣是善的；爲什麼仍沒有奇蹟沒有最明瞭的奇蹟；神怎樣亦能發怒；神的侍奉者，爲什麼會有這樣的惡心，這樣的復讐心，及其他等等問題。——到教會傳說終失去它所要求的特別信用，聖經和其他書籍受同樣看待的那時，我們決難想像有這樣低的智慧，不能明白知道三乘一不能等於一，處女不能生育兒女，人不能以肉身昇入天堂。如果在那時，像現在小學校一樣授以若干自然科學的知識，無特別優的悟性力或根本的教養的嘲笑家亦能加以嘲笑的背理事件仍不能止。如果在那時，有敏銳悟性與優越教養的人，因從幼時卽導入豐富的心情生活，仍牢執着宗教，並以美而聖的時代的想像，感情，及記憶之無數根柢，執着古舊的熟習的地盤，我們就在我們面前有了一個對比，那會明白說明，宗教生活的源流在什麼地方。

當然，如果宗教是在排他的教會組合內，依僧侶而養護，而僧侶又當作有特權的祕密的施與者，而與民衆相對，則宗教之理想的見地，決不能純粹地現示出來。觀念學（Ideologie）將成爲文字信仰（Buchstabenglaubens）的毒餌。象徵將不知不覺地漸漸地成爲固定的信條。聖徒的像將成爲偶像，詩與理性的自然的反對，很容易在宗教範圍內墮落而成爲一種反感，卽對於絕對的眞，絕對的用，絕對的合目的，發生反感，因爲這些會在我們這時代，在各方面限制自由心靈活動的餘地，由粗淺的觀念學，移入浪漫的妨害運動，最後陷於悲觀中的推移，會在許多有高尙精神的人們中，引起一種禍害，這是大家知道的眞理及進步的擁護者，對於與時代的散文特徵相反對的一切，尤其是對於有教會色彩的一切，感到不信用，誰也不能認他爲不應當。蓋因，如果在自由戰爭的時代，浪漫主義已可充實其較高尙的目的，則很明白在他一方面發明、發現、政治改良、及社會改良的時代傾向，就不得不在現今，解決許多也許可以決定人類未來的大問題。但要順利地好好地解決這些問題，又無疑必須有非常冷靜的工作，必須批判的良心，有非常純粹的眞理感。這樣，在收穫的時候，不知怎樣創造但由原子創造全體的天才的閃光，也許會再顯現出來。

此時，宗教的古形式決不會全然消滅。在倫理的理想主義的新形式出現以前，它們的理想的內容，要與被榨過的檸檬一樣受完全相同的看待，亦不容易。在世間的意見及努力發生變化時，事態的進行並不會這樣單純。阿波羅與鳩比特的禮拜，在基督敎初入時，尙不是全無意義；舊敎主義在路德開始予以打擊時，尙包含生命與精神的豐富財寶。就在今日，亦有一種新宗教組合，可依其觀念力及其組合原則的魔術，而襲取得一個世界，同時，古植物的軀仍有許多有充分的生活力而在結果實。在已被克服的陳腐死悶的領域盡頭處，單純的否定才會緊張。——從舊的信條能否生出新的生命流，反言之，無宗敎的社會能不能燃起那可燃盡一切的火，我不知道。但有一件事情是確實的；如果新的將要存在，舊的將要消滅，這二件大事情就必須結合起來，卽燃燒起世界的倫理觀念和提高被壓迫民衆地位的社會功續。單有冷靜的悟性及人爲的體系，尙不足語此。要對分離的利己主義，要對心情的冷酷得到勝利，必須有大理想；這理想，像『從別世界來的外國人』一樣，出現於驚顧的民族之間，因要求不可能，致將現實從根柢上破壞。

在此勝利未得到以前，在新共同生活未使貧苦者感到自己是人間的人以前，我們對信仰的攻擊，不可過於性急，否則，恐將致嬰孩與浴盆一併拋棄。任科學擴佈罷，任眞理在每一處每一種語言上發表罷，它怎樣就任它怎樣罷。對威脅自由之事物，對妨害眞理與正義之事物，對教會掠奪之世俗的市民的制度，對系統地破壞人民自由之陰險的宗教政治之壓制力，作解放的戰爭，熟慮的死活的戰爭罷。如果這些制度被除去了，如果宗教政治的恐怖主義被破裂了，則最極端的種種意見，儘可並行不悖，不致於狂信地互相攻擊，亦不致於妨礙意見的不絕進步。這是眞的，這種進步將破壞迷信的恐怖，而這種工作，卽在最下層人民間，亦早已有頗大的成就。如果宗教會與迷信的恐怖一同消滅，就讓它消滅罷。如果它不一同消滅，它的理想的內容卽將保存，且繼續在這形式上保存，一直到新形式產出的時候。在那時候，就令大多數信徒們甚至一部分僧侶，仍認宗教的內容在文字上是眞的，亦不足引爲遺憾。蓋因常常發生有害影響之死的無內容的文字信仰，在一切强制均已消滅的地方，殆不復有發生的可能。

如果僧侶們在支配他們的觀念聯合之故，不能代表理想的生活要素——如果他們竟認理想的的生活要素爲通俗的現象，甚認必須認爲是象徵的的事物爲歷史的事物，——我們亦須斷然容認之，假設他們曾在更重要的方面盡他們的責任。如果宗教政治完全失去世間的勢力（民法上集會結社的權利，亦不在例外）如果在國家內形成一個國家的企圖，已在各種形式上防止不使發生，宗教家支配的最危險的武器便大多數破壞了。此外，嚴密的科學必須有教授與通俗化的絕對自由，對於謬誤與弊害，必須有公開批評的充分的餘地。在國家仍支持現存教會組合及其財源與勢力的限度內，規定每一個僧侶須有某程度的科學修養，乃是國家的權利，亦是國家的義務。對於這種義務的是否切實履行，必須有保障，庶不致陷於所謂國家與教會分離的迷宮中。國家與信仰的分離，有明白的好的意義。信仰團體的教會組織，已經是國家內的國家，可隨時干涉市民的領域。有時，這種權力亦可在文化史上得到是認，因其可以將一個已腐敗的古舊的國家制度破壞；但照一般而言，尤其按照我們現代（現代益以文化的任務，交付國家，在從前，則負此種任務的，是教會）的情形而言，教會的政治組織，對於國家，已成爲不信任且最使人擔憂的事件。必須政治的教會崩潰，絕對的信仰自由才是可能的。然若有支配慾的教會，仍在民衆之中代表倫理的理想主義則破壞教會的信條，不能成爲國家的任務。菲希德曾要求一種宗教的民衆教育家，在民衆與有科學修養者間，形成一種媒介；他還要求他們在哲學家學派中，組成他們的宗教體系。他提議，不公然放棄『祕密的要求』的神學，須全部從大學排除；但若它放棄『祕密的要求，』神學的實用部分便須與其科學部分分開，科學部分應完全歸入一般的科學教授中。〔四二〕這種要求就其本身說，是很正當的，但其不可實行性，在今日，且較甚於菲希德提出此種要求時。民衆與有科學修養者間的媒介任務，卽以十分的熱誠來履行，亦須依心理條件的觀察來履行，卽漸漸在長期間內履行。要以十分深的哲學修養給於僧侶，亦不能單由學問的組織來實現。同時，民衆間的理想的養成，尙不可中絕。如果每一個僧侶都知理想的妥當性的限界，那當然是我們所希望的；卽令因精神狹隘，適當敎育手段缺乏之故，這種知必致於減弱理念流佈的力，在這場合，大體說來，仍與其犧牲知，無寧犧牲力。

在他方面，唯物主義的自然硏究者的情形，完全與此相似。無疑，自然主義者的有益的自己犧牲的硏究是否成功，本質上就看他怎樣熱心於他所選定的那門人類活動。無疑，導他到目的的，祇是方法嚴密的經驗；無疑，感覺界之尖銳的無偏見的考察，結論之徹底的一貫，乃爲他所不可少。最後，唯物主義的假定，又無疑曾給他以新發現的最大希望。如果他的精神有這樣深刻，這樣廣博，而以有秩序的活動結合於理想的承認，不致以混亂、曖昧、或怯懦、移入他硏究的範圍內，他必能滿足眞的完全的人道主義之高尙要求。倘若這是沒有希望的，則就大多數場合言，亦不如在這些學問上有粗雜的唯物論者，而不寧願有空想家與頭腦混亂薄弱的人。因爲，絕對必要的理想已大大——那已非大多數人所能做到——

包含在對大原理及重要問題的熱心之中。眞正在學問上有成就的唯物論者，大都不願像消極的宣教師那樣活動；卽令如此，他們仍比混亂之使徒，更無害於人類。

如果各執一面的這兩個極端都是適當的，則狂信的最後痕跡，一旦從我們的法律中除去，它們至少可以互相容忍並居於一個社會內，卽不說安然並居。能否果有一日如此，那當然還是疑問。宗教革命是和我們面前的社會革命相同。能平和把過渡期間渡過，當然是再好沒有，但大抵不免有點騷擾。

唯物論的論爭，在今日，當作時代的懇切的象徵，就是這樣立在我們面前。像康德及法國革命前的時代一樣，現在，唯物論的流佈，又以哲學努力的一般衰落，理念的退却為根據。在這些時，我們祖先認為高尙認為神聖的容易消失的材料，均為批評的火焰所燒盡，好像已失生命火花的有機體，必須在更一般的化學力的作用下，將其從來的形態破壞。但在自然的循環中，較低物質的破壞，將隨着有新生命起來，在舊現象消滅的處所，將有較高的現象發生；同樣，我們希望，理念的新衝動將促進人類到一個新階段。

然分解力僅行其所須行。它們遵從峻嚴的絕對命令，遵從悟性的良心。這種良心，只要精神離去而探尋更新的形式，致在超越的詩上文字居顯要地位，便會覺醒的。但結局能使人類得永遠和平的，祇有一件事情，卽，承認在藝術宗教及哲學上，一切詩均有不滅的性質，並以這種認識為基礎，承認研究與詩

(Dichtung)的論爭得有永遠的和解。這樣，眞善美將有一種多變化的調和，不像自由組合那樣以經驗的眞理爲唯一基礎維持三者間的單調的統一。不必問將來仍建築莊嚴的寺院抑有明快的會堂卽已滿足，不必問大風琴與鐘是否仍以新力發音而震徹全國，不必問希臘意味上的體操與音樂是否將成爲新時代敎育的中心，無論如何，過去的總不會完全消滅，古舊的總不會照舊不變的重行出現。在某種意味上，宗敎的觀念是不會消滅的。誰會反對拔里斯托林納(Palestrina)的彌撒，誰會責備勒福爾(Raphael)的瑪登那(Madonna)的謬誤?至高之神的光榮依然是世界史上的力量；人們的神經如果仍然會在崇高之畏敬下戰慄，至高之神的聲亦不滅。個人以自己的意志獻於指導全體的意志來贖罪，是單純的根本的思想。在任何散文也不能以冷靜的言辭來描寫心情的豐富時，表示激動人類心情的最高尚最震動的情緒的，是死與復活的圖像。最後，命令我們分麵包於饑者，命令我們傳福音於貧者，是敎義。——這種思想，這種圖像，這種敎義，都不會因要讓位於以較優的警察制度歸功於悟性、以常新的發明所引起的新欲望的滿足歸功於技巧、便算達到目的的社會而永遠消滅。唯物論的時代，屢屢是大風雨(由未知的裂痕而生，將給世界以新形態)前的沈靜。在社會問題正在歐羅巴發動的剎那，且暫擱批評之筆；在這問題的廣範圍內，科學的，宗敎的，政治的革命要素，統可發現大決戰的戰場。無論這決戰仍是不流血的精神鬥爭，抑會像地震一樣，轟然一聲，將過去時代的廢墟破壞，而將數百萬人埋於地下，這總歸是確實的，即，新時代必須在掃除利己主義，使人不單爲自身利益而不絕勞動，並以人羣社會的人類完全爲新目標這個大理念的旗下，才能得到勝利。如果領袖們更認識更洞察人類發展及歷史過程的性質，這迫人屈膝的鬥爭，是可以緩和下來的。我們必不可放棄在遙遠的未來，雖不以殺人放火之事玷汚人類，最大的變革仍可完成的希望。如果精神勞動，能竭力避免可怕的犧牲，而爲不可避免的事件，準備一條平坦的道路，並使文化的寶藏毫不受傷而留歸於新時代，那當然是精神勞動的最美的報酬。但這種希望是很微的，我們必須知道，盲目的黨派熱情是日在增加，毫無顧忌的利益鬥爭，是日益不受理論研究的影響。但我們的努力，決不會全無益處。眞理雖來遲，但依然很快；人類不是馬上就會滅亡的。幸運的人，固須待時；然有思想的觀察者，決不應因現今聽話的人很少，便沈默着不言。

第四篇註

〔一〕亞當斯密的兩本主要著作，往往被人分開來講，這是不當的。人們屢屢認『道德學說』為比較更不重要的最初的處女作，在討論『國富論』時，儘可不必顧到。實則亞當斯密這兩個著作的根本思想乃是同時圓熟的，巴克爾文明史第二章，曾證明這點。斯密自己，在道德學說某一次版本的序文上，亦曾說這兩個著作，是從同一個計劃出來的。斯密在出版道德學說以後，本想著一本包括一切的社會政治的著作，國富論祇是這著作的斷片。我們儘可像柳克細士（Lexis）在法蘭西輸出保護稅第五頁上一樣懷疑亞當斯密是否故意利用抽象的方法，在一本書上認人間的行為單由利己主義出發，而在他一本書上却又單從同情出發。會充分證明這種見解的巴克爾，認這種手續，比從事實出發的歸納手續，較為優良。把原理單純化，使演繹手續有應用的可能，從一面出發固是謬誤的，但這種誤謬，可由不同原理的出發得到修正。所以，現實是兩種影響——按照道德學說是同情的影響，——按照國富論是利己心的影響——的複合。柳克細士在答覆巴克爾這種見解時，曾說明人類動機是不能增加不能減少的，在互相合作的場合，利己心既不單是利己心，同情心亦不單是同情心。但在事實上，斯密自己並不曾論到這方法論上的疑問。即在道德學說上，我們亦可在字裏行間覺得人類行為在本質基礎上便是利己的，不過受同情的影響的變化，而在國富論，按照他的意見，同情的直接影響便直等於零，他所考察的，祇是間接的影響，即國家的權利保護。道德學說第二部第二篇第二章有這樣一段話，可以參照。『在求富求名求升進的競走上，他將儘他所能奔跑，緊張每一根神經每一片筋肉，來戰勝一切競走者。但若他把競走者中任一個撞倒或推倒，旁觀者必怒不可遏。』這一段話的意思，和這種思想（各個人在正義許可的限度內爭求財富，同時全體亦即最近於富的目的。）很相吻合。財富競爭所引起的社會罪惡，他不曾十分感到，（雖然他自己的理論，對於這種罪惡，有不小的貢獻，）而在他感到的限度內，他又認這種罪惡爲不可變的。能戰勝這種罪惡的同情的形式，他不知道；所以在這一篇社會政治的著作上，關於同情，他便再也沒有什麼可說。但若他把全書完成了，我們在其他諸篇，或許會發現不同的說法罷。

〔二〕就思想的傾向與對科學方法的態度說，德意志經濟學者大都可以分歸兩個大派：其一贊成演繹法，不知這是以抽象爲根據；其一是避免抽象，要從現實出發，但不能使用歸納法。柳克細士却是一個光輝的例外，他在各方面，由論理的發端到計算的實行，都表明他自己精通科學的方法。他關於法蘭西輸出保護稅的名著（波恩一八七〇年，）直到現在，還很少人注意，這情形，很明白的表示了『自由貿易學派』與『講壇社會主義派』的經濟學者在學問上是怎樣膚淺。柳克細士認全部演繹的經濟學，祇是當作問題指導的準備手續，那必須以統計學爲根據的眞實科學爲其繼。這見解也許過於深邃，但至少，演繹法與歸納法的關係如何，要看我們在怎樣的程度上，有有價值的歸納研究而定。

〔三〕關於這點，如要取得更詳細的報告，可參看拙著『勞動問題』幸福章（第三版第一一三頁至一三二頁及註。）

〔四〕關於孟德維爾的蜜蜂寓言，可參看本書上卷，尤其是第三篇註七五。此外，尙有一述之價値的，是道德學說一書（卷七第二部第五章）對於孟德維爾有非常寬大且比較推賞的批判。亞當斯密在那裏，認蜜蜂寓言不過在一種誇大的形式上，過於形容一種眞理，設若它本身不包含一種眞理，它決不能這樣惹人注意。孟德維爾的主要誤謬在此，卽，他與某種通俗的厭世觀念一致，認一切情慾皆爲禍害。

〔五〕參照舒爾茲·德里希的德意志勞

孫問答，來比錫一八六三年第四九頁以下，那裏說商業進步爲由自利心導出，所謂自利心，即『各個人對於自己的自我均有自愛心。』又可參照該書第九一頁以下，那裏曾論駁以『友愛』爲產業原理。在九三頁，我們可以看到這樣的話：『在財政與國家終了的地方，友愛才會發生；它的王國，不是利得，不是權利與義務；它的權力，不是強制，祇是自由的愛。』關於這一段話，可參看拙著論文『穆勒關於社會問題的見解』（杜斯堡一八六六年）第一四頁以下。　[六]關於古伯爾，可參看羅雪爾經濟學第一卷第十二章之註二。——這裏所指的瑪克斯·威爾茲的那一段話，見地租論那一章（經濟學卷一第二章第九頁。）『這究竟是屬於那一類的以前勤勞的報酬，是沒有關係的。土地本由交換而得，或由掠奪而得。』……『在掠奪的場合，被佔有的土地，只可說是企業者以最高資本（生命）冒險的保險金，是戰爭費用的賠償。』　[七]更明白的說明，請看勞動問題的幸福章。

[八]羅雪爾經濟學體系第二〇四節及註。大鐵道公司的影響，在瑞士，尤其是在美利堅，成了共和政體的威脅。　[九]在這裏主要的問題是說明有一種不動產收入由他人的勞動，歸入物的所有者手中。最重要的，便是地租。地租爲『優先收入』（Prioritätsrente）的見解，在拙著『勞動問題』第二版第三版有更詳明的論證。見該書第六章『財產，遺產承繼權及地租』第三版第二九七頁至三二二頁及註。　[一〇]佛蘭克林關於人口增加的觀察，一七五七年。參看莫爾國家學的歷史及文獻卷三第四七六頁。關於馬爾薩斯其他的先驅者，可參看同書。此外可參看羅雪爾國民經濟學二四二節及註十五；及馬克斯資本論第一版第六〇三頁註七十六。　[一一]參看我在總教育制度及教授法百科辭典所撰『維夫斯』一條，見該書七三七頁至八一四頁，尤其是七六一頁以下。　[一二]參看郎革基督教信條論獻於一切有思想的基督教徒第二版柏林一八六八年第三頁至第六

頁。

那裏提出了一種非難，說如果根據我的見地，『當作一個宗教的人，』哲學家跪在瑪利面前抑跪在人格的神面前，是『毫無關係的』了。我只要指出在人間的觀念生活上有必然發展的過程，我就可以把這非難解答。並不是任何的詩，都於我們有用；於我們有用的，祇是適合於我們的時代，適合於我們的文化內容的詩。——郎革亦提到『複式簿記，』這事實僅可由他的一面觀來說明。他甚至反對最明確的說明，而從知識的見地，理解一切。所以他能得到如此的命題：『如果在世界上竟有這樣不合理的信仰與知識的二元論，世界的科學認識必蕩然無存。』科學專門管知識，為什麼不行呢？堅執要把自己的信條加入計算的，祇有那班肉身的神學家。『二元的世界，不是科學的對象；能夠知道的，祇是一元的世界。』科學不知道二元論的世界，因為在科學看來，一切生命，在理念上，都祇依存於心理的過程，這種心理的過程，雖是無限纖細無限深藏，但結局總與其他一切心理過程，遵從同一的自然法則。在這限度內，一元論的要求是完全正當的。但若提議將思想與詩作的二元論，將感覺與意欲的二元論，知覺與創造的二元論亦加否定，其愚殆與因要求知識統一而否定晝夜的反對一樣。理想與現實的反對，必然是存立的；但科學的認識僅與後者有關，科學的知識僅承認理想世界同時又是一種心理事實，來恢復統一。〔一三〕參看斯迪勒·士杜登（Stille Stunden）里嘉特·羅台手記的格言遺稿威吞堡一八七二年第二七三頁以下，三一九頁以下。〔一四〕參看新宗教改革雜誌一八七四年二九號至三一號，斐格所作新偶像破棄論。〔一五〕參看夫里特利克·莫克（Friedr. Mook）博士為民衆改修的耶蘇傳，舒里克，一八七三年。〔一六〕參看斐文台博士一八六五年所公刊的第一期思惟者自然主義世界觀之友。編者斐文台博士即是自然主義的體系與歷史（一八六二年萊比錫）一書的著者，此書曾重版多次。〔一七〕萊希人道的教會諾威特一八七三年。[二八]參看穆勒孔德與實證主義一八六五年第一四〇頁以下。[二九]繆格青年宗教讀本第一部自然的法則與神的法則及道德的法則的調和，或神之自然的及道德的世界秩序，當作我們的生活秩序的自由模範。（夫郎克福一八六三年。）（包皮紙是黑的為什麼呢？）[三〇]穆勒在他剛剛發表的宗教論（倫敦一八七四年）中，認我們對人類全體幸福所有的感覺，及由偉人或死友的思念而生的道德向上，為真的宗教。同時，他又宣稱宗教的本質即是我們的情緒與欲望對理想目標之強烈的懇切的傾向；這種理想目標，是最優的與任何利己的欲望對象比較，都是較為崇高。由這標準看，席勒的戲劇全部及抒情詩三分之二，都是宗教詩了。不，真正的詩，將與宗教為同一，不過須屬於一個共同的上位概念而已。（同書一〇九頁。）[三一]畢希納勞力與物質夫郎克福一八五五年第二五六頁以下。[三二]畢希納人類在自然的位置萊比錫一八七〇年註一〇四，第一四三頁以下。[三三]參看我的紀念論文：『佛里特里希．烏柏衛』柏林一八七一年。——其與所述的烏柏衛致底爾台教授（Prof. Dilthey）的書翰，特別論到烏柏衛對康德的關係。但信面上雖書『交底爾台教授』，實際卻不是寄交底爾台，而是寄交柯亨博士，『康德經驗學說的著者』，此信由柯亨遞交底爾台博士，由底爾台博士遞交烏柏衛的出版者多希博士（Toeche），再由多希博士插在其他許多材料中交於我，此時已無信封，亦無特別註釋。[三四]且利用這個機會來稍稍訂正我對於烏柏衛的紀念論文。在十六頁，我不應作『赫爾巴特學派拉辛魯士』，而應改作拉辛博士。烏柏衛往往在信中稱他為拉辛魯士，因拉辛博士在未轉變到基督教以前，曾被稱為拉辛魯士桑（Lazarussohn）。[三五]拉辛烏柏衛紀念，柏林一八七一年第二〇頁可以參照。[三六]參看該書四一五頁以下。——此外又可參照我自己的關於烏柏衛的紀念論文第一二頁以下。〔二七〕在一八六三年一月九日的信中，烏柏衛又要說明，在物質的內部狀態不變對於運動方向無所影響時，我們所有的，便祇是機制。但就心理過程而言，在他看來，這似乎極少蓋然性。但對於按照勢力保存法則從而按照純機制原理來說明一切運動之假說，他亦不否認其『科學權利。』現在，是這假說應該提倡的時候，能在最可能方法上實行這假說的人，才能在心理學史上，取得永久的地位。——底爾台教授曾在烏柏衛紀念一文中，假定如下的命題是烏柏衛的見解，這是不正當的。什麼命題呢？即『實際，在每一點，同一的現實過程，均將在兩重的形態上出現，即作為心理的過程同時又作為物理的過程。』烏柏衛為示分別起見，往往認此為斯賓諾莎的見解；按照烏柏衛自己的見解，內部狀態固由外部運動所激起，並可影響外部運動的方向，但內部狀態與外部運動決非同一的。〔二八〕不待說，在這點，我對烏柏衛的性格的批判，是和楚爾伯的批判一樣。我相信，如果烏柏衛曾豫料到他的死，（據楚爾伯說，他直到最後一瞬間，倘希望能够病痊，）在他未曾把他的根本見解在充分的關聯上寫成著作公佈以前，他心裏必定是不安的。〔二九〕這些書翰，是楚爾伯交給我，供我充分利用的，所以在楚爾伯死後，那還存在我的書冊中。〔三〇〕烏柏衛讀拙著勞動問題（第一版，那仍有許多缺點的版本）後，曾將他的印象，記於一八六五年二月十二日的信中。〔三一〕烏柏衛一八六〇年十一月十八日及一八六一年十二月二十八日給我的信。〔三二〕在紀念論文第二二頁，對於這信，我曾作心理的說明。我現今仍不能把這種說明放棄。但在他方面，我覺得，他對基督教的猛烈批判，不單是一時的不安，那還有這以上的意義。〔三三〕人間本務說與基督教道德說的關係。韋利士所公刊的哲學家的遺稿，文特達爾一八六八年。〔三四〕參照斯托勞斯博士新舊信仰新版自跋，波恩一八七三年二二頁以下。〔三五〕同書第二十八頁以下。『大師的遺一句話，是否是關於這問題的最後的話結局祇有時間能予以決定；而我能不犧牲自己的立場來接受它。」但關於這問題，大師的權威是無足輕重的；瞭解這問題的人所發表的判斷，是同樣妥當。　［三六］在宰勒的名著斯托勞斯的生涯與著作（波恩一八七四年）中，我們有若干支持點。但這不是完全的傳記著者自己在序書第一頁上亦曾聲明這點。　［三七］新舊信仰第二版六三頁及六四頁。　［三八］新舊信仰第二版一四三頁至一四七頁。在這裏依得一說斯托勞斯怎樣以詭辯駁斥厭世觀（一四五頁）：如果世界是惡的，厭世觀的思惟亦是惡的；如果厭世觀的思惟是惡的，則世界還可說是善的。　［三九］這裏可順便說一句，斯托勞斯的宗教最小限，仍有尚未證明的信條及在倫理上超越現實的原理世界的無限性是未證明的，亦是不能證明的。再者，樂觀說便是一個敬虔的誤謬，因為樂觀說和悲觀說一樣是人間觀念的產物。現實世界的自體，既非善的，亦非惡的。　［四〇］近頃阿·斯庇爾（A. Spir）曾力說嚴密意味上的A＝A的命題，殆無任何現實與之相應。他就把這種觀察當作他的哲學體系的基礎。但這事實所包含的一切困難，很可由其他方法來予以征服。A＝A這個命題固是一切認識的基礎，但其自身決不是一種認識，祇是精神的一種行為，是原始綜合的作用，由這種作用假定一切思惟的必然的起首有同一性或持久性，但這種同一性或持久性，在自然界，祇是相對的，近似的，決不是絕對的，完全的。所以，A＝A的命題，是在論理學的入門處指示我們一切認識的相對性與理想性。　［四一］菲希德關於法國革命的公衆判斷的是認（一七九三年）卷一第一章之結末。　［四二］菲希德柏林建設高等學院之證明案一八〇七年斯杜特加及杜賓根一八一七年五九頁以下。

朗格唯物論史下卷終

敬啟

『民國專題史』叢書，乃民國時期出版的著名學者、專家在某一專題領域的學術成果。所收圖書絶大部分著作權已進入公有領域，但仍有極少圖書著作權還在保護期内，需按相關要求支付著作權人或繼承人報酬。因未能全部聯系到相關著作權人，請見到此説明者及時與河南人民出版社聯系。

聯系人 楊光
聯系電話 0371-65788063
2016年3月28日